大秦帝國

第四部《陽謀春秋》下

孫皓暉 著

全新增訂版

目錄

第十章　合縱回光

第十一章　仲父當國

第十二章　三轅各轍

第十三章　雍城之亂

第八章　風雨如晦

一、天人亂象　三策應對

秦昭王五十六年五月，一場老霖雨將秦川沒進了茫茫陰霾之中。

老霖雨者，綿綿長雨也。《左傳》云：「凡雨，三日以往為霖。」自古以來，秦川之地多有風調雨順，然春夏之交與秋冬之交每每總有幾日霖雨。若是時節得當，這老霖雨可成天賜佳雨。譬如三月八月的末旬霖，恰逢春耕秋收方罷麥穀播種已了，幾日霖雨自是妙極。然若時節不當，老霖雨又是大大的災異。今歲一進五月，天便燠（註：燠，熱或暖。秦地古方言將悶熱叫作「燠」。《詩・唐風・無衣》：「不如子之衣，安且燠兮！」）得出奇。風不吹樹不搖四野山川寂靜呆滯得石雕陶俑一般，唯有烘烘熱浪裹著渭水的蒸騰濕氣漫將過來，田間耕夫坊間工匠，官署宮殿的大臣吏員，終日皆是一身黏糊糊汗水，動輒氣喘如牛，悶得一顆心總在胸口突突跳。老秦人將這種怪誕天候叫作「天魘」，說是上天被噩夢鎮魘得沒了氣息。在老秦人惴惴不安心驚肉跳的當口，初旬末夜的三更時分，天際烏雲密布，刷啦啦的雨幕籠罩秦川。從此一發不可收拾，停停下下下停停日日夜夜地直扯到六月初才收住了淅淅瀝瀝的雨聲。雲開日出之際，渭水變成了滔滔巨川，關中變成了一片汪洋，遍野金黃的麥浪在白茫茫的水霧中變成了綠森森野荒荒的草苗，村社房倒屋塌，場院千瘡百孔，極目四野，無邊蕭疏。冷冰冰的六月，關中老秦人紛紛將秋冬時節的皮袍棉袍布夾袍胡亂上身，一邊從破損的糧囤中挖出殘存的豆芽一般的陳年五穀填充轆轆饑腸，一邊默默聚向村社祠堂或里中最大的場院，勒緊聲帶期盼著從泥水中趟回來的亭長里正帶回官府的應災政令，盡快帶領他們離村救荒。

秦法治災不賑災。這是老秦人都知道的法程規矩。但有天災，王室官府從來不會打開官倉發放五穀救濟饑民，也不會開放王室園林准許饑民狩獵採摘。其法理是：無償發糧即國家賞賜，而災民無功獲賞，為國家立功之士會被人看輕，民人事功之心會輕淡。自秦孝公商鞅變法之後，秦國歷經惠王、武王、昭王三君，都牢牢恪守了這一法令。

雖則如此，絕不意味著秦國對異常災害無動於衷。對於災害，秦法的主旨是「治」。所謂「治」，是在災害發生之時，官府立即頒發應對政令，而後由災區的亭長里正們帶領民眾族人到未曾受災的山林中狩獵自救，或到官府指定的生地墾荒自救，使民經過辛苦勞作而度過饑荒災難，避免民因不勞獲食而成惰性。治災之要義，是民人不得私相逃荒而致民力流失，須在官府政令之下由鄉官率領實施。否則，連坐法令會使鄰里族人一體同罪。法度雖然嚴厲，老秦人凜然遵守毫無怨言。此中根基在於兩條：其一是秦法公平，法不阿貴，老百姓樂見貴胄官吏與他們一體同法；其二是官府敬事，政令快捷，對天災人禍之應對歷來都是全力以赴。當世秦川諺云：「治災苦，食果腹。賑災諂，受活散（註：受活，秦地及北方古方言，流傳至今，為古語「受用」之轉，意為享受、得益。諂，秦地古方言，流傳至今，意為舒坦。《周禮・天官・大府》：「須其貨於受藏之府，須其賄於受用之府。」）」說的正是這治災比賑災長人志氣，使人精氣神奮發不散，如同治病之苦口良藥。

依著商鞅變法後百餘年的法度規矩，每遇災異，官署吏員會立即捧著書令馳進村社星夜部署治災生計，根本無需鄉官們來回奔波。然則，今歲如此澇災，吏員非但不見蹤跡，亭長里正們泥水奔波郡縣官署，掌事官員們也是手足無措，只愁眉苦臉一句話：「諸位父老但等兩日，官府書令只在遲早也。」

出事了！

老秦人終於不約而同地生出了一種不祥預感，儘管秦法不許妄議國事，各種傳聞還是在市井巷閭山鄉村社悄悄流傳開來。人們當頭想起的，是老霖雨中流傳的一支童謠：「東南風止，鶉首天哭，太白失舍，縮三盈一。」這支童謠的後兩句隱祕晦澀得誰也不解其意，然僅是顯然已經應驗的前兩句，已經足以聽得老秦人心驚肉跳了。這頭兩句說的是五月初那陣子天魔無風，最終引來了一個月的老霖雨。按照星象分野，「鶉首」是雍州秦地，「鶉首天哭」自然是秦國老霖成災。後兩句雖然難解其意，老秦人卻確信不疑地知道說的是秦國之事，而且十之八九不是好事。太白星是接近太陽的大星，屬西方，主肅殺之秋。太白星出現之後（即進入某地視野），運行二百四十日隱沒，其間經過在二十八宿中的十八宿（舍）的停留；若該當出某舍而不出，該當入某舍而不入，謂之「失舍」，是運行失常。太白失舍，所主方向有極大憂患。有通曉星象的士子說，老霖雨前太白曾經隱沒三日又短暫出現一夜，而後至今不見太白出入，這是失舍。至於「縮三盈一」，卻是眾說紛紜。有人說這是指秦孝公以來的國運盈縮。有人說這是日後的事情，天機豈能預洩？有人說童謠無欺，只怕恰恰要應在眼前。說者聽者各執一詞，誰也說不透誰也不服誰，卻都不約而同地以為不是好事，秦國要熬煎了。在人們壓著嗓門為童謠天象爭辯不休的時候，一個更為驚人的消息在立秋這日傳遍了朝野：隴西天崩地裂，山陵倒潰，死人無算！天崩者，隕石雨也。地裂者，大地震也。山陵倒潰者，高山洪水與泥石流也。隴西原是老秦人立國之前的根基之地，而關中則是老秦人立國後的腹心之地，如今根本與腹心同時突遭毀滅性大災異，老秦人委實震驚了，市井村社頓時一片沉寂。大劫難結結實實地發生在眼前，任誰也不用揣摩吉凶預兆了，人們再也無心爭辯甚個童謠天象，只鐵青著臉默默等待著那個誰也無法預料而誰都有著隱隱預感的更大噩夢。

謎底終於揭曉。

六月初三黎明，灑掃庭除的市人最先看見一輛輛麻衣軺車急如星火般駛出王城，飛出咸陽四門。接著，王城城垣立起了三丈多高的巨大白幡。到得卯時太陽掛上東方山巔，一隊隊斧鉞甲兵護衛著一個個宣令吏開到了咸陽四大城門，張掛起蓋著咸陽內史鮮紅大印的白布書令——

老秦王薨了！

令人詫異的是，咸陽大都反倒是異常的平靜了。國人非但沒有大放悲聲，反是長長地出了一口氣活泛了過來。災異應驗了，事情明白了，人們反而不慌了。蝸居噤聲的國人出門了，歇業三月的民市店鋪悄悄開張了，鄉野農夫也匆匆進城了，咸陽四門的進出人群晝夜川流不息。一時間粟穀布帛鹽巴的價格悄然大漲，三五日間出現了亙古罕見的大悶市。噩夢終於揭曉了。被災異饑荒流言折磨得幾近窒息的庶民們的心卻踏實了。老秦王崩逝固然事大，然轆轆饑腸總要填充，倒塌的房屋總要修葺，淤泥封死的土地總要翻開，來年的生計總要著手操持，荒了夏不能再荒了秋，庶民百姓總要過日子才是。官府要行國喪大禮，顯然是顧不得治災救荒了，老百姓若再悶聲扛去，豈非餓著肚子等死？人同此心，心同此理，素來厚重守法的老秦人第一次不再等待官府政令，我行我素地自救了。

大悶市一開，山東六國商賈聚集的尚商坊當即熱鬧起來。

依著戰國邦交慣例，外國商賈不受所在國國喪大禮的束縛，原本可以逕自開市。然秦為天下第一強國，動輒尋釁攻打山東，在秦的六國商人們歷來分外謹慎，生怕給本國招來兵災大禍。唯其如此，在秦國災異頻仍的幾個月裡，尚商坊的六國商賈們都淡漠以對，不收市也不張市，只坐等上門者交易。如今謎底揭曉，六國視同天煞星一般的老秦王死了，秦國百姓不顧國喪大禮而競相湧市，出現了天下罕見的大悶市，六國商人如何不大喜過望。各國商社根本無須商議，立即打出「救災義賣」的幌旗，不約而同地壓低物價大賤賣，並破例開了早已消亡的以物易物的老市，將潮水般湧進咸陽的老秦饑民從秦商民市一舉吸引了過來，捲起了更大聲勢的搶購互易大悶市。

消息傳入王城，正在服喪的老太子嬴柱大為驚愕。

一番思忖，嬴柱當即召來咸陽內史（註：內史，周官稱謂，戰國秦沿襲名稱，執掌京師政事）並大田令、太倉令、大內丞、少內丞、邦司空、廷尉、官市丞等一班相關大臣緊急商議應對之策，同時從太子府召來嬴異人聽議。誰知議得三個時辰，依舊莫衷一是。內史嬴騰主張，立即捕拿亂民交廷尉依法問罪。冷面老廷尉直搖白頭，說此次饑民悶市實屬異常，不背法不悖理，若大舉捕拿只怕後果難料，只宜交各經濟官署合力處置為上。一班經濟大臣議論兩分，大田太倉大內少內四位大臣認定，官倉錢糧物法定不賑災，只能移民進南山墾荒自救。邦司空與官市卻認為此舉遠水不解近渴，目下不妨以靜制動，聽任秦人瘋購於尚商坊，權且當作六國代秦賑災，以度一時艱危。此論一出，內史嬴騰立即憤然高聲：「甚個味道！聽任秦人瘋購，大秦顏面何在！寧可大開官市，低價拋出官倉貨物，也不能教六國壞了我民心！」執掌倉儲的太倉令冷冷笑道：「內史說得何其輕鬆？且不說國倉無法承受，縱是有如山存貨，低價拋出實與違法賑災無異，亂法之罪誰來擔承？」

眼看紛爭不休，老長史桓礫走過來在嬴柱耳邊輕聲說了幾句。嬴柱恍然拍案：「懵懂也！如何忘了這兩位？諸位且回各司其職，異人留宮聽議。」轉身對老內侍一招手，「立即召綱成君與先生入宮，我在東書房等候。」

片刻之後，正在忙碌操持國喪的蔡澤匆匆趕到了王宮。接呂不韋的輜車卻空著回來了。老內侍回報說，先生三月以來很少到太子府當值，今日倒是來了，點過卯出門一直未歸，他已留言太子府，一俟先生回府立即送進王宮。

「既然如此，先請綱成君對策了。」嬴柱回身對蔡澤肅然拱手。

「目下之亂象，老臣深以為憂！」蔡澤鐵青著臉色憤激慷慨，公鴨嗓嘎嘎迴盪，「自古以來，不許賑災之國法未嘗聞也！我計然派雖精研經邦濟世之學，然對大災之救，亦不能做無米之炊！老臣之見，目下國人板蕩，唯以亙古王道解之：其一，即刻頒行特急王書，開秦川與南山二百里王室禁苑，許民狩獵採摘自救。其二，即刻打開秦川與隴西三座國倉，依郡縣料民之數，定量發放粟穀：男丁百斤、女子八十斤、十六歲以下少年五十斤。如此數量之五穀輔以狩獵採摘，當可撐持到來年夏熟。其三，立即開鎬倉發放麥種，令郡縣吏員急入村社部署：庶民一半狩獵採摘以自救，一半開田秋播，決然不能荒了大田！其四，當即修法，立國府賑災法頒行朝野，以安民心。如此四條，太子若能決而行之，秦國可安也！」

嬴柱長歎一聲，良久默然。

蔡澤看看嬴柱躊躇沉吟的愁苦相，不禁一腔酸楚，無可奈何地長吁一聲：「太子已是事實秦王也！如此舉棋不定，忍看國喪民亂乎！」嬴柱陡然渾身一震，正要拍案，一直凝神傾聽的嬴異人突然開口道：「子楚以為此事委實太大，君父該當持重為是。綱成君之策與方才之議大同小異。其間難處依舊在三：一是太倉令說國倉糧貨不足以支撐賑災，不知綱成君對國倉存儲量是否心中有數？二是公然賑災違背百年秦法，若無妥善處置，只怕是飲鴆止渴，後患更大。三是倉促修法是否妥當？秦法穩定百餘年，秦人對治災不賑災並無怨言。目下之亂，始於官府因大父彌留之際全力戒備，而未能及時治災，並非不賑災引起亂象。此間難處如何權衡，尚請綱成君三思才是。」

「公子之論大謬也！」蔡澤慨然拍案，「民亂始因，固為未全力治災，然目下事實已耽延變化，陷於不賑災便不能治災之兩難境地。公子做名家詞義之辯，實非其時也！」

「且慢且慢。」嬴柱苦笑著搖搖手，「綱成君，秦國各倉究竟有幾多糧貨？」

蔡澤不禁憤然紅臉：「主君明察：老臣不掌相權，如何查勘！」

一言落點，嬴柱頓時尷尬。蔡澤的相權早在幾年前太子府立嫡時被父王下書交由他這個太子統攝。蔡澤居高爵而無實事，本來就憤懣不已牢騷不斷。父王新喪威懾不在，蔡澤倚老賣老自然要找機會「提醒」，自己竟生生撞將上去，問出一個本該由自己回答的難題，實在是自討無趣。然當此危局，嬴柱自知不能斤斤計較，歉然苦笑道：「無心之言，綱成君莫得上心。子楚，即刻召回太倉令問對。」

正在此時，老內侍走過來道：「稟報主君：先生書房外候見。」

「我迎先生！」子楚陡然振作，霍然起身大步出了書房。

呂不韋匆匆走進，風塵僕僕汗水津津，一身厚重的國喪麻袍也是皺巴巴沾滿了泥水髒污。蔡澤不禁大皺眉頭：「先生素來整肅，縱是無爵吏員，何當如此有失檢點？」口吻之揶揄顯然帶有幾分刻薄。呂不韋渾不在意，只接過子楚遞過來的溫茶大飲幾口，坐進了蔡澤左下丈餘的末位案前。嬴柱一指與蔡澤座案平行的子楚座案道：「先生莫拘常禮，這廂入座。子楚另案。」呂不韋正要辭謝，卻被子楚不由分說扶了過去。待呂不韋坐定，嬴柱關切問道：「先生莫非來路翻車？要否太醫診治？」呂不韋拱手作禮道：「謝過主君。三個月來，不韋走了秦川二十六縣，又連日去尚商坊擠搶，些許髒污而已，身子並無關礙。」嬴柱不禁悚然動容，拍案慨然一歎：「舉國惶惶，先生獨能入鄉查勘，難矣哉！若有應對良策，先生但說無妨，勿得任何禁忌。」

「國難當頭，不韋自當言無不盡。」呂不韋回頭對著蔡澤一拱手，「綱成君經濟大家，願先請教君之長策，不韋斟酌襄助補充可也。」雖然因國喪而沒了臉上那一團春風的微笑，呂不韋的口吻卻是柔和謙恭的，顯然是要蔡澤明確地知道：呂不韋清楚自己尚是吏身，對綱成君這般高爵大臣是敬重的。

「老夫有甚長策，一番老論罷了。你若願聽，老夫再說一遍何妨。」蔡澤原本對呂不韋接受太子府丞這樣的吏職大有不屑，此刻見呂不韋對他的敬重比白身商旅時還進了幾分，心下頗覺受用，不禁也大度豪爽了起來，大咧咧一擺手，將自己的王道賑災對策又說一遍，末了敲著長案加重語氣道：「三代無定法，國難當變通。若墨守成法而不開賑災之例，秦國危矣！」

「難處在這修法賑災，先生以為如何？」

「綱成君，恕不韋直言：目下最不能做的一件事，正是這修法賑災。」呂不韋從嬴柱的殷切目光中看出了這位被災異國喪折騰得疲憊不堪的新主的期盼所在，但他卻沒有回應這位新主，而是直截了當地面對蔡澤開了口。

「豈有此理！因由何在？」蔡澤頓時紅了臉。

「不韋初入秦國，想多多揣摩秦人法令風習。適逢太子府事務井然有序而無需過問，不韋從四月遊歷秦川，直到老霖止息方回。」呂不韋平靜得講述故事一般，「據實而論，秦國災情大體三等：關中西部之雍城、虢縣、陳倉多山塬，澇災稍輕，民失囤糧當在三四成上下；自鄜縣以東至櫟陽以西，關中腹地平野受災最重，民失囤糧當在七八成上下；關中東部之平舒、下邽、頻陽並洛水諸縣，受災稍重，民失囤糧當在半數上下。隴西上邽地裂，死人兩萬餘，然草場牲畜卻無傷損，存活人口之生計已經由郡縣大體安置妥當，並非大患。目下之危，唯在關中。關中之危，七八成在人心浮動，三兩成在生計之憂。」

「笑談！」蔡澤冷冰冰插斷，「久雨久水，房倒屋塌，囤糧隨波逐流，此乃常情！足下幾成幾成之算，何見得不是故弄玄虛？」

呂不韋依舊平靜如常：「綱成君所言之常情不差，然秦人卻有非常處。秦自孝公商君變法百餘年，關中庶民尚耕尚戰勤奮辛勞，縱是小戶，存糧亦過三年。秦人之非常處，是經年備戰之下生出的囤糧之法。秦人囤糧不在家居庭院，不在草席之囤，而在山洞石窖；山塬之民囤糧於石洞，平野之民囤糧於石窖；家中所囤者，半年糧也。此等藏糧風習，若非雨澇大災時不韋跟隨民人入山排水護糧，只怕也不知實情。」

「對也！」嬴柱恍然拍案，「如何這茬也忘了？洞窟藏糧，那是老秦人久戰隴西，未進中原立國時的老規矩。沒錯！」

「既有此等牢靠囤糧，民心何以浮動？國人搶市豈非刁民尋釁？」

「不。人心惶惶亂象在即，是為不爭事實。」呂不韋叩著書案，「然根本因由不在所餘口糧幾多，而在官府治災滯後，庶民眼見秋播無望而大起惶惶！唯將根由分清，處置之法方能妥當。」

「足下是說，民非饑荒，唯地饑荒，不救民而救地？」

「民要救，地要救，國更要救。然救法須得對症，否則事與願違。」

「好也好也。」嬴柱皺著眉頭搖搖手，「綱成君對策已明，該先生倡明謀劃了。」

「但憑主君，老臣洗耳恭聽。」蔡澤冷冷一句捧起了茶盅。

「在下之見：今歲民亂乃多方糾葛而成，非純然救災可了，須一體治之方能見效。」呂不韋始終以吏身自稱，平靜的口吻中卻蘊涵著坦然自信，「不韋謀劃只有三句話：新主即位稱王，官府治災救地，商戰救民安國。但做好三事，秦國可安也。」

「且一句句說來。」嬴柱大是困惑，「父王尚未安葬，如何能即位稱王？」

「即位稱王之要義，在於振奮朝野示強六國，不能以迂禮自縛。」

「稱王，老夫卻是贊同！」蔡澤陡然「啪！」地一拍案。

嬴柱驚得心頭一顫，皺著眉頭挖了蔡澤一眼，片刻默然，歎息一聲道：「非常之時也，非常之法也。即位便即位，此事交綱成君籌劃。」

「父親明斷！」嬴異人大為振奮，霍然起身走到呂不韋座前，「先生說不能修法賑災，卻要商戰救民，定有甚個奧妙，盼能賜教。」

「公子謬獎也，說不得奧妙。」呂不韋一拱手道，「秦人之亂起於搶市，搶市之因在於山東商賈賤價拋物。賤價成市，並非六國商賈發兼愛之心代秦賑災，而在圖謀大榨秦人之市力。更要緊者，六國商賈隨時可能陡然抬價。一旦賤市變貴市，憤憤秦人可能立時民變，殺戮外商搗毀尚商坊，如此必激怒山東六國憤然合縱，趁我國喪攻秦。」

「先生大是！」嬴柱不禁悚然動容，「索性關閉尚商坊！」

「商戰商決。目下秦人需要六國商賈，強行關閉尚商坊，無賑饑民若逃國避荒，則更傷秦國長遠大計。」呂不韋起身肅然一躬，「不韋請於半年之內暫領官市丞一職，與六國商賈一決商戰之道。」

「好！先生出馬，商戰無憂！」嬴異人搶先一句，一瞄父親卻突然噤聲了。嬴柱肅然起身整衣深深一躬：「先生救民安國，請受嬴柱一拜。」回身命一直在旁肅立的桓礫，「長史下書：一年之內，舉凡秦國經濟官署悉聽先生密行號令，錢財物之調遣不受限數，違者視同上抗王命之罪！」呂不韋肅然一躬道：「主君信得不韋，不韋不勝感念。然太過彰顯未必成事，不韋一不調遣國庫錢財，二不掌諸多官署，只一個官市丞便可。」一旁邊蔡澤卻嘎著公鴨嗓長長一歎：「天公昏聵也！陰差陽錯也！」嬴柱臉色不禁一沉：「綱成君以為不妥麼？」蔡澤兀自搖頭晃腦地嗟歎：「老夫終生欲操經濟實權，卻是脫不得徒有虛名之風光！某生分明志在政事，卻總是脫不開個錢糧支付。謀事者不得事，謀政者不得政，奇哉怪哉！敢問我君，上天公道麼？」嘎嘎公鴨嗓尚在迴盪，偌大廳堂哄然爆出一聲大笑，又一齊捣著嘴噤聲。

走出門廳，呂不韋壓著笑意低聲道：「若非國喪，得灌君幾罈！」蔡澤哼哼一聲冷笑：「你心舒坦，老夫憋悶，恕不奉陪！」轉身搖到自家車邊去了。呂不韋顧不得理會，逕自匆匆走出宮門上馬去了。

二、咸陽大市爆發了驚心動魄的商戰

三日之後，咸陽舉行了隆重的新君即位大典，太子嬴柱即位稱王，史稱秦孝文王。

特急王書星夜頒行郡縣山鄉，曉諭國人「新王當承先王之志，力行秦法強國之道，凡我大秦臣民，皆當戮力同心勤奮治災奉法耕戰，勿得懈怠！」王書的最後一行是「邦國災異，先王國葬延遲於秋種之後，大酺免行，民耕不服喪，國人體察之」。隨著王書，非但郡縣官吏匆匆趕赴關中受災村社，便是咸陽國府的一班經濟大臣，也在綱成君蔡澤統領下悉數趕赴郡縣官署督導治災。

王書官吏接踵而至，關中老秦人精神頓時一振。

誰都知道，天下萬事國喪為大，更不說老秦王這般戰國在位最長的明君英主薨去，理當更為隆其葬禮了。魏國那個魏惠王在位年數比老秦王還少著幾年，喪葬大鋪排驚動天下。其時魏國暴雪異災，大雪深及牛眼，大梁不少城牆也被壓垮，根本無法出葬。魏國新王（魏襄王）非但不思救災，反而徵發民眾修築棧道，要數萬精銳的「魏武卒」輪流抬惠王靈柩進山。若非惠施冒險智諫，說天降大雪是先王思念大梁魂靈盤桓不去，該當留住先王靈柩待來春安葬，魏國庶民便要大大受苦了。兩廂比較，秦國新王奮然即位行政，將國葬延遲到救田秋播之後，且將服喪官員大半差遣到山鄉村社治災，原本已經是開曠古之先例了。然更令老秦人暖心的是，民耕不服喪與大酺免行這兩條。「民耕不服喪」，是秋播耕作期間百姓不用穿戴累贅的麻衣喪服。「大酺免行」，是免去了舉國痛飲大咥以慶賀新王即位的大禮。大酺，原本是春秋之前的古禮。其時酒肉稀缺，尋常時日不得飲酒食肉，國有大喜之事，天子方才下書賞賜朝野臣民大吃大喝一頓，是為大酺。就實說，大酺之日天子只象徵性地賞賜些許酒肉給諸侯。到得村社鄉野，一片肉一碗酒也不會有了。然大酺既為國之大禮，庶民百姓又不能不行。於是，痛飲之酒與糧肉菜蔬便要村社自籌，實際是老百姓自家吃自家而已。戰國之世大酺雖不再拘泥，然在新王即位這等大事上，各國大體上還是要國人大酺慶賀的，形式也依然與古禮無異，仍然是老百姓自家吃自家。如此一來，大災之年若行大酺，百姓自是苦不堪言了。如今新王將這雖屬虛應故事然卻是即位大禮不可或缺的「賞賜」也給免了，分明是體恤村社災後乏糧乏貨，庶民豈能不思之念之。感奮之下，秦川庶民聞書即動，連夜舉著火把下田開泥鬆土。次日清晨，各村社的牛車隊便拉著湊集起來的各色土產擁向咸陽大市，要換回農具食鹽與最要緊的麥粟菽（註：麥粟菽，麥，小麥與大麥；粟，穀子，脫殼後為小米；菽，黃豆。戰國時都是關中主要的秋播作物）種子。

誰料這一夜之間，咸陽的尚商坊大市陡生波瀾，糧價物價一夜飛漲，種子價更是驚人！昨日還是一皮一石糧，一錢一支鏵，依著今日行情，一里湊集的百十張熟牛皮才能換回一石種子，五十枚秦半兩錢才能買來一支鐵鏵頭。

老秦人怒不可遏！叫罵奸商的喧囂聲浪淹沒了整個尚商坊。不知誰個一聲喊打，憤怒的人群潮水般爆發，颶風般捲進店鋪貨棚砸了起來。六國商社的東主與大執事們卻一個也不閃面，只有小執事領著僕役們拚命關門收貨，一時之間，十里尚商坊前所未有的大亂。

正在此時，一陣低沉犀利的牛角號響徹大市，一隊護市鐵騎簇擁著一輛軺車直衝尚商坊的市令臺下。立即有人高喊起來：「官市巡市了！舉發六國奸商！」聲聲傳開，憤怒的老秦人們轟隆隆捲了過來，高喊著：「奸商抬價！依律腰斬！」將市令臺圍得水洩不通。

號角又起，一個精瘦黝黑的中年人利落登上高臺。人海一片驚天動地的聲浪：「官市行我秦法！沒收奸商！腰斬奸商！！」接連三聲靜軍長號，人海才漸漸平息下來。精瘦黝黑的官市丞洪亮蒼勁的聲音迴盪開來：「老秦人聽了：沒貨腰斬，是秦法對秦商。六國商賈乃客商，不能以秦法治罪！這是商君老法，行之百年，我秦人不能亂法哄搶，更不能砸店傷人，但有違犯，依法嚴懲！」人海一片死寂，顯然的憤怒化成了清晰可聞的粗重喘息，猛然有人高喊：「奸商坑秦！天理不容！法不行理行！」立即有人接喊：「甚個官市！新王救災，容得你袒護六國奸商！」眼見人海騷動，精瘦官市丞連忙插斷高喊：「商事商治！本官市得報：咸陽百家秦商聯手，南市大開！種子農具六畜應有盡有，國人只到南市買貨，莫誤了搶種大事！」人群靜得片刻，驟然山呼海嘯般吶喊一聲「萬歲！」隆隆湧出尚商坊，湧向毗鄰的咸陽南市。

咸陽南市，實際是秦市中最大的農市。

「南市」之名，是老都城櫟陽時便有的。秦人感念商鞅變法時在櫟陽南市徙木立信而開新法，在遷都咸陽之後，仍將這片坐落城南的大市叫作了南市。南市與商街不同，緊鄰城牆，占地方五里，沒有店鋪而只有連綿不斷的各種貨棚，雨天可拆晴天可撐，牛羊馬匹等六畜可直然轟趕到市內貨棚下交易。雖是粗放，卻最是適合農家交易，漸漸變成了與城內長街商家不同的農市。尚商坊在東南，南市在正南，中間隔著一片兩百多畝地的樹林。這片樹林原本是南市的六畜交易地，六國大商們不耐其臊臭彌漫，屢次與秦國官市交涉。張儀為相時要連橫破合縱，為了吸引六國商賈，下令將六畜交易地內移，原地種起了一大片蒼蒼林木，將南市與尚商坊隔開。秦法雖從來沒有過不許六國商人進入南市的禁令，但六國商賈卻因鄙視南市粗俗村臭，從來不入南市設棚。於是，這南市成了秦國農事商人與南下的林胡匈奴商人的集中地，以物易物的交易方式在這裡大行其道大得其樂，活生生一幅遠古交易圖。老霖雨以來，胡地商人南下受阻，關中秦人陷於泥濘，南市貨棚收斂，行市大為蕭條，才將老秦農人逼進了平日極少涉足的尚商坊。如今聽說南市大開，當真是大喜過望，丟下六國商賈潮水般湧進了南市。

今日南市大非尋常。人潮一近市門，便有官市吏員沿著人群來路飛步高喊：「糧貨天天有！魚貫進市！勿得擠撞！」老秦人奉公守法已成習俗，見官府吏員如此敬事宣法，更聽說糧貨天天有，蜂擁漫來的人海沒了慌亂漸漸整肅起來，放慢腳步禮讓老幼，緩慢有序地魚貫進入了南市高大的石坊。石坊口又有吏員輪流高喊：「進市者依次買貨，而後由南三門徑直出城！給後來者騰地，勿得逛市逗留！」進得市內，各色貨棚連綿迴旋，一應農家物事如山堆積，鐵鏵頭粗海鹽便宜得與六國商賈大賤賣時一般價。更有兩樣令人心跳，那露天六畜市的胡地牛羊駄馬一眼望不到盡頭，斗大紅字標明各色種子的糧櫃滿當當金燦燦晃人眼目。但凡農人，一搭眼便看出這等飽滿乾燥的顆粒決然是上好的種子。

市內每座貨棚外都站著兩個官市吏。一個吏員向不斷進棚者每人發放一支蓋著火漆印記的白色竹牌，一個吏員反覆高聲叮囑：「官市有令：以白竹牌烙印為憑據，每人可進市三日！糧貨足量，無須驚慌。」貨棚內更是不同尋常，種子與粗鹽兩種人人必買者都是打好的粗麻包，種子百斤一包，粗鹽五斤一包；犁鏵耒鍬鋤等農具，則一律拴著一根便於攜帶的粗麻繩；進市者自己帶來貨換貨的物事，則商家一律不還價，只按老秦人一口開價為準；以錢交易者，則無論錢之國別種類一律照收，若有家藏祖傳之古錢，則以主人一口價以秦半兩折算。如此等等，道道關口有疏導有法程，買賣流水般快捷順當。暮色降臨之時，南市人海已經消散，空蕩蕩的貨棚只剩下了癱軟在地大喘氣的官市吏員與商家執事。

「嗚——」的一聲牛角號，南市中央的市令臺傳來精瘦官市丞熟悉的洪亮號令：「白日當值者撤出！夜來當值者進市，清棚上貨——」隨著號令，白日吏員執事們拖著疲憊的雙腿蹣跚挪出了各個貨棚，聚集到南城牆根下幾座冒著炊煙的帳篷去了。另有一隊隊精神抖擻的吏員執事從帳篷中擁出，提著風燈大步匆匆地散進各個貨棚，清理白日狼藉，收拾修葺破損，叮叮噹噹一片忙碌。一彎新月剛剛掛上北阪林梢，隊隊牛車連綿不斷地川流進市，火把風燈伴著隆隆車聲，直是大戰前的軍營一般。

朦朧月色下，一輛垂簾輜車輕盈地飛進了南城牆下的帳篷區。

輜車在一座燈火通明的大帳前咣噹剎住，車簾剛剛掀開，精瘦的官市丞匆匆大步到了車前一拱手道：「呂公來得及時，在下正欲就教。」一身本色麻布長袍的呂不韋推開了官市丞要扶他下車的手，搭著車廂一步跳下笑道：「足下倒是精明，我想暗自踏勘一番也不行了。」官市丞嘿嘿笑道：「在下軍輜營出身，車馬聲瞞不過我。呂公請！」

進得大帳，呂不韋見中間一張大案上兩名吏員正在埋頭撥著算柱清帳，笑問一句：「今日進帳如何？虧了盈了？」官市丞頓時沒了笑意，挺身拱手道：「稟報呂公：今日虧十萬錢上下。在下以為，當調出官市庫金支撐，否則進貨難以支付。」呂不韋從容坐進另案悠然一笑：「開市首日虧十萬，足下不能承受麼？」官市丞連忙道：「進貨付錢是硬理，與在下能否承受無干。」呂不韋道：「官市庫金是國財，非山窮水盡不能動用。自今夜起，大宗進貨暫不付錢。小宗進貨，皆由西門老總事支付。」官市丞吭哧片刻紅著臉道：「恕在下直言：兩法皆不可為。大宗不付錢不可，小宗私易更不可。此等經商，秦國官市未嘗聞也。」呂不韋淡淡道：「商事如戰，足下如將拜上，只依照將令行事，無須論是否。」官市丞將士般「嗨」的一聲，又直剛剛拱手道：「敢請呂公示下：明日物價幾何？」呂不韋目光一閃笑道：「足下也是老官商，以為該當幾何？」官市丞昂昂挺胸道：「今日已虧，明日當盈！在下以為明市當提價三成！老秦人與國府一心，斷無怨言！」呂不韋一聲歎息：「可惜也！有足下這般官市，難怪秦國百年無大商。官商如此拘泥，能做得邦交大商戰麼？」官市丞一臉坦然道：「商事非國本，能周流財貨使民度日足矣！做忒大甚用？」呂不韋冷冷一笑：「甚用？秦國若有大商，抑或官商能事，豈有尚商坊亂秦之事？若你等者，幾時明白商戰可救國，便是出息也。」官市丞頓時紅了臉道：「商賈奸詐，坑民為本。果能救國，耕戰何用！」呂不韋不禁又氣又笑拍案：「嗚呼哀哉！商海有鯤鵬，何足於一個小店東道哉！」官市丞終於不耐，一拱手道：「呂公只說市價，在下不想爭辯商道。」

「好！」呂不韋斷然拍案，「明日落價三成，與尚商坊平齊！」

「豈有此理！」官市丞大急，「尚商坊今日猛漲，明日如何能猛跌？」

「只怕還要跌。你只記住：他跌我跌，始終低他一成價！」

「！」官市丞愣怔得大張著嘴巴說不出話來。

呂不韋走了。官市丞立即飛身上馬急奔王城。嬴柱立即在前殿召見了擂鼓緊急求見的官市丞，然聽得幾句便沉下臉插斷道：「秦國市易，悉聽先生決斷，不得越過先生奏事。」說罷不待官市丞回話逕自走了。官市丞沮喪之極，怏怏回到南市的臨時官帳打起精神趕緊巡查接貨情形，生怕明日過不得大關。大棚接貨吏員興沖沖回報說，今夜的大宗貨主特意申明貨金不收，兩月之後一併結算，進貨天天不斷。小棚吏員也是滿臉堆笑，說西門老總事當場兌錢六十萬，言明借給官市，兩月後要討一分利。官市丞又驚又喜，雖一時說不清其中奧祕，卻頓時對呂不韋心生敬佩，一揮手高聲道：「呂公有令：明日跌價三成！他跌我跌，始終低他一成！牛他一程！上貨——」

南市的風燈火把徹夜未息，嗨喲嗨喲的號子聲直到東方微明才平息下來。

次日清晨開市，果然情勢大變。尚商坊六國大市一口氣猛跌到南市物價的四成，各國商社的大小店鋪紛紛張掛出「楚國上等稻種」、「齊國上等海鹽」、「韓國精鐵鏵」、「魏國上等麥種」、「趙國上佳菽穀」、「燕國大麥黃粱」等等不一而足，旁邊斗大紅字的長幡顯赫標明：「平價六成，大跌四賤賣！」老秦人縱然厚道，也不禁對這些尋常大名赫赫無法企及的糧貨佳品以如此賤價出售怦然心動。畢竟，買便宜物事不犯法，且當此艱難救災之時，何樂而不為？人同此心，心同此理，尚商坊開市一個時辰，南市的人潮便嘩啦啦流到了尚商坊。

六國商賈昨日被秦國官市大閃一跌，人人懊惱家家憤然。他們無論如何想不到，最不善經商的秦國官市竟敢以低價搶市，竟敢與山東大商群較量商戰。六國戰力不如秦，也是無可奈何，然六國商人是驕傲的，能進入秦國咸陽的六國商人更是驕傲的。他們非但家家都是累代經商實力雄厚的大商，且入秦掌事者個個都是應變能才，人人都有國事意識。秦國官市一搭手，尚商坊立即覺察出一個大好商戰機會到了面前，若能趁此機會一舉攪亂秦國或使秦國大大衰弱，豈非為飽受欺凌的山東六國除了虎狼之害？楚國大商猗頓氏的第六代公子立即出面邀集六國大商聚會商討對策，大商們備細分析了情勢，一致以為秦國之勢兩難：秦法不賑災，不能無限度低價出貨；秦國要救災，得靠六國商旅周流糧貨；目下秦國大開所有關隘通道，免去了關隘稅金便是明證；只要全力運糧，在糧戰上給秦國當頭一擊，必能在商戰中為六國復仇。

「諸位同道，目下秦國朝無大才，野無大商，正是商戰良機！」英氣勃勃的猗頓公子奮然高聲，「在下之謀劃是：我等戮力同心，但能保得旬日糧貨飽滿，一俟秦國官市糧貨不濟，尚商坊當即猛漲，打他一個軟肋閉氣！其時秦人鼓噪，無能之新秦王與迂闊之蔡澤束手無策，六國趁勢出兵，縱是不能滅秦，也當迫其城下立盟，安我六國，復我國恨家仇！」

「萬歲！商戰復仇！」六國大商們雖然誰也沒想到一場原本尋常的買賣交易能驟然變為六國商戰復仇，然經猗頓公子一番慷慨說辭，皆覺果真如此。山東六國哪國與秦國沒有血戰之仇？哪族沒有戰死者？血氣鼓勇之下，自然是奮然同聲地贊同了。

尚商坊一跌價，秦官市立即接到呂不韋密令：一應官市吏員悉數脫去冠帶，換作商人常服當值；貨棚掛起各小國商社與胡商的招牌望旗，物價再跌一成半！片刻之間南市景象大變，黑衣吏員蹤跡皆無，貨棚盡皆張掛起衛陳薛曹鄒等小國商社的望旗，各色服飾的商家執事們紛紛衝出石坊追著離去的人群高喊：「秦人聽了，秦國官商退市，貨棚悉數盤給了新主！我等跌價四成半，足色糧貨了——」

如此一喊，老秦人們先是驚愕，繼而大覺坦然。直娘賊！有你等殺價濟秦，秦國落得省點兒錢財糧貨，官市退得好！爺爺只是兩頭跑，看你狗日的誰個先趴下！秦川庶民不少人原本尚有歉疚之心，不忍丟下本國官市去湊尚商坊，如今心結大開，奔相走告兩市奔跑，專找那半成落價的便宜。消息風一般傳開，關中老秦人大為興奮，除了精壯男丁整田秋播，老幼女子絡繹不絕地趕著牛車奔赴咸陽搶市。一時間秦川八百里牛馬載道笑語喧譁日夜不絕，老秦人不亦樂乎。

商戰大勢一成，兩市欲罷不能，索性開了夜市鏖戰。三日三夜，糧貨價格半成半成地跌到了平價的兩成，直如賠本送貨。在這個商家心頭滴血的價口，雙方整整咬住了一日一夜未動，誰也不跌不提地耗著。這當口撐的是存貨，誰在此時因無貨而收市，誰就會血本無歸！畢竟，商家跌價的真正圖謀是撐到谷底猛然提價，而後十倍百倍地撈回，誰肯甘心在賠出血本之後不等回收而嗚呼哀哉！

呂不韋敢打這場大商戰，除了自身尚有些許本錢，便在於兩座堅實的背後靠山：齊國田氏與趙國卓氏。早在老霖雨初起之時，呂不韋未雨綢繆，派出西門老總事奔赴臨淄，派出莫胡奔赴邯鄲，分別與田氏家族與卓氏家族立好了協約：入秦貨金暫欠，結市後利金兩成。此時田單已逝，其爵位由長子一支承襲，其商事由田單的一個頗有才氣的庶子承襲，與呂不韋素來交好。趙國卓氏則是老卓原的次子執掌商事。兩方接信都是哈哈大笑，二話不說應承下來。商戰一開，非但齊趙糧貨絡繹入秦，兩方還分別聯絡了許多素有來往的胡商入秦，一併連牛羊六畜市也解決了。然齊趙畢竟路途遙遠，尚商坊縱有自家商社也不能公然調貨，撐到第四日眼看有些乏力不濟了。按照嬴柱的書令，原本可以調動府庫財貨撐持。然則如此一來，這場商戰在秦國朝野的地位便會大大降低，呂不韋的分量也會大減，更會引來日後無窮盡的呂氏是否假手國庫變相賑災以成私名的爭辯，朝野信任何在？唯其如此，不到萬不得已，呂不韋絕不會使秦國府庫捲入這場商戰。

這日夜半，坐鎮南市的呂不韋一番思謀，突然問得一句：「咸陽新莊存錢幾多？」西門老總事張口便答：「餅金五萬，秦半兩六十萬，列國錢三十萬。」呂不韋目光大亮，一拳砸到案上：「全押上去！賭了！」西門老總事大驚：「開賭？先生失心瘋了！」呂不韋一陣大笑，低聲耳語一陣，西門老總事不禁猛然拍掌：「好謀略！老朽也賭了。」

呂不韋立即召來官市丞祕密部署，連夜分頭行事。天色拂曉時分，萬千年輕力壯的老百姓湧進了尚商坊大市，清一色現金現錢買貨，動輒一車半車，似乎人人都是大戶人家子弟。其時商家買賣，買主但有個住處，賒帳便是常事，雖然最終絕大部分都能收回，老秦人更是一有錢主動了帳；但商家還是最喜歡現金現錢現了帳，如此自然有了對現錢交易的種種讓利規矩。如今現錢買貨者如潮湧來，縱不讓利，想當場提價卻是萬萬不能。依著古風，買主來時價若想當場猛提，便是「盜商」，買主非但可立時砸店殺商，同行還要指斥該商為害群之馬。因了如此，六國大商們沒高興得頓飯時光，便覺察出了異味，那接踵而來的買主黑壓壓堵在門前，關門不能，提價不能，現時轉移糧貨更不能，萬般無奈只有硬撐。可眼見全部搬上店面的壓倉存貨流水般裝車，誰個不汗流浹背心驚膽戰。到得午後時光，偌大尚商坊的存貨被嘩啦叮噹的金錢一掃而光，六國商人們盡皆鐵青著臉色愣怔在當街，直覺天旋地轉……

「公子公子，秦人有詐！」一個黃衣執事衝進尚商坊大嚷。

「快說！」軟癱在地的猗頓公子有如神助般跳了起來。

「秦人現金買貨，都運進南市入了各家貨棚！」

「曉得了！」猗頓公子長長地噓出一口粗氣不禁咬牙切齒，「非秦人有詐，南市商人有詐！分明是小國商賈聯手，雇了秦人現金清我！諸位說，是毋是！」

「有理！俺看還有秦國官市在後插手！」

「鳥！一群螞蟻商也敢跟我等抗市，不中！」

「左右血本無歸，公子只說如何整法！」

「中！俺等也來他個六國合縱，聽盟主號令，掠他個空市！」

「聽盟主號令！」尚商坊一聲齊吼。

「好！蒙諸位信得猗頓氏，我做了這隻頭鳥！」猗頓公子慨然拱手環禮一圈，「我之主張：不管秦國官市插毋插手，終究不會上到檯面。只要秦國官府不瘋，商戰終歸是商戰，我等便以商戰方略對之。目下第一回合，我等輸了。然則還有第二、第三回合，我等定然要贏！南市之法叫「吞吐市戰」，當年李悝在魏國施展過，使列國糧貨洪水般流入魏市。此法根本，在於財力是毋是雄厚。我等盡天下大商，糧貨沒了錢財依然如山！諸位說，如何戰法？」

「買空南市！回頭提價！整！」

「采——」一聲轟然喝采，尚商坊頓時活了過來。

不說六國大商一夜忙碌，只說次日清晨連綿牛車馬隊從咸陽四門湧進了南市，卻驚愕地發現南市的所有貨棚都張掛出「上品上價高平價一倍」的大布幡旗，一夜之間從平價的兩成猛漲到平價以上兩成，整整漲了二十成的高價，也是秦法許可的糧價最高點。石坊外的牛車馬隊不禁愕然，徘徊相互觀望舉步不前。終於，一隊牛車咣噹咣噹起步，義無反顧地駛進了高大的石坊。後面的牛車馬隊一陣彷徨，終於相繼跟了上來，絡繹不絕地進了南市。

正當秋高氣爽之時，和煦明淨宛如陽春的藍天下，前所未有的零宗大買賣在咸陽南市喧囂開來。各色買主接踵而至，各國金錢應有盡有，也是清一色的錢貨兩清車載馬馱。因了南市終究是秦國官市直轄的治災市，自這次開市便有入市者每次限量買糧貨的法令。此後秦國官市雖則隱退，南市名義上成了小國商賈的貨棚區，但其市易治災的法度卻始終未變。此法之下，買主不能一次性大宗買貨，而只能一車半車的小宗買。饒是如此，南市貨棚也架不住這牛車馬隊連綿無盡的買糧裝貨，堪堪撐到夕陽將落，南市大小貨棚與六畜大市除了滿櫃金錢，盡皆空蕩蕩了無一物。

秋月朦朧，南城牆下的官市大帳燈火通明。

官市丞匯總了帳目，兩手捧著簡冊瑟瑟顫抖著稟報：糧貨全部售盡，一日得金二十三萬八千，列國錢兩百三十六萬五千三百二十一枚，扣除糧貨本金，獲利足足六倍！官市吏員們正要應聲歡呼，卻見呂不韋臉色陰沉得秋霜一般，不約而同地沒了聲氣。

「諸位但說，南市該當如何應對？」呂不韋沉聲問了一句。

「在下之見，經商獲大利，買賣好做！」官市丞昂昂挺胸高聲道，「目下無非兩路：其一，不與六國鳥商糾纏，用獲利金錢出函谷關大進糧貨，氣死那班賊商！其二，再吞他一次，餓死那班賊商。這是秦國！他尚商坊還敢瘋漲不成！」

「足下差矣！」西門老總事大搖白頭，「六國商旅同氣連枝，關外各市早已防秦，縱然出關也是一個價，第一策不可行。再吞麼，力有不及。誰說六國商賈不敢在秦國漲價？你漲在先，人家漲在後，國府安能一事兩理？金錢不濟，第二策也不可行。」

「索性不理他。」一個老吏站了起來，「兩市低價拉鋸多日，左右秦人秋播也快完了，口糧冬貨也差強夠了。官市不理他，尚商坊要瘋開高價，秦人只不買他糧貨，他能奈何？挨到明年五月夏熟，他那陳糧敢不跌價！」

「不成不成。」西門老總事又是搖頭，「自古糧貨怕壟斷（註：壟斷，戰國語詞，語出《列子·湯問》、《孟子·公孫丑下》，原意為商人登高探望行情，以求獲得大利。後引申為獨占把持）。此次商戰之貨，盡皆百姓日用之物，哪一日沒有交易？農夫縱然有了種子與一兩月口糧，咸陽市人如何度日？秦市沒了糧貨，咸陽國人只能聽任尚商坊宰割，立時危局。」

呂不韋面無表情地轉了兩圈一揮手道：「諸位散了，容我思謀一番。」

官市丞沒有走，過來低聲問：「呂公，要麼進宮，請發府庫。」

「足下少安毋躁，五更進帳便是。」呂不韋一揮手逕自去了。

進得後帳，呂不韋默默啜茶思忖，突然問：「尚商坊糧貨幾多？」

西門老總事一直捧著算杜肅立在旁，聞聲即答：「兩市周流之總量，減去連日賣出總量，目下流入尚商坊糧谷三百萬斛（註：斛，戰國容量單位，一斛十斗，各國大小不一，一斛大體在一百斤至三百斤上下）上下，各色農具六畜貨物六十餘萬件；若以平價猛漲兩倍計算，大體要餅金百萬之數。」一口氣所報數字直抵最終行動，這便是久經商海磨練的西門老總事。

「連同家財，缺額幾多？」

「缺額……」西門老總事第一次沉吟片刻開口，「五十萬金上下。」

良久默然，呂不韋長吁一聲一拳砸到案上，茶盅咣噹落地。五十萬金，莫說任何一個商人，便是任何一個國家府庫，如何能倉促籌集得起來？若是十年之前，但有旬日之期，呂不韋倒是不畏懼如此巨額運籌，然如今家財破盡，所餘金錢昨日也一舉投進了第一大吞，再有活錢便是真正的買米錢了，對如此巨額買賣無異杯水車薪耳。要做，唯一的出路是動用秦國府庫。天意也！呂不韋當真要成於商敗於商了……

「稟報先生，有人求見！」當值吏員似乎有些驚慌。

呂不韋頓時不耐：「甚叫有人求見，沒個姓名麼？」

「他，他蒙著面，不肯說，還不走。」

呂不韋目光一閃。西門老總事立即說聲老朽去看，抱著算柱到了外帳，片刻之間，領著一個細瘦高挑青色斗篷青色氈帽青色面罩者矗在了燈下。

「在下呂不韋。敢問足下何事？」

青斗篷者一點頭不說話，只兩手遞過一支細亮的泥封銅管。呂不韋雙手接過。西門老總事立即遞過開封窄刀。呂不韋劃開泥封擰開銅管抽出一卷羊皮紙展開，眼前兩行古籀文：「有金六十萬入足下秦市，其利幾何？」左下空白處一方流水般陽文烙印！呂不韋目光一亮心頭猛然一顫，一拱手道：「足下是信主還是信使？可願在此地說話？」青斗篷者紋絲不動只輕聲兩字：「無妨。」呂不韋一點頭道：「我需先聽信主一句：何以要入秦國險市？」青色斗篷道：「商道牟利，豈有他哉！」呂不韋道：「官市法度，信主投金當有來路。」青色斗篷道：「井鹽之利取於秦，還於秦。算得來路麼？」呂不韋恍然長吁一聲：「清夫人善莫大焉！」青色斗篷淡淡道：「足下既知清夫人，是成交了。」呂不韋點頭道：「利金但憑吩咐。清夫人有無他求？」青色斗篷輕聲冷笑：「足下果真明於商道。然信主偏偏無他圖，信得信不得？」呂不韋淡淡一笑：「取於秦還於秦，信哉斯言！」青色斗篷者一點頭道：「利金一成。三更首刻，豐京谷口等候交割。告辭。」轉身出帳鑽入一輛兩匹大青馬駕拉的青色輜車，風一般去了。

「這是……」西門老總事驚愕得說不出話來。

「回頭再說。」呂不韋壓低聲音叮囑，「西門老爹立即回莊，喚莫胡一起輕舟去豐京谷口等候。我帶牛車隊隨後從山麓趕來。」西門老總事連忙道：「老朽之見，當帶官市馬隊前往，以防萬一！」呂不韋一擺手道：「突兀之事防不勝防，但憑天意。」西門老總事嗨的一聲匆匆去了。

明月掛上中天，豐京谷口的茫茫碧水橫出一道黝黑蜿蜒的山林剪影。一隻輕舟劃過，點點槳聲更顯得天地幽幽。咸陽城樓隱隱傳來三更刁斗時，一支幾乎沒有響動的牛車隊沿著山麓駛進了谷口，對面山道一盞風燈悠悠飄來。風燈飄近牛車，領著一隊黑衣人又飄進了山谷。黑衣人群在月光下忙碌穿梭大約頓飯時光，牛車隊隆隆東去，泊在谷口碼頭的白帆輕舟也飛一般漂出了幽幽谷口，漂進了滔滔渭水。

次日清晨，尚商坊還帶著昨日的喜慶醉意沉睡在朦朧霜霧之中，便被黑壓壓的人群牛車圍了個水洩不通。依著秦國法度，尚商坊市門專由咸陽內史派出的一個百人甲士隊護持市易；百人隊駐紮於市門外兩座大帳晝夜當值，除非尚商坊內發生盜劫或爭執事端，甲士不得進入坊內大市；每日清晨卯時開市，卯時之前，買主不得進入石坊之內。今日卯時未到，各色人等牽馬趕車絡繹不絕地興沖沖趕來，在秋霜晨霧中漫無邊際。石坊口甲士反覆呼喊今日歇市，汪洋人群大起喧囂，呼喊著「治災不開市，觸犯秦法！」「六國奸商不開市！報官市馬隊衝開！」鼓噪起來，聲浪越來越大。

終於，一個早起的山東商人發現了不妙，立即飛跑著沿街大喊起來：「不好了！秦人圍市了！店鋪開門！醒市了——」一陣大嚷，尚商坊驟然驚醒，立即手忙腳亂起來。隨著喊聲，石坊口甲士百夫長也飛步趕到尚商坊市令臺前要找總事們說話，見各商社總事紛紛跑向楚國商社，也飛步趕了過來。

昨日大吞南市，尚商坊人心大快，依著山東六國的商道傳統，夜來聚酒慶賀直到四更。六國商家一致認為，經此一口大吞，自家錢財雖填進大半，然將南市糧貨一舉清空更是大勝。糧貨盡屯尚商坊，秦人災後越冬只能指望尚商坊，其時漲價幾何皆由我說。南市棚商要反吞翻市，至少須得百萬巨金！不說此等小商財力原本薄弱，縱是加上秦國府庫，倉促間也難以一次湊得如此巨額金錢，更不說冬期將至商賈凍帳，能拿得出巨額金錢的六國大商皆在此地，小小南市到哪裡湊錢？如此揣摩之下，六國大商們眾口一詞：縱有吞貨之潮，也在明年夏熟之後，今冬明春，秦人只能任我天價宰割！說到漲價幾何，卻是眾口紛紜，最後還是猗頓公子的「臺階漲法」得眾人一口聲贊同。所謂臺階漲法，是每日限貨，每日一漲，低價少出貨，春荒饑饉漲到十數倍價時最大量出貨。末了猗頓公子呵呵笑道：「我等要做仁義商賈！曉得無？明朝起先歇市一日，若有零星市人小宗零買，只平價即可。後日開市限貨提價一成，一日一成，十日一倍，明春饑荒時漲到十餘二十倍！曉得無？」

「曉得！」眾人一口聲喊了一句楚國話。

「公子神妙！老夫給老秦人來個慢火燉虎狼，中不中？」

「采——」眾人一聲喝采又跟聲喊出魏國話，「中！慢火燉虎狼！」

四更散飲，大商們人人扯著沉重的鼾聲進了夢鄉。驟聞秦人圍市，一時懵懂沒了主見。前後忙亂的執事們見到主家張口只兩問：「開不開門？貨價幾何？」商賈們一時沒了主張，又怕自家開市自家定價閃了同道，紛紛奔到楚國商社。猗頓公子剛剛被侍女從夢中喚醒，披散著長髮裹著皮裘兀自愣怔，見商賈們紛紛擁來門廳，思忖片刻咬牙跺腳道：「秦人正在災中，不開市要惹得秦國官府出來。六倍價開市！拚了！」

「不中不中！秦法糧價不得高過平價一倍！六倍犯法也！」

「如何不中！昨夜還說明春漲到二百成！」

「天爺爺！那是臺階漲加春荒！今日何說？秦法無情也！」

「諸位少安毋躁。」猗頓公子冷冷道，「今日說辭，是與小國商賈輪番商戰，與秦國無涉，不受秦法約束！諸位畏懼秦國，我猗頓氏不怕！」回身斷然揮手，「執事聽令：知會坊口甲士隊開市！楚國商社打出望旗，六倍價！」說罷一裹皮裘噔噔去了。

「六倍便六倍！中！誰怕秦國虎狼了！」魏商陡然回轉，嚷嚷著大步去了。

「同道護持！六倍何妨！俺不怕！誰怕了？」

「不怕！」眾人一口聲呼應了齊國商人的問話，匆匆回到了各自商社。

霜霧方散，日上三竿。官市丞帶著馬隊隆隆趕來時，尚商坊已經開市了。眼見人馬牛車潮水般湧進了近二十丈寬的石坊口，官市丞又帶著馬隊隆隆捲了回去。尚商坊內頓時鼎沸起來，縱六橫三的九條大街分隔出的十個坊區，人群川流人頭攢動，與蘇秦描述當年臨淄大市的「車轂（註：車轂，車輪中心用以插軸的圓木，亦做車輪代稱。蘇秦此語後演化為成語「轂擊肩摩」）擊，人肩摩，連衽成帷，舉袂成幕，揮汗成雨」直是有過之而無不及。各色秦人今日聞所未聞的闊綽，將店口價牌瞄得一眼咕噥一句黑得狠，指點喊出粗糧一石青鹽十斤鐵犁頭三個等等名目，而後搖著錢袋抖出金錢眼也不眨。商賈們原想限貨，賣到午後關市，可昨日吞回的糧貨匆忙間都堆在店鋪尚未庫藏，洶洶人海豈容你中途收市？無奈只有硬撐，眼看著黃燦燦沉甸甸的各式金錢流水般進櫃，心頭直疼得大汗淋漓。

黃昏收市，尚商坊又吐得空空如也。秋風鼓著落葉飄過長街，亂市後的寂靜如幽谷一般。六國商賈們大為沮喪，顧不得聚集商討，紛紛先縮進店堂盤帳。一番忙碌結算，一吞三吐，大多商家都虧了三四成本錢，誰家生意越大，誰便虧得越多。

「鳥！老夫不服！終不成蛇吞象了！」終於有人吼喝起來。

當商賈們又漸漸聚攏到楚國商社門前時，卻見尚商坊獨一無二的顯赫鐵門已經關閉，猗頓氏商社的銅字也從門額消失了。商賈們立時覺得一股寒氣滲透了脊梁——猗頓氏虧倒灶了？驚訝之餘，神色各異的商賈們進了庭院繞過影壁，卻見正房前一排高車，僕役們正進進出出忙碌著裝車，猗頓公子鐵青著臉站在廊下，滿庭院沉悶得沒有一個人出聲。商賈們這番算是真正看明白猗頓氏倒灶了要關張出秦了，一時大洩了底氣，不禁癱軟在院中。

「中！赫赫猗頓氏原本也是泥熊一個，不經虧也！」

「魏兄好風涼。」猗頓公子提著一支金鑲玉的馬鞭沉著臉走下臺階冷冷一笑，「就實說，我猗頓氏這次商戰虧了入秦六成本金，於猗頓氏總社本金只是三成而已，撐持得住。念得諸位曾經擁戴我為盟主，猗頓實言相告。此乃家父密書，請魏兄念給諸位。」說罷從皮袋中抽出一支銅管抬手拋了過來。

「中！」魏商接住銅管抽出一張羊皮紙，高聲念誦起來，「斥候執事業已探明：密領咸陽官市者，呂不韋也！此人多經商戰風浪，未嘗一次敗北，若非方起之時數年全力援齊抗燕，早成天下第一巨商。此人執秦市欲彰顯功勞，必致六國商賈於死地，兒當關張離秦移商大梁，以避其鋒芒……這，公子何不早說！」

「諸位不來，猗頓還當真不想說。」

「老夫不信邪！一個呂不韋能整死尚商坊？」燕商憤憤然站了起來。

「俺倒是聽說過呂不韋。」齊國商社總事苦笑一聲，「也是神，此人專能絕處逢生。當年田單將軍眼看要困死孤城，派魯仲連尋著了這呂不韋。嗨！從此一海船一海船的糧貨兵器源源不斷。否則啊，那即墨能在樂毅大軍下撐得六年？此等人領市，我等沒轍。」

「鳥！這老殺才如此能耐，奔秦國做個小官市？不信！」

「人各有志。」猗頓公子冷著臉道，「無論呂不韋圖謀何在，只這商戰與我等相關，無關其餘，曉得無？實在說，猗頓倒是欽佩這個呂不韋。君子復仇，十年不晚。諸位若有心志，十年後再進咸陽與呂不韋一見高下。誰受不得這場屈辱，誰留下，猗頓恕不奉陪。」

商賈們誰也不做聲了。但為大商，都是世代累積的資財，誰敢眼睜睜將祖宗基業拚個精光？連猗頓氏這等天下巨商都要避開呂不韋鋒芒，誰還當真有心撐持下去？一時人人沮喪，滿庭院默然。

「稟報公子！」一個執事氣喘噓噓跑來，「有，有人求見！」

「求見？」猗頓公子皺起了眉頭，「秦國官市吏？」

「不像。一、一個白頭老人，不說名諱來路，只說要見公子！」

「也好。請他進來。」

片刻之間，一個鬚髮雪白的老人從容進了庭院，對著眾人周遭一拱：「在下呂氏商社總事老西門。見過公子，見過諸位總事。」不卑不亢不笑不怒卻又是一團和氣滿面春風，一看便是老辣商士。

「呂氏商社自是呂不韋了。」猗頓公子頓時臉色鐵青，「他還要如何？」

「公子明察。」老西門一拱手，「老朽奉命前來，是要知會諸位：呂公欲待與諸位聚飲言和，退回諸位本金，並奉送利金一成，了結這場突兀商戰。」

「不中！輸便輸！呂不韋要羞辱我等麼？」魏商總事憤然喊了起來。

「此公差矣！」老西門坦誠拱手道，「呂公所念：秦人突遭天災，官府突逢國喪，朝野措手不及，遲於治災以致生發亂象。呂公念及商道大義，恐秦人因商家囤積糧貨而難以度災秋種，故而督導南市與尚商坊周旋。如今秦人度災有望，這場突兀商戰亦該平息。呂公念及六國商賈入秦百年，周流財貨有大功，請准秦王退還諸位虧損本金並送利一成，所求處在諸位莫得離秦，如常留秦經商可也。」

呂公有言：商道無國，唯與百姓生計相連，若囿於邦國成見，失了商家本色也。呂公願以東道之身大宴諸位，以了此次恩怨，實無他意，願諸公明察。」

一席話了，庭院中所有人都瞪大了眼睛不說話。若說開始六國商賈還有憤憤然戒備之心，此刻倒當真難辨真假了。這位白頭老者說得入情入理，神態口吻絲毫沒有戰勝者頤指氣使的驕橫，顯然不會是呂不韋乘勝羞辱尚商坊了。然則戰勝者退還本金又奉利一成，這等事匪夷所思，誰又敢貿然相信？一時人皆狐疑，目光又齊刷刷瞄向了猗頓公子。

「老總事好說辭。呂不韋好器量。」猗頓公子拊掌大笑，「我猗頓氏認了！利金不要，本金收了，留在咸陽繼續商道。諸位認不認？自家說！」

「俺看使得！」一齊商總事高聲道，「我等要離開秦國，原本是怕呂公將俺等做仇敵待之。如今呂公折節屈就，要結交俺等，俺等豈能不識人敬？」

「中！只是咸陽尚商坊要大宴呂公才是！」

「不消說得！人各有份，一起做東！」

「如此謝過諸位！」西門老總事團團一拱手，「老朽便去回覆呂公，明日定聚宴日期。老朽告辭。」說罷從容而去。六國商賈們又是感慨又是迷惘，你看我我看你如噩夢醒來一般。黃昏時還在痛失河山，兩個時辰月亮升起卻又是失而復得，若非天意，豈有如此人生變幻？

夜半時分，呂不韋得到西門老總事回報，不禁長吁一聲，心中大石頓時落地。無論商戰何等獲勝，若百年尚商坊的六國商賈憤然離秦，咸陽的庶民生計便會大為艱澀。畢竟，秦人不善商事，粗放的南市遠遠不足以周流咸陽大都與數百萬關中老秦人，一旦尚商坊散，今冬明春的度災立時急難。其時無論做何說辭，朝野國人都會不期然將罪責歸在呂不韋身上；縱然新秦王護持得一時無事，呂不韋在秦國朝野剛剛生成的些許聲望一定是蕩然無存，談何後業？這種結局及應對，是呂不韋領著牛車隊去豐京谷的路上想透的。那個神祕青衣人一露面，他便相信這場商戰必勝無疑。下一個難題不是神祕青衣人，而是安定六國商人。他能料定的是，只要冬春度災的大局穩定，朝野任何人都不會計較這場商戰的利金多少。唯其如此，他便能放開手腳處置這個難題。畢竟，商家是以牟利為根本的。與西門老總事一番精打細算，呂不韋將全部利金做十成分為四塊：秦國官市一成，神祕的清夫人兩成，田氏卓氏各兩成，尚商坊兩成；剩餘一成依西門老總事說法，該當留給自己以補空虛，因為呂氏商社的餘金這次也全部填進了商戰。可呂不韋卻斷然搖頭，最後利金全部留著安撫尚商坊。呂氏累萬金錢已去，何在此時小錢？

「六國商賈如此通達，老朽倒是沒有料到。」西門老總事分外感慨。

「通達是通達。」呂不韋臉上浮現出熟悉的微笑，「目下想來，此間根本是秦國人口眾多市力雄厚。我等處置之法倒是次要了。」

「老朽倒以為，先生處置才是根本，換作官市丞定然面目全非。」

「謝過老爹獎掖。」呂不韋大笑，「說到底，天意也！」

次日過午，西門老總事領著滿載大箱的牛車隊隆隆進了尚商坊。按照商社逐一退還本金並奉利金一成。六國商賈們感慨唏噓堅執謝絕利金，西門老總事則反覆拜請，商賈們無奈，最終只得收了。

立冬這日，亂市後的尚商坊修葺一新重新開市。各商社總事與資深商賈百餘人齊聚尚商坊最大酒寓洞香春，大宴呂不韋與秦國官市一班吏員。席間六國商賈對呂不韋大是敬服，異口同聲申明：他日呂公但有吩咐，萬金不吝！呂不韋也是感慨萬端，舉爵逐席敬酒痛飲，不待散席醺醺大醉了……令呂不韋無法預料的是，數十年後他被貶黜洛陽閒居，六國大商名士感念他當年義舉，競相趕赴洛陽撫慰探視，車馬塞道門庭若市，為自己召來了殺身大禍。這是後話。

秋日臨窗，呂不韋方才酒醒，沐浴更衣後喝了一陶盆陳渲親手燉的魚羊湯，發了一通熱汗，渾身頓時舒坦振作，驀然想起一事，正要對陳渲說起，西門老總事匆匆來報說，秦王召他緊急入宮。

三、新王朝會波瀾迭起

這是新秦王嬴柱的第一次朝會，整肅列座的大臣們充滿了感奮與期待。

向例：新王即位當有圖新大舉，一則在賞賜朝臣中推出新一代權貴，二則提出振奮朝野的新國策。上代老國君在位期間越長，朝野對繼任新君的期望就越大。若秦昭王這般老國君在位五十六年，長平大戰後的幾年堅執守成，風癱後更是蟄伏深宮，對外偃旗息鼓，對內了無新政，朝野諸多事端糾葛漸漸已成積重難返之勢，聽之任之。無論有識之士入秦抑或在朝能臣將士，近十年皆無功業可言，輒懷扼腕歎息之心。若在衰頹之勢的山東六國，此等風平浪靜也許正好是朝野期盼的太平日月。然則這是秦國，朝野容不得這種長期無所事事的蟄伏。自秦孝公商君大變法之後，老秦人的耕戰事功精神驟然勃發，百年之中已成深植朝野人心的風習。庶民唯恐無戰功，朝臣唯恐無事做，但有大戰新政，舉國生機勃發。家有戰死烈士則榮顯，村族多耕戰爵位人家則揚名，民多有犧牲而無怨無悔。正是因了此等風習精神，秦昭王才敢於誅殺抗命不出戰的白起，秦軍將士也才能最終體諒秦昭王而義無反顧地出關血戰。此後三戰大敗，老秦子弟血流成河死傷三十餘萬，河東新地盡失，朝野卻了無怨聲，只咬牙將息以待再戰復仇。這便是秦國。這便是秦人。如今老秦王死了，新王即位了，朝野矚目所在與其說是賞賜臣民推出新貴，毋寧說是新政大舉。

呂不韋第一次參與朝會，也是第一次進入冠戴濟濟一堂的咸陽正殿。

當老內侍長呼一聲「太子府丞呂不韋入殿——」時，幽深大殿中一片齊刷刷目光驟然射來，其中蘊涵的種種意味使尚未跨進門檻的呂不韋倏忽之間如芒刺在背。就在這片刻之間，一頂六寸玉冠一領繡金斗篷的嬴異人迎到了殿口，肅然一躬，將呂不韋領到了東首文臣區的首座，自己則穩步登階，肅立在王案的東側下手。一路踩著厚厚的紅氈走來，呂不韋已經完全坦然了。吏身而入君臣大朝，大臣們的驚訝猜忌是可以想見的，但無論如何，自己的為政生涯要開始了，此等枝節日後不難化解。

「新王臨朝——」當值司禮大臣的老長史桓礫一聲長宣，嬴柱從黑鷹大屏後走了出來，鬚髮灰白的頭上一頂黑錦天平冠，身著黑絲繡金大袍，腰間一條六寸寬的錦帶上挎著一口銅鏽斑駁的穆公劍，遠遠看去高大壯碩巍然如一尊鐵塔，比做太子時的慵懶鬆散大有氣象。

「恭賀新君！秦王萬歲——」滿座大臣一齊在座案前拜倒。

「君臣同賀，朝野日新。諸位大臣就座。」嬴柱依著最簡禮儀答得一句，到長九尺寬六尺的王案前就座，喘息之聲清晰可聞。

「新王宣政——」

嬴柱輕輕一叩王案道：「諸位大臣，綱成君動議朝會，慮及朝野國人思變之心，本王從之。然則大災方平，國葬未行，內政頭緒尚多。本王欲先立定朝班諸事，而後再言經外可也。」喘息片刻一擺手，「長史宣書。」

老桓礫從王案右後前出兩步，嘩啦展開一卷竹簡高聲念誦：「秦王嬴柱元年王書：先王遺命，華陽夫人羋氏賢能明慧，堪為王后。本王即位，秉承先王遺命，立羋氏為王后，賜號華陽后，統攝後宮，母儀秦國朝野——」

「恭賀華陽后新立！萬歲！」殿中大臣依禮齊誦了一聲，渾然沒將此等題中應有之意放在心上。華陽夫人原本是秦王做太子時的正妻，不立王后倒是不可思議了。然則如此一件順理成章的冊封，新秦王還要抬出老秦王遺命，實在有蛇足之嫌，反倒使不少朝臣大覺蹊蹺。

「秦王嬴柱元年王書——」老桓礫又打開了一卷竹簡，「王子嬴異人才德兼備心志堅韌，曾得先王迭次首肯，親定為本王嫡子，又王命為嬴異人補加冠大禮。今本王已過天命之年，立嬴異人為太子，書告朝野——」

又是題中應有之意。大臣們又是同聲齊賀，只是對新王書言必提先王遺命大感不適，許多人皺起了眉頭。自來新王即位是事實上的改朝換代，若事事照搬先王遺命，秦國豈不還要沉悶下去？新銳之士豈非沒了功業之路？

眼見老桓礫又打開了一卷竹簡，大臣們不禁目光一齊瞄準了綱成君蔡澤。依著新王朝會常例，冊封王后太子之後必是立定丞相。蔡澤入秦做了一年丞相，便成了君爵清要，丞相府一直由老太子嬴柱署理；而今老太子成了新秦王，且素來是多病之身，丞相確實是要當即拜定的，否則國事無法大舉，而丞相人選，自然是非計然派名家蔡澤莫屬。拜相之後則是議政，議政首在丞相舉綱，才思敏捷者已經在思謀蔡澤將抬出何等新政舉措了。

老桓礫的聲音迴盪了起來：「秦王嬴柱元年王書：數年以來，義商名士呂不韋對秦國屢有大功：先拔太子於險難困境，再救太子於趙軍追擊之下，結交義士犧牲淨盡，累積巨財悉數謀國。方入秦國，堅辭先王高官賜封，執意以吏起步，以功業立身，志節風骨大得先王激賞。災異國亂之時，先生妥謀應對三策，臨危受命與六國商戰，建治災大功，朝野感念矣！唯念先生德才堪為人師，今拜呂不韋為太子左傅，晉爵左庶長——」

隨著鏗鏘激昂的宣誦，呂不韋實在大出意料。他對今日被召入朝的因由只有一想，是嬴異人要他列席朝會熟悉秦國政務，請准父王召他入宮。進殿被嬴異人親自導引到首座，他料定這是要他對朝會稟報商戰經過，之後再參與朝會議政，首座僅僅表示對他以吏身入朝的特殊禮遇而已。唯其如此想，呂不韋心下一直在斟酌自己的對策說辭，及至老桓礫念出「呂不韋」三字才恍然醒悟。心念連番閃爍，呂不韋終於靜下了心神——秦王父子不與自己商議而在隆重朝會突兀封官，又在王書中大肆彰顯自己功勞，顯然是非要自己拜領官爵不可，若再推辭，不合論功行賞的法度。看著王階上嬴異人熱切的眼神，呂不韋終於站起身來肅然拜倒，行了稱臣謝王的大禮。

「恭賀太子傅！萬歲！」一聲道賀整齊響亮，反倒比立王后太子大有勁道。朝臣們對於呂不韋的功勞才具早已經多有耳聞，尤其對國人交口傳揚的咸陽商戰更是感慨良多。經濟臣子們更是實在，直言不諱地說秦國有了這場商戰大勝，才算真正比六國強大了！今日又經王書實匝匝宣示一番，縱是些許大臣對商賈入政不以為然，對呂不韋入秦傳聞多有疑惑，也是無話可說。

「臣請朝議大政！」例賀聲猶在繞梁，有一人從前座霍然起身，極為特異的嗓音嘎嘎迴盪在殿堂，「新王朝會，首在議政。朝會向例，不行丞相以下之官爵封賞。我王即位初始，當以國政為先，官爵封賞但以常例可也，勿得破例榮顯某官某爵，開朝會之惡例。」

綱成君蔡澤？舉殿大臣不禁愕然失色。

三道王書一下，蔡澤如坐針氈。無論如何，這第三道王書該當是確定相權的，而目下相權又無論如何該當是他蔡澤的。沒有相權，計然派治國術豈非又要流於空談？今日朝會若在立王后立太子之後不封任何官爵，蔡澤尚可些許心安，畢竟相權依然未定。然第三道王書卻是封呂不韋為太子左傅，他立時覺察到了一種隱隱逼近的威脅。實在說，蔡澤對呂不韋是讚賞的，也是樂於交往的，事實上呂不韋第一次進入太子府也是他舉薦的，呂不韋建功立業而得高官他也以為是遲早之事；若是自己業已實實在在做了十年丞相而呂不韋出現在面前，他倒是真想舉薦呂不韋做丞相，如同范雎當年毅然辭官而舉薦他做丞相一般。然則此時呂不韋突兀跳出，且一舉是朝會封定的太子傅，他無法坦然了。歷來朝會只拜定丞相上將軍，其餘官爵都是下王書封賞，而今丞相未定卻先封太子傅，豈不是意味著他重掌相權渺茫之極？心緒煩亂之下，蔡澤忍不住當殿憤然發作，直然指斥秦王開了惡例。

蔡澤全然沒有想到，自己這種發作本身更是匪夷所思的惡例。無論朝會有幾多成例，畢竟都是傳統與規矩的程序而已，既非法令又不牽涉實際的貶黜升遷，新秦王縱然做為特例抬高了呂不韋的賞封禮遇，也不是全然不能為之，賞罰畢竟出於君王，何能如此聲色俱厲地指斥新君？一時間莫說大臣們驚愕，新太子嬴異人猶感難堪，頓時紅了臉便要說話。

「諸位少安毋躁。」嬴柱似乎不經意地叩了叩王案，平靜如常地笑了，「憂國謀政，坦陳己見，綱成君誠可嘉也！」又對身後一招手淡淡道：「長史宣書。」

一聽還有王書，舉殿大出意外。尋常傳聞都說這老太子孱弱少斷，如何一朝做了秦王判若兩人？看今日朝會各方無不出乎意料之情勢，分明是有備而來，又分明是沒有與任何一位大臣事前商討，卻能連出四道王書，豈非大有成算？尤其難能可貴者，面對蔡澤聲色俱厲的指斥，新王一笑一贊了之，如此君王能是孱弱平庸之輩麼？如此尋思，第四道王書必定大有文章，殿中靜得幽谷一般。

「秦王嬴柱元年王書——」老桓礫的聲音又迴盪開來，「本王即位於多事之秋，國政繁劇，朝野思變。為錘鍊儲君治國之才，丞相府由太子異人兼領統攝，綱成君蔡澤居府常署政事，太子傅呂不韋襄助——」

話音落點，新太子嬴異人肅然一躬：「兒臣恭領王書！謝過父王！」

驚喜交加的蔡澤連忙跟上深深一躬：「臣蔡澤奉書！謝過我王信臣之恩！」

呂不韋這時才暗自長吁一聲，跟在蔡澤後面一躬謝王。大臣們都在矚目於當日立為太子又當日統攝相權的赫赫異人與前倨後恭判若兩人的綱成君蔡澤，沒有人注意平靜拜謝且沒有任何特異說辭的呂不韋。朝會至此再無神祕蹊蹺處，舉殿大臣頓時輕鬆，同聲齊誦一句：「恭賀我王朝會定國，開秦新政！」

依著朝會規矩，權力格局一旦確定，議政便成為可有可無可長可短的程式。畢竟邦國大政都是樞要大臣事先議定的，縱上朝會也是書告朝野的程序而已，百餘人的朝會從來都不是真正議政的場合。

更要緊之處在於，新王體弱多病且正在服喪之期是誰都知道的，朝會不能太長，縱有大事也不能都擠在朝會提出。唯其如此，大臣們才齊誦一聲，算作默認朝會可以了結。新王只須說得一聲「但有新政之議，諸臣上書言事」，朝會便可宣告結束。

正襟危坐半日，嬴柱本來已經疲憊，掃視大殿一眼正要開口，卻見西區首座一人霍然站起跨前兩步赳赳拱手：「老臣蒙驁，請言大政！」

「上將軍言政，但說。」嬴柱勉力一笑，心頭不禁一動。

「我王明察！」白髮蒼蒼的老蒙驁慷慨激昂，「秦國自長平大戰之後連敗於六國三次，國土萎縮，閉關蝸居十有三年。今新王即位，一元復始，當思重振雄風！為開秦國新局，老臣以為我軍當大舉東出，縱不能次第滅國，亦當奪回河東、河內兩郡。今日老臣請朝會議決：冬日即行國葬，來春許臣統兵三十萬東出，大戰六國，雪我國恥！」

舉殿大臣頓時被老蒙驁蒼勁雄邁的聲音激盪起來，感奮與期待驟然勃發出雷鳴般的呼應：「大戰六國！雪我國恥！」蒙驁身後的將軍們齊刷刷立起，鐵甲斗篷猶如一片黑松林矗立殿堂。整個大殿除了蔡澤與呂不韋以及王階上的新太子嬴異人與老長史桓礫四人，悉數大臣無不奮然高呼，其情勢分明是只等新王拍案一決。疲憊朦朧的嬴柱心頭陡然一緊，欲待開口，一時無所適從。朝會之前，唯一預聞朝會議題的大臣便是這老蒙驁。嬴柱與蒙氏交誼篤厚，與蒙驁素來言不藏心，事前召見為的正是叮囑他切莫在第一次朝會上提起興兵之議，茲事體大，需得國葬之後從長計議。老蒙驁則慷慨激昂地陳說了大軍東出的方略謀劃與種種勝機，力主以大軍戰勝之威振作朝野，為新王新政開創大局。對嬴柱的叮囑，蒙驁沒有異議，嬴柱也理所當然地以為老將軍接受了。不想今日蒙驁在朝會末了突兀提出大戰六國，鼓蕩朝臣同聲呼應，大有藉朝堂公議聲勢迫使新王當殿決斷之勢。嬴柱縱然心下不快，也不能漠然置之，叩著王案一時沉吟不決。

「老臣不敢苟同上將軍之議。」正在此時，蔡澤的公鴨嗓呷呷迴盪起來，「我王明察：大戰須得舉國而動，備細籌劃。何能但得動議，便倉促興兵？秦軍固得東出，國恥固得洗雪，朝野固然求戰，然大災未過國葬未行，大臣若以復仇開元之辭鼓蕩朝議不謀而動，邦國何利，庶民何益？老臣之見：上將軍動議不宜立決，當於國葬後再行商討。」

「綱成君豈有此理！」老蒙驁怒火中燒，「甚叫倉促興兵？甚叫鼓蕩朝議？老夫為秦軍東出謀劃何止三五年！謀國不協力，專一無事生非，焉能居相攝國……」

「父王——」突兀一聲尖叫打斷了蒙驁的憤激虎吼，哄嗡爭執的大殿頓時寂然無聲。大臣們這才發現新王頹然倒案，新太子嬴異人抱著秦王哭喊不止。面色鐵青的老桓礫與幾個內侍亂作一團，匆匆趕來的兩名老太醫竟挨不到王案之前。蒙驁蔡澤大驚失色，率先向王座搶來。朝臣們也哄然一聲驚呼圍了上來，眼看著偌大正殿便要亂了方寸……

「兩位止步！」呂不韋一個箭步躍上王階，當頭沉聲一喝。蔡澤當即恍然，一把拉住蒙驁衣袖，同時回身喊了一聲諸位止步。呂不韋轉身跨上王臺，扶住正在哭喊的嬴異人低聲正色道：「太子莫亂方寸，救治秦王要緊！」兩手一用力將嬴異人扶開了新秦王，同時對擠擠挨挨亂作一團的內侍太醫揮手厲聲下令：「讓開屏道！請王后上前！」眾人嘩啦從大屏前閃開，這才看見冠帶散亂的華陽后緊鎖眉頭倚著大屏氣喘噓噓，分明是匆匆趕來卻被亂人擋在了圈外。清醒過來的老桓礫心頭猛然一沉連忙一躬：「王后請！」華陽后沒好氣地一甩長袖到了王案前，一邊伏身偎住嬴柱，一邊從懷中摸出了兩個晶瑩陶瓶，右手捏著一個向嬴柱齒縫連連抖動，左手一個舉到自己嘴邊猛啜一口，而後低頭將小嘴湊上嬴柱嘴唇猛然一鼓。只見嬴柱喉頭一動，臉色漸漸和緩了過來。華陽后這才抬頭掃視了一眼大汗淋漓的朝臣內侍，只對呂不韋輕輕頷首一下，蹲身將嬴柱攬在肩頭背了起來。手足無措的老內侍一見王后勞力，向幾名少年內侍一揮手，內侍們要搶步上前效力。

「且慢！」呂不韋一步跨出低聲喝住，「王后救治之法，勿得攪擾。」

眼見華陽后婀娜搖去，殿堂一片粗重的喘息，大臣們不約而同地癱在了厚厚的紅氈上，木著臉你看我我看你，誰也沒心思說話了。老蒙驁指指蔡澤，蔡澤點點老蒙驁，相對無聲地搖頭苦笑著，淚水不期然湧上了溝壑縱橫的老臉。

掌燈時分，呂不韋被一輛輜車祕密召入了王城。

嬴柱在東書房密室接見了呂不韋，華陽后在旁煮茶，室中連侍女也沒有一個。燈下看去，嬴柱氣色竟比日間朝會時還要好些，呂不韋當頭一躬：「王體痊癒，臣心安也。」嬴柱招手示意呂不韋坐到身邊案前，指指已經擺就的茶盅，歎息一聲搖頭苦笑道：「無奈出此下策也。我若不發病，這朝會如何了結？」華陽后嬌嗔道：「你倒有心弄險！曉得無？若不是先生派人急報於我，只怕今日當真出事了。」呂不韋道：「然則倒是神效。否則上將軍與綱成君當真失和，國事大大艱難。」嬴柱又是一聲歎息：「國無良相，終是亂局矣！」默默啜茶不再說話了。華陽后起身笑道：「曉得你有法度，我去也。先生放心說話，我在外室。」說罷飄然出了密室，身後厚重的木門悄無聲息地閉合了。

「先生且看。」嬴柱從案下暗箱中拿出了一只銅匣推了過來。呂不韋接過一看，銅匣鎖已打開，匣面赫然兩個紅字：密件！掀開匣蓋拿出一卷展開，一瞄題頭精神一振。

蜀郡守李冰啟：老臣奉命料商業已完畢。巴蜀兩郡共計商賈一萬三千六百餘，蜀郡十居其八。巴商多營木材獸皮魚類與各色珍禽山貨，殊無大利。蜀商經營繁多，幾比關中，然大商巨賈極少，唯一商財貨難以計量。此人號清夫人，民人呼之寡婦清，以遺孀之身掌持家事，始開商賈，以大船通商楚國，著力經營井鹽丹砂象牙珠寶三十餘年，人皆云累財無數。清夫人從無違法經商之事，於官府關稅市稅按期如數繳納，然卻從不與官府私相來往，亦不在蜀地常居。是故，倉促間無從知其財貨虛實大數，容臣後查。 臣李冰秦王元年立冬頓首。

「蜀郡有如此奇商，臣始料未及也。」呂不韋不禁慨然一歎。

「若非先生預料確當，我如何想到下書蜀郡料商？」嬴柱微微一笑，「先生但說，如何賞賜這清夫人商戰之功？」

「此事容臣思謀幾日。」呂不韋沉吟著字斟句酌，「臣觀其行蹤心志，清夫人多有蹊蹺處，絕非尋常商賈疏離官府之象。其利金臣已如數交付，賞賜不妨暫緩。容臣探清其虛實真相，而後定奪如何？」

「然也。」嬴柱一拍案，「第二事，將相之爭如何處置？」

呂不韋思忖道：「上將軍之議，綱成君之說，皆有道理。以秦國情勢論，臣贊同綱成君主張，秦軍不宜倉促東出。然朝議洶洶，國人思戰，亦不可漠然置之。臣意：冬日先行國葬，其間我王與臣等可與上將軍並綱成君從容商討，悉數查勘府庫軍輜；若能有備而出自是最好，若府庫軍輜一時難以足量，則寧可推後。」

「先生願領何事？」

「臣熟悉財貨，可查勘府庫軍輜。」

「好！無論何說，總以府庫軍輜儲量為準。」

「老將軍耿介執拗，綱成君多有乖戾，臣無以助力，多有慚愧。」

「我知先生難矣！」嬴柱啜著熱騰騰的釅茶慨然歎息了一聲，「先生初入秦國，與將軍無交，與老臣生疏，初任大臣難以周旋也。然則秦國只一樣好處：任誰沒有憑空得來的聲望根基。我這老太子做了十幾年，多次岌岌可危，說到底還是嬴柱沒有功業。若非先王選無可選，嬴柱焉得今日王位？太子尚且如此，臣子可想而知。先生儘管放手做事，但有功業，雖天地難以埋沒。」

「謝過我王體察！」呂不韋一聲哽咽驟然伏地拜倒。

「先生哪裡話來！」嬴柱一把扶住，與呂不韋四目相對喟然一歎，「天意也！我與異人雖骨肉父子，然幾二十年天各一方，雖立其為太子，卻無從督導。天賜先生於異人，嬴柱期先生遠矣！」殷殷道來紅了眼眶。

呂不韋不禁肅然一拱：「終臣一生，無敢有負秦國！」

霜霧之中隱隱傳來一聲雄雞長鳴。嬴柱如釋重負地長吁一氣頹然伏在了案上。華陽后悄無聲息地飄了進來，對呂不韋笑著一點頭，嫻熟地背起嬴柱走了。呂不韋有些木然，站了起來默默跟著守候在門口的侍女走了。冬初的霜霧夾著渭水的濕氣漫天落下，呂不韋的身影隨著一盞搖曳的風燈飄忽起來，沒進了咸陽的茫茫拂曉。

四、繁難國葬　學問騰挪

冬至。秦昭王的葬禮在寒冷的晚霞中收號了。

朝會次日，綱成君蔡澤奉特書總領國葬事務，兼署太史令、太廟令、駟車庶長、內史、太祝、行人（註：內史，戰國秦官，掌京師咸陽軍政。太祝，戰國秦官，掌祈禱禮儀。行人，戰國秦官，掌邦交事務）等相關六府。王書隻字未提舉兵東出事，只說「妥行國葬，以安朝野，為目下國政之要」。依次推去，舉兵東出自然不是要務了。自己的主張能取代朝野洶洶擁戴的上將軍蒙驁的動議，使蔡澤大為振奮，立即下令六府合署專司葬禮事務，當下大忙起來。

秦昭王薨去前後天崩地裂災異不息，靈柩在太廟停了整整三個月有餘。依著古老的風習，這是「異葬」。異葬者，非常之葬也，不吉之兆也。秦昭王死於六月炎夏，正應了一句古老的咒語：「惡死六月無可葬。」尋常人等若死六月，即或殷實之家富貴大族，連屍體至少停放三日的老禮都無從講究，便得匆忙下葬。其間因由，在於炎夏酷熱而民無冰室，屍體若居家過得三日三夜便會腐臭潰爛，死者難以全屍入殮。死不得全屍，是古人的最大忌諱，即或戰場殞命的烈士遺體運回故鄉安葬，族人家人也會千方百計地將殘缺屍體續得渾全方才下葬。唯其如此，為顧全屍，酷暑之死無法講究禮儀。然則，赫赫一代雄主的秦昭王，靈柩深藏冰窖，又恰逢連月老霖酷暑變作悲秋，屍身自然無事。然異葬終成事實，葬禮便處處得上應天數下合物議，方能破解不吉之兆，否則會引來列國嘲笑，且對朝野公議無法交代。如此異葬，便大大有了講究。

第一件大事，議定老秦王之號。

號者，名稱也。常人之號，姓名外加表字。對於國君，這個「號」不是姓名，而是謚號與廟號。謚號，是在國君死後依其生前行跡評定的稱號，或褒或貶，以示蓋棺論定。謚號制行於整個貴族層，國君謚號由朝會議定，大臣謚號由國君賜下。「謚者，行之跡也。號者，功之表也。是以大行受大名，細行受細名，行出於己，名生於人。」（註：見《逸周書・謚法解》）這是周禮大繫中謚法的原本規矩。廟號，則是國君死後其靈位專室在太廟的序列稱號，與行跡功業關涉不大，所依據者主要是輩分與靈位專室的位置。廟號制始於殷商，太甲廟號為太宗，太戊廟號為中宗，武丁廟號為高宗。無論是謚號還是廟號，都是國君死後的定位名稱，人但呼其號，便是已逝國君。歷經春秋數百年禮崩樂壞，戰國之世的禮法已經大大簡化，對國君之號的確定，看重朝野公議對國君業績的褒貶，而輕忽國君在廟堂的輩次排列。風習之下，王號大多只有一個且很少拘泥形式，實際而論，大多是只有謚號而無廟號，如秦孝公齊威王魏惠王趙武靈王，等等。到了秦國統一天下，秦始皇索性連謚號廟號一齊廢止，只按國君代次從始皇帝而二世三世地排列下去。西漢立朝，重新恢復了謚號廟號制。流傳到後來，謚號制越來越變形，以二三十字為「長謚」而專一頌揚帝王的醜劇迭出不窮，使原本體現天下公心而由公議褒貶國君的謚法不期然變成了匪夷所思的惡制。這是後話。

謚號對於葬禮之重要，在於時時處處須得提及，否則成無名之葬。

蔡澤知道，停喪治災期間，老秦王的謚號已經由太史令會同六府提出，擬定一個「襄」字。襄者，高也，成也，輔助也。但還有一個更重要的字意，是駕車的上等轅馬。「襄」與「驤」通，襄者驤也。《詩・鄭風・大叔於田》云：「兩服上襄，兩驂雁行。」兩服，中央駕轅兩馬。兩驂，兩邊拉套馬。上襄，則是上等好馬。也就是說，襄為駕轅之良馬。應該說，這個襄字與老秦王一生行跡尚算切合。老秦王前半生事實是與宣太后共同主政，雖處輔助之位，亦算得兩馬共轅；後半生親政大戰六國摧枯拉朽功業大成，駕轅之良馬當之無愧。然細加揣摩，蔡澤總覺得這個「襄」字有缺。缺之一，無得彰顯老秦王稟性功業之威烈；缺之二，無以破解「惡死」之凶兆，無以順應異葬之異數。後一點最是要緊。

在書房將自己關了一夜，次日清晨蔡澤匆匆進宮。

「老臣之意，先王謚號可加一字。」蔡澤開門見山。

「綱成君欲加何字？」

「昭！一個『昭』字。」

「昭？昭？」嬴柱一時有些困惑，「其意何在？」

「昭字四意！」蔡澤精神大作一口氣說了下去，「其一，昭從日，大明之光威烈赫赫。其二，昭為彰明顯揚，昭著天下。其三，昭為明辨事理，孟子云『賢者以其昭昭，使人昭昭』，此之謂也。最後一處尤為切合，先王宗廟之室排序在左，正是『昭』位！」

「噫——」嬴柱驚歎一聲恍然拍案，「好！昭襄王！一個昭字大出神韻也！」

「老臣還擬了八字型大小辭，以合異葬之數。」

「說！」

「威烈昭彰，天下為襄！」

嬴柱雙目大明，慨然一躬到底：「綱成君奇才也，異葬鬱結，自此解矣！」

諡號交付公議，朝臣們異口同聲地拍案讚歎不絕，了無異議，蔡澤才名一朝鵲起。太廟令太史令兩位老臣直是嗟歎：「宗廟之說竟出雜學之士，未嘗聞也！我等荒謬顢頇，愧執學問公器矣！」原來，以太廟靈室排序，始祖居中，其後分「昭穆」之位兩列：二四六諸代父室在左（東），曰「昭」；三五七諸代子室在右（西），曰「穆」；秦王嬴稷為嬴氏嫡系傳承第二十八代，其宗廟奉祀之靈室正居左昭位，自然切合一個昭字。此等講究若由太廟令太史令等一班算國之臣提出，便是題中應有之意，任誰不會意外驚歎。然由蔡澤這等經濟雜學之臣提出，大大出乎朝野意料，誰卻能不讚歎？

諡號王書頒行朝野，昭襄王名號立即響徹秦國朝野。「威烈昭彰天下為襄」的巨幅白幛一夜之間掛上了各郡縣城池與咸陽城頭，喚起了國人對這位威烈之王的種種思念。

第二件大事，是要在國葬王書中對秦昭襄王異葬有個圓滿解說。

秦昭王惡死六月，在山東六國早已經是流言洶洶，哄哄然占據主流的是趙國說法：老嬴稷殺戮山東庶民兩百餘萬，血腥太重，天罰惡死，秦國大衰！大梁人則咬著牙根幸災樂禍地嘲諷：當年我魏惠王死逢亙古大雪，秦人罵老魏王異葬天罰！哼哼，今日如何？老秦王才是真正的異葬天罰！僅僅是六國笑罵還則罷了，偏偏關中老秦人也暗地裡流傳一說：老秦王冤殺武安君白起，三戰大敗於六國合縱，秦軍慘死三十餘萬，六月之死豈非報應？曾有駟車庶長憤然上書，請治關中流言者死罪。嬴柱卻苦笑連連：「老王叔也，防民之口甚於防川，此時治流言，秦國要不要了？」說罷看也不看將一卷竹簡燒了。這次特命蔡澤，新秦王專一叮囑了一句：「綱成君，此次本王書特意申明你兼署六府，非為蛇足，君自細加斟酌。」蔡澤當時便明白回覆：「老臣受命坐掌丞相府總攝百官，原不需申明兼署。我王之意，無非恐葬禮錯失而已，是故令臣兼署六府一統葬禮。老臣無他，唯能調得天下眾口也！」

謚號一定，蔡澤立即連夜召見六位大員，商討國葬王書如何措辭。不想六人入座只異口同聲一句話：「素聞綱成君學兼百家，我等但憑吩咐。」蔡澤淡淡一笑：「諸位要掂量老夫學問，也好，尚書筆錄。」待尚書備好筆墨肅然就座，蔡澤已經晃著鴨步呷呷念誦了起來：

秦王嬴柱書告朝野：嗚呼哀哉！先王故去，山河失色！號為昭襄，功業蕩蕩。薨於炎夏，威布陰陽！大秦居雍，上應太白，下為水德，太白主戰，水德肅殺。王主秦政，威烈皇皇，大摧強趙，屢敗六國，攻城掠地，震懾四方，執法如山，水德泱泱！炎夏風雷，王之天車，魂住三月，譬若文王，念我國人，魂縈故邦。生而伏暑，薨而大陽，昭襄天命，唯秦永昌！嗚呼哀哉！恆念昭襄！

「好！」呷呷之聲剛一收剎，六位大員不約而同地一聲喊好。太史令搖著白頭大是感歎：「天也！老夫此來原也備得一篇，聽綱成君書文，愧殺人矣！」太廟令拍案高聲道：「此文堪為昭襄王祭文。當勒石太廟，永為傳誦！」駟車庶長當即接道：「此事好說，老夫奏請秦王！」蔡澤啜著茶，聽幾個素稱鐵面的老臣連番讚歎，心下大是舒暢，不禁呵呵笑道：「諸位既無異議，我等分頭行事：老庶長持此文底進宮，呈秦王斟酌；秦王得准，立即頒行郡縣，並交內史白幛謄抄，張掛咸陽四門；太祝與太史太廟，我等立即勘定陵墓並國葬之期；行人署將一應文告盡發六國，預聞葬禮。」

六位大臣一聲應命，立即分頭匆匆去了。次日清晨，特急王書飛騎頒行秦國郡縣並張掛咸陽四門，國人爭相圍觀誦讀，學問士子紛紛慷慨解說，老秦人頓時恍然，心中疑雲陰影煙消雲散，不禁感慨萬分。這秦昭襄王生也盛夏，死也盛夏，豈非明明白白一個大陽之王！死六月而逢老霖，天冷得要穿皮袍子，屍體竟安然無恙，這不是上天眷顧之意麼？功業行跡生死應數，這是雄主天命，也是大秦國運。甚個惡死異葬，全然山東六國詛咒老秦，何其可惡也！

國人心結化開，蔡澤卻皺起了眉頭，為的是最大一件難事，確定墓葬地。

秦自立為諸侯，從隴西遷入關中，歷代國君都葬在春秋老都城雍城一帶，後世稱為秦公大陵。戰國之世，秦國的獻公、悼武王兩代國君也都回葬了雍城陵區。

孝公、惠文王兩君始葬咸陽郊野，卻都是葬禮簡樸，陵園狹小，且祭祀正宗皆在雍城。咸陽雖然也有宗廟，然卻只有供奉先祖與歷代國君的靈室，離陵墓甚遠。老都雍城的陵墓區及其宗廟在王族與朝野國人心目中，自然比咸陽太廟要完整神聖許多。如此格局頗多不便，用老秦人話說，是「隔澀」。隔澀者，不順暢也。首先的隔澀處是祭祀地以何為正宗？戰國之世多驟發戰事，祭祀告祖是大戰之前之後不可或缺的儀式，加之時令節氣災異大政等諸般重大國事，國君大臣的祭祀幾乎月月都會發生，若以雍城陵墓區宗廟為祭祀正宗，每遇祭祀馳驅數百里，自是大大不便。而若以咸陽宗廟為正宗，國君卻只兩代葬在咸陽，禮儀之隆自然比不上雍城。此等尷尬雖非興亡大事，卻也實實在在是個難題。秦自遷都咸陽，孝公惠王兩代都曾想在咸陽城外的渭水南岸山塬建立宗廟，國君從此安葬咸陽渭南，以免不期祭祀之艱難。然終因戰事多發，秦國尚未強大到滋生出天下終歸秦土的普遍心志，老秦人終是以雍城為根基，國君葬於關中渭南的謀劃難以成為定制，做到的只是將有此心志的孝公惠王安葬在了渭南。

秦昭王一代雄主，長期在位能從容行事，一心要為秦國一統天下奠定根基。除了力戰山東摧毀六國實力，秦昭王晚年只思謀兩件大事：一是穩定秦法做萬世國本，二是消解老秦人素來以西土部族自居的馬背之心。第一謀劃之下，有了太廟勒石護法。第二謀劃，秦昭王便想從國君東葬成為定制開始。此事看似虛筆，實際卻是要為秦人樹立一個精神界石，使秦人以天下為秦，而絕不僅僅以西部為秦。然此事終歸要後人去做，自己無法強為。為此，秦昭王專一給太子嬴柱留下了一件遺書：「父死之時，若情勢安定，或可葬於渭南，開秦陵東移之定制。」新君嬴柱將這一遺書鄭重交給了蔡澤。蔡澤當即慨然應命，定要設法達成先王遺願。

蔡澤卻沒有想到，今日一開口便遇到了「三太」的一致反對。

「綱成君輕言也！」太史令翹著山羊鬍鬚當先開口，「先王雖有遺書，然根本處卻在這情勢如何。朝議所趨，人心所向，列國之勢，都是改葬須得斟酌的情勢。先王驟去，澇災方息，秦國第一要務是安定，動不如靜。昭襄王宗廟或可立於渭南，改葬之事萬不可行！」

「宗廟東遷亦不可行！」太廟令立即赳赳接上，「亙古至今，墓廟兩立未嘗聞也！獨我秦國竟能西墓而東廟，原本咄咄怪事！孝公惠王兩代特例，不能做定制待之，昭襄王之葬豈能效法？老太祝，你做何說？」

滿頭霜雪的太祝從來寡言，溝壑縱橫的古銅色老臉恰似他與之對話的神靈那般靜穆，見太廟令敦促，方才字斟句酌道：「太祝掌邦國祭祀祈禱，獻公東遷櫟陽之後，宗廟祭祀一直東西兩分。太祝府亦隨之分為東西兩署吏員，每逢祭祀諸多不便。據實而論，宗廟陵墓歸一，最佳也。然老夫以為：自古宗廟循祖地，秦國宗廟陵墓當歸一於雍城為上策。若遷關中，或利於事功，然卻損於國運矣！」

「有損國運一說，可有依憑？」蔡澤立即追了一句。

「卜師鑽龜而卦，其象不明，無可奉告。」

蔡澤默然思忖片刻道：「三位老太皆以為宗廟陵墓不宜東遷，我自當謹慎從事。然昭襄王遺願也是鑿鑿在目，終歸不能做過耳輕風。蔡澤敢問三太：若得何等情勢出現，方可東葬昭襄王？」

三太一時語塞。蔡澤之言也有道理，做為奉命大臣，先王遺命不能置之不理。更有自古以來的習俗：葬地首從死者遺願，死者但有遺言，後人若無非常理由皆應遵從。尋常庶民尚且如此，況乎一國之王？方才三人所說都是情勢之理，而沒有涉及死者遺願。而如果改變死者遺願，自然得有非同尋常的理由。反對理由三人方才已經說完，一時如何想得出非同尋常的東葬理由？蔡澤問話顯然已經想到了這一點，所以問話是相反一個方向：此事有無迴旋餘地？要得怎樣才能使昭襄王東葬？如果回答，事實上只有順著完成死者遺願的方向說話，若不做回答，顯然有不敬先王遺命之嫌，三位老太一時沉吟起來。

「三位老太，此事尚可商榷。」蔡澤見三人無話，和緩笑道，「老太史之說，在國事情勢不許。老太廟之說，在禮法成例不許。老太祝之說卻是三分，一認東遷利於事功，二認當循祖地，三認卦象不吉。蔡澤總而言之：國事情勢大體尚安，不足棄置先王遺願。禮法成例祖地之說，於變法之世不足以服人。唯卦象一說尚可斟酌。蔡澤之意，若得卦象有他說可以禳解，先王東葬當無大礙，三位老太以為如何？」

「此法可行。」老太祝先點頭認可。

「也好，先解了卦象再說。」太史令與太廟令也跟著點了頭。

蔡澤頓時輕鬆，與三太約定次日會聚太廟參酌卦象，匆匆進宮去了。

嬴柱聽完蔡澤稟報，心中喜憂參半，喜的是在喪葬大禮上的三個要害大臣還有轉圜的餘地，憂的是這莫名卦象究竟何意？戰國之世雖不像春秋之世逢國事必得占卜，卻也是大事必得求兆。所謂求兆，一是天象民諺童謠等天人變異，二是山川風雲等各種徵候變異，三便是占卜。前兩種徵兆可遇不可求，許多大事便要靠占卜預聞吉凶。先王喪葬為邦國禮儀之首，諸多環節都要占卜確定。太祝府的卜人署專司占卜，如今生出一個不明卦象，傳之朝野豈非徒生不安？思忖再三，嬴柱提出要親赴太廟聽卜人解說卦象，蔡澤欣然贊同。

次日清晨，三太在太廟石坊口迎到新君與蔡澤車駕，轔轔進了太廟。

君臣在正殿拜祭之後，太廟令對太祝肅然一躬交出東道之職。老太祝肅然還禮，復從容前行，領著君臣幾人徒步進了松柏林中的卜室。戰國之世，各國王室占卜的職司程序大體都是三太共事：直接占卜的卜人隸屬太祝府，國事占卜的地點卻在太廟正殿，太史令則必須在場筆錄入史；占卜之後的卦象，須得永久保存在由卜人掌管的太廟的卜室，供君主與相關大臣隨時參酌。也就是說，太祝府職司占卜並卦象保存，太廟府職司占卜場所，太史府職司筆錄監督。一事而三司，可見其時占卜之尊崇。

朝陽已在半天，卜室正廳卻一片幽暗。裝滿各種卜材的高大木櫃環繞牆壁，正中一口六尺高的青銅大鼎香火終日不息。繞過正廳大屏，再穿過頭頂一片藍天的幽深天井，進了一座靜穆寬綽但卻更為幽暗的石室，便是尋常臣子根本不能涉足的卦象藏室。室內三面石牆三面帷幕，中央一張香案，兩列四盞銅人高燈、六張寬大書案，靜謐如同山谷。

嬴柱君臣拜罷香案堪堪坐定，一個鬚髮霜雪布衣竹冠的老人從深處過來肅然一躬，回身走到東牆下向胸前石壁一摁，一面可牆大的帷幕無聲地滑開，整齊鑲嵌在青石板上的一排排卦象赫然眼前。老人對著石板高牆又是肅然一躬，雙手捧下頭頂石板格中的一面龜甲，仔細卡進了一張與人等高的帶底座的大木板。老人方得回身，已經有兩名年輕吏員將木板抬到了大廳正中。

「卜人稟報秦王：此乃十月正日所得鑽龜卦象。」老人用一根蒼黃細亮的蓍草在三尺之外指點著裂紋奇特的龜板，「龜紋九條，間有交錯，指向方位全然不明，無從判定吉凶也。卦象推前。秦王細加參酌。」隨著卜人吩咐，兩張大板同時推到了嬴柱案前。

嬴柱睜大了眼睛仔細端詳，也看不出龜甲裂紋與曾經見過的龜卜卦象有何異同？不禁皺起了眉頭：「三位老太學識淵博，可能看出此卦奧祕？」三顆白頭一齊搖動，異口同聲一句：「臣等多次揣摩，無從窺其堂奧。」

「綱成君以為如何？」

蔡澤端詳已久，饒是雜學淵博且自認對易學揣摩甚深，然卻對眼前這令人目眩的紋線看不出些許頭緒來。大凡龜卜甲板，紋線最多三五條，大部分都只有一兩條，其長短、曲直、指向及附帶裂口，大體都有數千年傳承的卜辭做為破解憑據，多識駁雜者往往都能看出幾分究竟來。然則目下之龜板裂紋多達九條，長短不一且偶有交錯與裂口，聞所未聞。蔡澤正在沉吟無話，卻見老卜人盯著卦象嘴角抽搐了幾次，心下猛然一亮，趨前深深一躬：「老卜人乃徒父（註：徒父，秦穆公時職任秦國卜師，以龜卜聞名諸侯）之後，累世掌卜，敢問可曾見過此等卦象？」蔡澤的謀劃是，若老卜人也回說不知，便動議此卦作「亂卦不解」，如同「亂夢不占」一般。

「老朽遍查國藏卦象，此卦恰與春秋晉獻公伐驪戎之卦象無二。」

老卜人一開口語出驚人，三太聽得大皺眉頭。蔡澤也是心下一沉，不想再問下去了。晉獻公乃春秋多事之君，此等異卦現於他身焉能有吉兆？然素來唯讀醫書而生疏於史跡的嬴柱卻陡然振作拍案：「好！參卦也是一法。那副卦象可在卜室？」

老卜人一點頭，兩個年輕吏員從卜室深處推來了一方木板，中間卡著一片已經發黃的碩大龜甲。大板立定案前，君臣幾人一齊注目，新老兩片龜甲的裂紋確實一般無二。

「晉獻公龜甲有解？」蔡澤立即追問了一句。

「其時史蘇為晉國卜史（註：卜史，春秋晉國占卜官。史蘇，春秋晉國之卜史大夫，以此卦聞名諸侯），學問玄遠，實非我輩能及也！」老卜人慨然一歎旋即漠然，淡淡的語調迴盪在幽暗的廳堂，說起了一個遙遠的故事，「晉獻公五年，晉欲出兵伐驪戎（註：驪戎，戎狄侵入中原後居住在關中驪山一帶的部族。一云其地在山西晉城西南）。史蘇大夫龜卜得此卦象，解為『勝而不吉』。獻公問，何謂勝而不吉？史蘇對曰，『挾以銜骨，齒牙為猾，主紋交捽，兆為主客交勝，是謂勝而不吉也。』秦王且看，此處是『骨猾』卦象。」

順著老卜人枯瘦的手指與細亮的蓍草，嬴柱君臣對龜甲板上的紋路終於看出了些許眉目：兩條稍顯粗大的紋線扶搖向上，中間突然橫生出一個短而粗的裂口，裂口兩端各有一塊裂紋恍若人齒；兩齒間又穿進一條短粗紋線，恍若人口銜骨；兩條粗大紋線越過「人口」相交合，挽成了一個奇特的圓圈。

「後來應驗否？」嬴柱不禁倒吸了一口涼氣。

老卜人道：「晉獻公不信，斥其以子矛攻子盾，遂發兵，攻陷驪戎，得驪姬姊弟還國。驪姬妖冶，獻公立為夫人，生子奚齊，驪姬弟生子卓子。驪姬姊弟謀晉國大政，結奸佞離間公室，自此晉國內亂頻生：太子申生為驪姬陷害，被迫自戕；諸公子盡遭橫禍，唯公子重耳與夷吾出逃；獻公在位二十六年死，奚齊繼位遭朝野物議，權臣里克殺奚齊，卓子再繼位，復被里克所殺；公子夷吾在齊秦兩國護送下回晉即位，剿滅里克一黨，然終為大亂之局；夷吾死後若非文公重耳復國，晉國滅矣！」

「這便是，交相勝，勝而不吉？」蔡澤鐵青著臉。

「晉勝一時，而國亂數十年殺戮不斷，勝而吉乎？」

「卜人之意，本次龜卜也是勝而不吉？」嬴柱忐忑不安地追了一句。

「卦象同，老朽不敢欺瞞也。」

「果真勝而不吉，與國葬何意？」老太祝顯然是要卜人說個明白。

「昭襄王改葬，或能國運勃興，然預後不吉。」老卜人淡淡一句

蔡澤一瞄，見太史令太廟令一副打定主意不開口的模樣，走過來對嬴柱耳語了幾句。嬴柱站了起

來說聲今日到此，大袖一甩逕自去了。出得太廟，嬴柱輜車直奔駟車庶長府。蔡澤隨後趕到時，嬴柱與駟車庶長已經在相對啜茶了。

「敢問老庶長，兩年前可是陪同昭襄王最後西巡？」蔡澤就座便問。

「錄之國史，綱成君明知故問也。」

「國史載：其時昭襄王郊見上帝。不知可曾留有遺書？」

「綱成君何有此問？」老庶長不置可否。

「蔡澤推測當有遺書，無得有他。」

「主葬大臣既然過問，老夫實言相告：先王確曾留下金匱密書。」

「王叔何不早說？」皺著眉頭的嬴柱有些不悅。

「先王遺命：葬時不問，此書不出，只聽天意也。」

「金匱密書典藏何處？」

「依法典藏太史令府。」

「走！」嬴柱一拍案起身便走，君臣三駕高車轔轔駛向了太史令府邸。

老太史令剛剛從太廟回到府邸，聽說秦王車駕已到府門，不禁大是驚愕，匆忙迎到中門。嬴柱直接一句：「老太史，本王要當即拜查金匱密書。」老太史令這才回過神來，肅然一躬道：「金匱密書為歷代秦王密典，我王拜查，須得占卜吉日方可。」蔡澤接道：「孟冬之月，盛德在水，府庫啟藏皆宜，何有不吉之日也。」老太史令點頭道：「綱成君說得也是。如此我王隨老臣前來。」領著嬴柱君臣三人走過了一片水池又進了一片松林，眼前一片肅穆的高牆庭院，厚重笨拙的石門前矗立著一座丈餘高的大碑，赫然四個大字——國史典庫。

繞過影壁，一片可著庭院的大水池，石條砌就池岸，池中藍汪汪清水盈岸卻沒有任何花草，池邊整齊排列著成百只大木桶；大水池的北東西三面全是石牆高房，整個庭院沒有一棵樹木，卻彌漫著一股濃郁的異香。嬴柱皺著眉頭道：「甚個味道？老太史，此乃王室典籍庫，不能修葺得雅致些個？」老太史令頓時肅然：「秦王差矣！藏典須堅，防火防盜防蟲蛀，是為第一要務。異香殺蟲，池水防火，堅壁防盜，最不宜雅致也。」嬴柱有些臉紅，不再說話，只默默跟著老太史令過了水池向北面六級高臺上的大屋而來。

四名吏員合力拉開了城門一般厚重高大的銅包木門，跨過堅實粗大的門檻，便見屋頂高得足有尋常房屋的兩倍，室內乾燥溫暖分外舒適，一座座四方「木屋」均勻分布在中央一片座案區前，尋常人實在看不出這裡與典藏有甚瓜葛。

與在太廟一般，嬴柱君臣拜過香鼎，坐在案前肅然等候。老太史令帶著兩名吏員打開了最深處的一座「木屋」，搬出一只三尺高的銅匣抬了過來。銅匣蓋縫處全部泥封，匣鼻吊著一把碩大的銅鎖，鑰匙眼也是赫然泥封；封泥上皆有清晰字跡：秦王嬴稷五十四年九月十三封典，匣面上四個拳頭大的黑字——金匱密書！

金匱密書者，藏於金匱之絕密典籍也。此制開於西周的周公旦，流傳於春秋戰國。西周滅商後周武王大病不起，周公祕密禱告天地，自請身死以代武王；禱告之後將禱書藏於金匱密封存庫，下令後世非王不得開啟，以示誠不昭之於人；後來周成王聽信流言，疑周公有異心，遂親自開啟金匱密書始知真相。金匱密書藏於重地，防範之要不在被人盜開，特異處在於尋常大臣不得擅開，所以無須使用機關器物，而是國王的皇皇泥封，但有新君查看，開啟卻是不難。

嬴柱起身，對著銅匣肅然三拜。老太史令用一把專用銅刀割開泥封，打開匣蓋後退了三步。嬴柱顫抖著雙手從匣中捧出了一方折疊的白綾，方一展開，幾行大字赫然入目：

秋分出雍郊遊，臥渭水之陽，夢見天帝。帝曰：嬴稷累矣，當眠秦中腹地而後安，雍城非汝寢地也！醒，白日皇皇，帝言猶在耳。若開此書，天意葬我於咸陽也！

「綱成君……」嬴柱一言未了頹然軟倒在案前。

「諸位莫慌。」蔡澤搖搖手，從懷中掏出一只瓷瓶倒出一粒醬色藥丸餵入嬴柱口中，又接過吏員遞過來的溫開水餵得一口，嬴柱喉頭咕咚一響片刻間鼾聲大起。「綱成君有如此醫道？」駟車庶長不禁大為驚訝。蔡澤喘著粗氣連連搖手：「非也非也，這是呂不韋提醒我，華陽后給的藥。這幾日秦王勞累，不得不防。」說話間過得大約半個時辰，嬴柱打個哈欠醒了過來，指著案上白綾道：「先王郊見上帝，密書被我君臣開啟，天意分明要昭襄王葬於秦中也！綱成君立召六府會商處置。」

「嗨！」蔡澤將軍一般赳赳應命。

送嬴柱回宮後，蔡澤當即召六位大臣到丞相府議決。駟車庶長、咸陽內史與行人異口同聲無異議。太史令也不再堅持情勢說，申明只要朝野信服便可行。太廟令無可無不可，終歸是點頭贊同了。唯獨老太祝咬定勝而不吉的卦象，堅執認為只有龜卜才是預知天命國運的「信法」，餘皆不足為國運斷。老駟車庶長三人當即憤然指斥太祝疑昭襄王郊見上帝，荒謬過甚，當交廷尉府論罪。老太祝冷冷一笑：「天命不足為人道也。老夫言盡於此，論罪下獄何足懼矣！」板著臉不再說話。太史令與太廟令只看著蔡澤一言不發。蔡澤本欲論說一番，然慮及一旦扯開越說越深反倒不妙，斷然拍案道：「先王密書不期而發，秦王之意已決，我等只議如何實施，餘皆擱置。天道幽微難測，一人孤見亦是常情，容當後議。」

這一決斷既顧全了事務，又避免了難以爭辯清楚的糾葛，六臣異口同聲贊同。蔡澤立即做了部署：駟車庶長與咸陽內史籌劃徵發民力修建新陵，蔡澤領太史令草擬頒行金匱密書的國府文告，並籌劃葬禮議程；太祝太廟勘定墓葬地，並卜定國葬日期；行人向山東列國發出國葬文書，並派斥候探察六國動靜。部署完畢分頭行事，蔡澤七人大忙起來。

次日，隨著金匱密書與國府文告的頒行，秦昭襄王雍城郊見上帝的故事便在朝野秦人中流傳開來，各種疑雲與反對改葬的議論頓時煙消雲散。老秦人終是相信了上帝，相信威烈老秦王東葬定然是秦國大出的吉兆。

老太祝奉命勘定墓地，大大為難起來。

華夏傳統，自古有墓地擇陰陽的禮法。《詩·大雅·公劉》便是一篇記載周人先祖公劉以陰陽法測定豳地為周人定居地的故事。有云：「篤公劉，既溥既長。既景迺岡，相其陰陽，觀其流泉，其君三單。度其隰原，徹田為糧。度其夕陽，豳居允荒。」商周時期，陰陽堪地法已經流播天下，舉凡建造都邑城郭民居，抑或部族遷徙死者安葬，都要卜地卜宅，更講究者還要卜鄰——以陰陽法選擇鄰居。《左傳·昭公三年》記載：「非宅是卜，唯鄰是卜。二三子，先卜鄰矣！」春秋戰國之世，陰陽法發展為諸子百家中的一個獨立學派——陰陽家。所謂陰陽，原本是相地中的說法，陰為不向陽的暗面，水之南，山之北也；陽為日照之光明面，水之北，山之南也。及至《周易》出現，陰陽一詞由單純的明暗之喻擴展為萬物之性，進而演化為「道」論基石，此所謂「一陰一陽之謂道」，「陰陽不測之謂神」，從而成為所有神祕學派的根基學說，自然也是相地的根基學說。如此流播，後世便將堪輿者稱為「陰陽先生」。

然則，戰國之世學術蓬勃興旺，治學與實際操持已經有了區別，專一治學的名士往往未必是世俗踐行的各種師家。譬如慎到是法家治學大師，卻始終沒有實際參與任何一國的變法實踐；鄒衍為戰國陰陽家的治學大師，卻不是真正操持相地的地理師或堪輿師。其時，相地的學問根基是「地理」說。

《管子・形勢解》云：「上逆天道，下絕地理，故天不予時，地不生財。」《禮記・月令》云：「毋變天之道，毋絕地之理，毋亂人之紀。」所謂地理，後世東漢的王充在《論衡・自紀篇》先給了解說：「天有日月星辰謂之文，地有山川陵谷謂之理。」後有唐代孔穎達注文再解：「地有山川原隰，各有條理，故稱地理。」由此可見，地理者，地勢之結構條理也。地理說雖可視為操作之學，畢竟其立足點尚是治學，而不是專一的世俗操作。於是，戰國中後期有了專一的相地操作家，這便是堪輿師。堪者，天道也；輿者，地道也。所謂堪輿，合天地之道以斷地勢也。

戰國最有名的堪輿師，恰恰是一個秦人。

此人號稱青烏子，一部《青烏經》被天下堪輿師奉為相地經典，一旦得之便視為不傳之祕。舉凡天子諸侯豪士貴冑，但能得青烏子相地而葬，則是莫大慰藉。秦人風傳，青烏子隱居南山，皓首青衣深居簡出，無弟子亦無家室，更無人知其年歲，幾是半神之人。然則，更令人嘖嘖稱奇的是，這位半神半人的大師從來沒有人能請動其出山，準確地說，是根本無從尋覓。多少大國之王生前都想請這青烏子相地造墓，偏偏都是無法探察其蹤跡。魏惠王篤信陰陽之學，曾經封陰陽家鄒衍為丞相，晚年更是殷殷不忘尋覓青烏子為其相地定墓，派出三百名精幹斥候祕密進入秦國，將南山與毗鄰的崤山、陝塬、桃林高地搜尋三年，終歸沒能如願。有時，青烏子又不請自到，但來只說一句：「天意當出，不得不出也！」當年齊桓公田午死，幾名堪輿師為三處墓地爭執不下，一個皓首青衣者陡然現身，只一句「齊公葬陽龍，後必勃興焉」！倏忽離去。堪輿師們恍然驚歎，再無一句爭執。後來齊威王鐵腕變法，齊國果然富強而稱雄天下。齊人萬般感慨，從此篤信陰陽，方士之風大盛，齊國成了戰國方士的淵藪。

說到底，青烏子（註：青烏子被後世堪輿家奉為祖師，其所生時期有黃帝時、商周時、秦時三說）之奇，在於他自己不來則任你踏破鐵鞋也難覓蹤跡。這便是老太祝的難處。秦有青烏子，太祝府的堪輿師便微不足道，不得青烏子相地，非但秦國朝野疑雲重重，更要惹得列國一番嘲笑，然則要請得此人出山，實在是無從著手。

思忖間心念陡然一閃，老太祝立即吩咐卜人占卦，以確定青烏子方位。老卜人躊躇一陣，終是進了太廟卜室起卦鑽龜。不想燒紅的竹錐剛一觸及龜甲，龜甲便「嘎」的一聲裂為無數碎片。老卜人倏然變色，老太祝也是驚愕萬分，對著卜室大鼎撲拜祈禱良久，心頭兀自突突亂跳。然職司所在，相地大事總是不能耽延。老太祝與幾個精幹吏員再三商議，決意派府中主書與六名堪輿師帶一班熟悉南山的吏員進山尋覓青烏子。正在行將上路之際，門吏匆匆來報說綱成君蔡澤到了。

老太祝立即趕到府門迎接，臉上一副無奈的苦笑。

「老太祝知道了青烏子所在？」蔡澤皺著眉頭揶揄地笑著。

「唯盡人事也，豈有他哉！」

「可遇不可求者，聽其自然便是上上章法。」蔡澤悠然一笑，「收回人馬，但聽老夫部署。」說罷逕自進了廳堂。

「綱成君有應對之法，本祝謹受教。」老太祝肅然一躬。

「老太祝治學有術，人事失之古板也。」蔡澤不失時機地嘲笑了這個高傲的老人一句，叩著書案問，「府下幾名堪輿師？」

「九名。」

「秦中可相之地幾何？」

「王者之葬，大體五六處。」

「將九名堪輿師並全部吏員分作六隊，大張旗鼓相地，爭執越多越好。」

「這……期限在即，工匠三萬朝夕等候，自起紛爭如何收場？」

「你只如此去做，有事老夫擔承。」

「嗨！」老太祝頓時踏實，精神陡然振作，當即召來所有吏員一番部署。一個時辰後，九隊人馬各自打著三丈高的白色大纛旗出了咸陽南門，匆匆趕赴渭水沿岸的山水勝地。老太祝敬事，也親自帶領一隊進了渭水之南的山塬。

如是三日，這九隊相地人馬將整個關中攪得沸沸揚揚。時當冬閒，「為王相地」的白色大纛旗招來了四野三鄉的萬千人眾終日圍觀。堪輿師們也不避諱，但有歧見逕自高聲嚷嚷，經好事者一番解說，圍觀人眾自然也跟著七嘴八舌地爭論不休。各種消息不斷流淌，旬日之間，「國府相地大有爭執」成了朝野皆知的明事。

終於，九隊堪輿人馬齊聚渭水南岸的陰鄉樗里（註：陰鄉，鄉名，渭水之南為陰，即渭水南岸的一個鄉。樗里，里，戰國秦制對村的稱謂，「樗」為里名；即一個叫作「樗」的里，後演化為姓，秦有樗里疾，時稱樗里子，其故事見第二部《國命縱橫》），開始了會商議決。

一旦說開，九名堪輿師還當真是歧見百出爭辯不休。整個秦川中東部的形勝之地被一一羅列，最後還是各有所長難分軒輊。有人說，東部桃林高地的潼山被山帶河，為虎踞龍盤之象，昭襄王葬此秦必大興。有人說，華山為飛龍之勢，雁騰鷹舉雙翼飛張，其北麓為最佳王陵。有人說，驪山背依南山群峰，形勢高遠如仰天大壺吞吐大河，為騰龍四海之象，其勢最佳。跟隨老太祝的兩個堪輿師卻說，渭水之南，南山之北的麓口形勢磅礴，脈理隱延如浮排鋪氈，王葬最宜。然此說卻遭到其餘堪輿師的紛紛指斥，說渭南之地鋪排無序，平野難聚天地之氣，充其量是回龍之勢，實在是下下之選。一時各執己見，爭執得不可開交。

老太祝不禁大皺眉頭。他原本看好這陰鄉樗里的山塬形勝，此地緊鄰章臺，非但山清水秀，且更有未來「帝運」。惠文王時的上卿樗里疾通曉陰陽之學，生前將自己的墓地選在了這裡，死時曾對家人言及：「我死後百年，當有天子之宮夾我墓。」百年後為天子宮室，豈非秦國帝運？當然，此時的老太祝不可能知道，百年之後的「夾墓天子宮室」已經是西漢長安的長樂宮與未央宮了。這是後話。

老太祝召堪輿師們到這裡會商，實則是想提醒堪輿師們關注此地。不想這幾個堪輿師爭得面紅耳赤，卻沒有一個人提及面前這方山水。反覆思忖，老太祝終究還是沒有開口明說。自己畢竟不是堪輿家，這些「專學」之師高傲非常，個個自視通靈知天，相互尚且全然不服，如何能贊同他這等術非專攻的俗見？對於相地這等術有專攻之學，縱然自己是權力上司，也無法使這些「屬吏」聽命。說到底，這既是「專學」之特異使然，亦是戰國自由爭鳴的奔放風習使然。譬如那個專司占卜的老卜人，你若要在鑽龜解卦中提出與他不同的見解，除非你當真是占卜大家且說得確實有理有據，否則縱是君王也難以使他改口。老太祝屬下「專學」吏員甚多，很是熟悉此等吏員的稟性，所以從來不在「專學」們面前抒發己見，如此方統領得這些能才異士，若自己事事都有高明見識，只怕太祝府早已經亂成了一鍋藿菜羹。然今日這等爭執卻教老太祝頗煩。歷來相地最多半月之期，眼看已是十三日，相地聲勢鋪排得驚天動地，非但沒有引來青烏子，自己一班人馬也是莫衷一是拿不出定見，此事如何收場？

時當日暮，帳中嚷嚷不休。老太祝心下煩亂揮手陡然一喝：「散議造飯！」

堪輿師們正在愣怔，帳外吏員連聲驚呼：「山口！山口！」

眾人聞聲出帳，只見一人遙遙站在山口峰頭，皓首青衣大袖飄飄，身披七彩晚霞隱隱然仙人一般。老太祝與堪輿師們頓時警悟，當即一齊拜倒高呼：「懇請青烏子賜教解惑！」

峰頭傳來沙啞蒼勁的聲音：「堪輿之術，順天成人而已。若以汝等之心，天命國運盡在堪輿，天下何有正道也！」

老太祝額頭汗水涔涔而下，遙遙一拜高聲道：「我等愚魯，容當自省。懇請青烏子指點秦王墓地，以解朝野疑惑，以安國人之心。」

「天意也！老夫只有了了這樁繁難。」峰頭老人大袖擎著一支竹杖遙遙向天一畫，「秦地多形勝，非一人能獨占，因人因時因地耳。昭襄王背祖制而東遷，幾為孤葬也。孤葬者，非於大山之下，必於廣川之上。秦之南山乃昆侖東來，為中國三大幹龍（註：幹龍，古代地理學將橫貫中國的三大山系定為中國地脈三大幹龍，意為三條主幹龍脈，昆侖秦嶺一線為第一幹龍）之首。秦之渭水，注河入海，吞吐天地，向為天下廣川。如此，南山之北渭水之南，大形勝也。然兩處皆陰，須得陽勢補之。」老人竹杖陡然直指東北，在晚霞中畫出了一個大弧，「涇水渭水交匯處有芷塬盤踞，芷陽之地照大山而過廣川，塬勢光肥圓潤勢雄力足，平野鋪展厚重萬綠為蓋，實是氣脈灌注之佳穴也。涇水之南，渭水之北，芷塬之南，南山之北，兩陰兩陽，相濟相生，合秦國之陰平水德，承幹龍之大陽充盈，正當王者孤葬之地也。」

「敢問青烏子，既為孤葬，預後如何？」

「孤葬得勢者，勃興焉！」一語方罷，山口峰頭的老人倏忽不見了蹤跡。晚霞彌散，沉沉暮靄籠罩了蒼黃的原野，眾人癡癡站在曠野寒風之中，無一人說話。

次日清晨，老太祝將一卷刻寫整齊的《青烏子相地辭》呈到了新君嬴柱的案頭，並附上對國葬日期的占卜結果，又特意說明這是青烏子相地的最長說辭，實乃秦國之幸也。嬴柱看得興致勃勃，特意在「孤葬得勢者勃興焉」一句旁畫了一道粗大的紅杠，並當即下書蔡澤「依青烏子所相，於芷陽（註：芷陽，史載秦昭王葬芷陵，芷，芷陽也，大約在今西安市北，具體位置已不可考）修建墓室，依占卜吉日大行國葬。」

蔡澤接書，立即會同駟車庶長與咸陽內史，率領三萬餘徭役民眾趕修墓地。其時君王墓葬遠非後世皇帝那般宏大奢侈，只是規模較大的一座墓室外加地面一座陵園而已。祭祀宗廟則可葬後補建，無需同時動工。以戰國風習，秦昭王陵墓成「中」字形，中央墓室合「九五」之數：長九百步，寬五十步；東墓道長三百步，寬六十步；西墓道長百步，寬二十步；墓深十丈，中央墓室分三級臺階達於正室；東墓道陳列殉葬臣僚與軍陣陶俑，西墓道與南北兩墓道陳列各種大型殉葬品；葬後地面起一座土山，是「陵」，陵外築砌一圈石牆，石坊為門，便成一座陵園。與後世相比，如此工程遠非浩大，但在戰國之世卻也是一等一的宏大陵墓了。秦人感念昭襄王大功，無分是否徭役之期，凡是田間無農活者一律湧來幫工，一座大墓陵園竟在月餘之間建得停當。行人署依據老卜人卜定的葬期，向山東大小三十二個邦國一齊發出了國葬文告。秦王的國葬王書也同時頒行朝野，都城咸陽與各郡縣當即大肆舉哀。未及三日，秦國朝野淹沒在一片白色汪洋之中。

冬至這日清晨，三萬白甲鐵騎隆隆開道，舉國朝臣與王族男女護衛著秦昭襄王的靈柩緩緩地出了咸陽東門。東門外的沿途原野擠滿了秦國民眾，人們在清晨的寒風中肅然佇立，默默護送著這位大長秦人志氣的威烈之王走向命運的盡頭。從咸陽到芷陽的數十里大道原野上，白茫茫黑壓壓人群連綿不絕，各種香案祭品擺成了無邊無際的長廊，老秦人捶胸頓足號啕長哭，伴著在風中斷續嗚咽的無數陶塤秦箏，彌漫出一種撼天動地的悲愴。

秦國靈柩大陣之後，是山東六國、周王室以及二十餘諸侯國的各色與葬方陣逶迤尾隨，連綿旌旗白幡長達三十餘里。這次，山東六國都派出了極為隆重的與葬使團，或太子或丞相做特使，一色的「百乘」車隊，一色的萬騎馬隊。百乘戰車拉著「貢」給秦昭襄王的殉葬禮品，萬騎馬隊則意味著與葬國對死者靈魂的隆重尊崇。在列國與葬使團中，韓國最為顯赫。韓桓惠王親自帶領一班大臣入秦，下葬之前全副衰絰（註：衰絰，喪服。胸前六寸寬四寸長的麻布片為「衰」，結在頭頂的麻繩為「首絰」，腰間麻繩為「腰絰」；喪服以麻布（衰）麻繩（絰）為主要標誌，是故合稱「衰絰」），專程到秦昭王的宗廟靈位前隆重祭祀，今日自然也緊緊跟著秦昭王的靈車，引得列國特使人人側目。

這是春秋戰國之世最為講究的邦交禮儀——會葬。

無論如何征戰攻伐，但凡一國君主國葬，各國都要派出特使會葬，然隆重繁簡程度卻是因人因國大有不同。戰國初期，趙武靈王為其父趙肅侯國葬，中原大小諸侯悉數會葬，秦楚燕齊魏五大國各出百車萬騎，其餘小國車騎不等。葬儀之日，邯鄲郊野旌旗蔽日白幡如林人馬蕭蕭，號為戰國最大葬禮。此後百年不乏雄主謝世，如齊威王、秦惠王、楚威王、燕昭王、齊宣王、趙武靈王、趙惠文王，然此等會葬大禮卻未曾再現。

說到底，時也勢也。

秦昭王之前，七大戰國尚在最後一波變法強國浪潮之中，攻殺征戰互有勝負，內政功業各見短長，天下遠未形成強弱定勢。其時秦國與山東六國的合縱連橫纏繞攻擊勢成水火，七國敵友倏忽無定，各國忙於實打實大爭，邦交來往與征戰恩怨盤根錯節，誰也沒精力應酬邦交虛禮，會葬禮儀自然也成虛文。然則經秦昭襄王五十六年，秦國橫掃六國如捲席，一世奠定了一強對六弱的天下定勢：先大敗六國聯軍於河內；再將土地最廣袤潛力最大的楚國一舉擊垮，奪取夷陵、攻占郢都、設置南郡，逼楚國倉皇北遷，最有迴旋餘地的一個大國終於成了二流戰國；然後強攻老底子最雄厚的魏國，捎帶侵消已經軟成了一攤爛泥的韓國，一舉奪取河東河內三十餘城，設河東河內兩郡，迫使魏國龜縮河南之地，終於也成了二流戰國；期間燕齊兩國六年興亡大戰，最終兩敗俱傷，一齊成了二流戰國；最後，秦結舉國之力與新崛起的最強大對手趙國大決，長平一戰三年，摧毀趙軍全部主力五十餘萬，牢牢占據上黨天險，若非秦國君臣歧見致白起憤然罷兵，秦軍完全可能一戰滅了趙國。原本已經孱弱的趙國，經長平大戰丟上黨、失宜陽與野王，更是滑入了三流戰國；至此，做為山東屏障的最強大趙國雖然依舊是山東最強，然卻與秦國再也無法對等抗衡了。秦國雖然也在長平大戰後三敗於山東聯軍，但實力元氣遠未根本損傷。秦昭襄王晚年勵精圖治，巴蜀變成了秦國又一個「陸海」，財貨民眾已經更為殷實。天下有識之士都看得明白：若非秦國大軍暫無一流名將擔綱，秦昭王也痛感後繼者乏力從而主動採取守勢，山東六國當真岌岌可危了。

這便是秦昭襄王的一世滄桑，在位五十六年使天下混戰局勢劇烈傾斜——秦成超強大國，山東六國全部成為二三流戰國。當此大勢分明之際，山東六國一派頹然疲憊，隱隱然認了這個令人窩心的事實。然見秦國十餘年不再攻伐，後繼新君與新太子子楚也並非雄主氣象，漸漸不約而同地認為秦國王霸之氣已去，只要撐持得十數二十年，戰國必將重回群雄並立的老格局。人同此心，心同此理，山東六國不期然生出了與秦結好之心。畢竟，與秦國之所以糾纏惡戰百年，起因還是六國不接納秦國為戰國一員，蔑視秦國要瓜分秦國。如今，秦國已經無可阻擋地成了最強戰國，也無可阻擋地融入了中原文明，明是不敵，又何須死死為敵？此等想頭雖未明確形成國策，然六國已經在邦交之道中對秦國有了異乎尋常的敬重。明白了這番根底，六國隆重會葬秦昭襄王，便成題中應有之意了。

旬日之後，葬禮與一應周旋俱已完畢，六國特使們各各上路歸國。行至函谷關外分道處，趙國特使司空馬見楚國車馬停在道邊，錦繡斗篷蒼蒼白髮的春申君正在笑吟吟向他招手，不禁大是驚喜，利落下車趨前一躬：「在下見過春申君！」

「老夫等候多時，假相（註：假相，趙國官制，代理丞相）無須多禮了。」

「若君有暇，敢請露營共酒一醉！」

「噢呀，出關便飲卻是不妥，日後再說了。」春申君搖搖手一聲歎息，「楚國多事之秋，老夫多年不曾涉足中原也！今見足下敦誠厚重，欲問兩事，盼能實言相告了。」

「但凡不涉決策，在下知無不言。」

「平原君氣象如何？」

「門庭若市，嘉賓周流不絕晝夜。」

「信陵君如何？」

「深居簡出，飲酒論學，優遊無狀。」

春中君臉上沒了一絲笑意，默然良久，從腰間佩袋中拿出了一支泥封銅管：「老夫想託假相帶給信陵君一書，不知方便否？」

司空馬雙手接過銅管突然低聲道：「秦國葬禮氣象大非尋常，前輩可有覺察？」

「噢呀！老夫倒要請教了。」春中君老眼驟然一亮。

「如此國葬，秦軍大將只有上將軍蒙驁一人與禮，王齕王陵桓齕嬴豹張唐蒙武等一班戰將，還有國尉司馬梗，竟然均未與葬。更令人不解者，連那個從趙國脫逃的新太子傅呂不韋也沒與葬。春中君但說，如此之多的文武高爵不與王葬，豈非咄咄怪事！」

「吾輩老矣！」原本漫不經心姑且聽之的微笑一掃而去，春中君不覺緊緊皺起了眉頭，喟然一歎憂心忡忡，「如此看去，六國縱是揖讓，強秦卻未必放手了。一旦刀兵再起，天下何以了結？」

司空馬驚訝地盯著春中君，眼中期待的光焰倏忽熄滅，嘴角抽出一絲輕蔑的笑意：「前輩果然老矣！戰國累世大爭，刀兵如影隨形，一時勝負何以滅了志氣？秦國縱是再度東出，夫復何懼！敗而再戰，英雄也！一敗塗地而成驚弓之鳥，何以立足戰國！」

「後生可畏了。」春中君淡淡地讚歎了一句，對司空馬的慷慨激昂以及對自己的譏諷不置可否，只一拱手道：「假相好自為之，後會有期。」說罷登上華貴的青銅軺車逕自轔轔去了。年輕的司空馬怔怔地望著黃色的車馬遠去，久久回不過神來。

五、箭方離弦　橫摧長弓

春日踏青之時，藍田大營驟然沸騰起來。

雖然在朝會遇到意料不到的反對，蒙驁始終沒有放棄來春起兵的謀劃。武安君白起時的秦軍戰無不勝攻無不克，他們一班老將自然也成了六國聞之變色的赫赫名將。然則白起死後，秦軍卻是連續三次大敗，不得不縮回函谷關採取守勢。此等奇恥大辱，非但一班老將怒火中燒，蒙驁更是耿耿於懷。畢竟蒙驁是上將軍，無論按照秦國傳統，還是按照秦國法度，連續三次大敗的將軍都是不赦之罪。雖說那三次大戰都是王命強令出兵，兵敗後沒有問罪於任何一員大將，而是秦昭王向朝野頒行罪己書承擔了全部戰敗之責，然敗仗終究是將軍們自己打的，心下卻是何安？蒙驁記得很清楚，在武安君與秦昭王發生歧見之時，他們一班大將都是站在武安君一邊的。但就心底裡說，當時一班久經戰陣的盛年老將都以為武安君是過分謹慎了。為此，他與王齕還私回咸陽專門勸了武安君一次，主張不要與王命對抗，只奉命出兵，以當時六國的渙散驚慌，獲勝當毫無疑義。武安君卻冷冰冰回道：「戰機在時不在勢。戰機一過，縱有強勢亦無勝機。趙國已成哀兵，舉國同心，唯求玉石俱焚，為將者豈能不察？」兩人當時都沒有說話。出得咸陽，王齕嘟囔了幾句：「甚說法？論兵還是論道？疏離戰陣太久了。」蒙驁素以穩健縝密著稱，與這位秦軍頭號猛將卻是至交，當時雖沒有呼應王齕，心下卻並不以為王齕有錯。蒙驁尚且如此，況乎一班馳騁征殺所向無敵的悍將？真正疏離戰陣的秦昭王，更是以為秦軍任何時候都可以對山東六國予取予奪。

正是因了廟堂君王與陣前大將的這種揮之不去的驕兵躁心，在武安君幾次拒絕統兵出戰時，秦昭王聽從范睢舉薦，派出了誇誇大言的鄭安平將兵攻趙，結果是秦軍三萬銳士戰死，鄭安平率餘部兩萬降趙。消息傳來，舉國譁然！秦軍將士怒斥鄭安平狗賊窩了秦軍，發誓報仇雪恥。此前，王陵慨然「被迫」出戰猛攻趙國，結果是兵亡五校（註：校，戰國軍職，將之下，尉之上），幾乎無法回師。大敗之後，將軍們非但沒有清醒，反倒是求戰復仇之心更烈。王齕又「被迫」代王陵為將，率大軍二十萬再次攻趙，結果遭遇信陵君統領的五國救趙聯軍，導致秦軍前所未有的慘重敗績。至此，一班老將羞憤難當，嗷嗷吼叫著要做最後血戰。還得說秦昭王有過人處，三戰敗北頓時清醒，嚴令秦軍只取守勢再不許出戰。漸漸平靜下來的一班大將們痛定思痛，這才對武安君把握戰機的洞察力與冷靜明徹的稟性佩服得五體投地，再沒有了輕躁之心。

雖則如此，秦軍將士的復仇之心刻刻縈懷。

蒙驁與一班大將們對山東兵勢開始了認真揣摩，默默地厲兵秣馬，等待著復仇大戰的時機。三年後，也就是秦昭王風癱的前一年，蒙驁祕密上書請求對山東做試探性攻伐。旬日之後秦昭王祕密召見蒙驁，一言不發地聽蒙驁將用兵方略陳述了整整一個時辰。秦昭王最後只說了三句話：「久不用兵，滅國人將士志氣也。然目下不宜大戰，只輕兵奔襲周與三晉可也。若擅動大軍，休說老夫再度殺將。」蒙驁慨然應諾，秦昭王才頒發了出戰王書。

連續五年之中，試探性攻伐大獲成功。為了防止大將們輕躁冒進，蒙驁一律採取了奔襲戰法：每戰最多出兵五萬，隨軍攜帶半月糧草，不配置輜重大營，一戰即回函谷關。第一戰，大將嬴摎統五萬鐵騎奔襲韓國，攻取陽城、負黍兩座城池，全殲韓軍步騎四萬。第二戰蒙驁親自將兵，以王齕王陵兩部精銳鐵騎為主力長途奔襲趙國，旬日攻下二十三座縣城，擊殺趙軍九萬後迅速回師。恰在此時，周王室分封的西周公（註：西周公，春秋周考王將其弟封於河南，史稱西周公；西周兩代後（惠公）又將其子封於鞏地，史稱東周或成周，後占據洛陽；戰國中期東西兩周分治周室王畿，周赧王「遷天子都」於西周地。此時西周國君為武公）不自量力，祕密聯絡殘存的二十多個小諸侯國，要會兵伊闕，切斷函谷關與新得陽城（註：伊闕，周室洛陽北方的要塞；陽城，戰國韓縣，今河南登封東南之告成鎮，後陳勝生地）之間的通道。蒙驁得報搶先出動，派嬴摎再次統兵五萬突然進攻西周。兵臨城下萬弩齊發，這個西周公大為驚慌，立即出城頓首投降，獻出三十六座小城邑與三萬周人。這是第三戰，異乎尋常的順利。唯一的憾事，是散漫成性的三萬老周人入秦後不堪耕戰勞苦，竟於第二年大批東逃回東周，若非秦昭王嚴令不得阻攔追趕，這個東周焉能存到今日？第四戰，老將桓齕奔襲魏國，一舉攻占吳城（註：吳城，亦名吳山，戰國魏地，今山西平陸縣北），旋即回兵。

如此四戰，雖戰戰皆勝，大大震懾了三晉，韓魏兩國已向秦國稱臣納貢，天下第一次出現了罕見的「戰國臣服」。可是蒙驁與一班老將心中都非常清楚，此等小戰縱是再勝一百次，也抵不得武安君白起平生任何一戰。若不大舉東出，這一代老將就將永遠沒有了大報仇的機會。如今秦昭襄王方死，新君剛剛即位，秦國正需要一場大戰重新立威。從實力說，秦軍主力也已經再度飽滿，將達六十萬之數，此時不出，更待何時？

然則，以綱成君蔡澤為首的一班主政大臣是反對的。

蒙驁素來關注朝局，深知主政大臣們的反對有著紛繁複雜的因由。首要之點，在新君無雄才，大臣們深恐大戰一開新君不能激發舉國之力，反而會生出無法預料的變局。其次，是大臣們對包括蒙驁在內的一班老將的用兵才能的疑慮。雖則誰也不會公然說開，但這種疑慮卻是人人心知肚明的。唯其如此，大臣們彰明的理由是秦國需要充實國力，目下大軍不宜輕動。就實說，秦川一場老霖雨，再加上隴西地震、秦王薨去，弄得秦國也確實有些狼狽。然則在蒙驁看來，這根本無損秦國元氣，所謂亂象完全是主政大臣們應變無方造成的。設若商君、張儀、樗里疾、魏冄、范雎等任何一人主政，焉得在老秦王垂危之際措手不及？你蔡澤雖然沒有實際攝相，但終歸還是最高爵位的領政大臣，分明是計較自己丟失相權，耿耿於懷而不做國事預謀，到頭來卻要以「大災未過，國葬未行」為理由反對出兵，當真豈有此理！老夫明明說的是來春出兵，與大災與國葬卻有何涉？難道老秦王要擱置一年不下葬麼？難道一年之中你等一班主政大臣連一場老霖雨災害都理不順麼？咄咄怪事！正因了如此等等想法，老蒙驁才在新君朝會上憤然指斥蔡澤。若不是新君突然發病，老蒙驁定然要與蔡澤將相失和了。

事情的轉機，是在呂不韋奉王書查勘府庫軍輜之後。

呂不韋沒有參與操持顯赫的國葬大禮，朝會次日專程來拜會上將軍府。蒙驁正要前往藍田大營向諸將通報朝會情形，連說不見不見。正在此時蒙武回府，攔住了父親低聲道：「這位新太子傅不俗，父親不該冷落。」蒙驁冷冷道：「俗不俗與我何干？老夫不耐這班文臣！」蒙武連忙將父親拉到一邊急迫道：「查勘府庫勢在必行，大臣們沒一個敢來好麼？呂不韋不去湊國葬風光，專來做這棘手差使，父親若率性而去，豈非又添出兵阻力？」蒙驁恍然點頭，立即吩咐軍務司馬推遲藍田之行，轉身到府門將呂不韋迎進了正廳。

「例行公事，不耽擱上將軍行程。」呂不韋沒有入座，準備說了事便走。

「哪裡話來？太子傅請入座。上茶！」蒙驁一旦通達，分外豪爽。

「呂不韋奉命查勘府庫軍輜，一則知會，二則特來向上將軍討一支令箭。」

「公務好說！來，先飲了老夫這盅蜀茶。」

「好茶。」呂不韋捧起粗大的茶盅輕啜一口，不禁驚訝讚歎，「釅汁不失清醇，色香直追吳茶。蜀地有如此佳品，呂不韋未嘗聞也！」

「吳茶算甚來，」素來鄙視楚物的蒙驁當地一敲大案，「輕得一陣風，上爐煮一遭便沒了味道。蜀茶入爐，三五遍力道照舊。」

「噢？卻是何故？」

「山水不同也，豈有他哉！」蒙驁慨然拍案，「蜀山雄秀，雲霧鬱結，蜀水洶湧，激盪地氣。更根本者，蜀地歸秦，李冰治水，茶樹焉得不堅！」

呂不韋不禁莞爾：「茶樹因歸秦而堅，上將軍妙論也。」

「你不覺得？」蒙驁大是驚訝，「吳國未滅時，震澤茶力道多猛？吳國一滅震澤歸楚，哼哼，震澤茶那個綿軟輕，塞滿茶爐煮也不克食！」

「原來如此。」呂不韋一陣大笑，「上將軍說的震澤猛茶，是粗老茶梗，自然經煮。綿軟輕，那才是震澤春茶上品，須得開爐、文火、輕煮，其神韻在清在香，如何能克得猛士一肚子牛羊肉也。」

「著！有克食之力才是好茶，要那輕飄飄神韻做甚？」

「上將軍喜歡經煮猛茶，不韋每年供你一車如何？」

「君子一言！」

「駟馬難追！」

兩人一陣大笑。蒙驁一揮手，大屏旁肅立的軍務司馬捧過了一支青銅令箭。蒙驁笑道：「秦國十六座軍營輜重庫，任太子傅查勘。」呂不韋接過沉甸甸的令箭肅然一拱手道：「國庫軍庫共計三十三處，查勘非一日之功，上將軍以為先查何方為好？」蒙驁笑道：「這是太子傅與國尉公務，老夫只保軍庫不作梗。」「如此在下告辭。」呂不韋正要離案起身，蒙驁一擺手道：「先生且慢。」見呂不韋愣怔困惑，蒙驁低聲道，「秦軍東出與否，綱成君一班政臣之因由，果真在老霖災害，在財貨實力？」呂不韋釋然點頭：「上將軍以為不在災害與實力？」蒙驁喟然一歎：「為將不能取信於大臣，慚愧也！」呂不韋默然片刻淡淡笑了：「若呂不韋揣摩不差，上將軍是以為綱成君等懷疑一班大將戰場才能了。果真如此，恕不韋直言，上將軍錯也。」見蒙驁環眼圓睜，呂不韋坦然懇切道，「不韋無須隱瞞，朝會之前綱成君已經上書，主張秦軍稍緩東出，理由也是秦國元氣尚未充盈；一俟國力強大，『蔡澤願為上將軍督運糧草輜重，殷殷此心，望王允准！』」

「這番上書老夫知道，緩兵而已，豈有他哉！」

「不然。綱成君不以容人見長，若疑慮上將軍之才，能自請軍前效力？」

默然片刻，蒙驁淡淡一笑：「來日方長，是非自現，不爭。」

「上將軍無須疑慮，軍輜但許出兵，終歸無可阻攔。」呂不韋慨然一句告辭去了。

此後整整一個冬天，蒙驁幾乎每隔三兩日總能接到遠近軍報，說呂不韋逐一查勘駐軍輜重營，比會同查勘的國尉府丞還要嫻熟於兵器糧秣，連續查出六座輜重營兵器失修糧秣衣甲保管不當。蒙驁頓時不安，火速派出幾名精幹軍吏奔赴各關隘軍營督導修葺，結果還是被呂不韋屢屢查出紕漏。蒙驁大是沮喪，覺得新秦王派出如此一個執意要放三把火的棘手新官，分明是要挑理緩兵了。及至呂不韋臘月末冒雪趕赴藍田大營做最後查勘時，蒙驁與大將們再也無心應酬這個新貴，只派出一個軍務司馬陪同呂不韋了事。一個正月，這個呂不韋也不過年，一鼓作氣查勘完了關中的十多座官庫，仍然是庫庫有紕漏。蒙驁哭笑不得，一氣之下索性住到藍田大營不回咸陽了。

二月末河冰化開，一卷緊急王書將蒙驁星夜召回咸陽。

蒙驁萬萬沒有想到，新秦王當場下了王書——大軍整備，三個月內相機發兵。秦王靠著大枕氣喘吁吁將一卷竹簡推到了他面前：「老將軍，若非翔實查勘，我還當真不知道秦國府庫如此殷實。不打仗，也是白白糟蹋了物事。然則，各軍庫儲物紕漏太多，折損太大，教人心痛也！這是清冊，老將軍務必在發兵之前整肅好軍營府庫。」蒙驁的心怦怦猛跳，接過清冊慷慨激昂：「我王勿憂！老臣定當整出一個好軍庫來！」

回到府邸翻開簡冊，蒙驁看得心驚肉跳。粟谷糜爛十三萬斛、軍械弓弩失修六萬餘件、帳篷霉變一萬六千頂、車輛斷軸三千餘、車廂破損六千餘、軍船漏水者十三條、戰馬鞍轡皮條斷裂者三萬餘具……統共開列十三項，項項有數目有府庫地點有輜重將軍印，最後是太子傅呂不韋與國尉司馬梗的兩方陽文大印。

不用核實，蒙驁便相信了清冊的真實。

秦國法度：府庫倉儲分為三類，一類為王室府庫，只存儲王城王室器物糧貨；一類為邦國府庫，分為國庫與郡縣府庫兩級，存儲各種民用財貨；一類為軍庫，專門儲存軍用器物糧秣。僅以軍用器物說，又分為「尉庫」與「營庫」。尉庫者，籌劃掌管存儲全部軍用物資的國尉府專庫也；營庫者，隸屬帶兵將領的軍營倉庫也。每年歲末，所有營庫須得向國尉府上報本年總消耗與來年需求；再由國尉府上報國府太倉令，太倉令最終依據國君王書，與國尉府核定來年全部軍用器物總數量，而後分期撥付。戰國之世大戰多發突發，為免緩不濟急，國尉府向大軍營庫撥付的器物錢財歷來都多出三個月，若遇長平大戰那般的長期鏖兵，事實上便是尉庫與營庫直接合一。即便在尋常情勢下，軍營府庫也至少多出一個月的倉儲。如此一來，軍營府庫多為滿倉，而尉庫倒往往是半倉或空倉。也就是說，軍用器物的儲藏事實上多在常在軍營府庫，而不在國尉府庫。然則，大軍府庫一律由輜重糧草營掌管，輜重營總管無一例外都是穩健又不失勇猛的將軍，其軍務重心首先在保障糧道暢通，而不是保障倉儲完好。即使營庫有少數通曉倉儲的軍吏，也無法使營庫大將將倉儲完好當作大事來做。大多時候，營庫的糧草軍械都是露天堆放，除了雨雪天氣用麥草或帳篷稍作苫蓋，幾乎再沒有任何法程。蒙驁也曾經做過幾個月輜重將軍，清楚記得國尉府軍吏每次來核查糧秣器物時都要皺著眉頭長吁短歎，而最終又都是搖著頭默默走了。如今想來，當年還真是熟視無睹。這個呂不韋也是不可思議，短短三個月竟將舉國府庫查勘得如此巨細無遺，尤其對大軍營庫，幾乎是仔細梳篦了一遍，令人不得不服。

蒙驁二話不說，飛馬直奔國尉府，當頭便要六十名倉儲軍吏。

「老兄弟胡話也！」同樣白髮蒼蒼的司馬梗呵呵笑了。

「你老哥哥只說有沒有？給不給？」

「莫說六十，只怕六個也沒有。」

「堂堂國尉府，六十個倉儲吏都沒有？」

「老兄弟，倉儲吏不是工匠，是巡查節制號令指揮，你說有幾多？」

蒙驁恍然大笑：「老哥哥是說，一個倉儲吏可管多個庫場？」

「還沒老糊塗。」司馬梗嘟囔了一句。

「好好好，給三個！」

「三個？我一總才兩個。」

「好好好，一家一個。」

「老兄弟也！」司馬梗哭笑不得，「我這二十多座府庫星星一般散在各郡縣，一個跑得過來麼？緩急還要被太倉、大內拉去幫庫。再走一個，老夫還做不做大軍後盾了？」

「鳥！」蒙驁不禁大皺眉頭，「如此說，這呂不韋是拿捏老夫了？」

「呂不韋？」司馬梗恍然笑了，「老兄弟只去找他，斷無差錯也！」

「老哥哥都沒有，一個太子傅倒有了？虧你好章法！」

「你知道甚來？呂不韋的兵器倉儲，只怕我得拜他為師了。」

見素來慎言的老司馬如此推崇呂不韋，蒙驁心頭又是猛然一跳，一拱手大步出門上馬出城，過了渭水白石橋向呂莊而來。蒙驁聽蒙武說過，這個呂不韋雖然做了太子傅，卻超然於朝局之外，除非奉命，尋常總住在城南自家的莊園，城中府邸反倒十有八九都是空蕩蕩的。到得莊門拴好戰馬，蒙驁也不報號提著馬鞭逕自登門。門廳僕人想攔又不敢，飛步跑過蒙驁進莊通報去了。

「老朽見禮了。敢問可是上將軍？」一個白髮老人在正廳廊下當頭一躬。

「足下識得老夫？」蒙驁有些驚訝。

「老朽見過蒙武將軍。我家先生去太子府未歸。上將軍請。」

蒙驁原本便要告辭，忽然心中一動竟不覺走了進去。四開間的廳堂寬敞簡樸，腳底一色大方磚，幾張大案前也都是草席一張，沒有地氈，沒有青銅大鼎一類的名貴禮器，連正中那張大屏也是極尋常的木色。蒙驁打量一番不禁笑道：「人言呂氏富可敵國，不想如此簡樸也。」肅立一旁的西門老總事回道：「義不聚財。我家先生又素來厭惡奢華，財力雄厚時也是如此。」蒙驁點頭一聲好，站了起來笑道：「相煩家老知會先生：他給老夫一道難題，老夫要向他討一個通曉倉儲者。茶水沒工夫消受了，告辭。」說罷一拱手赳赳大步去了。

蒙驁沒想到的是，當夜二更，那個家老帶著呂不韋的一封書簡與三個中年人到了上將軍府邸。呂不韋書簡只有兩句話：「遵上將軍囑託，派來三名倉儲執事，上將軍但以軍吏待之可也。彼等若立得寸功，也是立身之途，不韋安矣！」西門老總事說，這三個執事都是當年呂氏商社的幹員，專一地經管陳城大倉，十多年沒出過任何差錯。蒙驁問得幾句，見這三人個個精幹，心下大是寬慰，立即下令中軍司馬給三人入策定職，先留中軍大營聽用。

次日黎明，蒙驁帶著戰時全套軍吏風馳電掣般出了咸陽。

一月之間，藍田大營始終沒有停止過忙碌，夜間軍燈通明，白日號角頻頻，除了沒有喊殺聲任何聲音都有。修葺兵器輜重、處置霉爛衣甲、裁汰傷病老幼、整飭輜重將士、整頓大型器械、關塞步騎調整、確定進軍方略等，久未大戰的秦軍在一個月的緊張折騰之後，三十萬精銳大軍終於在藍田大營與函谷關集結就緒。

四月十六日清晨卯時，蒙驁升帳發令。第一支令箭方舉，忽聞帳外馬蹄聲疾雨而來。滿帳大將正在疑惑，白髮蒼蒼的司馬梗已經跌跌撞撞衝進大帳，對著蒙驁一搖手頹然倒在了兩排將墩之間。蒙驁一步衝下帥案抱住了老國尉，右手掐上了人中穴。

「密書……快……」司馬梗氣若遊絲，軟在了蒙驁懷中。

「抬入後帳救治！快！」蒙驁一邊卸司馬梗腰袋一邊大喊。

王書嘩啦展開，蒙驁剛瞄得一眼，一聲悶哼，一口鮮血驟然噴出，全副甲冑的壯碩身軀山一般轟隆倒在了帥案上。前排蒙武一個箭步衝上前，抱住父親便進了後帳。老將王齕大是驚愕，憤然上前撿起王書，剛一搭眼也轟然跌倒在地，王書嘩啦跌落展開，兩行大字錐子般刺人眼目——秦王驟逝！東出止兵！王陵蒙武留鎮藍田，蒙驁王齕即行還都！

大帳靜如幽谷，一片喘息猶如猝然受傷的狼群。驟然之間電光一閃雷聲炸起，大雨瓢潑傾瀉，無邊雨幕籠罩了天地山川。中軍大帳前緩緩升起了一幅巨大的白幡，廣袤三十餘里的藍田軍營沒進了茫茫汪洋。

第九章　呂氏新政

一、變起倉促　呂不韋終於被推到了前臺

夏姬實在想不到，一盅冰茶竟要了秦王性命。

記不清何日開始，門可羅雀的小庭院有人出入了。先是趁著夜色有侍女悄悄來說她的親生兒子回到了咸陽，後來是自稱當年小內侍的老內侍送來了久違的錦衣禮器，再後來又多了兩個奉命侍奉的小侍女。獨門幽居的夏姬，終於相信了這個夢幻般的消息，但卻始終沒有走出這座幽居了近二十年的小庭院。直到那個精靈般的小侍女將一方有著醬紅色字跡的白絹神祕兮兮地給了她，她才從漫長的噩夢中醒了過來。白絹上那兩行醬紅色大字猶如春雷轟鳴甘霖大作，在她乾涸的心田鼓蕩起一片新綠。「我母生身，子恆不忘，幽幽之室，終有天光。」除了自己的親生子，誰能對她如此信誓旦旦？是的，只有親子，絕不會有別人！夏姬漸漸活泛了，走出了終日蝸居的三開間寢室，與兩個可人的侍女對弈練劍讀書論詩談天說地甚至一起洗衣一起下廚，瘦削的身軀漸漸豐滿了，蒼白的面容漸漸紅潤了，琴聲也變得嫻雅舒展了。可是，她始終沒有走出過後苑的那道石門。她堅信，即或兒子平安歸秦，太子府正廳也永遠不是她的天地，太子嬴柱也永遠不會成為她真正的夫君。一個亡國公主，命運註定是沒有根基的雲，隨時可能被無可預料的颶風裹挾到天邊撕扯成碎片。爭不爭都一樣，爭又何益？年來情勢紛紜，老秦王死了，嬴柱做了秦王，兒子做了太子。侍女內侍們都暗暗向她道賀，可夏姬卻平靜得一如既往地淡漠。老太子府的女眷公子們都搬進了王城，晉升了爵位。她卻上書秦王，不進王宮，不受女爵，只請繼續留居太子府後苑。昔日夫君今日秦王並沒有覆書給她，老內侍總管卻准許她留下了。後來，還是那個精靈般的侍女悄悄對她說，這座老太子府已經是她的了，她是沒有王后名分的王后。從此，她成了夢寐以求的閒人，與幾名侍女內侍終日優遊在這座空曠的府邸，品嚐著一

種前所未有的散淡。

可是，一次突如其來的祕密宣召卻改變了這一切。

一輛尋常的垂簾輜車將夏姬拉出了咸陽，拉進了一片幽靜的園林宮室。駕車內侍不說她也不問，只默默跟著老內侍走進了幽深的甬道，曲曲折折到了一間陽光明媚卻又悄無聲息的所在。林木茂盛蔥蘢，房子很高很大，地氈很厚很軟，茶香很清很醇，案前一方香鼎，案上一張古琴。打量之間她心頭怦然一動——沒錯！這正是當年第一次進太子府彈奏的那張古琴！淚水乍然朦朧，對著香鼎肅然一躬，她坐到案前輕輕地撫動了琴弦，沉睡在心底的古老歌兒流水般徜徉而出：「自古在昔，先民有作。洪水茫茫，田舍湯湯。導川去海，禹敷土方。成我井田，安我茅舍。生民咸服，幅隕既長。」

「一支〈夏風〉，韻味猶存矣！」拊掌聲陡然從背後響起。

琴聲戛然而止。「你？你是……」夏姬打量著這個不知從何處走出來的老人，驚愕得聲音都顫抖了。雖說已經二十年沒有見過當年的太子夫君，她心下也覺得他必是老了，可無論如何，她還是不能想像變化會是如此巨大。面前這個臃腫蒼白滿頭灰髮的老人，能是當年那個雖則多病卻也不失英風的年輕太子？

「夏姬，嬴柱老矣！」

「參、參見秦王。」夏姬終於回過神來，終於拜了下去。

「起來起來。」嬴柱連忙扶住夏姬，不由分說將她推到座中，自己也喘著粗氣靠到了對面那張寬大的座榻上。見夏姬懵懂困惑的模樣，嬴柱不禁一聲歎息，對她說起了這些年的人事滄桑，末了道：「目下異人已是太子，來日便是秦國新君。你乃異人生母，異人來日必認你貴你。雖說天命使然，終歸是你純良所致，他人亦無可厚非也。然則，君無私事，宮闈亦干政道。異人既以禮法認華陽后為嫡母，此事當有個妥善處置。」嬴柱粗重地喘息了一陣，打住話頭殷殷地望了過來。

「不需秦王費心。夏姬有今日，此生足矣！」

嬴柱頓時沉下臉：「若要你死，商議個甚？」

「……」夏姬愣怔了，「秦王只說如何，我聽憑處置。」

「你若輕生而去，異人何能心安？華陽后何能逃脫朝野物議？我這秦王豈非也做得慚愧？從此萬莫生出此心。」嬴柱叮囑一番思忖道：「你幽居自隱，不失為上策。我看只一條：今日不爭王后，他日不爭太后，長居老府，散淡於宮闈之外。若得如此，各方皆安也。」

「王言正得我心。」夏姬第一次現出了燦爛的笑，對著香鼎拜倒立下了誓言，「此生但有一爭，後當天誅地滅！」記得嬴柱當時有些傷感起來，「夏姬呵，子長幽居，我長惶愧，兩心同苦矣！然既入王室，夫復何言？若有來生，唯願你我生於庶民之家，淡泊桑麻，盡享生趣也。」

「夫君！」夏姬一陣眩暈，額頭重重撞到案角昏了過去……一陣幾乎已經被遺忘的感覺衝擊得她醒了過來，一睜眼又驚又羞。她赤身裸體地橫陳在那張寬大的座榻上，嬴柱正擁著她豐腴雪白的身子奮力耕耘著嘖嘖讚歎著，雨點般的汗水灑滿了她的胸脯，熱辣辣的氣息籠罩了她的身心，久曠的她終於忍不住大叫一聲，緊緊抱住了那濕淋淋的龐大身軀……當嬴柱粗重地喘息著頹然癱在座榻時，她不期然看見了楊後的銅壺滴漏正指在午後申時——入宮已經整整四個時辰了。

記得很清楚，她親手將案頭自己未動的那盅涼茶捧給了嬴柱。嬴柱咕咚兩口吞了下去，又張開兩臂猛然圈住了她。她驚喜地叫了一聲撲在他身上，忘情地自己吞吐起來。誰知就在兩人魂銷骨蝕忘形囈語的時刻，身下的嬴柱驟然冷汗淋漓喉頭咕地一響昏厥了過去。老內侍隨著她驚慌的呼叫趕來，撬開嬴柱牙關灌下了一盅藥汁。嬴柱睜開了眼睛卻沒有看她，只對老內侍低聲嘟囔了一句，夏姬立即被兩個小內侍送進密封的輜車匆匆拉走了。

當晚三更，那個精靈般的侍女悄悄來說，秦王薨了！華陽后要殺她！

侍女說她要帶她逃出咸陽。她問她是何人，侍女只催她快走，說令箭只有一夜功效，天亮走不得了。夏姬淡淡地搖搖頭，默默地拒絕了她。嬴柱將一生的最後辰光給了她，便是她真正的夫君，她如何能抛下夫君屍身苟活於世？夏姬一夜枯坐，次日清晨上書駟車庶長府，自請以王族法度處置，准許自己為先王殉葬。也不管駟車庶長府如何回覆，夏姬便在老府正廳堂而皇之搭起了秦王靈堂，衰絰上身，放聲痛哭。

夜半時分，呂莊被一陣急促的打門聲驚動了。

當呂不韋被從睡夢中叫醒時，西門老總事緊張得話也說不清楚了。呂不韋從老人的驚懼眼神已經料到幾分，二話不說大步出門跟著內侍飛馬去了。到得步騎林立戒備森嚴的章臺宮，四更刁斗堪堪打響。老長史桓礫正在宮門等候，一句話沒說將呂不韋曲曲折折領進了城堡深處的祕密書房。跨進那道厚實的鐵門，呂不韋立即感受到一種撲面而來的緊張窒息。太子嬴異人跪在座榻前渾身瑟瑟發抖。華陽后沉著臉立在榻側，冷冰冰空蕩蕩的目光只盯著嬴異人。兩名老太醫與老內侍圍著座榻，惶恐得手足無措。座榻上一方大被覆蓋著白髮散亂的一個老人，兩手作勢指點，喉頭嘎嘎作響，卻一句話也說不出來……

心下猛然一沉，呂不韋迅即覺察到最為不幸的事情已經發生，整個宮廷正在一片混亂茫然之中。當此之時，冷靜為要。右手猛然一掐左手虎口穴，呂不韋頓時神志清明，大步進了令人窒息的廳堂。

手足無措的老內侍一眼看見呂不韋進來，立即匆匆迎來湊著呂不韋耳邊低聲一句：「秦王彌留！只等太子傅。」將呂不韋領到了座榻前。跪伏的嬴異人驀然覺察呂不韋到了，噌地站了起來偎到父王身邊，陡然將華陽后擋在了身後。華陽后眉頭倏地立起，又迅速收斂，眼神示意太醫退下，匆匆過去站到了座榻裡側。

「臣呂不韋參見我王。」呂不韋拜倒在地，聲音沉穩清朗不顯絲毫慌亂。

座榻大被下艱難地伸出一隻蒼白的大手，作勢來拉呂不韋。呂不韋立即順勢站起，俯身座榻高聲道：「我王有話但說，不韋與王后太子共擔遺命！」

嬴柱迷離的目光倏忽亮了，喉頭嘎嘎響著將呂不韋的一隻手拉了過來，又將華陽后與嬴異人的手拉了過來疊在一起，目光只殷殷望著呂不韋，喉頭艱難地響著嘴唇艱難地嚅動著，一個字也吐不出來。

「我王是說：要王后與太子同心共濟，臣一力襄助。」

雪白的頭顱微微一點，喉頭嘎的一聲大響，嬴柱雙手撒開，兩眼僵直地望著呂不韋，頓時沒了氣息！華陽后驚叫一聲，頹然昏倒在座榻之下。嬴異人愣怔片刻，陡然號啕大哭。太醫內侍們頓時忙亂起來。

呂不韋凝神肅立座榻之前，伸手抹下了秦王嬴柱的眼簾，理順了散亂虬結的雪白長髮，又拉開大被覆蓋了驟然萎縮的屍身，對著座榻深深三躬，這才轉身走到已經被太醫救醒的華陽后面前一拱手低聲道：「王后對秦王之死心有疑竇，臣自明白。然目下急務在安定大局，餘事皆可緩圖。王后與秦王廝守終生，深知王心，必能從大處著眼也。」華陽后深重地歎息了一聲，陡然起身道：「你勿逼我孤身未亡人。你也曉事之人，我這王后尚終日清心不敢放縱，竟有賤人竭澤而漁，當如何治罪了？不治殺王之罪，何以面對朝野！急務先於大局，曉得無？不將淫賤者剮刑處死，萬事休說！」語勢凌厲神色冰冷，與尋常那個清純嬌媚的纖纖楚女判若兩人。

華陽后一開口，嬴異人的號啕哭聲戛然而止，人雖依然跪在榻前，目光卻劍一般直刺過來。夏姬是他的生母，華陽后非但當眾辱罵生母還要立殺生母，何其險惡。嬴異人母子一生何苦，子為人質，母囚冷宮，還當如何折辱？嬴異人寧可不做太子秦王，也要頂住這個蛇蠍楚女！一腔憤怨，嬴異人的臉色立時鐵青，一扶座榻便要挺身站起怒斥華陽后。恰逢呂不韋的目光直逼過來，冷靜體貼威嚴卻又透出一絲無可奈何的絕望。那目光分明在說，你只要一開口，秦國便無可收拾一切便付諸東流。嬴異人讀懂了那熟悉而又陌生的目光，終是低頭哽咽一聲，猛然撲到父王屍身放聲痛哭。

「王后之見，臣不敢苟同。」

呂不韋轉身對華陽后一躬，語氣平和而又堅定，「王后明察：先王久病纏身朝野皆知。縱有他事誘發，終歸痼疾不治為根本因由。再則，夏姬為先王名正言順之妾，得配先王尚早於王后一年。夏姬正因先王為太子時多病孱弱，而潔身幽居二十年，此心何良？此情何堪？先王縱密召夏姬入宮，於情，於理，於法，無一不通。若得治罪，敢問依憑何律？秦法有定：背夫他交謂之淫，賣身操業謂之賤。今夏姬以王妾之身會先王，夫婦敦倫，何罪之有？」

「呂不韋！你，你，你豈有此理！」

「王后明察：當此危難之際，呂不韋既受先王顧命（註：顧命，臨終之命曰顧命。語出《尚書・顧命》。孔穎達疏：「言臨將死去，回顧而為語也。」），便當維護大局。無論何人，背大局而洩私憤，呂不韋一身當之，縱死不負顧命之託。」

大廳一片寂靜，大臣吏員都肅然望著平和而又鋒棱閃閃的呂不韋。陡然之間，老長史桓礫拜倒在地高聲一呼：「老臣懇請王后顧全大局！」

「臣等懇請王后！」史官太醫內侍們也一齊拜倒。

華陽后嘴唇咬得青紫，終是長吁一聲抹抹淚水抬頭哽咽道：「先王死不瞑目，你等誰沒得見？便不能體察我心？也好！此事容當後議。你只說，目下要我如何了？」

呂不韋道：「王后明察：國不可一日無君。」

「天負我也！」華陽后咬著嘴唇幽幽一歎，對著始終背向自己跪在座榻前的嬴異人狠狠挖了一眼，走到大廳中央冷冰冰道：「老長史聽命：秦王乍薨，國不可一日無君。本后與顧命大臣呂不韋，即行擁立太子子楚即位。」

「特命錄畢，顧命用印。」長史桓礫捧著一張銅盤大步過來。

華陽后冷冷看了一眼呂不韋，打開裙帶皮盒，拿出一方銅印，在印泥匣中一蘸，蓋上了銅盤中的羊皮紙。老桓礫低聲道：「擁立新君，顧命大臣亦得用印。」呂不韋慨然點頭，打開腰間皮帶的皮盒拿出一方兩寸銅印蓋了，低聲吩咐一句：「立即刻簡，頒行朝野。」轉身向嬴異人拜倒：「臣呂不韋參見秦王！」

「臣等參見秦王！」桓礫等所有在場官吏也一齊拜倒。

嬴異人正在憤怨難平兀自哀哀痛哭，驟然聽得參見聲大起，不禁一陣驚愕，手足無措地站了起來連忙先扶起呂不韋，又吩咐眾人起身，神色略定，回身陡然一躬：「子楚謝過母后。」此舉原是突兀，呂不韋與在場人眾都不約而同地點頭贊許。

華陽后冷笑道：「謝我何來？該你做事了。」

嬴異人略一思忖，又湊在華陽后耳邊低語了幾句，見華陽后神色緩和地點了頭，回身哽咽著道：「父王新喪，我心苦不堪言，料理國事力不從心。今命太子傅呂不韋以顧命大臣之身，與綱成君蔡澤共領相權，處置一應國事，急難處報母后定奪可也。其餘非當務之急者，父王喪葬後朝會議決。」

「臣呂不韋奉命。」呂不韋肅然一躬，回身徑直走到老長史桓礫面前一拱手，「敢問老長史：今夜發出幾卷王書？秦王病情知會了幾位大臣？」

「回稟顧命，」老長史桓礫肅然拱手，「夜來發出國事王書六卷，皆是各郡縣夏忙督農事；秦王病情除太子傅外，尚未知會任何大臣。下官稟明太子，加厚了章臺守護。」

呂不韋一點頭高聲道：「在場吏員人等：今夜秦王不期而薨，秦國正在危難之期！首要急務，在宮廷穩定。呂不韋受秦王顧命與新君特命，臨機發令如下：長史桓礫總領王宮事務，給事中（註：給事中，秦官職，掌宮內事務，多由內侍擔任）與老內侍總管襄助；謁者即行飛車回都，密召內史勝來章臺，護持王駕一行回咸陽；目下先行妥善冰藏先王屍身，一應發喪事宜，待回咸陽定奪；當此非常之時，任何人擅自走漏消息，立斬無赦！」

「赳赳老秦，共赴國難！」那句古老的誓言驟然迴盪在深夜的城堡。

呂不韋發令完畢，各方立即開始分頭忙碌起來。呂不韋對桓礫低聲耳語兩句，過去將華陽后與新君嬴異人請到了章臺的祕密書房。華陽后一臉不悅道：「你已是顧命大臣連連發令，如此神祕兮兮，勿曉得多此一舉了。」呂不韋渾然無覺，只一拱手道：「臣啟太后秦王：目下有急務須得秦王王書方能處置，非臣不敢擔承。」嬴異人目光一閃抹著淚水道：「我方才已經言明，服喪期間不問國事。先生與太后商議，我去守護先王。」說罷舉步便走。「秦王且慢！」呂不韋肅然一躬，「王執公器，服喪不拘常禮，自古皆然。喪期之中，王雖不親理國事，然大事不可不預聞也。當年宣太后主政之時，非但每事邀昭襄王共議，且必要昭襄王先出決斷。太后母儀朝野，其心原不在攝政，而在錘鍊昭襄王也。臣以為華陽后德非尋常，必不會以服喪之由拒秦王預聞重大國事。」華陽后被呂不韋點破心事，亦清楚聽出呂不韋勸誡中隱含的強硬，一心不悅卻不得不做大度，對嬴異人一揮手道：「曉得你只與母親生分，要你走了麼？回來回來，聽了還要說，曉得了？」回頭道，「先生便說，甚事要王書？」呂不韋正色道：「蒙驁三十萬大軍即將出關，須得立即止兵。」「呀！這件大事如何忘了？」嬴異人不禁恍然驚歎，眼角一瞄華陽后卻沒了聲息。華陽后冷冷笑道：「先生已宣明了宣太后規矩，秦王自當先說了。」嬴異人略一思忖道：「先生之見甚是，非常之時當立即止兵。」華陽后一點頭淡淡道：「只是先生想好，那班老將軍為了出兵，只差要出人命，驟然止兵非同小可。此事須得那班老將軍們信得過的老人去辦，曉得無？」呂不韋欣然一拱手：「太后大是！臣當妥為謀劃。」

「止兵王書成，太后秦王過目。」老桓礫匆匆捧來了銅盤。

嬴異人搶先捧起王書，展開在華陽后面前。華陽后點頭說聲好，嬴異人便將王書放入銅盤道：「長史用王印便了。」老桓礫道：「此書為特書，須三印成書，敢請太后新君用印。」嬴異人生平第一次用印，心頭猛然一跳，摸著腰間道：「慚愧慚愧，我素來不帶爵印，只蓋母后印便了。」已經蓋好王后印的華陽后非但沒有責難，反而漾出一絲笑來：「曉得你長不大。老長史，立即派人到咸陽太子府用印，曉得無？」呂不韋急迫道：「臣正要先回咸陽物色赴軍特使，秦王寫一手書，臣帶王書去太子府用印。」

王書妥當，古老的章臺在晨曦中已經漸漸現出了城堡輪廓。

呂不韋大步出了書房，向城堡車馬場走來，方進幽暗的永巷甬道，一個身影卻驀地閃了出來低聲道：「先生慢行！」呂不韋止步端詳，不禁大是驚訝：「方為新君，王何如此行徑？」嬴異人喘噓噓道：「我印隨帶在身，快來用了。」呂不韋不禁大皺眉頭道：「王做如此小技，臣不以為然。」嬴異人目光亮晶晶閃爍：「此女心機百出，哄得父王暈乎終生，左右得防她滋事。」呂不韋道：「執得公器便是王道。女子縱然難與，也當以正去邪，如此行徑，王當慎之戒之。」說話間已經用了印，嬴異人收起銅印點頭道：「不敢辜負先生所期，我只小心周旋罷了。」呂不韋歎息一聲道：「服喪之期，王好自為之也。」一拱手匆匆去了。

進入咸陽，呂不韋的駟馬快車徑直駛向國尉府。

國尉司馬梗是緊急止兵的唯一人選，這是呂不韋一開始便瞅準了的。司馬梗非但是秦惠王時的名將司馬錯之後，而且是武安君白起時的老國尉，論軍旅資歷，比蒙驁一班老將還高著半輩。然則僅僅憑資歷，戰國之世也未必斡旋得開，在耕戰尚功的秦國更是如此。這個司馬梗卻是資歷與聲望兼具，在秦軍中可謂舉足輕重。聲望之根，是其人始終以「率軍之才平平」為由，當年力主白起為將，自任國尉為秦軍籌劃後備糧草；白起死後，又力主昭襄王接受白起遺囑以蒙驁為將，自己仍然甘當國尉。名將之後，知兵而不爭將，謀國之大德。更難得者，司馬梗數十年身居國尉不驕不躁，將秦軍後備謀劃運籌得滴水不漏，尤其是長平大戰的三年，兢兢業業，保得秦國五十餘萬大軍全無後顧之憂，到頭來卻總是將功勞推給當時的兩任丞相——魏冄與范雎。秦昭王感念有加，幾次要封司馬梗為上卿，與丞相上將軍同爵，都被司馬梗固執地辭謝了，理由只一句話：「老臣無大才，若不欲老臣做國尉，老臣唯告退歸隱也！」非但如此，每遇朝堂計議軍國大事，甚或大將們商討戰法，司馬梗都是坦率建言，絕不以明哲保身之道沉默避事。如此一個國尉，一班老將人人敬重，只他持書前去，斷不致生出差錯。

司馬梗晨功方罷，正在廳堂翻檢文書，忽見素無來往的呂不韋匆匆進來，雖頗感意外，卻也鄭重其事地請客人入座。呂不韋開門見山，入座一拱手便將夜來突然變故和盤托出。司馬梗聽得臉色鐵青，不待呂不韋說出來意，陡然拍案插斷：「連番國喪，新君未安，用兵大忌也！老夫願請王書，立赴藍田大營止兵！」驟然之間呂不韋熱淚盈眶，深深一躬捧出了王書：「這是三印特書，敢勞老國尉兼程馳驅。」司馬梗慨然接書，回身一聲高喝：「堂下備馬！六騎輪換！」呂不韋連忙道：「戰馬顛簸，前輩還是乘車為好。」已經在快速披掛軟甲的司馬梗連頭也沒回：「閒話休說！忙你的大事去，老夫掂不得輕重麼！」呂不韋肅然拱手要告辭間，廳外戰馬一片長嘶，三名輕裝騎士人各兩馬已在赳赳待命。司馬梗提著馬鞭大步出廳飛身躍上當頭一匹火焰般的雄駿戰馬，喝一聲「走」，兩腿一夾暴風驟雨般去了。

呂不韋快步出門，立即驅車綱成君府邸。

「好個太子傅！老夫正要找人消磨，來得好！」蔡澤的公鴨嗓呷呷直樂。

「棋有得下，且先進書房說話。」

「書房悶得慌也，茅亭正好。」

呂不韋湊近低聲一句：「秦王四更薨去，老丞相好興致？」

「胡說！此等事豈得笑談？不想下棋走！」蔡澤臉色驟然脹紅了。

呂不韋哭笑不得，拉起蔡澤大步走到茅亭下，倏地從皮袋扯出一卷竹簡丟到石案上，「老丞相且看這是否王書？」蔡澤嘩啦打開竹簡一瞄，愣怔得一臉青紫大張著嘴喉頭咯咯直響硬是說不出話來。

呂不韋連忙一手扶住一手在蔡澤背上輕輕捶打，「老丞相莫急莫急，若非你逼我，不韋豈能從山牆下來？」

蔡澤呼哧呼哧大喘一陣，方才費力出聲：「呂不韋，你、你休得糊弄老夫！秦王縱去，彌留時豈能不召老夫？」呂不韋邊捶打邊道：「老丞相蓋世聰明，當知此中道理：秦王剛剛移駕章臺，只有太子與華陽后及老長史隨行，驟然發病，何能知會得諸多重臣？」

「豈有此理！」蔡澤一把推開呂不韋憤憤然嚷了起來，「莫非你也是方才知曉麼？你太子傅能連夜奉書，老夫領國丞相竟是不能？秦王做了三十年太子，於公於私素來篤信於老夫，彌留時必召老夫無疑！果然未召老夫，其間必然有詐。你呂不韋是否矯書（註：矯書，假託君命發布君書。語出《公羊傳・僖公三十三年》：「矯以鄭伯之命而犒師焉。」）亦未可知！」

雖是憤激之辭難免偏頗，蔡澤這番話卻委實說得肅殺之極，直將呂不韋打一個「謀君矯書」的滅族罪嫌疑。呂不韋心下縱然清楚這個老人心病何在，卻也不能不先剎住蔡澤這股瘋焰，當下冷冷道：「綱成君固是丞相，然卻不是開府獨領，而是與太子嬴異人共領相權。秦王彌留，召君亦可，不召君亦可，何來必然之說？呂不韋雖非丞相，卻是太子左傅。秦王彌留，託後為大。綱成君捫心自問：呂不韋與君，誰與太子更為相得？」

「……」蔡澤呼哧呼哧喘息著無話了。

呂不韋和緩語氣道：「況且不韋也是三更被人喚起，矇矓倉促不知所以，四更趕到章臺，未到五更秦王撒手。華陽后多有微妙。太子無以措手足。呂不韋倉促安定章臺亂局，縱想知會綱成君，哪裡卻來片刻時機？」

「秦國絕情，老夫只有掛冠去矣！」蔡澤一歎，憤然沮喪盡在其中。

「恕我直言，綱成君有失偏頗也！」

呂不韋慨然正色，決意要在這關節點上將話說開說透，「名士但入仕途，權力功業之大小，既在其人之才，亦在其時諸般遇合。譬如商君張儀范雎者，才堪砥柱又逢雄主，更在國勢擴張之時，方得風雲際會而成赫赫功業。所謂時也勢也，此之謂也！君以計然名士之身入秦，卻正當秦國收勢，修養民力，對外止兵，對內息工，舉國唯奉公守法生聚國力而已。當此之時，既無統籌軍政對外爭霸之可能，又無整治關中大修水利從而一展計然大才之機遇。君所能為者，皆清要政事也。君懷壯志入秦，二十年無赫赫建樹而耿耿於懷，不韋誠能體察也！然則，此乃時勢使然，非兩代秦王不委君重任也。君自思量：自昭襄王任君為相，可有一宗軍國大事避君而行？縱是不韋在邯鄲祕密襄助嬴異人之舉，君亦奉昭襄王密書遙遙運籌。凡此等等，若非功業，足下何以在尚功之秦國封為最高爵位？昭襄王一生鐵面護法，不曾空賞一人，莫非足下偏能以「人未盡才」而得封君乎？究其竟，君雖無壯舉，然卻有非常時期應急之功。當此之時，君本當以老臣謀國之風垂範朝野，以封君相職做紛紜亂局之中流砥柱。偏君耿耿於首相之權，孜孜於宏大功業，偏頗有加，事事求預聞機密，件件做權力計較，不若刻舟求劍乎？秦王痼疾驟發而死，朝野正在紊亂之時，君縱不效司馬梗之風，亦當盡此首相職責也。然君皆不為，開口不問朝局安危，只在先王顧命之名分與呂不韋錙銖必較。較則較矣，亦當有節。平心而論，君若有骨鯁孤臣之風，以為呂不韋不堪顧命，盡可堂皇上書彈劾之！君若有名士大爭之風，亦盡可行使相權與呂不韋較量政才！然正道君皆不為，偏以獄訟之辭欲置呂不韋於死地，不亦悲乎！」

呂不韋戛然打住，從來都是一團春風的笑臉滿面寒霜。

「嘿嘿，得理不讓人了。」蔡澤聽得臉色紅一陣白一陣心中如五味翻攪，終歸卻撐出了一片艱難的笑。素稱敦情厚義的呂不韋對他從來都是敬重有加，今日卻有如此一番凌厲指斥，難堪是難堪到了盡頭，想做更猛烈的反駁卻是張口無言。根本處在於呂不韋說得句句在理，將自己入秦以來的心事赤裸裸剖白在光天化日之下，若再無理強三分死撐硬嚷，卻是成何體統？「刻舟求劍，點得好！」思忖一陣蔡澤喟然一歎，「老夫今日始知，政道見識，吾不如子也！也罷，足下既為顧命，只說要老夫做甚！」

「綱成君，新王有書：你我同領相職。不韋何能指派於你？」

「甚、甚、甚！新王書命，你我同相？」蔡澤大是驚訝。

「老相若覺我不堪，不韋決意退相。」

「嗚呼哀哉！蔡澤至於如此蠢麼！」蔡澤陡然呷呷大笑，「老夫最怕無事可做，你若早說老夫有相位，至於枉自互罵一通麼？」

「總是老相聖明。」呂不韋不無揶揄地笑了，「在這茅亭嚷嚷麼？」

「走走走，書房！」蔡澤一拉呂不韋晃著鴨步出了茅亭。

兩人在書房直說了整整一個時辰，眼看天色過午，呂不韋草草吞了兩張蔡澤最喜歡的燕山麥餅匆匆告辭。蔡澤精神大振，立即跟出來呼喝車馬趕到駟車庶長府，邀集「三太」忙乎國葬去了。

蒙驁王齕兼程回到咸陽，沒有回府立即進了王城。

給事中將兩人領進了東偏殿，吩咐侍女上茶，碎步疾走去了。片刻間老長史桓礫匆匆進殿，說新君連日疲憊昏睡未醒，只怕今日不能召見上將軍兩人。蒙驁臉色頓時陰沉下來：「老夫奉三印急書趕回，新君何能不見？老長史可是如實稟報？」桓礫攤著雙手連連苦笑搖頭：「上將軍毋得笑談，在下萬萬承受不起。」王齕霍然起身長劍咚咚點地：「老長史兜甚圈子！君不見將，秦國幾曾有過！老夫偏是不信！」老桓礫正在無可辯解，驀然卻見呂不韋大步進殿，連忙一圈拱手道：「顧命大臣來也！兩將軍盡可與假相（註：假相，代理丞相。呂不韋此時正職為太子傅，丞相為特命兼領，朝臣依例視做假相）議事，在下實在分不開身。」說罷一溜碎步走了。

呂不韋正要與蒙驁見禮說話，王齕赳赳大步過來道：「敢問太子傅：上將軍奉命緊急還都，新君不見，莫非章臺之變不可告人！」如此強硬無理已經大非常態，蒙驁卻鐵板著臉無動於衷。呂不韋心下不禁一沉，思忖間肅然拱手道：「少上造（註：少上造，秦軍功爵位第十五級〔共二十級〕高爵）若以為章臺之夜有不可告人處，自可公諸朝野訴諸律法。若無憑據，還當慎言為是。」王齕怒沖沖道：「老夫不知慎言！老夫唯知國不可一日無君！既為國君，何能召臣不見臣？老夫明言：若有人脅迫國君隱朝，數十萬秦軍絕不坐視！先王彌留之際，太子傅乃唯一顧命，對國君行止該當有個說法！」王齕為秦軍資深猛將，戰功卓著稟性剛烈，其少上造爵位比上將軍蒙驁的大上造只低一級，若只從爵位說，比目下呂不韋的爵位還高出幾級，情急之下大有威壓之勢。

「少上造之意，章臺之夜是一場宮變了？」呂不韋冷冷一笑。

「你只說，新君反常，是否受制於人？」

「脅迫君王者，自占唯重兵悍將可為，他人豈非白日大夢？」

王齕正待發作，旁邊蒙驁重重一個眼神止住，隨即一拱手道：「先生自可斟酌：朝局之變若告得我等將士便說，若涉密無可告知，老夫即行告辭。」

呂不韋肅然道：「上將軍乃國家柱石，何密不可預聞？上將軍長子蒙武，更是新君總角至交。新君信不過上將軍，卻信得何人？」

「唯其如此，新君不見老夫，令人生疑。」

「上將軍若一味心存疑慮步步緊逼，恕不韋無可奉告。」

「大膽衛商！敢對上將軍無理！」王齕鬚髮戟張長劍出鞘一個大步逼了上來。

呂不韋傲然佇立：「護法安國，死何足惜？王齕恃功亂國，枉為秦人！」

「老將軍且慢。」蒙驁一步上前摁下了王齕長劍，轉身冷笑道：「自承護法安國，先生當對目下朝局做個通說。隱而不說，難免人疑。」

「兩位老將軍如此武斷（註：武斷，語出《史記·平準書》，原指鄉間豪富只以武勢主斷曲直。後世引申為主觀臆斷），我何曾有說話餘地也！」呂不韋慨然歎息一聲，「在下不期然臨危顧命，與太后新王議定的第一道王書便是臨難止兵，急召兩位老將軍還都。此應急首謀也，安得有不告之密？方才呂不韋從綱成君處匆匆趕來，亦是要迎候上將軍先告章臺之情。不想一步來遲，新王未曾立見上將軍。此中因由，倉促間何能立時分辨？少上造不容分說先誅人心，竟指呂不韋宮變！如此威壓，談何國事法度？談何共赴國難？」

王齕冷冰冰道：「你若信得我等，一班老軍何消說得？」

「要說不信，只怕促成大軍東出在外才是上策，何須急命止兵又召兩將軍入朝？」

「好了好了，來回倒騰個甚！」蒙驁拍掌長吁一聲，「朝局倏忽無定，一班將士疑雲重重，老夫也是憂心如焚，失言處尚望先生見諒。」

呂不韋原無計較之心，只是面對這班自恃根基深厚動輒便疑外邦人背秦的老秦大將，不得不立定法度尊嚴，是以對兩將軍的武斷氣勢絲毫不做退讓。如今蒙驁已經致歉，呂不韋釋然一笑，將兩位老將軍請到了東偏殿內室，備細將夜來章臺之事說了一遍，末了叩著書案道：「如今諸事三大塊：一為國喪大禮與新君即位大典，一為備敵襲秦，一為安定朝野。上將軍以為然否？」蒙驁思忖點頭道：「三大事不差。願聞假相謀劃。」呂不韋道：「兩大國禮，已經有綱成君一力擔承。其餘兩事如何擺布，不韋尚無成算，願聞上將軍之見。」蒙驁慨然拍案：「老夫職司三軍，自當禦敵於國門之外！安定朝野，卻看假相運籌也。」呂不韋一拱手坦誠道：「上將軍信我，不韋先行謝過。然則，目下情勢多有微妙，以安定朝野最為繁難。不韋根基尚淺，自認斡旋乏力，尚要借重上將軍之力。」蒙驁目光炯炯道：「要老夫如何？但說無妨！」呂不韋直截了當問：「若是上將軍不赴軍前，不知可有擔綱禦敵之大將？」蒙驁微微一笑：「假相何有此問？秦軍大將堪比老夫者不下五六人。面前老將王齕，是當年武安君時秦軍第一大將，若非攻趙一敗，王老將軍當是上將軍也。」呂不韋不禁肅然拱手：「老將軍國家長城，不韋敬佩有加！」王齕不禁滿面通紅慨然一拱手：「王齕赳赳武夫多有魯莽，國難在即，我等老軍無不從命！」

「權衡朝局，上將軍須親留咸陽，並得調回蒙武將軍。」

「蒙武職司前軍大將，回朝甚用？」王齕陡然插斷。

蒙驁略一沉吟斷然拍案：「老將軍統兵布防，前將軍改任王陵，蒙武回朝。」

「嗨！」王齕慨然領命。

「敢問老將軍如何布防？」呂不韋特意一問。

「步騎十萬進駐崤山腹地，策應函谷關；步軍五萬前出丹水谷地，策應武關；鐵騎五萬進駐河西，策應九原上郡；老夫親將十萬精銳駐守藍田，馳援策應各方！」王齕毫無拖泥帶水，顯是成算在胸。

蒙驁對呂不韋點頭道：「防守不出，我軍斷無差錯。」

「好！」呂不韋霍然起身，「敢請上將軍王老將軍去見太后。」

三人匆匆大步來到王城東部的王后寢宮，遙遙便見宮門已經掛起了一片白幡，進出的內侍侍女也都是一身衰經滿面冰霜，繞過影壁已聞哀哀哭聲不斷。呂不韋不禁一怔。蒙驁的一雙白眉也擰成一團。王齕黑著臉一句嘟囔：「未曾發喪先舉哀，咄咄怪事也！」自來國喪法度：國府官文正式發布國君薨去的消息，謂之「發喪」；發喪之前事屬機密，縱是知情者亦不得舉哀；此謂，先發喪而後可舉哀。如今國喪未發而後宮舉哀，顯然有違法度，三人如何不大感意外？呂不韋立刻喚過一名領班侍女前去稟報，片刻間侍女出來，將三人領進了已經成為靈堂的廳堂。

「敢問太后：未曾發喪而先行舉哀，法度何在？」呂不韋徑直一問。

華陽后正自哭得梨花帶雨，聞言倏地站起：「假相既說法度，老太子府舉哀在前，便當先治！曉得無？你容她而責我，其心何偏！」

呂不韋淡淡道：「目下太后暫攝公器政事，非比尋常女子，若執意與名分卑微的夏姬錙銖必較，臣唯有訴諸王族族法，請駟車庶長府會同王族元老議決。」

華陽后頓時臉色鐵青。自秦孝公始，秦國王族的族法也因應變法做了大修，較之國法更為嚴厲，執王族族法的駟車庶長府歷來不參與朝政，只受命於國君監督不法王族。王族法的特異處在於：不經國家執法機構——廷尉府的審訊，駟車庶長邀集的元老會可逕自審問處置被訴王族；凡涉及王族隱祕的妻妾與嫡庶公子等諸般醜聞爭執，在難以清楚是非的情勢下往往一體貶黜；對身居高位攪鬧朝局而不便公然貶黜者，則幾乎無一例外地密刑處決！唯其如此，秦國王族百餘年來極少發生宮變式的內爭，一旦發生也總能迅即平息，於戰國之世堪稱奇蹟。若果真按此族法議決，華陽后在危難關頭與先王一個「棄婦」做如此這般計較，其攝政德性會首先受到王族元老的質疑指斥，其攝政權力也必然會視種種情勢而被以某種方式剝奪。總歸是絕無不了了之蒙混過關之可能。

「好呵，曉得你狠！」華陽后冷冷一笑吩咐左右，「撤去靈堂，各去衰經。」一邊說一邊已經利落脫去了粗糙的綴麻孝服，現出了一身嫩黃色的絲裙與雪白脖頸間的一幅大紅汗巾，豔麗窈窕風姿綽約，方才哀傷在倏忽間蕩然無存。華陽后轉身悠然一笑，「三位入座，有事盡說，曉得無？」

「上將軍請。」呂不韋對蒙驁肅然一躬。

蒙驁徑直對笑吟吟的華陽后一拱手冷冷道：「老臣無心坐而論道，只請太后速定將事，老臣立待可也。」畢竟華陽后心思機敏，渾然無覺般淡淡笑道：「軍事緩亦急。這句老話我還曉得。上將軍便說，要定何事？」蒙驁道：「請任少上造王齕為將，統兵布防禦敵。」華陽后驚訝道：「王齕為將，上將軍閒置麼？」呂不韋一拱手道：「王后明察：上將軍年來腰疾復發，急需治療，臣請王后允准上將軍所請。」華陽后眼波流動道：「曉得了，我等優哉遊哉還落病，何況戎馬生涯？上將軍只管回咸陽療病，王齕老將軍統兵。」轉身對呂不韋道：「你教老長史起書，拿來用印便是。」

「老臣告辭。」蒙驁王齕一拱手逕自去了。

「假相還有事麼？入座說了。」華陽后不無嫵媚地笑了。

「臣有幾事稟報。」呂不韋從容入座，將與蔡澤桓礫議及的國葬大禮與各官署急務等諸多國事說了一遍，末了恭敬地請華陽后做可否訓示。華陽后歎息一聲道：「你卻為難人也！我入秦國三十餘年，幾曾問過國事了？縱是先王說及國政，我也是聽風過耳，何曾上心了？同是羋氏楚女，我遠無宣太后之能，也不以攝政為樂事。我只兩宗事在心：夏姬色禍先王，罪不容赦！子楚即位秦王，毋得忘我恩義！你若主持得公道，我自會一心報之……」隱隱一聲哽咽一串淚水滾落在晶瑩面頰。

「王后之心，臣能體察。」呂不韋辭色端嚴，「臣為顧命，唯有一慮：目下先王未葬，新君亦未正位，國事決於王后，王后若孤行私意，秦國必亂也。臣請王后明心正性，顧大局而去私怨，如此朝野可安也。」

「我掌事權，尚不能決。朝野安定之日，只怕沒有羋氏了。」

「以公器謀一己恩怨，雖王者亦敗。此戰國之道也，王后明察。」
「如此說來，你是不能指靠了？」
「臣不負先王所託，願太后與新君同心。」
「可新君與我不同心，曉得無！」
「臣保新君不負太后。然若太后孤行一意，雖天地無保。」
「好了，我只記你一句話。」華陽后淡淡一笑飄然去了。

二、醇醇本色　殷殷同心

夜半時分，蒙驁剛剛與王齕議定了改變兵力部署的諸多緊要關節，家老急匆匆來報，說老長史桓礫捧王書到了。蒙驁對這個日間與他虛與周旋的老臣子很是不屑，只淡淡一句教那老吏進來，不去依禮迎接王書。桓礫一副萬事不上心的淡漠神色，跟著家老進來，照著規矩宣讀完了對王齕的任將王書，從腰間皮袋拿出一支銅管遞了過來。蒙驁信手接過銅管打開，不禁大是驚訝。一方羊皮紙只有光禿禿八個大字──蒙武還都，務使密行！

「假相手筆？」蒙驁瞇縫起老眼端詳著這生疏的筆跡。
「此乃密書。」桓礫蒼老的聲音顯得木然。
蒙驁嘩啦一搖羊皮紙：「如此禿皮密書，老夫未嘗聞也！」
「此等羊皮紙乃國君專用，入水可見暗印編號，天下沒有第二張。」
「假相面君了？」蒙驁第一個閃念是呂不韋將蒙武事稟報了新君。
「假相暮時入宮，完書即被綱成君接走，前後不到半個時辰。」

稍一沉吟，蒙驁將禿皮王書遞給了王齕。王齕端詳片刻一點頭：「沒錯！當年我代武安君為將進駐上黨，昭襄王發來的也是這等王書，縱被敵方所獲也難辨真假。只是，此時非戰時，如此神祕兮兮做甚？」

「老長史可知密書所言何事？」蒙驁突兀一問。

「不想知道。」桓礫不置可否。

「新君處境艱危？」

「無所覺察。」

「也好！老夫奉命。」蒙驁正色拍案，「老夫卻要言明：銳士入宮之前，新君但有差錯，老夫唯你是問！」

「天也！」桓礫一攤雙手哭笑不得，「王城護衛素非長史統領，我只管得文案政事，何能如影隨形盯著國君也。」

「新君信你！」蒙驁大手一揮，「自古宮變出左右，老夫不認別個！」

「好好好，老朽告辭。」桓礫也不辯駁，只搖頭拱手地佝僂著腰身去了。

蒙驁將桓礫送到廊下，回來關上厚重木門，與王齕又是一陣計議。四更時分王齕起身告辭，到廊下飛身上馬連夜趕赴藍田大營去了。馬蹄聲漸去漸遠，咸陽箭樓的刁斗聲在夏夜的風中隱隱傳來，恍惚無垠山塬連綿軍營如在眼前。蒙驁心緒難平，不覺向後園的胡楊林信步轉過來。入得軍旅四十餘年，大戰小戰百餘次，蒙驁從來沒有過今日這般茫然。

嬴柱做太子時便與他敦厚交好，幾乎是無話不可說無事不可託。二十多年前，嬴柱將孤獨羞澀的少子嬴異人送到了他家讀書。三年前，嬴柱又將立嫡無望的庶公子嬴傒親自送到了他的帳下從軍。但凡疑難危局，嬴柱都是第一個說給他聽，不管他有沒有上佳謀劃。為免無端物議，兩人過從並不甚密，然則緊要關頭那份篤厚的信託是不言自明的。在蒙驁看來，嬴柱並非政道雄才，更兼孱弱多病，全然不是一個強勢靠山。然則，嬴柱在大處從來不懵懂，對人對事既謹慎又坦誠，心有主見而無逼人鋒芒，思慮周密而不失曠達。唯其如此，嬴柱做了數十年老太子，無功無過無敵無友，平淡得朝臣們竟往往忘記了還有這個老太子，尋常見禮直呼安國君者居多，鮮有對即將成為國君的成年太子的那種敬畏。不管是隨時可能崩塌的病體所致，還是平庸寡淡的稟性所致，嬴柱總歸是少了一種強勢君主必然具有的威懾品格。然則，嬴柱畢竟在一個不世出的強勢君王的五十餘年的炫目光環下平安走了過來，你能說他是真正的平庸無能麼？從心底說，蒙驁喜歡這樣的嬴柱，甚至不乏讚賞。根本處，在於蒙驁覺得嬴柱與自己稟性有幾分暗合，政道命運與自己的軍旅命運更有幾分相像。蒙驁也不止一次地覺察到，這個老太子同樣讚賞自己，幾是惺惺相惜。蒙驁始終相信，只要嬴柱能撐持到做秦王的那一天，他便能放開手腳與山東六國開打，為武安君之後的秦軍重新爭回戰無不勝的榮耀與尊嚴！

人算不如天算，即位不到一年的嬴柱不可思議地去了，突兀得令人不敢相信。去則去矣，顧命之臣又偏偏是他最為陌生隔澀的新貴呂不韋。要說將在外不及召回受臨終顧命，也是情有可原。然則，嬴柱給他這個最是堪託的通家「老友」竟連隻言片語的叮囑也沒有留下，卻使蒙驁老大不解，茫然之外不期然生出些許寒心——人但為君自無情，果真如此，世道何堪？

再說新君嬴異人，蒙驁雖略有所知，也都是那些已經變得很模糊的早年瑣事了。如今的嬴異人已經年近不惑，從邯鄲歸來一直深居簡出，除了在朝會上見過一次，蒙驁幾乎連他的相貌都說不清楚了，談何知底？此人一夜之間成了新君，舉措卻總是透著一股難以揣摩的詭祕，實在教人不知所云。揣情度理，但凡邦國危難朝局不明，國君第一個要「結交」的便是重兵大將，自古皆然。可這新君嬴異人非但不見他這個上將軍，且連任將之權都交到了那個處處透著三分妖媚的太后手中，當真教人不可思議！若說未受挾制而甘願如此，蒙驁無論如何不肯相信。然則若受挾制，又如何傳得出密書？可若未受脅迫，又何須要蒙武密行還都？莫非新君在防範某種勢力？防範誰？呂不韋還是華陽后？抑或還有別個？甚至包括他這個老軍頭？不，不會，新君絕不是防範他！若得防他，豈會召蒙武密行還都？如此說來，新君防範者不是呂不韋便是華陽后？雖說呂不韋於新君恩同再造又是顧命之臣，然則，往往正是此等人方使君王不安，當年商君之於新君秦惠王不正是如此？至於那個三分妖媚的華陽后，原本便該戒備提防。然則仔細參酌，似乎又都不可能。那麼是提防綱成君蔡澤？也不會……自問自答，自設自駁，老蒙驁終歸是雲山霧罩莫衷一是。素稱縝密的蒙驁第一次感到了智窮力竭洞察乏力政道之才實在平庸，章臺之夜有三個關鍵人物，自己竟是個個沒底處處疑雲，想信信不過，想疑疑不定，何以提大軍做中流砥柱？

……

夜幕消散，天倏忽亮了，夏日的朝霞匆匆掛上了樹梢，幽暗沉鬱的胡楊林頓時亮堂燥熱起來。驀然之間一陣童聲在林間蕩開：「菲菲林下，酣夢忽忽，何人於斯，原是大父！」

「大膽小子！」矇矓之中蒙驁嘴角連番抽搐，尚未睜眼一聲大喝。一個氣喘吁吁滿頭汗水的總角小兒正頑皮地揪弄著蒙驁灰白的連鬢大鬍鬚，陡聞大喝，小兒一骨碌翻倒卻又立即爬開跳起拔出了插在旁邊的短劍，一串連滾帶爬既狼狽又利落煞是滑稽，坐起來的蒙驁不禁捧腹大笑。

「吾乃大將蒙恬是也！不是小子！」總角小兒挺著短劍奶聲赳赳。

「呵呵，大醬倒是不差。忽而練箏，忽而練劍，甚個大將？」

「晨劍晚箏，大將正形！不是大醬！」

「好好好，是大將不是大醬。小子能找爺爺，記一功！」

「大父夜不歸營，該當軍法！」

「甚等軍法？末將領受！」老蒙驁當即站起煞有介事地一拱手。

「罰修鹿砦三丈！」

「錯也！」蒙驁板著臉大搖白頭，「是拘禁三日不得與操。狗記性。」

「舊制不合軍道！此乃蒙恬新法。」

「小子翻天也！甚處不合軍道？說不出子丑寅卯看打！」

「大父懵懂！」總角小兒赳赳拱手奶聲尖亮，「丁壯拘禁，不操不演，肥啐海睡，空耗軍糧，算甚懲罰！罰修鹿砦，既利戰事又明軍法，還不誤軍糧功效，此乃軍制正道！」

「噫嗨——」蒙驁長長地驚歎了一聲，拍打著赳赳小兒顯然凸出的大額頭，「小子頭大溝道多，有鼻子有眼也。小子再說，既不合軍道，武安君做甚要立這等軍法？」

「想不來。」小兒沮喪地搖搖頭陡然紅臉，「容我揣摩幾日，自有說法！」

「好好好，小大將儘管揣摩，老大將卻要啐飯了。走！」

「不能啐！」小兒一步蹦前張開兩臂擋住又神祕兮兮地搖搖手，「大父附耳來。」蒙驁板著臉彎腰湊下，小兒摟住他脖頸低聲說有人守在廳堂，大父不能去。蒙驁皺著眉頭笑道，那教老大將餓肚皮麼？小兒連連搖頭，那人車中有一大箱酒，定然是想灌醉大父，大父一夜遊盪未睡，沾酒便醉，不能去。蒙驁皺起了眉頭，那人甚模樣？知道是誰麼？小兒大眼珠忽悠一轉，該是呂不韋，沒錯！蒙驁大是驚奇，你小子如何知道呂不韋？小兒得意地笑了，父親書房有張畫像，寫著呂不韋名字，與此人一模一樣。蒙驁又是驚奇，噫！你父甚時有得呂不韋畫像？小兒忽悠著眼珠咕噥，想想，我想想，三年前？對！三年前。蒙驁不禁哈哈大笑，吹牛號也！三年前你小子幾歲？小兒陡然紅臉赳赳，不管幾歲，我記得清楚，說不準甘願受罰！蒙驁連連點頭，好好好大將無錯，走，去看個準頭。大父該大睡一覺，再會客不遲。小兒很不以為然地嚷嚷著。知道甚！蒙驁拉起小兒便走，老大將一日只要有個盹兒，打熬得十天半月，一宿不睡算甚？走！

等候在正廳的果然是呂不韋。

呂不韋也是一夜未眠。華陽后的明壓暗示使他隱隱不安，從寢宮出來立即找到桓礫，說要即刻面見新君。桓礫沉吟片刻，找來了老給事中。老給事中又找來了總管老內侍。老內侍雖然一直皺著一雙白眉不說話，最終還是將呂不韋從密道曲曲折折領進了重重殿閣中一處最是隱祕的書房。新君嬴異人正在燈下翻檢一只大銅箱中的竹簡卷宗，對夤夜前來的呂不韋似乎很覺驚訝又很是木然，愣怔迷蒙得好似夢中一般。呂不韋見禮之後直截了當地稟報了華陽后與他的全部對話，申明目下朝局之要害首先在於新君與華陽后如何相處，該當未雨綢繆有個明確謀劃。呂不韋話未落點，嬴異人焦躁得來回彷徨，直說太后要殺他，他已經幾次看見了黑衣劍士的影子在王城飛來飛去，他先要藏匿起來躲過此劫，否則萬事皆休！

「太后起動了黑冰臺？」呂不韋思忖一問。

「對對對！正是黑冰臺！先生如何知道？」嬴異人驚恐萬狀。

「敢問君上：第一次知道黑冰臺，可是在邯鄲之時？」

「是……是在邯鄲。」嬴異人眼珠飛轉，終於點了點頭。

「敢請君上出舌一望。」

嬴異人稍一猶豫，還是走到了呂不韋案前的侍女銅燈下席地而坐伸出了舌頭。呂不韋打量一眼又淡淡一問：「君上夢中凶險追殺可多？」「對對對！」嬴異人連連點頭不勝驚恐，「萬千繩索捆縛！野狼虎豹吞噬！刀劍逼喉、烈火灼身、暗夜深潭、叢林蟒蛇，森森白骨，甚都有！邯鄲歸來尤多噩夢，白日臥榻也是不得安生……」大喘著粗氣說不下去了。

「君上已患心疾。此疾不袪，君上危矣！」

「甚甚甚？心疾？未嘗聞也！」嬴異人陡然一笑，尖澀得如同夜半梟鳴。

呂不韋心中一抖，臉上卻悠然一笑：「君上且安坐片刻，閉目從容調息，想想春夜茅亭你我與毛公飲酒趣談，信陵君府邸的兵法論戰，邯鄲郊野的胡楊林，還有那長夜不息的秦箏……豈非其樂融融，歎我人生苦短矣！」

緩慢散淡而又閒適的語調如朦朧春風掠過，嬴異人竟情不自禁地閉上了眼睛，臉上也漸漸有了平和的笑意。良久，嬴異人驀然睜開眼睛瞅著銅人燈驚訝道：「噫！我似朦朧睡去，何以沒有作夢？怪哉！」

「其心入齋，怪亦不怪也。」呂不韋輕鬆地笑了。

「先生通曉方士法術！」嬴異人神色驚訝地陡然站起。

「便是方士之術，又何須一驚一乍？」呂不韋微微一笑輕叩書案，「君上且靜神安坐，只想那胡楊林春夜秦箏，臣之說叨，權且當作清風掠過原野耳。」見嬴異人果然閉上了雙目，呂不韋的緩緩侃侃如悠悠春水散漫流淌，「臣雜學尚可，亦算通得醫道。心疾者，古來有之，鮮為人知也。然既為疾，自能醫之，無須驚恐也。醫諺云：舌為心之苗，心開竅於舌。君上舌暈混沌，若瘡若糜，足見心亂神迷也。何謂心亂神迷？心主兩功，一運血脈，一藏神志。此所謂『心藏脈，脈舍神』。心亂，則神不守舍。神不守舍，則心術不正矣。何謂心術？《管子．七法》有說，『實也，誠也，厚也，施也，度也，恕也，謂之心術。』凡此六者俱備，則能使心無為而治百竅，故謂心術。心術正，人能以常情揣度事理，不致偏執，不致昏亂。反之則神出心舍，恍惚失察，疑竇叢生，驚懼無度也。此等心疾誠不足畏，唯入心齋而已。」

「何謂心齋？」嬴異人閉目發問，囈語一般。

「心齋者，虛明之心境也。」呂不韋舒緩如吟誦，「莊子作〈人間世〉有說：唯道集虛，虛者，心齋也。何謂虛？明也，空也，氣也，一志之心境也。虛而待物，心齋成矣。心齋成，則有容納萬物之心，對人對事無聽之以耳，而聽之以心；無聽之以心，而聽之以氣；聽之以氣，則無感其名，無受物累，是謂形坐而神馳，萬物化於我心也……」（註：心齋說源於莊子，原本是中國原生文化中獨有的內省哲學，宋代之後僅僅被看作一種修養境界。）

驀然，嬴異人有了時斷時續的呼嚕聲……呂不韋疲憊地笑了笑，打了個長長的哈欠，揉了揉乾澀的眼睛，提起書案上的木翎筆拉過一張羊皮紙寫了起來。寫罷招手喚過悄悄守在大屏旁邊的老內侍低聲叮囑幾句，逕自去了。

雄雞長鳴的黎明時分，呂不韋的輜車轔轔出了王城，直接到了城內那座四進庭院的官邸。原來，陳渲與西門老總事見呂不韋前日深夜被急召章臺，心知定有變局，立即派莫胡帶著幾個僕役侍女進了城內府邸收拾，又派一個精幹武執事專門跟蹤呂不韋車馬行止，叮囑務必在「歇朝」時刻將呂不韋接回府邸打尖歇息。誰知一日一夜之間呂不韋毫無消息，已經趕到城內府邸守候日夜的西門老總事坐立不安，索性守在門廳死等，若天亮依然沒有主人消息，便要親自出馬探聽了。正在此時，呂不韋輜車在朦朧曙色中轔轔回府，西門老總事匆匆迎過來，一聲先生未叫出口，已軟在了門廳之下。

呂不韋連忙下車，吩咐兩個年輕僕人扶老總事去歇息。又回身對聞訊趕來的莫胡一班人叮囑，日後要一如往常，不許這般鋪排等候，國有法度，朝有規矩，我能泥牛入海了？莫胡連忙與幾個僕役侍女熄滅燈火關閉大門，而後吩咐僕役侍女各去安歇，才領著呂不韋進了後院水池邊的一座小庭院。呂不韋記得城內府邸的寢室是在第三進與書房相連。這座小庭院卻似乎是一處客寓，便問如何要到這裡來？莫胡說這是西門老總事謀劃，她也不曉得原由。呂不韋不再多問，進得前廳剛靠上座榻，軟過去扯起了鼾聲。

矇矓之中呂不韋覺得有異，費力睜眼，莫胡捧著他的雙腳在熱水中輕輕揉搓，一個激靈清醒過來道：「不能耽擱，卯時還有要事，浴房有涼水麼？」莫胡歎息一聲說有，你去沖涼我去備膳，放開呂不韋雙腳起身飄了出去。呂不韋進了浴房一摁機關，板壁高處兩桶涼水湧泉般連續澆下，渾身一陣沁脾清涼，及至穿好衣裳，頓時覺得清爽了許多。回到前廳，長案上一鼎一盤一爵已經擺置停當，莫胡正跪座案前開啟酒罈。呂不韋眼前一亮搖手道：「莫胡且慢！可是那幾桶蘭陵酒？」莫胡回頭一笑：「是也，夫人吩咐搬過來的，說先生最喜好了。」呂不韋點頭笑道：「沒錯沒錯，只不過此酒有用，快都搬到車上去。」莫胡說聲好，推著那輛小酒車出廳去了，須臾回來見呂不韋正在廳中四處打量，不禁笑道：「先生不用飯，轉甚來？」呂不韋陡然一個響亮的飽嗝高聲道：「已經用過，官衣擱在何處了？」莫胡走過食案一看，鼎盤已空，湯汁狼藉一片，不禁大是驚訝。在她的記憶中，主人歷來都是從容不迫的，縱然一個人用飯也是整潔如儀，如何今日這般狼吞虎嚥？心念一閃道：「先生稍待，我去拿官衣。」飄了出去倏忽回來，一套折疊整齊的簇新官衣捧在手上。呂不韋眉頭一皺道：「新官衣硬邦邦太過板正，還是方才那套好。」莫胡驚訝笑道：「方才那身汗津津濕透不知幾番了，坐處揉得沒了形，我已交漿洗坊了。」呂不韋依然皺著眉頭：「再沒軟舊衣裳了？」莫胡撅著小嘴嘟囔道：「新官不到一年，哪裡來的舊官衣？此等衣裳又不許自製，人有甚辦法？要說也是，尚坊製得官衣總漿洗得硬邦邦，哪有自家絲麻衣裳隨身了？」

「對也！拿一身自家常衣。」呂不韋陡然拊掌笑了。

「先生，莫胡無心之語……」

「岔了岔了。」呂不韋見莫胡委屈得淚水盈眶，連連搖頭，過來輕輕攬住她肩頭湊在耳邊輕聲說得一陣。莫胡嬌媚地一笑一溜碎步飄了去，片刻捧來一身輕軟的細麻布衣裳，利落地侍奉呂不韋換下浴房大衫，再用一支長大的玉簪穿好呂不韋梳理整齊的髮髻，一個大袖無冠的布衣士子一團春風地活現在了眼前。

「昔日先生又回來也。」莫胡不禁喃喃感慨。

「好！我去了。」呂不韋拍拍莫胡肩頭匆匆便走，又驀然回身叮囑：「你回報夫人，說這幾日不能回莊，索性她也過來算了。」說罷大步出了庭院。

清晨的咸陽城是忙碌的，店鋪開張官署啟門，長街大道處處都在灑掃庭除到處都是行人匆匆。諺云：農忙百業忙。目下正當夏熟大收時節，搶收搶種搶碾打搶儲藏搶完糧，整個秦川都火爆爆地忙碌著。當此之時，無論國事朝局發生了多麼突兀的隱祕的值得人們關注的變化，國人都不得不在緊張繁劇的勞作中淡漠置之。畢竟，實實在在的日子是要永遠地轆轆轉動下去的，任何陡然泛起的波瀾都無法改變這亙古生計的河道。

呂不韋的垂簾輜車避開了熙熙攘攘的長街大道，只在僻靜的小街巷穿行，原本可徑直到達的短短路程，曲曲折折繞了近半個時辰。在國人匆匆的農忙時刻，呂不韋實在不堪華車招搖過市所招來的異樣目光。曾經是三十餘年的老商旅，呂不韋很是清楚整個五月對農人對工商對國人乃至對整個邦國意味著什麼。去歲夏熟秦川遭老霖雨大災，今歲夏熟便顯得尤為不同尋常。做為顧命假相，他此時本該巡視鄉野督導農忙減賦免稅。可是，他實在是須臾不能離開咸陽，只能在王城與大臣府邸間走馬燈般周旋。目下要去造訪的上將軍蒙驁，正是急需與之周旋的一個人物。

蒙驁對呂不韋的清晨上門確實感到意外。

小孫子蒙恬說是呂不韋，蒙驁根本不信。一個六七歲的小孩童說廳堂有個他三幾歲時見過的客人，縱是分外認真，誰個又能放在心上？依蒙驁所想，來者必是蔡澤無疑。無論如何，這個老封君目下爵位最高又兼領相職，是動盪朝局中的強勢大臣之一。若從常態權力看去，丞相與上將軍從來都是最重要的兩根支柱，與國君一起構成了一個支撐國家的權力框架，在邦國危難之時，這個框架的穩定更顯得赫赫然無可替代。然則，此次朝局倉促生變，一相一將都沒能臨終顧命，而恰恰教一個爵位中等又無甚事權的太子傅成了顧命大臣，在秦國成了史無前例的「怪局」。儘管局勢怪誕，然朝野矚目者依舊是軍政兩大臣。蒙驁相信，只要這農忙五月一過，朝野議論必然蜂起，力促將相合力穩定朝局。在老秦人眼裡，這個相不會是呂不韋這個「假相」，而是蔡澤這個老相。狡黠的蔡澤不會想不到此，能想到此則不會不與他通氣。從心底說，蒙驁對蔡澤很不服膺。這個計然派名士除了農事溝洫一班經濟事務，其餘才能實在平平，機敏有餘氣度不足，總是敞著嗓子呷呷議論，無論是昭襄王暮政還是嬴柱即位的新政，蔡澤都沒有展示出總攬全局的開府領國氣象。蒙驁也知道，蔡澤對兩代秦王總派他處置無關痛癢的風光大典很是牢騷。但蒙驁更清楚，你這個綱成君也就如此擺置最適合，真要你擔綱大局，只憑你那見人呷呷亂嚷卻總是切不準要害，你便做不得開府丞相。就實說，你也做過一年，有了甚名堂？說昭襄王雄主守勢壓了你才，純然胡話！秦孝公不強麼？秦惠王不強麼？那商君張儀為何有聲有色權傾朝野？沒大才便沒大才，偏偏地要嚷嚷時勢耽擱了你，哼哼，只憑此點老夫也看你不入眼也。那個呂不韋雖是商人底子，然處事之沉穩言語之精當，緊要處之果決嚴厲，當真還比你這個老相強得幾分……然則無論如何，時也勢也，這個呂不韋不知根底，目下能齊心協力者還只有指靠這個蔡澤，否則國事千頭萬緒，沒個眾望所歸的丞相如何理得順了？這個蔡澤也當真懵懂，老夫倉促還都無法脫身，你究有何等要務纏身，一日一夜竟不來找找老夫，今日才想得起來也，哼哼，好你個記性……

「上將軍，我已等候多時也。」呂不韋笑吟吟迎了出來。

「……」

驟然之間蒙驁心下一片空白，使勁揉了揉老眼才回過神來笑著一拱手，「啊，太子傅到了，老夫眼拙，見諒見諒。」呂不韋打量一眼笑道：「老將軍這是夜宿林下了？」蒙驁不禁驚訝：「噫！你卻知道？」呂不韋道：「商旅三十年，我也是山林野宿常客。老將軍甲胄上落葉片片，臉膛一片乾澀，不是晨功了。」「不差不差。」蒙驁呵呵笑了，「老夫夜來只說胡楊林轉一番，不想矇矓了過去，畢竟老也。」呂不韋不禁喟然一歎：「老將軍如此操勞，不韋慚愧也！」蒙驁目光一閃突然哈哈大笑：「風馬牛不相及，八竿子打不著，你太子傅慚愧個甚來？來來來，入座說話。」

呂不韋方得入座，蒙驁突然揉揉眼不無揶揄地驚訝道：「噫！太子傅一身布衣，不做官了？」呂不韋坦然一笑：「官衣漿洗得邦硬，天熱不吸汗。左右老將軍是前輩，不韋賣小自在一回，老將軍只管笑罵。」蒙驁啪地一拍掌：「前輩不敢當，話卻說得是！老夫最不喜那新官衣，又輕又硬又不貼身，上身活似一桶水，還不如這一身沉甸甸鐵甲，不穿好不穿好。」呂不韋一拱手笑道：「人說軍旅多實話，果不其然也。」蒙驁邊脫甲胄邊道：「人只本色便好，關軍旅甚事？」

「小公子進來。」呂不韋突然笑對門外一招手，「偷覷個甚？進來也。」

門外不斷伸頭的紅衣小兒大步赳赳進來，陡然站定一拱手：「我乃蒙恬是也！我大父十八個時辰沒有用飯，該當如何？」掛好衣甲的蒙驁回身一揮麻布大袖板著臉道：「小子又來鼓搗！去去去，罰練二百大字，午後交出！」呂不韋連連搖手道：「且慢且慢，我倒以為小公子說得有理。老將軍晝夜無吃無睡豈能熬得，該當先用飯再歇息，不韋改日再來拜訪。」蒙驁哈哈大笑：「此兒老夫長孫，小子說叨多，聽他擺布忙活死人。」轉頭厲聲吩咐，「小子去傳軍令：給老爺爺上飯上酒！」小蒙恬對呂不韋赳赳一拱手道：「先生通達，蒙恬得罪！」提著短劍昂昂去了。

「此兒不可限量也！」呂不韋喟然一歎。

「足下通得相術？」蒙驁淡淡一笑。

「何須通曉相術？」呂不韋輕輕叩著書案，「諺云三歲看老。此兒發蒙之期有勃勃雄心，根兼文武，天賦神異，來日定是一代英傑。」

「那是你說也。」蒙驁輕輕歎息了一聲，「此子太過聰明，時常教人無言以對。唯其如此，老夫每見此兒，總是不由自主地想到一個人，心下總是一揪一揪……」

「若不韋沒有猜錯，老將軍心頭之人是趙括。」

「正是也！」蒙驁啪地拍案，「趙括五歲稱神童，十二歲與趙國諸將論書談兵，難倒其父馬服君趙奢。可後來如何？葬送了趙國六十萬大軍啊！老夫當年親臨長平戰場，那趙括實在是可惜，英風烈烈天賦過人，卻死得教人心疼……」

「老將軍多慮了。」呂不韋悠然一笑，「我對趙國尚算熟悉，蒙恬之於趙括，至少兩處不同：其一，稟性根基不同。趙括飛揚活脫，少時輒有大言，輕慢天下名將，與人論兵論戰，攻其一點不及其餘，縱有所短也不知服輸，過後亦從無內省之心。小蒙恬不同，極有主張，卻認事理。以方才而論，本心分明是擔心大父辛勞，想要客官告辭；然老將軍執意留客，小蒙恬便向我致歉謝罪。五七歲能知事理，分辨得何為通達何為執拗何為自失，且知過而能改，此等心氣稟性，趙括幾曾有過？其二，門第之教不同。馬服君趙奢一戰傷殘，教子缺乏心力，更兼盛年病逝，致使趙括少年失教，弱冠之年承襲高爵，一發張揚無可頓挫，心底便沒了沉實根基。小蒙恬則既有大父之慈教，又有父親之嚴教，及至加冠，亦決然不會失教而流於無形。有此兩不同，老將軍大可放心。」

「先生此說，大是新鮮。」蒙驁朗朗一笑，「然揣摩之下，還當真有幾分道理（註：道理，語出《莊子・天下》：「是故愼到棄知去己，而緣不得已，冷汰於物，以為道理。」）！」

正在此時，家老領著四名女僕提著飯籃抬著食盒逶迤進門。家老笑說不知大賓到府，未及備下客宴，便依著上將軍平日吃法上了，先生包涵。說話間四名女僕已經將食案擺好。呂不韋面前是兩盆兩碗一盤：一大盆熱騰騰肥羊拆骨肉，一大盆綠瑩瑩鮮湯，一大碗白光光小蒜蔥段，一小碗灰乎乎秦椒鹽麵兒，一大盤外焦內白的切片厚餅。再看蒙驁面前大案，呂不韋不禁咋舌。一張碩大的食案，整整半隻醬紅油亮的烤肥羊雄踞一方大銅盤，兩側各是大盆大碗的綠湯厚餅小蒜小蔥摞起，堆得滿當當小山也似。

「上將軍如此食量，直追老廉頗矣！」

「老夫常量而已！」見呂不韋驚訝神色，蒙驁不禁哈哈大笑，「秦將有三猛，王齕、王陵、桓齕，每咥必是一隻五六十斤整肥羊。老夫才半隻，實在算不得甚。」

「一隻羊！五六十斤……」呂不韋第一次目瞪口呆了。

「也不稀奇！」蒙驁笑道，「你只想想，戰場之上不是馳驅搏殺，便是兼程疾進，片刻歇息也只能啃塊乾肉乾餅罷了。但能紮營造飯，誰個不是饑腸轆轆腹如空谷，能咥半隻羊者比比皆是，不稀奇不稀奇。先生知道不知道？武安君當年定下的招兵法度第一條，便是看吃飯多少！後生一頓吃不下五斤乾肉兩斤乾餅，不能入軍。長平大戰時武安君白起已經年逾六旬，每吃還是大半隻羊。至於老廉頗，與老夫相差無幾，軍中常量而已！」

「大秦猛士，真虎狼也！」呂不韋脫口而出，忽然覺得不妥，心念一閃正不知要不要圓場，卻見蒙驁拍案大笑：「秦有虎狼之師，天下之大幸也！這是誰說的？張儀？同是老秦人，孝公商君之前如何一盤散沙私鬥成風？孝公商君之後，何以立地成了虎狼？變法之威也！六國欲抗秦，唯師秦而抗秦。不欲師秦變法，卻求滅秦之國，南轅北轍也！唯其如此，秦有虎狼之師，天下之大幸也！……呵呵，惜乎老夫笨拙，只能說個大意也。」

「天下第一利口，張儀無愧！」呂不韋不勝感慨，「縱橫無私，大道無術，將變法強國之道明明白白倡給敵手，公然『資敵』，偏偏卻成天下第一王霸之法，神乎其智也。」

蒙驁一邊點頭一邊道：「來來來，不說虎狼了，開咥！」捋起衣袖正要上手撕扯烤胡羊，又恍然笑道：「老夫糊塗也，還得給先生說說這幾樣粗食來歷……」

「大父但咥，我對先生說！」小蒙恬突然連跑帶走蹿進來，對呂不韋一拱手又做個鬼臉低聲笑道：「大父這老三吃說法，我早背熟了。」又突然昂昂高聲，「先生請看，這是胡羊烤，匈奴戰俘傳來。這小碗是秦椒（註：秦椒，調味物，並非後世傳入中國的紅辣椒。春秋戰國時至少有三種椒：蜀椒、秦椒、胡椒。《齊民要術》錄《范子計然》云：「蜀椒出武都，秦椒出天水。」然天水地名自西漢始（秦時為上邽），《范子計然》為春秋著述，疑地名有誤，推測當在秦地無疑）攪的鹽麵兒，手抓肉塊蘸這鹹辣物事吞下，最是上口！此物頂饑耐戰，如今是秦軍大將主食。這是大秦鍋盔，長平大戰秦軍創下的硬麵大烙餅，一拃厚（註：一拃，秦地流傳至今的古方言，拇指與食指最大限度張開的長度），大磚頭也似。堅實耐嚼又頂饑，好揣好帶不易壞，如今是秦軍常食，老夫每頓必咥！這是苜蓿燉羊湯，苜蓿說是蘇秦之父從西域帶回流傳開來的馬草，開春頭茬，麥熟時二茬，最是肥嫩鮮香，入得任何肉湯。老苜蓿餵馬最好。老夫引進軍中，人吃馬也吃，目下是軍營主湯。蒙恬代大父稟報完畢，先生開咥，告辭！」紅影蹿動一陣風去了。

「生子若蒙恬，夫復何憾也！」呂不韋大笑著拍案一歎。

正在大嚼大吞的蒙驁揮著一隻羊腿也不看呂不韋，只兀自咕噥道：「這小子，甚事都是聽一遍便自己經過一般。老夫無意絮叨些許瑣事，嗨！他偏偏都裝了進去，還能再說出來。老夫素來不喜太靈光之人，嗨！偏偏有了如此這般一個孫子，沒辦法沒辦法……」獎掖中又實實在在地透著幾分隱憂與無可奈何。

「天生其才，自有遇合，老將軍何須杞人憂天也。」

「也是！莫斯文，上手吃，筷子不來勁！」

「好！上手！」呂不韋平生第一次捋起衣袖伸手抓起大塊羊肉猛一蘸秦椒鹽麵兒吞咬起來，一時滿嘴流油手臉一片黏滑，心下大是快意。蒙驁素聞呂不韋衣食整肅，府中頗多講究，如今卻欣然與他一般本色吃相，頓時對這個商人名士生出好感，不覺揮著一隻羊腿呵呵笑著連聲喊好。

「噫！老將軍吃肉不飲酒麼？」呂不韋恍然抬頭。

「酒？」蒙驁舉著羊腿一愣隨即恍然大笑，「糊塗糊塗！老夫是軍中不飲酒，心思竟沒轉得過來。來人，上酒！」

「老將軍喜好甚酒？」

「臨淄酒。」

「正好！不韋帶來四桶百年蘭陵酒。」

「楚酒沒勁道！老夫素來只飲趙酒秦酒臨淄酒，左右只要糧食酒！」

「老將軍有所不知也。」呂不韋也晃悠著一塊拆骨肉笑道，「蘭陵（註：蘭陵，戰國楚縣，今山東蒼山縣蘭陵鎮）恰在齊楚交界，沂水桐水正從齊國來，與齊酒無異也。蘭陵酒坊在蒼山東麓，沂水之陽桐水之陰，加之蒼山多清泉，輒取沂水桐水蒼山水，三水以百果釀之，酒汁透亮而呈琥珀色，其味醇厚悠長，百年窖藏者更稱稀世珍品也。當世大家荀子所以應春申君之請，屈就蘭陵縣令，與這蘭陵酒不無干係也！」

「當年孟嘗君喜好此酒麼？」

「正是！戰國四大公子以春申君最好此酒，蘇秦亦然！」

「只怕還得再加先生一個。」

「老將軍聖明也！」呂不韋哈哈大笑。

「好！先生推崇此酒，老夫今日破例。來人，搬酒。」

片刻之間，一口勒著兩條銅帶的精緻大木箱抬到了廳中。兩個女僕左右端詳卻是無處開啟。呂不韋笑道：「我來我來，這百年蘭陵是專釀專藏專送，酒箱有專製鑰匙。」蒙驁丟下光溜溜的羊腿骨不無揶揄地笑道：「光看這口紅木大箱便值得幾金，好張致！」呂不韋不禁笑道：「老將軍對貨殖一道，卻如呂不韋之對軍旅。這一箱四桶，要約期十年才能到手，猜猜價值幾何？」蒙驁兩手一拍：「百金天價！如何？」呂不韋大搖其頭張開一手：「五百金！若是今日，只怕我也買它不起了。」「天也天也！」蒙驁不禁連連驚歎，「只怕老夫要喝金水了也！」

呂不韋一時大笑，打開嵌在箱體的暗鎖，逐一取出了四只酒桶。蒙驁過來嘖嘖轉著打量，只見這四只酒桶一式的本色紅木，三道銅帶箍身，桶底桶蓋全是銅板鑲嵌，桶蓋刻一副似山似水山水纏繞的徽記，桶身刻著三行小字，分別是採果師釀造師儲藏師的名字。蒙驁不禁喟然一歎：「向笑買櫝還珠者愚不可及，今日始知可能也！」呂不韋笑道：「人云世有精工，唯楚為勝。如今吳越兩地也歸了楚國，這句商諺倒是不虛了。」

「好！並案！開酒！」蒙驁大手一揮，幾名女僕在兩張滿當當的食案間又擺了兩張只有酒具的酒案。四案相連，飲者座案相對利於對飲暢談，謂之「並案」。酒案並好，一名小女僕便要打酒，蒙驁卻道：「莫忙莫忙，這物事金貴，是否還有講究，聽先生吩咐了。」

「今日不講究。」呂不韋爽朗笑道，「原是還有荊山玉爵兩尊、長柄鑲珠酒勺一支，今日全免，只用這大碗木勺，否則如何與猛士吃法匹配！」

「好！便是這般。先生入座，打酒！」

桶蓋叮噹開啟，一股濃郁醇厚而又不失凜冽的奇特酒香頓時瀰漫整個大廳。蒙驁情不自禁地深深一個吐納，兀自閉目喃喃愜意之極。驀然睜眼，呂不韋也是默默閉目吐納，打酒侍女已是滿臉紅潮氣息急促，長柄木勺正要伸出嚶嚀一聲軟軟倒地。當真好酒也！蒙驁不禁拍案，家老快來，換人打酒！白髮蒼蒼的家老聞聲趕來，卻在廳門「噫」的一聲驚歎止步。蒙驁聞聲出門，卻見小蒙恬蜷臥在門廳大柱下滿臉通紅暈乎乎睡了過去，不禁大樂，好小子！偷覷卻成醉鬼，該當！及至呂不韋醒神出來，小蒙恬已經被一名使女抱走，蒙驁依舊在廊下兀自呵呵長笑。呂不韋笑道，沒料到這百年蘭陵如此厚力，竟能聞醉侍女小公子也。蒙驁一拍掌，老夫何嘗不是頭一遭聞酒則喜，走！開飲！

酒入陶碗，蕩開一汪琥珀色澄澈透亮，長柄酒勺上點點滴滴細絲飄搖，旁邊家老直是嘖嘖驚歎：「世間何有此酒？分明蜂蜜（註：蜂蜜，中國養蜂至遲始於西周。《詩經・周頌・小毖》：「莫予荓蜂，自求辛螫。」春秋戰國時蜂蜜已經是上層普及之物，用以浸漬食物果品或做單飲或入藥治病）也！」蒙驁大笑道：「好！便做蜂蜜飲它一回！」慨然舉起陶碗，「老夫初嚐此酒，權且做個東道，乾！」呂不韋舉碗笑道：「我好蘭陵，卻也是頭一遭飲這老百年，便藉此酒為老將軍添幾分軍威！乾！」兩只陶碗當地一碰，兩人咕咚咚一氣飲乾，及至哈出一口長氣，兩人臉色同時一片殷紅。

蒙驁不禁拍案讚歎：「醇和厚力，貫頂沁脾，絕世美酒也！」呂不韋笑道：「委實好酒！只我這腹中火熱，須得邊咥邊來！」說罷連忙轉身在自己的食案上抓起一大塊折骨肉吞了下去，「來，再乾！」蒙驁哈哈大笑：「好好好！許你邊咥邊來。此等美酒，不勝酒力者少飲也罷！」呂不韋笑不可遏連連搖頭：「東道主勸客少飲，未嘗聞也！不行不行再乾！」一碗飲下，呂不韋又連忙抓肉，額頭已經泛起了豆大汗珠。蒙驁也兀自驚訝道：「噫！兩碗酒便渾身發熱？來，脫了大衫再乾！」說罷扯下麻布長袍，抓開束髮玉簪，一身粗布短衣一頭灰白散髮一臉殷殷紅光，活脫脫一個威猛豪俠。呂不韋大是心癢，二話不說也扯去大袍散了長髮，頓時英風飛揚，與平日的醇和持重判若兩人。

再連乾三碗，兩人都是滿面紅光大汗淋漓一臉一身熱氣蒸騰。蒙驁連連驚歎，人如蒸餅竟是不醉，奇哉快哉！鳥！精身子（註：精身子，秦地流傳至今的古方言，即光膀子）乾！一把扯去粗布短衣，赤膊打坐當廳。呂不韋身子輕快得要飄將起來，一股大力在體內升騰不息，直覺自己無堅不摧，也一把扯去貼身短絲衣與蒙驁赤膊相對。驀然赤膊對面，兩人你看我我看你，不禁同時縱聲大笑——

蒙驁是油汪汪汗漬漬疤痕累累，粗壯結實的身軀如嵯峨古岩凜凜銅柱。呂不韋是紅光光白生生水淋淋，胸口唯一的錢大傷疤反倒襯得一身肌肉分外晶瑩，幾是一條出水紅魚。

「昨日今日，物是人非也！」一陣大笑，蒙驁眼中驟然溢出了滾燙的淚水。

「赤膊吃酒，老將軍還有過一回？」呂不韋興味盎然。

「生死酒，老夫豈敢忘也！」蒙驁喟然一歎，「那是長平血戰的生死關頭，我軍與趙軍在上黨相持三年未決勝負。趙軍以趙括換廉頗為將，對我軍轉取攻勢，要一戰滅秦主力大軍。武安君祕密趕赴軍前統帥大決，也要一戰摧毀趙國主力大軍。當此之時，兩軍浴血大戰勢不可免。部署就緒之後，武安君下了一道異乎尋常的軍令：各營一夜痛飲，將士各留家書，從此不滅趙軍不許飲酒！此令一下，上黨的溝溝峁峁都沸騰了起來！誰都知道，這是大戰前的生死酒，是老秦人的安魂酒……各個營寨都悉數搬出了藏酒，燃起篝火開懷痛飲！夜半時分，人人都打赤膊精身子，舉著粗陶碗摟著抱著唱著那支軍歌，代寫家書的軍吏挨個問將士們最後的心事，竟然沒有一個人理睬，手之舞之足之蹈之，漫山遍野只有笑聲歌聲吼叫聲……刁斗打到四更，武安君派出的中軍司馬分路奔赴各營收集家書，各營交上來卻都是一面面『秦』字軍旗，旗上全是密密麻麻的血指印。那一夜，老夫生平第一次精身子，生平第一次喝下了整整兩罈烈酒，吼唱得喉嚨都啞了……」

「不吼不唱不過勁，該當如此！」

「你可知道秦軍的『無衣歌』？」

「知道！」

「來！一起唱他一回！」說罷，蒙驁操起插在烤胡羊身上的那支青銅短劍拍打著大案唱了起來，沙啞激越的嗓音直蕩開去：「豈曰無衣，與子同袍！王於興師，修我戈矛，與子同仇！豈曰無衣，與子同澤！王於興師，修我矛戟，與子偕作！豈曰無衣，與子同裳！王於興師，修我甲兵，與子偕行——」

長歌方落，呂不韋感慨萬端：「重弦急管，慷慨悲歌，秦風也！」

「噫！你如何沒唱？」蒙驁甩著汗水氣喘噓噓。

「素聞同唱此歌皆兄弟。不韋，只怕當不得也。」

「豈有此理！」蒙驁赳赳拍案，「精身子相對，蒙驁當不得你老哥哥麼？」

「好！」驀然之間呂不韋大是感奮，慨然拍案一拱手，「老哥哥！且聽兄弟唱他一回！」掄起案上銅柄湯勺敲打著長案放聲唱了起來，一時盪氣迴腸，比蒙驁還多了幾分渾厚與悠長……兩句方過，廳外突然秦箏之聲大作，叮咚轟鳴，其勢如風掠萬木秋色蕭蕭，將這壯士同心的慷慨豪邁烘托得分外悲壯蒼涼。呂不韋精神大振，一口氣唱罷歌聲尚在迴盪便對著蒙驁肅然一拱：「老哥哥府下高人何在？敢請當面賜教！」

家老匆匆進來作禮：「稟報先生：小公子只說感念先生情懷，故而伴箏，容日後討教，便去了。」呂不韋驚愕萬分：「如何如何？彈箏者是小蒙恬？老哥哥，當真麼？」蒙驁皺起了一雙雪白的長眉連連搖手：「莫提這小子，天生是個兵癡加樂癡！三歲操箏，去歲又將秦箏加了三弦，變成了十二弦，叮咚轟鳴聒噪得人坐臥不寧。改便改矣，老夫又不是樂正，也懶得操那閒心去管他。只是這小子但彈秦箏，便莫名透出三分悲傷，聽得老夫揪心也！諺云，樂由心生。小小孩童，輒出悲音，你說這這這……」

「關心則亂，老哥哥又做憂天者矣！」呂不韋哈哈大笑，「回頭我找小公子，給他引見一個秦箏大家，陶陶他性子，保他亦師亦友亦知音！」

「好！老兄弟來勁！來，再乾！」

「乾便乾！來，為那支『無衣』！」

一碗飲乾，蒙驁一抹汗水突然神祕地一笑：「老兄弟，若是你做了開府丞相，這秦國的力道該往何處使？」

「老哥哥笑談，然兄弟也不妨直說。」呂不韋邊吞嚥著拆骨羊肉邊用汗巾擦著手，「自孝公以來，秦國已歷四代五君，終昭襄王之世強勢已成。然目下秦國正在低谷，對山東取守勢已經十年。其中根由，不在國力，而在朝局。朝局者何？雄主也，強臣也，名將也！三者缺一，朝局無以整肅，國力不能凝聚。孝公有商君車英，惠王有張儀司馬錯，昭襄王有太后魏冄白起！然目下兩代新君朝局如何？將強而相弱，軍整肅而政紊亂。恕老兄弟直言，幸虧天意止兵，若是大軍已經東出，只怕秦國隱患多多也！」

「都對！只是還沒說正題。」

「正題原本明瞭：一整國政，二振軍威，只往這兩處著力便是正道。一整國政，是廓清朝局凝聚國力，為大軍造就堅實根基，確保秦軍縱然戰敗幾次，亦可立即恢復元氣。若無此等根基保障，大軍東出經不起長年折騰！」

「也對，武安君舉兵之道也！其二如何？」

「二振軍威，是要一舉打掉山東六國十餘年的鎖秦之勢，也給其間背秦的小諸侯一番顏色，重新確立君臨天下之強勢！至於如何打，老哥哥比我明白。」

「好！」蒙驁拊掌大笑，「有此正道，老兄弟當得開府領國丞相也！」

「早了早了，老哥哥慎言！」呂不韋連連擺手。

「老兄弟差矣！」蒙驁拍案喟然一歎，「國無良相，綱不舉目不張。老哥哥縱然一介武夫，也掂量出了昭襄王給蔡澤的那個封號，綱成君，綱成君哪！可這個蔡澤擔綱了麼？張個老鴨嗓到處呷呷，呷呷出個甚名堂？但為國家計，得有公心！老哥哥也知道綱成君好人一個，可……不說了不說了，來！再乾！今日醉了老哥哥背你！」

「乾！不定誰背誰也！」呂不韋呵呵笑得一臉燦爛，剛剛舉起陶碗便軟軟伏案鼾聲大作。蒙驁看得哈哈大笑，呀呀呀！可惜一碗百年蘭陵酒也！連忙湊過來接流下大案的酒汁，接得些許酒碗方舉到嘴邊，兀自喃喃兩聲倒在了呂不韋身上……

三、新朝人事　幾多風雨

秋高氣爽的八月，又一次隆重國葬終於疲憊地結束了。

綱成君蔡澤與老三太的一班人馬剛剛辦完昭襄王葬禮，一切駕輕就熟，既往疑難，也因有了先例而不再爭執，諸事都算順利。唯一的難處是嬴柱的謚號。嬴柱五十四歲驟然薨去，做了十幾年的太子，只做了堪堪一年的國君，太子時多病無為，國君一年也未見宏圖大舉，從功業看去實在是難以褒揚。老三太主張定一個「文」字。蔡澤雖覺「文」字太過褒揚，然也想不出更妥當的號詞。畢竟是國君謚號，其人只要不是惡政之主，尋常總是要從褒揚處著眼的。一番斟酌，蔡澤將老三太上書加署了自己的封爵名號並丞相官印，算作「朝議」呈報新君。

三更上書，呂不韋清晨來丞相府會事，拿的正是那卷竹簡。

「綱成君，一個『文』字似有不當，再參酌一番如何？」

「一朝做假相，足下學問見長也！」蔡澤不無揶揄地笑著，心下老大不快。做為總理國葬的丞相，新君縱對謚號有另見，亦當親自對他言明，縱是下書駁回亦屬常情，如何一個排在自己之後的假相能捧著自己的上書來重新參酌？呂不韋縱是顧命大臣，畢竟商旅根基，莫非連禮制學問也要指手畫腳不成？更根本處，在於蔡澤深信新君沒有理由不贊同這個謚號，哪有兒子對褒揚君父不首肯的？目下無批駁王書而只是呂不韋捧上書前來，分明是呂不韋自己認為不妥，或說服了新君，或直接在長史署截下了上書，沒有呈報新君徑直來找自己。若是前者，蔡澤便大有疑惑，呂不韋能以甚理由說得新君言聽計從？若是後者，呂不韋便是仗恃顧命之身蔑視他這個封君丞相了，蔡澤如何受得？

「你只說何字妥當，老夫認可便是。」蔡澤呷呷一笑。

「綱成君，此書尚未呈報新君。」呂不韋坦然從容，「我是在老長史案前見到此書拿來參酌。老長史說我是假相，此書既有丞相府官印，理當兩相共識，便許我拿了。不韋之見若不能成立，則可立呈此書。不韋若僥倖說得有理而蒙綱成君納之，仍以此式上書，與我不相關。」

呂不韋當先便說來由，蔡澤自然曉得這是呂不韋看準了自己心事。呂不韋說的確實也是一理，依著此說，倒是自己輕慢這個假相了。然呂不韋顯然是只解釋不計較，還特意申明若說得有理與自己無關，全然不爭功勞，蔡澤心下稍稍生出了三分歉意，一拱手笑道：「如此說來，假相倒是為老夫著想也。」

「那得看綱成君是否納我之說，不納，自是我居心叵測了。」

蔡澤呷呷大笑：「豈有此理！好好好，你說！」

「不韋以為，單一個『文』字太得褒崇，徒招天下物議。自古以來，非大德昭彰奠定國本者不得謚文。一個周文王，何人可與之比肩？戰國之世，一個秦王謚文，一個趙王謚文，都是兩字，惠文！綱成君自思，先王即位一年即薨，何德何功堪稱一個『文』字？」

蔡澤微微點頭一笑：「老夫何嘗不知此理？偏是思謀不出一個令人拍案的字來。你只說何字何辭，老夫也省卻揣摩。」

「依著先例，也加一字，修限『文』字。」

「加何字？」

「孝。孝文。」

「孝？」蔡澤目光一閃眼珠連轉，突然呷呷長笑拍案，「妙也！一個『孝』字當先，從先王德行上做了文章，『文』字做了輔從，褒德以隱功，合乎嬴柱！」

「如此說，綱成君納言了？」

「納……哎，我說你個呂不韋，這個主意，是你想的麼？」

呂不韋大笑：「唯君納言，管他何人主意也。」轉而思忖道，「朝議在即，綱成君是否還當與老三太事先通說一番？否則任誰當殿爭執起來，反倒顯得綱成君一意孤行也。」蔡澤還想說話終是不無酸澀地笑了笑，「好好好，也只有這般處置了。」

三日後朝議，所有大臣都異口同聲地贊同「孝文」謚號，華陽太后與新君嬴異人也沒有任何異議。蔡澤獲得了舉殿君臣的一致讚賞，大大地風光了一回。回府細細思忖，蔡澤越想越覺得呂不韋琢磨出的這一個字有著不可思議的微妙。

先得說說這個「孝」字。在遠古文明中，「孝」本來是一種廣博的德行。《書・堯典》有云：「克諧以孝。」克者，勝任也，完成也。便是說，能做到和諧四方人眾者為孝，何等遠大的一種境界。春秋戰國之世，「孝」漸漸具體化血緣化。儒家以養親尊親、善事父母為孝。孔子有云：「今之孝者，是為能養。」孟子有云：「孝子之至，莫大乎尊親。」墨家反儒，以「兼愛」為「孝」之根基，將「孝」擴大為所有親人而不僅僅是父母。是故，墨子有云：「孝，利親也。」孝之內涵如此這般明確後，便有了「孝子」。順從而尊敬父母者，孝子也。《詩・大雅・既醉》有云：「威儀孔時，君子有孝子。孝子不匱，永錫爾類。」

然則，做為概括貴胄層人生業績言行的一種傳統禮法，謚法對字意的講究，依然是以原本的廣博性為準則。尤其是單字，謚法幾乎從來都是以原意古意為準。從謚法看去，「孝」是德的最高境界，不僅包容了對父母的孝行，更意味著以大德治國的操守與功業。做為秦國聖君的秦孝公，謚號只一個「孝」字，著眼處自然是大德之至，而絕不僅僅是孝順父母。若從此看去，只做了一年國君的嬴柱顯然是難以企及的。

奧妙處便在謚法，兩字組合相輔相成，從而產生出第三種內涵。謚法之「文」，重奠基，重融會和諧，重文明開創，重守成養息。《易．繫辭下》有云：「物相雜，故曰文。」儒家則將「文」定義為一種與「質」與「野」相對的修養氣度。孔子說：「質勝文則野，文勝質則史。文質彬彬，然後君子。」然則對謚法而言，「文」如同「孝」一樣，既包含了氣度修養，卻也絕不僅僅是氣度修養。

謚法傳統：單字取古義，多字取合義。合義者，組合之意也，現世之意也。依照謚法講究，嬴柱這般國君無論單用「文」字或單用「孝」字，都是不堪其名的。然若兩字組合，內涵便發生了微妙的變化。變化之要，是單字之義向春秋戰國以來的世俗化具體化靠近。一個「孝」，更多的指向孝子的孝行之德，至高大德的含義淡化了；一個「文」，更多的指向個人修養氣度，文明開創與功業之意淡化了。如此一來，「孝文」兩字盡落實處，與嬴柱對秦昭襄王的忠順孝行及溫文而不失睿智的稟性很是切合。沒有這個「孝」字，或者換作其他任何一個字來配，都有顯然失當處，自然會召來朝議論爭。做為主持國葬首席大臣的蔡澤，必然第一個難堪。

但是，蔡澤卻毫無慶幸之意。

他心下難解的疙瘩是，自己身為天下治學名家，如何竟沒揣摩出嬴柱謚號的微妙處？也沒琢磨出這個字來配？呂不韋一介商旅，如何便有此等見識？究竟是政道洞察力比自己強，還是學問才華在自己之上？第一次，蔡澤隱隱感到了呂不韋的威脅，心下不禁猛然一沉。新君即位，第一次朝會的首要大事定是拜相。新君嬴異人不是雄主氣象，太后華陽也不是宣太后那種既明於政事又熱衷權力的女主。當此之時，領政丞相異乎尋常的重要，幾乎必然的是開府丞相。蔡澤入秦，夢寐以求者便是此等開府丞相。唯有成為開府丞相，才能施展計然派的治國主張，也才能建立商鞅那般千古功業。然事有乖戾命有蹉跎，蔡澤入秦近二十年，卻只做了一年開府丞相，從此虛之高閣，戴著一頂封君高冠，開始了有爵無職或有爵游職的權力漂泊。遊職者，一事一任也，無確定權力職守也。在秦國，只有聲望甚大然未獲信任從而被拜為上卿的入秦名士，才會落到這般有名無實的地步，秦惠王時的那個犀首正是如此。蔡澤之所以沒有像犀首那般揚長而去，說到底，心中存了一個不可動搖的想頭——秦昭王之後秦國必然恢復開府丞相，而開府丞相非蔡澤莫屬。事實也在一步步證實著蔡澤的想法：秦昭襄王的最後幾年，以他與老太子嬴柱共領相職；孝文王即位，他又與新太子嬴異人共領相職，除了開府，已經成為事實上的丞相；歷數秦國大臣，論資望論才幹論學問，無一人堪與蔡澤一爭相位；放眼天下，山東六國也從來沒有聽說有大家名士希圖入秦。如此看去，蔡澤顯然是秦國開府丞相的唯一人選，自然也是最佳人選。除了天塌地陷秦國崩潰，沒有任何意外。

然則不可思議的是，商人呂不韋偏偏在此時悄悄進入了秦國。

自與呂不韋相識，蔡澤從來沒有認真想過這個商人。毋寧說，蔡澤從來都沒將此人看在眼裡放在心上。做為酒友棋友，蔡澤喜歡呂不韋。對呂不韋不時顯露的曾經有利於自己的那些謀劃才情，蔡澤認定只是「閱世明智」而已，與政道大謀豈能同日而語？至於學問，呂不韋在他面前從來都是虛心求教之態，蔡澤更不會去想了。十餘年來，呂不韋唯有一長獲得了蔡澤的認可，這便是重義結人。且不說那教人驚心動魄的百人馬隊死士，便是田單、魯仲連、范睢、平原君、信陵君，包括他蔡澤在內的一班名動天下的英傑，或是毛公薛公等風塵奇才，只要與呂不韋相交，總能神奇地迅速成為至交，實在令人不可思議。服則服矣，揣摩之下，蔡澤卻將呂不韋的這一長處或多或少歸結於商旅之能——但為牟利，輕財交人而致義名。也就是說，在蔡澤心底裡，呂不韋的重義只是商人的一種交人方式，與其人是否真正重義是不相干的，至少是有別的。唯其如此，蔡澤對呂不韋保護嬴異人從趙國逃回這一震動秦國朝野的壯舉，根本就沒有往深處去想。在他看來，一個商人為國家立了大功，自然可以步入仕途做官。蔡澤相信，丞相統轄的任何一個經濟官署呂不韋都可勝任，然而呂不韋也僅僅如此而已。

回想起來，這呂不韋入秦後步步出人意料。先是不做上卿寧做太子府丞，惹得蔡澤大為蔑視。後來又突然祕密承手官市，與六國商人好一場大規模商戰。蔡澤這次很是贊同，以為呂不韋操了本行便是正途。誰知便在人人都看準此人充其量在「吏班」做個「大吏」時，呂不韋卻突然成了名副其實的高官——太子傅！蔡澤大不以為然。太子傅歷來都是王師，雖無實權卻是人人景仰的高位大臣，最是要學問道德之臣掌持，教一個商人做太子傅直是滑天下之大稽也！然則如何？非但做了，呂不韋還做得有聲有色。蔡澤不禁又是大大地出乎意料。然則即使如此，蔡澤還是沒有想到呂不韋會對自己這個丞相構成威脅。直到呂不韋不意做了顧命大臣——至少在蔡澤看來是偶然的——幾乎同時又做了假相，除了最初的那種被排除在關鍵時刻之外的憤懣，蔡澤依然不認為呂不韋會對自己構成威脅。其所以如此認定，蔡澤的根本因由，是呂不韋的才具不堪領政大任，假相只是一個暫時職掌，即或破例成為常職，充其量也只是自己這個開府丞相的副手而已，而假相副手與真正的丞相之間可是天壤之別。

然則，這次的謚號事件卻使蔡澤驀然驚醒了。依呂不韋目下的勢頭，只要才具被一班大臣認可，加上新君嬴異人對他的信賴，完全可能成為開府丞相的另一人選。果真如此，蔡澤的功業大夢豈非將永遠化為泡影？

這一夜，蔡澤通宵輾轉未眠，天剛一亮便驅車進了王城。

華陽后剛剛從豐京谷掃墓回來，很有些傷感。

阿姊華月夫人是被刑殺的，不能入夫君墓園合葬，也不能獨起陵寢安葬，只能草葬在她生前鍾愛的這片山水廢墟。若非嬴柱對阿姊有著一份說不清的情愫與癖好，親自出面向老父王求情，阿姊當真要落個死無葬身之地了。畢竟這豐京谷是老周王城，也是老秦人憑弔祖先勤王立國之功的地方，而並非真正的荒山野谷。自這個阿姊一死，華陽后頓時沒了心勁，連對老夫君也失去了撫慰逢迎的興致。若是這個老夫君再活得幾年，只怕她眼見便要失去這個體弱而心騷的秦王夫君的專寵了。那個久居冷宮的夏姬之所以能被祕密召入章臺，還能與老夫君死灰復燃，能說不是自己懶於逢迎撫慰的苦果麼？阿姊在世時的華陽夫人，在王城是個完美無瑕的女子，超然於一切紛爭之外，只傾心關注自己體弱多病的夫君；在夫君嬴柱的眼裡，則更是個須臾不能離開的可人兒，非但聰慧柔情善解人意，更有兩樣長處是嬴柱身邊的所有女人都無法比擬的：一是奇絕如方士一般的救生護理之法，一是可意無比的臥榻風情。雖然如此，從來沒有生兒育女的她之所以始終是老太子嬴柱的正妻且始終專寵於一身，實在是有著老阿姊的一半功勞。

當年，華月夫人一從宣太后口中曉得了要將妹妹嫁於嬴柱，便早早敦促她反覆練習家傳救護術，並千里迢迢地從楚國老族中尋覓到了早已失傳的救心藥祕方，說這是她的立身術，定然要反覆揣摩嫻熟。後來，阿姊不幸寡居，成了太子府的常客。平心而論，起初她對阿姊與太子夫君的不拘禮儀的種種談笑，是心有芥蒂的。有一次，這位阿姊藉著不期而至的大雨與她同宿了一夜，喁喁細語了一個通宵，她才真正從心底接納了阿姊。畢竟，阿姊有歷練有見識，給她將宮中祕聞與牢牢籠住嬴柱的利害說了個透亮。最使她驚心動魄的，是阿姊摟著她幾乎貼在她耳邊說的那番話。阿姊說，宣太后為她物色夫君時曾經對她有過祕密叮囑：魏冄霸氣太重，遲早要出大事；入秦芈氏後繼無人，唯一的指望，是以她兩姊妹與嬴氏王室聯姻，只要一人能成氣候，芈氏一族便有了根基……

從那一日起，她與阿姊越來越親暱了。終於，熱辣辣的阿姊俘虜了她，也俘虜了年過不惑的嬴柱，三個人變成了一個人……有了智計百出的阿姊，她非但真正鞏固了夫人爵的妻位，且在立嫡周旋中使芈氏一族在秦國宮廷成就了舉足輕重的夫人勢。然則，她與阿姊被廷尉驟然關進大牢的那個晚上，她又絕望了。阿姊摟著她反覆叮囑，一切有阿姊，小妹一定會無罪，要忍著心痛走下去，芈氏不能沒得你！阿姊在她耳邊哈著熱氣說，曉得無？你非但要做王后，還要做太后！只一樣記得了，沒了阿姊，你只毋做多情女！

……

「稟報太后：綱成君請見。」

「教他到這廂來了。」華陽后思緒扯斷驀然醒悟過來。

蔡澤被侍女曲曲折折地領進了大池邊那片胡楊林。秋陽透過樹葉灑滿了古樸的茅亭，一個高眺嫵媚的背影沐浴著一片金紅立在亭下，絢爛得耀人眼目。倏忽之間蔡澤有些後悔，愣怔著不知該不該向前走了。

「曉得是綱成君了。」亭下曼妙的楚音飄了過來。

「老臣蔡澤，見過太后！」

「進山喊林麼？叫得好響。」絢爛金紅的背影轉過身來咯咯笑了。

「老臣有事稟報，敢請太后移步政事房。」

「喲！不會小聲說話麼？」見蔡澤一頭汗水滿面通紅，華陽后笑不可遏，「與丞相說話便得到政事房，是禮還是法？老夫子林下不會說話了？」

「老臣……」

「行了行了，進來坐了，亭下與政事房一樣了。」華陽后笑吟吟將蔡澤讓進茅亭，轉身一拍掌，「上茶，震澤新綠了。」隱隱地聽得一聲答應，片刻間一名侍女飄進亭來在靠柱石案上支好茶爐，一片木炭火特有的輕煙淡淡地飄了起來。

「老臣不善飲，白水即可。」

「喲！你是茶癡誰不曉得了？我的震澤茶不好麼？」

「老臣是想說……」咫尺之內裙裾飄飄異香彌漫，蔡澤皺著眉頭大是侷促，分明站在石墩旁硬是坐不下去。華陽后驀然醒悟，退後兩步逕自坐在了大石案對面的另一方石墩上笑道：「入座慢慢說了，何事？」

「老臣兩事。」蔡澤坐進石案前，稍顯從容地一拱手道，「其一，先王國葬已罷，太后對新君親政之事將如何處置？其二，比照先例，先王遺孀當由新君尊奉名號，目下太后沿襲王后之號，尚未有太后名號，不知太后做何想法？如此兩事，老臣欲先聽太后之意。」

「是奉命而來？」華陽后冷冷一笑。

「非也。老臣自主請見太后。」

「曉得了，你是關照本后了。」華陽后的微笑中不無揶揄。

「不敢。」蔡澤侃侃說出了自己早已經揣摩好的腹稿，「老臣暫署相權，身處國事中樞而承上啟下，若不明太后權力，便無以處置太后書令；若不明太后名號，所行官文涉及太后亦難以措辭。念及先王與太后對老臣素有信託情誼，故而自行請見，此中苦心，尚望太后明察。」

華陽后眼波流動閃爍，倏忽一臉憂戚關切：「毋曉得你說的暫署相權何意了？先王顧命之時，本后與新君還有太子傅都聽得清楚，如何暫署了？」

「敢問太后，先王顧命時如何說法？」蔡澤精神驟然一振。

「是說，綱成君做丞相，秦國無憂也。」華陽后一字一頓，很是認真。

「史官可有錄寫？」

「痛不欲生之時，我顧得關照左右麼？」

良久默然，蔡澤粗重地一聲歎息：「如此說來，此事疑案也！」

「疑個甚了？我分明聽見了，子楚呂不韋聽不見麼？都聽見了，史官寫不寫何用了！」

華陽后憤激地嚷嚷幾句又突然一轉話頭，「我那兩事該如何處置？你只謀劃個法子了。」

蔡澤正要說話，一個侍女從亭外匆匆進來在華陽后耳邊低語了兩句。華陽后笑著說聲他也來得真巧，站起來指著侍女對蔡澤嫣然一笑：「綱成君且先回去，有事她便來見你了。」蔡澤一時大覺尷尬，站起身一拱手便走。那名侍女攔住他一笑：「綱成君請隨我來。」將他從茅亭後的另一條林間小道領了出去。

嬴異人來見華陽后，實在有些不得已。

自從呂不韋那次「心說」之後，嬴異人當真做起了「心齋」。祕密入宮的蒙武親率二十名鐵鷹劍士晝夜守護，蔡澤一班老臣全力以赴處置國喪，老桓礫與給事中當著宮廷事務，守喪的嬴異人當真清淨了好幾個月。深居簡出，他屏息心神深自吐納，平心靜氣地仔細琢磨那些不堪回首的往昔歲月，即便是獨守父王靈柩之前，也沒有停止過「心齋」漫遊。疲憊臥榻之時，飲下一盅老太醫配置的安神湯，渾然忘我地睡去。幾個月下來，原先那種莫名其妙的焦躁心悸與時不時突然襲來的莫名恐懼漸漸消失了，無休止的噩夢也沒有了。及至秋天父王安葬，嬴異人的神色已經大為恢復，面色紅潤步履穩健談吐清晰，與那個恍惚終日一驚一乍的嬴異人實在不可同日而語了。依著古老的服喪傳統，孝子服喪期間是要憔悴失形才能顯示哀思孝道的，若有孝子服喪而容光煥發，便是大大地不可思議了；對於君王之身，則幾乎必然要引起朝野非議，甚或公然質詢王者德行也未可知。然則，嬴異人的不可思議的恢復卻截然相反，非但沒有引起朝野非議，反倒使朝野泛起一片慶幸賀聲。

秦國再也不能弱君當政了！老秦人異口同聲。

當嬴異人很為自己的容光煥發慚愧的時候，各郡縣官署與大族里社的賀王康復書紛紛飛到了案頭，為太醫令請功的呼聲更是不絕於耳。嬴異人忐忑不安地請教呂不韋該當如何處置，呂不韋淡淡笑道：「執公器者無私身，王者強弱繫於天下，故天下人賀之。我王只需貴公去私，力行正道，坦坦然定國理政，何慮之有也？」

一旦直面國事，當真是談何容易。

嬴異人仔細閱讀了老長史桓礫專門為他梳理的「國事要目」，這才驚訝地發現，自長平大戰後秦國累積的待決難題當真是一團亂麻。大父昭襄王的晚年暮政原則是萬事一拖，除了後繼立嫡與當下急務，幾乎一切國事都留給了後人。老長史理出來的批有「待後緩處」四字的各種上書竟有四百六十餘件之多。父王當政一年，可能是自知不久人世，竟然也是效法大父，批下了一百三十餘件「待後緩處」的上書。這將近六百件的官文涉及了秦國朝野大大小小不知多少人多少事，饑荒賑災、溝洫水利、官市賦稅、郡縣分界、朝局人事、王族事務、獄訟曲直、邦交疑難、戰功遺賞、流民遷徙，等等，等等，看得嬴異人頭昏眼花心驚肉跳。

「國事之難，竟至於斯！」拍案之下，嬴異人的心又亂了。

此時，老長史桓礫又默默捧來了一只銅匣。嬴異人終於不耐了：「你拿來再多，我看了又有甚用！」桓礫一拱手道：「此乃先王密書。先王薨前一月留給老臣，叮囑非到新君理政之時，不能出也。」嬴異人驚訝了，撫摩著銅匣仔細打開，三層隔板之下的一卷羊皮紙展開在案頭，只有寥寥數語：

國有積難，非強臣當政不足以理之。汝非雄主，領政之臣須與上將軍同心方能聚合國力，補君之弱。蒙氏有公心，人事之要，可問蒙驁。

驀然，嬴異人眼前現出父王在自己認祖歸宗後的那次長談，一時淚眼矇矓。知子莫若父，誠所謂也！父親自知不是雄主，也深知兒子不是雄主，那次已經推心置腹地說了，日後要做好兩件大事：一是要尋覓強臣輔佐，一是要留下一個堪為雄主的嫡子。「君弱三代，秦國便要衰微了！」父親的那句話對他的震撼是無法說得清楚的。然則，冥冥之中有天意，兒子的事他能做得主麼？倒是目下的強臣領政最要緊，否則連個守成之君也做不好了。

依著嬴異人，這個領政丞相自然該是呂不韋。他信服呂不韋的德行才幹，更敬佩呂不韋的韌性與勇氣。可是，他只是一個漂泊歸來的無根之君，他沒有逕自封任領國丞相的那種威權。蒙氏一族能支持呂不韋麼？太后能支持呂不韋麼？老蔡澤能認同呂不韋麼？蒙氏是舉足輕重的大軍將領勢力，太后是宮廷連帶王族外戚勢力，老蔡澤是朝臣與郡縣官吏勢力，哪一方面掣肘都是要命的。呂不韋一介商旅孤身入秦，能有甚根基？說起來可能還不如自己，縱是憑著才幹功勞有了一些人望，可要執掌這開府丞相的大權，些許人望算得了甚？除了他與呂不韋的相互支撐，兩人幾乎都沒有與之呼應的勢力，當真奈何？

反覆思忖，嬴異人還是決意先來見太后。只要太后認可呂不韋，蒙驁縱有阻力也容易周旋一些。在嬴異人看來，父王與太后在當初立嫡時都對呂不韋很是激賞，直到呂不韋做了太子傅，父王太后還是十分倚重呂不韋。至少，嬴異人從來沒有從太后處聽到過對呂不韋的任何微詞。唯其如此，嬴異人決意拋開對這個糾纏著要將生母治罪的太后的私怨，來了卻這樁最大的朝局人事，先將國政推動起來再說。嬴異人自信對女子頗有洞察，如華陽后這般柔媚女子，只要有些許讓步與場面禮儀的親情尊奉，該當不會有甚差池。強悍精明通曉政事如大母（註：大母，春秋戰國時對祖母的稱謂，與大父〔祖父〕相對）宣太后者，天下能有幾人？

「喲！毋曉得子楚會來看我，坐了。」華陽后站在亭廊下淡淡地笑著。

「子楚拜見母親……」嬴異人哽咽著拜倒在了滿地黃葉之上。

華陽后拭著淚水一副不忍卒睹的悲傷：「快莫多禮了，曾幾何時，天曉得竟成孤兒寡母了……來，這廂坐了說話。」

亭下坐定，嬴異人拱手痛心道：「章臺還都之後，子楚守喪，心神迷亂，未能在母親膝下多行孝道，今日特來請罪。」華陽后眼波流轉不禁噗地笑道：「曉得了曉得了，子楚還當真了？有事直說了。」嬴異人頗是尷尬，紅著臉道：「無甚大事。只是幾位老臣動議立冬之日大行朝會，不知母親意下如何？」華陽后道：「只曉得歷來朝會都在開春，今次卻要在立冬，不覺怪誕了？」嬴異人歉然一笑道：「老臣之心，無非急於立新而已，大約沒有慮及時節是否適當？」華陽后道：「急匆匆朝會，毋曉得何事等不得了？」嬴異人道：「素來新朝會，都是以拜相為大。子楚之見，大約也脫不得這老法程。」華陽后驚訝道：「喲！你毋曉得父王顧命當晚你說的，蔡澤做丞相了？」嬴異人笑道：「子楚還說了呂不韋共領相職。母后明察：當時乃國喪期權宜之計，依著法度，丞相只能一個。」華陽后笑道：「喲！毋曉得丞相只能一個了。你只說，一個是誰個了？」嬴異人一拱手道：「子楚敢請母親示下。」

「要我說麼，王無戲言，原本說誰便是誰了。」

「那，那次說了兩人。」

「一個首相，一個假相。孰前孰後記不得了？」

「母后之意，蔡澤為開府丞相？」

「君命既出，好朝令夕改了？」

嬴異人頓時默然。他已經清楚地明白，這個太后是認準要蔡澤做丞相了。既然如此，目下也只能不置可否，回頭揣摩一番再做計較了。華陽后見嬴異人默然不言，淡淡一笑道：「還有麼？只一件事了？」嬴異人道：「再有，就是定母后尊號了。」

「喲！你盤算如何處置母后了？」

「敢請母后示下。」嬴異人硬生生憋住了他原本打算做出的退讓：只要華陽后贊同呂不韋做丞相，他便許太后「並國」臨朝，至少頂半個宣太后。如今這位太后硬是揣著明白做糊塗，竟以維護君命為由頭與自己為難，自然要給她個軟釘子，看她如何開價了。

「還要說了？」華陽后咯咯一笑，「毋曉得先王顧命，拉著誰三人手了？」

「父王要母后與呂不韋同心襄助子楚，子楚心感父王……」

華陽后一雙柔媚的大眼驀然冷冰冰盯住了嬴異人，一陣默然，長袖一甩冷笑著逕自出了茅亭。嬴異人對著華陽后背影深深一躬：「秋日轉涼，母后善自珍重，子楚告退。」出得胡楊林在太后寢宮區漫步良久，嬴異人無可奈何地長歎了一聲。

咸陽王城很大，總格局是六個區域：中央大殿與殿前廣場為朝會區，其後正北靠近北阪的松林地帶為太廟區，西部為王室官署區，東部為國君理政區，此三區之後的西北地帶是王室作坊與倉儲區，東北地帶有一大片占地三百餘畝的園林為寢宮區，朝野俗稱後宮。後宮又分為兩大區域：西部為現世國君與王后以及各等級王妃的寢宮區，東部為太后寢宮區。前者小，後者大。其間原由在於：戰國之世的國君的全部后妃至多二十餘人，連帶侍女內侍，總數也只在兩三百人。太后寢宮區卻是積世而居，人數遠遠超過了王后寢宮區，占地自然就大了。也就是說，依著王室法度，太后寢宮區並非一個正位太后（先王正妻）的專有居住區，而是所有已逝國君的所有后妃的居住區。嬴柱為國君，華陽后自然便是王后寢宮的主人。嬴異人做了國君，華陽后成了太后，自然得搬進太后寢宮區。王者多有不測風雲，盛年驟然去世者比比皆是。然國君去世，大多數后妃卻都正在盛年，自然都要搬入太后寢宮區居住。如此累積，這太后寢宮區要容納所有沒有隨著先王過世而曾被先王擁上臥榻的后妃，其龐大與複雜也遠遠超過了王后寢宮區。

來見華陽后之前，嬴異人特意召來掌管宮廷的老給事中，要他在太后寢宮區遴選一座最是幽靜的居處。誰知老給事中皺著一雙白眉直搖頭，君上有所不知，太后寢宮最是龐雜，難矣哉！嬴異人很是不耐，偌大寢宮三百餘畝園林，連一處幽靜居所也沒有麼？甚個事體！連連苦笑的老給事中抱來了一箱簡冊，一卷卷翻開說叨了半個時辰，聽得嬴異人目瞪口呆了。老給事中說，太后寢宮共住先君后妃五十三人，最年長者是秦惠王當年一個十六歲的寵幸少使（註：少使，秦國君主後妃中的第七級（最低）爵位），至今年已八十餘歲；秦武王妃子尚有六人，均已是耄耋之年；昭襄王遺孀最多，二十三人，除了沒有「后」，其餘爵妃都有；孝文王嬴柱遺孀雖少，卻是后妃齊全，整整二十六人。依著王室法度，先王遺孀一律加爵兩級孝敬尊奉。如此幾乎是人人一座獨立庭院；全部太后寢宮的庭院只有四十二處，外加三片侍女內侍大庭院，幽靜寬敞所在早已被占，卻到何處去擠騰得出一座？

嬴異人終是半信半疑，藉著進太后寢宮之機索性親自查看一番，若能給喜好幽靜的生母選擇一處可心庭院，一片孝心也有個著落處了。然則轉一個時辰，走遍了這片庭院層疊相連的園林，他最終還是失望了。整個太后寢宮除了這片胡楊林與一片大池，實在是找不出空閒之地了。盡孝難矣！莫非清心一世的可憐生母當真沒有登堂入室進太后寢宮的命麼……

「君上，長史大人請速回東殿。」

方出胡楊林道口，隱身隨行的鐵鷹劍士驟然從一棵大樹上飄了下來急促稟報。嬴異人本欲出王城到呂不韋府上商議今日之事，一聽老長史傳言立即登車回了王城前區。等候在東偏殿書房的老桓礫見嬴異人進來，立即打開了王案上的銅匣：「稟報君上：上將軍蒙驁緊急上書。」嬴異人心下頓時一緊，老蒙驁要做甚？不及入座從銅匣中拿出一卷竹簡嘩啦展開，瞄得幾行，心頭怦怦大跳起來。

老臣蒙驁頓首：秦國政事荒疏久矣！流弊叢生，吏治鬆弛，朝野散漫，奮發惕厲之心已流於無形也！昭襄王著意守成，先王未及著力，新君即位，任重而道遠。當此之時，整飭朝局刷新吏治理順政事為當務之急，否則東出中原將遙遙無期矣！唯其如此，老臣請以呂不韋為開府丞相，總領國事，力行新政。老臣遍觀國中大臣，德才兼備而能總攬全局者，非呂不韋莫屬也！老臣之心，唯王明察，當於朝會立決之，跌宕蹉跎，大道之忌也！上將軍蒙驁秦王元年秋

「上書報太后了麼？」愣怔之間嬴異人驀然問了一句。

「太后攝政未成定制，是故未曾報太后宮。」

「備車。上將軍府。」

「君上要見上將軍，宣召入宮較為妥當。」

嬴異人搖搖手，回身從案下拿出一件物事塞進腰間皮袋回身便走。

突然造訪的新君顯然使上將軍府大感意外，闔府上下莫不腳步匆匆神色惴惴。老太子先王嬴柱當年是府上常客，一應僕從無不識得。這新君少時也在府上修學五六年，從趙國歸來也曾密住府上些許時日，卻是誰也沒見過。一朝為君，豈能與少時小公子等閒視之？更要緊的是，以上將軍與先王的篤厚之交，先王彌留時竟然未召上將軍顧命，此中玄機誰能說得清楚？新君突然駕臨是禍是福誰又能說得清楚？

嬴異人制止了要去通報的家老，一邊打量著尚有朦朧記憶的路徑庭院池水林木，一邊咀嚼著那些遙遠的往事。令他驚訝的是，這座與武安君白起府邸同樣厚重古樸而又宏闊簡約的府邸，除了磚石屋

瓦在歲月風雨中已經變黑，當年與他等高的小胡楊樹已經長成了金燦燦的參天巨木，覆蓋一片大池的綠蓬蓬荷葉也做了片片殘荷外，幾乎沒有絲毫變化。過了這片胡楊林，便是當年與蒙武同窗共讀的小庭院了。晨功午課暮秦箏，他一生中最快樂的時光都點點滴滴地刻在了這片庭院，灑在了這片胡楊林，以至三十多年的王子生涯中，只有這寄身籬下的上將軍府對他處處透著親切，透著溫暖。不知不覺地，嬴異人癡癡地走進了暮色中金紅的胡楊林，耳畔彌漫著叮咚箏聲，當年那稚嫩滾燙的歌聲那般真切：蕭蕭雁羽，訴我衷腸，子兮子兮，道阻且長！呵，胡楊林，異人回來也……

「老臣蒙驁，參見君上！」

嬴異人驀然轉身，暮色之中淚眼矇矓，蒙驁一時驚訝得無以應對了。

「老將軍，異人本該早來也……」

「君上國事繁劇，老臣心下明白。」

「往事如昨也！」嬴異人粗重地歎息一聲，「只可惜蒙武沒有一起回來。」

「君上感懷舊事，老臣何忍卒睹也！」蒙驁揉了揉已經溢出淚水的老眼，昂昂一拱手道，「君上若因老臣上書而來，敢請書房容臣稟報。若著意懷舊，老臣喚來當年書童領道。」

嬴異人不禁笑道：「著意懷舊，有那工夫麼？好！書房說話。」

兩人來到書房，蒙驁吩咐已經掌好燈火煮好茶的侍女退了出去，又叮囑家老守在府門，任何人來訪一律謝絕，隨即肅然就座，一副即將大論的模樣。嬴異人搖搖手道：「老將軍莫急開說，且先看看這件物事。」說罷將一支銅管遞了過來。蒙驁接過打開方看得一眼，雙手瑟瑟發抖，及至看完，號啕一聲「先王也」便撲倒在了案上。嬴異人不勝唏噓，拭著淚眼起身肅然一躬道：「目下朝局，尚望老將軍鼎力襄助。」蒙驁止住哭聲，霍然站起扶住了嬴異人：「先王有此遺命，蒙驁死何足惜！君上但說，何事為難？」嬴異人道：「老將軍力保呂不韋拜相，太后卻不贊同，此事最難。」

「太后欲以何人為相？」
「綱成君蔡澤。」
「君上之心，屬意何人？」
「首選呂不韋。若是無可奈何，也……」
「老臣既蒙君上信託，自當盡忠竭力。君上但回，老臣自有主見。」
「老將軍之意……」
「黑臉事體，君上只做不知便了。」
嬴異人又是肅然一躬，道聲老將軍酌情為之莫得為難，匆匆去了。
思忖片刻，蒙驁立即啟動。先喚來主書司馬與軍令司馬，吩咐主書司馬將呈送秦王的上書再謄刻一卷，清晨卯時不管自己是否回來，上書立送太后寢宮；軍令司馬連夜趕赴藍田大營，將自己的上書副本交於王齕，請與五大夫爵以上的老將會商呼應。吩咐一罷，蒙驁登上一輛垂簾輜車轔轔出府去了。
暮黑一掌燈，老駟車庶長嬴賁便生出了倦意。侍女正要扶他就寢，家老匆匆來報，說上將軍蒙驁請見。這老蒙驁也是，不知道老夫規矩麼？老嬴賁嘟噥一句，打著哈欠又是揉眼又是揮手，掌高燈煮釅茶，這老東西能折騰人也。兩名侍女竊竊笑著連忙收拾，已聞沉重急促的腳步聲騰騰騰砸了進來。
「老哥哥也，叨擾叨擾！」
「也就你了，誰個敢壞老夫這見燈睡？」老嬴賁竹杖頓得噔噔響。
「老弟兄一起啃了十三年血鍋盔，還怕老哥哥生咥了我！」
「呵呵，你頑頭大，我咥得動麼？」老嬴賁竹杖敲打著長案板著臉，「嘗嘗我這太白秋茶如何？

先說好，只許吃不許拿。」

蒙驁哈哈大笑：「拿多拿少說話了，幾時有個不許拿。」說著捧起大陶盅吱地長啜一口，不禁嘖嘖讚歎，「厲害！正克得硬麵鍋盔！家老，備一罐我帶了！」廊下家老笑吟吟嗨的一聲，一溜碎步去了。

老嬴賁無可奈何地搖頭笑笑：「老兄弟說，甚事忙活得不教人睡覺了？」

「不是大事能搬你這尊睡神？」蒙驁半是神祕半是正色地壓低了聲音，湊到了老嬴賁案頭，「國喪已罷，新君朝會在即，你這王族掌事倒做了沒事人也！」

「王族掌事算個鳥！枯木一株罷了。」

「甚甚甚？整日忙活算個鳥！精鐵打在刀口！」

「聒噪聒噪！只說甚事？」

「新君新朝，何者當先？」

「將相當先，自古皆然，用問麼？」

「有將無相，車失一輪，立馬要滾溝也！」

「老夫吃你嚇麼？綱成君為相朝野皆知，孰能無相？」

「老哥哥仔細思量：自應侯范睢辭秦，昭襄王暮政期的丞相從未開府，相職也總是太子與蔡澤共領。打實處說，從來沒有名正言順的開府丞相。權宜之計或可將就一時，然秦國要大興，一直沒有開府丞相豈非貽笑天下。然則新朝要定開府丞相，自然便有新舊兩選。老哥哥說，這蔡澤行麼？」

老嬴賁呵呵一笑：「老兄弟與蔡澤交厚，要老夫舉他開府領政？」

「錯錯錯也！你我老軍，幾曾有過閃爍試探之辭？」

「那明說，究竟要老夫做甚？」

「呂不韋堪為丞相！」

「你是說，那個保異人逃趙回秦的呂不韋？」

「正是！」

默然片刻，老嬴賁微微點頭：「此人也算得商政兩通，然蔡澤亦是計然名家，又無大錯，較比之下，倒是難分伯仲。」

「錯也錯也！」蒙驁連連拍案，「甚個難分伯仲？天壤之別！呂不韋長處有三：其一，博學廣才，多有閱歷。其二，心志強毅，臨難有節，重義貴公，具首相之德行。其三，有氣度有心胸，不狗苟蠅營，不斤斤計較，坦蕩無私，行事磊落。只說飲酒，舉碗便乾，赤膊大醉坦蕩率真，與我等老軍有異曲同工之妙。此等人物，可遇不可求也！」

「呵呵，說了半晌，原是教人家給喝服了。」

「豈有此理！」蒙驁臉色脹紅高聲大嚷，「你老哥哥尚敗我三碗，呂不韋何曾喝過我也！」轉而嘿嘿一笑，「老哥哥別說，我還真服呂不韋飲酒，不是服他酒量，是服那赤膊痛飲，雖大醉而不猥瑣下作的本色氣度。老哥哥也當知道，當年之商君、張儀、范雎，但凡名相器局者，哪個不是本色雄傑，哪個不是醇醇率真！唯其能酒而本色直道，真英雄也！」

「呵呵，雖是歪理，老夫也認了。還有甚事？」

「沒了，該說說當年了……哎哎，別忙睡也！」

蒙驁言未落點，老嬴賁白頭猛然一點，已扯起了悠長的鼾聲。蒙驁愣怔站起哭笑不得地一招手，兩名黝黑肥壯的侍女抬著一張軍榻從大屏後出來，將軍榻在案前擺好，一名侍女跪身偎住了老庶長，只輕輕一扶，老庶長嬴賁身子一歪便順勢可可地躺在了軍榻，粗重的鼾聲絲毫沒有間斷。兩侍女相互一點頭，輕柔無聲地抬走了鼾聲大作的軍榻。蒙驁在旁直看得「噫噫」驚歎不絕，及至鼾聲遠去，情不自禁地大笑著吼了一聲：「老哥哥！睡便睡，莫忘事也！」

立冬時節，秦國的朝會大典終於要舉行了。

諺云：十會九春。說的是朝會歷來都在開春。其時若無大戰，郡縣主官便要齊聚都城，在國王主持下與朝官一起議決諸般大事，啟耕大典、祭祀天地宗廟、拜謁年高退隱功臣等等禮儀盛典也都要藉著百官雲集接踵舉行。士農工商諸般國人庶民，一邊議論著廟堂風雲，一邊郊野聚合踏青放歌、祭掃祖先墳塋、疏浚溝洫忙活春耕等等不亦樂乎。朝堂鐘鼎聲聲，原野耕牛點點，窩冬之後的一切都在開春之時蘇醒了萌動了。春行朝會，那是天道有常，國人從來以為是題中應有之意。

唯其如此，立冬朝會顯得極是突兀。彷彿寒天要割麥子，國人硬是懵懂著回不過神來。便是國中官吏，也是竊竊以為不可思議。冬令肅殺，萬物閉藏，此時豈能大行彰顯新朝的朝會大典？然則無論如何不同尋常，秦國朝野還是默默認同了。畢竟，秦國目下正在連喪兩君的非常之期，不藉著冬令時光從容琢磨籌劃，開春大忙之際豈能容得終日論爭？當此之時，通會王書一下，郡守縣令們匆匆動身了，朝官們也各自忙碌謀劃起本署在朝會的待決大事。官道車聲轔轔，官署晝夜燈火，市井街談巷議，宮廷雨雪霏霏，秦國朝野第一次在窩冬之期騷動了。

較勁的關口只在一個，今朝丞相究是何人？

華陽后看到蒙驁上書，原本竭力壓抑的一腔憤懣驟然發作，當即祕密召來蔡澤將事說開，要蔡澤明白說話，想做丞相便同心較力，自甘沉淪便等著罷黜治罪。蔡澤原本尚以為蒙驁等一班老將擁戴自己無疑，乍見蒙驁上書，如一桶冷水當頭澆下，愣怔片刻突然怒火中燒。你老蒙驁與我蔡澤素來交好，不贊同老夫也罷，何須如此阿諛鼓噪一個商人呂不韋！若無不可告人之密，豈非咄咄怪事？然蔡澤畢竟是蔡澤，雖則氣得臉色鐵青，硬是隱忍未發，只對華陽后深深一躬，茲事體大，容老臣告退思慮而後作答。回到府中蔡澤再三權衡，深覺蒙驁此舉大非尋常深淺莫測，不能正面計較。蒙驁之忠直稟性有口皆碑，上將軍舉薦領政大臣也是職責所在，自己若以事中人之身公然回擊，一定是引火焚身無疑。事之要害依然是也只能是呂不韋，呂不韋之要害，則是究竟適合不適合做秦國丞相？若呂不韋不堪為相，自是釜底抽薪，誰也無可奈何。然則，要說出一番呂不韋「不堪為相」的憑據卻是談何容易。要將這「不堪」之理再變成公議，更是談何容易。思謀竟夜，蔡澤心頭終於一亮，立即伏案揮筆寫了起來。清晨霜霧正濃之時，蔡澤從一條隱蔽小巷祕密進了太后寢宮，與華陽后整整密議了一日，方才趁著暮色出宮。

次日卯時，華陽后風風火火到了王宮書房，將蒙驁上書氣沖沖摔在了嬴異人案頭，指斥蒙驁舉薦失察，竟擔保一個心懷叵測不堪為相的商人執掌秦國相印，是可忍孰不可忍！嬴異人大為驚訝，思忖間賠著笑臉道：「母后自是明察知人。然這『心懷叵測，不堪為相』八字斷語若無憑據，你我母子如何面對朝野公議？」

嬴異人沒有料到，華陽后竟一口氣款款說出了六條憑據：

其一，呂不韋早年周旋齊燕兩軍之間，既賣燕軍兵器又做齊軍後援，左右逢源而暴富，實為見利忘義之奸商。其二，呂不韋野心勃勃，當年在邯鄲援助嬴異人，有「此子奇貨可居也」之語，入秦居心不良。其三，呂不韋多言秦法弊端，贊同墨家義政，若為丞相，必壞秦國百年法度，大行王道儒政。其四，呂不韋曾為文非議商君「趨利無義」，若主秦政，必與商君之法背道而馳，其時秦國必亂。其五，呂不韋曾作「吏本」一文，以官吏為國本，藐視王權庶民，一朝為相，必與民爭利，與王室分權，使權臣坐大而行三家分晉之故事。其六，呂不韋有「蕩兵」之說，自詡疏通兵道，實則主張「義兵」，指斥秦國出兵山東攻城掠地為不義之道，若主國政必與山東六國罷兵息戰，使秦國大業毀於一旦。

「敢問母后，如此六則，譬如為文，從何說起？」

「曉得你不信，自己看了！」華陽后一招手，身後侍女捧來一只紅木匣恭敬地擱置王案中間，又熟練地打開了匣蓋取出幾卷竹簡依次攤開。

嬴異人驚訝得眼睛都瞪直了。面前這些竹簡韋編精細刻工講究，正是呂不韋「器不厭精」的往昔作派，竹簡上的刻字也分明是呂不韋的手跡。呂不韋偶爾為文他也知道，當年毛公薛公也說過，可三人誰也沒見過呂不韋的文章。嬴異人記得有次酒後請求呂不韋展示大作，呂不韋大笑連連搖手：「遊思斷想也！豈登大雅之堂？毛公薛公腹中藏書萬卷，盡可教授公子。」今日華陽后能有呂不韋如此多的書簡，豈非咄咄怪事也。

「子楚，愣怔甚來，看了。」

嬴異人皺著眉頭瞄了過去，一卷卷確實扎眼——

安危榮辱之本在於主，主之本在於宗廟，宗廟之本在於民，民之治亂在於有司。三王之佐，其名無不榮者，其實無不安者，功大也！

義者百事之始也，萬利之本也，中智之所不及也。不及則不知，不知則趨利。趨利固不知其可也！公孫鞅、鄭安平是矣！公孫鞅之於秦，欲堙其責，非攻無以，於是為秦將而攻魏，終陰殺公子卬而為無道也，行方可賤可羞！

為天下及國，莫如以德，莫如行義。今世之言治，多以嚴刑厚賞，此世之苦害也！以德以義，則四海之大，江河之水，不能亢矣！

世當蕩兵以息戰。古聖王有義兵而無暴兵。義兵為天下之良藥，暴兵為天下之惡藥。用兵若用藥，得良藥則活人，得惡藥則殺人！……

「母后之意，如何處置？」嬴異人推開了竹簡。

「一則下書問責蒙驁。二則公議拜相事了。」華陽后從未有過的利落。

「公議？行朝會麼？」

「朝會之先，當先召王族元老與在朝大臣議決了。」

「王族元老向不參政，妥當麼？」

「毋曉得王族議政祖制了？不參政不議政，王族不是擺設麼？」

「子楚遵母后命。」

「這便是了。」華陽后燦爛地笑了，「只我母子一心，才有個安穩，曉得了？」說罷一擺手喚過身後妙齡侍女親暱指點道：「娘曉得子楚冷清，我給你物色了一個侍榻女，震澤吳娃，醫護之術青出於藍了。你且試試如何？不可心娘再物色了。曉得無？」

「子楚謝過母后。」

「好了，母后去了。」華陽后笑吟吟走了。

嬴異人皺著眉頭喚來老給事中低聲吩咐兩句，老給事中領著那個美豔的少女走了。嬴異人粗重地歎息一聲，不禁焦躁起來，晃得一陣自覺心頭突然一亮，召來老長史桓礫密議一陣，立即分頭登車出了王城。

老長史桓礫從密道出宮直驅上將軍府，將書簡木匣交給了蒙驁便馬不停蹄地回宮去了。蒙驁思忖片刻，吩咐家老立派精幹僕人去城中太子傅府送信邀約呂不韋，自己登上輜車出了咸陽南門直奔呂莊。到得呂莊堂上未曾飲得兩盅釅茶，呂不韋輜車便轔轔回莊了。

「茶不行。上酒上酒，老趙酒！」呂不韋進門便嚷了起來。蒙驁渾不理睬，板著臉將案上木匣中的竹簡嘩啦反倒出來：「過來瞅瞅，誰個的物事？」「甚寶貝也？」呂不韋走過來不經意一瞄，不禁大是驚訝，蹲身連翻幾卷，凝神片刻恍然笑道：「呵呵，如此半拉子物事竟蒙老將軍收藏，慚愧慚愧！」蒙驁冷冰冰道：「明白說話，這些書簡可是你的手筆？若是，如何能流傳出去？誰個討要的？還是你自己送出的？」

「神鬼難料，天意也！」呂不韋心知蒙驁稟性剛嚴縝密，如此神情絕非笑談，不禁一聲長吁，「年輕時，我很是鍾愛自己時不時寫下的這些片段文字。商旅天涯，也總是打在車身的一個暗箱裡，客寓歇息時翻出來揣摩揣摩。田單抗燕的第四年夏，魯仲連邀我一起北上即墨商議援齊海船航道事宜。我心下明白，魯仲連是要我實地體察即墨軍民的苦戰，鐵定海路援齊的心志。我自不能拒絕。心知此行多有風險，上船時我只在皮袋中背了五六卷正在揣摩修改的竹簡，除此一無長物。此時正逢樂毅彰顯燕軍『仁政安齊』方略，准許商旅自由出入齊燕兩國。即墨事完後，我乘一隻小船沿齊國海岸北上河口，再從河口北上燕國，想託可靠胡商買得大宗皮革南運陳城，為齊軍製作皮甲。在齊燕邊境，恰恰遇到了一支燕軍騎隊截殺齊國流民。我憤而指斥燕將與樂毅仁政背道而馳，卻被燕將呵斥為齊軍喬裝斥候，喝令士卒大搜我身。見我身與馬具一無重金珠寶，也無斥候憑據，燕將惱羞成怒，將幾卷竹簡撕扯成片哈哈大笑著四處拋擲猛力踩踏一番，才將我押到了軍營拘押……三日後，我被樂毅的巡軍特使無罪開釋，還馬歸錢許我自便。然則，當我去找那些竹簡時，早已經沒有了……從此，我很少作文，偶爾寫得幾篇，也都燒了……」

「如此說來，你文流出，只此一次？」

呂不韋點頭笑道：「如此陋文有誰討要，又何能送人現世？」

「這些竹簡是你原本手跡麼？」

「不錯。」呂不韋翻弄撫摩著竹簡，「也是才情平庸使然。我作文無論長短，都多有修改，是以喜好竹簡，而不用攜帶方便的羊皮紙。竹簡刻寫，不妥處可以刮掉重刻，上好竹簡刮得三次也不打緊。羊皮紙不然，一旦想改，就得塗抹，若是刮，便破損了。老將軍手來摸摸，這每支竹簡都有凹凸處，不說字跡，只是這凹凸簡便非我此等庸才莫屬。能是別個？」

「這些文字都是完整的麼？二十年後還是你的主張麼？」

「老將軍把得好細也。」呂不韋悠然一笑，「飛散書簡，何能完整？然則收藏者能將這些殘簡拼得成句成文，顯是費了工夫，非行家裡手不能為也！要說書文本身，因多拼湊，處處似是而非，不說與不韋今日之想大相徑庭，便是與原本文字，也是相去甚遠。譬如這『義兵』一文，原本是『有義兵而無偃兵』，這竹簡卻將『偃兵』變成了『暴兵』！我何曾有過『暴兵』一說……」呂不韋突然打住，摸著竹簡的右手食指猛然一抖，嘩啦將手中一卷舉到了眼前打量，「噫！怪也！這『暴』字是人改刻！沒錯！我再看這幾卷！」一時嘩啦起落，接連指出了二十餘處改刻，倏忽之間額頭涔涔冷汗，「雖則鬼斧神工，終究難藏蛛絲馬跡也！」

「如何能證有人後改？」蒙驁精神大振。

「憑據有二。」呂不韋舉起竹簡對著陽光，「老將軍且看，這竹簡韋編粗細不一，簡孔有紫紅痕跡，韋繩卻是黑皮條。我當年韋編用的皮條是越商精製的水牛皮條，紫紅發亮，磨得簡孔邊緣如紅暈泛起。這黑皮條卻是燕國黑羊皮，細柔過之，頑韌卻是不足。此足以證實，這竹簡成卷並非原先之連接次序，而是重新組合，文理不通處便改刻得！」

「牛皮羊皮之韋編，你能分得清楚？」蒙驁很是驚訝。

「愧為老商，辨器識物尚算成家入流矣！」呂不韋笑歎一句。

「其二？」

「其二是這用墨。」呂不韋將竹簡在大案攤開，又起身匆匆到文案捧來一只銅匣一方白石，坐定打開銅匣拿出一個極為考究的乳白廣口陶罐，從罐中嘩啷倒出一堆黑亮亮的墨塊，指點道：「這是我用的北楚煙墨，幾十年沒變過。這方白石是我的私硯，也從來沒變過。」說著搬過那方中央凹陷的白石，滴入一汪清水，指夾一塊扁平的墨塊到石硯中，從石硯邊拿起一片同樣扁平卻顯稍大的石片壓在墨塊上旋轉研磨了起來，一邊道：「天下墨塊以北楚陳城墨最是精純，一方磨得十硯濃墨。（註：中國墨發明極早。商周時已有煙炱墨，即用火煙凝成的黑灰入泥而成黑色泥塊，墨色稍差；春秋戰國時已有較純煙墨，普遍形制為小圓塊，上壓石片研磨，石片稱研石；東漢始製圓柱狀墨錠，可直接手拿研磨，研石方漸絕跡。硯，唐代以前以瓦為硯，故稱硯瓦，唐以後始有石硯。《說文》：「石滑而不澀曰硯。」）一個老墨工教我用白石做硯，研磨得墨汁柔和黏滑無雜質，墨蹟乾後油亮平整，刻刀上簡極是順暢，刻出字來周邊絕無裂紋。然時人以瓦為硯，所磨之墨粗糲許多，字跡乾後輒有瓦粉屑粒，刻刀著力處難免小有抖動，刻字邊緣便常見細紋密布。老將軍且看，這個『暴』字正是如此。」

「不錯！是有細紋！」蒙驁舉著竹簡大是驚歎。

呂不韋不再說話，只看著一片散開的竹簡出神。蒙驁也不再多問，站起來收拾好竹簡一拱手道：「只此一事，老夫去也。」呂不韋驚訝道：「噫！老將軍這殘簡不是送我的麼？」蒙驁拍打著木匣揶揄地一笑：「你以為老夫是拿著散失孤本討賞來麼？明說了，此物有主，惜乎老夫也不知其人來路也。」呂不韋目光一陣急速閃爍，隨即恍然大笑：「得人揣摩者，必奇貨也，拙文有此殊榮，幸何如之！」慨然一拱手，「老將軍走好，恕不遠送。」蒙驁連連搖手「不送不送」，抱著木匣匆匆去了。

蒙驁出得呂莊，驅車進城直奔駟車庶長府。剛剛入睡的老嬴賁被家老喚醒，來到廳中哭笑不得地頓著竹杖罵罵咧咧，然聽蒙驁將事由說得一遍，當即瞪著老眼嚷嚷起來：「直娘賊！秦國選相歷來只看真才實學，幾曾有過如此蹊蹺之事？陰人！陰謀！老夫去見新君說話，請王族之法廢了這不安分女人！鳥！是太后便要干政，還有國法麼？啊！」

「且慢且慢，老哥哥息怒也。」蒙驁連連搖手，「此事還得依著規矩來，你且聽聽老兄弟謀劃如何？」老嬴賁猛然一點竹杖：「說呀！」蒙驁席上幾步膝行，兩顆雪白的頭顱湊到了一起，良久喁喁低語，一陣蒼老洪亮的笑聲。

華陽后很是不解，王宮竟沒有任何動靜。那個派在嬴異人身邊的侍榻侍女通過一個楚人老內侍傳了話來：近日秦王沒有召見任何大臣，也沒有出過王城，與老長史桓礫也沒有說過與選相有關的話。如此說來，嬴異人是服軟了？不像。當真服軟肯定要來面見太后，至少要召見蔡澤才是。有甚新謀劃麼？也不像。不見大臣不親自周旋，能有甚謀劃？反覆思忖，華陽后終是認定嬴異人是心有不甘卻又無可奈何，索性撒手不管。心有不甘者，嬴異人身為秦王要報呂不韋之恩，卻遭自己與蔡澤之強勢阻斷，能適意了？無可奈何者，畢竟蔡澤也是大有名望的才士，領相治國順理成章，加上太后一力支持，嬴異人又能如何反對？更要緊的是，幾卷老舊書簡，鐵定證明了呂不韋政道不合秦國，縱是昭襄王那般雄主在世也無可扭轉，沒有根基更無功業的嬴異人縱是一萬個不滿又能如何？畢竟，秦國百年以來形成的政道新傳統穩穩占據了朝野人心，呂不韋非議老秦人視為神聖的商君，非議秦法秦戰，崇尚老秦人最是厭惡的儒家政道，誰敢為他說話？

「綱成君之謀，乾坤之功了。」

華陽后見過嬴異人之後大贊蔡澤，自老阿姊死後心中第一次踏實了。雖則如此，華陽后還是覺得該當再推這個新君一把，最好使他在朝會之前明白表態，方可萬無一失。思謀一定，華陽后立即祕密知會蔡澤，敦請他進王城面見新君陳述為政主張，軟逼新君就選相說話；她自己則去周旋那些王族外戚元老，請他們出面主持選相。

對於說服這些「法定不干政」的貴胄元老，華陽后有一個最動人的理由：綱成君是昭襄王著意留給新君的良相，後來之所以虛其相權，為的便是新君實其相權時能給蔡澤以知遇之恩，而終得才士死心效力；說到底，昭襄王不曾大用蔡澤，恰恰是為了後來新君大用蔡澤；今朝不用蔡澤，是違背昭襄王遺願，是貽害秦國。

每一個元老貴胄都肅然聽完了華陽后罕見的雄辭，都對太后陡然表現出的才幹大加讚賞。幾個承襲封君爵位的芈氏外戚都是宣太后當年的老根底，對華陽后更是一力擁戴，異口同聲地說：「華陽太后攝政，『秦芈』中興有望也！」

然則，蔡澤帶來的消息卻依然曖昧不明。新君認真聽完了他整整一個時辰的為政大略，其間點頭無數次，末了卻說他服喪期間勞神傷心，聽過人說話便忘，待他仔細看完上書定會登門拜訪請蔡澤賜教。說罷連打呵欠，蔡澤只有告辭了。

「曉得了。」華陽后渾沒在意，只淡淡一笑，「終究是朝會議決，其時綱成君只管陳說為政大略，餘事毋上心了。」蔡澤嘴角抽搐了一下，想說話終未開口，晃著鴨步踽踽去了。華陽后立即來到王城前區東偏殿，對嬴異人申明：此次大朝，當許王族外戚之元老勳臣與會，與當國朝臣共議國政。「母后之命，子楚無異議。」新君答應一句又囁嚅道：「只是，依著法度，此事須得領相權之綱成君、上將軍蒙驁、老駟車庶長三頭贊同，母后以為如何處置？」

「綱成君、老庶長定然贊同了。剩一個蒙驁有甚打緊？年逾花甲，也該有新銳大將當軍了。你自思忖，知會他是了。」華陽后不屑多說，咯咯笑著逕自走了。

立冬這日，盛大的新朝朝會終於在咸陽王城舉行了。

王城正殿座無虛席，中央王座與太后座之下的大廳分為五個坐席區：最靠近王階的中央區是君侯席。其時秦國君侯都有虛領的封地，君侯等級相若。高下之別只在位次排列，但都是最高爵位。昭襄王時先後有六君四侯：武安君白起、華陽君羋戎、涇陽君公子市（嬴市）、高陵君公子悝（嬴悝）、安國君公子柱（嬴柱）、綱成君蔡澤，穰侯魏冄、應侯范雎、蜀侯公子輝、蜀侯公孫綰。孝文王嬴柱在位一年，將華陽后族弟羋宸封了一個陽泉君。此時已經只剩下了兩君，綱成君蔡澤與陽泉君羋宸，所以與三位高職大臣上將軍蒙驁、假相太子傅呂不韋、駟車庶長嬴賁合為首區五席，依著慣例仍然呼作君侯席。其次四大塊坐席區依著職掌劃分分別是：東北大令區，便是後世說的九卿正職，此時有大田令、太倉令、太史令、太廟令、司寇、司空、廷尉、國正監、國尉、長史等十席；東南郡守縣令八十餘座席，戰國時郡守縣令同爵，有些大縣縣令比郡守爵位還高，是以同等座席；西北高爵將軍區，五大夫爵以上的大將二十餘人；西南為大吏席，也就是各官署副職、屬官與特許列席的內侍臣工，譬如內侍高官給事中、中車府令等。此等官員均是各官署實際執事的實權者，俗稱「官尾吏頭」，故朝儀中一體呼為「大吏」，人數最多，一百餘座席。唯其務實，尋常朝會大吏獨議朝政者極少，非常朝會也常有不召大吏參與的時候，然在諸如決策立制這般重大國事中，大吏的群議之力卻很是顯赫，最能彰顯朝議之力，故每逢新君大朝必有大吏與會。朝臣人各一席，每席一案，每案一茶一紙（皮）一筆。二百餘席滿當當排開，各區以紅氈甬道分隔，一眼望去分外整肅。

「新朝朝會始！太后訓辭（註：訓辭，教導之言。語出《左傳‧僖公七年》：「君若綏之以德，加之以訓辭而率諸侯……」）——」

華陽后從來沒有參與過朝會，更沒有面對滿朝大臣說過話，乍聽司禮大臣的禮程宣示大感意外，頓時滿面通紅，不禁狠狠地挖了嬴異人一眼厲聲道：「曉得我要說話了？」正襟危坐的嬴異人一臉驚懼之色連忙起身一躬，飄盪的聲音彌漫著惶恐：「子楚恭請母后訓政。」說罷小心翼翼地垂手低頭站在王案旁。

「子楚真吾兒了！」華陽后大感欣慰，不禁笑吟吟誇了一句，原先的拘謹也頃刻消散，朝堂也不過如此，還不是誰權大聽誰了？於是點頭，端起一副莊容道：「毋曉得今日朝會我要說話了。子楚要我這嫡母娘親說話，我說得幾句了。自來朝政兩柱石，一相一將。昭襄王晚年與先王在世，都是有將無相，在人便是有腳無手了。如今新君即位如何？還是有將無相。自然，領職相是有了，假相是有了。可領相不是相，假相也不是相了。新朝丞相要得像老相那般，是開府丞相，統領國政了。這一相一將麼，諸位都說說誰個堪當？今日來個當殿議決了。自然了，事多了一次也說不過來，將職可先緩得一緩。畢竟了，蒙驁將軍雖老了些個，也打過幾次敗仗了，可總歸還算忠於王室了。再說目下也不打仗，緩緩再說也該當了。至於今日議政麼，綱成君、陽泉君是兩個封君大臣，要主持朝議公平了。曉得無？我說這些，諸位盡可知無不言了。」

司禮大臣的聲音又迴盪起來：「秦王口命——」

嬴異人抬頭掃視著大殿只是一句：「太后業已訓政（註：訓政，原意為國君訓導政事。後世定制，太上皇傳位後仍裁決大政或太后垂簾預政，稱訓政），諸臣議決便是。」

舉殿默然，將軍們粗重的喘息聲清晰可聞，郡守縣令們惶惑四顧，在國大臣們臉色鐵青，總歸是誰也沒有開口。戰國之世言論奔放，秦人更有牛性直言之風。戰國中期以後，秦國政事吏治最為清明，大臣敢言蔚為風氣，逢朝必有爭，慷慨論國事，已大大超過了暮氣沉沉的山東六國。當此之時，大朝無言，極為反常。

「久無大朝，諸位生分了。」陽泉君羋宸霍然起身一臉笑意高聲道，「老夫先開這口子了。太后訓導，新君口命，已然昌明今日大朝宗旨，這便是議政拜相。老夫之見，綱成君才德兼備，朝野服膺，又多年領相，職任新朝開府丞相正當其時了。」

「老臣不以為然！」隨著一聲蒼老的駁斥，卿臣席顫巍巍站起了一個白髮蒼蒼的高冠老臣，卻是「老三太」之一的老太史令。老人看也不看陽泉君，只對著王座昂昂然一拱手，「不以為然者，今日朝制也。舉朝皆知，先王顧命之時執太后、太子傅與新君三手相握，其意在叮囑三方同心，而並未有太后攝政之命也。長史清理典藏，亦無先王命太后新朝攝政之遺命也。如此，則太后臨朝訓政於法度不合……」

「豈有此理！」陽泉君怒斥一聲插斷，「太后攝政有先王顧命，有新君下書成制，史官錄入國史，你太史令豈能不知了！明知而非議，居心何在！」

「陽泉君差矣！」老太史令冷冷一笑，「唯錄入國史，而老夫能言。且聽老夫背得一遍新君口書，朝會共鑒之。國史所載新君口書原話為：『父王新喪，我心苦不堪言，料理國事力不從心。今命太子傅呂不韋以顧命大臣之身，與綱成君蔡澤共領相權，處置一應國事，急難處報母后定奪可也。其餘非當務之急者，父王喪葬後朝會議決。』史官若錯錄一字，老夫若錯背一字，甘當國法！」

舉殿大臣哄嗡一聲議論蜂起。

絕大多數朝臣只知孝文王彌留時三人顧命，新君有書太后攝政，雖然從來沒有接到過太后攝政的定制王書，但依然相信這是真實的。一則太后攝政有先例，二則國喪期間太后預政也是事實，若是無中生有，新君與呂不韋豈能容得如此荒誕之事？今日一見朝會議程，更相信了太后攝政已成定局，縱對這位華陽后有所不滿，一時也無可奈何。不想這素來在朝會不說話的老太史令挺身而出，先對朝會議程提出非議，且言之鑿鑿，將新君口書背得一字不差，大有鐵筆史官的凛然風骨，朝臣們如何不恍然悚然憤憤然紛紛然？陽泉君一時愣然無對，心知此時非顧命三人說話方可，然目光掃去，呂不韋無動於衷，姊姊華陽后滿面通紅地盯著嬴異人，嬴異人只低著頭死死盯著腳下的紅氈。

陽泉君忍無可忍，大步跨上王階直逼王案：「臣敢請新君明示！」

「陽泉君大膽！」將軍席上一聲大喝，一員白髮老將霍然起身戟指，「朝議國政，法有定制，汝仗何勢敢威逼秦王！」話未落點，滿席大將刷的一聲全部站起一聲怒喝，「王陵之見，我等贊同！陽泉君退下！」

「陽泉君確乎有違朝議法度。」鐵面老廷尉冷冷補了一句。

站在王座區空闊處的司禮大臣正是那位三代老給事中，見狀面無表情地尖著嗓子一聲宣呼：「陽泉君退回原座議事──」

一直難堪默然的華陽后突然一笑：「本后事小，說說議議有何不可了？陽泉君何須孩童般較真，下去下去，聽大家說了。攝政不攝政，都是為了國事了。依著我看，拜相比議論我這老太后要緊得多了。子楚，你說如何？」

嬴異人抖抖瑟瑟應道：「母后大是。子楚也以為是。」

華陽后突然惱羞成怒，拍案高聲：「毋曉得你抖甚？你幾時怕過我了！」

「母后說、說、說得是……」嬴異人倏地站起垂首變色，更見驚懼。

「嬴異人！！」華陽后猛地拍案尖叫一聲，面色鐵青地站了起來，突然之間咯咯長笑手舞足蹈，「國事了！國事了！毋曉得這般國事了！啊哈哈哈哈哈……」大笑一陣，猛然推開圍過來的侍女逕自大袖飄飄地去了。

舉殿死一般的沉寂。陽泉君芈宸嘴角一陣猛烈地抽搐，終是坐著沒動。司禮大臣正在無所措手足之時，新君嬴異人回頭一聲吩咐：「太醫令立即看護母后，不得有誤。」轉身進入王座坐定，鎮靜如常道，「朝臣聚國，殊是不易。新朝新政，刻不容緩。國事不因人而廢，諸位但依法度議事可也。」舉殿不約而同地長吁一聲，恍如一陣輕風掠過。大臣們驀然明白，這位新君並非真正的孱弱，方才故事只不過是「示弱以歸眾心」的一個古老權謀而已。看來，這個新君尚有強韌底色，比萎靡不振的孝文王實在是有主見多了。秦國收勢多年，朝野渴盼雄主強君如大旱之望雲霓，唯其雄強，些許有違正道的權謀又有何妨？人同此心，朝臣們壓抑沉悶的心緒一時淡去了許多。

「老臣有說。」一郡守席站起一位白髮瘦黑的老人，竟是巴蜀兩郡太守李冰。

此時的李冰，已是天下治水理民之名臣，爵同上卿，是秦國地方大員中爵位最高的大臣，也是秦國資望最深權力最大的地方大臣。蜀道艱難，蜀地多亂，蜀地政務多由王室派駐蜀地的蜀侯與咸陽通連傳遞，李冰父子只專心水患治理與庶民生計，極少入朝，也極少涉足國政事務。然則三任蜀侯生變，尤其是第三任蜀侯公孫綰乃承襲其父嬴輝爵而繼任，是昭襄王的嫡孫，竟然也圖謀自立。昭襄王殺了公孫綰之後，終於晚年決意將巴蜀兩地交李冰統領。孝文王嬴柱與李冰篤厚，死前正好下詔李冰回咸陽養息議政。輾轉三月，李冰抵達咸陽時嬴柱已經薨去了，蔡澤與呂不韋同時主張李冰留國參與朝會，嬴異人自然允准了。此時李冰要說話，朝臣們一片肅然。

「老臣以為，理國之要，首在朝制。朝制不明，萬事紊亂也。」李冰聲音低沉，然卻中氣十足，整個大殿清晰可聞，「何謂朝制？首在君權。君權之要在一，一則安，二則亂。凡二，做應急之策可也，立為定制則不可也！譬如當年宣太后攝政，根源在昭襄王少年回秦，主少國疑，乃形勢使然，不得已而為之也。故朝野無異議。目下秦國已經大不相同，新君年逾三旬，歷經磨難，堪當公器大任，何能再做一政多頭之朝制？今日朝會，太后訓政首當其衝，似乎太后攝政已是定制，太史令提出非議，自是在所難免。諺云：大邦上國，不以一人之好惡立制。太后喜與不喜，自當以邦國興亡為本，而不當以一己之好惡為本。故此，老臣請朝會先行議決：明君權，廢攝政，綱舉目張！」一言落點，戛然打住。

「好！老臣贊同！」駟車庶長老嬴賁嗵嗵點著竹杖，「老太守洞若觀火，合乎法度，合乎祖制！

秦國王族向不干政，太后乃前代國君妻室，王族嫡系，自當遵從王族法度，安居太后尊榮可也。」

「臣等贊同！」所有郡守縣令異口同聲。

「臣等贊同！」卿臣席十位大員也是異口同聲。

「臣等贊同！」將軍席一聲齊呼。

大吏席區卻是別有氣象，此起彼伏地一片片報名呼應。先是一聲「廷尉府屬官贊同！」接著一聲「太子傅屬官贊同」，此後各署一聲聲連綿不斷，大殿嗡嗡震盪不絕。呼應之聲落定，殿中卻是一片異樣的沉默，大臣們的目光不期然一齊聚向了蔡澤。

席次最多的丞相府屬官竟沒有一人說話！

戰國通制，朝政以開府丞相為樞紐，屬官以丞相府為軸心。所謂開府，便是丞相府依法設置若干直屬官署統一處置日常政務。這些直屬官署與各大臣的屬官不同處在於：各大臣屬官是本司（專業）之劃分，譬如廷尉府有獄丞、訟丞、憲盜等屬官；太廟令府有祭祀、卜人、廟正等屬官；丞相府屬官則是綜合性的領域劃分，譬如行人（職司邦交事務）、屬邦（職司附庸部族與屬國事務）、甬（職司徭役事務）、工室丞（職司工匠）、關市（職司市易稅收）、司禦（職司官道車政）、府（職司府藏），等等，等等。戰國後期之秦國疆土不斷擴張，丞相府直屬官署已經增至二十餘個，實在是「大吏」中最最要害的力量。秦昭襄王後期的丞相府多有模糊處，從法度說依然是開府丞相制，但由於蔡澤封君後事實上脫離相權，時不時與太子嬴柱「兼領」相權，實則丞相府已經被「虛處」，只處置一些具體事務，重大政務一律由秦昭王直下詔令。然在秦孝文王嬴柱即位的一年裡，蔡澤以唯一相職之身重新實際執掌了丞相府。為了給施展新政打好班底，蔡澤將實權屬官做了一次改朝換代式的整肅，除了從燕國來投靠自己的得力親信身居要職，其餘要害屬官便是華陽后與陽泉君舉薦過來的「秦芈」。其時華陽后正得新君嬴柱寵愛，其族弟以「佐王立嫡有功」一舉封了陽泉君。蔡澤思量要施展政才自然要結好華陽后姊弟，此所謂「人和者政通」。如此一來，丞相府屬官中的老秦人全部遷職，直屬官署幾乎全部成了「秦燕人」與「秦楚人」，咸陽國人一時有了「相府大吏，秦蔡秦芈」的巷諺。如此一來，丞相府屬官自然以蔡澤陽泉君馬首是瞻。今日朝會陽泉君業已鎩羽，「秦芈」如何能落井下石？蔡澤始終緘口不言，「秦蔡」又如何能附會群議？

「敢問綱成君，相府屬官是非俱無麼？」這次是老蒙驁冷冰冰開口。

「上將軍何其無理也！」蔡澤正在為今日朝會的陡然變故惶惑煩躁不已，見蒙驁竟對自己無端發難，頓時怒火上衝，拍案呷呷厲聲，「朝會議政非官署理事，人各自主對朝對君，屬官之說，當真匪夷所思！」

「匪夷所思麼？老夫卻以為路人皆知。」

「嘿嘿！老將軍做個路人，老夫掂掂也！」

「也好，老夫來做一番路人之評。」蒙驁拍案起身掃視大殿高聲道：「舉朝皆知，老蒙驁與綱成君交誼匪淺。然大臣面國無私交，今日老夫卻要公然非議綱成君，寧負私情，不負公器。自綱成君重掌相權，其用人之道老夫大大不以為然！何也？畛域之見未除，私恩之心太重，而致相府重器溺於朋黨也。國人流布巷諺：『相府大吏，秦蔡秦芈。』舉朝大臣誰人未嘗聞也。秦自孝公以來，任用山東六國之士偏見日消，昭襄王之世可說已是毫無芥蒂之心。六國人言，秦用外士，為相不為將，終有戒懼山東之心。非也！蒙氏一族老齊人也，老蒙驁居上將軍，子蒙武職前將軍，可證此言大謬也！老夫慨然喟然者，倒是山東名士入秦掌權之後，時有六國官場惡習發作，畛域恩怨之心或生，任用私人，終致誤國誤己。應侯范睢才功俱高，唯一己恩怨過重，睚眦必報，明知鄭安平、王稽才不堪用，偏是力薦鄭安平為將，王稽為郡守大臣。結局如何？鄭安平戰場降敵，葬送秦軍銳士三萬餘人！王稽受賄賣國，擅自將南郡八縣私讓楚國！范睢一世英名，終成不倫不類之輩也！綱成君所任相府屬官，非故國來投之親信，即私誼舉薦之裙帶，雖不能說無一能者，然鐵定是沒有公忠事國之節操！否則，何能人皆有斷，唯丞相府舉府無一人開言？所為者何？還不是等待主君定點而後群起呼應之？此等屬官，究竟是秦國臣子，還是兩君門客？如此用人氣度，所用之人如此節操，尚能說『人各自主對朝對君』，能不令人齒冷？老夫該不該問綱成君一句？」

齊人語音原本咬字極重，加之蒙驁粗啞鏗鏘的聲音，一字字如叮噹鐵錘連綿砸來，舉殿無不震撼非常。以蒙驁之縝密穩健，尋常時除了與軍旅征伐相關之事，不說朝會，便是重臣議政也很少說話，對朝中大臣更是禮敬相處毫無跋扈之氣，今日卻能在如此大朝之時以如此凌厲言辭抨擊一個封君丞相，直是不可思議。一將一相國之柱石，如今將相對峙，朝臣們更大的擔心則是將相失和而生出亂局。

「老將軍所言不無道理也。」

蔡澤似乎並無難堪，語氣驚人的平和，「然老夫之心上天可鑒：整肅相府非為他圖，唯期新政雷電風行也。相府原來屬官多是年邁老吏，雖公忠能事，惜乎力不從心，孰能奈何？老夫用人，成事為先。唯其能事，外舉不避仇，內舉不避親，何忌楚乎燕乎？若無開闢新政之心，老夫何須多此一舉耳！雖則如此，蔡澤以邦國為重，若有失察而任用不當者，老將軍指名，老夫當即遷職另任也。」

「呵呵，車軸倒是轉得快也。」駟車庶長老嬴賁點著竹杖揶揄地笑了，「既然說到了丞相一事，老臣也不想再繞彎子，索性明話直說：綱成君於氣度，於總攬全局之能，皆不堪為相；老臣建言，推太子傅呂不韋做開府丞相。呵呵，諸位斟酌了。」

「此言大謬也！」相府大吏席有人突兀銳聲一喊，一個中年屬官赳赳挺身，「綱成君大有相德！外舉不避仇，內舉不避親，大公之至！何錯之有？上將軍老駟車不問所以，唯做誅心之論，大非君子之道也！我等之見：秦國丞相，非綱成君莫屬！」

「贊同！秦國丞相非綱成君莫屬！」相府大吏齊聲一呼。

「且慢。」老太史令搖著一顆霜雪白頭冷冷一笑，「諸位既以春秋祁黃羊之論辯護於綱成君，責難於兩大臣，老夫便來評點一二。『外舉不避仇，內舉不避親，祁黃羊可謂公矣！』此話乃孔子對祁黃羊之讚語也。囫圇論之，的是無差。然田有界壟，事有定則。若不就實論事，唯以此話做任用私人之盾牌，卻是戲弄史書也！祁黃羊之公，首在公心，次在公身。祁黃羊其時致仕居家，置身國事之外，舉人唯以才幹論之，與自己卻是無涉，此謂公身也。公心於內，公身於外，始能真公也！若重臣在任，舉人用人關乎己身，唯以私人裙帶任用部屬，卻要說『內舉不避親，外舉不避仇』，誠所謂假其公而濟其私，何有真公也！」戛然打住，卻沒有涉及丞相人選，大臣們不禁又是一陣驚愕。

「議事非論史！只呂不韋不能拜相！」相府大吏中一人操著楚語憤然高聲，「呂不韋素來非議秦法秦政，貶斥商君，主張罷兵息戰！此人為相，亡秦之禍便在眼前了！」

此言一出，舉殿駭然！大臣們對呂不韋畢竟生疏，誰也不知道呂不韋平素有何政道主張，今日有人能在此等隆重朝會公然舉發，一口氣列出三樁秦國朝野最厭惡的政見，何能是空穴來風？一時人人不安，只想看呂不韋如何辯駁。

「此說何證？」卿臣席老廷尉突然冷冷插問了一句。

相府長史高聲道：「呂氏書簡多有流傳，在下有物證！」

老廷尉淡淡一句：「老夫能否一觀？」

但為秦國朝臣，誰都知道這位冷面廷尉勘驗物證的老到功夫，當即有人紛紛呼應：「是當請老廷尉一觀。」「過得老廷尉法眼，我等信服！」「好！信得老廷尉！」眾口紛紜之際，相府長史正要從腰間文袋取物，卻有一吏突兀高叫：「誰個朝會帶書簡了，我等又沒事先預謀了！要得物證，散朝後我等自會上呈了！」另一吏立即接道：「沒有物證敢有說辭麼？列位大人要聽，我當殿背將出來！」

「我也能背！」「背！公議有公道！」大吏們紛紛呼應，昂昂然嚷成了一片。

「反了！！」老騶車庶長一聲怒喝，竹杖直指相府吏坐席，「這是大朝！胡亂聒噪個甚！沒帶物證便去取，豈容得你等雌黃信口！」這老嬴賁原本王族猛將，稟性暴烈深沉，怒喝之下震懾得憤憤嚷叫的大吏們一時愣怔無措，大殿頓時一片肅然。

蒙驁冷冷一笑，將一卷竹簡嘩啦摔在案上：「老夫有預謀！收藏有呂不韋散簡原件百餘條，你等拿來兩廂比對，權將呂簡作古本，請老廷尉當殿鑒識真偽！」

「愣怔個甚！快去拿來！」騶車庶長又是一聲怒喝。

「拿便拿！」相府長史一咬牙便走。

「回來！」蔡澤突然站起厲聲一喝，轉而不無尷尬地淡淡一笑，「此事無須糾纏也。老夫入秦，與呂不韋相交已久，今日更是同殿為臣。為一相位破顏絕交，誠可笑也。老夫決意退出爭相之局，退隱林下，以全國政之和，望君上與朝會諸公明察。」長吁一聲落座，毫無計較之意。殿中頓時愕然惶然紛紛然，長吁聲議論聲喘息聲哄哄嗡嗡交織一片。冷若冰霜的蒙驁與怒火中燒的老騶車庶長突然打滑，一時竟有些無所適從。

正在此時，一直默然端坐的呂不韋站了起來，拱手向王座向大殿一周環禮，從容悠然地笑道：「綱成君既有此言，呂不韋不得不說幾句。承蒙天意，呂不韋當年得遇公子而始入秦國。綱成君不棄我商旅之身而慷慨垂交，呂不韋始得入秦國效力也。論私誼，不韋自認與綱成君甚是相得，詩書酒棋盤桓不舍晝夜。論公事，不韋與綱成君雖不相統屬，然各盡其責互通聲氣，亦算鼎力同心。今日朝局涉及綱成君與呂不韋，人或謂之『爭相』，不韋不敢苟同也。朝會議相乃國事議程，人人皆在被議之列，人人皆應坦蕩面對。人為臣工，猶如林中萬木，唯待國家量材而用。用此用彼，臣議之，君決之，如是而已。被議之人相互視為爭位，若非是非不明，便是偏執自許。若說相位有爭，也是才德功業之爭，而非一己私欲之爭也。前者為公爭，唯以朝議與上意決之。後者為私爭，難免憑藉諸般權謀而圖勝。今綱成君無爭，呂不韋無爭，唯朝議紛爭之，是為公爭，非權謀私爭也。既無私爭，何來爭相之局？」稍一喘息，呂不韋轉身對著上座蔡澤慨然一拱，「綱成君無須慮及破顏絕交。自今而後，無論何人為相，無論在朝在野，不韋仍與君盤桓如故！」

「嘿嘿，嘿嘿，自當如此也。」蔡澤不得不勉力地笑著點頭呼應著。

這一番侃侃娓娓，朝臣們始則大感意外，繼而又是肅然起敬。

尋常揣度，孜孜相權的蔡澤突兀放棄對質物證，又更加突兀地宣布退出「相爭」歸隱林下，其間必有權謀考量。最大的可能，是物證蹊蹺經不得勘驗、重臣反對、朝議不利等情勢而生出的自保謀劃。退隱林下云云，則不無以清高姿態倍顯呂不韋爭權奪利之心機。以呂不韋之才智，自當看出蔡澤這並非高明更非真誠的權謀，自當被迫嚴詞反擊，以在朝會澄清真相，以利拜相之爭。如果呂不韋如此說如此做，誰都不會以為反常，相反會以為該當如此。然則誰都沒有想到，呂不韋既沒有提及最引爭執的書簡物證，也沒有嚴詞斥責蔡澤及相府大吏，反倒是一腔真誠地評估了與蔡澤的交誼，且慨然昌明無論在朝在野仍當與綱成君盤桓如故，若有權謀計較之心，如此氣度是決然裝不出來的。若將呂不韋換做睚眥必報的范睢，換做孜孜求權而不得的蔡澤，說得出來麼？唯其如此，人們自然欽佩。然則真正令朝臣們折服者，還在於呂不韋對「爭相」說的批駁。分明是在批駁蔡澤，呂不韋卻冠之以「人或謂之」，硬是給蔡澤留了面子；對爭相本身，呂不韋卻絲毫沒有做清高虛無的迴避，而是坦然面對，以林中萬木之身待國家遴選，其意不言自明：選中我我便坦然為相，選不中我我亦坦然效力國家。如此姿態，與蔡澤的始則孜孜以求求之不得便要憤世歸隱相比，直是天壤之別，如何不令人大是欽佩？

「書簡之事，可是空穴來風？」正在舉殿肅然之時，老廷尉冷冷一問。

「實有其事也。」呂不韋坦然應承，「不韋少年修學，喜好為文，確曾寫下若干片段文字。後入商旅，亦常帶身邊揣摩修改。二十年前，這些書簡不意失散於商旅，不韋從此不再執筆。大吏所得，或正是當年失散之書簡。」

「如此說來，閣下對秦法秦政確實是不以為然了！」陽泉君突然插進。

「有不以為然處。」呂不韋依舊是坦然從容，「自秦變法強國，至今已過百年，山東六國無日不在非議咒罵，不在抨擊挑剔。不韋山東小邦人氏，少年為文，難免附會世俗，時有非議秦法秦政處。後來，呂不韋以商旅之身走遍天下，遂深感山東六國之論，多為荒誕不經，惡意詛咒，自當棄之如敝屣也。然以今日為政目光看去，其間亦不乏真知灼見之論。譬如當年墨子大師之兼愛說、孟子大師之仁政說、今世荀子大師之王道說，均對秦法秦政有非議處。非議之要，便在責備秦政失之於『苛』，若以『寬政』濟之，則秦法無量，秦政無量也！平心而論，呂不韋敬重秦法秦政之根基，然亦認為，秦法秦政並非萬世不移之金科玉律也！何謂法家？求變圖強者謂之法家！治國如同治學，唯求『真知』，可達大道也。何謂真知？莊子云，得道之知謂『真知』。何謂治國之真知？能聚民，能肅吏，能強國，治國之大道也！去秦法秦政之瑕疵，使秦法秦政合乎大爭潮流，而更具大爭實力，有何不可也？若因山東六國咒罵之辭而摒棄當改之錯，無異於背棄孝公商君變法之初衷也，不亦悲乎！」呂不韋粗重地喘息了一聲，眼中有些潮濕了，「不韋言盡於此，陽泉君與朝議諸公若以此為非秦之說，夫復何言？」

隨著迴盪的餘音，舉殿大臣良久默然……是啊，夫復何言？陽泉君們最想坐實的罪名，呂不韋一口應承了。非但如此，還給秦國提出了一個前所未有的大難題：秦法秦政敢不敢、要不要應時而進？實在說，這確實才是一個開府丞相要思慮的治國大方略。然則對於秦國而言，這個難題太大了，也太犯忌了……

「散朝。」嬴異人淡淡一句，逕自起身離開了大殿。

沒有人挺身建言要堅持議個子丑寅卯出來，朝臣們都默默散了。天上紛紛揚揚飄著雪花，腳下的大青磚已經積起了粗糙的雪斑，灰色的厚雲壓得王城一片朦朧，分不出到了甚個時辰。然則，誰也沒有說一句天氣如何，誰也沒有為今冬第一場大雪喊一聲好。一片茫茫雪霧籠罩著一串串腳步匆匆的黑色身影，轔轔隆隆地彌散進無邊無際的混沌之中。

四、歲首突拜相　親疏盡釋懷

朝會之後一個月，是秦國歲首。

自夏有曆法，古人對一年十二個月的劃分確定了下來。到了戰國之世，一年已經被精確到三百六十五又四分之一天。然則，十二個月中究竟哪個月是一年的開端？即被稱為正月的歲首，各代各國卻是不同。曆法史有「三正」之說，說的是夏商周三代的歲首各不相同：夏正（月）為一月，商正（月）為十二月，周正（月）為十一月。春秋戰國之世禮崩樂壞，各國背離周制，開始了自選歲首的國別紀年。譬如齊宋兩國回復商制，將醜月（十二月）做為正月；而做為周室宗親的最大諸侯國晉國，則依然採取周制，將十一月奉為正月。三家分晉之後，魏趙韓則各有不同：魏韓為殷商故地，如齊，取商制，十二月為正月；趙國為夏故地，取夏制，一月為正月。秦國雖非周室宗親諸侯，然做為東周開國諸侯，直接承襲周部族的發祥之地，以至周人秦人皆有「周秦同源」之說，是故自立國春秋之世一直承襲周制曆法，十一月為歲首。後來，秦始皇滅六國統一建制，頒行了新創的顓頊曆，十月定為歲首。這是後話。

就實而論，「歲首」並無天象推演的曆法意義。也就是說，各國歲首不同，並不意味著人們對一年長短的劃分不同。無論何月做歲首，一年都是十二個月。歲首之意義，在於各國基於不同的耕耘傳統、生活習俗與其他種種原因，而做的一種特異紀年。用今日觀念考量，可視為一種人為的國別文明紀年。譬如後世以九月做為「學年」開端，以七月做為「會計年度」開端一樣，只有「專業」的意義，而沒有曆法的意義。

歲首之要，在除舊布新。這個「新」，因了「舊」的不同而年年不同。

去歲秦國之舊，在於連葬兩王，新君朝會又無功而散，新朝諸事似乎被這個寒冷的冬天冰封了，臨近歲首還沒有開張之象。唯其如此，朝野都在紛紛議論，都在揣測中等待著那道啟歲的王書。其時秦國民議之風雖不如山東六國那般毫無顧忌，卻也比後世好過了不知多少倍。新朝會議政的方方面面，早已經通過大臣門客六國商旅郡縣吏員城鄉親朋，傳遍了咸陽市井，傳遍了里社山鄉。所有消息中最使人怦然心動的，是顧命大臣呂不韋的「寬政濟秦法」說。朝如此，野如此，臣如此，民如此，咸陽王城如此，山東六國亦如此。

在秦人心目中，秦法行之百年，使國強使民富使俗正，且牢固得已經成了一種傳統，縱是聚相私議，也絕無一人說秦法不好。但聞山東人士指斥秦法，老秦人從來都是憤憤然異口同聲地痛罵六國，毫不掩飾地對秦法大加頌揚，幾乎從來沒有過例外。這次卻是奇也，老秦人聽到有大臣在朝會公然主張「寬政濟秦法」，心下竟不禁怦然大動。第一次對非議秦法者保持了罕見的長久的沉默，莫名其妙地彌漫出一種說不清道不明的惶惶然來。咸陽王城一個月沒有動靜，這種惶惶然化成了各種流言流淌開來。有人說，太后與陽泉君逼新君拜蔡澤為相，上將軍蒙驁與駟車庶長及一班老卿臣極力反對，新君左右為難舉棋不定，丞相大印極有可能佩在綱成君腰上。有人說，呂不韋非議秦政是硬傷，能繼續做太子傅已經是託天之福了，根本不可能做開府丞相。更有驚人消息說，呂不韋銷聲匿跡，實則已經被陽泉君指使黑冰臺中的芈氏劍士刺殺了。也有人說，想殺呂不韋沒那麼容易，呂不韋早已經逃離秦國了。然則不管人們交相傳播何種新消息，議論罷了總是要紛紛歎息一陣，這個呂不韋呵，還真是可惜了也！

在山東六國，當商旅義報與斥候專使從各個途徑印證了消息的真實，並普天下播撒得紛紛揚揚時，六國都城先是幸災樂禍，繼而莫名困惑。幸災樂禍者，虎狼秦國真暴政也，終於連自己人也不能容忍了。秦國自詡變法最為深徹，強國之道堪為天下師，連稷下學宮的荀子等名士們都曾經喊出過「師秦治秦，六國可存」，如今呢？嘿嘿，只怕秦國在道義上要大打折扣了。儒家說苛政猛於虎。如今這惡名肯定是坐實秦國了，秦人賴以昂昂蔑視六國的秦法秦政還值得一提麼？就實說，山東六國的變法也一直沒有終止過。然自秦國商鞅變法後迅速崛起並對山東形成強大威懾，六國始終以「苛政」說攻訐秦國，無論六國如何在曾經的變法中甚至比秦國手段還要酷烈，以及在後來的變法中竭力仿效秦國。前者譬如齊威王大鼎烹煮惡吏以整肅吏治，韓國申不害當殿誅殺舊貴族；後者譬如趙武靈王以胡服騎射之名全面變法，除了保留實封制，幾乎無一不效法秦國變法。然則宣示於世，六國卻大昌其為仁政愛民之變法，竭力與秦國的苛政拉開距離。也就是說，在六國輿論中，雖同是變法，秦國卻是變法異類，是大大違背王道仁政的苛虐之政，只有六國變法才是天下正道，是天道王道之精義。說則說，真正的天道王道老是較量不過苛政，更兼王道之國官場腐敗內亂連連庶民叫苦不迭，苛政之國卻是清明穩定朝野無怨聲，長此以往，六國也漸漸暗自氣餒了。不期此時秦國竟有新貴大臣在朝會公然非議秦政，六國君臣如何不驚喜過望。有此佐證，六國在道義上可以大大地揚眉吐氣，對內對外皆可昂昂然說話了。有此開端，反秦聲浪會重新捲起，六國合縱何愁不能重立？如此這般一番推演，六國都城自然大大活泛了起來。然則，六國君臣又是莫名困惑，素來不容非議秦法秦政的倔強秦人，如何既沒殺這個呂不韋，也不用這個呂不韋？咄咄怪事！

一時議論蜂起，魏國派出特使與趙楚齊三國祕密商議，四大國分別以不同形式到咸陽「祕密」策動呂不韋出關拜相，做蘇秦一般的六國丞相。隨著各色特使車馬在大雪飛揚的窩冬期進入咸陽，尚商坊的六國大商們流傳出了一股彌漫天下的議論：秦國不容王道之臣，六國求賢若渴，相位虛席以待大賢。

驟然之間，與呂不韋相關的種種傳聞成了天下議論的中心。

此時的呂不韋，靜靜地蝸居在城南莊園，不入朝，不走動，不見客，只埋首書房，當真窩冬了。各種流言經幾位老執事們淙淙流流到呂莊，呂不韋也只是聽聽而已，淡漠得令執事們大是困惑。一日西門老總事來報，近日山東士商多來拜訪，均被他擋回。今日來了尚商坊的魏趙齊楚四國大商，說是專程前來要了結那年商戰的幾件餘事，已在門外守候一日，實在難以拒絕。呂不韋淡淡笑道：「老總事只去說，呂不韋不識時務鐵心事秦，雖罪亦安，說之無益也。」西門老總事頗是驚詫：「他等確是原先那班大商，不是六國密使也。」呂不韋笑道：「春秋戰國之世，幾曾有過不與國事的大商？老總事只去說，不要受他任何信件。」西門老總事惶惶去了，片時回轉，說大商們聞言一陣愕然默然，回去了，猗頓氏要留下一信，他婉辭拒絕了。自此門戶清淨，山東客再無一人登門。

眼看歲首將臨，這日暮色時分西門老總事又匆匆進了書房，說上將軍府的家老求見。「不見。」呂不韋思忖片刻一擺手，「你只去說，呂氏之事與老將軍無涉。」西門老總事匆匆出門片刻回來，說蒙氏家老只留下一句話，要先生務須保重，便走了。呂不韋淡淡一笑，又埋首書案去了。入夜大雪紛飛天地茫茫，呂莊書房的燈光卻一直亮著。

「先生，有客夜訪。」

「幾多時辰了？」呂不韋看看神色緊張的西門老總事，也有幾分驚訝。

「子時三刻。」

「沒有報名？」

「蒙面不名，多有蹊蹺。」

「請他進來。」

「非常之期，容老朽稍作部署。」

「無須了。」呂不韋搖搖手笑了，「若是刺客，便是民心，民要我死，自當該死。」

「先生錯也！」隨著粗沙生硬的聲音，廳門已經無聲滑開，一股寒氣捲著一個斗篷蒙面的黑色身影突兀佇立在了大屏之前，「安知官府王城不要足下性命？」

「足下差矣！」呂不韋起身離開書案笑了，「我有非秦之嫌，秦王要我死，明正典刑正可安國護法，何用足下弄巧成拙也！」

「先生見識果然不差。」蒙面人雙手交叉長劍抱在胸前，「在下敢問：秦王若怕負恩之名，不願依法殺你，而寧願先生無名暴病而亡，豈非可能之事？」

「足下之謬，令人噴飯也！」呂不韋朗聲大笑，「負恩之說，豈是秦法之論？商君有言：有功於前，有敗於後，不為損刑；有善於前，有過於後，不為虧法。此謂功不損刑，善不虧法（註：見《商君書・賞刑》。意為：曾經的功勞與善舉，不能抵消後來的犯罪與過失，不能減輕應當依法給予的懲罰。此為商鞅的重要立法思想之一）。執法負恩，六國王道之說，儒家仁政之論而已。」

「自己可笑，反笑別人，先生不覺滑稽麼？」

「願聞指教。」

「朝堂之上，先生公然以王道之論非議秦法，非議商君，主張寬政以濟秦法。今日之論，卻是秉持商君而駁斥王道，駁斥仁政。前持矛而後持盾，不亦可笑乎！」

「足下有心人也！」呂不韋慨然拱手，「雪夜做訪客，請入座敘談。」

「先生有的說便說，毋的說在下要做事了。」蒙面人冷冰冰佇立不動。

「既然如此，且聽我答你之說。」呂不韋不溫不火侃侃而論，「我非秦法，唯非秦法之缺失，而非非秦法之根本。我非秦政，唯非秦政之弊端，而非非秦政之根基。我非商君，唯非商君之疏漏，而非非商君之大道。朝堂之論，呂不韋非其缺失也。今日之論，呂不韋護其根本也。我持寬政，乃就事論事之寬，譬如有災當救，譬如有冤必平。唯其如此，秦法秦政方能拾遺補缺日臻完善，使秦終成泱泱大國。而王道儒家之仁政，卻是本體仁政，是回復井田禮制之仁政，與呂不韋所持之濟秦寬政，何至天壤之別也。朝堂之論，呂不韋秉持之寬政，正是以秦法為本之寬政。今日之論，呂不韋駁斥王道仁政，卻是復辟井田禮制之本體仁政。子說之矛非我矛，子說之盾亦非我盾。我既無子說之矛，亦無子說之盾，何來自相矛盾耳！」

蒙面人冷冷一笑：「先生此說，似乎與天下傳言大相徑庭。」

「足下是說，傳言若不認可，呂不韋不是呂不韋了？」

「人言可畏。眾口鑠金。」

「足下當真滑稽也！」呂不韋明銳的目光盯住了蒙面人，驟然一陣大笑，轉而肅然正色，「聽群眾議論而治國，國危無日矣！軍有金鼓而一，國有法令而一。一則治，二則亂。王者不二執一，而萬物正焉！賴眾口流言而鑒人辨事，未嘗聞也，不足論也！」（註：見《呂氏春秋》〈不二〉〈執一〉兩篇。「群眾」一詞，源出於此。曾有名寺佛家人士對作者釋「不二法門」之意，說「不二」一詞為佛家獨創。不敢苟同。春秋戰國之時，佛家於域外方始創立，秦始皇時方有僧人第一次進入中國之記載，佛家獨創「不二」一說，顯是不實。）

蒙面人默然良久，突然一拱手大步去了。西門老總事疾步跟出門廊，院中唯有大雪飛揚，黑衣人已是蹤跡皆無。披著一身雪花，西門老總事進得書房低聲道：「此人方才舉步出門，身形頗是眼熟！」呂不韋搖頭笑道：「倒是沒看出。」西門老總事道：「會不會是蒙武將軍？」呂不韋道：「似乎不像。蒙武將軍敦厚闊達，當無此等談吐。」「怪也怪也！」西門老總事嘟囔著，「如何老朽總覺眼熟，卻想不起來？」呂不韋道：「想起來又能如何？最好永遠想不起來。」「啊啊啊——」西門老總事恍然笑了，「大雪下得茫茫白，老朽也是茫茫然也，想想也想不起來了。」呂不韋笑著一拱手道：「天亮便是歲首，不韋先為老總事耳順之年賀壽了。」西門老總事忙不迭一個還禮：「老朽倒是忘了，歲首先生四十整壽，老朽也先行賀了。老朽糊塗，老朽忙家宴去了。」兀自感歎著搖了出去。

漫天大雪中，秦人迎來了極為少見的開元歲首。

開元歲首者，新君元年之歲首也。此等歲首之可貴，在於可遇不可求。多有國人活了一輩子，也沒碰到過一次開元歲首。譬如秦昭襄王在位五十六年，只有即位第一年是開元歲首，其後五十餘年幾乎是三代國人的戎馬歲月，多少人死了，多少人生了，多少人老了，可依然沒有遇到過一次開元之年。唯其如此，開元歲首歷來被國人視為大吉之歲，越是年來坎坷不順，越是要大大慶賀一番，圖的只是四個字——開元大吉！

天交四更，白茫茫的大咸陽熱鬧了起來。所有官署店鋪的燈火都亮了起來，大街小巷一片通明，飛揚的雪花悠悠然落下，街市如夢如幻。隆隆鏘鏘的金鼓之聲四面炸開，大隊火把擎著「開元大吉，龍飛九天」的紅布大纛旗，引著驅邪鎮魔的社火哄哄然擁上了長街。所有的沿街店鋪都變成了踴躍接納國人的酒肆，人們攜帶著備好的老酒鍋盔大塊醬牛羊肉，聚在任意一間店鋪痛飲起來呼喝起來品評著隊隊社火喝采起來；喝得幾碗渾身熱辣辣地冒汗，湧上長街在漫天飛揚的大雪中手之舞之足之蹈之地吼唱起來舞動起來，店鋪高樓無數的弦管塤篪伴著響徹全城的鐘鼓吹奏起來。須臾之間，傾城重弦急管，滿街慷慨悲歌，彌漫相和，老秦人吼著悲愴的老歌快樂地癲狂在混沌天地……

五更刁斗從四門箭樓鏜鏜鏜連綿敲響時，一隊騎吏飛出咸陽內史官署奔向各條大道，一路舉著官府令箭連聲高喊：「國人聽了，秦王決意拜呂不韋為開府丞相——新政開元，振興大秦——」

「新政開元！振興大秦！」

「秦王萬歲！丞相萬歲！」

隨著一聲聲宣呼，莫名癲狂的國人始則一時愣怔，繼而突然悟到了此刻的這道官府宣令意味何在，頓時興奮狂呼，萬千人眾的吶喊此起彼伏聲動天地，整個咸陽猶如鼎沸。

當太子傅府的吏員冒著大雪趕到城南呂莊賀喜時，呂不韋還沒接到王書。吏員們驚訝得手足無措，正在與家人聚宴的呂不韋大笑道：「開元歲首，群眾癲狂，何須當真也。諸位既來便是嘉賓，正做賀歲一飲，萬事莫論。夫人過來，你我共敬諸位一爵！」一身紅裙的陳渲笑盈盈對眾人一禮，說聲諸位歲首大吉，雙手捧起酒桶親自給每人案前大爵斟滿，方舉起一爵與呂不韋一起道：「歲首大吉，乾！」一飲而盡。吏員們你看我我看你，飲得一大爵下肚，卻是人人緘口。呂不韋渾然無覺談笑風生，不斷問起吏員們的家人家事，分明一個慈和的兄長一般。

「大人若欲離秦，老吏甘願終身追隨！」主書吏突然撲拜在地。

「我等亦願追隨大人！」一班吏員一齊拜倒。

「哪裡話來！起來起來！」呂不韋忙不迭扶起一班吏員，入座喟然一歎，「諸位已在我屬下任吏年餘，尚信不過呂不韋事秦之忠麼？」

「大人……」主書吏一聲哽咽，「我等秦國老吏，只覺秦國負大人過甚。」

「諸位差矣！」呂不韋粗重地歎息了一聲，「朝局紛雜，為君者不亦難乎？呂不韋一介商旅，何功何德竟位同上卿，非秦而得秦人包容，人生若此，秦國何負於呂氏也……」

「秦王特使到——」尖亮的一聲長呼突兀飛入廳堂，所有人都是一怔。

「老給事中？大命！」主書吏猛然跳了起來。

呂不韋倏然起身，攔住了紛紛要出門先看個究竟的吏員，對陳渲與西門老總事一招手肅然道：「領諸位到後院。記住，誰也沒來過。」吏員們原本直覺好事，然見呂不韋神色肅然，也不敢違拗，更兼夫人與老總事殷切催促，也只好紛紛去了後院。及至廳中人空，呂不韋才靜靜神出了正廳來到門廊，一眼看去，不禁大是驚訝。

矇矓曙色中大雪飛揚，一尺多深的雪地中站著一個貂裘斗篷的黑色身影，兩邊各站一人，左邊老桓礫，右邊老給事中，身後丈餘處一排重甲武士黑鐵塔般矗立。如此森殺氣勢，莫非秦王親臨問罪？呂不韋心下猛然一跳，又迅速平靜下來，穩穩地走下了六級臺階。

「呂不韋接書——」老給事中的尖亮嗓音飄盪起來。

「臣呂不韋待書。」呂不韋肅然一躬。

老桓礫嘩啦打開了一卷竹簡高聲念誦：「大秦王書：顧命大臣呂不韋德才兼備，屢克險難而成大功，朝野咸服。茲經公議，本王順天應人，拜呂不韋為丞相，開府總領國政！秦王嬴異人元年歲首——」

「……」呂不韋想要說話，卻軟軟地偎在了皚皚白雪中。

「先生！」嬴異人一步搶過來抱住了呂不韋，「太醫！快！」

重甲武士前一員大將快步過來低聲道：「君上莫急，我有救急之法。」嬴異人見是蒙武蹲到了身邊，便將懷中呂不韋托向蒙武。誰知恰在此時，呂不韋卻睜開眼睛呵呵笑了：「君上，老臣醉酒失態，慚愧也……」話未落點，猛然掙脫嬴異人臂膊趴到雪地上撐持著雙臂嘔吐起來，一時酒臭彌漫，熏得平生不沾酒腥的老給事中連連作嘔倒退。旁邊嬴異人不禁爽朗大笑起來：「先生也有狼狽時也，我背先生進去了！」蒙武搶步過來，卻被嬴異人一把推開，「不要你替，我自己來！」說罷蹲身雪地攬住醉者身子只一拱，將呂不韋拱到了背上，「一、二、三、四……」數著步子嘎吱嘎吱上了臺階到了廊下，「整整十三步！先生醒了，啊哈哈哈哈！」

匆匆趕來的西門老總事連忙扶穩了從嬴異人背上掙扎下來兀自搖晃著的呂不韋進了廳中，見素來講究的主人如此不堪，饒是飽經世事應酬，老總事也不禁滿臉脹紅。

「先生今日賀歲，飲酒幾何啊？」嬴異人樂不可支地笑著。

「回君上：先生今日沒飲幾爵。」老總事大是困惑。

「鬱悶之人獨自把酒，你卻曉得了？」嬴異人笑語中竟帶出了一句楚音。

「原是老朽愚昧。」西門老總事肅然一躬，退到一邊去了。

已經飲下一碗醒酒湯的呂不韋，半偎半靠著座案只癡癡地笑。嬴異人開心地繞著座案笑道：「先生見諒了。異人其所以做不速之客，只是想看看先生於意外驚喜之時如何？不想惹得先生醉臥雪地，實在沒有料到也。」呂不韋依舊只癡癡地笑著，彷彿憨了傻了一般。嬴異人又是一陣開心大笑，「若非做了這君王，異人今日也是大醉也！先生好生歇息，酒醒便是新天地。告辭。」一拱手大步去了。

「夫人……」西門老總事看著匆匆趕來的陳渲，不禁哽咽了。

「好好的哭甚也。」呂不韋淡淡一笑。

「先生！」老總事猛然一個激靈。

「沒事便好。」陳渲粲然一笑，「肚腹吐空了，先飲些許淡茶了。」

「不。上酒。」呂不韋又是淡淡一笑。

「先生……」西門老總事無所措手足了。

「西門老爹，那年邯鄲棄商，幾多年也？」

「昭襄王四十八年遇公子，先生棄商，至今整整十二年。」

「十二年，成矣？敗矣？」

「嘿嘿，棄商從政，入秦為相，先生大成也！」

呂不韋哈哈大笑，酣暢淋漓的笑聲在清晨的大雪中飛揚激盪。西門老總事嘿嘿嘿嘿地笑個不停。拭著淚水的陳渲莞爾一笑，飄然去了。須臾，陳渲帶著兩個女僕擺置酒菜妥當，吩咐女僕自去，膝行案前親自打酒。呂不韋呵呵笑著拉西門老總事坐在身邊案前：「歲首清晨，只我等三人做十二年飲。西門老爹啊，記得那年我給你重金巨產，讓你自去經商，你卻甚也不要，只要跟我跋涉前行。十二年啊，老爹老矣，除了無盡風險，卻是一無所得……夫人，來！為老爹一世甘苦，乾了這爵！」呂不韋慨然叨叨。西門老總事早已是老淚縱橫不成聲，點頭搖頭又哭又笑，乾下一爵大喊出一聲：「值！」生平第一次哈哈大笑起來。

「夫人也！」呂不韋又舉起一爵，忘情地攬住了陳渲的肩膀，「可記得嫁我幾多年麼？」陳渲紅著臉咯咯笑道：「只怕你記不得，問我來也！」呂不韋兀自慨然叨叨：「你是誰人？我自知道。天意也！當年我不娶你，奈何？當年你不嫁我，奈何？人說呂不韋不知女子，不諳帳楊，一個粗鄙商旅而已。夫人啊，難為你也……」「不！」陳渲緊緊抱住了呂不韋，湊在他耳邊紅著臉哈著氣道：「夫君最好！最知女子最諳帳楊！不諳帳楊，能乘人之危救人麼？」呂不韋不禁開懷大笑：「說得好！乘人之危而救人！好！老爹，你我為夫人乾一爵！」西門老總事呵呵笑著乾了，一擲爵慨然拍案：「老朽憋悶太久，今日恕我直言：夫人非但國色，更是聰慧良善。先生但能斷去昔日殘情之根，不使死灰復燃，先生今生無量矣！」「老爹啊老爹！」呂不韋又是大笑，「你可是杞人憂天也，我呂不韋有昔日殘情麼？縱有，又能如何？時移也，勢易也，昔日之人，今日非人也！」陳渲咯咯笑了：「今日非人算甚來？越是身貴，越是心空，不曉得了？」呂不韋越發地樂不可支：「好好好，左右都要打我個殘情未了也。便是未了，呂不韋還是呂不韋，夫人還是夫人，老爹還是老爹，誰奈我心何！」

「噫！天晴了？」三人大笑正酣，呂不韋卻突然望著窗外愣怔了。

蔡澤正在後園茅亭下抱著一只葫蘆飲酒。他實在不堪烘烘燎爐在四面帳幃的廳堂釀出的那種暖熱，獨自佇立山頂茅亭，冰雪在咫尺之外，凜冽的風夾著冰冷的雪粒打在臉上，還是燥熱得一臉汗水，瞀亂得不知所以。

「稟報綱成君：新任丞相呂不韋求見。」

「誰？你說是誰？」

「新任丞相呂不韋。」

「不見！」蔡澤猛然大嚷，「甚個丞相！奸商！」

「不見我，我如何領罵？」山腰小徑一陣笑聲，一身麻布綿袍的呂不韋雙手抱著一只木箱喘噓噓走了上來，老僕連忙過來接手，呂不韋臂膊一推，「別來，有人在氣頭，當心受罰。」說著逕自將木箱放到茅亭下的大石案上長吁了一聲，「就風下酒，綱成君功夫見長也。」蔡澤板著臉冷冰冰一句：

「自是沒有你那般功夫。」呂不韋也不理睬，只將木箱打開，搬出了一只亮閃閃的銅匣，再搬出了一只紅幽幽的酒桶，慨然一笑道：「秦人諺云，有理不打上門客。綱成君要罵，我便聽，只是左右得飲了這桶酒也！」蔡澤沒好氣道：「一桶酒算甚？喝便喝。怕你呂不韋不成！家老擺酒。」呂不韋哈哈大笑，看著老僕將酒肉鋪排停當，舉起一只大陶碗看也不看蔡澤先咕咚咚飲乾，擱下碗喟然一歎：

「老哥哥心裡憋氣，就痛痛快快罵一頓何妨？這丞相，呂不韋看得鳥淡！」

良久默然，蔡澤突然呷呷厲聲：「呂不韋！老夫有無治國之才？」

「計然大才，舉世公認。」呂不韋淡淡一笑。

「老夫謀國可有失當？」

「所謀皆當，謀無不中。」

「老夫有無荒疏怠惰？」

「孜孜勤政，躬操國事。」

「著啊！」蔡澤猛拍石案慷慨憤激，「為何你能做丞相，老夫不能？蒙驁與老夫故交，為何死力舉薦於你？連駟車庶長老嬴賁一班老匹夫也跟著鼓噪！你敢說不是周旋買通？老夫何錯，遭你等如此作踐！」

「老哥哥當真大才，罵辭也是聳人聽聞也。」

「笑甚！有理只說！」

呂不韋肅然拱手：「綱成君學究天人，不韋一事請教。」

「嘿嘿，不敢當！」蔡澤一雙通紅的眼睛亮閃閃盯住了呂不韋。

「計然派鼻祖范蠡，與文種相比，何者更有才氣？」

「自是陶朱公范蠡更有才氣！」蔡澤不假思索，其勢不容辯駁。

「然則，何以文種做了丞相，范蠡卻終是謀臣之職？勾踐用人不當麼？」

「錯也！」蔡澤素來爭強好勝，雖是負氣不及深思，依舊是昂昂不容辯駁，「足下莫要忘記：陶朱公范蠡原無久政之心，明智全身，與丞相之才無甚干係！」

「如此說來，范蠡若有久政之心，則可代文種為相了？」

「范蠡之志，不在丞相！」蔡澤辭勢已見滯澀。

「其志若在丞相，又當如何？」呂不韋盯住不放。

蔡澤沒好氣道：「有話便說！老夫無得閒心！」

「綱成君有容人之量，不韋直言不諱了。」呂不韋臉上掛著笑容，語氣端嚴坦誠，「范蠡文種者，兩式不同大才也。唯其如此，兩人既不能相互替代，亦不能相互換位。范蠡之才在謀劃，文種之才在任事。謀劃與任事，乃大有區別之兩式才能也。謀劃之才貴在奇變，料人之不能料，測人之未可測，慧眼卓識而叛逆常規，方得有奇略長策。任事之才則貴在平實，不棄瑣細，不厭繁劇，不羨奇詭，不越常理，方能圓通處事，化解糾葛，使上下同心而成事。如此區別，綱成君以為然否？」

「聒噪！老夫只吃酒！」蔡澤猛然大飲了一碗。

「好！老哥哥只管乾！」呂不韋慨然拍案，「設使那般才華高揚、特立獨行、胸羅天地玄機之謀劃策士，都去做丞相郡守抑或司職大臣，日理萬機而不能神遊八荒，瑣事擾心而不能催生光華，磐磐大才卻做了碌碌之吏，毀人也？成人也？此所以蘇秦張儀各任丞相而後有敗筆，范蠡孫臏從未任相而光彩爍爍之理也。同理，設使那般任事之才去做謀劃策士，以慣常事理揣摩天下，世間豈有奇變謀略哉！若文種做范蠡，必是捉襟見肘事倍功半也。此所以越王勾踐以文種為相，以范蠡為謀之理也。若說范蠡沒有治國之才，計然七策堪稱經典！若說范蠡有治國之才，卻從未涉足理民治國之事務。譬如綱成君者，任相年餘被昭襄王遷相封君，從此始終未能獨領開府丞相，其間因由，果是昭襄王、孝文王不善任人乎？縱然兩王不善任人，一班老臣也顢頇得無視君之大才麼？果真如此，綱成君始終高爵封君而未得貶黜，豈非咄咄怪事也！」

「照你說，老夫倒成混眼狗子也！」

「話雖醜，卻也是老哥哥一面鏡子。」呂不韋大笑，又是喟然一歎，「綱成君自感步步維艱，老兄弟看來，根由卻在不知己。知己若非難事，兵法何以將『知己知彼』並列之？上君下臣以至國人，都將綱成君做謀略之士期之待之，唯其如此，君之偏頗，君之瑕疵，君之不耐瑣細，人皆諒之也。然老哥哥卻偏偏將自己做丞相之才，便有憤懣，便有偏行，便有奔走，以致幾乎失節……」

默然良久，蔡澤長長一歎：「事已至此，老夫何言也！」轉而呷呷一笑，「你甚都知道，卻來聒噪，等不得老夫自己離開秦國麼？」

「綱成君差矣！」呂不韋慨然拱手，「不韋知老哥哥定有離秦之心，故而專來挽留，企盼你我精誠攜手，互為補正，同理秦政，共圖大業！」

「老夫還能做事？」

「能做事！」

「引咎不去，老夫豈非厚顏？」

「過而能改，善莫大焉！」

「好！」蔡澤一拍石案呷呷大笑，「與老兄弟共事痛快，老夫原捨不得離開秦國也！」

五、冰河解凍　新政抻著勁兒悠悠然推開

隆冬時節，正陽道中段的丞相府靜悄悄開府了。

依新秦王嬴異人與蒙驁等一班老臣之意，丞相開府當行大典，等到孟春月與啟耕大典一起舉行方顯新朝新政之隆重。呂不韋不以為然，特意上書新君，一力主張「不彰虛勢，唯務實事，三冬之月綢繆，孟春之月施政」。嬴異人思忖一番，一班老臣感慨一番，也都贊同了。依照月令，三冬之月是十一月、十二月與一月，十一月為孟冬，十二月為仲冬，一月為季冬，是為三冬。這三冬之月正值大雪歲寒，向為窩冬閉藏之期，朝不行大政，野不舉大事，在呂不韋看來，正是扎實綢繆的好時光。

從歲首中旬開始著手，兩個多月中，呂不韋細心地做了兩件事：一是逐一查勘了蔡澤留下的屬官班底，除了保留兩個為人端方又確有才幹的大吏，其餘全部遷為郡縣吏員，不願赴郡縣的楚燕吏員，賜金許還故國。呂不韋特意告知了蔡澤，說此等未經政事的貴胄子弟不宜做實務大吏，該當從郡縣吏開始磨練才是正途，留在相府實則是害了他等。蔡澤大是感激，連說呂不韋將這個爛攤子收拾得太寬厚了，當心引來無端攻訐。呂不韋只笑笑了事。第二件，呂不韋親率一班新任大吏清理了典籍庫全部

政務卷冊，理出了自秦惠王以來八十餘年懸而未決的遺留事項近千件，其中六百餘件竟是各郡縣報來的「冤民」請予昭雪的訟書。所有這些遺留待決事項，絕大部分都發生在秦昭襄王的五十餘年，尤以宣太后攝政魏冄領國「四貴」顯赫的昭襄王前期為多。更有甚者，各級官署的法令原件與副本竟然查出了一百三十多起文字錯訛，呂不韋不禁大為驚訝。

及至開春，呂不韋對新政方略已經胸有成算了。

季冬將罷，地氣漸暖，呂不韋的一卷上書展開在了嬴異人案頭——

臣呂不韋頓首：我王新朝，實施新政當決絕為之。臣反覆揣度，以為當持二十四字方略：先理沉屙，再圖布新，不厭繁難，不棄瑣細，唯求扎實，固我根基。三冬之月，臣領屬吏徹查政務，積弊可謂觸目驚心。朝野皆敬秦法，是故五代無修，百年無查，以致積重難返，無人敢言糾錯修法。長此擱置，大堤潰於蟻穴，山陵崩於暗隙，雖有霸統之圖亦徒然空言哉！

唯其如此，臣欲先從細務入手：力糾冤訟，特赦冤犯；明正法令，整肅法吏；昭雪誣詞，修先王功臣；開放苑囿，褒厚親戚，平宮室積怨。若得如此，新政可圖也！諸事雖小，做之卻難。蓋秦法嚴峻，素無寬政，今開先河，我王須秉持恆心不為四面風動，方期有成。其間但有差錯，臣願一力擔承，伏法謝罪以無使國亂也。

「備車。丞相府。」嬴異人一聲吩咐，抬腳出了暖烘烘的東偏殿。

呂不韋正與一班新任大吏清點開列首期事項並逐一商討，簡冊如山，有人翻查有人錄寫有人誦讀有人爭辯，平日倍顯寬敞的政事堂熱氣騰騰哄哄嗡嗡顯得狹小了許多。嬴異人獨自進來，一時看不見呂不韋身影何在。滿堂吏員各自忙碌，也無人覺察有人在門內巡睃。搜尋片刻，嬴異人終於發現屋角一座簡冊山前呂不韋正與幾個吏員各拿一卷邊看邊議論，還時不時用大袖沾拭著兩鬢的汗水。

驀然之間，嬴異人真切地看見了呂不韋兩鬢的斑斑白髮，兩眼不禁驟然潮濕了。從心底說，嬴異人感激呂不韋，但也同樣從心底裡嫉妒這個永遠都是滿面春風永遠都是一團生氣的商人：他既沉穩練達又年輕得永遠教人說不準年齡，他活得太灑脫了，想甚有甚，做甚成甚，天下好事都教他占盡了。因了這種嫉妒，嬴異人「搶奪」了他的心上女子才絲毫沒感到歉疚，河西要塞看到呂不韋驟然瘋心衰老也沒有真正地悲傷。是也，唯其如此，上天才是公平的。然而，今日的嬴異人看見呂不韋的斑斑兩鬢時，內心卻莫名其妙地酸楚了震撼了……

嬴異人默默地走了，一句話也沒說。

當晚二更，老長史桓礫到了丞相府，捧出了一卷秦王特書。那是一幅三尺見方的玉白蜀錦，上面八個拳頭大的血字——唯君新政，我心如山！呂不韋良久默然，淚水奪眶而出。不想老桓礫一招手，門廳外老內侍又捧來了一口銅鏽斑駁的青銅短劍。老桓礫慨然一歎：「此乃穆公鎮秦劍也！百年以來，唯商君與公領之為政。公當大任，秦王舉國託之，朝野拭目待之，公自珍重矣！」呂不韋肅然拜劍，眼中卻沒了淚水，及至桓礫走了，尚凝神佇立在空蕩蕩的廳堂。

二月開春，在紅火隆重的啟耕大典中，呂不韋的新政靜悄悄地啟動了。

新政第一步，從最沒有爭議的糾法開始。

糾法者，糾正法令文本之錯訛也。要清楚糾法之重要，先得說說先秦法令頒布、傳播的形式演變。遠古夏商周之法令，只保存於官府，不對庶民公開法令內容。從保存形式說，無論是王室還是諸侯以及下轄官署，法典都與其他卷冊一起保存，沒有專門的官吏與專門的府庫保存。其時，社會活動尚在很大程度上依賴傳統習俗道德來規範，法令很少，條文也極其簡單，官吏容易記憶容易保存；見諸糾紛訴訟或獎賞懲罰，官吏說法令如何便是如何，庶民根本無從知之。如此狀況，官吏是否賢明公正，對執法具有至關重要的意義。從實際上說，官吏完全決定著法令的內容與執法的結果。此所謂「人治」也。遠古民眾之所以極其推崇王道聖賢，深層原因便在於這種人治現實。

春秋之世，庶民湧動風習大變，民求知法成為新潮。一些力圖順天應人的諸侯國便開始了向民眾公布法律的嘗試。西元前五三六年，依當時紀年是周景王九年，鄭國「執政」（大體相當於後來的丞相）子產首開先河，將鄭國法令編成《刑書》，鑄刻在大鼎之上，立於都城廣場，以為鄭國「常法」。其時，天下呼之為「鑄刑書」。其後三十餘年，鄭國又出了一個赫赫大名的掌法大夫，叫作鄧析。此人與時俱進，對子產公布的法律做了若干修改，刻成大量簡冊在鄭國發放，氣勢雖不如堂皇大鼎，實效無疑卻是快捷了許多。其時天下呼之為「竹刑」。緊接著，最大的諸侯晉國的執政大臣趙鞅，將晉國掌法大夫范宣子整理的《刑書》，全文鑄在了一口遠遠大於鄭國刑鼎的大鼎上，立於廣場公諸於世，天下呼為「鑄刑鼎」，是春秋之世公布法令的最大事件。

進入戰國，在法家大力宣導與實踐之下，公布法律已經成為天下共識。魏國變法做為戰國變法的第一高潮，非但李悝的《法經》刻簡傳世，魏國新法更是被國府著意廣為傳播，以吸引民眾遷徙入魏。其後接踵而起的各國變法，無一不是以「明法」為第一要務，法令非但公然頒布，而且要竭盡所能地使民知法，從而保障新法暢行。也就是說，戰國之世不斷湧現的變法浪潮，事實上正逐漸擺脫久遠的人治傳統，逐漸地靠近法治國家。

雖則如此，然由於傳播手段、路徑阻塞等等諸般限制，要確保法令在輾轉傳抄流播之後仍能一如原文，實在是一件難而又難的事情。就實說，法令在民間傳播中出現訛誤並不打緊，畢竟，民眾對法令既無解釋權又無執行權。這裡的要害是，官府的法令文本若出現錯訛，無論是官吏不意出錯、疏忽忘記還是有意曲解，對民以錯糾錯，以訛傳訛，難保不生出種種弊端，導致執法混亂，法令之效必然大打折扣。正因了這種事實上很難避免的弊端，各國變法中的「明法」成為最繁難瑣細的政務。見諸變法實踐，各國變法為精準法令想出的辦法很多，但都沒有制度化。時間一長，好辦法也變得漏洞百出形同虛設。譬如，當時幾個大國都沿襲了古老的「謗木」之法以為明法手段：在大道兩邊每隔一二里豎立一根平面刨光的大木，路人若有法令疑難，或遭惡吏錯告法令，都可在大木上或刻或寫地做質詢做舉發，此謂古老的「誹謗」制；吏員定期抄錄謗木上的誹謗文字，供官府逐一處置。然則，謗木過於依賴官吏的公正賢明，又無制度法令具體規定其操作細節，加之戰事頻仍耕耘苦累庶民識字者極少等等原因，謗木實際上成了流弊百出而僅僅顯示官府明法的象徵性物事而已。傳之後世，這種謗木越立越高，越立越堂皇，以致成了玉石雕琢的「華表」，當真令人啼笑皆非。

只有秦國變法，只有商鞅，徹底地解決了這一難題。

商鞅以細緻縝密的制度，著重解決了明法過程中的三個關鍵環節的難題：其一，確保法令源頭文本之精準，足以永為校準之範本；其二，各級官署設置專職法官與法吏，並得修建專門藏室，保管核定校準後的法令文本；其三，嚴厲制裁導致法令文本錯訛的法官法吏。這些制度被商鞅的忠實追隨者以「商君之文」的名義記載在《商君書》中，堪稱中國古代唯一的「法令文本法」。

且讓我們來欣賞一番兩千多年前令人驚歎的法令文本制度（註：制度，語出《商君書・壹言》：「凡將立國，制度不可不察也。」）。

其一，設置法官與法吏。中央設三法官三法吏：王室一法官一法吏，丞相府一法官一法吏，國正監（註：法官，秦國特殊官職，詞出《商君書・定分》，並非後世新創。國正監，戰國秦國的監察機構，其官員稱為御史。後來的帝國時期將御史升格為御史大夫，爵同丞相）府一法官一法吏；郡署一法官一法吏，縣署一法官一法吏。各級法官法吏只聽命於王室法官一人，而不受所在官署之管轄，完全是後世說的「垂直領導」。法官法吏有三大職責：保管法令、核對法令、向行政官吏與民眾告知並解釋法令。

其二，設置專門保存法令文本的「禁室」。無論是王城禁室，還是中央官署與郡縣官署的禁室，都由該官署之法官管轄，其他任何官吏不得干預；禁室必須安裝祕密機關式的「鋌鑰」，放入法令的箱匣必須貼上蓋有王室或官署印鑒的封條；除了制度規定的例行校核，或大臣奉王命查對法律，任何時候任何人不得私入私開。

其三，每年一次法令校準。每年立秋，各級法官開啟禁室，校準該轄區所有官署的法令抄件；各級法官禁室的法令副本，也要與王室法官禁室保存的法令正本校準一次。

其四，明確無誤的文本查詢制度。法官法吏須每日當值，接受行政官吏或庶民對法令文本的查詢。無論是行政官吏對自己的法令抄件發生疑問，還是庶民百姓或涉法或因事需要查證法令的準確條文，法官法吏均應如實正確回答。每件查詢均有嚴格備案：查詢人須先行領取一支一尺六寸長的「法符」（木片或竹片，中線有預先刻好的花紋或記號，從中剖開，左片為左券，右片為右券），而後提出查詢法令之名目，法官或法吏當場作答；旁邊書吏將年月日時、所查法令名目以及法官之回答，同時寫在法符之左右兩券；經雙方認可，將法符剖開，查詢者執左券以為憑據，法官執右券以為憑據；法官右券必須專門裝匣，用官印封存，即使身死之後，國府仍以符券之準確與否考核法官功過。

其五，法令文本但有錯訛，對責任法官嚴厲治罪。處罰方式如下：

法官擅入禁室啟封，對法令文本「損益一字以上，罪死不赦」！

法官當精熟法令，若忘記法令條文而影響執法，則以其所忘記的條文處罰該法官。

吏民查詢法令，若法官法吏不肯告知，導致吏民因不知法而犯罪，則以吏民所查詢之法令條文治法官之罪。

對於以上制度，商鞅明確陳述了立法理由：「法令者，民之命也，為治之本也，所以備民也……

故聖人為法，必使之明白易知。置法官法吏以為天下師，令萬民勿陷於險危。故聖人立，天下而無刑死者，非不刑殺也！行法令，明白易知，置法官法吏以導民知，萬民皆知所避就，故能自治也。」這裡的軸心是，一切制度都是為了使民眾知法，進而達到自治境界。法官法吏的最大職責，是將法令明白準確地告知民眾。

令呂不韋驚訝的是，徹查官文簡冊，在商鞅領政變法的二十餘年中沒有查出一件遺留未決的政事，更沒有一件訟案呼冤書。足見商君之世，秦國新法實在是得到了雷厲風行的徹底推行，法令文本之精準，也如同巍然矗立國府的度量衡校準器一般準確無誤。

然則，制度如此縝密，處罰如此嚴厲，商鞅之後近百年過去，秦國的法令文本還是漸漸地有了錯訛，至今累積一百三十餘處，實在令人不可思議。

做為新政第一刀的糾法，呂不韋的實務操持是三大步：第一步，全面校準秦國法令文本；第二步，依法制裁怠忽職守的法官法吏；第三步，整肅法官法吏，處罰有罪、裁汰昏聵、補充缺任，重建上下統屬有效的法官法吏制度。呂不韋久經大商經營磨練，對於紛繁蕪雜的多頭事務歷來處置有方，糾法一事雖涉及整個秦國，卻部署得井然有序。

呂不韋第一次以鎮秦劍的威權，任命老國正監為糾法特使，配屬三十六名精通法令的精幹吏員與三百鐵甲騎士護衛執法；從王室法官的法令文本開始校準，限期一年，了結整個秦國的糾法。其時秦國已經是天下最大的戰國，國土已經達到了五個「方千里」（註：見《商君書・徠民》：「今秦之地，方千里者五。」高亨考證，此篇為商鞅之後託名之作，所述之事已是戰國後期），以今日公制計，便是一百二十五萬平方公里。也就是說，戰國後期的秦國，國土面積已經大體是今日中國的六分之一強。如此遼闊的國土，若不借重各方協力而事必躬親，新政要推開一事無成。呂不韋深知其理，只親自參與監督了對京師三大法官（王室法官、丞相府法官、國正監府法官）所轄禁室的法令文本的校準，立即抽身出來部署他事。

糾法特使的車馬方離咸陽，呂不韋著手實施另一大政——糾冤赦犯。

這是真正震撼秦人的新政要害。消息傳出，朝野心弦立即繃緊，了無聲息之中人人惴惴不安。其所以如此，在於這一新政將直接觸及秦國新法的根基——有刑無赦。

商鞅變法的基本主張之一是：「不宥過，不赦刑，故奸無起。」（註：見《商君書・定分》）不宥過，是不寬恕過失，有過必罰。不赦刑，是不赦免刑罰，罪犯永遠都是罪犯。也就是說，一個人要犯罪，其最低代價也是永生的罪犯身分，即或應得處罰已經承受，服刑已經期滿，罪犯之身分依舊不變；正在承受的刑罰絕不會更改，犯人絕不會赦免，已經受過的處罰也不會糾正。這是商鞅重刑主張的立足點之一，也素來是秦國執法的基本制度，行之百年，早已經深入人心。呂不韋要糾冤赦犯，實在是談何容易。

舉朝大臣之中，最感不安的是鐵面老廷尉。

呂不韋專程登門時，廷尉府的書房沒有點燈，也沒有熏香，黑糊糊的房中蚊蠅嗡嗡，一個蒼老的身影動也不動地戳在大案前，朦朧月光之下一段枯木也似。呂不韋敲敲門框，蒼老的枯木沒有動靜。呂不韋咳嗽兩聲，蒼老的枯木還是沒有動靜。

「滄海跋涉三十年，些許風浪畏懼若此乎？」呂不韋不乏激勵。

「風浪無所懼，所懼者，大河改道也。」蒼老枯木淡淡一歎。

「水勢使然，當改則改，何懼之有？」

「人固無懼，水工孰能無懼？」

「禹有公心，雖導百川而無懼，公何懼焉？」

「禹導百川，世無成法，是故無懼也。先人修河成道，人不覺淤塞，唯一水工執意疏浚，不亦難哉？」

「如此水工，不堪水工也！」

「願公教我。」

「庶民各工，官吏各職。河之淤塞，唯水工察之也。國求疏浚，唯水工職司也。公所謂「人」者，庶民官吏之庸常議論也。以此等議論亂己，輒生畏懼之心，猶工匠造車而聽漁人之說，不亦滑稽哉？」

「老夫辦案，老夫糾冤，不亦滑稽哉？」蒼老的枯木終於不耐了。

「公之顧慮在此，早說也！」呂不韋一陣大笑。

「你只說出個辦法來，老夫便做你這糾法特使，否則不敢受命。」

「老廷尉多慮也。」呂不韋正色道，「若在山東六國，此事委實難上加難。然則這是秦國，此事可無根本阻礙。其中根本，只在如何操持而已。」

「丞相差矣！」老廷尉慨然拍案，「恰恰相反，六國法統根基淺，糾冤無可非議。秦國糾冤赦犯，則是背離法統，無異於鋌而走險。」

「老廷尉只知其一，不知其二也。」呂不韋爽朗一笑，「六國法統固淺，然王室特權官場腐敗卻秉承甚遠。六國執法，素來對王族貴胄網開一面，冤訟者十之八九都是庶民。若大平冤獄，則必然導致貴胄封地之刑徒苦役流失，王室官吏第一個便要阻撓，孰能說無可非議？秦國則不然，王族犯法與庶民同罪，冤訟者有貴有賤。呂不韋曾仔細分計：秦國冤案，王族三成，官吏三成，庶民四成。其中因由，在秦法治吏極嚴，說治官嚴於治民，實在並不為過。譬如舉國法官二百三十餘人，歷年因法令文本錯訛而治罪者六十餘起，錯案至少在五六起之多。再譬如秦國王族不襲世祿，一律從軍從吏憑功勞晉爵，違法者在所難免。百年以來，秦國處罰王族子弟違法案兩百餘起，錯案至少在十起以上。如此等等，老廷尉自可揣摩：秦國糾冤赦犯，阻力究竟何在？王族麼？官吏麼？百姓麼？以攻訐者之說，呂不韋在朝會公然非議秦法，主張寬政濟秦，朝野雖則沸沸揚揚，卻無一人力主治呂不韋之罪。因由何在？人同此心，心同此理，心底裡都在期盼平冤赦犯也。」

良久默然，老廷尉喟然一歎：「呂公明於事理，老夫何說矣！」

「多謝老廷尉受命。」呂不韋肅然一躬，「我見：請出老駟車庶長、陽泉君羋宸、老上卿李冰、老太史令四人以為副使。老廷尉以為如何？」

「呂公用心良苦也！」老廷尉終於笑了，「王族、外戚、方面大吏、在朝清要，全是涉冤大戶了。然則，此四人爵位個個在上，若生歧見，老夫該當何處？」

「以事權而論，本當由老廷尉立決。」呂不韋思忖道，「然第一次平冤，當分外慎重。五人有歧見之案一律擱置，最後由朝會公議，秦王決斷。」

「如此老夫無憂也！」老廷尉拍案而起，「明日老夫會同四使。」

呂不韋出了廷尉府已是三更，車馬一轉，到了綱成君府邸。

蔡澤正在後山茅亭下悠哉品茶，見呂不韋匆匆上山，不禁大笑：「明月灑徑，疾步赳赳，豈非大煞風景也。」呂不韋道：「你有風景，我沒得風景。」蔡澤揶揄道：「權高位顯奔波多，不亦樂乎！」呂不韋沒好氣笑道：「莫風涼太早，偏要你也不亦樂乎！」「老夫高枕無憂，自是不亦樂乎。」蔡澤呷呷笑著，「如何，與老夫對殺三局？」「沒工夫。」呂不韋端起蔡澤面前專供涼茶的大陶碗咕咚咚一口飲乾喘息了一聲，「綱成君，這件大事只有你來做了。」「甚甚甚？我做大事？」蔡澤誇張地大笑，「又有誰個要行大葬了？老夫專擅葬禮也！」呂不韋也大笑了一陣，末了斂去笑容一番說辭，蔡澤愣怔著不說話了。

呂不韋要蔡澤出面的這件大事，是新政之三——明修功臣，褒厚骨肉。

這宗看似只會招人喜歡的善事，做起來卻極難把握分寸，結局也往往是難以預料。所謂明修功臣，是對先代遭受不公處罰的功臣重新彰顯褒揚。所謂褒厚骨肉，是對王族外戚的遺留積怨做出妥當的撫慰與安置。就內容而言，這兩件事實際上是清理最高層的錯案疑案，以重新凝聚王族與權臣後裔部族。蔡澤入秦已久且長期預聞機密，加之計然學派歷來的自保權謀，非常留心歷代國君權臣相處的微妙方略與種種令人感慨的結局，對秦國上層糾葛積怨與種種爭議大案了然於胸。最是耿直秉筆的老太史令見了蔡澤也退避三舍，私下則說：「綱成君多有掌故祕聞，終為野史，不足與其道也。」然則，呂不韋力主蔡澤擔此重任，除了認同蔡澤的博學強記熟悉國史，更為看重的卻是蔡澤的兩大長處：極其特殊的稟性，極其特異的才能。

蔡澤稟性的底色特質，是計然派的明哲保身，以在權力官場全身而終為最高境界。唯其如此，做事做人求「執中」，以為「過猶不及」。見諸權力紛爭，蔡澤歷來主張「不可不爭，不可過爭，當止且止」。正因了如此，秦國朝堂多見蔡澤公然爭權，更多見蔡澤不期然莫名其妙地偃旗息鼓。若遇同僚紛爭，只要蔡澤不是事中人而又恰在當場，蔡澤總會將兩造處置得個個滿意。自秦昭王晚年開始，凡遇蹊蹺繁難之大事，幾乎無一不是蔡澤做王命專使排解，且處置結局大體上從來都是皆大歡喜。兩王連葬，蔡澤連續做主葬大臣，諸多難題一一化解，更是有口皆碑。所以能夠如此，根基在稟性，辦法卻在於才華。蔡澤才情在於機變多謀，尤其在事關學問禮儀傳統世情疑難諸多事體時，蔡澤每每出奇制勝，每每令人拍案驚奇。

「綱成君，拜託也。」呂不韋肅然一個長躬。

「呂不韋，撂荒百年，你以為這塊地好犁麼？」

「若是好耕，豈敢請出精鐵犁頭？」

「好！算你說得老夫高興！說，期限幾多？」

「事大無期。綱成君自定。」

「既是新政，何能無期？一年，如何？」

「謝過綱成君！」

「別忙！老夫尚有三問。」

「不韋有問必答。」

「其一，老夫案權多大？是否得事事稟你？」

「綱成君為王命專使，每案報秦王書准即可。丞相府只解事務之難，不涉案權。」

「其二，查案上限何在？」

「上溯孝公之期，下迄今日秦王。」

「其三，老夫可有選吏之權？」

「一應屬吏任君自選，報王室與國正監府備查便可。」

「嘿嘿，如此說來，你這丞相撒手不管麼？」

「若得綱成君屈尊商討，呂不韋即時奉陪。」

「不告不理。有分寸。痛快！老夫做他一回天案大法官也。」蔡澤呷呷大笑。

河冰消融，呂不韋主持的新政漸漸在廣袤的秦國推開。隨著一隊隊特使車馬轔轔駛向郡縣山鄉，寬政理秦終於被朝野漸漸認同，無端非議漸漸消失，莫名戒懼淡淡化出。一宗宗冤獄不斷糾平，一個個冤犯陸續還鄉，一樁樁積案疑案迭次解決，雖然沒有大變法那般轟轟烈烈，朝野國人卻實實在在感到了春風化雨般的滋潤，對新君新政新丞相也不期然生出了由衷的欽敬。

新政伊始，呂不韋立即開始了另一步大棋——整肅秦國涉軍政務。

一番長談，蒙驁對呂不韋的軍政整肅方略大為驚訝。驚訝根由在於這個方略太過宏大，太過細緻，以至於蒙驁無法想像其施行後果。秦國軍政（涉軍政務）歷來是國尉府專司，一應招募兵員、要塞修建、兵器打造、衣甲籌劃、糧餉輜重統統歸國尉府。上將軍府只管統兵出戰。由於涉軍政務事實上是一種特殊政務，所以國尉府歷來受丞相府與上將軍府雙重管轄。由於戰國大戰多發，事實上卻形成了一種不成文的傳統：上將軍府實際管轄國尉府，丞相府只是按照經上將軍府核准的國尉府的「上書」，盡力完成其請求而已。孝公之後，秦國歷代上將軍都是天下名將，其中白起與司馬錯更是彪炳史冊。如此一來，經常緊隨大軍的國尉在事實上成了強勢上將軍的屬官，又更加鞏固了這一傳統。蒙驁雖不如白起司馬錯那般威赫強勢，畢竟也是三朝名將，對國尉府自然也從來沒有放手過。更為特殊的是，目下的老國尉司馬梗是名將司馬錯的孫子，非但資望深重，更是蒙驁的篤厚至交，國尉府的事蒙驁縱是不聞不問，兩廂也默契得天衣無縫。如此情勢，呂不韋的這卷大方略未曾與老國尉商議便端到了自己面前，不管如何佩服讚賞支持呂不韋，蒙驁都生出了一種無法掩飾的不快。

呂不韋提出的方略是：三年之期，全部重建軍政制度，大要為十項：

其一，兵員招募制度化，一年一徵，數量根據郡縣人口以法令明確之。

其二，要塞城防之興建修葺，施工歸於郡縣，將相只合署確定位址規格。

其三，兵器打造統一部件尺寸，使戰場兵器之部件可相互置換。

其四，甲胄製作之方式多樣化，許民間能工巧匠製作甲胄以支徭役。

其五，軍馬以買馬為主，養馬為輔。關中禁開馬場，確保秦國腹地農耕。

其六，選擇關外穩定郡縣興建外郡倉，便利大戰就近取糧。

其七，遣散輜重營常備車馬，車馬施行徵發制，不打仗則車馬回歸民間耕耘。

其八，所有軍輜器物，均可同時向商旅訂貨，以補國尉作坊之不足。

其九，軍功爵之賞賜、烈士遺屬之撫慰，一律交郡縣官署施行，國尉府只照冊查勘。

其十，都城之高爵將軍府邸視同官署，一律交咸陽內史府按官產管轄。

密密麻麻寫滿三大張羊皮紙，每條下各有施行細則，看得蒙驁緊鎖眉頭良久沉吟終是憋不住憤憤然：「相國如此謀劃，直是天地翻覆也！莫說三年，只怕十年也整順不了，反倒誤了大事。」呂不韋不禁笑道：「上將軍久居戰陣，只怕對政務有所生疏也。在不韋看來，此事比料理一家大商社繁難不了幾多，只要得一班精幹官吏，三年必定大成。」「甚甚甚？你好大口氣也！」蒙驁冷冷一笑，「你只說，老國尉贊同沒有？」呂不韋搖搖頭：「我先來與老將軍商榷。」蒙驁沒好氣道：「為何？老夫好糊弄麼？」呂不韋坦誠笑道：「國尉年高體弱，心力不濟，先看必有畏難之心，僵持反為不美。先與老將軍計議，是想先討老將軍一句實話：如此制度但得實施有成，於秦國大軍究竟有利有害？」

「你倒是用心也。」蒙驁臉色稍緩，「只怕施行不了。」

「那就是說，但能施行，於秦軍有利？」

默然片刻，蒙驁終於明白點頭：「平心而論，該當如此。」

「既然如此，老將軍只管放心，三年後保你兵精糧足！」

「莫急莫急！誰來操持此事？」

「國尉府操持。呂不韋一力督察。」

「相國不是說老國尉心力不濟麼？」

呂不韋稍一沉吟道：「上將軍以為老國尉不當高爵致仕了麼？」

「你，你要罷黜老司馬！」

「並非罷黜，是致仕賓政，只不擔實務而已。」

「司馬梗是老矣！」蒙驁喟然一歎，「但為國事計，老國尉決無怨言，只老夫不忍罷了。但能使老司馬入軍贊劃，此老心願足矣！」

「上將軍何有此說？」

「司馬梗名將之後，酷好兵事，一世想做將軍而不得，不亦悲乎！」

「記住了。」呂不韋重重點頭，「我定然設法，圓老國尉之夢。」

「相國當真仁政也！」蒙驁不禁哈哈大笑，「功臣之夢尚且不忘，況我大軍乎！」笑聲戛然而止，恍然拍案，「你還沒說，誰來做國尉？此人不稱，老國尉不退！」

「蒙武。」呂不韋淡淡一笑。

「……」蒙驁頓時愕然。

呂不韋大笑一陣，起身一躬悠然去了，蒙驁卻兀自愣怔著。

旬日之後，蒙武正式就任國尉。揣摩一番呂不韋的整肅方略，蒙武倍感事體重大，立即全副身心忙碌起來。與山東六國相比，秦國的涉軍政務應當說是實用有效的，且行之百年已成傳統，朝野並未有不變不足以應對大戰的緊迫。然與呂不韋提出的方略一比，立即覺出了原有法度的缺陷。譬如兵員，秦國歷來是在三種情勢下徵兵：一則是大戰之前，一則是大軍減員十萬以上，一則是大敗喪師之後朝野洶洶復仇之時。如此徵兵，因了兵員入營訓練的時間較長，不能立即與戰陣之師融為一體。為了最迅速地形成戰力，有征戰傳統的老秦部族往往是成年男子全體入軍，而偏遠山鄉的漁獵遊牧族群則往往一卒不徵。時間一長，關中老秦本土的男丁人口始終緊缺，形成「田無精壯，家皆老幼，市多婦人，工多弱冠」的腹心虛空。若以呂不韋之法，年年依人口多寡由郡縣定制徵兵，非但成軍人口（註：成軍人口，中國古代特定用語，並非指軍隊數量，而是可以成軍多少的人口基礎。為使明白，此處使用了「成軍人口」。史書多有某代某國可成軍多少萬之說，即指成軍人口，也就是精壯男子的數量，並非等同於軍隊）大為擴展從而源源不斷補充大軍，且每一次量不大，使新兵訓練可充分利用無戰時光從容進行。最大的好處，是使關中老秦部族的人口得以漸漸恢復，本土元氣漸漸充盈。再譬如兵器打造，秦國歷來是由官府作坊與軍營作坊完成的，各種兵器的打造規格則完全以工師傳統而定。騎士劍之長短輕重與用料總有種種差異。步卒之長矛盾牌亦各有別，同是木杆，木材遴選各異，長短粗細亦無統一尺度。尤其是大型兵器如弩機塞門刀車大型雲梯等，部件雖則大體相同，然因其小小差異，根本不可能通用。其中弩機使用的箭鏃箭桿消耗量最大，然打造箭鏃的數十家作坊屬鐵工，製作箭桿的作坊屬木工，打造也是各有尺寸，乍看差別不大，然裝配為整箭用上弩機便往往不能配套連發。每逢大戰，軍營必要忙碌甄別仔細挑選，將配套的弩機長箭一一歸置，否則會在危急時刻導致戰敗。以呂不韋之法，將所有兵器部件的規格尺寸及用料標準等等，一律以制度頒行所有作坊，且在兵器部件上鐫刻主管官吏與工師姓名，但有尺寸不合，便可立即查處。如此統一尺寸材料的兵器部件制度若得施行，秦軍的戰力無疑將會有一個巨大的跨越。如此等等，蒙驁一班大將自然理會得清楚，他們所擔心者，是此中繁難瑣細太多，實在是難以歸置得整齊。

蒙驁尤其沒有想到的是，呂不韋選擇了蒙武做國尉。

蒙武秉承乃父縝密之風，處事周嚴，為人端方，做為軍中大將，膽略勇邁卻稍顯不足，做前將軍已經是稍顯力軟，要成大器名將顯是差強人意。呂不韋獨具慧眼，幾次接觸便覺蒙武理事之能長於戰陣，通軍而能理事，不亦國尉乎？更有微妙處在於，蒙武對各方皆宜：與秦王嬴異人有總角之交，與大軍統帥及軍中大將個個篤厚，與國尉府吏員素來相熟，與呂不韋本人也很是相得。整肅軍政多涉機密忌諱事，雖有法度可循，然若無上下左右各方深信不疑，便會生出諸多難以預料的周折。一個蒙武，便使這宗異乎尋常的繁難新政，變成了一片生機勃勃的活棋。

當年立秋時節，呂不韋的新政已經是初見成效了。糾法與平冤兩事進展大體通暢，只有數十例疑難案要在朝會公議了。令呂不韋大感意外的是，綱成君蔡澤竟在半年之中大體了結了最棘手的功臣王族案，與各方商議後上書秦王，竟是無人不滿。其中最為朝野稱道者，有六件事：

其一，重修商於郡之商君府，建商君祠，許民祭祀。

其二，昭雪武安君白起「抗命」之罪，建白起祠，行國祭。

其三，許甘茂遺族回歸秦國，特許甘茂之孫甘羅入丞相府為屬吏。

其四，王命正式尊奉華陽太后，不預國政，永享太后爵位。

其五，尊奉秦王生母夏姬為太后，改故太子府為太后宮，永為居所。

其六，陽泉君羋宸爵位如故，不拜實職，臨機領事。

如此一來，呂不韋自覺緊繃繃的心大是舒緩。目下丞相府官署屬吏已經整順，處置尋常政務幾乎不用呂不韋過問，唯一的大事是不時與蒙武商議整肅軍政的諸般難題。這一日剛從國尉府回來，西門老總事頗為神祕地匆匆稟報，說國君特命相國與家老立即進宮，說是一飲老酒。呂不韋思忖道：「不消說得，定然是邯鄲趙酒也。」西門老總事惶惑道：「老朽何許人也，如何進得王城？還是不去為好。」呂不韋笑道：「王命見召，能不去麼？只怕老總事要做一回特使了。」西門老總事恍然醒悟，連忙道：「這卻如何使得，此事只怕非丞相親自出馬莫屬。」呂不韋一歎：「老疾在心，難矣哉！進宮回來再說了。」

果然不出呂不韋所料，兩人進宮禮數寒暄方罷，嬴異人直截了當地說，他要在元年之期接回趙姬母子，想請西門家老實際操持，徵詢呂不韋如何接法最好？至於接人本身可行與否，嬴異人顯然不想商議。呂不韋思忖片刻說，接人有兩法：其一通過邦交途徑以國禮接之，其二以商旅之名隱祕接之。以目下情勢，若派特使恢復與趙國邦交，趙國很可能欣然隆重送人回秦。嬴異人並無成算，只要呂不韋謀劃接人回來便是。呂不韋道：「秦趙邦交已經斷絕十餘年。據臣所知，趙國正在圖謀與我復交。容臣謀劃妥善之策，若能以王后母子歸秦為契機，與趙平息恩怨，對秦未嘗不是好事也。」嬴異人連連點頭，心緒大是舒暢。

一番侃侃，倏忽已是三更。呂不韋正要告辭，蒙驁風風火火大步進來，一拱手黑著臉憤憤然道：「稟報君上：斥候密報，小東周聯兵諸侯，圖謀奪我關外兩郡！老臣請兵二十萬，一舉滅了這個老朽王室！」呂不韋心下一驚，搖搖手道：「小東周奄奄一息，如此蠢動必有隱情。我等須議定對策，不出兵則已，一旦出兵便要根除後患。」嬴異人霍然起身：「走！立即去東偏殿商議！」

五更時分，將相兩車飛駛出宮，沒進了淡淡的初霜薄霧之中。

第十章 合縱回光

一、古老王朝的最後神蹟

周王室幾乎已經被天下遺忘了。

自從秦武王嬴蕩進軍洛陽舉鼎暴亡，秦國吞併三川之地的圖謀擱置了下來。其後五十餘年七大戰國鏖兵白熱化：秦國先忙於安定朝局，再忙於反擊六國合縱，接著北攻魏國河內南攻楚國江漢，接著又是爭奪上黨的長平大戰，一刻也沒有騰出手來；山東六國也是一邊忙碌著合縱攻秦合縱抗秦，一邊盟約變幻自家大戰不休，一場持續六年的燕齊大戰使東方最強的齊國一舉衰落，堪堪崛起的燕國也重陷疲弱；至此，齊魏楚燕山東四強一蹶不振，獨餘趙國做了山東屏障。唯其如此，長平戰後趙國危在旦夕，六國才鼓勇全力合縱救趙，好容易在最後關頭擊敗了秦軍，天下才歇兵罷戰疲憊地喘息起來。如此天翻地覆大鏖兵，堪堪卡在中原要道的洛陽王城心膽俱裂。洛陽城外的原野經常是連天蔽日的軍營，官道經常是川流不息的兵馬車隊，站在城頭清晰可見的滔滔大河經常是檣桅如林白帆如雲。長平大戰的三年中，河內河東兩郡百餘萬庶民男女全部野營駐紮洛陽郊野，砌起土灶為大軍烙餅煮肉，叢林般的炊煙在洛陽天空聚成了黑壓壓的熱雲。戰馬嘶鳴號角震天喊殺晝夜不絕，洛陽國人夜不能寐日不能作，欲逃無門欲哭無淚，猶如身處汪洋大海的一座孤島，只有聽任狂濤巨浪拍打衝擊。雖則如此，洛陽王城卻始終平安無事，無論鏖戰各方勝負如何，都沒有一國兵馬試圖攻取過洛陽。久而久之，洛陽周人終於想通了。洛陽王城雖早早成了沒有骨頭的一方肥肉，然畢竟有著天子名號，任你垂涎欲滴，若沒有吞滅天下的實力便來夾這方肥肉，只能惹得一身腥臊引來群起而攻之。齊湣王田地何等野心勃勃，敢獨吞宋國也不敢來取洛陽。魏國丟了河內河東數十城邑，照樣不敢拿近在咫尺的洛陽王城來填補。秦國兵勢洶洶，爭奪上黨時六十餘萬大軍經年以洛陽郊野為大本營，要取洛陽易如反掌，可就是對洛陽王城禮敬有加。因由何在？還不是顧忌周天子名號？還不是怕未得實利招來無端是非？大國如此，小諸侯更奈我何？如此看去，洛陽王城雖如風眼孤燈，卻是天命攸歸國祚綿長。天不滅周，誰奈我何？

如此揣摩一番，洛陽王城的老國人心安理得了。

其時的周室早已經分成了一王兩諸侯：天子周赧王居洛陽王城，大諸侯的封地在洛陽以西，領三十六邑（小城堡）三萬餘國人，封號為西周公；小諸侯的封地在洛陽以東，領七邑，封號為東周君。確信天命不當亡周，一王兩諸侯心志陡起，各自打出振興王室的旗號，重新翻開無數的陳年老帳有滋有味地鬥了起來——東周欲種稻，西周不放水；西周欲通商，東周卡關隘；天子要整軍，兩周不納貢；兩周要封號，天子書申飭；西周伐東周，東周連諸侯……爭奪無果則權謀縱橫，各連諸侯討伐對方。一時間「三周」驟然熱鬧得小春秋也似，成為戰國中期的一道奇異風景。

周赧王五十九年，秦昭王五十一年，西元前二五六年，終於出事了。

先一年，使山東六國聞風喪膽的白起被殺了。秦昭王為證明白起抗命有錯，接連派出王陵、王齕、鄭安平三支大軍攻趙，結局卻接連鎩羽。此時天下終於長長地出了一口氣，秦國至少十年不會出關了。然而偏在此時，秦昭王斷然派出王族大將嬴摎率十萬大軍第四次東出，攻取韓國的陽城、負黍兩地。整個山東為之譁然，大呼老秦王瘋了。

此時，獨有客居邯鄲的信陵君沉靜異常，對平原君一語道破天機：「老秦王非庸常之君，豈能不識攻守之勢也。秦軍三敗，不守反出，其圖謀只在以攻為守，一則鞏固函谷關外之殘存地盤，再則明白昭示山東六國：即使秦國接連三敗，仍有強大反擊之力，震懾六國勿生進逼之心，爭取秦國喘息之機也。」平原君問何以應對，信陵君答：「六國雖勝，實則力竭，比秦國更需休養生息。除非秦軍大舉滅國，山東只能背水一戰救亡圖存！若是一城數城之爭，靜觀其變為上策。」「然也！」平原君恍然一笑，「十萬大軍奪兩城，老秦王分明是張勢為主，且任他去。」

如此一來，山東五大戰國對秦軍攻韓做了壁上觀。

不可思議的是，洛陽周室突然跳了出來！

秦軍東出。他國壁上觀。韓國大為驚慌，深恐秦國一鼓滅韓。新鄭君臣一番密謀，議出了一條「肥周退秦」的奇計。韓桓惠王派出特使，兼程趕赴洛陽。

戰國之世，鐵馬相爭大戰連綿存亡危機迫在眉睫，大國小國全力應對各出絕活。經年累月地面對生死存亡，多有庸君庸臣被折騰得麻木遲鈍又手忙腳亂，生出了許多令人啼笑皆非的「政治烏龍」事件，傳之青史，每每成為後人無法理解的一種戰國式幽默。咀嚼之下，既令人扼腕，又令人捧腹。其中，韓國的「政治烏龍」事件最為赫赫有名。其謀劃之奇異，操持之隆重，發作之頻繁，後果之驚人，整個戰國時代無一國能望其項背。每發「烏龍」之謀，必令天下匪夷所思，必激起天下至大波瀾，此乃韓國也。

第一大「烏龍」：西元前二六二年，主動將天下垂涎的最大最險的兵家必爭之地——上黨，獻給趙國。韓國君臣自詡為「移禍大邦，脫我存亡之危也」。結局卻是：引發秦趙長平大戰三年，韓國身不由己地捲入其中，非但全部丟了上黨、野王等大河北岸的要塞險地，且連大河南岸的水陸要道也被秦國全部占領。

第二大「烏龍」：便是目下這次「肥周退秦」計。結局是：非但導致八百餘年的周王朝正式滅亡，自己也一舉喪師十二萬，從此疲弱得不堪一擊，只有對秦國俯首稱臣。

第三次大「烏龍」最為經典，是若干年後的「疲秦計」。韓國派出了天下最有才華的治水大家鄭國入秦，為秦國籌劃並主持興建大型水利工程，圖謀大耗秦國資財民力，使其不能徵發大軍東出滅韓。結局是：秦國因這項長達四百餘里的大型灌溉工程的成功而富甲天下，國力大增，為消滅六國奠定了最堅實的根基。其後大軍東出，第一個先滅了韓國。

行將滅亡時，韓國又出了最後一次「烏龍」，隆重地將戰國法家大師韓非貢獻給秦國，圖謀以韓非說動秦王不要攻滅韓國，此乃「存韓」烏龍也。結局是，秦國不上當，依法處死了韓非，滅國兵鋒首先指向韓國。

割肉而飼虎，進才以資敵，使敵加速強大而能更加有力地吞噬自己，原本已經令人瞠目結舌了。偏是韓國君臣卻能做得煞有介事，每每精心謀劃，當作救國奇計隆重推出，實在堪稱亙古奇觀。其令人咋舌的思維方式，千古之下，足足構成政治哲學獨一無二的研究物件。此乃後話。

此時洛陽王城的周赧王已是八十餘歲的耄耋老翁，終日臥榻流涎一句囫圇話都說不得，非但無能理事，連王城也早被西周公把持了，自然是雲裡霧裡不知所以。韓國特使清楚王城情勢，執諸侯之禮覲見「代王」理國的西周公。西周公大為振奮，立即「賜見」韓使，僅僅半個時辰，心頭已是大動。

韓使的說辭是：陽城、負黍兩地恰在洛陽東南，為西來秦軍必經之路；王師但能出兵截斷洛陽要道，迫使秦軍知難而退，韓國的陽城、負黍兩地便割給天子做貢禮；秦軍若責難周室，韓國願出豐厚糧草，以供天子犒賞秦軍，其時秦軍必樂於班師。西周公冷冷笑道：「秦軍十萬，王師幾何？特使豈非笑談也！」韓使赳赳拱手道：「公何憂心也！韓國出兵八萬，交公統帥，公但湊得些許人馬可也。此中之要，唯求王師之名，不在王師之實。」西周公哈哈大笑：「韓出八萬兵馬變作王師，再割讓兩城於我，又出諸多糧草使天子撫慰秦軍，得也？失也？滑稽也？」韓使振振有詞：「公不知戰國縱橫之道也！唯行此策而三方皆大歡喜：西周得功得地，韓國避禍全國，秦國不損糧草。非但三全其美，且一舉昌明天子偃兵救韓之大義，公何樂而不為也！」西周公思忖片刻，直覺韓國不像戲弄自己，雖對其真實圖謀還是揣摩不透，卻也不再多問便有了主張。畢竟，秦忌天子王師，兵勢強盛之時尚避我洛陽，何況今日兵敗勢衰？只要王師一出秦軍一退，我西周實利到手且大名赫赫，管他韓國如何匪夷所思，我何樂而不為？

「好！韓國旬日內出兵，老夫發王師救韓！」西周公奮然拍案。

也是命蹇事乖。九萬「王師」窩在洛陽山谷之中尚未出動，秦軍已風馳電掣地越過了洛陽，攻克了陽城、負黍兩城，全殲韓國兩地守軍四萬。此舉大出韓國意料，驚慌失措間要撤回「王師」八萬兵馬守護都城新鄭，卻已經來不及了。秦軍颶風般回師洛陽，將九萬「王師」一舉封堵在山谷之中。嬴摎緊急上書咸陽請命定奪，秦昭王回書只冷冰冰兩句話：「蕞爾老邦，欺我大秦！不滅其國，無以震懾天下！」

嬴摎得書，以重甲步軍封住了山谷出口，在兩山架起六千具大型弩機，毫不留情地對「王師」發動了狂風暴雨般的弩箭攻勢。無論山谷中的周軍如何吼叫我乃周人，最終都與八萬韓軍一起葬身峽谷。這時的西周公還在王城幕府大宴群臣，痛飲王酒觀賞樂舞，一邊得意之極地接受著勸進頌辭，一邊與心腹謀劃著要在得韓國兩城後仿效當年周公攝政。誰知尚未議論出個子丑寅卯，已被黑壓壓的秦軍堵在了大殿。

西周公頓時軟癱在地，生怕虎狼秦軍立時割了自己首級報功。嬴摎只一聲大喝，尚未開口說話，軟癱昏亂的西周公便乖覺地獻上了三十六邑與三萬人眾的冊籍，期望秦國留下自己性命。嬴摎大感意外，卻也明白了再不會遇到原本設想的死命守節與強烈抵抗，連夜上書咸陽，請命如何處置周室。秦昭王當即下書：「西周謀秦，當示懲戒：其城邑土地全部歸入秦國，設郡治理；西周公交天子治罪；東周君未曾同謀，保留其封地；許西周遺留人眾歸於東周，以為周室遺民聚居祭祀之地；洛陽王城專屬周王，不許東周君進入；唯九鼎為天下王權神器，著即運回咸陽。」

拆搬九鼎那一日，震驚天下的神蹟發生了。

清晨天氣難得的好。嬴摎號令三萬秦軍步卒開入王城廣場，分別圍定九鼎準備拆裝。此時周室老內侍哀哀來報：天子執意要禮送九鼎離開洛陽。嬴摎答應了。畢竟，九鼎是周室守護了八百多年的王權神器，昔日天子禮送也不為過。片刻之間，兩匹老馬拉著一輛鏽跡斑斑的青銅王車駛進了正殿廣場，兩名侍女扶著一個大紅吉服滿頭霜雪腰身佝僂的老人下了王車。嬴摎正要上前做參見禮數，不想耄耋老人看也不看，只盯著巍巍九鼎癡癡出神。突然，老周王甩開兩個侍女，步履如飛撲到了「中原王鼎」前伏地大拜，隨即一陣蒼老淒厲的哭嚎：「姬延無能！辱及宗廟社稷，辱及九鼎神器，愧對列祖列宗，愧對天地庶民也！」淒厲的哭嚎兀自迴盪間，老周王陡然神奇地躍起，奮身撞向大鼎，只聽一聲沉悶的轟鳴，九鼎間鮮血飛濺，老周王的屍身直挺挺飛上了中原王鼎佇立不動，雪白的鬚髮飛揚戟張。秦軍將士與在場人眾無不駭然。

此時，天空濃雲驟然四合，隆隆沉雷震撼天地，整個王城頓時黑暗如墨。電光蛇舞陰空，巨雷連番炸開，暴雨翻江倒海排天而來，巨大的金鐵轟鳴之聲連綿不絕，高天翻滾著火紅的雲團，一柱巨大的紅光如天宇長矛從黑沉沉的蒼穹直刺王城，整個九鼎（註：關於九鼎的最後歸宿，《史記‧周本紀》簡單得只有一句話：「……秦取九鼎寶器……」《秦本紀》中也只有一句話：「周民東亡，其器九鼎入秦。」《史記正義》做了一條註釋：「器謂寶器也。禹貢金九牧，鑄鼎於荊山下，各象九州之物，故言九鼎。歷殷至周赧王十九年，秦昭王取九鼎，其一飛入泗水，餘八入於秦中。」此條註釋似乎交代了九鼎下落，然卻經不起考究：其一是紀年有誤，將周赧王五十九年錯記為十九年；其二是路徑可疑，秦若真取九鼎，自洛陽西去路途與東南泗水背道而馳，相距數千里之遙，九鼎之一如何能「飛」到泗水？若是後世在泗水發現一鼎而有此推論，情有可原。然據《正義》語句，顯然卻是搬鼎途中發生之事，大是可疑。其三是對「餘八」沒了交代，能對寶器詳述起源而「疏」於最後下落，與情理不合。揣摩之下，有理由認為《正義》之說只是當時傳聞之一，並非確切史實。參種種說法可以推測：從秦取九鼎的時刻起，一定發生了超乎常理的非常事件而導致九鼎消失。而無論如何解釋九鼎的消失，都對秦國不利，故此秦國不再提及九鼎。後人無可尋跡，也就沒有了說法，以至後世有史家懷疑，上古三代究竟有沒有過九鼎）廣場閃爍著炎炎紅光，天地混沌得無邊無際……

雲收雨住，山嶽般的九尊大鼎連同周赧王的屍身全部無蹤無影。

王城中所有與九鼎相關的職司官吏，都在那場雷電暴雨中無疾而終了。所有在場的周王隨從侍女，全部被天火焚身而死了。那個已經麻木無神的西周公死得最慘——一聲炸雷當頭劈下，只留下了一段木炭也似的枯樁。而同樣身臨廣場的三萬餘秦軍將士，卻一個也沒有傷亡。嬴摎驚駭莫名，當即下令退出王城紮營，密書飛報咸陽。三日後，老太子嬴柱親自到了洛陽，帶來了秦昭王密書：毋動洛陽王城一草一木，立即班師回秦。

至此，歷夏商周三代兩千餘年，曾經無數次戰亂劫難而巍然無損的王權神器——九鼎，神奇地永遠地失蹤了。此後的史書中再也沒有了關於九鼎下落的記載，後世的實物發掘也沒有徵兆可資尋覓蹤跡。九鼎的消失，終於塵封為中國歷史上一個永恆的謎，也做了人類文明史上一個不朽的話題。

周王朝歷經三十七王八百六十七年，至此宣告正式滅亡。

二、化周有長策　大軍撼山東

八年後，周室遺民又一次瘋狂了。

其時，做為周室遺民封地的小東周尚留有七城，史稱七縣，以當時地名分別是：河南、洛陽（王城之外的洛陽縣）、穀城、平陰、偃師、鞏、緱氏。已經滅國的周室遺民能保留如此一片相當於一個三流諸侯國的封地，在戰國之世實在是破天荒了。至少，此時還沒有滅亡的兩個老諸侯——魯國、衛國的地盤已沒有小東周大。儘管如此，周室遺民對秦國還是大為不滿。個中原因，是周室遺民的這塊足夠大的封地不是自治諸侯。也就是說，周人只能在這方土地耕耘生存，向自己的東周君交納賦稅，除此而外，必須遵守秦國法令。

秦國對周人的治式的選擇，來自嚴酷的前車之鑒。

自夏商周三代有「國」伊始，戰勝國對待先朝遺民的治理方式大體經歷了兩個過程：最先是封先朝遺族為自治諸侯，後來則是保留封地而取消治權。這一過程的演變，是血淋淋的復辟反復辟較量的結果。三代更替，商滅夏，周滅商，初期都曾經尊奉先朝遺族，許其在祖先發祥地立國自治，也就是允許其做為一個有治權的諸侯存在。其時，自治諸侯意味著幾乎是完全意義上的軍政治權。只要不反叛，只要向天子納貢稱臣，中央王室對自治諸侯幾乎沒有干涉。新戰勝國之意圖，重心是要通過保留並尊崇先朝王族，使天下庶民信服本朝之王道仁德，從而心悅誠服地臣服於新王朝。

然則，事實卻總是與新戰勝國的期望相反。先朝遺族一旦作為治權諸侯存在，便千方百計地圖謀復辟舊時王制，最終每每釀成顛覆新政權的禍根。最先嚐到苦果的，恰恰是力倡王道德化的周室新朝。周人自詡德治天下，滅商後非但准許殷商遺族原居故地做自治諸侯，還分別將神農氏、黃帝、堯、舜、禹等「聖王」的後裔部族，一律封為自治諸侯。然而，僅僅過了兩三年，周武王剛剛病逝，殷商遺民首領武庚立即策動了大規模叛亂，非但聯結了幾乎所有的「聖王」遺族諸侯與東方夷人部族大舉叛周，且匪夷所思地鼓動了周室王族中的反叛勢力一起反周，其聲勢之大，只差點兒淹沒了這個新王朝。靠著那位雄謀遠略的周公的全力運籌，周王朝才終於平定了這場以殷商遺民諸侯為根基的大叛亂。

這是一場極其慘烈的華夏內戰，更是一則極其慘痛的治國教訓。

它使普天之下都明白了這樣一個道理：有著數百年悠久傳統的先朝王族，其復辟祖先舊制的願望幾乎是永遠難以磨滅的；若不能將先朝王族後裔與其賴以生存的遺民分開治理，有治權的舊王族便隨時有能力發動復辟戰爭。自詡德治的周王室終於醒悟，重新確立了一種新的諸侯制度：以周王族做遺民聚居地的諸侯國君，以周室禮法治理殷商遺民，如此便有了以周武王少弟康叔為諸侯國君，而實際「收殷餘民」的衛國；先朝王族後裔的祭祀地雖保留「諸侯」名義，然先朝遺民卻最大限度地遷徙到前一諸侯國，如此便有了重新選擇的殷商王族後裔微子開的宋國。也就是說，殷商遺民與殷商王族後裔從此脫節，分為兩個諸侯國。

自此開始以至戰國，形成了另一種傳統：大國但亡，其遺民聚居地至多只能做無治權諸侯國；小國滅亡，遺民則直接化入戰勝國郡縣，不再保留遺民封地。

從名義上說，周王室仍然是戰國之世的天子之邦，是最大的先朝。無論哪國滅周，滅後都應當以某種形式保留封地，許遺民聚居並建立宗廟祭祀祖先，以示戰勝者撫慰之德。更不說秦人與周人有著同出西土的悠長淵源，不會不明白這一點，也不會不照拂周室遺民。然則，秦昭王一代雄主，畢竟不會不顧及前車之鑒而留下無窮後患。滅周之初，秦昭王定下了「留其封地，秦法治周」的八字方略，將周室遺族封地納入秦國郡縣，只使封地僅僅成為周室遺族事實上的聚居之地而已。

周室遺民的瘋狂，源自八年中無數難以忍受的自認的屈辱。

第一件難堪事，是胸前那方「秦周人」身分的標記。

新朝料民，原不意外。然周人心中的「料民」，只是各族族長將人丁數目開列上報官府，官府統計登錄而已，與尋常國人並無干係。誰知秦法料民大大不然，料民黑衣吏親自登門入戶，舉家無論男女老幼都要被登錄到官冊上。僅僅如此還則罷了，最令周人不可忍受的是，所有十六歲以上的成年人丁，都要在特定期限內親自到縣令官署制書「照身」。所謂照身，是一方打磨光潔的竹片或木板，上端事先已經烙好了官印徽記，並已刻就「秦周人」三個大字，最下端則是「某縣」與天干地支組合的編號，譬如「平陰甲申號」等等；而後，由黑衣吏當場確認來人與上門登錄的官冊相符合，在竹片木板上刻下各人姓名，畫上各人頭像，或徑直寫上諸如「長大肥黑」之類的本人長相特徵。如此一切就緒，黑衣吏宣明：但凡出門，「照身」必得懸於胸前，以便關隘客棧查核。若無「照身」，客棧不能投宿，關隘不能放行，總之是寸步難行。

周人拿著這方竹片木板，人人吃了蒼蠅般噁心。在周人的久遠傳統中，只有奴隸與牲畜兩樣物事上官市交易，才在該物事鮮明處掛上一方竹木或草標，大字標明男女公母歲齒重量，以方便成交。如今胸前掛上如此一方竹牌，豈非與奴隸牲畜一般無二！甚叫身分標記？玉佩、劍格、族徽、車徽馬具、服飾刺繡圖樣等等，那才是身分貴賤之標識。如此物事公然於大庭廣眾之下晃蕩胸前，分明秦政羞辱周人也！憤憤然歸憤憤然，面對秦國官吏的一絲不苟，秦軍甲士的一片肅殺，老周人打掉牙肚裡吞，總算生生忍住了。

第二件難堪事，民無貴賤皆服徭役。

周人入秦，原本的貴賤身分如過眼雲煙，除了東周君與原先的一班老孤臣保留著自己的爵號，其餘「國人」一律都成了「秦周人」。除非重新立功得秦國爵位，所有的「秦周人」都只是秦國的庶民百姓，沒有任何特權。戰國多事，國忙民忙。除了該當的耕耘勞作，庶民的經常性義務是兩種徭役：其一是開通溝洫疏浚河道修葺城堡要塞等邦國工程，其二是為大軍充當輜重營腳夫或各種工匠。大體論之，秦統一六國之前，各國徭役都是後者居多。秦趙長平大戰，秦昭襄王親赴河內，徵發所有十五歲以上男子悉數入軍，大數在百萬上下，便是一場規模最大的戰事徭役徵發。秦國獎勵耕戰，這個「戰」字包括了戰場徭役。也就是說，民服戰場徭役有功，與軍功同賞。秦國多戰，本土老秦人尚不能例外除役，正當中原衝要而臨近戰場的「秦周人」如何能免卻徭役？

然在周人的傳統中，國人是沒有徭役的。當然，國人沒有徭役不等於周王朝沒有工程戰事徵發。

所不同者，周人之徭役都由「家臣」（奴隸）充當，國人則只做戰車甲士、帶劍騎士、重甲步卒等榮耀武士，奴隸是沒有資格充當此類武士的。唯其如此，但有徭役徵發，都是各部族、家族依據國府指定人數派出自家莊園的奴隸承擔，無論工程勞役還是軍中勞役，皆算作主人的賦額。後來，周人的奴隸漸漸逃亡得所剩無幾，周室幾乎是無仗可打無工程可開，極少量的修葺城堡宮室類的徭役，便依然由寥落的國府官奴與大家族的奴隸支應，國人依舊沒有親自品嚐過徭役勞作的滋味。

如今世事一變，要民無貴賤皆服徭役，對周人不啻一聲驚雷。

分明是主人，卻要與昔日奴隸一起氣喘吁吁地勞作，一起接受黑衣吏的呵斥挑剔，一起被論優劣賞賜懲罰，顏面何存？秦國郡守第一次徵發的徭役是修葺殘破的洛陽城垣，郡守令發下：每戶出兩名成年男丁，期限三個月，三千人一期輪換修葺。秦周人聞訊頓時炸開了鍋，有爵位的族老五六百人紛紛從六座小城趕到外洛陽圍住了東周君宮殿，痛心疾首地大呼苛政猛於虎，聲稱不免除徭役寧死不為秦周人。鬱悶的東周君大是驚慌，心知勸阻國人必遭唾棄，只好向秦國郡守如實稟報，力請郡守以王道之心體恤民情。誰知秦國郡守想也沒想便是一聲冷笑：「違法民情，何由體恤？」立時召來郡法官與執法郡吏趕赴東周君宮殿前車馬場。

面對洶洶周人，郡守毫不驚慌，先令郡法官宣讀有關徭役的法令，而後郡守親自申明：在場人眾若有法令疑難，法官可一一答疑。然老周國人根本不聽法官與郡守解說，只一口聲大呼：「廢除苛政！復我王道！」郡守勃然變色，當即召來一千鐵騎，將請命族老五百餘人全數緝拿。次日國人驚魂未定，便有執法吏飛騎七城傳下處罰令：族老亂法，先服徭役兩期六個月；若不服罪，罰為終身苦役；其餘人眾若再拒服徭役，死罪無赦！

老周遺民不禁愕然。五百餘族老人人都是德高望重的襲爵貴胄，個個都有赫赫大名的家世先祖，幾乎便是目下周族的全部有爵國人；若在周室治下，舉國族老請命，簡直就是天崩地裂般的大事，其威力足以改變任何既定的王命。不想做了秦周人，舉國族老的請命竟輕飄飄一錢不值，非但沒有改變辱沒國人的徭役法令，反倒是最有尊嚴的族老們先做了徭役，是可忍孰不可忍！在周人各族密謀暴動反秦時，東周君帶著兩個「大臣」晝夜兼程地奔波於七城，苦苦勸住了義憤填膺的國人……秦周人又一次生生忍住了。

徭役事件方罷，不堪之法接踵而來。

最使周人悲憤莫名者，無過於「人無貴賤，同法同罪」了。

五百餘族老首服徭役，原本已經使周人難以忍受，不想跟著又出了一件更令人不堪的事體。被周遺民們暗中呼為「太子」的東周君的長子姬桁，春日在洛陽郊野踏青，與一少女在林下篝火旁野合。次日清晨太子醒來，少女已經在春草中剖腹自殺了。太子唏噓一番，給少女胸前掛上了自己的一副玉佩，要離去喚家臣前來掩埋。恰在此時，一個秦國執法吏不期撞到了面前，繞著少女屍身查勘一圈，不由分說便將太子緝拿了。

消息傳開，周人大譁。

在周人的傳統世界裡，春日踏青時的男女野合，無論身分貴賤，都是不違禮制的情理中事。「窈窕淑女，君子好逑」，此之謂也。女子死去，與太子何干？退一萬步說，縱然太子用強而女子死，又能如何？尋常貴冑犯法尚且無刑，況乎皇皇太子。「刑不上大夫，禮不下庶人」，此之謂也。秦人竟因一庶民女子緝拿太子，豈非咄咄怪事？憤憤然之下，周人在三日之內呈送了一幅割指滴血的萬民書，一幅三丈六尺的麻布上只有紫黑色的八個大字——請命更法，王道無刑！其餘布面便是密密麻麻鮮血斑駁的「冠者」姓名。也就是說，周人遺民中的加冠男子全部割指血書姓名，分明是舉國請命。秦國郡守倒也快捷，連夜便將萬民書送到了咸陽。

兩日之後，秦昭王特書頒下：「王道已去，代有國法。秦法不赦王族，況乎入秦遺民也！著三川郡守查實案情，而後依法論罪，報廷尉府並國正監糾劾。」此王書一出，郡守再不理會包括東周君在內的任何周人的任何請命，第三日便在城門張掛了〈決刑書〉：

查：公子姬桁與家臣女蘆枝野合於桃林，蘆枝憤而剖腹。先是，蘆枝為官奴隸身，因善繡錦服而出入東周宮室。姬桁歆慕其窈窕姿色，多求媾合。蘆枝請先除隸籍，姬桁虛與周旋，未果。春來踏青，姬桁追隨其女竟日不去。蘆枝又請，姬桁首肯，遂野合於桃林之下。事畢，蘆枝請姬桁出信物以為除籍憑據，姬桁沉吟不答，逕自睡去。蘆枝憤然，遂剖腹自裁於樹側草地。次晨姬桁雖有憐惜之態，然終無除籍之舉。其後，東周君與其子民多為姬桁請命，終無一人一言提及其女除籍也。秦法無隸身，人皆國人，一體同法。是故：姬桁食言而致女死，以律斬首不赦！蘆枝除隸籍，許其族人脫周自去，人若阻攔，依法問罪！

決刑書下，周人呼天搶地號啕不已。行刑那日，七城周人空巷而出，紅壓壓圍住刑場卻是萬眾無聲。這是周人有生以來第一次親眼目睹與天子同一血統的太子伏法，誰能不驚懼惶愧。周人實在想憤然反秦，然則面對那幅言之鑿鑿的決刑書，卻總覺得少了些底氣，終是咬咬牙又生生忍住了。然則，周人的厄運並沒有從此結束，幾乎是衣食住行每件事情，都與「凡事皆有法式」的秦法生出說不清道不明的無盡糾纏——

村社分界量地，丈地者步伐難免大小有別，此等伸縮周人向不計較。可秦法偏偏有「步過六尺者罰」的法令，直教族老們無人敢於舉步丈地。

每日清晨官市交易，斤兩稍有出入，周人也是渾然無覺。可秦法偏偏明定度量衡規格，在官市設有校準度量衡的法定尺斗秤。你縱不去校準，市吏卻經常在市間閒晃查勘，但有哪家衡器出錯，吏員便登錄入冊報官處罰。素來不善市易的周人膽戰心驚，索性不入官市，私相在鄰里之間做起了「黑市」買賣；若是幾尺布幾斗穀之類的小宗互易，官府倒也不問，然若是土地牲畜車輛兵器之類的器物做私相交易，又是大大違法。

最為尋常的道路街市的整潔，秦法也有嚴厲條文。道邊嚴禁棄灰，街市嚴禁污穢；但凡路邊倒灰、牛馬道中拉屎、店鋪潑髒水污穢街市者，一律黥刑——在臉上烙記刺字。若是直接對棄灰、趕車、打掃店鋪的僕人黥刑還則罷了，畢竟周人的僕役是奴隸。可秦法卻是僕役棄灰，主人受刑，五六年中竟有一百多個「國人」的鬢角被烙印刺字。

「癧罪」更教人毛骨悚然！

癧者，醫家謂癧子頸，民人謂爛脖子，後世謂頸項間結核。此等病常因體虛氣鬱而發，常三五枚串生於頸項間，日久蔓延胸腋糜爛潰瘍，此收彼起，非但使發病者「惡死」，且可能染及他人，其時根本無法醫治。亙古以來，「癧病」視同瘟疫，一旦發作於某地，往往釀成人口大禍，歷代聖王之治都是無可奈何。周人崇尚王道，對諸般瘟疫惡病都視作天命聽之任之。秦人卻心硬手硬法更硬，法令明定「癧者定殺」，瘟疫等同！定殺之法有二：水邊癧者溺殺，而後撈出屍身掩埋；遠水癧者生埋，後世謂之活埋。那年，洛陽恰恰有五六個國人生癧。東周君與七城官吏根本沒有覺察，周人自然也不會去舉發。不想卻被定期料民的秦國黑衣吏發現，立即請命調來三百甲士，在洛陽王城外將幾個有爵國人在光天化日之下當真活埋了……

日積月累，在推行一件遲來的法令時，周人終於發作了。

這件法令，是周人無法想像的什伍連坐法。

連坐法，商鞅變法首創。在秦國行之百年，秦人已經由最初的反對習以為常了。歲月悠悠，連坐的秦人倒生發出一種鄰里砥礪、族人互勉、舉相奉公守法的新民俗來，違法犯罪者大減，血肉同心者大增。戰國中期秦國已有五個「方千里」的廣袤土地，占當時整個中國的三四分之一，已經有幾近兩千萬人口，占整個古中國人口的一小半。舉國卻只有一座雲陽國獄，可見犯罪率之低。在後來的擴張中，秦國凡建新郡縣，必行連坐法。究其根本，也是因了此法在老秦本土行之有效。儘管如此，秦國對周室遺民還是寬鬆了些許，終秦昭襄王之世，始終沒有在三川郡推行連坐法。直到秦孝文王嬴柱即位，三川郡守上書言事，以為八年過去，當在秦周人中推行連坐法，否則戰事但起，只怕周室遺民難以守法。嬴柱覺得並無不妥，下詔准許了。

然則，對於老周遺民，什伍連坐簡直就是反叛天理辱沒人心！

自後稷成族，周人以農耕立身，刀耕火種致力稼穡，安土重遷敦厚務本。無論治族治國，周人都以王道德治為本。一部《周本紀》，字裡行間處處彌漫著世代周人篤厚禮讓敬老慈少禮下賢者的民風。在周人的傳統中，不能說完全沒有強制性法令，但確實可以說，周人秩序的基本規範是傳統習俗與種種禮儀。禮儀漸漸豐富，終成禮制。究其實，禮制可說是一種具有普遍制約作用的軟性律法。也就是說，在周人的天地裡，夏商王朝的種種硬性王法都化作了無數彌漫著人情氣息的禮儀德行，邦國、部族、井田、奴隸、征伐、賞賜，一切的一切，都在一種威嚴肅穆而又溫情脈脈的禮制中運行著。此種治民傳統對後世發生了重大而又深遠的影響。春秋時期的道家、儒家、墨家，都很是推崇這種不依賴赤裸裸的法令而達到的王道之治，都將這種遠古德治描述為最為理想的「大同」世界。其中以孔子最為推崇周王朝的德治禮制，慨然讚歎曰：「鬱鬱乎文哉！吾從周！」（註：《禮記・禮運》將有關「大同」的描述歸於孔子名下，史家說法不一，有道家墨家儒家三說。）

隨著周人勢力的壯大，由部族而諸侯，由諸侯而王天下，周人治理天下的禮制也在逐漸發生著變化。春秋伊始，德治禮治的成分漸漸減少，法治的成分漸漸增多；王道德化的方式漸漸減少，訴諸武力與官府強制的方式越來越多。在不斷滋生的士人、地主等新生族群看來，此乃世之相爭使然，無可避免也。而在周人看來，這卻是禮崩樂壞人心不古，無日不思回復到那恬靜悠遠的古堡莊園裡去，主人踏青放歌，奴隸莘莘勞作，主人為奴隸勞心謀劃，奴隸為主人獻身效力，講信修睦，盜賊不作，萬事唯以德化，此萬古王道也。儘管這種美妙日月在周人自己的王國中也不復存在了，僅有的幾萬周人子孫已經打得爭得不可開交，然周人的族群鄰里乃至家庭人口之間的相處準則，卻依然是尊奉禮制的，是溫情脈脈而井然有序的。

一朝入秦，情勢陡變！

這秦法不要人互相禮敬，卻要人互相舉發，互相告罪，周人當真瞠目結舌。為大人隱，為聖人隱，為賢者隱，總之是為一切身分高於自己的人物隱瞞過失罪責，這是周人篤信力行的德性。然則，這秦法卻要小人公然舉發大人，卑賤者公然舉發尊貴者，天下還有做人禮數麼？更有甚者，舉發有功，小人竟得爵，大人竟入獄，還有世事麼？天下大勢原已淪落，高岸為谷深谷為陵，王道式微諸侯坐大，以致乾坤之變目不暇接，周人無可奈何地認作天命還則罷了。可如今，卻要在自己的臥榻廳堂之內，鄰里族人之間，活生生地撕開面皮六親不認地相互撕咬，小人做瓦釜雷鳴，婦人做乾坤顛倒，直與禽獸一般無二，周人頓時要閉過氣也。

面對心頭扎來的一刀，周人終於鼓噪起來。

七城的縣人、里君（註：縣人，周王朝掌一縣之政的官員，大體同後世縣令。里君，周王朝鄉官，大體相當於後來的亭長）並一班族老齊聚東周君宮室，唏噓哭訴慷慨激昂，聲言東周君若不挺身救周，周人便要自行逃散到楚國嶺南去也！東周君原本也是六神無主，想順從秦國守住宗廟，可秦人老是給自己難堪，以致連自己的長子都殺了；想反秦自立，又擔心國人一盤散沙；如今見官民同心反秦，精神陡然一振，再無虛言安撫，只是晝夜密謀。君臣民一拍即合，反秦大計在無比亢奮中祕密確定了。

旬日之間，東周君的九路特使接踵上路，除了分赴山東六大戰國，其餘三使聯結剩餘的實力諸侯衛國、魯國與中山國餘部。密使兼程出發，周人立即忙碌緊張起來，密組王師、修葺戰車、徵發兵器、整頓甲冑，一時不亦樂乎。

一月之後各路相繼回報：韓魏兩國力挺王師反秦，非但同時發兵，且願為王師提供三萬精兵的糧草兵器；楚趙燕齊四國也欣然擁戴王師，承諾在王師舉兵反秦時立即出兵攻擊秦國後路；魯國、衛國各向王師納貢六百金並三千斛軍糧，發兵之時運送到軍營；中山國餘部慨然允諾，聯兵匈奴攻擊秦國上郡。也就是說，只要王師舉兵，天下便成洶洶反秦之勢。

「得道多助，失道寡助，誠所謂也！」東周君感慨萬端。

又是命舛事乖，極為隱祕的合縱謀劃，兵馬未舉卻驚動了秦國。正當立秋舉兵之時，秦國的三川郡守前來鄭重宣讀王書：秦王特命相國呂不韋為特使、上卿司馬梗為副使，旬日之後前來撫慰東周，督導疏浚三川溝洫，重建洛陽要塞，使三川郡真正成為秦國堅不可摧的東大門。東周君大是驚慌，立即密召一班昔日在天子殿前「協理陰陽」的高爵老臣前來商議對策，同時命卜師在太廟以最正宗的文王八卦占卜吉凶。

想不到，太廟卜師卜出了一個坎卦！

但凡周人，皆大體通曉八卦，知道坎卦乃是凶險卦象，兆其所事不宜輕動。周文王的《彖辭》對坎卦的釋義是：「習坎，重險也。」也就是說，坎卦的總體徵兆是重重險難。其「六三」位的陰爻最為凶險，周公寫的《爻辭》釋義云：「六三：來之坎坎，險且枕，入於坎窞，勿用。」春秋孔子寫的《象傳》對「六三」解釋得更直接：「來之坎坎，終無功也。」坎坎者，險難重疊也。窞者，深坑也。意謂所卜之事進退皆險，終究不會成功。聽卜師一番拆解，東周君不禁驚愕默然。

「我君毋憂，可效太公毀甲故事！」昔日老太師白髮飛揚慷慨拍案，「武王伐紂，以龜甲占卜，卦象不吉，武王沉吟。太公闖入太廟，踩碎龜甲，大呼『弔民伐罪，上合天道，當為則為，何須以朽骨定行止也！』其時雷電驟起，風雨大作，舉座無不變色。然武王卻肅然一拜太公，決然定策伐紂，始有過孟津、會諸侯，直入朝歌。若聽憑卦象，焉有周室八百年王業矣！」

「老太師大是！」昔日在王室掌軍的老司馬立即呼應，「文王八卦雖我周室大經，然終以事用，不為大道之斷。終文王之世，通連諸侯，籌劃反商，幾曾問過八卦吉凶？我君當斷則斷，無慮卦象也！」

「當斷則斷，我君無慮卦象！」舉座異口同聲。

「上下同欲，夫復何言！」東周君大是感奮，底氣十足地拍案而起，「弔民伐罪，興滅繼絕，本君決意大興王師，反秦復周！」

「萬歲大周！」小小殿堂一片吶喊。

大計一定，立即開始興師籌劃。第一件大事，頒行誓詞。三代之世大興王師，該王都要在發兵之日親臨軍前發布激勵將士並曉諭天下的慷慨之辭，謂之「誓」。史官或以演說之地冠名，或以演說之王冠名，記載為〈某誓〉。夏有〈甘誓〉，是夏啟討伐有扈氏時，兵臨有扈氏國都之外的「甘」地所發布的陣前演說。商代開國之王湯起兵討伐夏桀，在大軍從都城出發前激勵王師，而有〈湯誓〉。周武王發兵討伐商紂，兵臨牧野之地將與商軍決戰，周武王親臨軍前，左持黃鉞右持雪白旄節，對將士們慷慨誓詞，而有〈牧誓〉。在周室遺民心目中，這次反秦復周，是周人八百多年後又一次聯兵諸侯大興王師，自當隆重肅穆垂範天下，豈能沒有一篇傳之青史的「名誓」？一番緊張忙碌，「協理陰陽」的老太師與一班老臣，終於煞費苦心地為東周君擬出了一篇〈河誓〉，謀劃在興師之日於大河南岸的孟津渡口會兵明誓，以激勵將士激勵天下諸侯。

然則，東周君還沒來得及將那拗口的誓詞念熟，又是秦國郡守前來知會：丞相呂不韋與上卿司馬梗的車隊已經到了城外郊野六十里之地，請君籌劃禮儀，明日出城迎候。

情急之下，東周君連連點頭應命。送走秦國郡守，東周君又緊急召來幾個老臣密議，而後斷然下令：派出密使連夜飛赴新鄭，敦請韓國急速發騎兵五萬，從河南道祕密包抄呂不韋後路；自己則親率一萬王師將士，以隆重儀仗出城「郊迎」，屆時合力緝拿呂不韋司馬梗，以為反秦第一舉。東周君特意叮囑密使：「務對韓王昌明此理：拿得呂不韋司馬梗，便能脅迫秦王歸還韓國故地，周室亦可復國。兩廂得利，良機萬不可失！」

洛陽距新鄭不到三百里之遙，密使換馬飛馳，兩個時辰便到。

這時的韓王，正是那位已經在位二十四年且最善「烏龍」謀劃的韓桓惠王。前述戰國四大「烏龍」，前三烏龍盡皆這位奇謀國王之傑作。此公聽東周君密使一番說辭，比東周君還興奮，連連拍案讚歎：「妙也！大妙也！兵不血刃而復國脫困，堪稱亙古奇謀也！」轉身緊急召來老將韓朋，下令其立即調齊五萬鐵騎星夜祕密進入洛陽外河谷埋伏，務必一舉擒拿呂不韋以為人質。

韓朋吭哧道：「秦軍正謀東出，只恐此中有詐。怕，怕是不中。」

「何詐之有？如何不中？」老韓王頓時黑了顏面，「呂不韋只帶三千人馬入洛陽，你五萬鐵騎何懼之有？秦軍尚未出關，縱使有詐，能片時之間飛出函谷關？待我拿得呂不韋，他再出關何用？此謀中，大中！」

「我王聖明，說中便中！」韓朋再不猶疑。

東周密使三更離開，韓國五萬騎兵隨後銜枚上路，清晨時分繞進了洛陽西北部郊野的山谷地帶。思忖是一場小戰，韓朋下令人馬立即進入山林埋伏，偃旗息鼓不許埋鍋造飯，軍士只冷食歇息待戰。部署方罷，韓朋登上山頂密林遠眺，只見洛陽官道歷歷在目，騎兵突擊頃刻即到，屆時藉東周君鋪排禮儀之時衝出，擒拿呂不韋當易如反掌也。

初秋的太陽爬上了廣袤的山塬，古老的洛陽沐浴在混沌的霞光之中。卯時剛過，東周君的王師儀仗宛若一片紅雲，悠悠然擁出了洛陽西門。肅穆的王樂彌漫在清晨的原野，《周頌・有客》的優雅歌詞清晰可聞，當真一片祥和。王師迎出十里，西方官道有一片黑雲迎面緩緩飄來。韓朋看得清楚，這支人馬除了徒步行進的步卒甲士，便是苫蓋得嚴嚴實實的連綿牛車，雖則成列，卻並不整肅，咣噹轟隆之聲彌散原野，活似一支商旅車隊。

「好事！」韓朋嘿嘿冷笑，「財貨全收，教小東周乾瞪眼。」

「將軍萬歲！」山頂幾員騎將頓時呼喝起來。

此時，紅黑兩片大雲在悠揚肅穆的樂聲中相遇了。破舊卻不失雄渾古樸的王亭之外的官道上旌旗開合樂聲大作，諸般禮儀鋪排了開來，依稀可見紅黑兩點在一片大紅地氈上蠕動著……韓朋知道，東周君開始了冗長鄭重的郊迎大禮。依著老規矩，這套禮儀至少也得大半個時辰，若稍增周旋，磨過一個時辰也不為多。

四野空曠山川如常。「啪」的一聲，韓朋猛然甩下了紅色令旗。

隨著尖厲的號角，韓國騎兵分別從三個山口潮水般殺出，彌漫成一個巨大的扇形，向王亭包抄了過去。在這片刻之間，短促的牛角號連響三聲，一字長蛇般排開在王亭外的千餘輛牛車突然全部掀開了苫蓋的牛皮，各自赫然亮出了一架大型弩機！車下馭手原本已經在停車之時撩下刮木，連車輪也用磚石夯得結實。此刻馭手挽住牛韁一聲大喝，車旁三四名甲士飛一般躍上大車合力上箭。說時遲那時快，只聽一聲奇特的長號，一千多張大型弩機箭雨齊發，正正對著原野上的紅色騎兵鋪天蓋地澆了過去。

韓軍將士滿心一口吞下秦國丞相這方正肉，既掠大批財貨，又大出一口多年被秦軍壓著打的惡氣，心下絲毫沒有強兵對陣的準備，乍遇這莫名其妙冒出來的強大弩陣箭雨，頓時陣形大亂，在原野上胡亂衝突起來。當此之際，立功心切又料定秦軍沒有後援的韓朋正好率領百騎護衛衝出山谷，當即一聲大喝：「司馬！旗號發令：萬騎一路，五路包抄衝殺，教秦軍首尾難顧！殺——」長劍一揮，率領主力萬騎便向王亭正面殺來。其餘四萬騎兵飛雲般飄開撒在原野，從四面八方向小小王亭壓了過來。

東周君正在亭外向呂不韋致洗塵酒，驟聞殺聲大起，立刻做出一臉惶恐又憤憤然的模樣嚷將起來：「我以大禮恭迎丞相，丞相卻發大軍攻殺，何其居心不良！」呂不韋一陣哈哈大笑：「東周君好權謀也！好！你來看看這支賊軍如何下場！」說罷拉起東周君登上了王亭旁一架不知何時便矗立起來的三丈多高的雲車。

雲車上，白髮蒼蒼的司馬梗正在鎮靜自若地不斷對掌旗司馬發令，對漫捲原野的韓軍全然不屑一顧。見呂不韋拉著東周君上來，司馬梗不無揶揄地笑了：「丞相差矣！此君正欲號令王師裡應外合，還是放他下去是也。」呂不韋一副恍然模樣笑道：「原來如此，老夫何其蠢也！君自下車，號令王師去也。」東周君連連擺手：「豈有此理豈有此理！周室只有郊迎儀仗，何來王師？老夫倒是想觀瞻一番，秦軍戰力究竟如何？」「好個觀瞻！」司馬梗冷冷一笑，「目下東周君所謀，無非是我這千張弓弩能否頂得住韓朋而已。頂得住，亭下便是儀仗；頂不住，亭下便是王師了。」東周君面色頓時脹紅，只一串嚷著豈有此理，蒙受了莫大冤屈一般。呂不韋一擺手笑道：「水落石方出，此刻爭個甚來，觀瞻便是。」司馬梗向原野遙遙一指憂心忡忡道：「東周君請看，韓軍五路撒開遍野殺來，我只千張弓弩，分明是無法應對了。」

東周君從來沒有登上過如此高的瞭望雲車，鳥瞰原野分外蒼茫視野分外開闊。遙見紅色韓軍遍野殺來，秦軍一排弩機似乎滔天洪水前的一道短堤，眼看便要被洪水吞噬，東周君不禁開懷大笑：「天意也！秦軍也有今日，兩公已是老夫階下囚也！」

呂不韋驚訝地盯著東周君，彷彿打量著一個怪物。司馬梗再不理會，轉身一聲令下，掌旗司馬將晴空下的大纛旗猛然畫得一大圈。隨著黑色的「秦」字大旗在天空翻飛旋轉，無數牛角號嗚嗚吹動，長長的牛車弩機陣迅速合攏，恰似一條黑色長龍突然收縮，一個弩機圓陣頃刻成型。

東周君的萬餘王師原本環列在王亭之外，秦軍的牛車隊則一字長蛇地排列在這個巨大的紅環之外。秦軍開初列陣阻擊韓軍，王師始則愕然，繼則欣欣然地在外圍做壁上觀，只要看秦軍笑話。不想秦軍弩機此刻突然飛動收縮，弩機圓陣倏忽之間縮進了王師環形之內，王師儀仗竟成了牛車弩機的外圍屏障。眼看外面韓軍騎兵潮水般漫來，裡面秦軍弩機則蓄勢待發，王師直要做了石板石滾之間粉身碎骨的物事。扮作司禮大臣的王師老將不禁大駭，血紅著臉一聲大喝：「鳴金四散！退開三舍——」吼罷跳上東周君的青銅軺車轟隆隆飛馳而去。匆忙拼湊起來的王師原本沒經過任何陣仗，見大將先逃，亂紛紛鼓噪吶喊一聲，四散落荒而走。

「！」雲車上的東周君兩眼一瞪喉頭猛一呼嚕昏厥了過去。

雲車之下的原野上，已經亂紛紛鋪開了一場奇特的攻殺。

韓國騎兵人多勢眾，然國力久衰，諸般裝備老舊不堪——戰馬歲齒老幼不齊餵養精料不足蹄鐵日久不修馬力極是疲弱，馬具笨重且破舊失修，兵器銅鐵混雜長短不一，每騎士箭壺只有五六支長箭。更有甚者，這五萬兵馬是韓朋捧著王命金劍從三城緊急湊集而成，各軍狀況不一相互又無統屬，衝殺起來全然沒有章法。唯一能激勵將士的，是韓朋事先下的全數奪秦財貨的劫掠令，否則，還當真不知能否發動得第二陣多頭衝殺？騎兵在平野上散開隊形衝殺，原本對步兵陣形具有極大殺傷力。依戰國尋常規矩，千張弩機結陣，大體當得兩三萬騎兵的猛烈衝擊。目下韓國騎兵五萬，照理秦軍無法抵擋。然則，韓國騎兵對秦國步卒的弩機大陣反覆衝殺，竟硬是不能突破這個小小的牛車圈子。兩軍戰力之懸殊由此可見。

蓋秦國軍法極嚴，一應兵器裝備只要入軍，除非戰場毀損，絕不許因任何保養修葺之疏忽失職而導致兵器裝備效力降低。秦軍弩機分為大中小三型：大型弩機專對城垣攻堅，每弩配備兩百名大力步卒專司上箭發射，箭桿如長矛，箭鏃如大斧，其威力堪稱驚世駭俗。中型弩機專對騎兵戰陣，是步卒列陣對騎兵的最有效兵器，弩機可車載可人扛，兩人上箭一人擊發，一次連發六到十支，箭桿箭鏃比尋常的膂力弓箭粗大幾分，對高速奔馳的戰馬具有極大殺傷力。小型弩機則是山地野戰的輕弩，俗稱「腳踏弓」，也就是以腳踩之力上箭，而後瞄準擊發。此次秦軍有備而來，千張弩機全部是中型弩，牛車廂內箭支滿裝滿載，每弩帶箭足在六千支上下，配備三卒也盡是技藝嫻熟身強力壯的連發弩機手，連番應對韓軍五萬弱騎竟是從容不迫。然則，要徹底殺退或殲滅騎兵，弩機陣必須配以騎兵或步軍衝殺。畢竟，弩機是結陣防守，射退敵軍之後不能避長就短地去衝殺。再說騎兵靈動可躲可閃，若是糾纏不退，弩機陣再強也只能耐心周旋。

幾番衝殺，韓朋知道了秦軍弩機陣威力。本想退軍，韓朋卻畏懼韓王懲罰又垂涎呂不韋帶來的財貨大禮，尋思秦軍之箭總有射完的時候，便督著幾員大將似衝非衝似殺非殺地圍著秦軍迴旋不去。秦軍又氣又笑，卻也無甚妥善之法，只有與遠遠作勢的韓軍對峙。

「此其時也。」雲車上的呂不韋笑了。

「丞相所言不差。」司馬梗一點頭轉身下令，「伏兵夾擊！」

「嗨！」掌旗司馬應命，轉動機關，將那杆高豎雲車頂端還有三丈餘高的「秦」字大纛旗呼啦啦大擺向西再猛然向東。如是者三，便聞隆隆沉雷動地，原先擁出韓軍的谷口鋪天蓋地殺出了黑壓壓的秦軍鐵騎。一面「秦」字軍旗與一面「蒙」字帥旗當先飛揚，在午後的晴空之下分外奪人眼目。四野韓軍尚在驚愕不知所以，黑色鐵騎已經風馳電掣般兜了過來，看氣勢足足在十萬之眾。韓朋面色煞白一聲大吼：「東向新鄭！突圍——」一馬飛出，紅色韓騎發狂般蜂擁東逃。

然則已經遲了。秦軍的牛車弩機陣在雲車大旗擺動之時，已經鬆開刮木刨開夯輪碑石緩緩發動。此時，一條展開的弩機長龍恰恰迎在當面，號角淒厲箭雨齊發，韓軍如同潮水陡遇山岩，轟隆隆又捲了回來。背後蒙驁鐵騎又排山倒海般壓來，三面兜開的扇形遠遠超過了韓軍的馳突之力。片刻之間黑紅交錯殺聲盈野，整個大洛陽都在瑟瑟震顫……僅僅半個時辰，三川原野在秋日暮色中沉寂了下來。

「稟報丞相：上將軍已經率軍攻韓！」

「好！」剛剛走下雲車的呂不韋對蒙驁的軍務司馬一揮手，「轉告老將軍：我與上卿入洛陽，等候韓王特使，不立約不收兵。」

「嗨！」軍務司馬飛馬去了。

司馬梗搖搖頭道：「韓王會來媾和？他若求救魏趙，我十萬大軍只怕少了。」

「上卿知其一，不知其二也。」呂不韋遙望著東方新鄭悠然一笑，「自古兵家以政道為本，政道不明，雖孫吳無可施展。這老韓王乃天下第一『奇人』。多疑若老狐，顢頇若草驢，小處錙銖必較，大處渾然無覺。以此公之心，大兵壓境而求救強鄰，終得受強鄰要脅，或割地相報，或財貨酬勞；秦軍殺來，無非也是圖地圖財；唯其兩方均要土地財貨，老韓王必選秦國。」

「卻是為何？」

呂不韋扮著韓桓惠王老邁矜持的語調一擺手：「割地與秦，一舉兩得也。既消弭兵禍，又結好秦國。求救強鄰，則一舉三失也！始招兵禍，繼折財貨，又罪山東。」

「甚甚甚？匪夷所思！」司馬梗的雪白鬍子翹得老高。

「若非如此，如何是天下第一奇人？」呂不韋一陣大笑，「以老韓王想來，若求救魏趙，便得先頂住秦軍。頂不住，要亡國。頂住了，強鄰再來援救，韓國還得割肉犒勞。再說，你只向魏趙求救而不理其餘三國，楚燕齊不能分一杯羹，不是得罪人麼？這便是老韓王的一舉三失！如此比較，老上卿說他會不會與我媾和？」

司馬梗連連搖頭：「如此揣摩，未嘗聞也！」

呂不韋笑道：「我料，韓國特使至遲三日內必到。」

「離奇荒謬，只怕未必。」

「好！我與老上卿賭得一賭。」

「呵呵，老夫不賭海外奇談。」

「不韋單賭：韓使若來媾和，老上卿領三川郡守三年！」

司馬梗目光連連閃爍，終是笑了：「如此賭注，老夫卻盼你贏矣！」

「一言為定。」呂不韋轉身下令，「軍馬入洛陽！」

三日之後，韓國特使果然火燒眉毛般趕到洛陽，提出割讓兩城請秦國退兵。呂不韋問哪兩城？特使說了潁水西岸兩座小城的名字。呂不韋只搖頭不說話。特使換了兩個稍大的城池。呂不韋還是只搖頭不說話。特使滿面通紅，吭哧半日道：「鞏城、成皋。再、再大就只有新鄭了。終、終不能秦國割我都、都城也！」呂不韋不禁莞爾：「鞏城，算得韓國城池麼？」特使高聲道：「鞏城固非韓國，然韓國救東周，東周已經將鞏城割給了韓國！」呂不韋哈哈大笑：「貴使是說，用秦國之城救韓國之急麼？老韓王果真好盤算也！」特使大是難堪，低頭嘟囔道：「索性秦國再自選一城。除了新鄭不中，其餘都中。」呂不韋淡淡道：「成皋、滎陽（註：成皋，即第二部中的古虎牢關，今河南滎陽汜水鎮西。滎陽，戰國時韓國城邑，歸秦後改為縣）。否則與蒙驁上將軍說話。」特使默然片刻狠聲跺腳：「中！便是這兩城！秦國何時退兵？」呂不韋悠然一笑：「城池交割完畢，我軍不再攻韓便是。退兵不退兵，與韓國何干？」特使吭哧片刻急迫道：「也中！丞相立即派員隨我割城，一面知會上將軍停攻新鄭，可中？」

「也中。」呂不韋大笑著學了一句韓語，「只是不能給我空城。」

「中！除了撤出守軍，民人財貨不動。」

「好！書吏立約。」

次日，老上卿司馬梗隨同韓國特使順利接收了兩座要塞城池。秦軍停止了對新鄭的圍攻，大軍駐紮在成皋、滎陽之間的汜水河谷，蒙驁星夜趕來洛陽。

原來，接到小東周聯結諸侯謀秦的急報，呂不韋蒙驁嬴異人君臣三人已經商議好連番對策：呂不韋偕新上卿司馬梗為特使入東周，以撫慰之名突然擒拿東周君；蒙驁親率十萬鐵騎祕密東出，殲滅最有可能援救東周的韓軍；若一切順利，蒙驁大軍則立即繼續攻韓，壓迫韓國獻出成皋滎陽兩城，與周室的三川王畿合併為三川郡；若皆無意外，則以飽有軍政閱歷的司馬梗為新的三川郡守，著意經營為秦軍山東大本營；若攻韓順利，蒙驁則回軍三川郡駐紮綢繆，來年大舉進攻山東六國；除了協調各方，呂不韋著重處置周室遺民，使三川郡不留後患。

到目下為止，一切都按照秦國君臣的謀劃進行著。

呂不韋與蒙驁司馬梗一番計議，立即按照既定方略鋪排開來：呂不韋頒布丞相令，宣布正式設立包括成皋滎陽在內的三川郡；秦王王書三日內到達，王命上卿司馬梗兼領三川郡守，整飭民政聚集糧草，以為山東根基；蒙驁祕密調集關內秦軍陸續東出，屯紮於三川郡內各險要地段休整練兵，準備來年大舉東進。

大局部署就緒，呂不韋立即與一班隨行吏員清查典籍，訊問被緝拿的周官，草擬各種文告。三日之後，洛陽四門張掛出第一張〈秦國丞相令〉：東周君反秦作亂，不株連三族，只依法斬首本族滿門！周室封地取締，全部王畿之地統歸秦國三川郡；周室遺民之處置，待秦王詔書頒行後確定。

「丞相全權處置周事，何須請王書也！」司馬梗大是不解。

「周室雖小，終究王畿，審慎為是。」

「老夫聽著不對。」

「實言相告，」呂不韋見司馬梗一副窮追究竟的神色，不禁一笑，「全權者，不變既定方略之謂也。當年滅周時昭襄王已經有明確方略：秦法治周。我欲稍變，焉得無王書？」

「你欲稍變？要立新法治周?!」司馬梗更是驚訝。

「我變不在這個『法』字，卻在一個『治』字。」

「變治？民無治則亂。你卻如何變？」

「治變為化。秦法化周，化周入秦。老上卿以為如何？」

「只怕難也！」司馬梗連連搖頭，「當年周室滅商也是一個『化』字，化出了甚？化出了武庚之亂！你要化周，只怕王族老臣們第一個反對。」

「唯其如此，方須上書勞動秦王也。」

「老夫也不贊同！」司馬梗慨然拍案，「依法治國，政之正也！」

呂不韋淡淡一笑，轉身從靠牆大銅櫃中拿出了一卷竹簡道：「此乃我草擬的上秦王書，老上卿可先行斟酌一番再說。」司馬梗顯然沒有想到呂不韋已經草擬好了上書，驚訝接過打開，瞄得幾行，不禁神色肅然地一氣看了下去——

臣呂不韋頓首：周室盡滅，三川郡成，唯周室遺民之處置頗費斟酌。臣領三十餘吏備細查勘滅周八年之治情，多有不如意處。一言以蔽之：東周之亂，與我秦法急治不無干係也。蓋周人特異，王道久遠，望重天下，故能以微弱之勢而久存戰國矣！我以實力滅之可也，我以強法初治不可也。為彰顯秦法之包容天下，臣擬四字方略：化周入秦。何謂化？秦法為本，力行經濟，緩法治民，分而治之，磨合入秦。具體言之：留祭祀之地，改其嫡系，另立周君；王族遷秦國腹地，周君領新嫡系留居宗廟之地。此謂奪其勢而安其民，緩強法而成我事也。我王當審慎思之也。

人或曰：周室化商而有武庚之亂，我豈能為？臣曰：時移勢易也，不可同日而語也。周行諸侯制，王畿之外皆諸侯，自當以法治而不當化之。秦行郡縣制，凡我國土皆歸我治，行秦法而化新民，無後顧之憂。更為長遠計，秦國若不自此彰顯秦法包容四海之博大，日後滅得六國，亦難免釀成洶洶禍亂也！是故，化周非但為今日大計，更為日後一統大計，若不從今日化周入手，後終措手不及也。

良久默然，司馬梗向呂不韋深深一躬：「大謀在前，老夫謹受教。」呂不韋連忙扶住了這位白髮蒼蒼的老功臣，不禁一聲深切的歎息：「老上卿片刻知我，國之大幸也，不韋之大幸也！」

「言重了。」司馬梗呵呵一笑，「秦王與丞相淵源甚深，老夫之言淡如清風，豈敢當大幸兩字？」呂不韋搖頭道：「老上卿過謙了。這化周之策，阻力有二：一是王族大臣，二是軍中大將。保不準，蒙驁老將軍便要在此翻臉也。老上卿在軍中資望深重，且說當得當不得大幸兩字？」司馬梗恍然大笑：「老夫又中你心戰埋伏也，一通頌詞，只要老夫做你說客。」

「莫急莫急，卡住了再說。」呂不韋由衷地笑了。

果然不出呂不韋所料，飛馬急報的上書，一個月沒有回書。司馬梗自己先急了，只給隨從文吏叮囑兩句，兼程趕赴蒙驁軍前。及至呂不韋知曉，早已追趕不及。三日後，司馬梗又兼程趕赴咸陽。旬日之後，正在呂不韋焦灼不安時，司馬梗風塵僕僕地回來了。呂不韋快步迎出時，軟倒在車輪下的老司馬一揚手只說得「特使」兩字，便暈厥了過去。

秦王特使是駟車庶長嬴賁與長史桓礫兩位老臣。

桓礫宣讀的秦王書大贊呂不韋化周方略思慮深遠，末了說：「朝議雖有歧見，終以大局長遠計而生共識：化周做特例行之。丞相但全權處置，毋生猶疑可也。」駟車庶長宣讀的王書卻是始料不及：封呂不韋為文信侯，以洛陽十萬戶為封地。兩特使與在場官吏同聲慶賀，呂不韋卻沒有絲毫亢奮之情，洗塵酒宴完畢，安置好兩位特使老臣寓所歇息，匆匆來看望司馬梗。

昏黃的風燈下，老司馬睡得很沉。呂不韋喚過家老詢問一番，知道老司馬已經隨行太醫診斷服藥而後安歇，方才大覺放心；回頭又來王使寓所盤桓，兩位老臣聞聲即起，與呂不韋煮茶宵夜，說起司馬梗辛勞一番感慨唏噓。

老桓礫說，司馬梗是帶著蒙驁與軍中一班大將的上書趕回咸陽的。其時正是三更，東偏殿當值的老桓礫說，秦王已經歇息，請老上卿明日再來面君。老司馬卻硬邦邦一句：「三川民治如水火，當不得秦王一覺麼？你若不報，老夫正殿鐘鼓！」老桓礫二話不說，去寢宮嚴令老內侍喚醒了沉睡的秦王。迷迷瞪瞪的嬴異人被兩名內侍架著來到東偏殿，一見司馬梗又氣又笑：「一丞相一上卿，又是明書全權，何事不得斷，要本王夜半滾榻也！」老司馬依舊冷冰冰一句：「一王滾榻，強如江山滾溝。」嬴異人不好發作，搖搖手道：「好好好，老上卿說事。」及至司馬梗將來由說完，清醒過來的嬴異人捧著蒙驁等一班大將的上書卻良久默然。

老駟車庶長說，當初呂不韋的上書一到咸陽，秦王急召幾位資深老臣商議。除了他自己，鐵面老廷尉反對最烈，聲言化周策便是害秦策，行之天下後患無窮。老太史令更以國命證之：秦為水德，主陰平肅殺，天意該當法治，若無法治，便無秦國。不知何故，連已經不涉政事的陽泉君也進宮面君，指斥化周之策為居心叵測，力主罷黜呂不韋丞相之職。面對洶洶朝議，秦王只有擱置了呂不韋的上書。司馬梗帶來蒙驁等一班大將的上書後，秦王次日立即舉行了在都大臣朝會，公然宣讀了呂不韋上書與蒙驁上書，請司馬梗與眾臣廷爭。

駟車庶長說，老司馬駁斥太史令的一席話最終震撼了朝堂。說著從腰間皮袋摸出了一張羊皮紙，老夫從史官那裡抄錄了老司馬這番說辭，你且聽了。

「以國命之說非議化周之策，大謬也！水德既為秦之國命，何以孝公之前三百餘年不行法治也？何以商君變法時，舉國老臣皆以穆公王道為天意，而不以法治為天意也？不行法治，王道為天。法治有成，法治為天。究其竟，上天無常乎？朝議無常乎？商君有言：三代不同禮，五霸不同法；故知者作法，不肖者拘焉！今丞相呂不韋審時度勢，不改秦法，亦不拘成法，唯以民情而定治者，此乃商君變法之道也！公等拘泥成法，篤信虛妄，不以秦國大業為慮，唯以恪守祖制為計，秦國安得一統天下也！」

「正是這番廷爭，舉朝非議之聲頓消。」老庶長分外感慨。

「也還有蒙驁硬匝匝的撐持。沒有司馬梗，誰說得動這班虎狼大將？文信侯，天意也！」老桓礫一副深知個中艱難的神色唏噓感歎著。

「又是天意！」呂不韋淡淡一笑，一絲不易覺察的淚水從細密的魚尾紋滲了出來。此時一聲雄雞長鳴，呂不韋站起來一拱手告辭去了。時當深秋，霜霧朦朧，呂不韋踽踽獨行，心緒複雜得麻木無覺，洛陽王城空曠清冷的長街也虛幻得海市蜃樓一般……若非西門老總事與莫胡帶著幾個僕役找來，呂不韋還不知道自己已經迷路了。

三日後，呂不韋丞相令頒行洛陽：陽人聚（註：陽人聚，今河南省臨汝縣西）半縣之地留周王族後裔聚居，建廟祭祀祖先；周室王族後裔之嫡系重新確定，立唯一沒有參與作亂的一個王族支脈少年為周君，奉周宗廟；其餘周室老王族萬餘戶遺民，全數遷入關中周原，置換出同等數量的老秦人填充大洛陽。

周人終於默然，完全沒了脾氣，心安理得地接受了上天賦予的命運。

新立的不足一百戶的王族後裔，留在汝水北岸的陽人聚，開始了建廟耕耘的莘莘勞作。其餘萬戶之眾，在秦軍的「護送」下回到了久遠的祖先之地，真正開始了由周入秦的痛苦的脫胎換骨。也只是在此時，周人才恍然悟到了目下這位秦國丞相的寬仁——雖執秦法，卻沒有對東周君行九族之刑，果真以秦法的叛亂罪行刑，周王族只怕便要滅絕。雖遷關中，這些王族後裔的周人實際上卻是回到了遙遠的根基之地——周原，重操耕稼，尚可遙念祖先。若非如此，這些真正的王族後裔只怕當真便要絕望得投溺渭水了。

人同此心心同此理，周人終於百般艱難地化進了戰國新潮。

倏忽之間冬去春來，呂不韋回到了咸陽。

剛入四月，山東便傳來捷報：蒙驁率二十萬大軍渡河北上，一舉攻克晉陽（註：晉陽，今日太原。戰國中期的晉陽一直是秦趙兩國拉鋸之地，此前秦國已經兩次占領），正揮師南下猛攻趙國腹地。呂不韋立即派出幹員出河西接收晉陽，並籌劃設立太原郡（註：太原郡，太原，古名大原。《詩．小雅》：「薄伐狁，至於大原。」《傳》：「高平曰太原。」《疏》：「太原，原之大者。」太原為郡，自呂不韋治秦始，治所在晉陽）。方過三月，又來捷報：蒙驁大軍連克趙國榆次、新城、狼孟等大小三十七城，趙軍連連敗北。呂不韋直覺太過順當，深恐蒙驁中趙軍誘敵之計，連忙趕赴三川郡與司馬梗商議。司馬梗認為呂不韋顧慮不無道理，提出：為防萬一，派老將王齕率五萬精銳鐵騎猛攻上黨以為策應，使趙國不能從側後襲擊秦軍。呂不韋欣然贊同，請准秦王嬴異人，當即命王齕率兵北上策應。及至入冬，王齕軍傳來捷報：上黨大小城邑全數攻克，險要陘口全部占領，斬首六萬，趙軍敗兵三萬餘逃出上黨之地！已經趕回咸陽的呂不韋立即親赴晉陽，正式設置太原郡，轄晉陽與上黨之間全部新得的大小四十餘座城池。

在此期間，蒙驁大軍東尋趙軍主力不遇。本欲猛攻邯鄲，又恐激得趙國調遣雲中邊軍回防，遂休整兩個月。次年開春揮師南下，一舉攻下魏國大河北岸的兩大要塞——高都、汲城，斬首八萬。拔城不多，魏軍主力卻大半覆沒，以致逃回大梁還潰不成軍。蒙驁接著揮軍東進，越過魏齊之間的大野澤直逼齊國邊境。

山東六國大為震恐，一場救亡圖存的合縱開始了艱難的謀劃。

三、布衣有大義　凜說信陵君

重組合縱，是兩位草廬布衣鼓蕩起來的。

自河西不辭而別呂不韋，毛公薛公回到了邯鄲，將一切與呂不韋嬴異人相關的餘事處置妥當，欣然來見信陵君。正在與門客鬥酒的信陵君出迎，立即將薛公毛公裹進了酣熱的酒陣。毛公與薛公一對眼神，放量痛飲起來。及至月上林梢，幾個門客醺醺大醉相繼被人抬走，林間亭下只剩下了毛公薛公信陵君三人。一番醒酒湯後，侍女在茅亭外草地上鋪排好茶具座案，三人酒意兀自未盡，大碗牛飲著香醇的釅茶，林間月下海闊天空。

「老夫三千門客，此六人號為酒中六雄，六雄！」信陵君臉膛亮紅白髮飛揚，腳下落葉婆娑，手中大碗飄忽，「老夫不以為然，約好今日與六雄林下鏖酒！結局如何？老夫大勝也！兩公便說，老夫該當何等名號？啊！」

「該當王號！」毛公猝然一喊，響亮非常。

「毛公多戲言也！」信陵君呵呵酒笑不無諧謔，「薛公莊穩，請賜老夫名號。」

「王號正當其人。」薛公也是清清楚楚一句。

「酒仙也亂矣！」信陵君搖頭大笑，「老夫無得名號，今日酒戰終無正果也。」

「嘿嘿，差矣！」毛公一笑，「非為無號，乃君無規矩也。」

「老夫無甚規矩？」信陵君頓時板起臉，雖是佯怒，卻也逼人。

毛公不管不顧道：「世間名號，自來有規矩。譬如我等兩人，論名號，薛公是酒神，老夫才是酒仙。信陵君以薛公為酒仙，又拒酒王之號，談何規矩矣！」

「噫！酒仙酒神還有規矩？你且說說。」

「此中規矩在於二。」毛公嘿嘿一笑，「其一，神、仙之別。自來神聖相連，大德大能謂之聖，聖而滅身謂之神。神者，天官也。但有神號，必有職司。譬如後稷升天為周人農神，神農氏升天為荊楚農神，公輸般升天為天下工神。其餘如風雲雷電如名山大川，皆為神號。何也？天界職司之謂也。一言以蔽之，無職司不是神。仙者何？天界散人也。奇才異能謂之名士，名士身死謂之仙也。譬如伯夷叔齊不食周粟、俞伯牙獨琴、莊子夢蝶、扁鵲不為醫官而只矢志救人，等等等等，方得為仙，此其謂也。一言以蔽之，凡仙，有奇才異能而無權責職司。此乃神、仙之別矣！」

「算得一家之言。其二？」

「其二，飲者酒風之別也。」毛公分外來神，「稟性豪俠，不苟酒令，每每海飲不醉，且能談政論事者，謂之酒神也！此等人若薛公，若當年之張儀、孟嘗君者皆是。散漫不羈，酒量無常，初飲有飄飄然酒意，然卻越醉越能飲，越醉越清醒者，謂之酒仙也！此等人若本老兒，若當年之樗里疾、春申君者皆是。」

「如此說來，老夫算得酒神一個！」信陵君慨然拍案。

「張冠李戴，非也非也。」毛公嘿嘿直笑。

「這卻奇也！老夫再飲三斗無妨，如何當不得個酒神之號？」

「經神、仙共議：信陵君非神非仙，當受王號也。」毛公一本正經。

「老夫自來飲酒，唯聞酒神酒仙之號。酒王之號，未嘗聞也！」

「非也。酒徒、酒鬼、酒癡、酒雄、酒傑諸般名號，信陵君不聞麼？」

「那卻與老夫何干？」

薛公猛然插了一句：「酒號如謚號，酒王唯酒號之最，尋常飲者自然不知也。」

信陵君目光一閃：「你說，老夫如何當得酒王之號。」

「好！」毛公沒了慣常的嘿嘿笑聲，「王號者，德才位望也……」

「休得再說！這是酒號麼？」信陵君拍案打斷。

「老夫直言了。」薛公肅然起身對著信陵君深深一躬，「公子身負天下厚望，當了結客居生涯，回大梁即魏王之位，中興大魏，以為中原抗秦屏障。」

「你……」信陵君不禁愕然，「兩公蓄意，陷無忌於不義？」

「公子且坐了。」毛公嘿嘿一笑將信陵君扶到案前就座，「蓄意也罷，臨機也罷，一言以蔽之，公子不做魏王，中原文明便將覆滅也。」

「危言聳聽。」

「公子差矣！」薛公大步走了過來，「方今天下，秦國一強獨大。反觀山東六國，趙國已呈衰微之勢，齊國偏安海隅，楚國支離破碎，燕國一團亂麻，韓國自顧不暇，無一國堪為合縱軸心也！唯有魏國，國土雖大銷，然終存河外腹心，沃野千里人口千萬。更為根本者，魏國有公子在焉！公子文才武略名動天下，更是王族嫡系，在魏眾望所歸朝野咸服，若能取當今平庸魏王以代之，何愁魏國不興山東無救？」

「嘿嘿！小也小也！」毛公竹杖噹噹打著石板，「公子若做魏王，先退秦，再變法，而後便當與秦國一爭天下。王天下者，必我大魏也！安山東，何足道哉？」

良久默然，信陵君喟然一歎：「兩公之論，猶趙括紙上談兵也！」

「何以見得？」薛公神色凝重，顯然是要說個究竟出來。

「兩公坦誠，無忌也照實說了。」信陵君指節敲著案頭，「一則，此舉大違人倫之道，無忌不屑為也。方今魏王，乃我同胞，稟命即位，我何能取而代之也？二則，方今魏王雖則平庸，卻無大失。當年，我私盜兵符、擅殺大將而不獲罪，足見其宅心仁厚也。當年，魏王欲結秦滅韓，奪回祖先舊地，我力諫，王從之，足見其明斷也。無忌客居趙國，自愧有背於魏王也，無得有他。若能回魏，助王可也，何得奪王自立而引天下側目。」

「公子大謬也！」薛公慨然正色，「但為國君，國弱民疲便是第一罪責，何謂無大失也？好人未必做得好王。公器之所求，非好人也，乃好王也！」

信陵君正要說話，毛公一陣嘿嘿連笑：「公之迂腐，老夫今日始知也。告辭！」當當點著竹杖走了。薛公一怔一笑一拱手，也飄然去了。

此後兩年，毛公薛公竟從世間消失一般，任信陵君派出門客如何在邯鄲市井尋覓，也是不見蹤跡。信陵君沒了直抒胸臆的諍友，頓覺百無聊賴，自是鬱鬱寡歡，沉溺酒棋色樂，一時大見頹廢。

蒙驁大軍攻魏，魏國君臣大是驚慌。安釐王魏圉與一班心腹連夜密謀，終究一無長策。安釐王臉色陰沉下來。良久沉寂，一老臣低聲道：「臣有一策，我王或可斟酌中不中？」「有策便說，何須吞吐。」安釐王自己雖無見識，卻最煩沒擔待的臣子。老臣更見惶恐：「請王恕臣死罪，臣方敢言。」安釐王不禁大是煩躁：「病急亂投醫，況乎社稷危難？縱然錯謀，何來死罪？快說！」老臣終是囁嚅道：「魏有一才，我王記得否？信陵君……」吭哧著打住了。安釐王目光驟然一亮：「你是說，請信陵君回魏抗秦？」老臣不敢應答，只低著頭不看安釐王。另一個將軍促聲接道：「末將愚見，信陵君不會回魏！」

「為何？」安釐王大惑不解。

「不會！」那個將軍還沒有說話，先前老臣一反惶恐之態斷然插話，「信陵君深明大義，若大王誠意釋嫌，公子必能回魏！」

「何謂誠意釋嫌？」

「公子離國，由兵事生嫌。欲以解之，自當仍以兵事。老臣之見，以舉國之兵並上將軍之印委公子，可見我王之誠也！」

安釐王一番思忖終於拍案，立即命老臣為祕密特使兼程奔赴邯鄲。

老特使沒有想到的是，信陵君一聽是魏使，竟嚴詞拒絕且不許門吏再報。如是三日，老特使竟連信陵君的面也不能見，焦灼得熱鍋上的螞蟻一般。這日正在百思無計兀自後悔自己說下了大話，卻有驛館吏來報，說一個竹杖老酒徒在門口大嚷要見魏使。老特使正在連說不見，已經有蒼老的嚷叫聲響徹庭院：「驀爾魏使，不見我仙，你卻能見得何人，啊？」老特使心下一動，連忙快步迎出肅然一躬：「敢問足下，可是老魏高士毛公？」老酒徒嘿嘿一笑：「你說是便是，老夫只要瞅瞅魏王王書，餘無他事。」老特使驚喜過望，當即將邋遢骯髒的老酒徒請進正廳。老酒徒看罷王書，只說聲你老等著，點著竹杖晃晃悠悠去了。

自對信陵君建言無果，毛公薛公憤憤然出遊趙北燕南。在老卓原的天卓莊盤桓了半年有餘，其間恰逢趙國大禮護送秦國王后歸秦，毛公薛公順便送走了趙姬母子。此後欲去齊國，卻在濟水東岸正遇蒙驁大軍連綿駐紮，大野澤兩岸所有的官道都被秦軍封鎖。薛公說：「不妨見見蒙驁，一則可探聽秦軍意圖，二則或可收弦高犒師之功效（註：春秋時，秦軍奔襲鄭國，鄭國商人弦高路途得知消息，便趕著自己用以交易的羊群，以鄭國特使名義迎上犒勞秦師。秦軍統帥見鄭國知道了秦軍行蹤，慮及鄭國有備，遂退軍。「弦高犒師」遂成典故）。」毛公嘿嘿冷笑：「春秋秦軍是偷襲之師，今日秦軍明火執仗，還怕你知道？只怕去了便回不來也。」薛公問：「為何？」毛公連連點著竹杖說：「不聞蒙驁呂不韋交誼麼？若那蒙驁硬要將你我送到咸陽去見呂不韋，你還指望回來麼？」薛公恍然大笑：「呀！懵懂也！老兄弟說的是，不去了。」一番商議，兩人終於還是趕回了邯鄲，一路見山東庶民落荒遍野南逃避戰，心下大為不寧，反覆思慮，還是決意再見信陵君。正在此時，忽聞魏王特使入邯鄲而信陵君不見，毛公機警，便有了驛館酒徒的故事。

毛公見過魏王王書，回去一學說，薛公二話不說抬腳便走。

這時，平原君正在胡楊林下與信陵君艱難地周旋著。魏王特使入邯鄲，趙國君臣大喜過望，以為信陵君必定是應聲回魏重組合縱。誰知幾日過去，事情竟眼睜睜僵住了。趙孝成王急得火燒火燎，本欲親自去說信陵君，卻又愧於當年對信陵君食言，自覺功效不大，便召平原君密議。自信陵君客居邯鄲，平原君也自覺與信陵君之間有了一種微妙的隔膜，政見之爭，門客之爭，後來直是信望之爭，原本篤厚的交誼與親情在不知不覺間淡漠了。雖說也時不時有酒宴酬酢，可連門客們都是心知肚明，兩公子再也不是從前的兩公子了。然秦軍壓境，趙國腹地已經大受威脅，此時只有根基尚存的昔日強國魏國與趙國合力，才有望重立合縱扭轉危局，形勢使然，一己恩怨也只有丟開了。

時當盛夏正午，信陵君散髮布衣正在茅亭下自弈打棋，左手拈一枚黑子啪地打下，右手又拈一枚白子啪地打下，搖搖頭又點點頭，似凝神沉思又似漫不經心。平原君在亭廊外的草地落葉上沙沙走動，時不時說得幾句，亭中信陵君也時不時應得幾句，有一搭沒一搭總是不入轍。良久，平原君終於入亭坐定在信陵君對面的大石案前，突然拍案高聲：「無忌兄，山東存亡危在旦夕，兄當真做壁上觀乎！」

「不做壁上觀又能如何？」信陵君依然漫不經心地打著棋子。
「回魏為將，合縱抗秦！」
「回魏？老夫做階下囚，你舒心麼？」
「豈有此理！魏王王書搬你，何來階下囚之說？」
「你信得君王之言，老夫信不得也。」
平原君頓時被噎得沒了話。天下皆知，趙國食言於信陵君，始作俑者是自己。此事非但使趙國在山東六國信譽掃地，連秦國也是嗤之以鼻。至於平原君個人的豪俠聲望，更是一落千丈，否則，自己能在如此急迫之時窩在邯鄲不去奔波合縱麼？每每心念及此，平原君愧疚不已。若是當初趙國遵守諾言，在信陵君不能回魏之時如約封給五城之地，只怕信陵君組成的封地護軍也是一支抗秦銳師了，如何能教秦軍長驅直入連奪三十七城？然則，一切都遲了。一步差池，趙國在喪師失地的危急關頭再也沒有了山東大旗的呼籲力量，景況比長平大戰後的兵臨城下還要難堪尷尬。那時信陵君一呼而列國救趙，根由便是山東戰國以趙國為抗秦中堅，深信趙國是一個誠信武勇的大國，今日我救趙，明日趙便能救我！曾幾何時，一切都面目全非了……信陵君公然如是譏諷，無異對平原君心頭一劍。一陣愣怔，平原君猛然舉爵大飲，溝壑縱橫的臉上淚水漫湧而下。
「勝兄……」信陵君驀然回頭不禁驚愕萬分，連忙起身過來一個長躬，「無忌無心之言，絕非重提舊事，兄何其介懷也。」
「失信者言輕，何怨於兄？」平原君起身一拱揚長去了。
信陵君望著平原君已顯老態的背影，一時莫名煩躁起來。正在此時，門客總管領來了毛公薛公，信陵君不禁驚喜過望：「泥牛入海竟有歸，無忌有幸也！家老，上酒！」
「今日非聚酒之時。」薛公肅然拱手，「但為君來進一言也。」

「何來客套，但說無妨。」

「我老兄弟從大野澤僕僕趕回，沿途所見不忍卒睹。凡城皆人心惶惶，凡村皆逃戰嶺南。中原之地已是生民塗炭，各國朝野皆如驚弓之鳥，與此前任何一次秦軍東出均不可同日而語也。老夫直言，中原大險臨頭矣！當此時也，公子身負天下重望，獨能閒散飲酒悠然打棋乎？」

「以公之見，我當自投羅網？」信陵君揶揄地笑了。

「魏無忌大謬也！」毛公一點竹杖直呼其名。

「何以見得？」信陵君微微一笑。

「國家者，國人之國也，非王者一人之國也！救亡圖存，君何計較於一己恩怨？天下重魏，魏有君也！天下重君，君有魏也！魏無君則敗亡，君棄魏則失天下之心也！魏王固非明君，然信陵君拒其救國之請，又豈是大才正道？君雄才大略傲視天下，寧與庸常之君恩怨必較而使魏國滅頂哉？」

「君與魏國，一體相依也！」薛公肅然一躬。

林下一片沉寂。信陵君的心被兩位布衣老士子的話深深震撼了。大才失國，終為朽木。客居異國原本只說能襄助趙國軍政，一展胸中所學，到頭來卻是處處受制逼得自己沉淪酒色，結局好麼？長此以往，縱保一條活命，何異於行屍走肉也。心念電閃間信陵君拍案而起：「立備快馬，兼程回魏！」

三日後，大梁郊野人山人海。魏安釐王帶領文武大臣出大梁北門三十里，隆重迎接別國幾近二十年的信陵君。大梁國人幾乎是傾城而出，要見識見識這位肩負著魏人圖存重望的邦國干城的氣象。暮色時分，一團黃雲般的煙塵從北方席捲而來。遍野百姓一陣亂紛紛吶喊：「馬隊來也！」「信陵君萬歲！」馬隊漸漸清晰，信陵君的大紅披風像一團火焰在飛動。佇立亭外高臺的安釐王長長地出了一口氣，正要舉步下臺，卻軟得爛泥也似……待一切整順之後，安釐王當即在事先築好的拜將臺舉行了堪稱盛大的拜將大典，當著舉國臣民向信陵君鄭重拜下，授上將軍印，授調遣舉國兵馬的虎符。當信陵君接過印鑒兵符時，長久鬱悶的魏國人終於爆發了，漫山遍野吼聲雷鳴，整個大梁都被這壯闊的聲浪淹沒了。魏國君臣奮激萬分，圍著信陵君異口同聲地高呼了無數遍「振興大魏」……

四、趙國的最後名將與最後邊兵

平原君馬隊晝夜兼程北上了。

碰壁於信陵君，平原君絕望了，也傷心了。那一刻，他痛楚地咀嚼了自己種下的苦果，也真切地咂摸了命運掌握在別人手裡的滋味，眼中是淚，心頭是血，卻沒有半點兒奈何。信陵君在趙國君臣面前的冷漠高傲固然事出有因，身為當年當事人，時常負疚的平原君確實沒有責怪信陵君之心。然則，還是在那一刻，平原君對信陵君的景仰蕩然無存了，信陵君賴以巍巍然矗立在平原君心田的根基也驟然鬆動了。這個根基，是信陵君獨有的節操與膽略，是那種忍辱負重不計個人得失而全力維護大局的德行魅力。唯其如此，信陵君五十餘年領袖戰國四大公子，風塵豪俠文武名士爭相歸附，成為蘇秦之後山東六國公認的合縱支柱，雖客居趙國十餘年而聲威不減。在平原君心目中，趙國固然有負信陵君，然在整個山東六國生死存亡的危急關頭，信陵君一定不會計較這些一己恩怨，一定會慨然出山。為了給信陵君一個結結實實的臺階，平原君派出幾個得力門客前赴大梁，說動魏國兩位王族老臣向魏王提出迎回信陵君合縱抗秦的謀劃，使信陵君可以堂而皇之地回魏擎起合縱大旗，屆時趙國立即全力回應，何愁合縱不成？發動這個臺階時，平原君心下已生淒涼——同為當年與蘇秦一起周旋合縱的戰國四大公子，今日危亡之時竟不能公然奔走合縱抗秦，情何以堪也！然魏王王書一發，平原君這絲淒涼頃刻消散了。他以為信陵君必能立馬回魏，趙國只需謀劃如何有力應和。及至信陵君幾日不見特使，平原君才覺得事情有些棘手，反覆思忖一番，最後還是親自登門了。雖說多年來與信陵君齟齬不斷，平原君還是相信，只要自己真誠說之，信陵君絕不會固執於往昔。平原君萬萬沒有料到，信陵君竟直對著他心頭一刀……

平原君憤怒了。

當晚，平原君匆匆進宮對趙孝成王說了大體經過。孝成王頓時皺起了眉頭，連連長歎卻說不出一句囫圇話。見趙王如此窩囊，平原君雄心陡起慨然拍案：「我王毋憂！數十年來趙國獨抗秦軍，血流成河伏屍如山，山東五國受恩多矣！今彼忘我大德，思我小怨，以為聯手合縱僅是趙國抗秦之需，豈非大謬也！若論實力，只怕唯有趙國尚可自救，他國終歸還得靠趙軍血戰。而今，無須看他人臉色，老臣請命北上，調十萬邊軍飛騎南下，先打秦軍一個措手不及。其時合縱局面自開，強如畏縮乞求也！」

「好！王叔氣壯，趙有救也！」孝成王當即拍案。

平原君馬隊臨行時，門客報來說信陵君已經回大梁去了。平原君只淡淡一笑，馬鞭一揮轟隆隆去了。

兩日之後，馬隊抵達雁門郡。一線河谷穿行於蒼莽山塬，山勢分外險峻。走馬行得一個多時辰，只見遠處兩座青山遙相對峙，各有孤峰插天而上，雁陣從兩峰間向北飛去，雁叫長空山鳴谷應，在遼遠的藍天白雲之下，恍若上天為南來北往的大雁在千山萬壑中劈開了一道寒暑之門。

「雁門塞！兵家險地也！」一個門客興奮地喊了起來。

「北出雁門關，人道李牧川！」另個門客也高聲念誦了一句。

平原君望著險峻天成的雁門要塞，油然而生的豪邁中夾雜著沉甸甸的思緒。還是在與秦軍上黨對峙而長平大戰尚未成局之時，平原君要北上陰山草原調邊兵南下，趙括向他舉薦了年輕的李牧。那時候，李牧還只是一個飛騎千夫長。平原君尋思趙括為少年才異之士，連趙國一班老將軍都不放在眼裡，卻推崇一個少年騎士，其中必有原因。一到雁門關大營，平原君便親自到騎兵大營訪到了這位少年騎士。

平原君記得很清楚，他看了李牧的精湛騎射之後哈哈大笑，慨然拍著李牧肩頭激勵道：「小兄弟好身手！老夫舉你騎將之職，獨軍殺敵！」趙軍騎將是率領三千飛騎的將軍，對於匈奴作戰，這是基本的兵力單元，趙軍任何一個騎士都以做騎將為莫大榮耀。然李牧似乎並不是特別興奮，只一拱手：「騎將終是可做，謝過平原君舉薦。李牧以為：趙軍對匈奴，不可如此無休止纏戰！」平原君大是驚愕，幾乎懷疑自己的耳朵聽錯了。對匈奴的戰法是武靈王胡服騎射之後確定的，簡而言之，叫作「騎對騎，射對射，牙還牙，血還血」，趙軍將士從此大覺揚眉吐氣，這個小李牧竟說這是纏戰？在平原君沉著臉不說話時，李牧卻又開口了：「我軍欲勝匈奴，必先固本而後一舉痛擊！不固本，雖百勝無以根除匈奴，終至陷於世代糾纏。」

平原君驚歎不已，與這位少年騎士在山月下整整說到天色曙光。重新部署大軍時，平原君力舉李牧做了騎將，便率領大軍南下了。此後便是長平大戰，趙國邊軍幾乎全數南下本土與秦軍血戰。還是平原君擔保，趙王任命李牧做了雲中將軍，率領僅有的萬騎邊軍與匈奴周旋。

從此，這李牧開始了他那獨特的固本之戰，只護衛著趙國雲中郡的草原不動。開始時，趙國本土大戰連綿，朝野都認為李牧的堅守是明智的。更兼李牧還有一絕：雖只有一萬人馬，可匈奴大軍趁趙軍主力南下連忙鋪天蓋地壓來時，卻連李牧軍的蹤跡也找不見。匈奴單于索性揮軍南攻雁門關，又被李牧軍閃電般從草原深處殺出，雁門關六千守軍也強弩疾射鼓噪殺出，匈奴全軍潰亂，騎士死傷六萬餘，無奈悻悻退兵。如是三次，匈奴打消了越過李牧邊軍而徑直南下攻趙的打算，只輪番騷擾趙軍營地與牧民草原，引誘李牧追擊。李牧卻是奇異，只要匈奴騎兵殺來，便早早沒了蹤影，匈奴騎兵但退，軍營裡又是人喊馬嘶炊煙裊裊，只是絕不追擊匈奴的小股輕騎。

天長日久，李牧邊軍面目全非。

趙王特使的說法是，非商非牧非軍非民，四不像！活匈奴！

原本保護牧民交易的四千飛騎，變成了奇特的「軍代商」。這支馬隊收了趙國牧民的牲畜皮革鹽巴糧食，搖身變作馱馬商旅，深入草原與匈奴小部族做生意，交易完畢立即回程；若遇匈奴輕騎騷擾，便有接應飛騎殺出，馱貨馬隊趁機脫身；回到營地，交易貨物立即發還牧民，邊軍只二十取其一地收稅，或錢或物不論。若有匈奴部族欲與趙民交易，邊軍也同樣替代。其時，匈奴遊騎遍布草原，趙國邊民飽受劫掠，根本無法正常市易。軍代商一開，邊民大悅，競相將多餘物事交李牧軍代為交易。後來各族聚議，說李牧邊軍苦甚，堅執將邊軍的收稅提到了十取其一。如此數年，李牧軍的財貨戰馬皮革兵器宗宗豐厚，裝備之精良遠超匈奴的貴族騎士：每騎士擁有三匹雄駿戰馬、六口精鐵戰刀、三套精製的上等皮革甲胄、三副硬弓配五百支長箭。除此而外，全軍還打造了一萬張大型連發弩機、五萬頂牛皮帳篷，囤積了大量的牛羊乾肉與糧草。但紮營軍炊，每個百人隊日殺兩牛，人人放開肚皮猛吃。飽餐之後在空曠的草原馳騁騎射，直到三匹戰馬都累得一身大汗。邊民豔羨李牧邊軍，精壯紛紛湧來從軍。李牧以當年吳起遴選「魏武卒」之法考校，從軍者非但要精通騎射，更要體魄雄健，下馬可做步戰勇士。擴軍人數雖則不多，卻盡皆精銳無匹。

另有三千飛騎專門看守遍布五百里山頭的烽火臺，搜集囤積狼糞。

三千通曉匈奴語的騎士組成了間諜（註：間諜，先秦時一般將探事者稱為「斥候」。戰國後期始有「間諜」一詞，見《史記・廉頗藺相如列傳》之李牧附記。間諜代斥候，意味著探事手段與涉探範圍的擴大與深化。）營。每個間諜帶兩隻上好的信鴿，裝扮成匈奴牧民，撒向廣闊的大漠草原。一支萬餘人的邊軍，竟有三千間諜，可謂空前絕後。

其餘主力飛騎由李牧親自統領，騎士全部皮裝輕甲彎刀硬弓，遠觀與匈奴騎兵沒有絲毫區別。這主力馬隊的任務只有一個：日夜漂泊草原，與匈奴只做無休止的歸去來兮的周旋，卻絕對不許交戰。李牧的軍令是：「匈奴但來，急入收保，有敢擅自捕獲匈奴者，斬！」

如此三五年周旋，匈奴對李牧無可奈何。而李牧的邊軍則在國府沒有撥付分文的情勢下，已經壯大到了五萬精銳飛騎，更兼糧草財貨豐厚軍輜裝備精良，其戰力非但已經遠遠超過了疲憊已極的本土趙軍，而且遠遠超過了一味野戰的匈奴騎兵。

此時，非議李牧的聲浪瀰漫了邯鄲。一班與秦軍血戰後僅存的將士更是不滿，紛紛指斥：「多年一仗未打，邊軍肥得流油，李牧究竟意欲何為？」趙王派出特使視察李牧邊軍，回來將「四不像」與「活匈奴」之象一通稟報，趙國朝堂反應劇烈！此時，秦軍攻逼趙國的浪潮已經回縮，趙國君臣在合縱勝秦之後又是躊躇滿志，忽然醒悟一般，紛紛指斥李牧畏縮不戰徒使大趙受辱於胡虜。孝成王大以為是，立即再派特使趕赴陰山軍營，敦促李牧立即大戰匈奴。年輕的李牧只是冷冰冰一句：「將在外，君命有所不受。」依然如故地與匈奴歸去來兮地虛與周旋。

孝成王發怒了，立即召回李牧，改派樂乘為將出戰匈奴。

平原君記得，那次自己沒有勸阻趙王，李牧做得太過分了。

然則，急於對匈奴作戰的結局卻迅速證實：李牧沒有錯。

樂乘是名將樂毅的兒子，赴任之後立即集中李牧散開的兵力對匈奴展開了反擊戰。一年半時間全軍出擊十六次，非但沒有一次捕捉到匈奴主力決戰，反而每次傷亡騎士戰馬數千，許多精銳騎士竟莫名其妙地失蹤了。僅僅如此還則罷了，偏是趙國邊民沒了「軍代商」，不堪邊軍馳突與匈奴的無常騷擾劫掠，紛紛逃亡秦國的九原與燕國的遼東，廣袤的陰山雲中草原迅速地凋敝，李牧的邊軍積累也幾乎全數耗光。樂乘無奈，緊急上書邯鄲，請求立即撥付大批軍輜糧草，否則無法續戰。

趙國朝堂一片驚愕！趙國君臣這才恍然想起，國府已經近十年沒有向邊軍撥付分文了，這李牧卻是如何撐持得不倒還能節節壯大？實在是奇也哉！

平原君力諫趙王重新起用李牧。孝成王終於接受了。可年輕的李牧卻牛性發作，聲稱自己得了大病，已經不堪戰場之苦。趙王又氣又笑，第三次下書「強起」。強起者，不從也得從，違命死罪也！這次李牧沒有說病，卻對趙王提出了一個條件：「我王若必用臣，許臣戰法如前，否則不敢奉命。」二話不說，趙王立即答應了。

李牧重為雲中將軍，到任又是一任匈奴騷擾劫掠，只是遊騎周旋。邊民聞李牧復職，也紛紛回歸故土，「軍代商」又蓬蓬勃勃地恢復起來。三兩年後，李牧的五萬精騎全部恢復，萬餘張大型弓弩需得配備的十萬射手兼步軍也全部就緒，祕密演練嫻熟。這年入秋，李牧下令：八千飛騎扮作牧民，邀集回到陰山草原的牧民們全部趕出囤積的牛羊馬匹，一齊做遠草放牧。一時之間，畜牧大縱，人民遍野，整個陰山南北的草原都熱鬧了起來。所謂遠草放牧，是牧民在秋草之時先趕牲畜到百里或數百里之外的遠處放牧，到天寒之時，再退回到大本營消受基地牧草。這是牧民千百年的放牧規矩，誰也不以為反常。

這三兩年裡，匈奴雖捕捉不到趙軍，卻也終於認定：這個李牧終究是個只知開溜的大草包。及至今秋邊民遠牧，匈奴遊騎立即風一般捲來劫掠。趙軍護衛牧民的幾個千騎隊一戰即潰，竟被匈奴掠走了數以萬計的牲畜。消息傳到北海，匈奴單于再不疑慮，發動諸部三十萬騎兵呼嘯南下，要一舉端了趙國雲中郡根基。

烽火臺狼煙大起！

李牧集中步騎十五萬大軍連夜開過陰山，在陰山北麓早已選定的河谷地帶擺開了大戰場。這是一片貌似無奇實則特異的山川之地，東西兩道山梁如同陰山北麓張開的兩道臂膊，摟住了一片澄澈大湖，撒開了幾條淙淙小河。在草木莽莽山巒起伏的綠色大草原，誰也不會以如此一方山水為特異。然而，李牧蓄謀多年，對陰山南北的地形地貌瞭若指掌，不知多少次踏勘比較，才認定了這方戰陣之地，自然深知其中奧妙。

清晨時分，匈奴大軍沉雷般從北方大草原壓來。進入兩道山梁之間，遙見湖水如鏡河流如帶，已經兼程奔馳了大半夜的匈奴騎士們一陣遍野歡呼鼓噪，紛紛下馬奔向水邊。大軍中央的單于見狀，略一思忖傳下軍令：「歇息造飯，半個時辰後一舉攻過陰山！」片刻之間，匈奴大軍滿當當撒在了湖邊河邊的草地上。

驟然之間，一片牛角號淒厲地覆蓋了河谷草原！

匈奴大軍尚在愣怔，萬千強弩長箭伴著喊殺聲暴風雨般三面撲來。不待單于發令，匈奴騎兵飛身上馬，洪水般向唯一沒有箭雨的北口蜂擁衝殺。剛出兩道山梁，又聞草原殺聲大起，趙軍兩支精銳飛騎各從東西紅雲般壓將過來。這五萬飛騎乃李牧多年嚴酷訓練的精銳之師，人各三馬，戰刀弓箭精良無比，較之匈奴貴族騎士的人各兩馬還勝過一籌。更有一處，李牧在戰前已經重賞每個騎士百金安家，人懷必死之心，號稱「百金死士」。五萬飛騎十五萬匹雄駿戰馬在大草原隆隆展開，氣勢懾人心魄，第一個浪頭便將匈奴騎兵壓回了河谷！

反覆衝殺之時，趙軍戰法陡變——三面強弩大陣箭雨驟見稀少，八萬步軍列成三個方陣，挺著兩丈三尺的鐵桿長矛，從東西南三面森森壓來，隆隆腳步勢如沉雷，對蜂擁馳突的匈奴騎兵視若無物。匈奴騎兵向以馳突衝殺見長，大約以為天下只有這一種戰法最具威力，否則，何以趙武靈王要胡服騎射？今日乍見中原步軍軍陣的森煞氣勢，一時竟是蒙了。

一頭目大吼一聲，率千餘騎展開撲來。尚未入陣，便被森林般的長矛連人帶馬挑起，甩得血肉橫飛，一個千人馬隊片刻間蕩然無存。匈奴老單于大駭，彎刀一揮嘶聲大吼：「衝殺北口！回我北海！」

那一戰，匈奴大軍留下了二十餘萬具屍體，而李牧軍死傷不過萬餘。

一戰成名，李牧卻辭謝王命，沒有回邯鄲受賞受賀，而是率領五萬飛騎一鼓作氣向東北追擊。連滅褸襤（註：褸襤，戰國時北方胡族，居地在趙國代郡之北，大約今日內蒙古東南部）、東胡兩大胡邦，又迫使林胡邦餘部舉族降趙。匈奴大為震恐，老單于率餘部遠遁茫茫西域沒了蹤跡。此後至今十餘年，整個北方胡人無一族敢犯趙國北疆。

……

北出雁門，越過趙長城百餘里，是趙國邊軍的岱海大營。

時當暮色，牧人漸歸，炊煙四起，高遠的長調掠過草浪隨風飄來——

牛羊如雲李牧川
天藏飛騎大草原
不怕邊軍吃
不怕邊軍穿
只怕邊軍不吃不穿不動彈
長城自此無戰事
胡馬不得過陰山
我有李牧川
車馬流水富庶年年
……

「一將之能，竟至於此也！」平原君慨然一歎，一馬當先飛過一片片牛羊帳篷，終於進入了趙軍營區。夕陽之下，一座城堡般的莫府（註：莫府，亦作幕府。《史記集解》引如淳云：「將軍征行無常處，所在為治，故言『莫府』。莫，大也。」又引崔浩云：「古者出征為將帥，軍還則罷，理無常處，以幕帟〔小帳幕〕為府署，故曰『莫府』。則『莫府』當作『幕』字之訛也。」流傳日本作「幕府」。考其流變，大意為「軍無定治，以幕為府」之意。）突兀矗立，在連綿無際的牛皮大帳海中儼然一座顯赫的孤島。分明莫府前並無軍吏，馬隊未入軍營卻有大號嗚嗚長吹，一員黝黑粗壯的將軍從莫府飛步出來。

「末將李牧，參見平原君！」

「李牧啊，今非昔比，你可是大有氣象了！」

「邊軍氣象，賴平原君之功！」

平原君哈哈大笑：「老夫當言則言而已，還是將軍雄略也。」

「聚將號！開洗塵軍宴！」李牧令下，牛角號飛向遼遠的草原。

洗塵軍宴設在莫府前的特大型牛皮帳下，當真是聞所未聞的氣勢。三百多隻烤整羊、六百多桶老趙酒、小山一般的燕麥餅、飲多少有多少的皮袋裝馬奶子，大帳外的草原上烤整羊的篝火映照得半邊天都紅了。沒有軍營常見的冷峻簡樸，腳底是厚得人腳軟的紅地氈，眼前是兩排環繞大帳搖曳著粗大羊油燭的六尺銀燭臺，擺放烤羊的食案是清一色的九尺白玉大案。所有將領全部與宴，個個肥碩壯健慷慨呼喝，腰掛鑲金嵌玉的半月戰刀，手捧恍若金鑄的奇特的青銅大碗，豪闊得教人咋舌。

「如此軍宴，雖匈奴單于亦見寒酸也！」平原君無法不感慨了。

李牧哈哈大笑：「邊軍沒得國府一錢，但求無罪可也！」

「但有常心，何罪將軍矣！」平原君笑歎一句，「只老夫不明，自來軍中戒奢，何邊軍如此殷實豪闊，將士卻能視死如歸？」

李牧肅然拱手答道：「厚遇戰士，善待人民，將無私蓄，軍無擄掠，牧之軍法也！如此雖厚財豐軍，亦得將士用命人民擁戴。」（註：戰士、人民、群眾等詞，皆出戰國，《史記》亦有記載。）

「稟報平原君！」一將高聲插話，「雲中邊民常大驅牛羊數千入軍，我軍若是不受，邊民便疑慮我軍戰力，逃亡他鄉。近年來，雲中牧民舉家隨軍流動者不下三萬戶。邊民有歌，『不怕邊軍吃，不怕邊軍穿，只怕邊軍不吃不穿不動彈！』你只說，我等有甚法子拿捏！」

「來路之上，老夫也曾聞歌，只是不解其中奧妙也！」平原君重重拍案曼聲吟誦，「不怕邊軍吃，不怕邊軍穿，只怕邊軍不吃不穿不動彈……民心也！戰力也！老夫長見識也！」言罷哈哈大笑，分外暢快。

軍宴結束，平原君拉著李牧轉到了莫府外的草原。一汪醉人的明月壓在頭頂，無邊的草浪飄拂在四野，兩人久久無話。

「李牧，可聞秦軍東出消息？」平原君終於開口了。

「間諜多報，如何不知？」

「你若南下，雲中邊軍會亂麼？」

「不會。然則，李牧不欲南下。」

「卻是為何？」

「恕我直言。」李牧慨然拱手，「秦軍全部兵力已達五十餘萬，且無虛師。目下抗擊秦軍，非趙軍一力可當，唯賴合縱聯軍。李牧資望尚淺，既不能為合縱達成奔走，也無法做聯軍統帥，即便南下，徒添一將而已。李牧之見：六國聯軍唯以信陵君為帥方可服眾，統兵制勝之才，信陵君不下白起也！李牧相輔，不增其制勝之力，反添其多頭干擾。此其一也。」

「還有其二？」平原君有些驚訝——李牧顯然已經清楚了他此行意圖。

李牧呵呵一笑：「其二，與信陵君比肩作戰，和諧莫如平原君與春申君。若趙魏楚三國合兵，韓燕齊三國助攻，由三位久經磨合的大公子統率，此戰必勝無疑。」

「你是說，老夫帶趙軍與信陵君會合抗秦？」

「李牧以為，這是上上策。」

「可是，軍力……」

「平原君毋憂。五萬邊軍精騎全數南下可也！」

「如此你豈不成了空營之師？」

「十萬步軍尚在，危機時改作飛騎也是使得。」

平原君良久默然，淚水模糊了溝壑縱橫的老臉。有得李牧這般傑出的大將，趙國可說是邊患無憂矣！李牧若得為趙國上將軍，趙國安得不重振聲威？可是，一想到邯鄲朝堂大臣們對李牧的種種非議，想到越老越是剛愎自用的趙王，平原君心頭不禁沉甸甸的。趙勝老矣！無力左右國政了。然則無論如何，最後這兩件事都要做好：一是合縱抗秦，二是力保李牧執掌趙國大軍，捨此無他求也。

三日後，平原君率領五萬精銳飛騎南下了。

馬蹄如雷，彎刀閃亮，紅色颶風掠過了遼闊的雲中草原。

五、壯心不已　春申君奔波合縱

信陵君在魏國拜將的消息傳來，整個郢都頓時亢奮起來。

楚國已經沉寂多年了。自白起攻克夷陵奪取老郢都，楚國盡失荊江地域東遷淮水南岸，至今已是三十年過去。楚頃襄王已經死了，繼任的考烈王也已經在位十五年了。三十年中，除了頃襄王在東遷之初平定了江南十五城的小叛亂從而鞏固了新郢都外，楚國幾乎沒有過任何一件使天下關注的大事。北上中原爭霸的雄心再也不提說了，面對中原驚心動魄的連綿大戰，楚國所能做的也只有「小心周旋」四個字。小心周旋者，既要立足山東六國陣營，又不能開罪於秦國也。秦國氣勢太盛時，楚國除了派太子到咸陽做人質，也時不時割讓些許土地安撫秦國。秦國頓挫時，楚國也不再爭做抗秦軸心國，而只做得適可而止。合縱救趙，楚國曾堅執拒絕做首倡之國。直到平原君率門客軍南下，毛遂挺劍相逼，考烈王才適可而止地答應加入合縱。入則入矣，也絕不做聯軍主力，只出得三五萬兵馬罷了。如此三十餘年周旋下來，楚國總算是沒有大翻覆，落得個戰戰兢兢風平浪靜，國力也稍稍殷實振作起來。

楚國君臣又活泛了。北上的議論也漸漸從無到有地多了起來。朝議最風行的說法是，白起惡死了，范雎退隱了，秦昭王老死了，天使秦國衰落也！當此之時，呂不韋逆天滅周，蒙驁東出掠地，豈非多行不義乎？若是山東合縱重開，楚國再無顧忌，北圖大好時機也！

此時，信陵君拜將的消息傳來，無異於一石入水漣漪大起。

信陵君何許人也！天下誰個不清楚？信陵君復出為大國上將軍，其鋒芒所指天下誰個不心知肚明？別說楚國君臣，便是郢都國人，也是奔相走告紛紛揣摩，人人都惶惶然欣欣然說叨不休。春申君府邸門庭若市，大臣們競相聚來做國策之辯，紛紛要給楚國謀劃重振長策。無論對策如何，那一派多年不見的昂昂之情已教人油然而生雄圖之心。相互砥礪慷慨愈生，沒有人再問究竟如何去做，只一口聲呼籲——請命楚王，擁戴春申君北上首倡合縱！

春申君始終沒有說話。賓客但來只是聽，賓客但走只是送，末了只有一句話：「諸公高論，容老夫思之。」如此旬日，朝議愈加激昂起來，十餘位元老重臣索性上書楚王，請行大朝議決。

這日暮色，王命到府，密召春中君立即入宮。

此時的春中君已經今非昔比，是楚國一等一的實權強臣了。在戰國四大公子中，春中君在風華之年一直是沒有做過秉國丞相的清爵公子，因多年追隨屈原而招致一班貴冑聲討，只能做個周旋邦交的角色。其在中原的聲望實力，遠遠不能與信陵君、孟嘗君、平原君三公子相比。春中君命運的轉折，來自十五年前與秦國的一番艱難周旋。

楚頃襄王末年，秦國正當昭王氣盛之時。頃襄王基於秦軍已奪楚國荊江根基，深恐秦軍順勢南下追擊，擬派太子羋完到秦國做人質，以與秦立盟結好。春中君與羋完交厚，向頃襄王請命，陪著太子入秦做了人質。數年之後，頃襄王一病不起，飛書秦王請允准太子回楚，遭秦國斷然拒絕。陪同的質使春中君思忖一番，來拜見應侯范雎，當頭一句：「丞相認可楚太子乎！」范雎笑答：「是也，何須問也。」春中君精神大振立刻開說：「今楚王只怕難以起疾，秦國不如放太子回楚也。太子繼位，必感恩而忠心事秦，丞相也是功德無窮也。若不放太子，無非咸陽多一庶民耳。楚國若新立太子繼任，則必不事秦，秦國失楚王之和，絕非上策也。請丞相思之。」范雎以為有理，稟報了秦昭王。秦昭王卻說：「安知楚王非詐病也？可令我使與楚太子傅先回楚國探視，回來後再做計議。」

得范雎回覆，春中君大是不安。反覆思忖，慮及楚王也鍾愛自己的敵手陽文君的兩個公子，若耽延時日，楚王在病急之時立了新君則一切晚矣。春中君連夜與太子完密謀，將太子完裝扮成太子傅的駕車馭手，隨秦使車馬隊出咸陽回了楚國。春中君自己則留下來稱病不出。兩日之後，算計太子已經脫險，春中君自己來見秦昭王稟報：「楚太子已經離開咸陽回國，黃歇請死。」秦昭王大怒拍案，正要喝令斬首黃歇，應侯范雎上前低聲道：「春中君以身殉主，王何成其忠義也？許其回楚，必為新王重臣，春中君寧不親秦乎？」秦昭王恍然大笑，當即下座扶起春中君一番撫慰，隨後立即派車馬送春中君南下了。

回楚三月，頃襄王一命嗚呼了。太子芈完即位，這便是考烈王。新王立即下書組朝：春申君為丞相，實封淮北十二縣之地，以補償昔年之功。至此，虛封多年的春申君一舉成為楚國封地最大的權臣。後來齊楚齟齬，春申君上書楚王說：「淮北之地皆與齊國接壤，不易防守也。老臣請獻淮北封地，換封江東一郡交臣治理，以為楚國根基之地。」考烈王慨然批曰：「春申君國之干城也！何言換封？加封江東一郡可也！」

如此一來，春申君便將封地都邑從淮北遷到了吳墟。吳墟者，故吳國都城之廢墟也，後世稱為姑蘇者便是。其地傍震澤（太湖）處水鄉，豐腴肥美，漁農工商百業皆旺，實在非同小可。春申君在吳郡大造城邑，廣召門客，一時聲威大振，活生生半個楚王。

勢大未必心安。威赫之餘，春申君畢竟還是想做一番功業的。仔細揣摩，要在楚國再像屈原那般折騰變法，顯然是勞而無功也，只有在軍政治民等幾個易見成效且無爭議的方面做些建樹了。此等謀劃之下，藉著齊國衰微，春申君親率十萬大軍舉行了聲勢浩大的「北伐」，一舉滅了連一萬兵力也沒有的奄奄一息的魯國。班師慶賀之日，在國史上大大記載了一筆：「春申君相八年，為楚北伐滅魯。」有此一舉，春申君成為楚國歷史上為數極少且楚人最為看重的「滅國功臣」。大功之下，春申君又廣召天下名士委任為治民之官。最為著名者，是將聲名赫赫的荀子請到楚國，做了蘭陵縣令。由是春申君政聲大作，在中原有了中興楚國的名望。

此其時也，信陵君復出，春申君怦然心動了。

對一班鼓勇朝臣不置可否，那是因為春申君明白這班朝臣根本不知合縱為何物，以為只要大楚國振臂一呼便是天下回應。楚國已經多年沉睡，楚王心志究竟如何還很難說，而楚王不開口，再氣勢洶洶也是沒用。畢竟，楚國是大族封地分治，地盤最大的還是王族。論目下實力，只要楚王與春申君聯手，便有了楚國三分之二的土地人口，兵力糧草便能大體保障。春申君對合縱動心，根本的原因也在這裡。雖則如此，在楚國首倡合縱，春申君卻不能第一個動議，包括不能在沒有國王的非朝議的場合下拍案贊同從而成為大臣擁戴的主倡人，而只能任由大臣們洶洶議論，自己只十分專注地聽。之所以如此，在於春申君十分清楚，一旦楚國決定首倡合縱，必是自己出面，而自己若不以「迫不得已，受命為之」的姿態奔波合縱，一旦合縱失敗便沒有了退路，只有自己承擔全部罪責。數十年間幾度合縱，六國聯軍只勝過一次。每次合縱失敗，自己的實力都猛跌一回。若非如此，何至於最後竟陪同太子做了人質？這是合縱抗秦的痛苦經歷，數十年刻骨銘心，卻教春申君如何忘卻？當然，合縱也給春申君帶來了天下聲望，使他擁有了足以抵得十萬精兵的「戰國四大公子」名號，在楚國有了屈原之後無人與之匹敵的民心根基。若非如此，又如何能在實力連續頓挫的黯淡歲月中沒有被昭、景、屈、項四大族吞沒？一言以蔽之，有心合縱，無心請命。這便是春申君。

「群臣鼓蕩，國人紛紛，相君何以籌劃？」楚王開門見山。

「邦國大計，老臣唯我王馬首是瞻。」春申君分外謙恭。

「若是合縱抗秦，得失如何？」

「論得失，須得先論成敗。」

「相君就實說，此次合縱有幾成勝算？」

「六成。」

「何以見得？」

「其一，除楚國之外，山東五國均受秦軍兵禍，若倡合縱，其心必齊，兵力糧草必豐。其二，信陵君復出為魏國上將軍，聯軍統帥無爭議。其三，秦國正在低谷，君暗臣弱而急圖功業，東出鋪排過大。昔年秦昭王全盛之時，對山東開戰尚從來都是一個戰場，對其餘戰國還要不遺餘力地離間拆散。如今嬴異人、呂不韋、蒙驁君臣三人秉國堪堪一年，未固根基便大舉東出多方樹敵，先輕率滅周再連攻四國，犯兵家大忌也。其四，周遺民怨憤甚烈，秦國新建之三川郡尚無扎實根基。東出秦軍勢大，就近根基卻是薄弱。如此者四，合縱可保六成勝算。」春申君說得很是平和，並不見如何慷慨激昂。

「果真如此，楚國何得？」

春申君一陣沉吟方道：「這得看楚國介入力度。」

「相君不妨直言。」

「若依往例被動回應，以約派出三五萬人馬，敗秦之後，至少可保中原各國十年內不再攻楚，至多可在淮北再爭得三五城之地。若首倡大義，擔綱合縱主力，則至少可得洛陽至函谷關之間的三百里土地，做得好，甚至……」春申君又是一陣沉吟。

「如何？」

「楚國可一舉北上，至少與趙魏共霸中原。」

考烈王牙關緊咬嘴角抽搐，良久無語，突然拍案：「本王不能一鳴驚人乎！」

春申君肅然一躬：「老臣之言一謀耳，我王可廣納他議而後斷也。」

「當斷則斷，何須再議！」考烈王霍然起身一揮手，「左徒書命！」當著春申君的面，楚王的王書由口述、錄寫、謄抄、刻簡、烙印等程序飛快走完，當即頒發到了春申君手裡，直是空前絕後的快捷。王書只有短短幾句話：「本王決意力行大義首倡合縱，今拜相國春申君黃歇為特使斡旋合縱，得調遣舉國兵馬糧草，郡縣封地凡有抗命者斬！」

事情的進展比預想的還要順當，春申君自然是「夫復何言」地感喟一陣，開始忙碌籌劃起來。合縱路數春申君駕輕就熟。既然是首倡之國，便得先打出合縱的動議書，將首倡旗幟捧在手裡。目下趙魏雖有舉動，但合縱動議卻尚未喊出，其因由必在信陵君對趙國君臣的冷漠尚未融化，信陵君與平原君尚在各自行動。此其時也，楚國出面正好。所以在奉書當晚，春申君先擬好了五封說辭不同的國書，楚王閱後加蓋王印，派出快馬信使兼程北上，分送中原五國。

三日之後，春申君帶著一支千人馬隊匆匆北上。

第一站直奔大梁。魏國雖然無可避免地衰落了，但有信陵君這根擎天大柱，這個曾經領戰國風氣之先近百年的老牌強國任誰也不敢小覷。更為根本處，信陵君是唯一戰勝過秦軍的合縱統帥，也是這次合縱無可替代的統帥，只要與他先行溝通，最關鍵的兵力分派便做到了心中有底，春申君只需奔波聚兵便是。

「春申君，白髮老去矣！」郊迎三十里的信陵君大是感慨。

「噢呀，無忌兄倒是壯健如昔了！」

信陵君的大笑中不無憂傷：「老夫十數年沉淪無度，何來個壯健如昔？你老兄弟只哄得我開心，卻是無用也。」

「大大有用了！」春申君呵呵笑著，「無君便無合縱，有君自有六國。」

「多年未見，春申君老辣多矣！」信陵君拉著春申君進了郊亭一陣痛飲，突然湊到春申君耳邊，「君當立即北上邯鄲，穩住平原君……也代我致歉，無忌實在無心計較舊事也。」

「好！議定各國兵力，我便北上了。」

信陵君從腰間皮袋摸出一張折疊的羊皮紙：「此乃兵力謀劃，兄可斟酌增減無妨。魏王已閱楚王國書，正待回書回應，你便來也。」

春申君打開羊皮紙飛快看得一遍霍然起身：「既然如此，我兼程北上！」

「你我心領神會，無忌不做俗禮客套。」

就這樣，春申君馬隊在大梁城外僅僅停留了一個時辰便絕塵北去。次日午後，馬隊抵達邯鄲南門。來迎接的是趙王特使，說平原君巡北邊未歸，請春申君暫住驛館等候趙王宣召。春申君頗是疑惑，趙國多年已無北患，兵禍分明在西南秦國，巡甚北邊？然事已如此，也只有住下等候。誰知一連三日，趙王沒有聲息，春申君不禁焦灼起來。

「小吏參見平原君！」

春申君正在廊下思忖如何能強見趙王，卻聽得前院驛丞惶恐聲音，心下頓時一亮，正要吩咐書吏去看，便聞騰騰腳步朗朗笑聲一頭霜雪一領大紅斗篷已經火焰般捲到了庭院。

「老哥哥，趙勝請罪來也！」平原君當頭一躬。

「噢呀，哪裡話來，」春申君一把扶住端詳，「平原君，老矣！」

「老哥哥的腰都粗了，誰能不老也！」平原君兩隻大手一比劃問哈哈大笑，春申君不禁也連連點頭大笑。在四大公子中，原是春申君生得最是英挺，蜂腰窄肩濃眉大眼，處處透著南國靈秀之氣，與北方三公子的粗厚壯健適成鮮明對比。昔年孟嘗君曾拍著壯碩鼓蕩的肚皮戲謔：「春申君錯生男兒身也，只怕我等老去，他那細腰也還盈手可握也！」春申君紅著臉連連叫嚷：「噢呀，豈有此理了！南人腰粗得遲而已了，老夫之時，只怕比你還粗得一圈了！」眾人一陣大笑，留下了這段趣話。

當晚，平原君邀集趙國重臣在府邸大宴春申君一行，飲酒間隻字未提自己行跡。春申君素來機敏無雙，見平原君不提，知其中必有不便，自然也絕口不問只是海闊天空。三更宴罷，大臣與門客散去，平原君留春申君於湖畔胡楊林下飲茶，春申君依然是默默啜茶只不做聲。

「春申君，好耐性也。」平原君終是笑歎一句開口了。

「秦軍攻趙最烈，趙國緘默，夫復何言了？」

「豈有此理！誰人說趙國緘默？信陵君麼？」

「不是了！」春申君嚷得一句旋即正色，「信陵君鄭重委託老夫：向平原君致歉。一句無心之言，老兄弟至於如此耿耿在懷了？」

「不說他也罷。」平原君沉吟若有所思，「趙國非緘默，唯慮一後患也。」

「噢？匈奴遠遁，趙國還有何後患了？」

「燕國。」

「燕國?!」

「正是。」平原君點頭意味複雜地一笑，「這燕國素來有一惡習，專一趁趙國吃緊時做背後偷襲。百年以來，燕趙大戰小戰不計其數，十有八九都是這隻老黃雀惡習不改！長平大戰後趙國勢衰，燕國也在敗於齊國後衰頹，原本可以相安。然燕王喜卻故伎重演，屢屢密謀攻趙。一戰大敗，仍不思改弦更張。秦軍攻占趙城三十餘座而趙國不能全力抵禦者，便是燕國同時聚集十餘萬大軍偷覷我背後也。有鄰卑劣如此，安得輕言合縱？」

「老夫若說得燕國合縱，趙國又當如何了？」

「燕國但能無事，趙軍自是合縱主力！」

「數十年不與燕國交往也，容老夫一試。」春申君實在不敢將話說得太滿。

平原君見春申君倏忽鬆勁，目光一陣閃爍慨然拍案：「春申君只管去說，諒無大礙也。這個燕王喜我知道，服硬不服軟。春申君只給他挑明：燕國若要在此刻盤算趙國，我雲中郡邊軍立即痛擊燕國！李牧將軍沒有南下，便是對付燕國的後手！老姬喜若是顢頇不明，教他攻趙，看滅國者究竟何人也！」

「噢呀！原是平原君胸有成算，只借我做個說客而已了！」

兩人哈哈大笑，直說到五更雞鳴方才散了。

歇息得一日，春申君馬隊繼續北上，兼程奔馳兩日，第三日清晨看見了蒼莽蔥郁的燕山群峰與古樸雄峻的薊城箭樓。諺云：望城三十里。依著邦交風習，使節歷來在三十里時開始緩車走馬，一則表敬重與國，再則也為免去在車馬行人稠密處奪路擾民。春申君老於邦交，正要下令馬隊稍事歇息而後緩轡入城，依稀卻見官道上一隊騎士捲著煙塵飛馳而來，商旅車馬庶民行人紛紛匆忙躲避。春申君知道絕非常人，立即下令馬隊轉下官道樹林以示禮讓。正在此時，對面馬隊喊聲響亮：「太子丹郊迎特使──」春申君不禁愕然。喊聲未落，一少年飛馬而來，火紅斗篷墨綠玉冠腰懸短劍手執馬鞭，一派颯爽英風。

「此兒非凡，活似當年趙括也！」春申君不禁油然讚歎。

「林下可是春申君麼？」一聲清脆呼叫，紅衣少年已經飛身下馬大步下道又大步進入樹林毫不猶豫地對著春申君一躬，「太子姬丹迎客來遲！春申君見諒！」

春申君大笑著迎了過來：「噢呀！英雄果在少年了。」

「姬丹敢請春申君登車，父王已經在郊亭設宴等候。王車！」少年一連串說話發令，快捷得沒有春申君對答餘地。待春申君登上轔轔駛來的青銅王車，少年太子丹已經躍上了馭手位置，說聲君且安坐，王車便嘩啷啷飛馳而出，實在是乾淨利落。

車近十里郊亭，樂聲大起排號長吹，一隊紅藍衣者從亭廊下踩著紅地氈上了官道。當先之人清臒黝黑鬚髮間白，稀疏的鬍鬚掛在尖尖下頷，一頂頗大的天平冠幾乎完全遮掩了小小頭顱與細細頸項，身後亦步亦趨者是一位粗肥壯偉的白面將軍，倒是相映成趣。春申君目力極好，一眼認定當先老人必是燕王喜無疑，一扶傘蓋銅柱從車上站起，遙遙一個拱手禮，及至王車停穩，春申君已經下車走上了長長的紅地氈。

「春申君別來無恙矣！」

「黃歇參見燕王！」

燕王喜從來沒有見過春申君，卻笑得故交重逢一般親切，一手拉住春申君一陣熱切地端詳：「南國多俊傑，誠哉斯言！相君英風凜然，羨殺姬喜也！」春申君大覺彆扭，呵呵笑著岔開了話頭：「噢呀！黃歇寸功未見，卻勞太子馭車燕王親迎，心下有愧了。」「相君何來此說。」燕王喜親暱地拍拍春申君肩膀，「斡旋合縱，大功於天下，任誰不認，老夫認也。來！亭下痛飲說話。」不由分說拉著春申君進了石亭，對身後的將軍大臣一個也沒有介紹（註：介紹，先秦古語。語出《禮記・聘義》：「介、紹而傳命。」其時禮儀：賓方的隨從稱為「介」，主方的迎賓稱為「紹」；初相來往或正式禮儀場合，賓方意思由「介」傳給「紹」，再傳於主人；主方意思由「紹」傳給「介」，再傳於賓方主人。介、紹相連成詞，意謂從中溝通而使雙方發生聯繫）。

洗塵酒飲得三爵，燕王喜命亭廊外陪宴大臣的座案移到林下樹蔭處，亭中唯留那位粗肥白面將軍陪飲。春申君明白，這明是關照大臣，實則是要開說正題了。果然見燕王喜又敬春申君一爵，幽幽一歎：「春申君，本次合縱難矣哉！」

「燕王以為，難在何處？」

「難在趙國。」

「噢呀？願聞其詳。」

「老夫知趙深也！」燕王喜慨然拍案，「說來話長。西周成王分封之時，我祖召公為天子三公，遙領燕國封地，與周公共主天下大政。其後三百餘年，我燕國始終代天子監北方諸侯，其時趙國安在哉！後來魏趙韓三家在晉國崛起，爭相示好燕國，以使燕國不干預晉國內亂。其中趙鞅最工心計，在三家合謀誅滅智氏後，又獨滅范氏、中行氏兩大部族。其時趙氏兵力不足，祕密借我兵力三萬，許諾立國後割讓北邊五城以報。然則後來如何？」燕王喜憤然拍案，「趙氏立國，非但裝聾作啞不割五城，趙仲小子還奪了我代郡西北三百里！尚大言不慚，說是戰國但憑實力，只有蠢豬才割地！春申君且說，此等齷齪之國，我堂堂七百餘年之大燕，該不該復仇也！」

「噢呀……」

雖是古老的往事，卻也聽得春申君心頭怦怦直跳。戰國之世，燕趙長期齟齬盡人皆知。天下議論多認定燕國不識時務橫挑強鄰，鮮有指責趙國者。趙武靈王之後，趙國成為山東屏障，燕國在山東諸侯中更是不齒了。如春申君一班合縱名士，對燕國歷來十分頭疼，直是不解燕國君臣何以褊狹激烈如市井痞民，竟能屢敗屢戰地死死糾纏強大的趙國。今日聽燕王喜一番憤憤然說辭，春申君這才恍然大悟——燕之於趙，猶吳越之於楚也！幾百年恩怨糾纏，誰打誰都有一番慷慨理由，如何能一個「不識時務」了得？

「只是，秦國已經奪趙三十七城，若不遏制其勢頭，秦軍必以太原為根基北上攻燕。其時燕國奈何了？」春申君還是迴避開了那些說不清的舊事，委婉地拒絕了回應燕王，而只說目下急迫之事。他相信，無論燕國君臣對趙國有多麼仇恨，總不會坐等亡國。

「燕國本是合縱鼻祖，自然要合縱抗秦。」燕王倒是沒有絲毫猶豫，當即表明了參與合縱，又突然壓低了聲音，「然則，須得趙國一個承諾！」

「燕王但說了。」

「發兵之前，還我代郡之地，或割五城，了卻舊帳。」

「噢呀，燕王還記五百年前老帳也！」春申君大笑。

「畢竟，秦國還沒打燕國。」燕王的微笑很是矜持。

「燕王是說，趙國無此承諾，燕國不與合縱了？」

「春申君說？」

「燕王差矣！」春申君終是無法迴避了，決意將話說透了事，「春秋戰國五七百年，大小諸侯相互蠶食，誰個沒占過別個土地，誰個之土地沒有被別個占過？秦國河西被魏國占過五十餘年，幾曾無休止糾纏著魏國襲擾？未曾變法時，秦孝公為了離間六國瓜分秦國之同盟，還忍痛放了在戰場俘獲的魏國丞相公叔痤。變法強大後，秦國一舉奪回河西！戰國鐵血大爭，何國沒有過頓挫屈辱？誰人沒遭過負約背盟？計較復仇得分清時機，如此不分時機一味糾纏，只能落得個天怒人怨四面樹敵敗家亡國！」春申君粗重地喘息著，「黃歇言盡於此，燕王斟酌了。」

「如君所言，秦軍攻占山東也無須計較？」燕王揶揄地笑著。

「噢呀！往昔之爭，各國實力不相上下而互有爭奪。秦軍與山東之爭，卻是存亡之爭！燕王若連如此道理也揣摩不透，夫復何言！」春申君顯然生氣了，起身一拱，「燕楚素來無瓜葛，告辭了。」

「春申君且慢。」燕王喜哈哈大笑，起身一躬，「君之合縱誠意，本王心感也！來，入座再說。」笑呵呵拉住春申君摁進了座案，自己也順便禮賢下士一般跪坐在了對面，一拱手低聲道：「春申君但說，燕軍果真南下合縱，趙軍會偷襲我背後麼？」

「笑談也！燕國但入合縱，趙軍能偷襲燕國了？」

「只怕未必。趙軍廉頗、李牧兩部均未南下，派何用場？」

「燕王既得此報，更當明白了。」春申君從容一笑，「趙為四戰之地，任何戰事都不能出動全部兵力而須留有後備，此乃常理，無足為奇也。然則，燕王所慮亦不無道理。黃歇揣摩：趙國為合縱抗秦主力，兩大名將卻不參戰，實在也是在等待燕國動態。燕若合縱抗秦，燕趙便是同盟，廉頗、李牧可隨後南下。燕若不與合縱，則廉頗、李牧便是應對燕軍襲趙的最強手！屆時兩軍必然夾擊燕國，燕王奈何？」

「此乃君之揣摩，抑或平原君帶話？」

「無可奉告了。」春申君微笑著搖搖頭。

一陣默然，燕王突然拍案：「好！老夫入合縱！」

「派軍幾何了？」

「五萬步騎如何？」

「何人為將了？」

「這位肥子將軍。」燕王喜離座起身指著粗白將軍，「春申君，這位是栗腹將軍，多謀善戰，燕國干城也。」春申君正在沉吟，粗肥將軍已經扶著座案爬了起來，一拱手赳赳挺胸道：「栗腹勝秦，猶虎驅牛羊！我王盡可高臥薊城靜候捷報！」聲如洪鐘順溜滑口。燕王姬喜哈哈大笑，連連拍打著栗腹的肥肚皮：「汝這肥腹之內，裝得雄兵十萬麼？」粗肥的栗腹似乎已經對這般戲弄習以為常，左掌拍拍肥大的肚皮突然之間聲如黃鶯脆鳴：「大腹無雄兵，只有忠於我王的一副肝腸髒物也！」燕王又是開心地大笑：「將軍能戰而乖巧，真可人也！」粗肥的栗腹又如黃鶯脆鳴般流利響亮：「臣子臣子，為臣者子也，自當取悅我王也！」

春申君一身雞皮疙瘩，背過身佯做飲茶遠眺，腹中直欲作嘔。

正在此時，紅斗篷的太子丹突然大步進亭昂昂道：「啟稟父王：兒臣舉薦昌國君樂閒為將。栗腹乃草包將軍，人人皆知，如何當得秦軍虎狼！」

「無理！」姬喜惱怒呵斥，「身為太子，粗言惡語成何體統！」

太子丹滿臉通紅淚水驟然湧出，撲地拜倒依舊是昂昂聲氣：「此等弄臣庸人敗軍誤國，今日更在合縱特使前出乖弄醜！兒臣身為太子，有何面目立於天地之間！」話未落點陡然縱身拔劍，一道寒光直向那肥大的肚皮刺去。

「太子！」一從胡楊林宴席跟來的一個將軍猛然撲上抱住了太子丹。

「父王……」太子丹捶胸頓足拜倒大哭。

燕王喜臉色鐵青，一時默然無措。太子丹身後的戎裝大臣慨然拱手道：「太子剛烈忠直，尚在少年便撐持起大半國事，憂國之心上天可鑒！我王幸勿為怪。」燕王煩躁得厲聲嚷嚷：「好啊！他憂國你憂國，只本王害國麼？」戎裝大臣正色道：「恕臣直言：燕國盡有將才，栗腹屢戰屢敗，我王委實不當任為大將。」

「將才將才！為何都打不過趙國？」燕王喜高聲大氣比劃著分不清是斥責臣子還是訴說自己，「栗腹敗給趙國不假，你等誰個又勝了趙國？同敗於趙，憑甚說栗腹便是草包？樂閒爵封昌國君，又是名將樂毅之子，你等都說他能打仗！可上年為何拒絕帶兵攻趙？還不是懼怕趙軍！他便不是草包？你將渠也敗給過趙軍，為何不是草包？啊！說！」

抱著太子丹的大將臉色鐵青，一時默然無對。此時，胡楊林設席的大臣們已經聞聲出林圍在了亭廊下。一個鬚髮灰白的戎裝大臣穩步趨前拱手高聲道：「我王明責老臣。老臣尚有辯言。」

「好！你老樂閒說個大天來也！」燕王兀自怒氣沖沖。

樂閒正要說話，跪伏在地的太子丹霍然站起道：「父王差矣！栗腹之敗如何能與樂閒、將渠相比？栗腹敗軍在無能，三戰皆全軍覆滅！兩老將之敗乃保全實力退避三舍，就實而論，未必是敗！父王若以此等荒謬之理問罪大將，兒臣甘願自裁，以謝國人！」腰間短劍鏘然出鞘，劍尖倏然對準了腹心。

「太子不可！」樂閒大驚，一個大步抱住了太子丹。

大臣們驚愕萬分，紛紛湧過來護住了太子，幾乎沒有人顧及燕王如何。燕王喜又是難堪又是惱怒面色忽青忽白，喘息片刻突然乾澀地笑了起來：「也好也好，本王讓你等一回不妨。」又驟然對樂閒將渠聲色俱厲一喝，「樂閒將渠！本王命你兩人統兵抗秦，若得再敗，定斬不赦！」

大臣們依舊默然，樂閒與將渠也愣怔著渾然不覺。圈中太子丹連忙一拉樂閒低聲道：「昌國君，國事為重。」樂閒將渠恍然，同時轉身作禮：「老臣領命！」

「春申君，燕國可是合縱了，啊！」燕王喜彷彿甚事也沒有發生過，對獨自站在亭廊下的春申君呵呵笑著，「趙軍若再算計老夫，栗腹的十萬大軍可等著打到邯鄲去也。」春申君竭力想笑得一笑，卻無論如何也擠不出些許笑來，末了淡淡一句：「敢問燕王，發兵幾何了？」燕王喜不假思索道：「八萬燕山飛騎。燕國有兵二十三萬，那十五萬麼，是老夫後手。栗腹麼，是燕國之廉頗李牧。」春申君不想笑，卻又禁不住哈哈大笑：「噢呀好！燕國合縱，天下大功了！廉頗李牧，自當留著後手了。」

燕國事定，春申君次日趕赴臨淄。太子丹與樂閒、將渠送到十里郊亭。太子丹分明有話，卻終是沒有開口。春申君本想撫慰幾句，也實在想不出說辭，只與樂閒說得一些齊國情勢，匆匆告辭向東南去了。

這時的齊國，已是幾度滄桑面目全非了。

數十年前，燕軍滅齊。田單與貂勃分守即墨、莒城，與燕軍相持六年而終得戰勝復國，擁立齊湣王田地之子田法章即位，是為齊襄王。是時田單拜安平君兼領丞相統攝國政，齊國雖經大戰之後百廢待興，卻也在艱難之中漸漸振作。其時，秦趙劇烈大戰，整個中原都被捲進這場巨大的風暴，幾乎沒有人想到要衰弱的齊國襄助，實在是齊國恢復元氣的大好時機。然則，齊襄王猜忌心太重，聽任九位心腹重臣處處掣肘田單，致使齊國在齊襄王在位的十九年間始終未能變法再造，只是國勢略有恢復而已。齊襄王死後，太子田建即位最後一代齊王，由於沒有諡號，史稱齊王建，也就是春申君目下要去拜會的齊王。

這個齊王建，幼時有戀母症，整日與母親形影不離，聰敏過人，事事得母親點頭允准而後行。齊王建的母親，是當年在齊國赫赫有名的太史敫的女兒。此女與扮作工奴逃亡的田法章私訂婚姻，禮儀固執的太史敫大感羞愧，從此終生不見這個做了王后的女兒。也正因了如此，此女在齊襄王田法章眼中是大大的功臣，生前賜號「君王后」，意謂與君同等的王后也。君王后自己蔑視禮教，教子卻是極嚴，始終與兒子同居一宮事事教誨。田建做了太子，也沒有能夠開府獨居。歲月浸染，田建十八歲做了齊王，依舊一個總角孩童般跟在君王后身後亦步亦趨，重大國事自然聽憑君王后決斷。

田建即位第六年，秦趙相持上黨長平大戰。趙國派出緊急特使四面求救，向齊國提出的請求，只是援助二十萬斛軍糧而無須派兵。建請母親定奪，君王后一口回絕了。理由只是冷冰冰兩句話：「秦已知會，親趙必攻。我寧罪秦而遭戰亂乎？」大臣周子慷慨勸諫說：「粟穀救趙，我大齊振興之機遇也。強秦成勢，齊楚趙三強猶唇齒相依也，唇亡則齒寒。今日秦滅趙，明日必禍及齊國。救趙，高義也。卻秦，顯名也。義救亡國，威卻秦軍，齊國大也。今君王后不務國本而務些許粟穀，婦人之算計過也！」君王后惱羞成怒，當即罷黜周子驅逐出齊國。周子對著端坐王座的建連連大呼：「齊王救齊！君王后誤國！」建卻呵呵直笑：「此人滑稽也。竟要我與母后作對？」

自此，齊國成了山東六國的另類——秦國不親，五國不理。齊國卻安之若素，鎖國自閉只在海濱安享太平，幾乎斷了與中原交往。有大臣非議，君王后說：「我有臨淄大市，東海仙山，優哉遊哉，何染中原戰亂。」

上天乖戾，最需要母親的建，在即位第十六年時，君王后盛年死了。這年正當秦軍滅周，也便是兩年之前。君王后一死，已經是三十五歲的建頓時沒了主見，兩年間渾渾噩噩不知伊於胡底，連秦軍屯於大野澤預備東進的緊急軍報也茫然無對，將焦灼等候君王定奪的大臣將軍丟在宮外，只兀自嘟囔不會也不會也果真如此如何是好……

春中君抵達臨淄，正是齊國最惶惶不安的時刻。

依照邦交禮儀，馬隊駐紮城外十里處，春中君只帶著幾個文吏與十個護衛劍士進了臨淄。沒有人前來迎接，齊國朝野似乎根本不曉得天下發生了何等事情。直到驛館門前，才有一個老臣單車趕來，自己介紹是中大夫夷射。不待春中君詢問，夷射喚出驛丞，下令給春中君安置最好的庭院。片刻鋪排就緒，夷射請春中君覲見齊王。

「大夫之來，齊王之命？」春中君覺得有些蹊蹺。

「若無王命，春中君便長住驛館不求合縱麼？」夷射一句反問。

「敢問大夫，齊國目下何人主事？」

「君王后陰魂。」

「噢呀，大夫笑談了。」

「田單之後，齊國無丞相。只有右師王歡、上大夫田駢奔走政事，也不過傳命耳耳，萬事皆決於君王后幕帷之中。君且說，何人決事？」

「上將軍何人了？」

「田單之後，田姓王族大將悉數不用。君王后說，開戰在王，打仗在將，要上將軍何用？從此齊國沒了上將軍。六大將各統兵五萬，駐守六塞。君且說，將軍決事麼？」

「！」春中君愕然，一時竟覺自己孤陋寡聞了。二十年沒有與齊國來往，這個昔日大國變得如此荒誕不經，實在是匪夷所思。默然良久，春中君對夷射肅然一躬，「面君之要，尚請足下教我。」

「春中君終是睿智也！」夷射不無得意地慷慨一拱，「君見齊王，無須長篇大論，只說秦軍之威，只請一將之兵。要言不煩，合縱或可成也。」

春中君點頭稱是，當即跟隨夷射直奔王城。一班守候在前殿的大臣聞大名赫赫的春中君到來，莫不驚喜非常地紛紛圍過來討教。春申君借勢將中原大勢說了個概要。大臣們如同聽海客奇談，連連驚呼連連發問。春申君哭笑不得又應接不暇，只好耐心周旋。正在此時，白髮御史在殿廊下一聲高宣：「楚國特使覲見——」春申君才好容易脫開了大臣們的圈子。

御史領著春申君幾經曲折，來到樹林間一座似廟似殿的大屋前。在守門內侍示意下，御史領著春申君輕手輕腳走了進去。大廳中煙氣繚繞沉沉朦朧，依稀可見一人散髮布衣跪在中央一座木雕大像前，口中喃喃不休。

「稟報我王，春申君到。」老御史輕聲軟語撫慰孩童一般。

布衣散髮者夢幻般的聲音：「是與孟嘗君齊名的春申君麼？」

「楚國黃歇，參見齊王。」春申君莊重一躬。

「坐了說話。」布衣散髮者轉過身來，面白無鬚眉目疏朗，咫尺臉膛使人頓生空曠遼遠的懵懂之感，飄忽嘶啞的聲音如同夢幻，「我母新喪，建服半孝，君且見諒也。」

「齊王大孝，母薨兩年猶作新喪，黃歇深為景仰。」

「春申君善解人也。」齊王建欣慰一歎又是幽幽夢幻般，「齊國臣民卻不做如此想，竟日嚷嚷惶惶，風習不古，人心不敦也。」

「齊王明察！」春申君唯恐這夢幻之王突然生出意外而中斷會晤，先迎合一句又恍然醒悟一般高聲道，「噢呀！黃歇老矣，幾忘大事了。老臣來路途經大野澤，見秦軍三十萬已經屯兵大野澤東岸，距臨淄只有三日路程了！不知可是齊王邀秦王圍獵大野澤了？」

「啊！果有秦軍屯駐大野麼？」

「連綿軍帳黑幡，聲勢浩大，齊王未得軍報？」

「秦軍意欲何為?!」建猛然站了起來。

「大軍壓境，卻能何為？」春申君啼笑皆非。

「齊秦素無仇隙，秦軍為何攻我？」

「齊王以為，虎狼啖人要說得個理由了？」

「秦若滅齊，會留我田氏宗廟麼？」

「斷然不會！」春申君驟然明白了建的心思，當下正色道：「秦滅人國，先滅宗廟。當年白起燒我楚國夷陵，羋氏祖先陵寢悉數被毀。此次呂不韋滅周，周室王族全數遷離洛陽，宗廟何在了？秦軍入臨淄，必毀田氏宗廟，以絕齊人復國之心。其時，君王后陵寢必當先毀，王后慘遭焚屍揚骨亦未可知，齊王將永無祭母之廟堂了。」

建面色慘白驚愕默然，良久，肅然一躬：「請君教我。」

「齊王救國，唯合縱抗秦一道，別無他途了。」

「合縱已成舊事，本王從何著手？」

「齊王毋憂了。」春申君拍案起身，「齊王只派出一將之軍、一個特使足矣！一將之軍依指定日期開赴聯軍營地，一個特使隨黃歇前往聯軍總帳協調諸軍。如此，戰場不在齊國，臨淄亦不受兵災。若非如此，齊國只有坐等秦軍毀滅宗廟了。」

「啊——」建恍然長歎一聲，「軍國大事原是如此簡單，一支兵一特使而已哉！好！本王依君所說，只是……這特使誰來做？」

「中大夫夷射可為齊王分憂。」

「好！」建拍案高聲，第一次生出了發令的亢奮，「御史書命：晉升夷射為上大夫之職，任本王特使，隨同春申君周旋合縱。春申君，本王這王書有錯麼？」

「齊王天縱英明，齊國可望中興了！」春申君連忙狠狠褒獎了一句。煙氣繚繞的朦朧廳堂頓時響起了從來沒有過的大笑聲。

春申君在臨淄住了三日，襄助齊國君臣理順了諸般國務路數，譬如調兵程序，譬如特使奉命程序等；還力勸齊王建任命一位王族大臣做了丞相，一位好賴打過幾仗的邊將做了合縱兵馬的將軍。齊王建慨然許諾：若敗得秦軍，這位將軍凱旋之日便是齊國上將軍。如此這般國事在任何一國都是再簡單不過的基本路數，在一潭死水的齊國卻已經積成了誰也不知道該誰來管的一團亂麻。國中盡有稷下學宮的田駢等一班名士任官，卻是誰也不曉得自己的職司。除了關市稅金始終有人打理，其餘任何國事都是一事一議臨機指派專臣辦理，邦國的日常政務早已經滑到了連名義也糾纏不清的地步。春申君也只能將目下最要緊的出兵事宜擺置得順當，眼看著將軍奉了兵符開始調集兵馬，這才與夷射離開了臨淄奔赴新鄭。

韓國已成驚弓之鳥，整個新鄭彌漫著無法言說的恐慌。

蒙驁大軍越過韓國呼嘯東去，攻占趙國三十餘城、重奪魏國河內之地，兵鋒直指齊國，竟沒有理睬韓國。韓國朝野大是驚慌。本來，周室盡滅，整個大洛陽三百餘里變成了秦國三川郡，韓國立時如泰山壓頂，直覺那黑森森的刀叢劍陣便在眼前。當此之時，秦軍一舉橫掃韓國，山東救援只怕都來不及也。然則秦軍沒有攻韓，卻徑直撲向更強的對手，韓國君臣立時覺得脊椎骨發涼。畢竟，韓國君臣再懵懂，也清楚地知道這是秦軍沒有將韓國放在眼裡，或者說，秦軍早已經將韓國看成了囊中之物，回師之時順勢拿下罷了。

如此危局，韓國廟堂頓時沒了主張。

天下戰國，深為秦國所苦者莫如三晉，三晉之中莫如韓國。自從秦國崛起東出，近百年來，韓國所有的邦交周旋只有一個軸心——卻秦。六國大合縱，三晉小合縱，韓周更小合縱，等等等等，無一不為了消除秦禍。然則無論如何使盡渾身解數，種種移禍之策到頭來總是變作搬起石頭砸自己腳的滑稽戲，韓國終究擺脫不了這黑森森的彌天陰影。非但不能擺脫，反倒是越陷越深。如今，這黑影眼看便要吞沒了整個韓國。韓國庶民想不通，韓國君臣更想不通。曾幾何時，韓國也有「勁韓」之號，論變法比秦國還早著一步，論風華智謀之士還勝過秦國，論剛烈悍勇之將士也不輸秦國，如何硬是連番丟土喪師，竟至於今日抵不住秦軍一員偏將的數萬孤師？

沒主張便議。韓國君臣歷來有共謀共議出奇策之風。

正在此時，人報春申君與齊使夷射入城。韓桓惠王大喜過望，當即親出王城殷殷將這兩位合縱特使迎進了大殿，就著朝臣俱在，便是一番洗塵接風的酒宴。春申君無心虛與盤桓，三爵之後對韓王說起了合縱進展。韓王慨然拍案：「春申君毋得多說，合縱乃韓國存亡大計，何須商榷？君只明說，韓國需出幾多軍馬？」春申君沉吟笑道：「韓國實力，黃歇心下無數，韓王自忖幾多了？」

「八萬精兵全出如何？尚有十餘萬步軍老少卒，可做軍輜。」

「韓王大義，黃歇深為敬佩了！」這句頌詞照例是一定要說的。

「春申君謬獎。」韓王難得地笑了，老臉一副悽楚模樣，「我今召得一班老臣，原是要計議出個長遠之策來。經年惶惶合縱，終非圖存大計也。」

「噢呀好！」春申君這次真心敬佩了。他對楚王說叨過多少次，要謀劃救國長策，卻無一例外地因種種燃眉之急拖得沒了蹤影。韓國當此危急關頭，卻能聚議圖存大計，無論你對他有幾多輕蔑，也得刮目相看了。依著邦交慣例，春申君一拱手道：「合縱已定，黃歇只等明日領軍上道。韓王君臣計議長策，黃歇告辭了。」

「春申君見外也！」韓桓惠王油然感慨，「如今六國一體，生死與共，兩位雖楚相齊臣，猶是韓相韓臣也。姑且聽之，果有長策，六國共行，豈不功效大增？」

「恭敬不如從命！」雖是鞍馬勞頓，春申君卻實在有些感動。

「夷射領得長策，定奉我齊國共行！」

「好！諸公邊飲邊說，暢所欲言也。」

二十餘名老臣肅然兩列座案，顯然都是韓國大族的族長大臣。相比之下，倒是韓桓惠王年輕了些許。雖說國君宣了宗旨，老人們卻是目不斜視正襟危坐，一時無人開口。春申君久聞韓國自詡多奇謀之士，夷射更是閉鎖多年新出，敬佩之情溢於言表，兩人正襟危坐神色肅然。

「諸公思慮多日，無須拘謹也。」韓桓惠王笑著補了一句。

終於，有個嘶啞的嗓音乾咳了一聲，前座一位瘦削的老人拱手開口：「老臣以為，欲抗暴秦，唯使疲秦之計矣！」

「何謂疲秦？」韓桓惠王頓時亢奮。

瘦削老人正容答道：「韓國臨河，素有治水傳統，亦多高明水工也。所謂疲秦，是選派一最精於治水之河渠師赴秦，為秦國謀劃一數百里大型河渠，徵召全部秦國民力，盡傾於該河渠，使其無兵可徵，又長耗其糧貨。強秦兵少糧乏，自然疲弱無以出山東也。」

韓桓惠王沉吟點頭：「不失為一法，可留心人選，容後再議。」

「老臣以為，老司馬之策未必妥當。」座中一位肥胖老人氣喘噓噓，「河渠之工，誤其一時耳，不傷根本也。莫如效法越王勾踐，使秦大洩元氣為上矣！」

「噢——」韓桓惠王長長一歎，「老司空請道其詳。」

老人咳嗽一聲分外莊重：「當年勾踐選派百餘名美豔越女入吳，更有西施、鄭旦獻於吳王，方收吳王荒政之奇效也。我可舉一反三：一則，選國中妙齡女郎千餘名潛入秦國，與秦國貴胄大臣或其子弟結為夫婦，使其日夜征戰床笫而無心戰事，秦國朝堂從此無精壯也。二則，可選上佳美女三兩名進獻秦王，誘其耽於淫樂荒疏國政；若生得一子使秦王立嫡，則後來秦王為我韓人，韓國萬世可安也。縱不能立嫡，亦可挑起秦國王子之爭，使其內亂頻仍無暇東顧，此萬世之計也，我王不可不察也。」

舉殿肅然無聲，老臣們個個莊容深思。韓桓惠王目光連連閃爍，指節擊案沉吟道：「論說韓女妖媚，床笫功夫似也不差……只是，倉促間哪裡卻選得數百成千？」

夷射突然「噗」地噴笑，眼角一瞄卻見春申君正襟危坐，連忙皺眉低聲一呼：「我要如廁！」跟著一個小內侍踉蹌去了。正在沉吟思索的韓桓惠王立即覺察，高聲揮手：「太醫跟去，看先生可是醉酒？」片刻間小內侍來報：「先生又哭又笑涕淚交流，太醫正在照拂，想必要吐。」春申君冷冷道：「醉酒，任他去了。」韓桓惠王一笑：「也好，吐出來好。諸公接著議。」

一老人慨然拱手道：「美女之計太不入眼，當使絕糧之計！」

「老司徒快說，倘能絕秦之糧，六國幸甚也。」韓王顯然是喜出望外。

做過司徒執掌過土地的老臣語速快捷：「當年越王勾踐也曾用此法對吳，使吳國大歉三年而不知所以也。我王可集國倉肥大穀粟十萬斛，以大鐵鍋炒熟，而後獻於秦國做種子。秦人下種耕耘而無收，豈不絕糧乎？」

「！」倏忽之間老臣們瞪圓了眼珠。

「此計倒是值得斟酌……」韓桓惠王皺著眉頭躊躇沉吟。

「老司徒之策太得緩慢，又耗我五穀！」一老臣霍然離座，「焚燒咸陽，夷秦宗廟，逼秦遷都，秦國必衰！此乃效法秦國衰楚之計，春申君幸毋怪之。當年白起攻楚夷陵，毀楚國歷代王陵，又占郢都，楚國無奈東遷，從此衰落也。行此策時，再懸重賞買敢死刺客百名，潛入咸陽刺殺秦王，秦國自是一蹶不振！」

「大賓在座，老司寇出言無狀矣！春申君見諒。」韓桓惠王一個長躬。

「噢呀！無甚打緊了。」春申君嘴角終是抽搐出一片笑來，「只是黃歇不明老司寇奇計了，韓國連天下形勝上黨之地都拱手讓給了別家，能有幾多大軍攻咸陽夷宗廟？果能如此，天下幸甚了。」

韓國君臣大是難堪，一片嘿嘿嘿的尷尬笑聲。正在此時，殿外一聲少年長吟：「稟報叔王，我有奇計也！」似唱似吟頗是奇特。韓桓惠王對春申君笑道：「此兒乃本王小侄也，自來口吃，說話如唱方得順當。三年前，我將他送到荀子大師門下修學，想必從蘭陵趕回來看望本王也。傳命，教韓非進來。」春申君自然立即下臺：「好！黃歇當一睹公子風采。」

隨著內侍傳呼之聲，一個紅衣少年飄然進殿，散髮未冠身形清秀若少女。到得王座之前一躬，春申君卻看得分明，這個少年眉宇冷峻肅殺，目光澄澈犀利，全然沒有未冠少年該當有的清純開朗，心下不禁驚訝。韓桓惠王一招手笑道：「非呵，過來坐了，也聽聽老臣謀國，強如你蘭陵空修也。」少年昂然高聲道：「韓韓韓非前來辭行，不不不不屑與朽木論道也。」臉憋得通紅。「小子唐突！」韓王板起了臉，「你之奇計說來聽聽，果有見識，饒你狂妄一回。」

「叔王，」小韓非肅然吟唱，「古往今來，強國之道無奇術，荒誕之謀不濟邦。以詭異荒誕之謀算計他國，而能強盛本邦者，未嘗聞也！若要韓強，只在十六字：修明法制、整肅吏治、求士任賢、富民強兵，豈有他哉！若今日韓國：舉浮淫蠹蟲加於功實之上，用庸才朽木尊於廟堂之列；寬宥腐儒以文亂法，放縱豪俠以武犯禁；寬則寵虛名之人，急則發甲冑之士；不務根本，不圖長遠，所養非所用，所用非所養，腐朽充斥廟堂，荒誕濫觴國中。如此情勢而求奇計，猶緣木而求魚，刻舟而求劍，南其轅而北其轍，焉得救我韓國也！」鏗鏘吟說激揚殿堂，老臣們死一般寂然。

「豎子荒誕不經！」韓桓惠王勃然變色，「幾多歲齒，學得一番陳詞濫調！當年申不害也如此說，還做了丞相變了法！韓國倒是富強了一陣，可後來如何？連戰慘敗，非但申不害畏罪自裁，連先祖昭侯都戰死城頭！事功事功，變法變法，事功變法有甚好？老夫只看不中！小子果有奇計便說，若非可獻得五七車也。」

老臣們長吁一聲頓時活泛。少年韓非咬著嘴唇愣怔了，突然嘿嘿一笑：「叔王若要此等奇計，韓

「噢？先說幾則聽來。」

「叔王聽了。」小韓非似笑非笑地吟唱起來，「請得巫師，以祭天地，蒼龍臨空，降秦三丈暴雨，秦人盡為魚鱉，連根滅秦，大省力氣。」

「豈有此理！他國不也帶災？」老司徒厲聲插入。

少年韓非哈哈大笑：「此雨只落秦國，他國豈能受此恩惠？」

「此兒病入膏肓！老臣請逐其出殿！」老司寇拍案而起。

「沉屙朽木，竟指人病入膏肓，天下荒誕矣！」少年韓非的清亮笑聲淒厲得教人心驚，擺著大袖環指殿中又是嬉笑吟唱，「蠹蟲蠹蟲，皓首窮經，大言不慚，冠帶臭蟲！」

「來人！」韓桓惠王大喝一聲，「將豎子打出殿去！」

「打出殿去！」老臣們跟著一聲怒吼。

「韓非去也！」武士作勢間紅衣少年嘻嘻笑著一溜煙跑了。

……

韓國的圖存朝議，終是被這個少年攪鬧得灰溜溜散了。

春申君鬱悶非常，回到驛館在廳中獨坐啜茶，思緒紛亂得難以理出個頭緒來。少年韓非的一番言辭深深震撼了他——素來孱弱的韓國王族如何出了如此一個天賦英才？這個未冠少年的犀利言辭簡直就是長劍當胸直入，教人心下翻江倒海陣痛不已。「強國之道無奇術，荒誕之謀不濟邦」，可謂振聾發聵。一篇說辭字字金石擲地有聲，豈止指斥韓國，直是痛擊山東六國百年痼疾也。如此天縱英才，

若在百年前變法大潮之時，實在是堪與商鞅匹敵了，何今日之世，竟落得舉朝斥責一片喊打之聲？韓國之哀乎？六國之哀乎？平心而論，今日韓非若在郢都，楚國朝堂能接納此番主張麼？你黃歇能像當年擁戴屈原一般慨然挺身撐持韓非麼？此念一閃，春申君臉紅了。說到底，春申君的煩亂正在於此——荒誕情景發生在別國朝堂，自己卻慚愧得無地自容。今日韓王一口允准出兵，合縱算是大功告成了，然春申君非但沒有絲毫的快意，心頭反倒酸澀得直要流淚。

夷射來了，也是只默默啜茶。直到五更雞鳴，兩人一句話也沒說。

六、兵家奇謀　大義同心

九月中旬，六國兵馬終於聚齊了。

這次合縱不同以往，六國兵馬都是隱祕集結。這是信陵君特意給各國申明的要旨：合縱之軍務必穿行河谷晝伏夜行，戰馬銜枚裹蹄，全軍輕裝禁炊，不求快捷，務求隱祕。這封密書使各國將軍大感意外，既往合縱歷來都是大張旗鼓出兵，聲勢唯恐不大，何以這次出兵要做賊一般？大軍行進在本國本土，還要銜枚裹蹄輕裝禁炊，這不是作踐人麼？如此神祕兮兮地折騰，秦軍沒有斥候麼？各國將軍完全是不約而同地將這封密書當作了耳旁風，紛紛大聚兵馬，要做浩浩蕩蕩的興兵伐罪之師。

正在此時，信陵君軍書又到，除重申前書要旨，更口吻嚴厲地立約：何國軍馬不祕密開進，休要出兵，魏趙韓三國抗秦足矣！這可是戰國合縱頭一遭——自來合縱都是唯恐哪國不動兵力不足，各國都要興兵了又說可以不要，咄咄怪事也。這魏無忌究竟要弄甚個玄虛？疑惑歸疑惑，牢騷歸牢騷，各國君臣思忖再三，還是嚴厲下書：務必遵照信陵君將令行事，如期祕密開進。

這便是信陵君魏無忌的威望。戰國自有合縱抗秦，此前成立過四次六國聯軍，獨有信陵君統率聯軍的那次，一舉大敗秦軍挽救了趙國挽救了山東。馬服君趙奢是山東六國第一個勝秦名將，然其威望與信陵君卻不能同日而語。何也？趙奢勝秦乃山地戰，雙方兵力俱在十萬以內，狹路相逢唯浴血拚殺耳，雖則難能可貴，終難成兵法謀略之範例也。合縱救趙之戰卻是平原野戰，雙方兵力均在三十萬以上，且不說戰場調遣遠非山地小戰可比，單是能將六支戰力不一素無統轄臨時湊集的散兵擰成一支鼓勇之師，便絕非常人所能做到。信陵君非但是一員戰場猛將，更是深通兵法的兵家奇才。此人彷彿天生將兵之命，沒有戰事論國政，比孟嘗君、平原君、春申君三公子也強不到哪裡去，甚或不如三公子在廟堂遊刃有餘；然則若有戰事，信陵君在廟堂政事中所有的弱項，都立時變為非凡之處而大放光華。剛嚴凜然的稟性化作罕見的將帥威權，豪俠尚武的結交化作最能親和將士的魅力，任賢用能講求實效的做事方式天然是凝聚大軍的將帥德風，廣學而知天文地理兵家戰陣，異能而通諸般大型攻防兵器，運兵謀劃每每出人意料，戰場將令每每令人驚歎。臨危而亢奮，亂局而從容。如此等等，都使進入莫府的信陵君如魚得水，調兵遣將如庖丁解牛。更為山東諸將景仰者，在於信陵君臨戰關頭的決戰決勝之氣。當年五國聚兵救趙，唯缺大將到位。魏王因猜忌之心，硬生生不任信陵君為將。便在五國聯軍群龍無首眼看救趙就要成為泡影之時，信陵君盜竊兵符，力殺魏王心腹大將，強奪魏軍兵權，硬是風風火火趕赴了聯軍營區，一鼓救趙大敗秦軍。此等勇略膽魄，非天賦異稟而無可為也。唯其如此，信陵君客居邯鄲而有門客三千，以至平原君門客也紛紛來投，一時竟使素來粗莽的趙國成為天下士子匯聚的風雲之地。信陵君在邯鄲寫下了一部兵書，也成為孫臏之後最為山東名士推崇的戰國兵法。百餘年之後的太史公為信陵君作傳，末了也是由衷讚歎：「信陵君名冠諸侯，不虛耳！」這是後話。

卻說六支兵馬分頭祕密疾進，九月初終於全部抵達大野澤西北山地。

大野澤山地是信陵君精心選擇的戰場。戰國之世，大野澤又稱巨野澤，與逢澤、巨鹿澤共為中原地區的三大湖泊。除巨鹿澤在黃河流域趙國境內，大野、逢澤皆在濟水流域。逢澤在魏國境內，大野澤在魏國與齊國邊境地帶。雖說戰國時期的領土城池經常盈縮不定，但魏齊同為大國，相互交戰不多，國土大體上還是始終以大野澤為分界的，澤東為齊國，澤西為魏國。後來，大野澤隨著濟水的乾涸消亡而漸漸乾涸萎縮，只留下了被後人稱為東平湖與梁山泊的狹小水域。後世中國人所熟悉的梁山好漢聚集的水泊，便是大野澤留下的痕跡。戰國時期，濟水是天下四大名水（河、江、淮、濟）之一，水量豐沛，橫貫魏齊趙而獨立入海，是中原地區當之無愧的母親河之一。濟水洪流沉積擴展的大野澤煙波浩淼汪洋恣肆，方圓幾近千里，水道東連泗水，成為吞吐兩大河流的巨澤，時稱中原三大澤之首。直到唐朝枯涸之時，大野澤尚有南北三百里水面，可想其全盛之勢。《書・禹貢》有云：「大野既瀦。」《周禮・職方・兗州》云：「其澤藪曰大野。」《左傳》哀公十四年（西元前四八一年）記載：「西狩於大野。」如此等等，足見大野澤聲名之顯赫。

大野澤周邊無著名高山，丘陵連綿林木茂密，看似平平無奇，實則卻是河谷險道縱橫交錯，尋常人難以窺其奧祕。當年孫臏兩勝龐涓的桂陵之戰、馬陵之戰，都是在這片山地打的伏擊戰。信陵君回到大梁接受上將軍印後的第一件事，便是派出精幹斥候及與秦國有商事往來的老商，同時在咸陽與秦軍營地細緻探察，月餘之後匯總的情勢是：秦軍東出攻齊，其路徑是從大野澤的東北岸官道越過大野澤，前出於大野澤以東的盧縣（註：盧縣，戰國齊縣，在古濟水東岸，大約今山東肥城西北）山塬駐紮；蒙驁的謀劃是：先行攻克齊國濟北的二十餘城，再南下攻克已經分別被齊國、楚國滅掉的薛國魯國，一舉震懾齊楚兩大國；蒙氏本齊人，不願齊國化為焦土廢墟，故而欲先大展軍力，而後迫降齊國；故此，蒙驁大軍東進，沒有像攻掠三晉那般電閃雷鳴地猛烈突襲，而是先向濟北從容張兵，目下已經出動一軍攻克五城，蒙驁率主力大軍陳兵薛郡（故薛國）邊境，尚未對薛魯開戰。

因地利之便，信陵君率領的魏軍最先抵達大野祕密營地。

營寨紮定，信陵君立即下令：除修葺軍械兵器與接應各路兵馬之外，其餘將士立即為未到的各國大軍開闢營地、準備冷炊。魏軍將士大感詫異，歷來合縱聯軍都是各軍自理糧草輜重，營地起炊之類的軍務更是各軍本分，不相互傾軋已經是萬幸了，幾曾有過先到之軍為後者開營備炊之事？詫異歸詫異，基於對信陵君的信服，魏軍將士還是立即忙碌了起來。

信陵君對聯軍作戰有著深深的憂慮。也就是說，此次能否戰勝秦軍，他是心中無底的。憂不在戰，憂在將士之心。大約誰都沒有信陵君看得明白，如今山東六國的糜爛衰頹已經是無以復加了，君臣傾軋軍政掣肘已成積重難返之惡習，大軍雖發，安知沒有諸般無法預料的後患？縱是各軍齊到，有沒有決戰決勝之心，實在也未可知。反覆思忖，信陵君定下了三個基點：一是此戰不能持久，久則聯軍內部必生事端；二是必當有同心死戰之志，各軍相互自保，必然敗軍；三是此戰必須以奇謀用兵，非奇不足以速決。三點之中，以同心死戰最為要緊，無此根基，任你奇謀百出也是付諸東流。

五六日之後，各軍先後抵達大野山地。

峽谷密林之中，信陵君在簡陋的聯軍莫府第一次聚將會商軍情。

中軍司馬首先宣讀了聯軍會兵概要：趙國精騎五萬步軍兩萬，主帥平原君；楚國步騎十萬，主帥春申君；魏國弓弩武卒（步軍）六萬，鐵騎三萬，主帥信陵君；韓國步騎八萬，主帥老將韓朋；燕國輕騎六萬，主帥將渠；齊國步騎六萬，主帥陳逡。總計六國兵力四十六萬，將軍五十三員。

「噢呀，秦軍二十六萬，我方勝出多了。」春申君長吁一聲。

平原君連連搖頭：「不好比也，聯軍哪次不超秦軍兵力十幾二十萬？」

「敢請信陵君先說個打法出來，老夫憋悶。」老將韓朋耐不住了。

「對也！這祕密進軍折騰死人，趕緊說如何打法。」齊將陳逡立即呼應。

「春申君、平原君，諸位將軍，」信陵君沉穩從容地從那張名為帥案實則只是一張支架著的大木板前站起，「之所以要各軍祕密進發，在於聯軍只有出其不意攻其不備，方能制勝也。數十年前，山東六國氣勢正盛，各國盡有精銳之師，尚不能合縱勝秦，況今日國力凋敝之時，我方實力大減，秦國方興未艾，尤需慎之又慎，縝密戰事也。就實而論，此戰非往昔合縱可比。往昔可一敗，可再敗，各國根基尚能支撐。今日之戰，卻大是不同。六國存亡，全在此戰！此戰若勝，六國尚有重新崛起之機遇。此戰若敗，則六國軍力崩潰，亡國之期指日可待！唯其如此，堪稱六國背水之戰也！諸位但平心而論，此戰若敗，何國當得秦軍兵鋒？其時便是不謀而合縱，兵力何在？軍輜何在？結局只能是土崩瓦解天下歸秦，豈有他哉！」帳中一時肅然，信陵君粗重地喘息了一聲，「無忌先出危言，不在聳人聽聞，而在醒動諸位：此戰唯做死戰圖存之心，方能精誠一心縝密謀劃戰而勝之！」

「死戰圖存！精誠一心！」大將們轟然吼了一聲。

「噢呀——」春申君長長一聲喟歎，「如此景象，老夫恍若夢中了。」

平原君一眶熱淚：「同仇敵愾，六國多年不見矣！」

「信陵君已經說得透底，誰若畏敵惜命，當下回去了！」春申君拍案而起，「楚國動議合縱，老夫先發個誓願：此戰不勝，老夫自裁謝國！」

「趙勝亦同！」

「魏無忌亦同！」

當三雙大手緊緊疊握三顆白髮蒼蒼的頭顱聚在一起時，大將們悚然動容了，不約而同地慷慨高呼：「不勝秦軍，自裁謝國！」

「但有此心，我軍必勝！」信陵君奮然一呼，轉身大步走到帥案前，「開圖！」

中軍司馬拉開案後大幕，一張丈餘見方的木板大圖「大野山川」豁然顯現眼前。信陵君手中長劍指點著地圖道：「此戰仿效孫臏之桂陵戰法，在大野澤西北岸伏擊破秦。伏擊之要：一在攻敵要害，迫使蒙驁主力回軍馳援；二在大軍隱蔽巧妙，使敵不能覺察；三在接戰之時全力死戰，不使秦軍輕易衝破伏擊戰場！以聯軍戰力，不求全殲秦軍，但能殺敵十萬以上，則秦軍必然退出山東，是為大勝！諸將以為可行否？」

「采——」

「信陵君儘管發令，諸將軍無異議了。」春申君認真點頭。

「好！」信陵君劍鞘指向大圖，「諸位且看，秦軍我軍所在恰是大野澤兩端。秦軍在大野東北，我軍在大野西南，遙遙相距四百餘里；秦軍另有王陵一軍攻濟北，與我軍相距八百餘里。我軍預謀，是在桂陵東北山地的這片山塬密林伏擊秦軍。」

燕軍大將將渠突然插斷道：「孫臏設伏老戰場，秦軍豈能上當？」

「將軍差矣！」平原君搖頭，「兵不厭詐，二伏必勝。此乃軍諺也。以軍情論，秦軍蔑視六國已久，此次秦軍連攻山東未遇抵抗，蔑視六國尤甚。蒙驁僅分兵五萬攻濟北二十餘城，顯然將十萬濟北齊軍視若無物。如此秦軍，豈能想到聯軍伏擊？縱然想到，也以為不堪一擊，反以為是盡滅六國大軍的天賜良機。唯其如此，使秦軍入伏，不足慮也。」

將軍們紛紛點頭，認同了平原君說法。

信陵君肅然道：「平原君所言，正是秦軍弱點所在。唯有此弱，我軍可戰也。」長劍又指大圖，「我軍戰法是：兵分四路，兩次設伏。具體（註：具體，古詞，語出《孟子·公孫丑上》：「子夏、子游、子張皆有聖人之一體，冉牛、閔子、顏淵則具體而微。」原意謂事物各部分全部具備。後世引申為與「抽象」相對的哲學概念。）謀劃為：一軍飛騎北上，強攻王陵五萬鐵騎而後佯作南逃，誘使其追擊南來；在其南下五百里處之大峽谷，一軍以六萬步軍設伏，包圍王陵鐵騎，佯作王陵不能突圍而我軍亦無法殲滅之相持態勢，誘使蒙驁主力大軍前來救援；我軍佯作不支，第一道伏擊圈崩潰南逃；秦軍必全力追殺，我軍主力預在其百里之外設伏，痛擊秦軍！」

「願聞將令！」大將們異口同聲，顯然是信心大增。

「四路大軍。」信陵君從帥案拿起了第一支令箭，「第一軍為北上飛騎，由趙魏兩軍八萬騎兵組成，攻敵務求猛烈快捷激怒王陵，此軍由老夫親自統領。」放下令箭又取一支，「第二軍六萬步卒，於秦軍南下五百里處峽谷設伏，由春申君統領。」春申君嗨的一聲接過令箭。信陵君又拿起第三支令箭，「第三軍燕軍飛騎六萬，專一接應掩護第一道伏擊圈佯敗後撤之步軍，合為一體後趕赴最後戰場之外圍，截殺突圍秦軍，由將渠統領。」將渠慨然領命。信陵君拿起第四支令箭，「伏擊主戰場為二十六萬步騎，對蒙驁大軍合圍痛擊，由精於戰陣之平原君坐鎮統帥！」

平原君卻沒有接受將令，只目光爍爍地看著信陵君不說話。帳中頓時一片寂然——趙軍乃聯軍主力，平原君若是與信陵君生出齟齬，這合縱抗秦便是岌岌可危。春申君機敏過人，立時呵呵一笑：「噢呀平原君，不堪重負了？」春申君本意原在激將，不想平原君喟然一歎：「知我者春申君也！信陵君在此，趙勝實在不堪主戰場重任矣！」轉身對著信陵君深深一躬，「趙勝知君厚意，先行謝過。北上軍最是險難，需主將親自披堅執銳衝鋒陷陣，故君自領也。主戰場雖為鏖兵劇戰，然主將重在調遣，少有性命之危，故交趙勝也。戰陣廝殺，趙勝自認強於信陵君。坐鎮調遣，信陵君強於趙勝多也。君之任命，正是互調兩人之長，各用兩人之短。趙勝若坦然受之，豈非六國罪人乎！」

大將們一時肅然一時難堪。

春申君一時也不知如何說法——兩君都是剛烈豪俠之士，平原君方才口吻，顯然不無責難信陵君之意，卻也沒有明白表示自己請命統領第一軍；信陵君也是默然不應，若一言勸說不當，此前嫌隙復生，局面便難以收拾了。然則不說更是難堪，非但兩君不能化解，連自己這個首倡合縱者都要被將軍們疑為沒有公道了。思忖之間，春申君斷然開口：「噢呀信陵君，黃歇直言，萬事以抗秦為大了！」

一言落點，大將們的目光齊刷刷聚到了信陵君帥案。

信陵君走下帥案，對著平原君深深一躬：「平原君深明大義，無忌謹受教也！」一轉身對著大將們又是一躬，「此事乃無忌彌補私誼之心過甚，以致將令失當，無忌謝罪！」

「無忌兄！趙勝計較過甚，錯責人也！」

「趙勝兄！無忌私而忘公，夫復何言！」

兩廂對拜四手相握，帳中一聲喝采，春申君老淚縱橫了。

七、血戰半勝秦　山東得回光

蒙驁有些不高興了。

兵出山東已經年餘，正在所向披靡之時，呂不韋卻派特使送來緊急密書一件主張退兵，理由是大軍前出太遠，糧草軍輜難以連續輸送。蒙驁先對此等方式不悅。說是班師，卻無君命王書，丞相私修密書便教大軍班師，不是給老夫出難題麼？往好處說，蒙驁願意相信這是呂不韋對他的敬重，寧可先行商議，指望他接受班師理由而後自己提出班師，而不貿然以君命形式強使他班師。畢竟，秦王對呂不韋的倚重與信賴朝野皆知。呂不韋若一意孤行，請得秦王一道王書實在不是難事。往不好處說，呂不韋此舉似有猜忌之嫌，又似有圓滑之意。猜忌者，怕蒙驁功業過盛，如同當年之范雎對白起也。圓滑者，逃避朝野責難也，日後若公議將班師指為貽誤戰機，蒙驁難道能說奉文信侯密令麼？然無論如何，此等猜想帶來的不悅終是一閃念而已。蒙驁之所以對特使當場申明不贊同班師，更為根本的原因，在於他以為呂不韋所說的理由根本是子虛烏有。做為大軍統帥，蒙驁豈能沒有糧草謀劃？

秦軍此次東出，除了攻韓攻魏依靠新設立的三川郡輸送糧草軍輜外，攻掠趙國與東出齊國，都是以戰養戰奪取城池自取軍食，何曾向呂不韋嚷嚷過糧草軍輜？「千里不運糧」，既是軍諺也是商諺，老夫能充耳不聞視而不見麼？軍前實情分明別樣：三晉兵馬望風而逃，攻陷城池之後根本無須掠民，僅官倉穀麥財貨就足夠軍食了；出兵年餘，輜重營車隊向三川郡運回的糧貨遠遠多於運來的糧貨，大軍所需要輸送者，僅僅是將士特需的秦地醬牛羊肉與修葺甲冑兵器的皮革鐵料而已。退一萬步說，即或因路途遙遠無法輸送這些特需物事，秦軍也完全能就地解決；只要糧穀充裕，不啞秦人烹製的醬牛羊肉還不照樣打仗？決意攻齊之前，蒙驁做了籌劃：大軍一進入大野澤東岸的齊國邊境，立即派出五萬鐵騎攻濟北，立即同時在主力大軍營地修築臨時糧倉；待濟北十餘城官倉的糧草財貨全數運到，方是秦軍猛烈攻齊之時；攻占臨淄之後稍事休整，大軍便可直下楚國。

蒙驁很清楚，地域遼闊的楚國是最難擊潰的。秦國攻楚的路徑歷來只有兩條：一出武關打山地戰，一下江峽打水戰。當年武安君白起攻占郢都，是水路下江。從根本上說，這兩路都難以給楚國致命一擊。原因只有一個，道遠路險，主力大軍與糧草輜重皆難以最大規模地展開。而從齊國南部邊境壓向楚國的吳越故地，則形勢立變為從背後猛擊楚國。楚失江東吳越，淮南淮北之腹地立時袒露在秦軍兵鋒之下，滅楚便是指日可待。若得對鞭長莫及而最難打的楚國狠狠一擊，縱不能一戰滅楚，也將使楚國名存實亡。

如此功業，如此情勢，任何一個大軍統帥都會怦然心動。

蒙驁能輕易班師麼？不說是文信侯密書，當真是秦王下書，蒙驁也會以「將在外，君命有所不受」而拒絕——大軍正在衝要之地，豈能因不切實情之一書錯失戰機也。

送走特使，濟北王陵急報飛來：已攻陷濟北六城，齊國各城守軍一戰即潰，旬日之內可全部攻陷濟北！蒙驁精神大振，立即派輜重大將率領一萬鐵騎護送龐大的牛車隊北上，盡快運回濟北各城官倉的糧草財貨。次日清晨，輜重軍馬浩浩蕩蕩往西北去了。蒙驁立即下令聚將，部署即將到來的攻齊大戰。部署完畢，眾將散去各自忙碌。蒙驁親自修書一封，派一處事練達的高爵司馬為特使進入臨淄，說動齊王建降秦，以保全田氏社稷並使臨淄生民免遭塗炭之劫。

如此三五日，蒙驁大軍已經準備就緒。濟北傳來軍報：王陵軍又攻陷兩城，輜重車隊已經南下，預計旬日可達。特使也從臨淄趕回，帶來齊王建的書信答覆：齊國可降，然降國事大，容我君臣商議處置善後諸事，請以一月為限，毋得動兵。蒙驁思忖片刻當即回書：半月為限，齊王務必速決！

平原君率八萬飛騎趁著夜色兼程北上。

曙色時分，涉過濟水接斥候飛報：秦軍輜重車隊數千輛浩蕩南下，正在東方五六十里開外的魯薛官道。平原君的封地平原城，與濟北隔河遙遙相望，橋路若是正常，快馬半個時辰即到，故此對濟北地理瞭若指掌，一聞斥候消息便知雙方態勢。平原君思忖五六萬飛騎足當襲擊王陵之任，若能同時襲擊秦軍糧草則更能激怒蒙驁，於是當機立斷：分出魏國三萬騎兵猛襲秦軍車隊，自率五萬趙軍飛騎繼續北上襲擊王陵。

平原君事先已經探明：蒙驁以樂毅滅齊為前車之鑒，防止齊人從海上轉移財貨；秦軍王陵部攻掠濟北的戰法是鐵騎直插海濱，從北向南逐城猛攻；日前正渡過漯水，今日正是攻克漯陰城之時。尤為重要的是，秦軍因了要運送糧草財貨，濟北所有路橋皆完好無損。若無此條，平原君不能越過濟水與秦軍作戰，否則很難向南逃走誘敵。今橋路完好，趙軍飛騎徑直馳過濟水殺向漯陰。

昨日暮色之時，王陵鐵騎五萬已經抵達漯陰城外十里處紮營。濟北攻城以來，已經有六座城池不戰而降。漯陰大城，五萬百姓八千守軍，更有漯水南北最大的官倉，不戰入城最佳。故此，王陵陳兵不做夜攻，先派一名司馬入城勸降，要看漯陰城動向再做定奪。二更時分，司馬攜漯陰使節歸來。使節唏噓陳情：漯陰令與守城將軍皆願歸降，然因兩人家小俱在臨淄，請將軍務許三日之期，待兩大人祕密接出家人而後舉城降秦。慮及下齊並非一日之功，王陵思忖一番慷慨答應了；一面飛書稟報蒙驁，一面傳下軍令大軍整休三日。

次日清晨秋陽初升，忽聞滾滾沉雷殺聲遍野。王陵素來機警過人，未待斥候軍報已經下榻整好甲冑傳下將令：全軍上馬接敵！馬隊發動之間斥候來報，數萬騎兵從南殺來，看旗號氣勢，是平原君親自率領的趙國邊軍。一聞趙國邊軍與平原君名號，王陵殺心大起，激昂大喝：「秦軍鐵騎復仇揚威之時到了！兩翼各萬騎包抄，中央三萬騎老夫親率！殺——」一時鼓號齊鳴馬蹄如雷，黑色鐵騎烏雲般壓向秋日的曠野。

午後時分，蒙驁正與一班將領會商攻齊部署，王陵軍一名司馬飛馳來報：平原君率領一支大約五六萬的趙軍飛騎猛攻王陵軍，酣戰一個時辰，我軍已經殺退趙軍，王陵將軍正率部追殺南逃趙軍。

「趙國邊軍平原君，空有虛名也。」蒙驁笑了。

「稟報上將軍：敵情未明，王翦以為我軍不能追殺趙軍！」

「王翦又有主張也。」高爵老將王齕冷冷一笑，「山東六國已成驚弓之鳥，趙勝掙扎耳耳，有甚不明？若是老夫，也要追殺得一個不留，正好報邯鄲之仇！」

年輕的王翦紅著臉道：「為上將者當以大局為重，望上將軍三思。」

蒙驁頗有些沉吟了。王翦原本是個千夫長，因在這次東進攻趙中大顯鋒芒，剛剛由千夫長晉升為公大夫爵位，實職是萬人之將，也就是僅僅高於千夫長的低職將軍。雖然只是二十歲上下的年輕將軍，此人卻是冷靜多思勇猛堅韌，依稀頗有武安君白起少時之風。他說軍情未明，還當真值得斟酌。王齕、王陵、桓齕，乃至蒙驁自己，當年都是在長平大戰後因攻趙敗師而蒙羞，對趙軍，對平原君，確實有著非同尋常的血仇，會否因此而錯判情勢？

「大野西岸，可曾發現軍馬？」

「稟報上將軍：大野西岸三百里沒有軍營。」斥候營總領高聲回覆。

「王翦，你言軍情未明，卻是何指？」

「稟報上將軍：王翦只是推測，並無探察憑據。平原君乃資深重臣猛將，趙國棟梁，若無後續接應，當不至於僅率五六萬飛騎孤軍拚殺。兵不厭詐。若有疑點，便當慎之又慎，不當冒進！」

正在此時，斥候飛騎報來：輜重車隊在漯陰之南遭遇三萬魏軍騎兵截殺，護車萬騎正在拚死激戰，請求緊急馳援！王齕頓時拍案高聲：「敵情明也！魏趙聯兵，截我糧草！趙勝老匹夫好盤算！」蒙驁心念電閃，無論軍情如何糧草輜重都不能丟失，當即發下將令：大將嬴豹立即率三萬鐵騎北上馳援，務使輜重車隊安然返回！嬴豹領命出帳。蒙驁又命王陵司馬立即回軍叮囑王陵：追殺趙軍適可而止，無論斬首多少，二百里之內必須撤回！

「今夜天亮之前若再無異情，便是魏趙兩軍截擊濟北糧草，圖謀迫使我軍班師。」蒙驁對大將們昌明了他對情勢的大體判斷，而後下令，「各軍部署不變，繼續攻齊軍備！一俟糧草車隊歸倉囤積，我主力大軍與濟北王陵軍同時進發，兩路威懾臨淄。不管齊王建降與不降，務必在十月初拿下臨淄！」

「嗨！」大將們轟然應命。

王齕狠狠拍案：「可惜也！又教趙勝老匹夫逃了！」

不想五更時分，兩道緊急軍報接連傳來：第一道軍報說，王陵鐵騎追擊趙軍於二百里處中敵埋伏，激戰不能突圍，敵軍亦無力吞掉我軍，目下正在膠著僵持！第二道軍報說，嬴豹三萬騎昨日北上兩個時辰後，正遇輜重車隊，一舉殺退魏軍；護送車隊回歸路上，嬴豹將軍聞王陵危境，遂分兵萬騎交輜重大將護衛車隊歸營，自率兩萬鐵騎星夜馳援王陵去了。

蒙驁接報，實在有些哭笑不得。看來這是最終敵情了：信陵君平原君設下計謀，以同時襲擊王陵與輜重車隊為餌，誘使王陵入伏，進而誘使秦軍主力馳援，圖謀伏擊大敗秦軍。然則這支伏兵連王陵五萬鐵騎都吞不下，最多也就是十餘萬步騎埋伏，自然也不會有大型連發弩機，否則王陵能撐持一夜？如此區區之兵，也竟敢在秦軍二十餘萬主力大軍面前設下圈套強奪糧草輜重，當真好盤算也！驟然之間，蒙驁雄心陡起，老夫將計就計，率領大軍殺入伏擊谷地，一舉反擊全殲魏趙殘餘軍力，教爾從此束手就擒！魏無忌啊魏無忌，你雖精通兵法，然終是無米之炊，老夫不吃了你豈非暴殄天物也？

聚將鼓在黑沉沉的黎明隆隆擂響，蒙驁斷然下令：老將桓齕率八萬步軍守定大營糧草，老夫自與老將王齕率領全部主力鐵騎十萬馳援王陵！一時雷厲風行，不到半個時辰，十萬鐵騎已經狂飆般向大野澤西南捲去。

此時的秦軍鐵騎已經是一人兩馬，又是不帶糧草只帶隨身三日乾肉的輕兵飛騎，兼程奔馳當真是速度驚人。正午時分，便由大野澤東北飛馳三百餘里，進入大野澤西南山地，大舉殺入伏擊戰場。接戰未及半個時辰，伏擊山谷被秦軍猛力打穿，兩岸山林的伏擊敵軍亂紛紛蜂擁向南逃竄。秦軍追出谷口，只見各色旗幟遍野散亂，只信陵君、平原君、春申君的旗下人馬稍有部伍之形，其餘軍馬落荒奔走狼狽鼠竄。

「稟報上將軍：伏擊軍馬有六國旗號！」

其實在斥候飛騎之先，蒙驁已經在山丘看見了春申君的黃色大旗。有春申君旗號，眼前便可能是六國合縱聯軍。斥候飛報六國旗號皆齊，合縱成軍便再無疑慮。明此情勢，蒙驁頓時又驚又喜！驚的是此次東出全然未聞山東六國合縱消息，如何這合縱竟祕密結成了？喜的是不經意間一舉擊潰了六國合縱，當真痛快不過也。

「上將軍！」一騎飛上山岡，戰馬嘶溜溜打著圈子。

「王翦！為何脫隊！」

「王齕老將軍帶大軍追殺三公子！末將阻攔不住，請上將軍鳴金收兵！」

「正是大敗合縱之時，鳴金做甚，返回殺敵！」

「敵情不明，六國旗幟有序而逃！」

「老夫有眼！」蒙驁大是惱火，「六國烏合之眾，莫非還能二次設伏！中軍司馬大旗發令：全軍追殺，務擒三個老匹夫！」說罷飛身上馬，對三千護衛一揮長劍一聲喊殺……正在此時，王翦從馬上飛身躍起直撲馬前，硬生生凌空扯住了馬轡，戰馬陡然嘶鳴人立，將蒙驁掀翻下馬。護衛騎士大驚，嘩啦圈馬，數十支長劍立即指住了王翦周身。

「上將軍！復仇誤國，不能追殺啊！」王翦已經托住了蒙驁，嘶聲哭喊著。

「大膽！」蒙驁一腳踢開王翦，「革職羈押，戰後論罪！」

軍法司馬一揮手，四名甲士轟然架開了王翦。王翦兀自掙扎大叫：「上將軍！不能啊！敵軍分明有詐……」眼看馬隊隆隆下山，王翦一急竟昏死了過去。軍務司馬立即掐住了王翦人中穴大叫：「王翦醒來！不領軍法便想死麼！」

蒙驁催動後軍全力掩殺，遙見前方山塬之間「王」字黑旗大展，王齕的前軍主力正向信陵君大旗逼近。蒙驁長劍高舉左右示意，身邊軍令號兩陣嗚嗚長吹，後軍四萬鐵騎分作兩翼展開，向廣闊的山塬包抄過去。殺過一道山梁，眼看要兜頭抄住包括三公子大旗在內的潰敗逃軍，山梁卻突然變為一道高聳的山峰，各色旗幟的敵軍竟繞過山峰密林消失得無影無蹤。狂飆追殺的秦軍馬隊收剎不住，後軍蒙驁眼看著王齕的前軍主力迅速地沒進了突然出現的神祕大峽谷。

「鳴金！」蒙驁心下一閃舉劍大喝，後軍堪堪收在了谷口山梁。

前軍未曾回身，大峽谷中已經響徹隆隆戰鼓與山崩地裂般的殺聲。幾乎同時，蒙驁又聞身後山塬殺聲大起，一片紅旗的趙國邊軍暴風驟雨般捲地殺來，當先一面大旗便是「平原君趙」。蒙驁沒有任何選擇，長劍一舉一聲喊殺，秦軍鐵騎返身衝下山梁與趙軍飛騎廝殺在了一起。兩支騎兵都是天下聞名的精銳之師，在起伏無定的山塬間展開生死大搏殺，當真是懾人心魄。蒙驁軍三萬餘騎，平原君也是三萬餘騎，堪堪伯仲，一時難解難分。然則雙方將士戰心卻是不同。平原君是心無旁騖，趙軍是唯專廝殺。蒙驁卻是三軍統帥時時慮及谷中主力大軍，其焦灼之情可想而知。秦軍將士也情知身陷危境，恨不能一陣殺光趙軍入谷接應王齕。秦軍上下人人情急，部伍配合便多有縫隙。煙塵搏殺之中，蒙驁的三千中軍護衛馬隊竟鬼使神差地被平原君馬隊圍進了一片山坳之地，情勢萬分危急。

正在此時，趙軍身後殺聲大起，大片秦軍鐵騎如泰山壓頂般從來路山地殺來。漫山遍野的黑色騎士無甲無冑赤膊揮劍開弓勁射，渾然不知生死，衝鋒氣勢儼然狂人死戰。當先一將赤膊散髮連連砍殺，率一支馬隊徑直向平原君大旗狂吼衝來！

「秦軍輕兵！鳴金入谷！」山梁上的平原君一聲驚呼，趙軍飛騎呼嘯而去。

「上將軍！末將來也！」

「王翦來得好！」蒙驁一馬衝上坳地，「率輕兵守住退路，老夫入谷接應！」

「上將軍！」王翦一馬橫立，「三軍統帥當掌控全局！若信得王翦必死之心，請許王翦兩萬輕兵入谷接應老將軍！」

「聽你！」蒙驁慨然一句轉身大吼，「輕兵兩萬歸王翦統轄！入谷死戰！接應主力出谷！老夫死守谷口！」

「輕兵勇士隨我入谷！殺——」王翦率領兩萬輕兵飆風般捲進峽谷。

耳聽谷中殺聲如雷，蒙驁後悔得心頭滴血。若非大本營還有主力步軍與輜重大倉，全局確實需要隨時調度，他無論如何不會在這裡受此生死煎熬，而教年輕的王翦率領輕兵入谷。老王齕是天下聞名的猛將，戰場殺紅了眼從來不知後退，王翦勸得住他麼？若是入夜谷中主力還不能突圍，又該當如何？看看將近暮色，一時大為焦灼，素來以穩健縝密著稱的蒙驁有些發懵……

「稟報上將軍：五萬重甲步軍兼程開到！」

「啊？重甲步軍！好！」

蒙驁狠狠吼了一聲好，轉身看著已經翻過山梁沉雷般壓來的重甲步軍，頓時精神大振，來不及去想步軍如何突兀開來，斷然下令，「中軍司馬率鐵騎守定谷口！重甲步軍弓弩當先，隨老夫入谷接應！」中軍司馬欲待請命，蒙驁不由分說一聲大吼，「軍令如山！步軍列陣！」說罷一把扯下繡金斗篷摘去頭盔卸掉鐵甲，一身汗津津的襯甲布衣一頭雪白散亂的戟張鬚髮，儼然一頭雄獅怒吼，「絕地輕兵！死戰六國！」

「絕地輕兵！死戰六國！」震天動地一聲怒吼嘩啦啦一陣大響，五萬重甲步卒全部卸去衣甲頭盔，人人輕裝布衣挺矛背弓，直是凜凜煞神！

輕兵者，輕生敢死之兵也。就戰法而論，全身無防護，更不攜帶任何背囊軍食之類累贅物事，只帶兵器做拚死一戰，謂之輕兵。秦軍輕兵來自一個古老的傳統。秦人立國之前，久處西部遊牧部族包圍之中，浴血奮戰直是家常便飯。每遇絕地險境，必得丟棄輜重舉族死戰，人皆赤膊散髮瘋狂拚殺，全無生死之念。久而久之，秦人的赤膊瘋戰威名大震西部草原，號為「絕殺兵」，戎狄部族聞風喪膽，再不敢對秦人生出趕盡殺絕之心。立國之後，秦國軍旅依舊保留了「絕殺兵」這一古老傳統。春秋之世，秦國尚遠遠沒有後來的強勢大軍，絕殺之戰多有發生，其瘋狂戰法屢次震驚天下。中原諸侯便給這種赤膊無甲的絕殺兵起了一個名號——輕兵，其意實際是譏諷秦人輕狂蠻勇不知兵家戰陣之禮。譬如兵禮有「不鼓不成列」。秦國輕兵則全然沒有金鼓之號，一聲喊殺瘋狂衝來死戰，全無陣法講究，在中原諸侯眼裡自然是輕狂無禮了。《左傳・僖公三十三年》記載：「秦師輕而無禮，必敗。」說的正是這般意思。戰國之世秦國崛起，輕兵絕殺戰極少有機會出現，事實是越來越少使用了。長平大戰時，為堅守壁壘死死卡斷趙軍退路，白起罕見地使用了輕兵戰法，與趙軍在石長城壁壘前浴血大戰，迫使趙軍斷了大舉突圍之念，而只能固守待糧。今日王翦突發騎士輕兵，救蒙驁於絕境，本是齊人的蒙驁才恍然想起了秦軍這一古老戰法——輕兵之戰無須將令，人人以死戰為無上榮譽，挽救絕境主力正當其時。

秦軍五萬輕兵大舉殺入大峽谷之時，正當夕陽落下夜色降臨。峽谷中夜色沉沉，聯軍已經是漫山遍野的火把與壁壘篝火。激戰半日，聯軍頻頻猛攻，眼見秦軍屍體堆積如山，卻總是無法全殲谷中秦軍，更無法俘獲一員大將。暮色時分信陵君下令稍事停頓，野炊戰飯之後再攻。秦軍輕兵入谷時，聯軍攻殺重開戰法突變：軍士不再深入谷地搏殺，而只對谷中有光亮處有人馬晃動處箭雨猛射。已經改為步軍的秦軍騎士無法反擊，又不能有火光動靜，只有蟄伏各種溝坎大石之後，一時寂然無聲。

突然之間，沉沉峽谷爆發出震天動地的喊殺聲。

沒有一支火把，沒有絲毫光亮，兩岸山坡的密林中突然黑森森挺出一排排兩丈多長的粗大長矛，夾雜著猛烈箭雨，向聯軍的幾段主要山腰壁壘無聲撲來。一時遍山慘叫，聯軍山腰大亂陣腳。信陵君厲聲大吼：「熄滅火把！滾木礌石全數打出！」遍山火把頓時熄滅，隆隆巨石夾著滾木呼嘯著砸向山谷。人手一支兩丈長矛的秦軍輕兵渾然無覺，撥打閃避間絕不停留半步，未被砸倒砸死者依舊黑森森撲向山腰。不到半個時辰，聯軍有三處山腰壁壘失守。山地之戰，步軍原是大大優於騎兵。信陵君端詳片刻，已經覺察到此等戰法戰力顯然不是被圍困的秦軍騎兵，只能是秦軍的精銳步兵，頓時大覺蹊蹺。斥候分明報說秦軍步兵留守大野澤東，如何能突然殺出？是蒙驁將計就計麼？是秦國增兵而未被我斥候探察麼？情急之下，信陵君一時無從判斷，思忖聯軍戰力未必抵得秦軍此等死戰，於是斷然下令：「步軍硬弩斷後！各軍鳴金出谷！」

聯軍全部硬弩密集齊射，片刻間退上了兩岸山頭。秦軍輕兵不再瘋狂糾纏追殺，也沒有退回山谷，而是守定聯軍退去後的山腰壁壘。從山頭望去，此時方見山谷中點點火把人馬蠕動，秦軍顯然是在匆忙撤出大峽谷。

「天意也！」信陵君長歎一聲，「秦軍死戰，救其主力也！」

平原君道：「經此一戰秦軍大損，來日蒙驁必退兵回秦。我軍可在要道再次設伏，或以魏趙飛騎繞道截殺，必能全勝！」

「未必也。」面色冷峻的信陵君搖了搖頭，「聯軍參差不齊，優勢只在出其不意做突兀伏擊。秦軍已經有備，必選平川官道退兵。弱軍無險可依，設伏無勝算。若是做曠野大戰，我軍兵力雖多，亦不敵秦軍十萬之眾也。再說，目下之兵已經傾盡六國家底，若再打硬仗，只怕有人便要走了。」

「噢呀！不追殺也罷！秦軍終是敗了，合縱終是勝了！」春申君笑著一指黑沉沉的大峽谷，「料他老蒙驁回秦也是一死，至少十年，秦國不敢輕易東出了！」

「老夫最後一戰，竟不能全勝，痛哉！」平原君狠狠跺腳。

「是也是也，最後一戰，最後一戰啊！設使有當年數萬魏武卒，何有今日半勝之局矣！」信陵君喃喃歎息終是默然。平原君與春申君也是相對無言。秋風在谷中呼嘯，將士歡呼之聲在風中飛向無垠的山塬。三位白髮蒼蒼的老將，不約而同地淚水溢滿了眼眶。

第十一章　仲父當國

一、亦正亦奇　呂不韋破了秦國百年法統

兵敗消息傳入咸陽，秦國君臣瞠目結舌了。

此次出兵可謂舉國同心。國人昂昂擁戴，將士赳赳請戰，廟堂謀劃無一人持論相左，見之戰場更是所向披靡，山東六國大有土崩瓦解之勢，如何能一夜敗軍？太突兀了，太離奇了，真是不可思議。咸陽老秦人無論如何不肯相信，一口聲叫嚷是六國亂秦伎倆。正在病榻的秦王嬴異人更是難以置信，急召文信侯議事的同時，立即派出國尉蒙武星夜趕赴三川郡查實軍情火速回報。大臣聞報，紛紛聚來王城大殿，敦請秦王緊急朝會以明視聽。秦王嬴異人傳下口書：「諸臣散去，三日後待軍報查實，再行朝會。」大臣們一聽秦王也不信軍報之說，心下頓時踏實，紛紛議論著散了。

呂不韋奉召匆匆入宮，良久默然。嬴異人情急道：「文信侯也嚇蒙了麼？說話也！」呂不韋一拱手道：「臣反覆揣摩，軍報既來，八九無虛。此事紛繁蕪雜，容臣細緻梳理。我王萬莫輕躁處置也。」嬴異人大急拍案：「朝野議論洶洶，談甚細緻梳理！若是兵敗不虛，你我何顏面對國人！」呂不韋正色道：「治大國若烹小鮮。唯從容操持，大局可定也。畢竟山東無力攻我，目下秦國並無亡國之危，不需要快刀之法。目下所亂者，朝議民心也，戰敗之責也，關外善後也。凡此等等牽涉廣闊，一事處置不當，便會人心離散傷及國本。唯其如此，寧慢毋快，須反覆斟酌而後動也。」一聲粗重的喘息，呂不韋突然伏地拜倒，「恕臣直言：目下秦國之危不在政，在王！」「秦國之危在王？」嬴異人大驚離座，一步扶起呂不韋，「文信侯且說，莫非有宮變謀反？」

「我王差矣！」呂不韋連連搖頭，「臣所謂危在王者，我王病體也。秦國三年薨兩王。我王即位堪堪兩年，儲君未立大局未定，昔年磨難之痼疾卻時時發作。我王乃激情任性之人，若不靜心養息，

但有不測，秦國大險矣！臣遇我王於艱危之時，自認與王肝膽相照，故此直言不諱，望我王再三思之。」

「文信侯……」嬴異人長吁一聲哽咽了，略一思忖轉身吩咐，「長史記書：與大軍東出相關事體，一應由相國呂不韋統攝裁處。秦王嬴異人二年秋月。」

呂不韋肅然一躬奉命，出了王城馬不停蹄趕到司馬梗府邸，半個時辰後又趕赴駟車庶長府邸，再一個時辰後趕赴廷尉府，暮色時分又徑直奔了綱成君蔡澤府邸。直到三更，呂不韋方才回到丞相府，又緊急召來職掌邦交事務的行人密談有時。行人走了，呂不韋書房的燈火直亮到東方發白。

蒙驁戰敗的消息，呂不韋知道得比到達王城的三川郡守的「初報」尚早了半日。月前，呂不韋派出特使給蒙驁密書動議班師。這特使不是別人，卻是西門老總事。呂不韋之意，派出西門老總事便是將此動議做私誼對待，期盼蒙驁能審時度勢自請班師完勝而歸。西門老總事雖不通軍旅，卻老於人事滄桑，見蒙驁隱隱不快並當即回絕了班師之議，一句多餘話沒說，只與已經從軍的昔日呂氏商社的工匠們盤桓半日，知趣地告辭離軍了。辭行那日，蒙驁不在莫府，老西門不經意地瞄見了那一眼便能認出的呂氏信管竟被隨意地丟在帥案上。思忖猶豫一番，老西門最終還是將信管拿走了。次日再到莫府辭行，老西門見蒙驁絲毫沒有提及呂不韋書信之意，心知這位上將軍不是壓根沒有將主人書信放在心上，便是裝作忘記而不屑提及，也終於無愧地帶走了信管。由於此前聽工匠們說不日將有大戰，老西門的回程走得慢了。到得洛陽，老西門索性住了幾日，一則看看呂氏封地的民情民治，二則也希圖證實一下自己這個局外人對軍情的揣測。不想未到旬日，突圍逃出峽谷的散兵已流到洛陽，向三川郡守稟報了大軍遭受伏擊的消息，請求郡守立即設法接應救援。老西門萬分驚訝，當即找到這些傷痕累累血染衣甲的散兵詢問。散兵中恰好有一個昔日商社的馬掌工，一番唏噓感慨而又不無驚懼地訴說，老西門的脊梁骨颼颼發涼，二話不說飛馬回了咸陽。

「此事非同小可！」呂不韋的第一直覺，是不能輕舉妄動。已有私信在先，若再先行挑明蒙驁敗軍消息，必然要主動提出處置之策。如此一來，雖與法度相合，然在蒙驁一班大將看來，呂不韋便是攔先見之明而落井下石，丞相府與上將軍府必然生出永遠難以彌合的嫌隙。縱是蒙驁被問成死罪，文武兩班只怕也要齟齬下去了。將相不和歷來是國家大忌，呂不韋豈能因不慎而攪局。就實說，若是沒有那封班師私信，呂不韋倒是無所顧忌了，即或公然指斥蒙驁幾句，蒙驁也必欣然承受。偏是有此一信，呂不韋便需分外謹慎，不能失卻與蒙驁業已生成的交誼。當然，首要之處是自己永遠不能說出曾經有過如此一封班師信件，雖然那封書信已經又回到了自己手中；其次便是待王命而後作為，不能搶先攪局在手。

秦王王書一頒，呂不韋立即依著自己謀劃好的方略行動。司馬梗是老兵家，呂不韋叮囑其立即著手仔細揣摩這次敗戰的全部因由，屆時之評判務使朝會大臣咸服。駟車庶長嬴賁乃王族老將，在王族在軍旅皆有根基。呂不韋請老嬴賁出馬立即趕赴藍田大營部署接應敗軍事宜，務使六國不敢在蒙驁殘軍回撤時再生戰端。老廷尉鐵面執法，呂不韋要他在接到翔實軍報後三日之內擬出依法處置之判詞，先報丞相府，此前不許公之於朝。綱成君蔡澤民治熟悉又兼善於應變，呂不韋請他星夜兼程趕赴三川郡督導郡守，並擬出蒙驁大軍戰敗後三川郡要不要撤郡的切實方略。而給行人署的命令是：一月之內火速查明六國合縱的經過與一應內情。幾處先期急務部署妥當，呂不韋找來了西門老總事，要他盡量翔實地敘說關外月餘的全部見聞。待到東方發白，兩人都倒臥在書案上大起鼾聲。

三日之後，正式軍報與查軍特使蒙武同時抵達咸陽，敗軍事終於大白。

九月底，敗軍回歸藍田大營。那日大將還都，三十六輛秦川牛駕拉的木柵刑車沉重緩慢地駛過了渭水長橋。當先刑車是自囚請罪的上將軍蒙驁，鬚髮散亂衣甲皆無，背負粗大的荊條，古銅色的肩背鮮血淋漓，其狀慘不忍睹。原本義憤填膺空巷而出只要唾罵敗軍之將的咸陽國人，忍不住地放聲痛哭了……

秋風蕭瑟，秦國朝野沉浸在無邊的寒涼之中。

十月十三，咸陽大殿緊急朝會，專議戰敗罪責。蒙驁一班大將自請布衣負荊，悉數於大殿西南角落的一片草席跪坐。舉殿大臣面若寒霜一片肅殺。秦王嬴異人進殿時臉色蒼白得沒有一點血色，剛及王座前便頹然跌倒。內侍連忙來扶，卻被嬴異人一把推開。一陣舉殿可聞的粗重喘息，嬴異人對著殿下首座的呂不韋艱難地揮了揮手，又頹然跌在座榻靠枕之上。

「諸位臣工（註：臣工，周代稱謂而後世沿用，指群臣百官。《詩‧周頌‧臣工》：「嗟嗟臣工。」《毛傳》云：「工，官也。」）。」呂不韋從座中起身，「我軍不意敗於山東，六國彈冠相慶，秦人物議洶洶。今日破例朝會，旨在釐清真相，明白罪責，妥為處置，以安國人，以定大局。為明事實，上將軍蒙驁當先行翔實陳述戰事實情。來人，為老將軍卸去荊條，並設坐席。」

「不須。」蒙驁推開了兩名老內侍，依舊負著粗大的荊條霍然起身，「敗軍負罪，焉敢去荊入席。」赳赳前行幾步，站定在兩列朝臣坐席的中間甬道，向王座昂然一拱手，「罪臣蒙驁，敢請我王許中軍司馬陳述戰事，以明真相。」

嬴異人有氣無力道：「具體事宜，丞相決斷。」

呂不韋當即道：「上將軍有公允之心，自當許之。」

戰國之世，中軍司馬是統帥莫府總司軍令之將官，率領所有司馬處置各種軍務，幾類於後世的參謀長。統帥戰法但定，中軍司馬一則做具體調遣，二則保管並記載統帥發出的所有軍令。唯其如此，中軍司馬是對戰場全局最熟悉且握有全部證據的將官。只要處以公心，一個中軍司馬最能說清戰場諸般細節。軍旅傳統，中軍司馬幾乎總是由既有將軍閱歷又有文官閱歷的文武兼通的「士將」擔任。因了此等軍職的特異性，許多國君為了有效監控大軍，總是盡可能地「舉薦」自己的心腹做中軍司馬。

目下蒙驁的中軍司馬，恰恰是王族嫡系公子嬴桓，血統是秦王嬴異人的侄子、老駟車庶長嬴賁的孫子。

「末將如實稟報。」一個同樣背負荊條布衣滲血的年輕人從罪將座席區站起，從大軍東出說起，攻韓、攻魏、攻趙、攻齊，一路說到兩次陷入埋伏的激戰情勢，無論是將帥謀劃還是兵力調度，都是條分縷析有憑有據。整整說了一個時辰，大殿中都是鴉雀無聲。

「容罪臣補充兩則。」蒙驁慨然接上，「其一，老夫之罪，尤其過於他人！文信侯此前曾有一信與我，言糧道過長師老兵疲，囑我完勝班師。蒙驁昏聵自負，置文信侯主張於不顧，終於釀成慘敗。蒙驁不畏罪責，不想戰場自裁以死逃法，懇請國家明正典刑，以戒後來。其二，此戰無逃責之將，唯騎將王翦有大功，懇請我王晉其爵位。」

言未落點，突聞罪將席一聲高喊：「敗軍無功！王翦與諸將同罪！」

「王翦少安毋躁。」呂不韋淡淡一指年輕將軍，又環視殿中道：「戰事已明，餘情待後再查。行人署稟報六國合縱實情。」

一個年輕持重的官員從丞相府屬官坐席區域站起，向王座肅然一拱手道：「行人王綰奉命查實：我軍東出攻魏之際，六國合縱已祕密開始。」年輕官員不無內疚地敘說了六國合縱的經過與內幕，末了道：「既往我軍但出，必是邦交先行，著意連橫，分化山東。即或六國合縱，其一舉一動也在我意料之中。唯獨此次邦交遲滯，六國合縱行人署一無所知。究其根源，與其說六國隱祕，毋寧說秦國疏忽。六國積軍數十萬，我竟全無覺察。自秦崛起東出，此等事未嘗聞也！」

大臣們有些驚詫了。如果說此前大臣們只一門心思揣摩著如何處置敗軍之將，行人的一番陳述與評判卻使人驀然醒悟——戰場之外還有廟堂失算。若是事先清楚六國大軍集結動向，蒙驁大軍豈能只謀劃攻齊？然則如此一來，豈不是丞相呂不韋也有罪責了？秦王呢？不是也須得有一番說辭麼？如此牽涉，這戰敗之責如何了結？

正在忐忑疑惑，只聽呂不韋又道：「敢請老庶長稟報軍輜情勢。」

「老夫痛心也！」駟車庶長老嬴賁從專設的座榻上支起身子，一聲歎息老淚縱橫，「老夫得文信侯之命，赴藍田大營接應敗軍回師，並查勘軍輜實情。不查不知道，一查嚇一跳啊！我軍東出年餘，從藍田大營運出的各種軍輜與糧草，只是歷來等數大軍的三成。依照謀劃，三川郡原本是東出大軍之後援倉儲。然則年餘之間，運出的糧草輜重也只有兩成。其間因由，糧道過長為其一，蒙驁自認可以戰養戰為其二，諸方掉以輕心謀劃失當為其三。其中尤為失當者，三川郡之部署也。既以三川郡為大軍後援，不當同時在三川郡鋪排溝洫工程。民力盡耗於溝洫，何來運糧之車隊人馬？究其竟，糧草輜重不足，而致蒙驁先攻濟北，先攻濟北而致敵軍有機可乘。諺云：『戰場之敗，謀國之失。』誠所謂也！」

大臣們更是驚詫了。言者鋒芒所指盡是呂不韋之錯失，究竟何意？更令人疑惑者，幾個查勘大臣還都是奉呂不韋之命行事，呂不韋能事先不知查勘論斷？既然知道，公之於朝堂豈非作繭自縛麼？

「大勢已明，敢請老國尉評判戰事。」呂不韋淡淡一句。

「一言難盡也！」白髮蒼蒼的司馬梗扶著竹杖站了起來，「戰事之前，老夫督導三川郡。戰事之間，老夫病返咸陽。戰事之後，老夫奉命查核戰情。月餘之間，老夫查核了所有軍令二百四十四道，邀集十二名老司馬，於蒙驁莫府之全部山川圖十三幅之上做了翔實比照。一言以蔽之，蒙驁戰法大體無差，所失者唯在攻齊之後。就戰論戰，此戰四失也。其一，失之敵情不明。近三十萬大軍陳列，一軍前出三百里攻城，而竟不知五百里之內敵軍幾多，未嘗聞也！其二，失之輕敵。六國聯軍純以趙國飛騎佯攻王陵濟北軍、以魏國鐵騎佯攻輜重糧草車隊，全無步軍配置，其詐顯而易見，而我軍將帥竟皆不見，盲目輕敵之心令人咋舌！其三，失之主帥一意孤行。丞相主張班師之信。老夫今日方聞，未曾落實，姑且不論。騎將王翦曾三次強諫蒙驁，兩次說敵情不明，一次指敵軍有詐。身為久經戰陣之主帥，蒙驁堅執不納，其自負固執不可思議也！其四，失之軍法鬆弛，大將私進。蒙驁派出嬴豹一軍馳援輜重車隊，原是勢在必然。其後之錯，便是大將步步私進，終將主力大軍拖入敵軍伏擊山谷。一錯在王陵：復仇殺心大起，未奉將令窮追趙軍，致使第一次中伏！當此之時，蒙驁親率主力鐵騎十萬馳援王陵，原是無可無不可。此斷之意，是說若不馳援，王陵未必會全軍覆沒；而若馳援，則當嚴明軍法嚴禁冒進，避免二次中伏。以實戰論，聯軍第一次設伏兵力顯然不足以戰勝我軍，僵持竟日，明是二次誘敵。信陵君固然高明！然則若我軍令行禁止，衝破一伏接應回王陵之後不再冒進，何有後來大敗？再錯在王齕：衝破一伏之後，不待將令便率前軍主力窮追入谷，以致陷蒙驁於兩難境地。凡此四失，皆以戰事常理論之，而非以超凡名將求之也！即是說，四失之罪為最低罪責，實是無以開脫。」

「老國尉拆解極是，蒙驁服罪！」

「我等服罪！」大將們一齊向王座拜倒。

「臣等無異議！」舉殿大臣異口同聲。

呂不韋面如止水道：「敢請綱成君陳明關外善後方略。」

「好。老夫說來。」蔡澤從呂不韋下手座霍然站起，公鴨嗓呷呷迴盪起來，「老夫於關外踏勘一月，先論目下大勢。此戰我軍雖敗，山東六國欣欣然一片。然六國舉動，卻與既往合縱勝秦後大相徑庭。既往勝秦，聯軍立即直逼函谷關，壓迫我軍收縮關內，此謂鎖秦東出，老掉牙也。此次一戰勝我，聯軍卻未乘勝追擊，既未追殺我軍東撤，更未直逼函谷關，甚或連我新設之三川郡也沒去觸動。老夫深以為奇，遂多方探察，終究明白：其一，經我軍東出一年之攻掠，六國丟城失地，人口流散，財貨糧草大減，折損之慘重實出意料之外。也便是說，六國目下之軍力，已經經不起一戰大敗。其二，六國朝政腐朽，奸佞多出相互掣肘，已是根深蒂固。此戰一勝，六國統軍大將無一例外地接到『當即班師，存我實力』之緊急王書，根本不可能合力乘勝追擊。有如此情勢，老夫謀劃的善後方略是：不撤三川郡，固守三川郡，特治三川郡，使洛陽之地真正成為我軍關外根基！」

蔡澤一番話可謂將關外大勢一舉廓清，朝堂頓時為之一振，大田令禁不住高聲問了一句：「敢問綱成君，何謂特治三川郡？」

「特治者，充實人口，大開商市，大修溝洫，大興百工，使三川郡成天下第一富庶之地也。若得如此，秦國南有蜀郡天府、東有三川糧貨，何愁一天下也！」

「好！」舉殿一聲讚歎，大臣們幾乎忘記了朝會主旨。

「敢請老廷尉依法擬罪。」呂不韋聲音不大，大臣們卻頓時一片肅然。

端座案前的老廷尉嘴角猛然抽搐，一時說不出話來。越是如此，朝臣們越是肅靜，各色目光爍爍盯住了那張黝黑如鐵的枯瘦老臉，殿堂凝滯了。「難矣哉！」良久，老廷尉長吁一聲終於開口，聲音乾澀得令人不忍卒聽，「老夫決刑斷獄三十有年，未逢今日彌天大案也！」老人雙手抖抖索索捧起案頭一卷竹簡，一字一頓地念了起來。舉朝大臣誰不知曉，這鐵面老廷尉能將一部洋洋萬言的秦法倒背如流，尋常斷刑開口便是文書，今日竟要照卷念誦，可見此刑定是聞所未聞。

「蒙驁軍敗，秦軍戰死八萬三千四百四十三人，輕傷五萬三千一百餘人，重傷及殘者兩萬一千八百一十四人；折損糧草十萬斛，鐵料兵器六萬餘件；帳篷衣甲尚未計報完畢，大體十三四萬件上下，城池得而復失者三十二座，民眾流失難以計數。秦法有定：無端戰敗之罪責，不避功貴，雖功難抵，雖貴不恕。昔年胡傷攻趙大敗，宣太后自裁謝國，此其例也。今東出之敗是否『無端戰敗』，臣實難斷，唯以戰敗法度決刑如左：

「上將軍蒙驁軍法粗疏調遣失當，致軍大敗，當處斬刑。

「前軍大將王陵未奉將令追敵中伏，當處斬刑。

「中軍主將王齕未奉將令追敵，拖全軍中伏，當處斬刑。

「後軍大將桓齕未奉將令私發步軍，雖救主力終違軍法，當處流刑。

「斥候營大將軍情探察有誤，當處斬刑。

「騎將王翦假借軍令私調步軍、擅組輕兵，雖救軍有功，貶黜卒伍。

「敗軍不論賞功。死傷將士由丞相府斟酌撫恤。

「另查：廟堂之失，丞相呂不韋總攬失察，當削其侯爵奪其封地；行人署對六國合縱無所覺察，行人當處流刑；若有舉發，其餘罪責待查……」老廷尉擲下竹簡，已經是大汗淋漓喘息不能自已，頹然伏案，再也沒有了說話氣力。

舉殿大臣盡皆愕然！依據前幾個查事重臣陳述的種種情勢，此戰之敗顯然與往昔敗仗不同，且不說種種牽涉甚廣之因由，僅以後果論，並未傷及秦國根本，也未丟失秦國最看重的三川郡，如何要人人戴罪盡皆重刑？以戰場論，貶黜王翦該當麼？以廟堂論，奪呂不韋爵位該當麼？如此看去，豈非秦王也要戴罪了？

「決刑失察！國正監抗斷！」

「司寇府不服！」

「御史臺有參！」

三大臣接連亢聲站起，殿中議論之聲頓時蜂起。這國正監、司寇府、御史臺與廷尉府，是秦國的四大司法官署，各司其職又相互制約，自商鞅變法成制，百餘年來一直穩定有效地運轉著秦國法制。國正監與御史臺原本是軍中監察記功之官，商鞅變法時將其職司擴展，變為國家監察官署。《商君書・境內》載：「（攻城時分），將軍為木臺，與國正監、正御史（登臺）參望之。（軍士）先入者，舉為最啟；後入者，舉為最殿。」由此可見其原本職能。但為國家官署，這兩府職司是監察臣工舉發不良，對官員的違法犯罪依法彈劾。也就是說，這兩府官員對朝臣違法犯罪有著更為直接具體的掌握，對其處置也有著督察之權。見諸於實踐，官員處刑常常總是廷尉府會同兩府會商而後決。司寇府則是職司捕盜、維護邦國治安之官署，對庶民犯罪的決刑有著很大權力，故此與廷尉府也是互有制約。後來秦成統一帝國，將國正監御史臺合併為正式監察官署，其主管大臣御史大夫為爵同丞相的重臣，這是後話。

如今三府一齊公然異議，朝臣們既感驚詫又覺蹊蹺。

正在此時，突聞老內侍驚呼一聲：「大王！」議論哄嗡之聲頓時沉寂。大臣們愕然望去，只見王座中的嬴異人嘴角吐著白沫昏厥了過去，王階之下近在咫尺的呂不韋已經上臺抱住了秦王，太醫已經匆忙趕來救治了。片刻之間，秦王被太醫內侍們連座榻抬了下去，殿中一片惶惶然。

「諸位臣工毋憂，我王操勞過度，寢食難安，故此昏厥，諒無大礙也。」呂不韋罕見地笑了笑，從容轉向正題，「今日朝會，各方情勢已明，唯餘廷尉決刑有爭。此事牽涉既廣，糾葛又多，不妨待我王健旺時再做會商，諸位以為如何？」

「丞相極是！」舉殿異口同聲。

「一班戴罪將軍如何處置？」老廷尉突然抬起頭來。

大臣們恍然醒悟，將軍們尚是布衣負荊鮮血淋漓，正式下獄抑或臨時羈押都實在難以決斷，連國正監、御史臺都頗費躊躇，一時無人說話，都看著呂不韋如何決斷。呂不韋肅然正色道：「既未問刑，便非罪人。敢請國正監、御史臺兩府為大將去刑，並送各人回其府邸養息。我王若得問罪，呂不韋一人當之，與諸位臣工及兩府無關。」

大臣們一時愕然！在法度嚴明的秦國，戴罪之身雖未經決刑，也是罪犯無疑，關押牢獄那是一定的。大臣們所不能決斷者是如何關押，是送往五六十里外的雲陽國獄正式下牢，還是臨時關押咸陽聽候決刑？誰也沒有想到，也不敢想到不會想到要放二十多位將軍回家。呂不韋雖是丞相文信侯，受命統攝裁處戰敗之責，畢竟與法度傳統背離太大，誰個敢輕易贊同？然若反對，經今日朝會，誰不覺得大將們實在是浴血死戰劫後餘生？人人服罪慨然赴死，丞相既有此令又明示一人擔責，人皆有惻隱之心，何忍心奪情悖理也。

默默地，老廷尉點著竹杖先逕自走了，大臣們也各自散了。國正監與正御史兩人相互一點頭，向殿口甲士一揮手，大步到殿角冷清寂然的將軍草席區去了……

初冬的白日很短，晚膳時天色已黑定了。

嬴異人只喝下了一鼎燉羊湯，尋常喜好的拆骨肉一口也沒咥便離開了食案，走得幾步微微發得些熱汗，自覺舒暢了許多。午後在殿堂昏厥，雖說是有意為之，卻也實在是體力不支心煩意亂念頭一閃說倒便倒不意竟弄假成真。醒來臥榻自思，嬴異人當真是有些恐慌了。時當三十餘歲之盛年，果真要不行了麼？當年在趙國做人質時何等艱澀清苦都挺過來了，何一做秦王竟每況愈下？嬴異人記得很清楚，長平大戰之前趙國要秦軍退出上黨，被秦昭王斷然拒絕；趙國便對他這個人質做限糧折磨，一日只能一餐，一餐只有一盆半生不熟的綠森森藿菜；他整日饑腸轆轆枯瘦如柴，看見綠菜綠草便要反胃吐酸。饒是如此，他也沒有病倒。結識呂不韋後日月一變，他立即硬朗起來，每日精神抖擻地斡旋於邯鄲官場士林，還要與新婚的趙姬酣暢淋漓地臥榻折騰，真是生龍活虎。便是萬般驚懼地逃趙回秦，立為太子的最初幾年，他也絲毫未覺乏力，趙姬沒有接回來時，依然時不時與妾妃侍女解饑消渴。然自父王驟逝，即位秦王，他便日復一日地弱不禁風了。正在豐腴之年風韻萬千的趙姬夜夜侍榻殷殷期盼，他情急如火熱汗淋漓，可那物事卻生生不舉。趙姬臉上帶笑撫慰，眼中的哀怨卻使他無地自容……唯一使他欣慰者，國事蒸蒸日上也。呂不韋做丞相總政後展現出驚人的治國才能，秦國吏治整肅法令修明大局穩定，十數年蟄伏的秦國戰車重新隆隆壓向東方，年餘之間滅周設立三川郡，又奪三晉三十餘城；照此情勢再有五七年，滅六國而一天下是完全可能的。若得如此，嬴異人縱是長臥病榻生趣全無，此生功業尚可對人道也……偏在他多愁常生感慨之際，陡然大軍東敗消息傳來，他當時便是眼前一黑頹然倒了。看著一片浴血負荊的大將，嬴異人心驚肉跳。殺了他們無異於自毀長城，不殺他們無異於自壞法度，兩難也。法令是秦國根本，大軍將士是國家干城，兩難也。呂不韋本有斡旋之能，可連他自己也被朝議捲入了錯失罪責的追究之中，若是再主張寬政，便是違法為自己在內的罪臣開脫，教他如何說話？呂不韋不能說話，秦國豈不大亂了？如此一路想來，在老廷尉宣讀決刑書後秦王須得例行定奪之際，他昏厥了……

「蒼蒼上天，秦國何罪至此也！」廊下枯立的嬴異人一聲長歎。

「稟報我王：文信侯求見。」

「快請！」

呂不韋腳步匆匆，臉上卻是一團春風全然沒有憂急之色，來到廊下一躬：「王體恢復，臣心安矣！」嬴異人驚訝道：「我心如焚，文信侯倒是無事人一般！」呂不韋悠然一笑：「舉國陰霾，臣做一絲光亮可也。」「文信侯用心良苦。」嬴異人輕輕一歎低聲道，「日間之事莫當真。走，進書房說話。」

兩人書房坐定。侍女煮好茶，掩上門退下了。嬴異人立即移席呂不韋對面，急色低聲問：「如今亂局如何處置？」呂不韋道：「我王且定心神。今日之局難則難矣，並無亂象。難點一解，新局便開。」「還不亂麼？」嬴異人既疑惑又驚訝，「大將戴罪，舉朝有失，朝會惶惶，法司抵牾，我心兩難，舉朝無挽得狂瀾之人，亂得不夠麼！」呂不韋肅然一拱：「臣請挽此狂瀾。」「我的丞相也，」

嬴異人更急，「你已陷罪，被廷尉擬議削爵奪地以抵罪，以罪責之身，理同案亂局，如何服眾？」

「我王有所不知。」呂不韋從容道，「臣陷指責，乃著意為之。」「如何如何？著意為之？」嬴異人急得幾乎湊到了呂不韋鼻子底下。呂不韋點頭道：「我王但想，日間朝會時，各方陳情可有虛假？」嬴異人搖搖頭：「有憑有據，令人信服。」呂不韋道：「唯其如此，大勢可明。大軍在外征戰，臣居中樞掌控全局。若臣置身事外，分明是不做事只整人也，朝野何人信得？為政之道，權責一體也。大權亦當大責。唯臣不避罪責，方得舉朝同心也。削爵奪地之罰，乃臣擬議，非老廷尉本心也。唯臣領罪，罪當其責，而臣能言也。唯臣能言，何懼狂瀾也？我王思之，可是此理？」

「文信侯……」嬴異人哽咽了。

「王心毋憂。一侯一地之失，於臣何足道哉！」

「如此說來，大將斬刑也是你意？」

「刑罰依法，非臣本意。公諸朝堂，臣之意也。」

「其意何在？」

「試探朝議，以定後來。」

「如何評判？」

「人皆惻隱，事有可為。」

「然秦法如山，大父昭王有定法鐵石，如何為之？」

「迴旋之策不難。難在我王之心。」

「難在我心？」

「我王若以秦國興亡大局為重，不拘泥成法，事則有為。我王若以恪守百年法統為重，以為成法不可稍變，雖有良策，亦難為之。此謂難在王心也。」

「文信侯差矣！」嬴異人又著急起來，「秦法之變，當年我在邯鄲也有所思，你豈不知？為今之難，不在當不當變，而在變之方略與理由。理由不足，朝野視你我蓄意顛覆國本，卻如何變得了也！」

「我王定心，臣豈無策？」呂不韋微微一笑，趨前低聲說得一陣。

「哈——」嬴異人不禁笑了，「如此老策，我如何想它不到？」

又說得片刻，心緒鬆泛的嬴異人有了困頓神色，呂不韋適時告辭了。一出王城，呂不韋軺車直奔綱成君府，片時出來又是駟車庶長府、廷尉府、國正監府、御史府。直到曙光染紅了咸陽城樓，呂不韋才疲憊地爬上了臥榻，日近正午離榻梳洗匆匆用飯，一盅綠菜羹未曾喝罷，蔡澤的公鴨嗓已在庭院呷呷起來。西門老總事正要阻攔蔡澤，呂不韋已經聞聲擱下菜羹進了書房。

「綱成君自覺如何？」呂不韋當頭一問。

蔡澤從腰間皮袋拿出一卷竹簡搖晃著：「代人捉筆，自覺如何又能如何？終須你說也。」將竹簡往呂不韋手中一塞呷呷笑叫，「酒來！老夫一夜工夫，不來兩爵虧也！」

「何消說得，上酒！」呂不韋一邊高聲吩咐一邊瀏覽竹簡，片刻啪地一合竹簡，「主書立即抄錄刻簡，一式六卷。」

「六卷？要流播天下麼？」蔡澤不禁大是驚訝。

「綱成君，如何操持你莫問了。來！陪你一爵。」

呂不韋精神顯然見好，陪蔡澤沒飲得一爵，反是自己大咥一通，引得蔡澤皺眉苦笑呷呷叫嚷：「命也命也！你說老夫何事能得個正座？分明嘉賓主咥，到頭來卻還是個陪咥，有世事麼？」呂不韋忍俊不禁，噗地噴得一袖飯菜，狼狽之間哈哈大笑：「綱成君樂天知命，大福也！來！乾此一爵。」蔡澤皺眉苦笑連連搖頭：「不乾不乾，乾了又是陪飲。」呂不韋益發樂不可支，大笑著自己乾了一爵，起身對主書叮囑事情去了。蔡澤看得百般感慨，連連舉爵大飲。及至呂不韋回身，蔡澤已經伏案醉倒了。

三日之後，丞相府上書鄭重送到了長史案頭。

看著兩名書吏抬進一只銅箱，老長史桓礫不禁大奇，何等上書竟裝得一箱之多？未及發問，丞相府主書拱手稟報：「此箱文書十三卷。丞相上書為正卷。其餘十二卷為附件，乃諸大臣查勘陳述之實錄、蒙驁等將之陳述實錄，已經各位當事大人訂正，一體呈上秦王定奪。」老桓礫大驚，秦王已有王書命呂不韋統攝裁處戰敗罪責，此等上書之法，不是推卸職責脅迫秦王麼？呂不韋素來不是畏事之人，這次要退縮了麼？心下紛亂揣測，腳步匆匆進了秦王書房。嬴異人得報，立即從寢宮趕到書房，看著桓礫打開銅箱泥封相印將竹簡一卷卷陳列，只拿起首卷呂不韋上書認真看了起來，片刻合卷斷然吩咐道：「老長史，立即按照丞相上書主旨擬就王書，頒發朝野。」

次日清晨，秦王王書下達官署並張貼咸陽四門。隨著謁者傳車的轔轔車聲，隨著傳命快馬的兼程飛馳，秦國朝野立即沸沸揚揚奔相走告。咸陽南門向為吞吐商旅之口，今日更是熱鬧非凡，商旅皆駐車馬，行人雲集翹首，都在聽高臺上的黑衣書吏一遍又一遍地高聲念誦秦王王書：

大秦王特書：此次我軍兵敗山東，朝野皆云匪夷所思。經翔實查勘，朝會公議，此次戰敗既有戰場之誤，亦有廟堂之失，諸般糾葛涉及廣闊。當此之時，非殺將可以明法，非嚴刑可以固國。唯廟堂大臣與莫府大將共擔過失，使涉事者人人不避戰敗之責，方得以戒後來而舉國同心。此非本王之臆斷，有穆公成法在先也。昔年秦軍大敗於崤函，穆公不殺孟明視、西乞術、白乙丙三將，而與將軍大臣共擔過失，未毀干城，不壞法度，使孟西白三將驕躁盡去而秦國再勝。唯其如此，本王決效穆公之法，對本次戰敗處置如左：

丞相呂不韋總領國政運籌有差，削其侯爵並奪封地。

行人王綰未察六國合縱，削職，黜為相府吏。

上將軍蒙驁軍令有失，削爵三級，罰俸兩年。

大將王齕、王陵輕戰冒進，削爵三級。

其餘將士，依常戰論賞罰，死傷者得撫恤，斬首者得賜爵。

大秦王嬴異人二年冬月。此書。

如此王書，國人聽得百味俱生，一時驚喜無狀，恍然欣然者有之，涕淚唏噓者有之，惶恐不安者有之，手舞足蹈者有之，紛紛然哄哄然議論成一片。

驚愕者，呂不韋及其屬署處罰最重。分明是戰場之敗，況且是將在外君命有所不受，領政丞相縱然涉及軍事，如何能干預得了上將軍決斷之權，何至於削侯奪地？行人是丞相府屬員，沒有探察六國合縱，自是沒有奉邦交之命，何至於由官貶吏？

唏噓者，對將士以常戰論功過也。秦法有定：敗戰不論功，死傷唯得三年撫恤。凡為秦人，十室九有兵。任何一次大戰實際上都是舉國涉及，一戰敗軍，烈士不得名號，斬首不得爵位，傷殘僅得些許撫恤而不能如常戰之後永享戰士榮耀，誰家不是歎息悲傷？雖說歷經百年，也漸漸解得法令一力激勵戰勝的本意，然戚戚然之心卻總是長時期地無法平息。秦人之所以對戰敗大將憤恨不能自已，根本處在於：一將失誤便意味著斷送了全部將士的應得功業，立功也是白立！在耕戰為本的秦國，誰人能對親人的浴血犧牲淡泊處之？誰人不求敗軍之將以死補償萬千白白戰死者？此戰乃是長平大戰後的最大敗仗，消息一出，舉國憂憤無可名狀，異口同聲地指斥蒙驁敗軍該殺，原是此等憂憤之心。秦國君臣歷來不敢輕赦敗將罪責，根本因由也在這裡。然今日王書一出，竟可「常戰論功過」，老秦人心下頓時一片熱乎淚眼矇矓，更有戰死者家人大放悲聲，哭一陣笑一陣不知所以。慰藉之心但生，對敗軍之將的苛責自然也就淡了，沒有人再公然指斥蒙驁一班大將，更沒有人憤憤然喊殺了。

恍然欣然者，穆公之法仿效絕妙也！在老秦人心目中，穆公是聖人一般的君主。即或當年雄心勃勃的秦孝公，在求賢令中申明的宏圖也是：「復穆公之故地，修穆公之政令。」漫漫百年，能與商君秦法在老秦人心目中抗衡者，還只有秦穆公這個聖君。若非抬出秦穆公不殺孟西白三將故事，秦國朝野之心還當真難以化解。能抬出穆公而一河水開，這個新秦王當真了得！

諸般議論如潺潺流水般在官署王城流淌開來，森森僵局自然而然地破了。

蒙驁一班大將羞愧萬分，赦罪當日聚議連署上書秦王：自請一律貶為老卒效命疆場，再為呂不韋鳴冤，籲請恢復其文信侯爵位封地。書簡未成，呂不韋趕到了上將軍府邸。蒙驁與將軍們一齊拜倒，熱淚縱橫卻無一人說話。

「老將軍如此，折殺我也！」呂不韋連忙扶起蒙驁，語態臉色少見的憂急，「聞得諸位將軍擬議上書，可是實情？」

「文信侯遭此非罪，老夫等不說話，天良何在也！」

「文信侯太冤！我等不服！」大將們異口同聲。

「上將軍，諸位將軍，」呂不韋深深一躬，直起身肅然道，「自請加罪而為人陳情，呂不韋先行謝過。然國家法度在，秦王書何能朝令夕改？更為根本者，諸位不察大局就事論事，實乃幫倒忙也！目下秦國大局何在？在重整精銳大軍。月前我軍新敗大將待刑時，軍心民心，舉朝君臣，盡皆惶惶不安。為甚來？是秦人經不起一敗麼？不是！是朝野上下都看明白了一個大局：一班老將之後，我軍良將無繼！果真以成法問諸位大將死罪，萬千大軍交於何人？秦王書雖違法統，朝野卻是贊許欣慰，是秦人不擁戴法制了麼？不是！是人人都看到了我軍青黃不接之危局！何謂旁觀者清當局者迷？這便是！呂不韋願擔罪責，既非與上將軍私誼篤厚，亦非仁政惻隱之心，唯秦國大局所需也。諸位老將軍但想：自武安君白起之後，我軍超拔新銳將領有得幾個？莫府升帳，滿目白頭，四顧之下，一無後繼。當此之時，秦王甘冒天下之大不韙，效穆公成例保全諸位老將軍，難道是秦軍缺乏幾個老卒麼？」呂不韋粗重地喘息著長歎一聲，「天意也！原本想在戰勝班師之後對上將軍提及此事，不意一戰而敗，竟在此等時刻令諸位難堪，不亦悲乎……」

庭院中一片寂然，老將們羞愧低頭，蒙驁滿臉脹紅。良久，蒙驁凝重地長長一躬：「丞相金石之言，蒙驁敬服也！」

「我等謹受教！」老將們異口同聲。

呂不韋肅然對拜一躬，直起腰身慨然笑道：「掃興已罷，當為諸位老將軍壓驚一飲也。來人，抬進秦王賜酒！」隨著話音，立即有一隊內侍抬著秦鳳酒逶迤進院，一字擺開竟有二十六桶之多。蒙驁與將軍們同聲一謝，呂不韋對蒙驁拱手笑道：「老哥哥，兄弟也要叨擾幾爵了！」「老兄弟……」蒙驁心頭大熱，回頭一揮手高聲吩咐，「當院設酒！一醉方休！」

「一醉方休！」萎靡日久的老將軍們陡然振作了。

草席木案，肥羊鍋盔，較酒論戰，萬般感慨，劫後餘生一場酒，大將們直喝得天翻地覆。哄哄嚷嚷之中，呂不韋與蒙驁大汗淋漓衣冠盡去，卻始終湊在一起比劃著議論著。蒙驁說，他想在三年之內將秦軍大本營從秦國腹地東移關外，建立三川郡洛陽大本營，使秦國本土結結實實跨出函谷關。呂不韋說，若得如此，須先除去一個隨時可能成為致命對手的勁敵。蒙驁雙眼突然冒火，是他！老夫偏要留著他戰場復仇！呂不韋狡黠地一笑，湊在蒙驁汗津津的耳邊嘀咕得一陣又是神祕一笑：老哥哥以為如何？蒙驁大皺眉頭，此等伎倆老掉牙，有人信麼？呂不韋哈哈大笑，秦國沒人信，未必山東六國沒人信也。

及至夜闌酒散，一個祕密的謀劃已經釀成了。

二、卑劣老伎在腐朽國度生出了驚人成效

大雪紛飛，特使王綰的車隊轔轔出了咸陽。

一路東來，王綰心緒總是不能安寧。如此老謀在魏國行得通麼？使命若是失敗，自己永遠只能做個書吏事小，毀了丞相聲望豈非永生負罪？王綰是這次被革職為吏的丞相府行人，敦厚端方而又不失聰敏靈動。三年前呂不韋初署丞相府，簡拔王綰於一班書吏之中，做了職掌邦交事務的行人。戰國邦交為要職，各國皆為丞相親領，行人只是開府丞相處置邦交大計的事務專署而已。雖則如此，行人也是丞相府屬署中最顯赫的官員之一了。對於一個年輕的書吏而言，不啻由士兵而將軍一般的超拔。王綰記得清楚，呂不韋在整肅相府吏治時說：「政事如人，唯生生不息而能步步趨前也。丞相開府，為國政樞要，下聯百官上達王城，梳理朝野總攝萬機，最要緊者便在實效。今相府官吏不可謂不能，然老暮過甚理事緩滯，可當謀劃，而不當任事也。本丞相簡拔後生裁汰老弱，唯以國事為本。超拔任事者毋以升遷為喜，虛位謀劃者毋以去職為悲，如此人人同心，秦國有望也！」王綰敬佩呂不韋，也敏銳看出了呂不韋在這次處置戰敗事端中的艱難，慨然自請解職，成為丞相府唯一陪呂不韋受到處置的官員，雖則革職，卻受到了丞相府所有官員大吏的敬重。呂不韋也全然沒有將他做革職官員對待，依然命他在行人署「以吏身暫署事務」。這次出使山東周旋大梁，也破例地派給了他。

所謂破例，在於王綰職任邦交事務，卻從來沒有出使過山東六國。依照傳統，官員首次出使只能做副使。首使而正，獨當一面，在秦國邦交中還從來不曾有過。唯其如此，王綰不能不又一次敬佩呂不韋的用人膽識，也不能不心緒忐忑。

也是王綰的使命實在奇特——謠言離間，陷信陵君於死地。

據實而論，離間計實在是老掉牙的伎倆，縱能坦然行之於敵國，可成效如何便難說了。遠古之世，蓄意製造謠言而中傷對手，歷來都是失敗者無可奈何的發洩，對手無一例外地嗤之以鼻，從來都沒有真正擊倒過誰。當年殷商舊族與周人叛逆對周公大肆流言中傷，不是連周成王那樣的少年天子也沒有相信麼？然自春秋之世天地翻覆，士人崛起智計大開，這謠言攻敵竟莫名其妙地漸漸成了正宗計謀，被堂而皇之地寫進兵法，謂之離間計、反間計！雖則如此，春秋之世三百餘年，真正使用離間計反間計而收成效者，也是寥寥無幾，名君名臣名將中此伎倆者幾乎一個也沒有。

戰國之世，流言離間的卑劣伎倆卻轟然發作屢見奇效。

第一個落馬者是名將吳起，一生三中謠言而終致慘死。先背「殺妻背魯」之流言逃魯入魏；再中魏國長公主「惡女」離間計，拒絕迎娶少公主而被魏武侯猜忌，不得不離魏入楚；最後中楚國反變法貴族的「謀反」流言，為示忠心而離開大軍孤身回郢都，終被舊貴族在楚王靈位前亂箭射死。

第二個落馬者是名將廉頗。此公比吳起更甚，一生四中流言惡計，終致客死異國。第一次是長平大戰，秦國貶低老廉頗的流言擊中趙國君臣，廉頗被罷黜抗秦統帥之職而憤然隱居。第二次，趙國大敗後六年廉頗被遲遲起用，剛打了一場勝仗便被一班將軍流言惡攻。老將軍這次怒火中燒，憤然起兵猛攻接替他兵權的樂乘。雖然樂乘逃走了，廉頗卻也不得不逃亡魏國。第三次，廉頗客居魏國，又被「其心必異」之流言中傷，不為魏國所用。第四次，趙王因屢次敗於秦國，又想起用廉頗，不意卻被仇人收買的使者郭開造了一通離奇謠言，說老將軍「一飯三遺矢（屎）」，哄得趙王居然信了。於是一世名將終於逃隱楚國憤懣而死。

第三個落馬者是變法詩人屈原。此公忠正激烈熱血報國，卻在張儀的離間流言面前碰得頭破血流。後來張儀淡出了，舊貴族的流言卻始終緊緊糾纏著屈原，以致昏聵的楚懷王總對這個最大的忠臣投以最懷疑的目光，臨死也沒有相信這個後來跟著他死去的千古人物。

第四個落馬者是名將樂毅。此公兩中流言，第一次僥倖躲過，第二次終於落馬。從此隱居趙國，終身不復為將。這兩次流言都是老對手田單、魯仲連的離間計。第一次流言離間，說樂毅野心勃勃要做齊王，其時恰逢燕昭王在位，非但沒有罷黜樂毅，反倒殺了那個被齊國收買的造謠者。第二次是新王即位，田單故伎重施，而且依舊散布流言說樂毅還是要做齊王。這個新燕王不可思議地相信了，樂毅被罷黜了，燕軍也立即一敗塗地了。

第五個落馬者是孟嘗君田文。此公赫赫豪俠卻一生不幸，自封君領國終生被流言惡計糾纏，多次罷相復相，危機時便逃回封地薛邑擁兵自守。最後還是在齊湣王、齊襄王兩代被流言困擾而不得其用，終是鬱悶而死。

第六個是後來成為秦國應侯的范睢。此公才智非凡，以使節隨員之身出使齊國，在無能的使節須賈被田單冷淡時，挺身而出力陳大義，維護了魏國尊嚴促成了魏齊結盟。田單器重人才，勸范睢留齊任事，范睢婉言謝絕。如此一件大功，卻被須賈以「齊吏私云」編造流言，生生說范睢「私相通敵」。魏國丞相立即相信，當眾對范睢極盡侮辱拷打，「屍體」幾乎要被餵狗。若非事有巧合死裡逃生改名換姓到了秦國，范睢准定當即死於流言惡計且永遠地不為人知。

還有幾個赫赫人物雖也是終生受流言惡計糾纏，倒而起起而倒，戰戰兢兢如履薄冰再不敢放開手腳做事。一個是縱橫家武安君蘇秦，一個是楚國春申君黃歇，一個是趙國平原君趙勝，一個是興齊名將安平君田單。其後還有名將李牧與諸位看官馬上就要見到的魏國信陵君。說也是奇，凡此種種奇蹟，竟然盡出於山東六國。而六國之使節、商旅、斥候從來都是不惜工本地在秦國製造流言，卻從來都是泥牛入海，秦國竟從來沒有因流言錯處過一個大臣將軍。自商鞅變法之後百餘年，以「人言」之法說秦王者只有一次，這便是幾乎被謠言殺死的范睢見秦昭王。范睢的說辭是，人皆知秦國有太后、穰侯，而不知有秦王也。後來，秦昭王雖與范雎結君臣之盟剷除了太后穰侯兩大政敵，然究其實，根本之點在於秦昭王原本便要奪權歸王，無論范雎如何說辭，秦昭王都會跨出這一步。一方借「人言」激發秦王早日奪權，一方要倚重范雎之才整肅秦政，實在算不得離間計之功效。因了秦國不為流言左右，於是山東六國有了公議，說「秦人蠻蠢，不解人言」。千古之下，令人啼笑皆非。

明乎於此，呂不韋堅執一試，圖謀用這卑劣的老伎倆除卻一個勁敵。

身為如此特使，王綰的難處是不知如何造謠。臨行請教，呂不韋哈哈大笑：「你個王綰也！只管揀最老的謠言去說，要你創新麼？只有一樣，必須說得像，說得煞有介事。」王綰做事認真，恍然大悟之餘，對戰國以來的離間流言做了一番梳理揣摩，最終選定了兩宗最常見的流言利器：

其一，「諸侯只知有某，不知有王」。此流言暗寓：某人功業聲望遠遠超王，有可能取王而代之。此等流言的厲害處在於，一言將某人的功勞變為威脅，可使國君立起狐疑之心，縱不收當時之效，亦准定埋下內訌種子。功業赫赫的田單，便是中此一擊而萎靡不振。

其二，「聞某稱王，特來賀之」。此計之操作方式為：先無中生有，以「聞」（聽說）法造出一個某某要稱王的消息；其後，隱祕赴某府祝賀其稱王；再其後，無論某人如何否認，只找要緊人物四下祕密詢問某人稱王日期，並叮囑被詢問者萬勿外洩。此乃殺傷最強之行動流言，且做得越是隱祕，流言傳得越快。名重天下的樂毅，硬是倒在了「賀王」流言之上。只要耐心賀去，被賀者一次不倒，二次必倒。

揣摩一定，王綰好奇心大起，決意要品嚐一番這從未經歷過的新鮮使命。

窩冬之期，大梁呈現出多年未見的消閒風華。

六國勝秦，老魏國是主力，信陵君是統帥，魏人大覺揚眉吐氣。官市民市都破了「冬市逢十開」

的成例，冬日天天大市。大粱人原本殷實風華，今冬遇此喜慶更是心勁十足，眼看年節在即，天天上市閒晃，買不買物事倒在其次，希圖的是三五成群海闊天空地交換傳聞議論奇異。如此一來，大市日日人山人海，連袂成幕揮汗成雨，直與當年最繁華的臨淄大市媲美。國府官署也破例，往年窩冬是三日一視事，今年改成了五日一視事。官吏們欣欣然之餘，日每抖擻精神進出酒肆綠樓，或聚酒痛飲或博戲設賭或聽歌賞舞醉擁佳人；一番風流之後紛紛聚到兩家最大的酒肆，或名士論戰或對弈品茶或引見拜會；然無論如何，最終都是興致勃勃地議論朝局褒貶人物，欣欣然悻悻然直到刁斗打得五更，方才踏雪而歸酣睡直過卓午；一頓不厭精細的美餐老酒之後，又車馬轔轔踏雪而出了。

風花雪月之時，大粱口舌流淌出一個驚人消息：信陵君要稱王了！

薛公皺著雪白的雙眉敘說了這則神祕傳聞，信陵君哈哈大笑：「秦使何其蠢也！如此荒誕不經，誰卻信他！」薛公連連搖頭：「信陵君莫得掉以輕心，久毀成真，流言殺人者不知幾多也。朝局清明固然無事，然目下之魏國，公子以為清明麼？」信陵君默然良久，撥著燎爐木炭火喟然一歎：「然則奈何哉！魏無忌能去大喊一聲不稱王麼？」

「君若猶疑，大禍至矣！」毛公一頓竹杖霍然站起。

「卑劣離間，此等雕蟲老伎，魏王斷不會相信。」

「信陵君差矣！」毛公急迫嚷嚷，「老夫舊話重提，為今之計唯六字：清君側，真稱王！非如此魏國無救，君亦無救！君固不念己身，豈能不念魏國！」

薛公冷冷補上：「非毛公言過其實，老魏國大廈將傾也。」

信陵君連連搖頭：「無忌耿耿忠心可昭日月，魏王豈能無察？」

「恕老夫直言。」薛公正色道，「君子之心，不能度小人之腹也。日前老夫已從王城內侍口得知：秦使王綰面見魏王請求結盟。魏王笑問其故。王綰回道，『秦國所畏者，信陵君也。公子亡在外十年，天下惜之。一朝為將大敗秦軍，六國軍馬皆聽其號令，諸侯唯知有信陵君而不知有魏王也。秦國安能不懼？』魏王聽罷，良久無言，其後也未召君入宮商談對秦邦交。信陵君但說，魏王信得你麼？」

「卑劣之尤！」信陵君憤然拍案，「知某不知某，何其可笑也！當年齊國佞臣以此中傷田單，平庸的齊襄王半信半疑，被貂勃嚴詞批駁後便不再相信。你說，魏王連齊襄王也不如麼？」

「君非差矣，大謬也！」毛公點著竹杖冷冷道，「流言離間之際，當思破間救國之法為上。君怨離間者何益？寄望於他人知我何益？王果知君，豈有君十年亡外也！」

「畢竟魏王已經與我和解，無忌豈能負君？」

「信陵君也！」毛公真是哭笑不得，「身為國家重臣，耿耿忠心遠非唯一。事之根本，是君王是否相信你之忠心。君王狐疑，縱有忠心於國何益！於事何益！於人何益！自命忠心謀國，卻一任君王被奸佞包圍而誤國亡國，耿耿忠心能值幾錢！」

薛公肅然接道：「信陵君目下軍權尚在，若不稱王，老夫出一最下之策：發軍除卻一班佞臣，派遣公忠能事之幹員入王城各署，以確保時時有人在君王之前陳明君之忠正，君自領政強國可也。非如此不能救魏，亦無以立身也！若以迂腐之心操國家權柄，因自身忠正而不鏟除奸佞，最終必被奸佞流言吞沒，其時悔之晚矣！」

毛公苦笑道：「若得如此，老夫也不勸君稱王了。」

「二公苦心先行謝過。」信陵君拱手一禮，「然茲事體大，容我進宮與魏王晤面一次，再行決斷如何？」

毛公突然大笑一陣：「老夫有眼無珠也！原以為信陵君乃救國救民之大才，誰料只是一個將兵之才耳！君好自為之，老夫告辭也！」篤篤點著竹杖拉起薛公長笑去了。

信陵君愕然不知所以，思忖良久，終於登上軺車進宮了。信陵君想不到的是，魏王冒雪迎出，殷殷執手百般詢問，關切之情溢於言表。書房品茶，魏王坦然將秦國使節的諸般言語和盤托給了信陵君，還請信陵君權衡決斷對秦邦交。信陵君心中大石頓時落地，回府之後立即派出門客去尋訪毛公薛公。三日後門客回報說，兩公已經離開了大梁，不知到何處遊歷去了。信陵君心下頗覺不安，卻也很快忘記了此事，畢竟，處置好秦國邦交是目下當務之急。

在信陵君要會見秦使時，王綰也請與信陵君密談和約。有鑒於這是戰國邦交常例，信陵君依例在書房密室與王綰會商。誰知說得一個時辰，王綰卻盡是稱頌信陵君功業蓋世或繞著不相干的話題絮叨，和約條款隻字未提。信陵君明知其意卻不阻攔，只冷笑以對，尋思老夫偏要你秦國看看魏國君臣如何破你離間計。

這番密談之後，多有神祕人物爭相邀王綰酒肆聚飲，海闊天空話題百出，唯獨不涉秦魏和約。王綰更是只顧痛飲，醺醺之際輒湊近身邊人物低聲神祕地問得一句：「公子稱王，君何賀之？」及至聽者驚愕不已反問窮追，王綰狠狠打自己一個耳光，從此只飲酒不說話。一次，王綰終於酩酊大醉，博戲連輸三局，賭金三千悉數堆在了一個「老吏」案前。王綰叫嚷再來。老吏笑云：「無金不賭。然大梁有賭言風習，公若說得一個老朽從未聽聞之消息，三千金悉數歸公，當可再來博戲也！」滿面通紅的王綰哈哈大笑：「本使為秦王密使也！足下知道麼？」老吏搖頭笑云：「是使皆密，誰人不知？算不得。」王綰憤憤然拍案大嚷：「本使之密你知道？說出來也！」老吏笑云：「公醉也，不說也罷。」「醉？誰醉？沒醉！」王綰連連拍案大嚷，又一把拉過老吏將熱烘烘噴著酒氣的嘴巴壓上了老吏耳根，「公子要自立為王，請秦國為援，秦王要十五城為謝，公子只割十城。本使是來交涉此事！你卻知道？知道麼？說！」老吏哈哈大笑，連說不知不知，老朽服輸，再來博戲便是。神態猶如聽風過耳，只管連連賭去。王綰著意再輸，卻鬼使神差總是贏，三千金硬是堆在了自己面前，引得王綰只是歎氣。

說也說了，做也做了，王綰心中卻實在沒底。

神祕人物傳來消息，說魏王已經將王綰說辭悉數託給了信陵君，君臣親密無間地聚談了一個多時辰。王綰驀然想起信陵君密談只聽不說的冷笑，分明便是將計就計要看秦國出醜。如此情勢，留在大梁豈非等著落入圈套為秦國丟醜？思忖之下，王綰派員兼程回咸陽呈報：周旋無望，請准離魏返秦。一旬日之後，呂不韋親筆書簡到來，簡單得只有兩行字：「汝能安居大梁而魏王不殺，足見功效。一任周旋，少安毋躁，來春歸秦可也。」顯然，丞相是詳細向信使詢問了他在大梁的諸般細節，評判是「足見功效」，並對他的躁動不悅，要他沉住心氣等到來春。上命如此，王綰又能如何？只有在酒肆府邸間繼續周旋，時不時將老話問問將老祕密吐吐，在場的顯耀官吏們無論是第幾次聽說，都立刻一副莫測高深的模樣你看我我看你相互一笑，也立刻不再搭理王綰而爭相慷慨激昂地爭論起如何抗秦強魏的話題。王綰頓時鬱悶不堪，深感被人戲弄，幾乎每次都是悻悻而去，決意只挺到開春之後，屆時不管丞相允准與否他都要離開這莫測高深的鬼地方。

冬雪茫茫，王綰忽然覺得自己滑稽之極。

自嘲的王綰無論如何也想不到，年節將盡河冰未開之際，大梁坊間酒肆的口舌長河突然流淌出一則驚人傳聞：稱王公子將被免將！聽著官吏士子們淡淡地笑談相傳，王綰既驚訝又疑惑，幾乎無從評判了。驚訝者，若是真事，干城將毀，魏人竟能如此麻木！疑惑者，若是虛假，如何高官顯貴市井無賴都是言之鑿鑿？

未過旬日，終於水落石出——魏王下書：信陵君年老多病，太子魏增代掌上將軍印，虎符收歸王室。王綰得聞，驚愕得無以復加，竟不敢走出驛館，生怕魏人遷怒於他將他活活當街撕扯。不想正在驚懼之時，卻有一班大吏來邀他聚飲。車行街市，無一人指點王綰的黑色秦車。席間痛飲，一班大吏爭相表明是自己最先預言了魏國隱患，而今驗證了恰恰如此。眾人議論相和，竊竊之情盡去，公然彈冠相慶，紛紛祝賀公子生也命厚竟得頤養天年，紛紛喟歎魏國躲得一劫終是天命攸歸也。

王綰直覺面對一群怪物，酒席未完惶惶告辭了。剛剛回到驛館，快馬信使送來呂不韋密信：國有要事，立即返秦！王綰如逢大赦，立即吩咐連夜整頓車馬，又留下一名書吏代向魏王書信辭行，次日天色未明，冒著料峭寒風出了大梁西門。

大梁西達函谷關的官道名為河外大道，堪稱當時天下最為聞名的交通軸心。所謂河外大道，是十丈寬的車馬大道沿著大河南岸橫貫東西千餘里，主幹道直抵大梁，分道則東至臨淄、北至邯鄲、西南分別伸入新鄭洛陽。大道兩邊樹木蔥蘢，十里一亭，旅人歇息酬答極是方便。冬日之時樹木蕭疏，大河南岸的茫茫蘆葦簇擁大道，隔著道邊林木恍如簾外長浪，實在蔚為冬日旅途之奇觀。

王綰心中有事，任是景觀也熟視無睹，只是催著車馬轔轔趕路。將過韓國岔道之時，突有一支馬隊從車隊之後飛插前來，為首騎士對輜車上的王綰低喝一聲：「有人追殺！使節快走！我等斷後！」一言未落點，已見道林外茫茫葦草邊飛騎縱橫刀劍揮舞分明正要上道。王綰不及多想，方喊得一聲急車，馭手已經將駟馬青銅車嘩啷啷飛了出去。那支十騎馬隊飛也似卡住了上道岔口，身後便有了喊殺聲。不消半個時辰，王綰車馬已經進了洛陽地面，也就是秦國三川郡邊界。王綰正在思忖要否進入洛陽，一隊黑衣鐵騎風馳電掣般從洛陽道飛來，遙遙一聲高喊：「使節儘管回秦！善後有我！」王綰見是秦軍接應，心下頓時輕鬆，揚手一謝轔轔西去了。

然這個追殺謎團，王綰一直未能解開。

若干年後，王綰做了秦國丞相，滅魏之後進入大梁視察民治，留心訪得信陵君舊日門客，方知當日情形：直到魏王王書到府，信陵君尚蒙在鼓裡。良久愣怔，信陵君哈哈嘎嘎狂笑不止手舞足蹈陀螺瘋轉，終是昏厥了過去，旬日後方才醒轉。其時，信陵君門客們義憤不能自已，立即追殺王綰，要給信陵君洗冤，不想卻遭秦國黑冰臺密騎截殺，終究未能成功。此後門客漸漸散去，信陵君閉門不出，將寫就的兵法一片一片地拆開燒了，終日擁著酒桶與幾個侍女昏天黑地，沒過四年便脫力死了。魏王如釋重負，下書厚葬信陵君。大梁傾城出動，送葬人眾綿延數十里哭聲震天動地……

三、再破成例　呂不韋周旋立儲

春氣方顯，秦王嬴異人突然病倒了。

呂不韋匆匆趕赴王城寢宮，正遇太醫令與兩位老太醫在外廳低聲會商。見呂不韋到來，太醫令過來惶惶一躬低聲道：「秦王此病少見，諸般症狀雜亂，脈象飄忽無定，老朽不敢輕易下藥。」呂不韋當即道：「先扶住元氣，其餘再一一調理。」說罷進了寢室。

寢室中四只木炭火滿當當的大燎爐烘烘圍著臥榻，兩扇大開的窗戶卻又呼呼灌著冷風，榻前帳帷半掩，嬴異人坐擁著厚厚的絲棉大被，身邊卻站著兩名侍女不斷揮扇，景象實在怪異。呂不韋走近榻前一看，嬴異人面色如火額頭滲汗渾身瑟瑟發抖雙眼忽開忽合閃爍不定，心下不禁猛然一沉，肅然一躬低聲道：「我王此刻清醒否？」

嬴異人喘息如同風箱：「文信侯，我，尚能撐持……」

「臣求得一名東海神醫，欲為王做救急之術可否？」

「救命，莫問……」

呂不韋疾步走出寢室，片刻帶進一個被長大皮裘包得嚴嚴實實的人來。此人進室摘去皮裘，卻是一個面如古銅清奇古遠的白髮老人。老人稍作打量，吩咐關閉門窗，撤去燎爐，女子盡皆退下。嬴異人正要阻止，卻莫名其妙地頹然靠在大枕上矇矓了過去。老人從腰間一只精緻的皮囊中倒出一顆暗紅色藥丸用開水化入盞中，上前輕輕一拍嬴異人臉頰，嬴異人嘴微微張開。老人懸肘提起藥盞，紅亮的一絲細線分毫不差地注下。片刻藥線斷去，老人在榻前丈餘處肅然站定，躬腰，蹲身，出掌，幾類武士馬步一般。驟然之間，老人兩掌推動，鬚髮戟張，形如古松虬枝。眼見一團淡淡白氣籠罩了整個王榻，榻中便有了輕微鼾聲，白氣越來越濃，榻中鼾聲也越來越響。大約頓飯辰光，老人收身對呂不韋道：「王者在天。老夫之方大約管得月餘，此後必有發作，每次可服此丹藥一顆，三丹而終。」呂不韋驚訝道：「既是施救之藥，大師何不多留得幾顆？太醫治本也從容一些。」「丹不過三。」老人淡淡一拱手，「餘皆無可奉告，老夫告辭。」轉身拿過長大皮裘，一裹頭身又包得嚴嚴實實去了。

呂不韋輕步走到外廳，吩咐一個機警侍女守在寢室門口，但有動靜立來稟報。安頓妥當，呂不韋在寢宮外的柳林間晃起來。春寒料峭時節，樹皆枯枝虬張，林外宮室池水斑斑可見。呂不韋凝望著林外大池邊一片高高聳立的青灰色的秦式小屋頂，不禁有些茫然。秦王沉屙若此，王后王子為何不來守榻？她母子回到秦國遲鈍了？秦王眼看是病入膏肓，要緊急安頓的事太多太多了，既要快捷還不能著了「後事」痕跡，如此便須縝密謀劃，不能亂了方寸。這方士方術雖非醫家正道，卻能救急延命，秦法為何一定要禁止方士？能不能改改這條法令？呂不韋木然地穿行在枯柳之間，一時思緒紛至沓來，不知不覺來到了林外大池邊。

「稟報丞相，王已醒轉。」

呂不韋驀然一振，隨著侍女大步匆匆回到寢宮。嬴異人已經披著一領輕軟皮裘坐在案前悠然啜茶，迎面招手笑道：「文信侯這廂坐了。」及至呂不韋坐到身邊，嬴異人驚歎笑道：「這東海神醫當真神也！一覺醒來，甚事沒了。」呂不韋低聲道：「君上不知，此乃方士也。方才情勢緊急，臣未敢稟明。」「怪道也！」嬴異人恍然一笑，「不管甚人，治病便是醫。我看此禁可開。」呂不韋笑著一點頭，從隨身皮囊中拿出一個小陶瓶，將方才老人的話說了一遍，末了思忖問道：「發病皆無定，此藥交王后，抑或交侍榻內侍？」「王后忙也。」嬴異人歎息一聲，「藥交內侍算了，他們總在身邊，緩急有應。」呂不韋一點頭，招手喚過榻邊老內侍仔細叮囑了一番，轉身一拱手道：「臣有要事，請王定奪。」

「要事？文信侯但說。」嬴異人顯然有些驚訝。

「年來上病多發，臣反覆思慮，王當早立儲君。」

「你是說冊立太子？」嬴異人沉吟片刻緩緩道，「文信侯所言，我亦曾想過。然我僅嫡庶兩子，只十一二歲。長子生於趙，次子又是半胡。再說，我即位堪堪兩年……原本思忖本王正在盛年，或許還能有得幾個子女，其時擇賢立儲水到渠成。今日局面立儲，實在是諸多不便。」

嬴異人的躊躇，在於秦國兩個傳統。其一，王子加冠得立儲君。其二，秦王即位三年得立儲君。前者防備在位國君疼愛小兒而立未經歷練的童稚少年做儲君，後者則防備權臣外戚向國君施壓，逼迫國君倉促立儲。以前者論，秦人二十一歲加冠，而兩個王子年歲尚在少年，嬴異人自己也才三十餘歲正當盛年，此時立少子為儲，便要大費周折。以後者論，嬴異人父親孝文王即位一年便薨，自己即位剛剛兩年又恰逢大敗於山東，此時立儲朝野便多有疑慮：一則疑秦王兩代孱弱短壽其後難料，二則疑秦王受王后呂不韋聯手脅迫。諸般想法嬴異人不便明說，於是不得利落。

「我王差矣！」呂不韋已經將這位秦王心思揣摩透徹，當即顏色肅然，「儲君乃國家根本，早立遲立皆須以時勢論定，拘泥成例何能救急安國？先祖孝公不拘成例，立八歲之子為太子，因由便在當年秦國時勢：邦國危難，國君時有不測之險也。秦武王亦不拘成例，臨終專書十五歲幼弟嬴稷繼任，亦是時也勢也不得不為也。至於趙胡之念，王更謬其千里也。頓挫之時王不拒趙女為妻，稱王之後卻顧忌王子生於趙國，此謂疑人無行也。王歸咸陽後，與宮妃胡女生得次子，也是堂堂王族骨血，何忌之有也？當年惠文王之長子蕩為太子，太子母乃戎狄佳人舉國皆知，何礙武王為大秦爭雄天下？秦之宏圖，一天下也。王若心存此等畛域之分，實是有愧先王社稷矣！更為根本者，今日我王雖在盛年，然少時多受坎坷，痼疾無定發作，若不及早綢繆，臣恐措手不及也！」素來辭色溫和的呂不韋今日句句扎實針針見血。嬴異人一時不適，良久默然。

「我是說朝野顧忌之情，丞相卻全做我心了。」嬴異人勉力笑了笑。

「呂不韋急切之心，我王見諒。」

「丞相無錯，實在是我心有遊思也。」

「唯王明心，臣自有妥善操持之法。」

思忖片刻，嬴異人慨然拍案：「天意如此，立！否則無顏面見先祖也！」

王綰方進丞相府，見吏員們匆匆進出政事堂與各署之間。依王綰經驗，除非戰事與特急朝會，丞相府不會如此忙碌，拉住一個熟悉吏員一問，方知在啟耕大典時將冊立太子，丞相府正在籌劃諸般事宜。王綰聽得半信半疑，顧不得多問便來丞相書房覆命。

「腐朽深植朝野，六國安得長久也！」聽罷王綰稟報，呂不韋一聲歎息。

「丞相急召，王綰請奉差遣。」

「非為事急，只你做得妥當也。」呂不韋似乎心有所慮，斟酌著字句對王綰說起了事由，末了微微一笑，「此事甚難，無官無爵只做事。你若不便，老夫另行物色人選可也。」

「王綰既是首選，自當不負差遣。」

「好！」呂不韋欣然拍案，「子有大局器量，此事便能做得好。若非如此，老夫還當真不甘急召你回來。子當好自為之，凡事權衡大局而後行也。」

王綰肅然一躬告辭去了，回到行人署一番交接離開了丞相府。

呂不韋派給王綰的差使是：吏身入王城，做王子舍人；旬日之內明白回報，這個王子政能否經得起王室少學之考校？也就是說，王綰目下最急迫的事，是要摸清王子政的少學深淺，以助呂不韋決斷考校方略。所謂少學，也稱幼學，總之是孩童時期的根基之學。王室少學由太子傅府執掌，專一延請若干飽學之士教習所有王子王孫，大體是三個等次：五至十歲一等，十至十三歲一等，十四至十六歲一等。十六歲之後至二十一歲加冠之前，不再屬於少學。呂不韋給王綰明白交底：這個王子政隨王后回秦沒有幾年，回秦後王子政也沒有入太子傅府的少學館，而是自行修習，其少學根基不甚清楚。

據王綰所知：王子政是秦王嫡長子，王后趙姬所生。秦王還有一個庶出子叫作成蛟，是一個胡女所生，比王子政只小得三兩歲。無論依照祖制還是依照秦法，秦國立儲都要將遴選對象擴展到後代嫡系庶出王族之內的所有同代王子公子。也就是說，立儲人選非但包括王子政與成蛟，與王子政同輩的所有王族嫡系或庶出男子，都有資格參加立儲之爭。在秦國，這叫擇賢立儲，嫡庶不避。除非秦王急難的非常之期可以專書傳位，譬如秦武王嬴蕩舉鼎暴死洛陽，專書指定幼弟嬴稷繼任，尋常立儲必當依法考校擇賢而立。目下秦王在位，又無戰事急難，自當依法立儲。然如何考校，卻是例無定制。領政操持的大臣每次都要大動心思，方能衡平各方。王綰揣摩呂不韋之意，是要一力扶助王子政立為太子，然又不想有違法度，想先行清楚王子政少學根底而後確定一種較為穩妥的考校方式。

若非如此，急召他一個大吏回來做個舍人，便有些滑稽了。

舍人者，文職侍從也，非官非吏亦官亦吏，國君大臣王子王孫，但凡貴胄皆可設之。所謂非官非吏亦官亦吏，是說舍人雖無正式官爵，卻看你跟的是誰做得如何。若是權臣舍人又得寵信，自然是比尋常官員還要有實權了。雖則如此，舍人畢竟不是仕途正道，真正名士尋常都是不屑為之。因了如此，才有呂不韋對王綰的特意徵詢與特異叮囑。

王綰原本秦人士子，走的是秦士務實之路，少學頗有優聲，入咸陽為吏。戰國士風：少學一成便周遊天下，而後再留學魏國大梁的官學或齊國臨淄的稷下學宮，先獲名士聲譽再入仕途；一策動君王，為上上之選；退而求其次，則至少是一步為卿臣高官。名士而曾為吏者也有，然大多在未獲名士聲譽之前，譬如商鞅，譬如范雎。秦國變法之後東學西漸，法家墨家儒家道家農家兵家紛紛入秦，秦國也有了士人學風。然橘生淮北則為枳，秦學收秦人子弟，不可避免地形成了秦士獨有之風。其與六國不同者，是不務高遠，不求一舉步入廟堂，而是有學即為吏，由吏而建功立業晉升爵位。在耕戰為本的秦國，此乃現實與可能使然也。在法度森嚴功過分明吏治整肅的國度，只要你有才敬事，但有功勞，幾乎沒有被埋沒者。國風如此，身為布衣之族的士者，自然不會去貪大求遠，毋寧先扎實地一步解決生計之道而再求功業上進。

依照呂不韋叮囑的方法，王綰先去見了王后，呈上了呂不韋書簡。王后似乎淡淡笑了笑：「也有他上心時日？好，他信得過你，便是你了。」說罷有一張羊皮紙飛到王綰面前，「這是王子修學所在，不難找。」如此這般沒有任何繁雜叮囑瑣碎禮儀，甚至連一句對兒子的介紹也沒有，王綰便成了王后認可的王子舍人。

一馬出了咸陽南門，過了渭橋。王綰順著渭水南岸的東西大道西去不到兩三里，拐進一條西南方向的山道，再過一片還未發出新芽的蕭疏柳林，遙遙山頂果然有一座莊園。王綰飛馬上山，到得山頭眼界頓時豁然開闊。來路望時，這片山地綿延相連，深入山谷登上山頭，見莊園所在是一座孤峰之巔，與左右兩山遙遙成三足鼎立，兩道峽谷中小河明淨草木蔥蘢，實在是想不到的好去處。王綰正在悠悠然四面觀望，突聞峽谷中駿馬嘶鳴殺聲隱隱，注目看去不禁大是驚訝——

西面峽谷的草地上，一匹白色駿馬正在縱橫飛馳，依稀可見馬上騎士身著短衣窄袖的紅色胡服，長髮散亂飛舞手持長劍高聲喊殺。駿馬馳山涉河飛掠草地皆是輕鬆自如，即或與秦軍鐵騎相比，此等騎術也毫不遜色。然從身形與嗓音判斷，騎士卻似乎是一位少年。心念及此，王綰心頭驀然一閃，立即飛馬下了山坡。正在此時，雄駿白馬突然在一道山梁前長嘶一聲人立而起，紅衣騎士從馬上摔出跌落草地，瞬間滑出丈餘之遠。

「少公子！」一聲清亮稚嫩的驚呼，一個紅衣小童飛跑馬前。

「沒事。」紅衣騎士搖搖手想站起來，又跌倒在草地上。

王綰正在此時趕到，飛身下馬疾步近前一看，少年騎士臉上蹭滿草色，雙腿劃破鮮血滲出，臉上卻兀自笑著。王綰正要說話，紅衣小童抱著少年騎士的傷腿嗚嗚哭了。少年騎士大是不耐，一把推開小童厲聲申斥：「戰陣之上皮肉之傷算甚！哭哭哭！再哭回趙國去！」紅衣小童哭聲立止抹著眼淚抽泣：「畢竟，不是戰陣麼。」

「心有戰陣！便是戰陣！」少年騎士怒喝了一聲。

王綰一拱手笑道：「這位公子勇氣可嘉！然有傷還是及時醫治者好。在下正好有紅傷藥，可先行清理包紮，而後再延醫療傷。」

「戰課未完，療得甚傷？」少年騎士冷冷一笑，突然右手拄地奮然站起，瘸得幾步撿起長劍走近戰馬。紅衣小童連忙撲過去要扶，卻被少年生氣地推開。紅衣小童急咻咻躬身趴在馬前：「少公子，踩著我上馬！」少年眉頭猛然一聳厲聲道：「秦法無隸身！知道麼？起開！」紅衣小童哭喊道：「法是法，傷是傷，公子從權！」少年怒聲道：「法便是法，豈能從權！」說罷拉起小童甩到一邊，大喝一聲躍上馬背，駿馬流星飛出，喊殺聲又遙遙傳來。

王綰正在暗自心驚，見白馬飛馳回程，恰恰又在那道山梁前一聲長嘶前蹄直撐後蹄飛起，少年騎士紙鷂般從馬上飛出，重重摔在草地上，長劍也脫手飛出顫巍巍插在三四丈外的草地上。王綰與驚叫的小童疾步衝到近前，只見少年右腿血流如注，身下的草地已經滲出一片血紅。少年騎士臉色鐵青牙關緊咬，雙手狠力握著傷口只不吱聲。紅衣小童嚇得張口結舌只啊啊亂叫，一句囫圇話也說不出。王綰不由分說蹲身下去，拿出皮囊中傷藥陶瓶扒開少年雙手將藥面撒了上去，再用腰間汗巾鬆緊適度地裹好，最後用小童忙不迭遞過來的一條絲帶綁定，這才鬆了一口氣。片刻血止，少年驚訝地噫了一聲，「不疼了也！」神情分明是從來沒有用過藥治過傷。

「謝過先生。」少年拱手一笑分外燦爛。

「公子破例，原是該謝公子。」王綰不無詼諧地笑了。

「先生可人也。我叫趙政，敢問先生高名上姓。」

「在下王綰，前來就職。」王綰正色拱手作禮。

「就職？我處有職可就？」

「舍人之職，該當有的。」

「呵，」少年恍然一笑，「給我派來個督學。先生願做舍人？」

「為何不願？」王綰又詼諧地笑了。

「難為先生也！」少年慨然一歎，「恕趙政直言，我修學無師，無須督導。過幾日我去說，先生還是原路回去，謀個正經功業為是。」語氣神色比加冠成人還來得練達。

「公子差矣！」王綰暗暗驚訝的同時也認真了三分，「但為國事，無分巨細。公子或將參與太子遴選，豈能無謀劃料理？在下並無督導之能，唯盡襄助之力而已。」

「先不說。咥飯要緊。回莊。」少年一揮手，推開緊跑過來的小童咬著牙關站了起來，「不騎馬了，走回去。」說罷平穩緩慢地邁開了步子，雖然額頭大汗淋漓，腳下卻一步沒停。這面山坡雖算不得陡峭，也是山石凹凸草木交錯時有溝坎，對常人固然無礙，對一個傷者卻是大大艱難。王綰眼看小童不敢上前，想了想從一株老樹上折下一支無皮枯木再用短劍三五下削去枝杈，大步追上去笑道：「河西義僕，可助公子。」少年目光一閃：「先生河西人氏？」王綰笑道：「在下少學在河西。公子去過河西？」少年搖搖頭接過木杖道：「我只知道，河西獵戶將杆棒呼作義僕。好名號。」拄地一走，腳步頓時利落了許多。一路上山，小童牽馬跟隨，王綰只在少年身後三五尺處跟隨。少年不求助，王綰也不主動搶前搭手。如此一路雖有溝坎艱難，也終於在半個時辰左右上到了山頂。

莊園圍牆很高很堅固，顯然新砌不久，山石條間的泥縫還清晰可見。一座石門幾乎是鑲嵌在石牆之中，若非稍許突出的門頂短簷，幾乎看不出這裡便是莊門。小童飛跑上前砰砰打門。門內有女子應答之聲，石門隆隆拉開，一個衣衫整潔的中年女子打量著受傷少年，目光顯然驚訝異常，臉上卻微微帶笑道：「公子有客，快請進來。」只站在門廳一邊，絲毫沒有攙扶少年之意。

「先生請。」少年謙和一笑，分明將王綰敬為嘉賓而非舍人，與山下的任性強橫判若兩人。王綰不禁大感驚訝，彼此身分已明，如此禮敬豈非還是拒我不納？然又不好門前與傷者反覆客套，拱手一聲謝過先進了莊院。少年又對女子吩咐一聲：「今日帶酒，我為先生接風。」扶著木杖大步進了石門。

莊院內一目了然：三排大磚房北東西圍成馬蹄形，東北兩房相接處有一道石門，例當通向跨院；庭院青磚鋪地，中央除了孤立一尊教人不明所以的青銅古鼎，其餘沒有任何器物擺設，乾淨整潔得纖塵不染。王綰打量得一眼，被少年又請進了北面正房。廳堂並不寬敞，粗編草席鋪地，本色木案兩張，四面牆壁一無懸掛裝飾，質樸得完全可以稱之為簡陋。兩人剛剛入座，小童抱來了一只大陶壺兩只大陶碗，放好陶碗大陶壺傾倒，紅亮的汁液頃刻注滿。小童笑道：「只有涼茶，先生見諒。」少年淡淡道：「山茶梗煮的，消暑解渴只是稍苦，不知先生能否受用？」王綰笑道：「此乃趙國騎士茶，在下最是喜好，上路總帶一大壺。」少年頓時笑了：「喜好甚投，那便乾了。」舉碗與王綰一照，汩汩痛飲，片刻連飲三大碗方才住了，接著吩咐酒飯上來。

中年女子帶著小童兩大盤捧來，擺上案一菜一飯：菜是蘿蔔燉羊肉，飯是焦黃的硬麵大鍋盔。雖只兩樣，量卻是極大，徑尺大陶盆羊骨蘿蔔堆尖，大木盤一摞鍋盔足有六七張。少年看看王綰，王綰詼諧笑道：「足食為本，公子有騎士飯量，在下甘拜下風。」少年慨然拍案：「不足食豈能足神！然今日先生來，卻要先酒！」小童立即捧來一只大盤，盤中三只大陶碗，分別給少年一碗王綰兩碗。少年舉碗道：「來，為先生接風。乾！」兩碗一碰如飲茶般汩汩下肚，臉色立時緋紅，「我不善酒，先生儘管放量痛飲，百年老鳳酒有好幾桶。」王綰笑道：「在下也是食過於酒，至多如此兩碗。」少年道：「正好。開咥！」說罷一雙長筷入盆插起羊肉呼嚕大咥。王綰方得半飽之際，少年已經盆盤皆空，兀自氣定神閒地看著王綰。王綰雖吃相全無猛咥海吞，終還是只消受得盆盤一半，便丟下了筷子。

「公子食如雷霆，雖騎士不能及也！」王綰由衷讚歎一句。

「日後先生另案，我急食過甚，引人飯噎。」

「不然不然。」王綰連連搖手，「與公子同席，雖厭食者胃口大開。在下尋常只咥得一張鍋盔，今日竟得三張，生平第一快事也！」

少年大笑：「急食還有此等用處，我心尚安也。」笑得一陣，少年驀然正色，「先生到來，未及介紹。我這莊院連我三人，令狐大姑是宮派女官，不要不行；小童趙高，是趙國時的童僕，你呼他小高子便成。」說罷向小童一招手，「小高子，飯後帶先生到前後院轉一番，任先生選個所在住下。先生若是耐得，晚來賜教。」一連串說完，也不待王綰回答，拄著義僕篤篤走了，快捷幹練如專精事務之良吏。

「先生請。」小童殷殷過來一拱手。

「小兄弟，幾歲了？」王綰行走間與小童攀談起來。

「八歲。先生官身，可不敢叫我小兄弟。」

「我也公子侍從，原本兄弟也。」

「可不原本。你是官吏，我是……公子法度森嚴哩。」

王綰見小趙高神色有異目光閃爍，心念一閃轉了話題：「你說公子法度森嚴，甚法度？國法？還是私下規矩？」

「都有。都嚴。」

「公子最煩甚等事體？」

「最煩人照拂。老罵我跑得太勤，一隻小狗！」

「呵呵，公子最喜好的事體？」

「讀書騎射。整日只這兩件事！噢，睡覺不算。」

「公子沒有老師麼？」

「沒。外公教識字，公子四歲便識得五七百字，從此自讀自修。」

「噢？那你也識得許多字了？」

「小高子不行。只識得百字不到。」

「公子教你學字麼？」

「公子罵我笨，要令狐大姑教我。」

「太子傅府可有先生來給公子講書？」

「有過三回，都教公子問得張口結舌。後來，再沒人來了。」

「小兄弟讀書麼？」

「沒人教讀不懂。公子只教我背誦秦法，說先不犯法才能做事立身。」

邊說邊走邊看，王綰終於在東跨院選擇了一間大磚房。這東跨院其實就是一大片石條牆圈起來的草地，足足有三五十畝大，南北兩邊各有一排六開間房屋。王綰選的是北邊最東邊一間空屋，其餘各間或多或少都擺滿了兵器架，儘管機靈可人的小趙高說都可以騰出來住人，王綰還是選了一間現成空屋。小趙高說，這座莊院原本是一家山農的林屋，公子回秦後不想住在王城裡，整日出得咸陽南門進山跑馬騎射，後來自己與山農成交，用二十金買下了這片空莊；再後來公子好容易請准父母搬了出來，才有了王后派來的令狐大姑與三個可人的小侍女，偏公子只留下令狐大姑，其餘都支了回去；這裡原本沒有石牆，去歲秋季秦王與王后來了一回，硬是給莊園修了一圈石牆，否則便要公子搬回王城，沒奈何公子才不吱聲了。

「哪，王城沒給山下駐兵？」

「不知道。當真有，可了不得，公子准定發怒。」

一番閒晃之後收拾住屋，妥當之後便是晚湯。老秦人將晚飯叫作晚湯，本意大約是白日吃乾晚來節儉喝稀。小趙高送飯時說，莊院晚湯從來是分食，給公子送進書房，他與令狐大姑自便，大姑說先生比照公子，他便送來了。王綰笑說午間咥得太扎實，晚湯用不了這多，不若同湯便了。小趙高搖搖頭，說他從來不晚食。王綰問為甚，小趙高卻岔開了話題，說若是先生湯後要去公子書房，他去拿風燈，跑開了。片刻風燈來到，王綰將一小碗藿菜羹也堪堪喝罷，跟著小趙高來到正院。

「公子書房如何不在東廂？」王綰頗是不解。依著尋常規矩，主人書房縱然不在北面正房，亦當在東面向陽一廂，如何趙政的書房竟在承受西曬之西廂？而從東廂燈火動靜看，那裡分明是廚屋與兩僕居所。

「公子非得如此。說廚下勞累早起晚睡，正當消受朝陽之光。他五更晨練天亮跑馬，人又不在書房，要陽光做甚？令狐大姑拗不過公子，只好如此了。」

「公子倒是體恤之心也。」

「那是！公子敬賢愛下，令狐大姑說的。」

「呵呵，那還為難國府老師？」

「噓！」小趙高開心而神祕地一笑，「遇得無能自負者，公子厲害哩！」說話到西廂門前，輕手輕腳上前輕輕叩門。

「在下王綰，請見公子。」王綰肅然一躬。

「高子，領先生進來，南間。」屋內一聲清亮的回答。

西廂是六開間青磚大房。王綰一打量便知是一明兩暗三分格局：南間是真正書房，中廳會客，北間起居。思忖間上得四級寬大石階推開厚重木門，迎面三步處一道完全遮擋門外視線的紅木大屏，大屏兩端與兩扇內開大門形成了幾容一人通過的兩個道口。繞過南邊道口，藉著風燈光亮，王綰頓時驚訝不已──中間三面牆完全擠滿了高大的木架，一卷卷竹簡碼得整齊有序，滿當當無一格虛空，中間一張書案，案後一方白玉鐫刻著一個斗大的黑字：灋！王綰正在愣怔，少年已經走出了南間：「呵，先生看書也，這間是法令典籍。來，順便到北間。」小趙高已經輕靈地先到點起了四盞銅人燈，北間頓時一片大亮。也是滿當當書架竹簡，中間書案與厚厚的地氈上還攤著十幾卷展開的竹簡，直是無處不書。

「這是諸子間，只可惜還沒有收齊荀子近作。」

王綰更是驚訝：「荀子乃當世新學，公子也留神此公？」

「荀子法儒兼備，文理清新奇崛，真大家也！」

「公子在南間起居了？」

「走，去南間。」少年笑了。

走進南間，王綰良久默然。這裡是「國是」兩個大字。少年說，這裡的所有書卷都是從王城典籍庫借來的國府文告與大臣上書之副本，每三月一借一還，今日他正在讀國府的赦將王書。「此書高明！藉穆公之例赦敗軍之將，避成法，安國家，從權機變雖千古堪稱典範也。」少年拿起案上攤開的竹簡笑著評點。

「公子如此雄心，在下景仰之至！」

「笑談笑談，」少年大笑，「消磨時光也算得雄心？先生趣話也。」

「如此消磨時光，也是亙古奇觀。」

「先生也！」少年慨然一歎皺眉搖頭，「你說我是否甚病？一日歇息得兩個時辰便夠，再要臥榻便是輾轉反側，左右起來做事才有精神。偏又無甚事可做，只有騎射讀書，只這兩件事我下得工夫，還不覺累人。也只在這兩件事，我用了王子身分。否則，哪裡去搜齊天下典籍？哪裡去搜齊天下兵刃？你說，這是病麼？」

「病非病，只怕上天也不甚明白。」王綰不無詼諧。

「偏先生多趣話。」少年一笑拿過一卷，「來，請先生斷斷此書。」

這一夜，評書斷句海闊天空，兩人直在書房說到五更雞鳴。料峭春風掠過山谷，少年趙政送走王綰獨自晨練去了。王綰感奮不能自已，漫步山岡遙望咸陽燈火，無法平息翻翻滾滾的思緒。

旬日之後，呂不韋接到王綰書簡：「公子才略可經任何考校，丞相放手毋憂矣！」王綰做事扎實稟性厚重且不失稜角，素來不輕易臧否人物，呂不韋沒有不相信的道理。然茲事體大，王綰斷語如此之高，呂不韋也不能沒有疑惑。畢竟，這位王子自己只見過三五次，迎接王后歸秦時王子還是個總角小兒，後來又都是恰恰在東偏殿不期遇到，話都沒說得幾句，實在是不甚了了。思忖一番，呂不韋立即以行人署舊事未了名義，派一書吏將王綰緊急召回，密談一個時辰，呂不韋方才定下了方略。

第一步，呂不韋先要清楚地知道各方勢力對立儲的實在想法。

所謂各方勢力，是能左右立儲的關聯權臣。儘管秦國法度清明，此等勢力的作用遠非山東六國那般可以使天地翻覆，然則要將事情做得順當，還是須得顧及的。這是呂不韋一以貫之的行事方式。大局論之，秦王一方，朝臣一方，後宮一方，外戚一方，王族宗親一方。具體論之，秦王一方只有兩子，秦王無斷然屬意之選，可做居中公允之力而不計；後宮一方兩王子之母皆無根基，王后趙姬母子入秦未帶任何趙國親族，胡妃原本低爵胡女更無胡人親族在秦，縱然有心也是無力，也可不計；外戚一方歷來是與參選立儲諸王子關聯的母系勢力，兩嫡子沒有外戚勢力，其餘王子的外戚勢力便只有羋氏一支了。這羋氏一族，乃當年宣太后嫁於秦惠王時「陪嫁」入秦的楚國遠支王族。歷秦昭王一世五十餘年，經宣太后與穰侯魏冄著意經營，羋氏與嬴氏王族相互通婚者不知幾多，羋氏遂成秦國最大的外戚勢力。目下可參選立儲的諸王子中，至少有五六個是羋氏外甥外孫。羋氏雖在低谷之時，然畢竟還有華陽太后這個秦王正母在，若再與參選王子本族聯手，勢力不可小視。

但最要緊的，還是朝臣與王族宗親兩方。

說朝臣，還是一虛一實兩方。虛者綱成君蔡澤，實者上將軍蒙驁。蔡澤雖無實職，然從秦昭王晚年開始一直操持國事大典，從安國君嬴柱立嫡開始，舉凡國葬、新王即位、啟耕大典、王子加冠等等無一不是蔡澤主持。此公學問淵博心思聰睿，一班陰陽家星相家占卜家堪輿家無不服膺，便是朝野公議，蔡澤說法也有極大影響力。此公若心下有事，突然搬出意料不到的稀奇古怪的祖制成法，頓時便是尷尬。蒙驁是軍旅軸心，遇事無甚長篇大論，只結結實實一個說法便舉足輕重。自處置戰敗難題後，呂不韋與蒙驁已經是私誼篤厚。然此公耿直倔強，遇事從來不論私情，私交篤厚充其量也只是不遮不掩兜底說，想要他揣摩上意權衡左右而斷事，准定要翻車。思忖一番，呂不韋還是先登蔡澤之門。兩人直說了一個通宵，次日午後同車連袂來拜訪蒙驁。

「自囚方了，有春風嘉客，老夫何幸也！」

蔡澤呷呷大笑：「老將軍存心教人臉紅也，你自囚，老夫該受刪！」

「笑談笑談。」蒙驁虛手一引，「兩位請。」

「一冬蝸居自省，老哥哥律己之楷模也！」呂不韋由衷讚歎。

「閒話一句，說它做甚。」蒙驁連連擺手，將兩人禮讓進正廳落座，吩咐使女煮上好齊茶，這才入座笑道：「老夫不日將赴洛陽，著手籌劃三川郡大本營，原本正要到丞相與綱成君府辭行。今日兩公連袂而來，老夫一總別過。若有叮囑事體，也一併說了。」

蔡澤接道：「河冰未開，老將軍未免性急些了。」

「老夫走函谷關陸路，不走渭水道，不打緊也。」

呂不韋笑道：「不是說好啟耕大典後你我同去麼？」

「你是日理萬機，只怕到時由不得你也！」蒙驁喟然一歎，「秦王身體不超其父，朝局國事多賴丞相也。還是老夫先行趟路踏勘，屆時等你來定奪便是。」

說話間使女上茶，啜得半盞滾燙的釅茶，呂不韋沉吟道：「老將軍能否遲得半月一月？」蒙驁目光一閃道：「若有大事，丞相儘管說。若無大事，遲他甚來？」呂不韋熟知蒙驁稟性，將秦王病狀與立儲一應事體說了一遍，末了道：「此事秦王已經決斷，著不韋與上將軍、綱成君酌商會辦。綱成君老於立嫡立儲諸般事務，今日我等三人先來個大概會商如何？」

「你只說，議規矩議人？」蒙驁爽快之極。

蔡澤揶揄道：「規矩只怕老將軍掰扯不清，還是議人實在些個。」

「想甚說甚，老哥哥自便。」呂不韋笑著點頭。

「老夫以為，秦國立儲該當也！」蒙驁慨然拍案，「雖說秦王即位只有兩年，兩子也在沖幼，與成法略有不合。然秦王痼疾時發，舉朝皆知，國人亦有所聞，立儲獲舉國贊同不難。至於王子論才，老夫對此次可參選之庶出公子不甚了了。」蒙驁雖有些沉吟，但還是叩著書案清晰地說了下去，「若論秦王兩子，老夫以為次子成蛟可立。成蛟少年聰穎，讀書習武都頗見根基，稟性也端方無邪。更有一處，據太醫所言，成蛟無暗疾，體魄亦算強健，立儲可保秦君不再有頻繁更迭之虞矣！」

「老將軍對二王子如此熟悉？」

「不瞞綱成君，成蛟曾幾次前來要老夫指點兵法，而已。」

「那可是王子師也，而已個甚？」蔡澤呷呷笑得不亦樂乎。

蒙驁笑罵道：「越老越沒正形！老夫說得不對麼？」

「還得說另一王子如何不當立，否則如何論對錯？」

蒙驁正色道：「長子政有兩失：其一，生於趙國長於趙國，趙女為其生身，與趙人有先天之親兼後天之恩。此子回秦，仍自稱趙政，不自復嬴姓，足見親趙之心。其二，據老夫所聞，此子稟性多有乖戾，任性強橫恣意妄為：不就太子傅官學，戲弄太子傅府教習先生，私帶僕從侍女野居河谷，有傷不治有病不醫……凡此等等，皆非常人之行，更非少年之行也。」蒙驁歎息一聲，「兩公莫要忘記，當年之齊湣王田地少年怪誕，終使齊國一朝幾亡。秦武王嬴蕩也是怪誕乖戾，以致後患連綿……人為君王，還是常性者佳也。」

蔡澤不禁驚訝：「老將軍對大王子也如此清楚？」

蒙驁淡淡一笑：「成蛟無心言之，老夫無意聽之，而已。」

「傳聞之事尚待查證，姑且不論。」蔡澤詼諧笑臉上的兩隻圓滾滾環眼大大瞪著，「其母趙女，其子必有趙心。這血統之論老得掉渣，戰國之世誰個垂青？不想老將軍卻拾人餘唾言之鑿鑿，不亦怪哉！」嚷得幾句蔡澤又是微微一笑，「老將軍當知，秦自孝公以來，五王皆非上將軍所言之純淨血統也。孝公生母為燕女，惠王生母為齊女，武王生母為戎女，昭王生母為楚女，孝文王生母為魏女，當今君上生母為夏女，嫡母華陽太后又為楚女。以上將軍血統之論，秦國君王個個異心了。實則論之，一個皆無。這血統論何能自圓其說也？」

「……」蒙驁一時語塞，惱怒地盯著蔡澤。

「再說我等，誰個老秦人了？」蔡澤揶揄地笑了，「丞相衛人，上將軍齊人，蔡澤燕人。往前說，商君衛人，張儀魏人，范雎魏人，宣太后、魏冄楚人，甘茂楚人。也就是說，百餘年來，在秦國總領國政者盡皆外邦之人。誰有異心了？你老將軍還是我蔡澤？」

「綱成君，得理不讓人也。」呂不韋淡淡一笑。

蒙驁原本也只是厭煩蔡澤呷呷逼人，見呂不韋已經說了蔡澤不是，心氣平息，釋然一笑道：「綱成君所言倒是實情實理。此條原本老夫心事，不足道也。平心而論，老夫所在意者，儲君之才德稟性也。慎之慎之。」

「老哥哥以為，辨才辨德，何法最佳？」

「這是綱成君所長，老夫退避三舍。」

蔡澤大笑一躬：「多蒙老將軍褒獎，方才得罪也。」

蒙驁努力學著蔡澤語勢斥責：「國是論爭，此說大謬也！」

三人大笑一陣，呂不韋思忖道：「老哥哥所言極是，辨才辨德事關立儲根本。儲君才德不孚眾望，我等失察之罪。唯其如此，本次立儲遴選，才德盡皆考校。我與綱成君議過：才分文武，文考由綱成君操持，武考請老哥哥操持；德行之辨尚無良策，容我思謀再定。老哥哥以為如何？」

「持平之論。」蒙驁欣然拍案，「三考之下，是誰是誰。」

議定大略，呂不韋大體有了底氣，留下蔡澤與蒙驁仔細計議文武考校事宜，自己轔轔去了駟車庶長府。老嬴賁雖則年邁半癱，歷來敬事，聽呂不韋仔細說明來由，立即吩咐掌事書吏搬出王子輩嫡系王族冊籍。當場查對抄錄，除卻十歲以下男幼童、所有同輩女子、未出麻疹者、傷殘者、與業經太醫確診的先天暗疾者外，能夠確定參與遴選儲君者只有十三個王孫公子：十至十五歲七人，十五至二十歲三人；另有三人分別是二十三歲、二十五歲、三十歲，且皆在軍中為將，只因與王子同輩例當參選，老嬴賁許諾立即召回。

「老庶長可有屬意王子？」呂不韋終有此問。

「整日王子王孫亂紛紛，老眼花也。」老嬴賁笑歎一句，「只要這些碎崽子不犯事，老夫足矣！是賢是愚，管不得許多了。丞相謀事縝密，又有知人之明，你說誰行？」實在的信任又加著三分的試探，戰場傷殘而居「閒職」的老嬴賁精明之至。

「呂不韋操持此事，只能秉公考辨，不敢先入為主。」

「好！丞相此心公也。若有攪鬧，老夫竹杖打他！」

「謝過老庶長。」

回到丞相府，呂不韋立即將帶回來的王子卷冊交給了掌事主書，吩咐立即謄抄刻簡呈報秦王，並同時派出精幹吏員探察諸王子學業才德，務必於旬日之內清楚每個人實情。三更上榻五更離榻梳洗，天方大亮，呂不韋又驅車去了王城太后宮。

「喲！毋曉得大丞相來也。」華陽太后百味俱在地笑著。

「見過太后。」呂不韋肅然一躬，「老臣多有粗疏，太后見諒。」

「老話過矣，不說也罷。毋曉得今日何事了？」

呂不韋一臉憂色道：「太后也知，秦王年來痼疾多發，預為國謀，欲立儲君。秦王本當親自前來拜見太后稟明，奈何病體不支，差老臣前來拜謁。參選王子皆太后甥孫，尚請太后多加指點。」

「子楚倒是送過個信來，我算是大體曉得了。」華陽太后原非爭強好勝之女，自與嬴異人生母夏太后鬧過一番齟齬，只恐嬴異人做了秦王忘恩負義藉故報復，後來見嬴異人非但沒有絲毫報復，反倒多有照拂使她安享尊榮，對夏太后的那番心氣也漸漸淡了。畢竟，夏太后是生子為王，又受大半生磨難，臨老做個太后也是天理該當。嬴異人雖然來得少，每遇大事卻都通個聲氣，也沒將芈氏老外戚做了罪人看，陽泉君還保留了爵位封號，縱是親子又能如何？如此想去，華陽太后也淡然如常，秦王有事問她，她便依著自己想法說事，倒是沒有虛套。

「這些孫輩王子年歲都小。幾個大的，又都早早入了軍旅，只怕參與考校也是力不從心了。曉得無？」華陽太后幽幽一歎，「要我說，只一句話：你等操持者將心擺平，給王孫們一個公道。子楚臥榻多病，你這丞相便是棟梁。曉得無？」

「太后激勵，老臣銘記不忘。」

「曉得了？人都說呂不韋能人能事，今回看你了。」

「不韋若有不當，敢請太后教誨。」

「喲！不敢當。只要你還記得我這冷宮，算你會做人了。」

「太后毋憂。」呂不韋心念一閃終於將華陽太后最想聽的話說了出來，「縱是秦王不測，老臣也保得新王不負太后。」

「曉得了！」華陽太后頓時一臉燦爛，「你只放心放手立儲，誰個沒規矩，我老太后第一個罵他！曉得無？」

「謝過太后。」呂不韋心中長長地鬆了一口氣。

四、兩番大考校　少年王子名動朝野

啟耕大典之後，遴選儲君的諸般事體終於籌備妥當。

四月初三，諸王子大考校正式開始。考者，查核之法也。《書・舜典》云：「三載考績，三考黜陟幽明。」校者，比較核實也。《禮記・學記》云：「比年入學，中年考校。」就實而論，兩者都是古老而有效的考核人才方法。前者起源於查核官吏政績，後者起源於查核學子修習。延至春秋戰國，考校之意大為擴展。但說考，大體都指官吏學子之查核。但說校，大體都指武士之查核。考校相連，大體便是文事武事一齊查核。立儲而考核王子，原本不多見。夏商周三代以來，長子繼承制已成宗法傳統，本無立儲考子之說。只有最清明的君王在沒有嫡子而必須在庶子甚或旁支中遴選繼任人時，才偶有查核之法。戰國之世，無能君主直接導致亡國，立儲考核王子才時有所見。秦國雖有查核立賢之法度，然如今次這般公然對王子文事武事一齊考核，非但朝臣齊聚以證，且特許有爵國人觀看，實在是亙古未聞。

消息一出，咸陽老秦人無不驚訝，一時爭先恐後到咸陽令官署登錄姓名爵位領取通行官帖，籌備年節社火一般熱鬧。四月初三這日清晨，有爵國人絡繹不絕地進了咸陽王城正殿外的車馬廣場，層層疊疊安坐在早已經搭好的圓木看臺上，連同六國使節與尚商坊的富商大賈，滿當當幾近萬人。這些老秦人雖有耕戰爵位，然真正進過王城的也實在沒有幾個，今日逢此祖輩難遇的良機，一邊滿懷新奇地打量議論王城氣象，一邊盯著正殿前一片黑壓壓坐席紛紛揣測考校之法，人人亢奮不已。倏忽日上城角，大鐘轟鳴一聲，全場頓時沉寂下來。

「卯時已到！綱成君職司文考，伊始——」

隨著司禮大臣的宣呼，蔡澤昂昂然走到殿前第三級臺階的特設大案前站定，從案頭拿起一支熠熠生光的金令箭高聲道：「本君奉王書主考諸王子文事，此前業經初考，已入軍旅之三王子因少年無學而棄考。今日參與大考者，十位王子也。大考之法：文事三考，答問史官實錄，考績朝野可證。三問不過，即行裁汰，不得進入武校。諸王子入場──」

十個少年王子應聲入場，走到殿前階下十張大案之前肅然站定，無分長幼盡皆一式衣冠：頭頂三寸少冠（註：少冠，貴胄少年加冠之前所戴的低冠，加冠後之冠依據本人爵位官職之高低而定冠之高低），身著黑絲斗篷，腰間牛皮鞶帶懸一支青銅短劍。個個英挺健壯，當即引來老秦人一片由衷的讚歎。

「諸王子入座。」蔡澤的呷呷亮嗓迴盪在王城廣場，「第一考，應答者自報名諱，應答不出者書吏錄名。諸位王子可否明白？」

「明白！」王子們整齊一聲。

「第一問，老題：秦國郡縣幾何？有地幾何？人口幾多？」

哄嗡一聲，全場議論如風過林海。人們不約而同地驚訝，此等問題也算學問？然一思忖，對於即將成為國君的王子又豈能不是學問？左右說不清，還是先看王子們如何應對，全場哄嗡片刻復歸平靜，萬千眼睛都盯向了十位王子──王子們顯然是一片迷惘，你看我我看你期期艾艾無人開口。

「算甚學問？大父立嫡問過！」一個王子紅臉高聲異議。

「對！老問不算！」

「該考學館所教之學！」王子們紛紛附和。

「嘿嘿！」蔡澤微微冷笑，「諸位王子說得不錯。此一老題，乃當年孝文王為太子時選立嫡子而首次提出，至今已經十餘年。老夫記得清：當時昭襄王得聞諸公子竟不知邦國實情，大為驚詫。特命太子傅府編修邦國概要，以為王子少學。十年已過，老題重出，諸王子卻說沒學過，此何人之責乎！」

節外生枝，殿前大臣與全場有爵秦人無不大感意外。果如蔡澤所言，秦昭王已經將邦國情勢定為王子少學而王子們依舊懵懂如故，這太子傅府說得過去麼？正在眾人疑惑之際，一個白髮蒼蒼的老臣從蔡澤身後的大臣坐席區站起，憤然高聲道：「綱成君之意，要追究老夫玩忽職守麼？」

「秦王口書——」司禮大臣突然在殿階高處一聲宣呼，「今日大考王子，餘事另論。諸王子唯問是答，不得對考題辯駁。大考續進——」

「老臣奉命！」蔡澤與太子傅向殿口肅然作禮。

「我等奉命！」王子們齊聲領命。

蔡澤回身就案：「上述一問，可是無人答得？」

「我知道有內史郡……」

「我知道有河西六百里，秦川八百里，土地總數麼……」

兩人吭哧之後，大多王子們都紅著臉不吱聲了。此時一個英俊少年突然挺身站起一拱手道：「成蛟答得人口土地，只是郡縣記得不全。」

蔡澤拍案：「若無人全答，王子成蛟可作答。」

「趙政全答。」西首一個王子挺身站起，見蔡澤一點頭，從容高聲道，「秦國有郡一十五，有縣三百一十三；秦國目下有地五個方千里，華夏山川四有其一；秦國目下人口一千六百四十萬餘，成軍人口一百六十餘萬。」

「知道十五郡名麼？」蔡澤呷呷笑著加了一問。

「十五郡為：內史郡、北地郡、上郡、九原郡、隴西郡、三川郡、河內郡、河東郡、太原郡、上黨郡、商於郡、蜀郡、巴郡、南郡、東郡。三百一十三縣為……」

「且慢！」蔡澤驚訝拍案，「王子能記得三百餘縣？」

「大體無差。」

「好！你只需答得全內史郡所有縣名，此題便過！」

「內史郡二十五縣，從西數起：上邽、汧縣、陳倉、雍縣、郿縣、虢縣、鄜縣、漆縣、美陽、槃縣、好畤、雲陽、杜縣、高陵、頻陽、芷陽、櫟陽、驪邑、藍田、鄭縣、平舒、下邽、夏陽、丹陽、桃林、函谷。二十六縣完。」

「采——」六國使節商旅一聲喝采。

老秦人們驚喜交加紛紛議論讚歎，連忙相互打問這王子如何叫作趙政等等不亦樂乎。蔡澤巡視著驚愕的王子們笑問：「可有能覆述一遍者？」見王子們紛紛低頭，肅然點頭拍案，「第一考，王子趙政名列前茅！」

「好！」老秦人們終於吼了一聲。

「第二考：秦國軍功爵幾多級？昭王以來秦軍打過多少勝仗？」

王子們眉頭大皺，低頭紛紛抓耳撓腮。

「我知道！上將軍、將軍、千夫長！」終於一個王子昂昂作答。

「不然！還有百夫長、什長、伍長！」

話音落點，全場不禁哄然大笑。笑聲方落，少年王子成蛟穩穩站起高聲答道：「秦國軍功爵二十級，從低到高分別是：公士、造士、簪裊、不更、大夫、官大夫、公大夫、公乘、五大夫、左庶長、右庶長、左更、中更、右更、少上造、大良造、駟車庶長、大庶長、關內侯、徹侯。昭王以來，秦國大戰勝十六場、小戰勝二十九場！」

「好！」全場老秦人都有軍功爵，不禁一聲吼。

「勝不忘敗。五大敗戰最該說！」一王子趙政霍然站起，「勝仗可忘，敗仗不可忘也。唯不忘敗，方可不敗。昭王以來，秦軍首敗於攻趙閼於之戰，再敗於王齕攻趙之戰，三敗於鄭安平馳援之戰，四敗於王陵邯鄲之戰，五敗於本次河外之戰。五戰之失，皆在大戰勝後輕躁急進。五敗銘刻在心，秦軍戰無不勝！」

全場愕然寂然。此子雖在少年，見識卻當真驚人。勝不忘敗原本便是明君聖王也很少做到，更別說一言以蔽之將五敗根本歸結為大勝後輕躁冒進，此等見識出自一個弱冠少年之口，任你名士大臣百業國人誰能不大為驚愕？更為根本者，經少年王子一說，舉場臣民頓時恍然——秦國五敗還當真都是大勝之後輕躁冒進，若是不驕不躁持重而戰，何至於六國苦苦糾纏？當真應了一句老話，不說不知道，一說嚇一跳！

「秦王口命——」正在舉場惴惴之時，司禮大臣宣呼又起，「王子政此說不在大考之界，容當後議。大考繼續——」

「老臣奉命！」蔡澤向殿口一拱手轉身道，「趙政之說，不置可否。第三考：秦為法治之國，秦法大律幾何？法條幾多？」

「知道！男子年二十一歲而冠！」一個十歲公子昂昂童聲。

「我也知道，棄灰於市者刑！」

「知道！有律（旅）一重（眾），有徒（土）一刑（成）！」

「錯也！夏少康土地人口，不是秦律！」另個公子認真糾正。

滿場哄然一陣大笑，老秦人都是萬般感慨地紛紛搖頭。

成蛟霍然站起：「秦法二十三大律，法條兩千六百八十三。」

「知道二十三大律名目麼？」蔡澤呷呷一問。

「成蛟尚未涉獵。」

「王子政可知？」蔡澤徑直點了低頭不語的趙政名字。

「知道。」趙政似乎沒了原先的亢奮，掰著手指淡淡道：「秦法二十三大律為：軍功律、農耕律、市易律、百工律、遊士律、料民律、保甲連坐律、刑罰律、廄苑律、金布律、倉律、稅律、傜役律、置吏除吏律、內史律、司空律、傳郵律、傳食律、度量衡器律、公車律、戍邊律、王族律、雜律，共計為二十三大律。」如數家珍一般。

「王子可曾聽說過《法經》？」蔡澤饒有興致地追問一句。

趙政似乎突然又生出亢奮，高聲回答：「李悝《法經》，趙政唯讀過三遍，以為過於粗簡。以法治國，非《商君書》莫屬。」

「王子讀過《商君書》？」蔡澤驚詫的聲音呷呷發顫。

「趙政不才，自認對《商君書》可倒背如流。」

「此子狂悖也！」背後坐席的一位老臣厲聲一喝，辭色憤然，「《商君書》泱泱十餘萬言，辭意簡約古奧，雖名士尚需揣摩，少學何能倒背如流？大言欺世，足見淺薄！」

「嘿嘿！」蔡澤連聲冷笑，「老夫司考，太子傅少安毋躁。足下未聞未見者，未必世間便無也。」轉身呷呷一笑，「王子政，老夫倒想聽你背得一遍，奈何時光無多。今日老夫隨意點篇，你只背得頭幾句，便證你所言非虛如何？」

「綱成君但點便是。」

「好！〈農戰第三〉。」

少年趙政昂昂背誦：「凡人主所以勸民者，官爵也。國之所以興者，農戰也。今民求官爵皆不以農戰，而以巧言虛道，此謂佻民。佻民者，其國必無力。無力者，其國必削……」

「停！〈賞刑第十七〉。」

「聖人之為國也，一賞，一刑，一教。一賞則兵無敵。一刑則政令行。一教則下聽上。夫明賞不費，明刑不戮，明教不變，而民知於民務，國無異俗。明賞之猶，至於無賞也！明刑之猶，至於無刑也！明教之猶，至於無教也……」

「停！」蔡澤拍案狡黠地一笑，「你言能倒背如流，老夫便換個法式：王子可在《商君書》中選出十句精言，足以概觀商君法治之要。嘿嘿，能麼？」

少年趙政絲毫不見驚慌，一拱手從容道：「政讀《商君書》，原是自行挑選揣摩，綱成君之考實非難題。十句精髓如下：國之所以治者三，一曰法，二曰信，三曰權。」

「一句！」場外老秦人不約而同地低聲一呼。

「法無貴賤，刑無等級。」

「兩句！」

「自卿相將軍以至大夫庶人，犯國法者罪死不赦。」

「三句！」

「法已定矣，不以善言害法，故法立而不革。」

舉場肅然無聲，人們驚訝得屏住了氣息忘記了數數，只聽那略顯童稚的響亮聲音迴盪在整個王城廣場：「明王任法去私，而國無隙蠹矣！殺人不為暴，賞民不為仁者，國法明也。刑生力，力生強，強生威，威生德，德生於刑，故能述仁義於天下。以刑去刑，刑去事成。凡戰勝之法，必本於政勝。凡將立國，制度不可不察也，治法不可不慎也，國務不可不謹也，事本不可不專也。聖人治國，不法古，不修今，因世而為之治，度俗而為之法……」

「萬歲——王子政——」全場老秦人沸騰了起來。

蔡澤矜持地揮手作勢壓平了聲浪，回身向大臣坐席一拱手道：「老夫已經考完，諸位若無異議，老夫這便公布考績。」

「且慢！」太子傅亢聲站起，「《商君書》乃國家重典，孤本藏存，本府王子學館尚無抄本。王子政生於趙國居於趙國，何以得見？若是以訛傳訛，豈非流毒天下！事關國家法度，王子政須得明白回答！」

蔡澤冷冷道：「此與本考無涉，答不答只在王子，無甚須得之說。」

少年趙政卻一拱手道：「敢問太子傅，我背《商君書》可曾有差？」

「老夫如何曉得?!」

「敢問太子傅，昭王時曾給各王子頒發一部《商君書》抄本，可有此事？」

「老夫問你！不是你問老夫！」

蔡澤呷呷笑道：「此事有無，請老長史作證。」

老桓礫站起高聲道：「昭王四十四年，王孫異人將為質於趙。昭王下書：秦國王子王孫無分在國在外，務須攜帶《商君書》日每修習，不忘國本。始有此舉也。」

少年高聲接道：「趙政之《商君書》拜母所賜，母得於父王離趙時託付代藏。敢問太子傅，此番來路可算正道？可合法度？」

老太子傅面紅耳赤，對著蔡澤惱羞成怒道：「此子年方幼齒侃侃論道，詭異之極！非是妖祟即是方術，斷不能定考！」

「老大人當真滑稽也！」蔡澤呷呷大笑，「戰國以來，少年英才不知幾多。魯仲連十一歲有千里駒大名。上將軍嫡孫蒙恬與王子政同年，已是文武兼通才藝兩絕。甘茂嫡孫甘羅，今年方才五歲，已能過目成誦，咸陽皆知也！一個王子政背得《商君書》，卻有何大驚小怪？天下之才，未必盡出一門。老大人，悲乎哉！」話音落點，全場不禁哄然大笑……

一場文考宣告了結：趙政、成蛟、公子騰三人進入武校；其餘王子皆行退出遴選，於太子傅府善加少學。隨著正午開市，文考散場，咸陽坊間當即流傳開了王子趙政的神異故事：過目成誦對答如流直如神童一般！見識更是一鳴驚人舉朝莫對，太子傅張口結舌，主考綱成君百般詰難而不倒，連秦王都說容當後議，不亦神哉！只是王子自報名諱曰趙政，坊間傳聞卻是老大不悅，紛紛說王子若是再叫趙政，國人便上萬民書請逐這個自認趙人的王子政，縱是神童也不稀罕。

文考散去，呂不韋拉過蔡澤蒙驁一番商議，三人立即匆匆進了王城。暮色降臨時，秦王特急王書到了太廟令府：「王子政歸秦數年，未入太廟行認祖歸宗大禮。著太廟令即行籌劃，兩日內行此大禮，使王子政復歸王族嬴姓。」與此同時，又一道王書頒行朝野並張掛咸陽四門：「秦王允准上將軍蒙驁之請：立儲校武延遲三日，於四月初八日在咸陽校軍場舉行武考。國人無分有爵無爵，盡可往觀。特王以告。」

四月初五日，王城北松林的太廟一派肅穆。秦王嬴異人親自主持了王子政的認祖歸宗禮，向列祖列宗翔實稟報了王子政出生邯鄲的經過，親手將有隨同王后的老內侍老侍女押名見證的生辰刻簡嵌入王子政輩分的銅格之中。王子政衣冠整齊，對列祖列宗焚香九拜。老駟車庶長嬴賁鄭重唱名，史官當場登錄，「嬴政」這個名字從此被納入了秦國史冊。

次日，駟車庶長府文告頒行各官署，並張掛咸陽四門。文告曰：「王子政歸秦，適逢兩王國喪交替倥偬，認祖歸宗與正名大禮延宕至今，以致王子政以「趙政」之名居國數年，駟車庶長府之過也！今承王命，已於四月初五日為王子政於太廟行正名大禮，自此認祖歸宗，復其「嬴政」之名。特告之朝野。駟車庶長嬴賁。」

文告一出，咸陽國人欣欣然奔相走告——王子政老秦人也！沒錯！一時人人彈冠家家慶賀，無不對天禱告這個神異王子早日成為王儲。四月初八日那天，咸陽國人空巷而出湧向校軍場，要爭相一睹神異王子的風采。

就實而論，咸陽校軍場很少用於校軍。戰國之世大戰多發，各大戰國的大軍一般都屯駐在要塞或真正可以展開野戰訓練的大本營，而極少如後世朝代那般專門拱衛京師。譬如秦國大軍屯駐地除了藍田大營，便是函谷關、九原郡、離石要塞三處重地；趙國大軍則是武安大營與雲中、陰山、雁門關等要塞。縱是咸陽守軍，也是駐紮在北阪與章臺兩地，不奉兵符是從來不會進入咸陽城的。如此一來，咸陽校軍場除了王城守軍的禮儀性操演，實際上多用於諸多慶典聚會，一如大年社火、將士出征與班師犒賞、每年授民耕戰爵位等等大典，都在這校軍場舉行。真正的校武，倒還真沒有過幾次。在咸陽國人的記憶中，當年司馬錯攻滅巴蜀班師後曾在校軍場舉行大典，那個王子嬴蕩在這裡第一次展示神力震驚天下，似乎是唯一的一次。倏忽六十餘年，今次校武又是王子嬴政，校軍場之會豈非天意也！

各方就緒，紅日堪堪東升。

武考不若文考，秦國君臣悉數公然露面。北面高臺正中央是莊襄王王座，王座下一字排開三張長案，中間丞相呂不韋，左側綱成君蔡澤，右側上將軍蒙驁；平臺兩側大紅氈上，文武大臣以文左武右之式坐成兩個縱長方形；中間一片十丈見方的空場擺著兩張書案，右角是手握大筆的史官，左角是駟車庶長老嬴賁。顯然，文考之後朝野情勢為之一變，秦人對立儲的關注之情大為高漲，此前對秦王多病的隱憂也隨之淡化。秦國君臣為之一振，索性全數出動，欲藉立儲之機以扭轉戰敗後的沉悶之氣。

司禮大臣宣讀王書任命主考之後，校武在一陣隆隆鼓聲中宣告開始。

鬚髮雪白一領繡金黑絲斗篷的主考官上將軍蒙驁霍然站起，大步走到前出三丈的中央司令臺，捧起一口銅鏽斑駁的青銅劍肅然高聲道：「蒙驁受命穆公劍，職司武考，任何一方不遵號令或滋事干擾，立斬不赦！」一武校不若文考，歷來法度森嚴，然卻也從來沒有請出過只有大軍征伐才斟酌賜予大將的穆公劍。國人未免一陣哄嗡議論，頓時覺得這場校武定是非同尋常，紛紛揣摩間聽蒙驁又道：

「校武兩考：一為涉兵見識，二為武技體魄。應考三公子入場——」

六面戰鼓隆隆響起，三騎從南面入口飛馳進場。到得司令臺前驟然勒馬，三匹駿馬嘶鳴咆哮間一齊人立而起，滿場人眾一聲喝采。三公子利落下馬大步走到蒙驁案前作禮報名，蒙驁一指右手三張長案，三公子各自赳赳到案前肅然佇立。

蒙驁蒼老的聲音迴盪起來：「慮及諸公子正在少學，涉兵見識由老夫軍務小司馬執考，可相互應對以明涉獵，亦可相互辯駁以明見識；三問錯其二，一考告罷；應對辯駁太多，老夫令行禁止！三公子明白否？」

「明白！」

「好！第一場公子騰——」

「嬴騰在！」排在第一案的年輕公子赳赳三步，恰恰站在了草席中間的白圈中。他是三公子中唯一年及加冠且已經從軍者，一身甲冑一領斗篷分外的英武幹練，這掐尺等寸的三步到圈，立即便知絕非庸常士卒。幾乎與此同時，蒙驁大案後走出一人，身著司馬軟甲，頭盔上卻垂下一方厚厚黑布遮住了面容，站到大案前，一個清亮而不失鏗鏘的聲音在場中響起：「本司馬奉命執考，公子騰應對。」

「嗨！」

「第一問，三代以來，傳世兵書幾何？」

「五部：《太公兵法》、《孫子兵法》、《吳子兵法》、《孫臏兵法》、《司馬法》！」

「第二問，成而毀之者，兵書幾何？」

「……」公子騰愣怔片刻憤憤道：「既已毀之，人何知之？無對！」

「兩公子可有對？」蒙面者的清亮聲音似乎有些笑意。

「成蛟有對：范蠡兵書成而毀，趙武靈王兵書成而毀，信陵君兵書成而毀。」

「可見有對。」清亮聲音悠然道，「第三問，當年戎狄攻占鄗京，晉齊魯皆五千乘之大諸侯，周平王何以捨近求遠，千里迢迢深入隴西，搬我秦族東來與戎狄大戰？」

「……」公子騰又是愣怔憒憒然，「陳年老帳，與兵事何干？無對！」

清亮聲音似乎微微冷笑：「與將士也許無干，與君王卻是有關也。」肅立臺後的蒙驁沉著臉淡淡一揮手：「公子騰考罷，退場。」有備而來的公子騰大覺窩火，對著蒙驁便嚷：「校武不校武！只這般三言兩語聒噪算甚？校武！武場見分曉！」蒙驁冷冷一笑：「公子少安毋躁。選儲君並非選銳士，知道麼？退場！」公子騰看看蒙驁案上那口銅鏽斑駁的穆公劍，嗨的一聲腳步騰騰地砸出了場外。

「公子成蛟應對。」

「成蛟在！」

「第一問：自有華夏，最早大戰為何戰？」

「成蛟有對：炎黃二帝阪泉大戰。其時黃帝族人勢長大河之南，炎帝族人勢長大江之北，兩大勢力碰撞於河內阪泉之地，因而大戰。黃帝勝而炎帝敗，華夏大地始得聯盟為一。」

「第二問：春秋四百年，何戰最大？」

「成蛟有對：春秋車戰，晉楚城濮之戰最大。時為周襄王二十年，晉文公五年，楚成王四十年。其時楚為霸主，出動兵車萬乘有餘，聯兵陳蔡曹衛四國。晉國出兵車六千餘乘，聯兵秦宋滕三國。楚軍大敗，晉國稱霸天下。此戰之特異，在於首開車戰以弱勝強之先河！」

「第三問：樂毅滅齊，挾萬鈞之力而六年不下即墨，因由何在？」

「成蛟有對：六年不下即墨，乃樂毅義兵也，非戰力不逮也。若樂毅不遭罷黜，田單必降無疑！奈何陰差陽錯而使豎子成名，義兵之悲也！」

「敢問公子，何謂義兵？天下曾有兵而義者乎？」

「聖王之兵，載道載義。宣而戰，戰而陣，不擄掠，不殺降，是為義兵。春秋義兵，宋襄公可當。戰國義兵，唯樂毅攻齊大軍可當！」

「敢問公子，樂毅攻齊，可曾宣而後戰？」

「……不曾。」

「可曾戰而列陣？」

「不曾。」

「樂毅大軍掠齊財貨六萬餘車天下皆知，可算不擄掠？」

「……」

「進入臨淄前，樂毅兩戰敗齊大軍四十萬。二十萬戰俘全數押回燕國做苦役刑徒，路途饑寒死得大半，其餘未過三年，悉數凍餒死於遼東，可與殺降有異？」

「雖如此，終非殺降……」成蛟低聲嘟囔著。

「縱然如此，可算義兵？」

「……」成蛟終於滿面脹紅不說話了。

在這最後一問之時，校軍場萬千人眾靜得幽幽峽谷一般。老秦人已經知道了這位公子是生於秦長於秦的正宗王子，心裡原比對那個雖然已經復歸嬴姓畢竟曾自稱趙姓的王子政親近了幾分，對成蛟前面兩答更是十分贊許一片喊好，然及至成蛟最後一答開始，滿場老秦人鴉雀無聲臉色鐵青了。若依得此等義兵之說，秦國大軍豈非強盜麼？武安君白起豈非不義之屠夫麼？依此蔓延，獎勵耕戰、斬首晉爵等等秦法，還有個甚意思來？遠處不說，戰國兩百年秦人變法強國之前，秦國財富被山東擄掠了多少？秦人降卒被六國活活殺了多少？老秦人誰家無兵，是人皆知秦人寧可死戰而不降，與其說是悍勇，毋寧說是被山東六國殺降殺怕了。殺便殺，老秦人只怨自已也不說甚，可只許你殺我不許我殺你是個甚理？一個義兵便搪塞了？烏！萬千百年誰個有義兵了？周武王滅商殺得血流成河，還將殷商朝歌燒了個叮噹光，義兵何在？當年秦國窮弱，六國搶占了秦國整個河西將大軍壓到了驪山，將關中搶掠一空，其時義兵何在？要在天下立足，不圖強國血戰，卻去念叨歆慕甚個義兵，直娘賊出息也！

「秦人只知有戰，知道甚個義兵啊！」一個老人高喊了一聲。

「只知有戰！不知義兵！」全場震天動地一片吼聲。

北面高臺上一陣騷動，片刻間蔡澤站起高聲喊道：「秦王口命：考校之論不涉國事，未盡處容當後議，國人少安毋躁，考校續進！」

「老臣奉命！」蒙驁慨然一躬轉身一揮手，「成蛟退場，待後校武。」

蒙面司馬高聲接道：「王子嬴政應對。」

「嬴政在。」一直佇立不動的戎裝王子跨前三步，從容到了中間圈內。

「第一問：戰國以來，何戰敗於不當敗，勝於不當勝？」

此問奇詭！清亮聲音一落，滿場人眾驚愕議論，如此問一個少年王子，這個司馬也忒是狠了一些。便是北面的君臣座區也是一片寂然，相互顧盼間直是搖頭。

「問得好！」少年王子嬴政卻是由衷讚歎，一拱手高聲答道，「嬴政有對：長平大戰後，秦國大將王齕、王陵相繼率軍二十萬猛攻邯鄲欲滅趙國，遭六國聯軍夾擊，敗於不當敗；其時信陵君竊符救趙，聯兵六國大勝秦軍，勝於不當勝！」

「敢問其故？」清亮聲音緊追一句。

「長平大戰後秦國耗損甚大，實不具備一舉滅趙之實力。既已自上黨班師，不當復攻趙國。先祖昭王不聽武安君白起之斷而執意起兵，連遭兩敗。此敗非秦軍戰力不敵也，而在廟算之失也，故云敗於不當敗。信陵君以一己威望奇詭之謀，強奪兵權力挽狂瀾，勝秦軍於措手不及。此戰之勝，既非六國政明民聚，亦非聯軍戰力強大，實為奇謀以救衰朽，終不過使山東六國苟延殘喘也！故云不當勝而勝。」

「好——」秦人大是興奮，全場一聲齊吼。待場中聲浪平息，蒙面司馬狠狠咳嗽一聲道：「第二問：春秋之世，一公慣行蠢豬戰法。所謂蠢豬，大要如何？」此問實在離奇，話音落點全場哄然一陣笑聲又迅即平息，都全神貫注要聽王子如何回答。

「有得此問，足見司馬見識過人也！」少年嬴政罕見地笑了笑，竟對這位蒙面考官讚賞了一句，「司馬所指，當是宋襄公無疑。此公偽仁假義欺世盜名，其『三不』戰法令人捧腹，確如蠢豬一般。堪稱三不經典者，宋齊泓水之戰也。」

「何謂三不？」

「三不者：敵軍無備不戰，敵軍半渡不戰，陣勢未列不戰也。」

全場哄然大笑，連北面高臺上的大臣們也是一片笑聲。秦人尚武之風極盛，是人都能對打仗嘮叨一番，然春秋隔世，朝野之間倒也實在很少有人知道這個宋襄公的如此三不戰法，一聽之下笑不可遏。「天爺爺！老夫一輩子打仗，只聽過攻其不備，誰聽過敵無備不戰？」「呀呀呀！宋襄公倒是豬得可人！咋不遇到我這群冷娃也！」一時嚷嚷不休滿場哄笑不絕於耳。蒙驁身旁的中軍司馬連擺令旗，場中才漸漸平息下來。

「第三問：當今六國之將，何人堪稱秦軍日後勁敵？」

「趙國李牧！」少年嬴政斷然回答。

「李牧一戰勝匈奴，從未入中原戰場，以他為秦軍勁敵，有何憑據？」

少年嬴政看一眼北面高臺的君臣坐席，顯然有意提高了聲調：「邊將李牧，乃當今趙軍最具後勁之年輕名將。嬴政少隨外祖遊歷雲中，曾入李牧軍中盤桓旬日。與天下名將相比，此人勇略不輸趙奢，謀略過於樂毅，沉雄堪比田單。尤為可貴者，李牧善於戰法創新從不拘泥陳規陋習，勝不驕敗不餒善待將士，大有武安君白起之風。秦軍若不認真研習李牧戰法，再敗秦軍者必李牧也！」

「謀略過於樂毅？公子不覺有失偏頗？」蒙面司馬顯然很驚訝。

少年嬴政鄭重搖頭：「樂毅一生一戰，猶虎頭而蛇尾，李牧過之多也！」

全場驚訝不已，俄而議論哄嗡之聲大起，一班大將更是輕蔑地大笑。蒙驁大皺眉頭，然慮及主考之身執掌進程，猛然一劈令旗高聲道：「一已之論容當後議！公子退場，準備武校——」話音落點，全場興奮點立即轉移，一聲喊好便三五成群聚相猜度今日結局。六國大商使節的坐席區更見熱鬧，紛紛擲下大宗賭金——校武局成蛟勝出！

大約頓飯辰光，校武各方事宜部署妥當。蒙驁一揮令旗宣示宗旨：「強兵能戰者，非趙括之流徒然紙上談兵也！秦以銳士立國，尚耕戰，輕孱弱，雖王族皆然。今日校武為武考根本，校武不過者，前考不足論也……」正在此時，蔡澤晃著鴨步匆匆前來在蒙驁耳邊一陣低語。蒙驁臉色不悅卻也點了點頭，繼續高聲宣示，「武校之本，一在知兵，二在能戰！考校武技，明心志強孱弱！為保考校公允，本主考派一秦軍及冠士卒出陣，以為標竿，去其遠者為敗。考校兩陣，一陣騎射，一陣搏擊！」

「采——」武風彌漫的老秦人真正狂熱了。

「第一陣騎射考校，各方入場！」中軍司馬令旗揮動鼓聲大起，便見兩騎士身背長弓從南面入口處飛馬而入，白馬騎士為王子嬴政，紅馬騎士為王子成蛟。老秦人一看便知，嬴政白馬乃陰山良駒，成蛟紅馬是東胡駿馬，各有所長不分伯仲。兩騎方在司令臺前勒定，一騎黑馬倏然飛到，馬上騎士長弓箭壺全黑甲冑黑布蒙面，只有兩隻眼睛熠熠生光，身材雖不高大，剽悍沉穩之勢卻全然不似蒙驁方才所說的「及冠士卒」氣象。場中不禁一陣哄嗡，覺得今日煞是怪異，兩個考師都是蒙面出場，神祕兮兮不知有何蹊蹺？

「外場開啟——騎士上線——」

號令一起，黑紅白三騎走馬來到一道白灰線前一字排開。校軍場南邊的高大木柵隆隆拉開，馬前寬闊的黃土大道遙遙直通外場。所謂外場，是馬道出校軍場之後的一片百餘畝大的圈牆草地。騎士須得在這片草地跑得三大圈射出十箭而後入場，全程十里，中靶多且第一個回程校軍場者為勝。

「起！」令旗呼嘯劈下，戰鼓隆隆大作，三騎風馳電掣般飛了出去。

駿馬展蹄，呼嘯吶喊如雷鳴般驟然響起。校軍場之內三騎駿馬幾乎是並駕齊驅，飛出外場，遙遙可見黑色閃電已經領先兩馬之遙，其後一團火焰飛動，最後才是一片白雲。黑騎領先並不為怪，要緊的是王子成蛟的東胡飛騎。此馬身材高大雄駿鬃毛長可及腰，大跑之時鬃毛飄飄如同天馬御風，雄武之美當真舉世無雙。「紙上談兵！王子政畢竟不行也！」「胡馬飛龍！成蛟得勝！」場中人海歎息加著驚詫嚷嚷成了一片。聲浪沸騰之際，紅馬成蛟率先開弓，一連三箭射出，人海又是一陣吶喊呼嘯。

「紅騎成蛟，三箭三中！」遙遙呼喊從外場迭次傳入校軍場。

「黑騎少卒，三箭三中！」

「快看！白馬上前了！」場中一片驚呼。

人眾屏息注目，便見身材並不顯如何高大雄駿的陰山白馬驟然如颶風般掠過紅馬，其靈動神速直如草原飛騎，蟄伏馬背的少年騎手突然拈弓開箭連連疾射。場中一班以目力驕人而此刻自願做「斥候」者當即大叫起來：「至少五箭四中！絕非三箭兩中！」

「白騎嬴政，五箭五中——」外場司馬正式報靶聲隨風傳來。

「嘩——」猶如疾風掠過林海，整個校軍場都騷動了起來。馬上疾射能連發五箭已經非常驚人了，能五發而五中雖匈奴騎射也是極為罕見，這王子嬴政神也！

「黑騎四箭三中！」

「紅騎三箭兩中！」

聲浪復起之時，人海「斥候」們突然一片驚呼——外場情勢突然生變，白馬長嘶一聲飛躍一道土梁時人立而起，少年騎士樹葉般飛出了馬背飄落在草地——全場頓時屏息寂然。在場中人海與王臺君臣不及反應之間，那片樹葉竟然又神奇地飄回了馬背，白馬又飛掠草地追了上去。遠遠地，人們都看見紅黑兩騎已經射完箭靶折向回程，而那片白雲卻還在第三圈飄悠。終於，白馬騎士挺起了身子，搭起了弓箭……

「黑騎三箭兩中！」

「紅騎四箭三中！」

「白騎，五箭兩中——」

隨著外場司馬悠長的報靶聲，白馬又颶風般逼近了回程的黑紅兩騎。恰在進入校軍場馬道的剎那之間，陰山白馬一片柔雲般從黑紅兩騎中間飛插上來，堪堪又是三馬並駕齊驅，全場聲浪又一次震天動地般激盪起來。及至三馬在司令臺前勒定騎士下馬，人海卻驟然沉寂了——王子嬴政一身甲胄遍染鮮血，連背後長弓也是血跡斑斑，臉上卻是燦爛地笑著。

「王子政能否撐持？」蒙驁聳動著白眉走了過來。

「戰場流血，原是尋常！」王子政的聲音有些喑啞。

「中途驚馬，差得三箭，是否輸得不服？」

「此馬尚未馴好，騎士之責，嬴政認輸！」

「尚未馴好你敢用做考校坐騎？」蒙驁大是驚訝。

少年嬴政笑了：「不打緊，它只是怕過大坎。」

「王子膽略尚可也。」蒙驁第一次些許有了贊許口吻，當即對臺上君臣坐席高聲報了騎射之考的定論：王子成蛟十箭八中，王子政十箭七中，士卒考手十箭八中，成蛟勝出！轉身吩咐各方準備搏擊考校。大約小半個時辰，中軍司馬報說各方就緒，蒙鰲高聲宣布了搏擊考校之法：仍由原先及冠士卒與兩王子做劍術搏擊，每場三合；兩王子不做劍術較量，只以對考師戰況論高下。宣布完畢三人進場，俱是秦軍短甲裝束，只是及冠士卒依舊黑布蒙面，平添了幾分神祕。

第一場，成蛟對蒙面考師。此考師身材並不高大卻異常厚實，右手一口闊身青銅短劍，左手一張牛皮盾牌，十足的秦軍步卒氣象。成蛟是一口形制特異的精鐵劍，長約兩尺有餘，青光凜然閃爍。戰國之所謂精鐵者，鋼也。其時鑄鐵成鋼之工藝尚沒有青銅工藝純熟，鋼鐵兵器之打造品質也不很穩定，上好的精鐵劍要鑄得兩尺以上不是不能做到，而是不能如青銅兵器那般大量製造。唯其如此，秦軍之大路兵器依然是青銅製作，真正的精鐵長劍只是大將與貴冑武士們才能擁有的。這便是成蛟精鐵劍的特異處。當然，成蛟的盾牌也是上佳品相，僅盾面那一圈閃閃發光的銅釘便比蒙面卒的盾牌釘稠密了許多，一看便是王室尚坊精工製作。如此兩人一進場，四周人海一陣紛紛喟歎。

「公子請。」士卒考師劍盾鏗鏘交合，行了一個軍中校武禮。

「戰無常禮。」成蛟微微冷笑，蹭身一衝身形似一步又似兩步地飄然滑到了蒙面卒身前三尺處，左手棕紅色盾牌當先一出，精鐵青光倏然到了蒙面卒胸前。蒙面卒早已扎好馬步，長劍刺來之時並未出劍截擊，左手那面已經變得黝黑光亮的皮盾迎住長劍一帶一抹，長劍刃口恰恰卡在了稀疏的盾牌銅釘之間，只聽嗆啷一聲長響，蒙面卒黝黑皮盾後甩的同時，成蛟也隨著盾牌帶抹長劍的弧形力道猛然前衝，一個踉蹌幾乎跌倒。恰在此時，蒙面卒大盾一回，幾乎跌倒的成蛟又驟然釘在了原地，借勢穩住了身形。蒙面卒說聲方才不算公子再來。成蛟不禁惱羞成怒，大吼一聲搶步直刺。蒙面卒不躲不閃，短劍出手猛擊盾牌，黝黑盾牌忽地一聲直撞長劍。成蛟直覺長劍如刺岩石，虎口一震長劍幾乎脫手飛出，便在此時，那面黝黑的皮盾連綿推進直撞胸前，嘭的一聲，成蛟撒開兩手結結實實跌了出去……如此威猛乾淨的步戰，引得萬千國人的喝采聲浪幾乎淹沒校軍場。成蛟還要爬起來再戰，卻被蒙驁沉著臉喝住，轉身又對蒙面卒吩咐，說說他敗在何處？教他知道甚叫步戰。

「先說兵器。」渾厚聲音從蒙面頭盔下響起，「公子長劍雖然鋒銳，矢之太輕。市井俠士用之尚可，萬馬軍中糾纏廝殺，著著都是死力氣，如此輕劍根本經不起大力一擊。還有這華貴盾牌，銅釘鉚得密密麻麻，一看便是公子自己主張。實戰盾牌銅釘稀疏，且露出盾面半寸許，用處實在鎖卡敵方劍器矛戈。銅釘稠密固能使敵方兵器滑開，然更使自己無法著力。我這軍盾可一擊帶你長劍，你卻不能，缺失大半在這中看不中用的盾牌。」

「戰法之失何在？」成蛟一躍而起拱手請教。

「公子所學搏擊，顯是游俠劍士所教，多輕靈利落，少根基功夫。戰場拚殺務在沉雄。一個盾牌馬步蹲下，若經不起三四支長矛刀劍的同時猛擊，算不得一個秦軍銳士。畢竟，戰場之上，一對一的較量只是最輕鬆的活計。」

「成蛟謹受教。」少年王子深深一躬，顯然是服膺了。

「王子有此番氣度，也不枉輸得一場也。」蒙驁罕見地笑了笑。

中軍司馬走來一陣耳語，蒙驁思忖片刻點頭。中軍司馬舉起了手中令旗：「王子政輕傷無礙，搏擊第二場開始——」

隆隆鼓聲又起，少年嬴政大步走到中間圈中站定，右短劍左皮盾與秦軍步卒一般無二，甲冑上下血跡斑斑，卻是精神抖擻毫無委頓之象。再看入場蒙面卒，一口短劍在手依舊戰禮一拱：「公子請。」少年嬴政冷冷道：「足下兵器不全，不足成戰。」蒙面卒道：「公子負傷出戰，我少得一盾方見公平。」嬴政搖頭道：「校武公平假公平，戰場公平真公平。足下無盾，嬴政不戰。」蒙面卒慨然一拱：「公子所言合乎實戰，小卒深以為是！」轉身到場邊執定黝黑皮盾再到中央，一招手扎好了馬步。

「殺！」少年嬴政大喝一聲短劍直進猛砍。

蒙面卒只將黝黑皮盾一挺，短劍結結實實砍在皮盾之上。只聽嘭的一聲大響，蒙面卒巋然不動，少年嬴政卻釘在了原地無法連番再擊。原來，久經戰陣的秦軍老皮盾都是皮質蓬鬆，每日風吹雨打矛戈交擊，三層牛皮幾乎膨脹得兩寸多厚，短劍猛擊如砍進樹幹一般被猛然夾住，未經戰場者不明就裡一時發懵，才有這短暫僵持。在這瞬息之間，少年嬴政一步退後右手趁力一帶，短劍脫開皮盾夾裹的同時人已淩空躍起，盾牌左砸短劍右刺猛攻當頭。蒙面卒皮盾上揚短劍斜出，盾擊盾劍迎劍，嘭鏘兩聲大響，少年嬴政便重重跌翻。

在全場雷動喝采之際，少年嬴政大吼一聲掠地而來，短劍橫砍盾牌翻滾直攻下路！蒙面卒大出意料，原地一個縱躍短劍攔下的同時，雙腳也被滾地而來的盾牌砸中，未及躍開踉蹌倒地……

「停！」蒙驁怒聲大喝，「校武有回合，不許偷襲！」

「上將軍請勿責難公子。」蒙面卒拄劍站起肅然一躬，「公子雖失校武節制，實戰卻是猛士上乘戰法。公子既視校武為實戰，不許我以其傷讓其兵，便當以實戰較量待之。戰場搏殺，秦軍銳士輕兵哪個不是帶傷死戰？此合小卒輸得心服！」

「敢問足下，」少年嬴政一拱手，「盾夾劍時為何不反擊？」

「實不相瞞，」蒙面卒也是一拱手，「盾迎短劍，是試公子力量。我見公子並非神力，又想試公子應變之能。尋常新手，盾但夾劍便不知所以。公子能於瞬息之間趁力脫劍再行猛攻，實非我所料。」

「那是說，你若當即出盾反擊，我則沒有當頭攻殺之機？」

「正是。」

「既然如此，嬴政輸得心服！」

「敢請指教。」

「我原以為足下遲鈍不識戰機，既是有意考量，自然服膺！」

蒙驁哈哈大笑：「遲鈍不識戰機？你以為他是蠢豬宋襄公麼？」說罷大手一揮，「還有一合如何比？公子自己說！」

「角牴如何？」

「小卒奉陪！」

蒙驁點頭，中軍司馬一聲宣示，場中山呼海嘯般歡呼吶喊起來。

角牴者，後世之摔跤也，相撲也。戰國之世，角牴是各國民間最為風行的搏擊遊戲，稱謂說法也各自不同。山東六國的雅言叫作「角抵」，庶民百姓卻呼為「胡跤」，說的是此等搏擊術原是匈奴胡人傳入。秦國也有文野兩種叫法，雅言叫作「角牴」，其音其意與六國雅言「角抵」相同，語意本源卻是不一。山東之「抵」，取人徒手相搏之象。秦語之「牴」，卻取兕牛以角牴觸之象。《淮南子‧說山》云：「熊羆之動以攫搏，兕牛之動以牴觸。」一字之差，見其本源語意。秦國山野庶民卻直呼為「摺跤」或「絆跤」，取其手腳並用看誰能將誰摺倒絆倒之象。後世西漢轉而稱為「角抵戲」，大約自此成為可以進入宮廷的觀賞遊戲。再後宋元時稱之為「相撲」或「爭跤」。秦滅之後，嬴氏後裔輾轉逃之東瀛，角牴得以「相撲」之名風行日本流傳至今，成為中國古老角牴術的活化石。此乃後話。

趙秦兩國胡風最重，兩個大國中都有許多戎狄匈奴部族化入，徒手搏擊的角牴之風更是濃烈，老少男女耕夫走卒盡皆以之為強身之法。生於趙國其母又是趙女的王子嬴政，既要與蒙面卒比試角牴，在趙必是胡跤高手無疑。秦軍將士中更是盛行角牴摺跤，這蒙面卒也未必不是一流鬥士。若是兵器較量，許多人還需得內行解說才能清楚。這角牴摺跤卻有一樣好處：熱鬧好看，誰摺倒誰誰絆倒誰誰壓住誰不得動彈，一目了然，雖三歲小兒也看得明白。正因了如此，萬千人眾比看騎射兵器大是亢奮。

「角牴開始！三合兩勝！」中軍司馬令旗劈下鼓聲大作。

少年嬴政與蒙面卒已經盡去甲冑，人各布衣赤腳，腰間一根鞶帶勒住一條寬大短的本色布褲，進入場中相對佇立。鼓聲一起，兩人撲成了一團。一個翻滾起來，蒙面卒箍住了少年嬴政後腰，只要發力，一舉摺倒少年無疑。恰在此時，少年身形似側似滑，兩手後抓對方衣領，蹲身拱腰一步前跨，猛然發力大喝一聲，蒙面卒一只口袋般被重重摔到身前。

「摺倒！王子政萬歲——」全場聲浪鋪天蓋地。

「再來！」蒙面卒一聲大吼，間不容髮地一個翻滾兩手抱住少年嬴政兩腿猛然一帶，嬴政仰面跌翻在地。蒙面卒隨身撲上，兩手死死壓住對手兩隻胳膊，少年嬴政三次滾身無法脫開。

「摺倒壓住！考卒萬歲——」

中軍司馬一聲呼喝，兩人重新站起。少年嬴政儼然一個老練的胡人跤手，踮著步子向蒙面卒逼近。在嬴政一撲之時，蒙面卒兩手閃電般一翻扣住了對手兩隻手腕猛力側向一帶，少年嬴政前撲一步身形未穩之時，蒙面卒一個隨身滑步摟定少年後腰，接連大吼發力，少年嬴政被結結實實摔到地上，一口鮮血噴出身前黃土染成鮮紅！

「啊——」全場一聲驚呼齊刷刷站起。

蒙驁始料不及，一時愕然不知所措。在中軍司馬帶著太醫飛步趕到時，少年嬴政已經翻身躍起，衣袖拭著鮮血，非但毫無懼色，反倒步態穩健目光凌厲地踮著步子又逼近了蒙面卒。剛剛站起的蒙面卒立即扎好架勢肅然相對，如臨大敵一般。已經大步過來的蒙驁橫在中間一聲斷喝：「校武停止！王子政退場療傷！」少年嬴政一時愣怔，終是悻悻站定，對著蒙面卒一個長躬，甩開圍過來的兩個太醫赳赳去了，全無絲毫傷痛模樣。

「王子政萬歲——」萬千人眾的吶喊驟然淹沒了校武場。

一番諸般善後忙碌，校武場終於在午後散了。

隨著淙淙人流彌散聚合，王子嬴政的神奇故事風傳市井山野官署宮廷，也隨著六國使節商旅的車馬傳遍了山東六國。無論人們如何多方褒貶挑剔，都要在議論評點之後結結實實撂下一句話：「無論如何，王子有本事是真！」戰國大爭之世，人們最看重的是實扎扎的才能本領，其時口碑最豐者是「能臣」二字，而不是後世的「忠臣」二字。凡是那些愚忠愚孝復古守舊的迂腐學問迂腐作派，其時一概被天下潮流嗤之以鼻。如孔子孟子與一班門徒者，滿腹學問而被列國棄如敝屣不用，庶民百姓更是敬而遠之不待見，非孔孟無學也，實孔孟學問遠世而無實在本事也。當其時，一個十二歲的少年王子能被天下人說一句有本事，可謂亙古未有之最高口碑了。

各種消息議論匯聚咸陽王城，秦國君臣振奮感慨之餘不無疑慮。在議決冊立太子的朝會上，太史令太廟令兩位老臣先後說話，提出了一個已經被所有議論重複過的擔心：王子嬴政的稟性不無偏頗，見之少年可謂剛烈，若到成年加冠之後，只怕……兩位老臣對「只怕」之後的推測躊躇吞吐再三，終是沒有出口。秦王嬴異人大皺眉頭，大臣們也是紛紛竊竊。

「老臣有說！」綱成君蔡澤的公鴨嗓呷呷蕩了起來，「兩位老大人以及議論疑慮者，無非有二：其一，王子政言行作派與其年齡大不相稱，主見篤定甚於成人，學識武功多有新奇；其二，校武場有好勇鬥狠之象，拚命戰法活似秦軍輕兵。所謂只怕，說到底，是怕王子政成為殷紂王齊湣王一般有才有能的昏君暴君。老夫代言，可算公允？」

「然也然也，我心可誅！」兩顆白頭連點額頭汗水都滲了出來。

「綱成君，莫得老是替人說話。」老廷尉冷冷插得一句。

「老夫自然有主張！」蔡澤一拍案索性從座案前站起，「人非聖賢，孰能無過？諸位但想，一個年僅十二歲的少子，寓處富貴而不甘墮落，奮發自勵刻苦打磨，已然人中英傑也！若無此等方剛血性，只怕湮沒者不知幾多？如此少年縱是稍失偏頗，亦是在所難免。然王子政最為可貴者，在於有主見，有學識，雖剛不邪，剛正兼具。太史令執掌史筆，青史之上，幾曾有過如此以正道為立身之本的少年王子？譬如殷紂有才無學，言偽而辯，行僻而堅，雖少有搏擊之勇，然更有漁色淫樂之行！而王子嬴政者，所學所言所為，無不堂堂正正，不近酒色，不戀奢華，只一心關注學問國事。此等王子，雖有缺失，亦必成大器！若善加教誨誘導，粗糲偏頗打磨圓潤，未必不能超邁昭襄王而成秦國大業也！」

「綱成君大是！」蒙鶩慨然拍案，「丞相呂不韋柔韌寬厚，學問心胸皆大，最善化人。老臣建言：若能使丞相兼領太子傅，將王子政交其教誨，必能成得大器也！」

「臣等贊同！」舉殿大臣異口同聲。

「好……」王座上一聲好字未了，秦王嬴異人頹然栽倒案前。左右太醫一齊過來扶住，連忙拿出呂不韋曾經交給的丹藥施救。舉殿大臣一時默然，見呂不韋揮了揮手，便心事重重地散去了。

五月大忙之後，秦國在咸陽太廟舉行了冊立太子大典，王子嬴政被立為太子。秦王同時頒發特書：罷黜教習拘泥的太子傅，改由丞相呂不韋兼領太子傅。旬日之內秦王王書抵達各郡縣，朝野老秦人終於長長地鬆了一口氣。

五、莊襄王臨終盟約　破法度兩權當國

秋高氣爽的八月，咸陽王城一片陰沉窒息。方士的丹藥越來越沒有了效力，臥榻之上的秦王嬴異人肝火大作，喘咻咻拒服任何藥石，只叫嚷著看上天要將他如何。呂不韋聞訊連夜入宮勸慰，偏偏都逢嬴異人神志昏昏無視無聽。呂不韋大急，嚴令太醫令務必使秦王醒轉幾日，否則罪無可赦！見素來一團春風的呂不韋如此嚴厲，太醫令大是惶恐，當即召來最有資望的幾名老醫反覆參酌，開出了一個強本固元的大方，每劑藥量足足兩斤有餘。藥方呈報丞相府，呂不韋細細看罷喟然一歎：「病入膏肓者雖扁鵲難醫，固本培元終是無錯，只看天意也！」太醫館立即將藥配齊交各方會同驗過，連夜送入王城寢宮。太醫令親自監督著藥工將一劑重藥煎好，內侍老總管喚來最利落的一個有爵侍女服侍奄奄臥榻的秦王用藥。這個中年侍女果真幹練，偎身扶住昏昏秦王靠上山枕，左手攬住秦王肩頭，右手輕輕拍開了秦王毫無血色的嘴唇，圓潤小嘴從藥工捧著的大藥碗中吸得一口，輕柔地吮上秦王嘴唇注將進去，片刻之間一大碗溫熱的湯藥餵完，點滴未灑。白頭太醫令直是目瞪口呆。

大約一個更次，昏昏酣睡的嬴異人大喊一聲熱死人也倏然醒轉，一身大汗淋漓似沐浴方出。守候外間的太醫令驚喜過望，一面吩咐侍女立即預備湯食，一面派人飛報丞相府。及至呂不韋匆匆趕來，嬴異人已經用過了一盅麋鹿湯，換了乾爽被褥重新安睡了。餵藥侍女說，秦王臨睡時吩咐了一句，請丞相明日午後進宮。呂不韋思忖一番，到外間吩咐太醫令指派幾名老太醫輪流上心守候，心事重重地去了。

秋雨濛濛，輜車轔轔，呂不韋思緒紛亂得如墜迷霧一般。

領政三年，幾經頓挫，呂不韋對秦國可謂感慨萬端。當初邯鄲巧遇人質公子嬴異人時，呂不韋並

無經邦濟世大志向，實在是老辣的商人目光使他決意在這個落魄公子身上豪賭了一次。其時所求者無非光大門庭，使呂氏家族從小國商人變為鐘鳴鼎食的大國貴胄，如此而已。

然一旦攪入局中全力周旋，歷經十年艱辛險難而拜相封侯，呂不韋的心志漸漸發生了自己不曾意料到的變化。光大門庭之心漸漸淡了，經邦濟世之心卻漸漸濃了，偶爾想起當初的光大門庭之求只有淡淡一笑了。功業之心的根基，一是呂不韋對秦國政事國情弊端的深切洞察，二是呂不韋內心深處日益醞釀成熟的糾弊方略。若沒有這兩點，呂不韋自然也就滿足於封侯拜相的威赫榮耀了。至於國事，依照法度便是，自己完全可以不用操勞過甚。在事事皆有法式的秦國，做一循例丞相是太容易了。至少嬴異人一世不會罷黜他，縱是嬴異人早逝少年新君即位，自己憑著三朝元老的資望，至少也還能做得十年丞相。一生做得十三年大國丞相，已經是大富大貴之巔峰極致了，夫復何求？果能如此想頭，呂不韋也不是呂不韋了。呂不韋的迷茫在於：嬴異人若果真早逝，自己治秦方略的實施將大為艱難，如果自己的獨特方略不能實施，而只做個依法處置事務的老相，實在是味同嚼蠟，何如重回商旅再振雄風？至少，風險叢生的商旅之道使人生機勃勃，強如板著老吏面孔終老咸陽。

王子嬴政的炫目登臨，加深了呂不韋的憂慮迷茫。

秦國為政之難，是不能觸法。無論事大事小，只要有人提及法制之外的處置，立即有顛覆秦法之嫌，朝野側目而視，幾將你看作孔孟復辟之徒。百餘年來，秦法以其凝聚朝野的強大功效，已經成為秦人頂禮膜拜的祖宗成法，歷經秦昭王鐵石勒誓，秦法更成為不可侵犯的聖典。呂不韋幾次改變成法而從權處置重大國事，雖則每次都是艱難周折，然終是成功且未被秦國朝野指為壞法復辟，已經是秦國奇蹟了。正是這種被視為奇蹟的結局，既加深了呂不韋的憂慮，也增強了呂不韋的自信。憂慮加深者，秦國朝野求變創新之潮流已見淡薄，固守成法之定勢已經大行其道，若需改變，難之難矣！自信增強者，幾次特例破法實實在在證實，諸多朝臣國人並非發自內心地死板護法，變之適當化之得法，糾正秦法弊端不是沒有可能的。然王子嬴政在考校中大獲朝野贊許的言論見識，卻使呂不韋敏銳捕捉到了一個消息：王子政少學以《商君書》為聖典，視秦法為萬世鐵則，更兼其稟性剛烈大非尋常少年，完全可能成為糾正秦法弊端之未來歧見。

果真如此，呂不韋的為政功業便是大見渺茫了。然則，呂不韋並沒有將少年嬴政看死，一個十二三歲的少年，正是好論逆反之時，見識偏執未必不能校正，若化之得法，也許正是推行摻以呂不韋方略的新秦法的得力君王。然則，如何才能化解這個自己甚為生疏的少年太子？自己心下無譜。秦王嬴異人安置後事時能給自己多大權力？心下也無譜。雖說嬴異人對自己信任有加，然怪疾折磨之下難保心性失常，假若生出萬一，又當如何……

淅瀝秋雨打著池中殘荷，蕭疏秋風搖著簷下鐵馬。呂不韋一夜不能成眠，晨曦之際矇矓入夢，又莫名其妙地驀然自醒。寢室中悄無聲息，只有一個熟悉的側影鑲嵌在虛掩的門縫中，心頭一閃，呂不韋霍然起身離榻。

「未過卯時，大人再睡無妨。」莫胡輕柔地飄了進來。

「涼浴強如迷榻。」呂不韋嘟囔一句，逕自裹著大袍進了裡間的沐浴室。莫胡連忙說去預備熱水，卻被關在了門外。兩桶冰涼刺骨的清水當頭澆下，渾身一片赤紅的呂不韋頓時覺得神清氣爽，裹著一件長大的絲棉袍出來，早膳已經在案頭擺置妥當了。

「大人，」莫胡跪座案前邊盛滾燙的牛髓湯邊低聲道，「西門老總事要我代為稟報：近來似覺腿腳不便，幾劑藥不見好轉，請允准他老去歸鄉。」

「何時說的？」呂不韋放下了伸出的象牙箸。

「已經三日，一直不得見大人回府。」

呂不韋起身便走。莫胡情知攔擋不住，連忙拿起一把油布傘追了上去，張開傘也不說話，只默默跟著呂不韋到了西跨院。瀟瀟雨幕中，西門老總事的小庭院分外冷清。當莫胡搶先推開虛掩的正房大門時，一股病人特有的氣息夾雜著淡淡的草藥味兒彌漫出來，走過正廳進入東開間寢室，幽暗的屋中垂著一頂布帳，幽靜得沒有一絲聲息。

「西門老爹！」呂不韋一步衝前掀開布帳，只見西門老總事似睡非睡地仰臥在大被中，雙眼似睜非睜氣息若有若無，素來神采矍鑠的古銅色臉膛驟然變得蒼白瘦削溝壑縱橫，儼然彌留之際。呂不韋心中大慟，撲上去抱住老人語不成聲：「老爹……不韋來遲也！」西門老總事艱難地睜開了眼睛，嘴角抽搐出一絲微笑：「東主，是老朽不教他們報你……」呂不韋只一點頭，二話不說兩手一抄連帶大被抱起西門老總事便走。慌得莫胡連忙搶前張傘，雨水攪著淚水在臉上橫流，卻緊緊咬著牙關生怕一出聲便要大哭。

匆匆到得正院第三進，呂不韋徑直進了自家起居庭院的南房。將西門老總事在榻上安置妥當，呂不韋吩咐莫胡去請夫人。片刻間陳渲匆匆進來，呂不韋喘息一聲道：「太醫我已經吩咐去請了。自今日起，西門老爹住在我這南房治病，不好不許搬出。夫人親自照料。」陳渲一邊點頭一邊過來探視，一見西門老爹奄奄一息情狀不禁哽咽拭淚：「老爹前幾日還好好與我說話來，如何便……」呂不韋不禁一聲長歎：「老爹生性剛強，是我疏忽也！」

說話間太醫已經到了。一番診脈，太醫說是操勞過度氣血虛虧老疾併發，歇息靜養百日可望康復。呂不韋這才放心下來，坐在一旁默默看著陳渲與莫胡將湯藥煎好，良久無言。及至陳渲將一盅藥親自給西門老總事餵下，老人沉沉睡去，呂不韋才起身對莫胡吩咐道：「留心查勘一番舊時老人，誰在秦國有事未了，立即報我。」陳渲聽得一怔：「你？這是何意？」莫胡心下驀然閃現出當年離開邯鄲時呂不韋清理僕役執事們餘事的情形，不禁驚訝得脫口而出：「大人！要離開秦國麼？」呂不韋一句話也沒說走了，只留下陳渲莫胡良久愣怔。

午後時分，呂不韋在綿綿秋雨中進了王城。

過了王城宮殿官署區，是秦王寢宮。這裡被稱為內苑，朝臣們也叫作內城。依照法度，內苑的正式居住者只有秦王與王后，大臣非奉特召不得入內。內苑在前宮殿區與嬪妃侍女後宮區的中間地帶，雖然不大，卻是整個王城的靈魂所在。所以為靈魂者，在於國君除了大型朝會以及在東偏殿舉行小型會商或鄭重其事地會見大臣，大多時光實際上都在內苑書房處置政務。君王晚年或患病之期，更是長住內苑深居簡出，這裡便顯出了幾分神祕。自秦昭王晚年起，接連兩代多病國君，內苑更顯樞要了。

已經早早在內苑城門口迎候的老內侍，將呂不韋領進了一座樹木森森的獨立庭院，而不是昨日那座很熟悉的秦王寢室。王城多祕密，自古皆然。呂不韋也不多問，只跟著老內侍進了林木掩映的一座大屋。進得門廳，一股乾爽的熱烘烘氣息撲來，在陰冷的秋雨時節很是舒適。連入三進方入寢室，各個角落都是紅彤彤的大燎爐，呂不韋臉上頓時滲出了一層細汗。

嬴異人臉上有了些許血色，靠著山枕擁著大被埋在寬大的座榻上閉目養神。聽見腳步聲，嬴異人倏然睜開眼睛：「文信侯坐了。上茶。」

「臣參見我王。」呂不韋深深一躬，這才在座榻對面案前入座。

「老霖雨煩人，外邊冷麼？」嬴異人淡淡問了一句閒話。

「季秋之月，寒氣總至，水殺浸盛，天數使然也。」

侍女輕盈地捧來茶盅，又輕盈地去了。嬴異人默默地看著啜茶的呂不韋，呂不韋也默默地啜著滾燙的釅茶，室中一時寂然。良久，嬴異人輕輕歎息了一聲：「文信侯，異人將去也！」呂不韋心下一驚，臉上微微一笑：「我王笑談。太醫大方已見神效，我王康復無憂矣。」嬴異人搖搖頭：「文信侯通曉醫道，何須虛言慰我？我身我命，莫如我知，不怨天，不尤人。」

「我王……」一聲哽咽，呂不韋的茶盅噹啷掉在了座案上。

「文信侯靜心片刻再說。」嬴異人淡淡一笑，看著侍女收拾好呂不韋座案又斟了新茶飄然離去，又是淡淡漠漠一笑，「太醫大方我連服三劑，為的便是今日你我一晤。文信侯篤厚信義天下皆知，今日之談，你我肝膽比照，同則同之，異則異之，不得虛與周旋，文信侯以為如何？」

「呂不韋生平無虛，我王盡知……」

「先生請起！」嬴異人連忙推開大被跳下座榻扶住了大拜在地的呂不韋，又推開呂不韋要扶他上榻的雙手，索性裹著大被坐在了呂不韋對面幽幽一歎，「得遇先生，異人生平之大幸也。先生之才過於白圭，更是秦國大幸也。嬴異人才德皆平，唯知人尚可，與先父孝文王差強相若。一言以蔽之：先生開異人新生，異人予先生新途，兩不相負，縱不如俞伯牙鐘子期知音千古，也算得天下一奇也。」

「我王一言，呂不韋此生足矣！」

「然則，異人還有一事煩難先生。」

「我王但說，呂不韋死不旋踵！」

「既得先生一諾，拜託也！」嬴異人撲拜在地，驟然泣不成聲。

「我王折殺臣也……」呂不韋連忙膝行過案，不由分說抱起嬴異人放上了座榻又用大被裹好，退後一步深深一躬，「王若再下座榻，臣無地自容。」

嬴異人粗重地喘息了幾聲一揮手：「好！先生但坐，我便說。」待呂不韋坐定，嬴異人斟酌字句緩緩道：「我將去也，太子年少，託國先生以度艱危，以存嬴氏社稷。秦國雖有王族強將，朝中亦不乏棟梁權臣，然如先生之善處樞要周旋協調總攬全局者，卻無第二人也。更有甚者，先生兩度穩定新喪朝局，又與本王、王后、太子淵源深遠，與各方重臣皆如篤厚至交，在朝在野資望深重，無人能出其右。此所以託先生也。」

「我王毋言……臣雖萬死，不負秦國！」

「先生，且聽我說。」嬴異人喘息著搖搖手，「拜託之要，一在太子，二在王后。太子生於趙，長於趙，九歲歸秦，我為其父亦知之甚少。此子才識俱佳，唯稟性剛烈，易入乖戾之途，若不經反覆打磨而親政過早，大局難以收拾。此子親政之前，先生務須著意使其多方錘鍊，而後方可擔綱也。」

「臣銘刻於心……」

「至於王后。」嬴異人突然意味深長地笑了笑，「原本便是先生心上女子，掠人之美，異人之心，長懷歉疚也。」

「我王此言，大是不妥……」呂不韋急得滿臉脹紅。

「先生莫急，先祖宣太后能對外邦使節談笑臥榻之密，我等如何不能了卻心結？」嬴異人坦然拍著楊欄喟然一歎，「不瞞先生，王后趙姬與我臥榻歡娛至甚，生死不能捨者，趙姬也。然則……王后欲情過甚，異人實有難言處……我思之再三，決意以王后與先生同權攝政當國。一則效法祖制，使王族不致疑慮先生獨權；二則使先生與王后可名正言順相處，於國事有益，更於教誨太子有益。異人苦心，先生當知也。」

「……」呂不韋愕然不知所對，惶恐得一個長躬伏地不起。

「先生！」嬴異人又跳下座榻扶起了呂不韋，「方才所言，乃你我最後盟約，須得先生明白一諾。否則，嬴異人死不瞑目也！」

驀然之間，呂不韋失聲痛哭：「王言如斯，臣心何堪也！」

「人之將死，言唯我心……」嬴異人也不禁唏噓拭淚。

「王為國家，夫復何言！」

「先生應我了？」

呂不韋大袖拭著淚水認真點了點頭。嬴異人不禁拍案長笑：「秦有先生，真乃天意也！」一言方罷，頹然倒伏案頭。呂不韋大驚，正欲抱起嬴異人上榻，守候在外間的太醫內侍已經聞聲趕來。一陣針灸推拿，嬴異人氣息漸見勻稱然卻沒有醒轉，只氣若遊絲地冬眠一般。太醫令一把脈象，將呂不韋拉到一邊低聲說得幾句，呂不韋匆匆去了。

出得內苑，暮色如夜大雨滂沱聲聲炸雷摻夾著雪亮猙獰的閃電，整個大咸陽都湮沒進了無邊無際的雨幕。正在此時，老長史桓礫疾步匆匆迎面趕來，顧不得當頭大雨電閃雷鳴拉住呂不韋嘶聲喊得一句：「特急密報：晉陽將反！快同見君上！」呂不韋略一思忖斷然高聲道：「君上昏迷！急報交我處置！你守候君上莫得離開！」老桓礫面色倏地蒼白，顫索索打開懷中木匣拿出一個銅管塞給呂不韋，消失到廊外雨幕中去了。呂不韋立即吩咐馭手獨自驅車回府轉告主書：全體吏員夜間當值，不許一人離開丞相府；說罷向王城將軍討得一匹駿馬，翻身一躍衝進了茫茫雨霧。

片刻之間，呂不韋飛馬到了上將軍府。匆匆說得幾句，蒙驁立即下令中軍司馬去請蔡澤。待蔡澤從雨幕中喘咻咻濕淋淋衝來，三人聚在最機密的軍令堂會商了大半個時辰。大約二更時分，蒙驁的馬隊出了府邸直飛藍田大營，蔡澤車馬轔轔趕往咸陽令官署，呂不韋一馬回了丞相府。

蔡澤抵達咸陽令官署，立即下令當值吏員飛馬請來內史郡郡守與咸陽令、咸陽將軍三人。此三人乃同爵大員，其執掌皆是秦國腹地最要害所在——內史郡管轄整個隴西關中本土，咸陽令管轄都城咸陽之民治政令，咸陽將軍部屬五萬精銳步騎專司大咸陽城防。每臨危機，這三處都是最要緊所在。此三職之中，咸陽將軍歸屬上將軍管轄，內史郡郡守與咸陽令隸屬丞相府管轄，蔡澤原本均無權過問。然今日不同，蔡澤持有丞相呂不韋授權書令與上將軍令箭，又是比目下丞相與上將軍爵位還高的國家一等重臣，召見兩署主官自然不生政令抵觸。三人到來，蔡澤沉著臉極其簡約地說了朝局大勢：秦王病危，有逆臣欲反，三署皆歸老夫節制！說罷一番部署：咸陽城立即實行戰時管制，所有城門早開暮關，取締夜間開城與城內夜市；內史郡立即曉諭各縣：著意盤查奸細，但有北方秦人流民逃入一律妥為安置；咸陽將軍將五萬步騎全數集中駐紮渭水以南山谷，隨時聽候調遣。一番部署三人分頭忙碌去了，蔡澤又匆匆趕到了丞相府邸。

丞相府一片緊張忙碌。大雨之中，各個官署都是燈光大亮吏員匆匆進出。蔡澤做過幾年丞相，一聽吏員答問便知丞相府正在緊急匯集晉陽一路的各種情勢，方進得書房，呂不韋當頭便是一躬。蔡澤連忙扶住道：「晉陽反國，理當同心，丞相何須如此？」呂不韋肅然道：「綱成君明白大局，今日秦國危難不在晉陽，在王城之內也！不韋欲請綱成君坐鎮丞相府總署各方急務，得使我全力周旋王城，以防不測。」

「當然！」蔡澤慨然拍案，「君王彌留，自古大權交接之時，丞相自當守候寢宮！放心但去，老夫打點丞相府，也過過把總癮也！」

「三日之內，綱成君須臾不能離開丞相府。」

「當然！老夫癮頭正大，只怕你趕也不走！」

「謝過綱成君，我去了。」

四更時分，呂不韋冒著百年不遇的深秋暴雨又進了王城內苑。

嬴異人已經是時昏時醒的最後時刻。太子嬴政與王后趙姬已經被召來守候在榻邊，母子兩人都是面色蒼白失神。幾年來呂不韋第一次看見趙姬，一瞥之下，見她裹著一領雪白的貂裘依然在瑟瑟發抖，心下突然一陣酸熱。呂不韋大步走過去深深一躬：「王后太子毋憂，秦王秦國終有天命。」低頭啜泣的趙姬只輕輕點頭。少年嬴政卻肅然一躬：「邦國艱危之時，嬴政拜託丞相。」呂不韋心頭一顫，連忙扶住少年嬴政。正在此時，嬴異人一聲驚叫倏地坐起，又頹然倒下口中兀自連喊丞相……

「啟稟我王：臣呂不韋在此。」

「丞相，凶夢！有謀反，殺……」

「我王毋憂。」呂不韋從容拱手，「晉陽嬴奚起兵作亂，臣已與上將軍、綱成君謀定對策，上將軍已經連夜輕兵北上，河西十萬大軍足定晉陽！」

「啊，終是此人也。先父看得沒錯，沒錯！」嬴異人粗重地喘息一陣，雙目驟然光亮，一伸手將少年嬴政拉了過來，「政呵，自今日始，文信侯是兒之仲父，生當以父事之。過去拜見仲父……」

少年嬴政大步趨前向呂不韋撲地拜倒：「仲父在上，受兒臣嬴政一拜。」

「太子請起，老臣何敢當此大禮也！」呂不韋惶恐地扶起了少年嬴政，待要回拜，卻被少年嬴政架住了雙臂低聲一句：「國事奉命，仲父辭讓你我兩難。」呂不韋喟然一歎只得作罷。

「王后，政兒，文信侯……」嬴異人將三人的手拉到了一起輕輕地拍著，一汪淚水溢滿了眼眶，不勝唏噓地喘息著，「三人同心，好自為之也……異人走了，走了……」頹然垂頭，沒了聲息。

趙姬與少年嬴政同時一聲哭喊，待要撲將過去……呂不韋猛然伸手將兩人拉住低聲一喝：「王薨有法！莫得亂了方寸！」說罷向身後一招手，老太醫令帶著兩名老太醫疾步趨榻。老內侍已經將秦王嬴異人扶正長臥。三老太醫輪流診脈，各自向書案前的太史令低聲說了同一句話：「王薨無歸。」老太史令鄭重書錄，肅然起身高聲一宣：「秦王歸天矣！不亦悲乎！」寢宮中所有人等，這才隨著王后呂不韋三人一齊拜倒榻前大放悲聲。

「宣王遺書——」老長史桓礫突然鄭重宣呼一聲。

呂不韋很清楚，此時所有自己未曾預聞的事項都是秦王臨終安置好的，程序禮儀未曾推出自己，只有聽命。王后趙姬與太子嬴政似乎也事先不知遺書之事，一時惶惶不知所措，見呂不韋眼神示意，這才安靜下來。

桓礫蒼老戰慄的聲音在嘩嘩雨聲中如一線飄搖——

秦王嬴異人特命：本王自知不久，本王書作遺命公示大臣，新王親政之前不得違背：本王身後，呂不韋復文信侯爵，實封洛陽百里之地，領開府丞相總攝國政；太子嬴政即位，加冠之前不得親政，當以仲父禮待文信侯，聽其教誨，著意錘鍊；王后趙姬預聞國事，得與文信侯商酌大計。政事實施悉聽文信侯決斷。秦王嬴異人三年秋月立

風雨聲大作，一應臣子都驚愕愣怔著似乎不曉得王書完了沒有。只有小趙高輕輕扯了扯少年嬴政的衣襟。少年嬴政突然叩地高聲道：「兒臣嬴政恭奉遺命！」王后趙姬這才醒悟過來，轉頭看了身後呂不韋一眼，也是伏地一叩：「趙姬奉命。」呂不韋見老桓礫向他連連晃動竹簡，心知再無未知程序，伏地一個大拜：「臣呂不韋奉命。」

「此命之後，王后與文信侯決事。」老桓礫高聲補得一句。寢宮大臣們肅然拱手整齊一句：「臣等奉王后文信侯號令！」雖依照法度將王后排位在先，眼睛卻都看著呂不韋。呂不韋本欲立即部署諸多急務，然心念一閃對著趙姬肅然一躬：「呂不韋悉聽王后裁決。」正在憂戚拭淚的趙姬大覺突兀，滿面脹紅道：「我？裁決？有甚可裁決？」少年嬴政一步過來正色一躬道：「非常之期，仲父無須顧忌虛禮。父王遺命雖有太后並權預聞國事一說，終究只是監國之意，實際政事還得仲父鋪排處置。仲父毋得疑行也！」「太子明鑒！」大臣們立即異口同聲地呼應一句，無疑是認同呂不韋的。趙姬長吁一聲紅著臉道：「政兒說得有理，你何須作難我來？」

「事已至此，老臣奉命！」呂不韋慨然一句，轉身向廳中人等一拱手高聲道：「秦王新喪，目下急務有四：其一，國喪鋪排；其二，新王即位大典；其三，平定晉陽之亂；其四，安定朝野人心。目下上將軍已經北上全力平亂，其餘事體做如下分派：其一，國喪事宜由陽泉君會同太史令太廟令主事，若有疑難，先稟明太后定奪。其二，新君即位大典由駟車庶長會同長史桓礫主事。其三，國喪期

間，國尉蒙武統攝秦川防務。其四，國喪期間，綱成君蔡澤暫署丞相府事務，重在政令暢通安定朝野。其五，新君即位之前，本丞相移署王城東偏殿外書房，總署各方事務。以上如無不妥，各署立即以法度行事。」

「赳赳老秦，共赴國難！」大臣們齊呼一聲，領命如同大軍莫府。這便是秦國傳統，非常之期人人戮力同心政令如同軍令文臣如同武將，共赴國難，此所謂也。

冰冷狂暴的秋雨依舊在繼續，大臣們的車馬井然有序地流出了寢宮流出了王城，消失在白茫茫霧濛濛的咸陽街市去了。

六、開元異數　呂不韋疏導倍顯艱難

西元前二四七年的冬天，一場駭人的大雪凍結了秦國。

雖說國喪與新君即位兩件大事都趕在大雪之前完結了，除了蒙驁一班大將尚在晉陽善後，大局可謂初定。然則，此時秦國朝野卻更顯不安。深秋暴雨接著初冬暴雪，任你如何拆解都不是好兆頭。老秦人素來只奉法令不信傳言，但不可能不敬畏神祕莫測的上天。天有如此異數，老秦人自然要惴惴不安地揣測議論了。依照尋常庶民也大體曉得一二的陰陽占候之說，秦莊襄王盛年猝死已經應了寒秋雷暴之兆，應了便是破了，本當無須在心。一場一夜塞門的暴雪縱然怪異駭人，也無非是預兆新君即位步履維艱而已，在危局頻發的戰國之世，此等坎坷預兆實在不值得惴惴於心。真正令老秦人不安者，在於那場晝夜雷電暴雨之後旬日不散的一場彌天大霧。依據陰陽家的占候說：天地霾，君臣乖；凡大霧四合，晝昏不見人，積日不散者，政邪國破強橫滅門之兆也。新君少年即位，其強悍稟性與卓絕見識大非少年所當有，如此一個新秦王，完全可能與呂不韋這等寬嚴有度的攝政大臣格格不入。果真君臣乖而政風邪，秦國豈非要大亂了？秦政亂而六國復仇，老秦人豈非家家都是滅門之禍？如此想去，人人生發，各種揣測議論便在窩冬燎爐旁匯聚流淌，隨著商旅行人彌漫了城池山野，一時竟成「國疑」之勢。

這是君主制時代特有的重大政治危機之一——主少國疑。

一個時代有一個時代的權力法則。不同的權力法則，導致了不同的權力現象。君主制下，有兩種權力現象所導致的政治危機最為嚴重：其一是強君暮政，其二是主少國疑。自古以來，幾乎所有的權力突變都發生在這兩種危機時期。強君暮政之危，因暮年強君行蹤神祕而導致陰謀風行，最易使奸邪叢生豎宦當道，終致身後亂政國力大衰。中國五千年歷史的所有強勢君主，無一例外地都曾經面臨暮政危局，暮年清醒而能有效防止身後亂政者鮮有其人。僅以春秋戰國論，赫赫霸主齊桓公姜小白，戰國雄主趙武靈王、齊威王、燕昭王、秦昭王，都曾經在暮政之期導致重大危機。其中，唯有秦昭王在六十歲之後雖不乏神祕然終不失清醒，在外有六國反攻內有權力紛爭的情勢下保持了秦國的強勢地位與平穩交接，誠屬難能可貴也。主少國疑卻是另一種危機——主少必弱，最易強臣崛起而生出逼宮之亂。自古大奸巨惡，十有八九都滋生於少主之期。自夏商周三代伊始以至春秋戰國乃至其後兩千餘年，主少國疑之危遠多於強君暮政之危。原因只有一個，強君雄主畢竟是鳳毛麟角不世出，而少主即位卻是頻頻可見且無法避免。西周初年周成王少年即位而舉國流言四起，終於釀成了禍及天下的內外勾連大叛亂，是「主少國疑」危局的最早典型。正是這種反覆發作的政治痼疾，沉澱成了一則令人心驚肉跳的危局箴言：「主少必有強臣出，國疑則有亂象生。」

殘酷的歷史結論是：強君暮政導致的危局是震盪性的，主少國疑導致的危局則是顛覆性的。就實而論，後者為害之烈遠遠大於前者。

如今恰是少主臨朝而強臣在國，老秦人如何不惴惴惶惶？

這一切，呂不韋都很清楚，清楚彌漫朝野的流言，也清楚該如何應對。

國喪完畢，新君即位大典的前三日，呂不韋搬出了王城東偏殿的外書房，回署丞相府總理政務。老長史桓礫與中車府令一齊反對，也沒能擋住呂不韋搬出。呂不韋只有一句話：「萬事宜常態，非常之法不能久也。」明智勤謹的老桓礫已經做了近三十年的長史，執掌國君書房事務已伴過了三代秦王，對君臣衡平之微妙處自然入木三分，見呂不韋執意要去，歎息一聲也不再反對了。及至案頭收拾就緒交接完畢，老桓礫堅持將呂不韋殷殷送到了車馬場。呂不韋將要登車之時，老桓礫終是低聲問了一句：「在下已見老疾，欲辭官隱去，文信侯以為可否？」呂不韋頓時愣怔，思忖片刻反問道：「新君即位而長史辭官，大人以為妥否？」老桓礫憂戚一歎：「老朽居中樞已久，非常態矣！」呂不韋不禁一笑隨即正色道：「大人既問，恕我直言：主少國疑之時，樞要大臣宜靜不宜動。只要秦王不以我等為不堪，大人當常態居官，無思異動也。」老桓礫連忙惶恐一禮：「老朽與文信侯如何比肩？文信侯言重也。」「老哥哥差矣！」呂不韋慨然一拍車軾，「同朝事國，縱事權各異，何礙戮力同心？數年之後秦王有成，換代之時我與老哥哥一同辭官如何？」「文信侯！」老桓礫一聲哽咽，大袖遮面匆匆去了。

三日之後，咸陽宮正殿舉行了隆重的新君即位大典。

少年太子嬴政即位稱王，成為自秦孝公之後的第六代第七任秦王。大典上正式宣示了秦莊襄王的遺書，恢復了呂不韋的文信侯爵位。趙姬第一次走進王宮正殿，接受了太后尊號，也接受了舉朝大臣的三拜賀禮。太廟告祖之後，秦王嬴政鄭重地拜見了太后，拜見了仲父，登上王座後的即位明誓辭簡約而實在：「嬴政少年即位，心志才識多有缺失，當遵父王遺書惕厲錘鍊。本王加冠親政之前，一應國事由太后、仲父商酌處置，各署大臣無得請命本王。」大禮完畢之後，老桓礫高聲宣讀了太后文信侯並署的第一道攝政書：「新王方立，國事但以秦法常制。喪喜同期，舉朝臣工俱安其位，各勤政事，怠政者依法論罪。上將軍蒙驁平定晉陽有功，爵加兩級晉升大庶長，其餘將士戰功依法度行賞晉爵。」

大典散去，朝臣們大感意外，如一腳踩空閃得心下沒了著落一般。

無論是孝文王即位還是莊襄王即位，主持大局的呂不韋都曾經推出了頗新鮮實在的幾著新政，雖有爭論，然總是令國人耳目一新。唯其如此，諸多朝臣料定：這次新君開元呂不韋全權攝政必要大動干戈，全力推行其寬富新政，再度破除秦國成法。基於此等判斷，諸多大臣各懷心思做好了不同準備。廷尉、御史、司寇、國正監等一班涉法大臣的預備應對，是一定要阻止文信侯再度修法，若遭文信侯拒絕，不惜貶黜下獄也要動議大朝議決。駟車庶長等一班執掌王族事務的王族大臣，則最怕呂不韋藉開元之機清算因嬴奚晉陽叛亂而生出的王族糾葛，但有不慎後患無窮，主張將查處參與謀反事先放放再說，若呂不韋執意不從，也只有破臉以護國了。大田令、太倉令、邦司空、關市令等一班經濟大臣，最怕的是呂不韋在新政開元之時大減賦稅大免徭役；今年多災，雖說減稅減役也有安定民心之功效，然則主少國疑之時最易招致強敵來攻，其時官倉無糧府庫無錢卻是奈何？武臣將軍們雖大多還在晉陽平亂，但蒙驁也有一封緊急密書送到了國尉蒙武之手，只叮囑一事：「文信侯若行新政，務勸其暫勿減賦，若執意不從，我當親回力諫也。」凡此等等都有一個共同理由：主少國疑朝野惶惶，國事以無為備亂為上。然則誰也沒有想到，新君即位大典卻一無出新舉措，一道攝政書宣讀完畢，朝臣們還沒回過神來便散朝了。

「走眼也！」

「平平無為也！」

「伸縮自如，難得也！」

朝臣們流出殿堂流進車馬場，縱然聽得近旁有人兀自長吁喟歎也絕不湊上去議論，誰也不看誰，匆匆走到自家車前登車而去了。畢竟秦國法度森嚴，大臣們此刻都驀然明白過來：當此非常之時，各司其職為第一要務。文信侯新政無為所求者何來？還不是安定朝野但求大局穩定。攝政書那句「俱安其位，各勤政事，怠政者依法論罪」說的甚？還不是怕大臣們惶惶疏政！既有此說，可知文信侯對大局已是洞若觀火，全然不是我等預料。自家做好自家事為上，還叨叨個甚來？

一連旬日，呂不韋在所有報來的官文上都只批下三句話：「有法依法。無法依例。無例者主官先出裁度。」秦法原本周延，山東六國謂之「凡事皆有法式」。無法可依之事寥寥無幾，再加一條「無法依例」，幾乎便囊括了所有國事。真正無法無例可循者，百宗不得其一。便是如此罕見事端，呂不韋也要主管官署的大臣首先拿出自己的辦法，到了他這裡也就是會商拍案而已。如此一來，呂不韋大見超脫，每日在書房坐得兩個時辰批閱完了所有官文，剩餘時光在園囿中踏雪漫遊，不裹皮裘不著皮靴，只一領本色絲棉大袍一雙三層布靴，滿臉被風雪打得緋紅也兀自不停腳步。

終於，這場一夜塞門的駭人暴雪紛紛揚揚收剎了。紅日初出，彤雲漸散，澄澈的碧空下終於現出了幾被活埋的大咸陽。老秦人活泛了過來，不用官府督導爭相出戶鏟雪清道。不消三日，三尺大雪全部變為巍巍雪人佇立在所有大街兩邊的溝渠旁，一條條通往城外渭水的暗渠晝夜淙淙地消解著這些龐然大物，也帶走了老秦人惴惴惶惶的鬱悶煩躁。官市民市開張了，百工作坊生火了，國人上街了，農夫進城了，一切又都復歸了平靜。

清道之日，呂不韋的輜車轔轔進了王城，徑直停在了東偏殿外。進得殿中，空蕩蕩冷清清不見一人，大廳通往書房的門戶也緊緊關閉著。呂不韋正在四下打量欲喚得一個內侍來問，卻見老桓礫佝僂著腰身從西偏殿搖了過來，踽踽老態給空曠的王宮平添了一抹悽楚。

「老長史，秦王何在？」呂不韋匆匆下階扶住了老人。

「一言難盡也！」老桓礫搖頭一聲歎息，「大典次日，秦王便搬出了王宮。堅執前去護送的老中車回來說，秦王搬到了章臺近旁的一座別苑，實際上住在距別苑一里處他的一座小莊園裡。老中車說，那是秦王還沒做太子時自己購置的農戶莊園。老朽大不放心，次日趕去晉見，欲請秦王回王城，不想……」老人卻搖搖頭打住了。

「老長史便說無妨，不違法度。」

「慚愧慚愧，桓礫老糊塗也！」老人似乎這才醒悟過來，又是一陣長吁短歎，「秦王說，我居王城，臣工日過殿堂，見與不見皆難，徒亂仲父決政也；我出王城，一合父王遺書著意錘鍊，二使仲父領政無得滋擾，一舉兩得如何不妥？」

「如此，你等王室政務官吏做何處置？」

「說得是也！」老桓礫點頭搖頭地歎息著，「秦王說，長史吏員、中車府內侍皆歸太后仲父代為節制，我有一個王綰足矣！」

「一個沒留？」

「一個沒留。」

「身邊內侍？」

「只有一個童僕趙高。」

「軍兵車駕？」

「都住在章臺別苑。」

呂不韋思忖片刻斷然道：「老長史立即著人整飭東偏殿，書房務使既往。我這便去章臺請王。」

「文信侯，難矣哉！」

呂不韋再不多說，跳上殿前一輛王室中車府的雙馬軺車轔轔飛出了王城，過得渭橋直向東南。東去官道上的積雪早已經清得乾淨，在茫茫雪原中抽出了沉沉一線，雖說車馬寥落畢竟時有可見。下得官道一拐上通往章臺的支道，情形大為不同。這裡屬於王室園囿，初夏之前照例封苑，路徑當值內侍一律回守章臺宮，無人除雪亦無人沿途接應查勘。雖經月餘風吹日蝕，乾雪冰凌還是嚴嚴實實掩蓋著路面，冷風裹著乾硬的雪粒如影隨形般撕扯糾纏著車馬。對於只有一頂傘蓋的軺車來說，這種風攪冰凌天算是最大「路難」了。馭手抖擻精神高喊了一聲：「大人扶穩傘柱！」正要上道，呂不韋卻突然一跺腳沉聲喊停。

「大人正當改日再去。」馭手恍然勒馬。

「誰要改日？」呂不韋跳下軺車揮手下令，「卸車換馬！」

「在下御車術尚可，大人登車便是。」

呂不韋揶揄地笑了：「也只在王城尚可尚可也，乾雪冰凌道乃行車大忌，不知道麼？」

「大人……」中車府的馭手一時滿臉脹紅。

「不打緊。卸車換馬來得及。」

馭手倒是當真利落，片刻之間卸下兩馬整好鞍轡，又在車旁道口畫了一個碩大的箭頭，飛身上馬要頭前踩道。呂不韋搖手制止道：「你沒走過冰凌道，跟在後面。」馭手大是惶恐：「這如何使得！冰凌道何難？」呂不韋也不說話，輕輕一提馬韁，走馬上了露出枯乾茅草的道邊塄坎，卻不走看似平坦如鏡的大道中間。馭手隨後跟著也不敢多問，一路小心翼翼，二十餘里路走馬一個多時辰才看到了章臺別苑。下路時呂不韋笑道：「記住了：雪後冰凌道，只看草出雪，莫看土過冰。」馭手原本是王室中車府的一流能者，平日駕一輛輕便軺車在東偏殿外當值，專一預備秦王急務。今日被文信侯一路憋屈，馭手雖唯唯點頭心下卻是老大疑惑。眼見堪堪下路，馭手似無意般一提馬韁，踩上了一塊冰雪之上的路面。不料馬蹄一沾路面倏地滑出，馬身重重跌倒，馭手猝不及防竟被壓在馬身之下。

「蠢也！」呂不韋又氣又笑心下又急，一馬飛向別苑，吩咐鹿砦營門的守衛軍士出來救助馭手，自己直奔大帳。

總領國君車駕護衛的公車司馬（註：公車司馬，秦國王城警衛軍之副將〔正職為衛尉〕，兼領王城城門守護）惶惶來見，訴說秦王行止不依法度吏員無所適從，屯在這曠野園囿形同廢棄物事。呂不韋也不多說，只吩咐立即整頓車駕儀仗去行宮迎接秦王。公車司馬大為困惑，卻不敢多問。畢竟，章臺是個伸縮太大的所在，說小是章臺宮，說大是咸陽渭水東南方圓百餘里的王室園囿，這片山水中究竟有幾多行宮，公車司馬自己也未必清楚。一番緊急收拾，車駕儀仗並護衛軍兵隆隆開出章臺別苑向西而來。走得大約一個時辰，已經從咸陽東南到了正南，進了三面山頭對峙的一片谷地。呂不韋方才下令車駕軍兵短營歇馬，公車司馬帶六名衛士隨他上山。

時已冬日斜陽，山坡積雪雖化去許多，依舊是深可及膝。好在有一行極清晰扎實的腳印直達山頂，呂不韋一行免去了腳下探察之苦。小半個時辰到得山頭，草木枯竭白雪皚皚，小小山頭一覽無餘：百餘步之外一道石牆圈著一座莊院，石門關閉，炊煙裊裊，實在是再尋常不過的農家庭院。呂不韋倒是聽王綰說起過這座莊園，當時只想定然是秦王為王子另建了一座山居，再簡樸也當與自己當年的那座城南私莊不相上下。今日身臨其境，呂不韋直面粗糲簡陋的庭院不禁大為感奮，一個少年能以如此所在錘鍊自己，縱為秦王亦不捨棄，不亦難哉！

「這？行宮？」公車司馬滿臉疑雲地囁嚅著。

「諸位切記：自今日始，此山叫作鴻臺！」呂不韋神色肅然地揮手吩咐，「衛士守護鴻臺之外，公車司馬報號請見秦王。」

「嗨！」公車司馬一聲領命，當即對著石門高聲報號，「文信侯開府丞相呂不韋領公車司馬等，晉見秦王——」回聲未落，石門已經咣噹拉開，一個黑衣人搶步出門一拜：「舍人王綰拜見文信侯。」話音未落，院內一陣急促腳步，一個身著黑色繡金斗篷的散髮少年已經衝到了面前深深一躬：

「果是仲父來也，政失遠迎！」呂不韋連忙扶了少年，正欲回拜卻被少年嬴政一把扶住，「仲父若要大禮，我便要亂了方寸。走，請仲父進莊說話。」說罷攙扶著呂不韋進了石門庭院。

畢竟是少年心性，嬴政興致勃勃地親自領著呂不韋前後看遍了莊園。看看天色已經暮黑，王綰領著趙高與令狐大姑已經在北房正廳擺好了小宴。嬴政吩咐道：「莊內只仲父與我說話。公車司馬等一班來人在莊外紮營軍炊便了，那幾罈老鳳酒都給他們搬去。」也是呂不韋有心要看看這少年秦王如何處置這般不期而遇的事務，一直只是聽只是看卻不說話，如今見這少年嬴政從容有致，心下舒坦了許多。及至兩人對案相坐飲得一爵，嬴政放下酒爵道：「我不善飲，只此一爵，仲父自便。」呂不韋喟然一歎：「老臣昔年尚可，如今也是不勝酒力，三五爵而已矣！」嬴政一拱手道：「仲父今日前來必是有事，但請明示。」

「我王可知，秦自孝公之後，幾次少主即位？」

「兩次。當年昭襄王十五歲即位，今日政十三歲即位。」

「兩次少主即位，大勢可有不同？」

「大同小異。」

「我王自思：同為少主，王與昭襄王孰難？」

嬴政目光驟然一閃坦然答道：「昭襄王難，難多矣！」

「何以見得？」

「其時，老祖宣太后與四貴當政四十二年，而昭襄王終能挺得，故難。」

「昭襄王不親政而挺得四十二年虛王，個中因由何在？」

嬴政無言以對，片刻愣怔，伏地一叩：「願聞仲父教誨。」

呂不韋輕輕叩著木案：「昭襄王挺經只在八個字：不離中樞，事事與聞。」見少年秦王凝神沉思，呂不韋從容接道：「尋常少主，但不親政便信馬由韁而去，或聲色犬馬日見墮落，或自甘事外遠離中樞。無論何途，總歸是一個心思：相信攝政之母后權臣屆時必能還政於己也。殊不知，公器最吞私情。縱為父子母子，主動揖讓公器者，萬里無一也。縱是明慧英斷如宣太后者，攝政至昭襄王五十七歲而不歸其政，其情理何堪？若是尋常君王，誰個挺得四十二年？只怕二十四年便會嗚呼哀哉！然恰恰是昭襄王少年便有過人處，不頹唐，不迴避，不輕忽秦王名分，雖不親政卻守定王城中樞；但凡國事，只要太后權臣與之會商，便坦陳主見。但凡入宮朝臣或外邦使節，只要撞到面前，秦王便參與會議申明己見，絕不做壁上觀；一應國家大典禮儀，凡當以秦王名分主持者，絕不假手他人……凡此等等，宣太后與四貴權臣也終是無法置昭襄王於全然不顧，終漸漸有了『王與聞而不決』，又漸漸有了『王與聞而共決』。若非如此，昭襄王何能在親政之後立即凝聚全力對趙大戰，且始終掌控大局也。」呂不韋的喟歎夾著粗重的喘息，「王少年明事，此中關節，盡可自思也。」

良久默然，少年嬴政肅然起身離座對著呂不韋大拜在地：「仲父教誨，政終生銘刻在心！」一叩起身，向外招手高聲下令，「王綰關閉此莊，立回咸陽王城！」

「我王明斷……」

「文信侯！」快步進來的王綰一聲驚呼，抵住了瑟瑟發抖搖搖欲倒的呂不韋，「秦王，文信侯大受風寒一身火燙！」

嬴政搶步過來，一把扯下自己斗篷包住了呂不韋身體，回身又是一聲高叫：「小高子！快拿貂皮大裘來！」反手接過皮裘再將呂不韋一身大包，雙手抱起邊走邊厲聲下令，「車駕起行！燎爐搬上王車！令狐大姑小高子上車護持仲父！王綰善後！」一溜清亮急促的話音隨著山風迴盪間，嬴政已經抱著呂不韋大步流星地出了莊園。

莊外公車司馬已經聞聲下令。三聲短號急促響起，山下訓練有素但卻極少施展的王室禁軍頓時大顯實力——百餘名精壯甲士硬是抬著一輛王車衝上山來，待嬴政將呂不韋抱上王車安置妥當，又平穩如風地抬下了山去。嬴政厲聲喝退了所有要他登車上馬的內侍護衛，只跟車疾走，護持著王車寸步不離。

乾冷的冬夜，這支儀仗整齊的王室車馬風風火火出了山谷，過了渭水，進了咸陽，大約四更時分終於進了王城。守候日夜的老長史桓礫實在料不到這個桀驁不馴的少年秦王果然歸來，不禁連呼天意，下令王城起燈！及至見到王車上抬下人事不省的呂不韋，老長史禁不住地老淚縱橫了。此刻王城燈火齊明，所有當值臣工都聚來東偏殿外，既為秦王還位慶幸，又為文信侯病情憂戚，一時感慨唏噓，守在殿廊久久不散。

三日之後，呂不韋寒熱減退精神見好，堅執搬回了府邸。大臣吏員們聞風紛紛前來探視，呂不韋抱病周旋半日大覺困頓，辭謝一班朝臣回到寢室昏昏睡去了。一覺醒來，已是夜半更深。呂不韋自覺清醒，見夫人陳渲與莫胡雙雙守在榻旁，坐起吃了些許湯羹，問起了府中近日事務。

「夫君既問，莫胡說了無妨。」陳渲淡淡一笑。

「是。」莫胡答應一聲，轉身從裡間密室搬來一只銅匣打開，「大人進王城那日晚上，一個自稱巴蜀鹽商的老者送來此匣，說是代主家送信於大人，請大人務必留心。我問他要否大人回音，他說大人看後自會處置，便去了。」說著掀開三五層蜀錦，將出一支幾乎與手掌同寬的竹簡。

「綠背獨簡？」眼角一瞄，呂不韋有些驚訝。這是一種尋常人極少使用的獨簡，寬及三寸，背面是竹板蔥綠本色，正面黃白老色，字跡清晰。燈下端詳，簡上刻著三行已經失傳的古籀文，仔細辨認卻是：「伯嬴心異，已結其勢，蒙面兩翼，正搜騏驥，君欲固本，吾可助力，思之思之。」最後空白處，依舊烙著那個紋線蕩漾的「清」字。

「這支獨簡總透著些許詭異。」陳渲小聲嘟囔了一句。

「夜已三更，容我好睡一覺。」呂不韋疲憊地淡淡一笑。

次日清晨，呂不韋輜車直奔國尉官署。正在忙碌晉陽糧草的蒙武很是驚訝，親自將呂不韋迎接到正廳。摒退了左右吏員，蒙武肅然一躬：「文信侯必有急務，敢請示下。」呂不韋淡淡一笑道：「急也不急，不急也急。想見貴公子一面，派他個差事也。」蒙武釋然笑道：「文信侯笑談了，黃口小兒做得甚事？」「可是未必。」呂不韋啜著茶搖搖頭，「秦王已回王城書房修習。老夫欲請蒙恬、甘羅兩公子做秦王伴讀，相互砥礪，亦無枯燥。否則，秦王再思山谷獨居，老夫要抓瞎也。」

「文信侯思慮縝密，在下敬服！」蒙武慨然點頭，半欣然半牢騷道：「只是這小子素來黏纏大父，與我這父親倒是隔澀。上年這小子去了逢澤，說是要尋訪大父戰敗祕密。在下原本不贊同，可家父卻偏偏一力縱容讚賞，有甚法也。至今堪堪一年，給我連個竹片子也沒有。只給家父軍前帶去一句話，也只是『我甚好』三個字。文信侯且說，小子成何體統也！」

「小公子如何？」

「不敢不敢！蒙毅只八歲，如何進得王城？」

「蒙恬何時可歸？」

「咳！在下實難有個子丑寅卯。」

「天意也！」呂不韋歎息一聲，起身逕自走了。

第十二章　三轅各轍

一、少壯奇才　不意遇合

少年蒙恬第一次知道了鞍馬勞頓的滋味。

涉過一道大水爬上一道山梁，驀然看見山頂聳立的蘭陵界碑時，蒙恬高興得大叫一聲癱在了山坡上。他知道，身後大水叫作沂水，眼前青山叫作蒼山，那座夢中學館便隱藏在這片淡黃青綠的峰巒之中。雖是一身精濕又饑又渴，但想到不日便能見到追慕已久的大師，見到孜孜尋訪的奇士，蒙恬高興得不能自已，跳起來將內外衣裳一齊脫下一邊笑嘻嘻嚷著慚愧慚愧，一邊一件件擰乾搭上半人高的草叢，又從馬背取下皮搭拿出一件不曾沾水的麻布寬袍裹住了自己，大帶腰間一紮，興致勃勃地在山坡採起了蘭草。

蘭陵者，蘭草之山也。蘭陵非但是楚國名縣，更是天下名縣。蘭陵之名兩出：一則蘭草，一則美酒。若論本原，蘭草之名遠遠早於大於蘭陵酒。蘭草，花淡黃而葉淡綠，清香幽幽沁人心脾，亦草亦花亦藥亦用，可人之心，足人之需，廟堂風塵無不視為心愛之物。楚人尤愛蘭草，佩戴蘭草飾物盛於中原佩玉。屈原〈離騷〉云：「紉秋蘭以為佩。」說的正是此等風習。蘭草惠及天下，還有另一大用途，便是蘭膏之妙。蘭膏是蘭草煉成的油脂，用來燃燈，既可生香又可驅蟲；女子和油澤髮，既可使秀髮潤澤如雲，又終日香如花蕊。《離騷．招魂》云：「蘭膏明燭，華容備些。」蘭草由此另得一名曰澤蘭，此之謂也。

蒙恬少學淵博多才多藝，最好山水風物之美。此刻見蒼山蘭草在夕陽下綠蔥蔥黃幽幽隨著山巒河谷伸展得無邊無際，蒙恬的疲憊饑渴早已拋到了九霄雲外。採得幾大把蘭草，編織成一頂綠黃花冠，又編成一幅長可及膝的蘭佩，頭上頂起花冠，脖頸掛起蘭佩，在山坡上手之舞之足之蹈之跳著叫著瘋跑起來。

「大意無所拂悟，辭言無所擊摩，然後極騁智辯焉……」

驀然之間，一陣悠長清亮的吟唱隨風隱隱飄來，雖不甚辨得辭意，鏗鏘頓挫之韻律卻分明甚是古奧。蒙恬驚喜眺望，遙見山下一輛牛拉輜車向著山口而去，傘蓋在長風草浪間忽隱忽現，黃牛漫走，車鈴叮噹，那清越吟唱飄盪在淡淡幽香的無邊蘭草中。蒙恬頓時童心大起，迎著山口遙遙招手大喊：「前輩高人！好個悠閒自在——」

牛車依然丁零哐當地散漫走著，清越的吟唱依然彌漫飄盪著。

蒙恬一口氣衝到了車前：「在下敢問前輩，蒼山可有一座學館？」

大黃牛哞的一聲悠然止步，車蓋下一人倏忽坐起——散髮布衣瘦骨稜稜，年輕明亮的眼睛深邃得有些茫然——恍然醒悟間一句吟唱：「與我說話者，足下也？」蒙恬一拱手道：「前輩吟誦得癡迷，在下正是求教前輩。」「前輩？不，不，不敢當。」布衣瘦子猛然面紅過耳口吃起來，下車一拱手又吟唱一句，「足下何事，但說無妨。」蒙恬恍然醒悟一拱手道：「兄臺語遲，方才失敬處敢請見諒。」布衣瘦子這才認真地上下打量了一眼面前少年，冷冷一笑揶揄道：「少年雅士，蘭草商家，要找蘭陵縣令麼？」蒙恬不禁笑道：「這位大哥有趣，我已問過，這蒼山可有一座學館？」

「學館不管蘭草買賣。」

蒙恬笑得一片爛漫：「這位兄臺！非得派我做個商人？」

「商人入山皆是這般作派，一身香草。」布衣瘦子面色冰冷。

「恨商及草，兄臺原是方正過甚了。」

「相形不如論心，論心不如擇術……」

「形相雖善而心術惡，無害為小人也。」

「你，你讀過〈非相〉篇？」冰冷的布衣瘦子驚訝了。

蒙恬頑皮地一笑：「《荀子》傳揚天下，我背不得幾句麼？」

「不中！〈非相〉篇乃大師新作，幾時傳揚天下了？」

「不中？」蒙恬學得一句恍然拍掌，「對也，你是韓非大哥！」

「足下何人？我不識得。」布衣瘦子依舊冷冰冰一句。

「大哥識得魯仲連否？」

「只說你是誰。」

「在下魯天，齊國魯人，遊學求師。」

「原來如此，方才得罪也。」冰冷的韓非有了一絲笑容。

「如此，在下不是商人了？」

「小兄弟可人。」韓非淡淡一笑，「要入蒼山學館？」

「正是！」

「此嘉賓也。」韓非大步走到牛車旁，拔下車中傘蓋轉身插到草地上，「蒼山法度，凡遇求學士子，即時傾蓋洗塵。這是大師車蓋，我與小兄弟先飲三碗。」說罷又從牛車拿下一只脹鼓鼓的皮囊與兩只嵌在車廂的木碗。蒙恬高興得跳腳拍掌笑道：「蘭陵美酒大妙！我有乾肉！大哥坐了，我來！」飛跑馬前拿來一只皮袋摸出兩方荷葉包裹的醬乾牛肉，飛步搬來一片石板擺在車前，荷葉鋪開皮囊斟酒，乾淨利落得全然不用韓非動手一切就緒。

「知子之來之，瓊漿以報之！」

「既見君子，德音不忘！」

依著古風，兩人吟詩唱和一句，大碗一碰汩汩飲下。蒙恬面色緋紅提起皮囊再次斟酒，雙手捧起大碗又慨然念詩一句：「雖有兄弟，不如友生。」韓非舉碗卻是一句深重的歎息：「每有良朋，況也詠歎！」再碰一飲，蒙恬笑道：「韓非大哥何有良朋之歎？」「時勢感喟也！」韓非慨然一歎，「方今實力大爭之世，朋也友也盟也約也，皆如蘭草，空自彌香也。」蒙恬笑道：「蘭草用途多多，絕非空自彌香，韓非大哥言重了。」「人無切膚，不足道矣！」韓非驟然一臉肅殺，「魯國若是亡在今日，小兄弟可有蘭草之心哉！」蒙恬心思靈動，連忙笑著岔開話題道：「蒼山學館有稷下外館之稱，兄弟歆慕久矣！只不知大師收取門生法度如何？」

「去則自知。」韓非霍然起身冷冰冰一拱手，「我去蘭陵拉酒，不能奉陪。小兄弟越過前方山頭，自見蒼山學館。」說罷拔起車蓋插上牛車，咣噹丁零地逕自去了。

「怪人也。」蒙恬嘟囔一句，良久回不過神來。

漫山蘭草，漫天霞光，幽幽谷風，一片清涼。蒙恬亢奮的心緒被韓非的突兀發作攪得很有些沮喪。魯仲連已經對他敘說了荀子大師的種種情形，當然也不會遺漏大師的兩名高足韓非與李斯。蒙恬當時便有了主意：說動韓非李斯入秦，方算不虛此行。然今日初見韓非，還未說得幾句便是這般難堪，此人實在難與也。如此看去，荀子門下必多狂狷奇崛之士，要尋覓幾個正才還當真可能不是一件容易事體。離開咸陽堪堪一年，莫非果真要空手歸去了？魯仲連說，自稷下學宮大樹衰微，天下名士落葉飄零，盛機過矣！雖則如此，可蒙恬總是忘不了王翦那句話，鼓蕩之世自有風雲雄傑，大才不在尋訪，在遇合也。

還得說大父那奇特的考校方式成就了他們。

那日，大父找他來一番叮囑，教他做個蒙面不露相的少年司馬與王子嬴政較量兵書學問。蒙恬大覺新鮮有趣，欣欣然上陣做了「少司馬」考官。不料一番較量下來，蒙恬卻對那個少年王子大是讚賞，立時覺得秦國就該此等王子做儲君。大父一班老臣苛刻挑剔，未免太過顢頇。及至看完王子與蒙面卒的搏擊較量，蒙恬對王子油然生出了欽佩之心。考校之後咸陽多有流言，連大父都說這個嬴政未必是儲君最佳人選。蒙恬突兀生出一個念頭：結識這個王子，說動他一起遊歷天下做風塵隱士。奇思一出，蒙恬終日揣摩如何能探聽得這個不居王城的王子行蹤。他不想通過大父或任何官署探得王子居所，而只想自己摸索得來悄然找去與王子神不知鬼不覺離開咸陽，那才叫神來之筆，何其快哉也！不想一連旬日一無所獲，蒙恬有些悻悻然了。正在此時，一個內侍小童在後園的胡楊林下撞上了他，塞給他一方物事笑嘻嘻跑了。蒙恬打開那張折疊得方正的羊皮紙，幾道山水旁邊一行小字：「蒙面亦知音，承蒙不棄，敢請一晤。接書次日按圖索驥可也。」

次日清晨，蒙恬盪著一隻小舟在渭水南岸的蘆葦灣中見到了王子嬴政。兩人一見如故，在漂盪的小舟上飲著老秦酒咥著醬肉乾鍋盔，直說到夕陽枕山還是意猶未盡。蒙恬說了他聽到的種種傳聞，末了慨然道：「政兄撂開！不必糾纏這太子之位，你我結伴同遊天下，做個俞伯牙鐘子期高山流水，豈不妙哉！」嬴政拍著船幫笑罵一句：「太子個鳥！我是想做事。兄弟只說，大事若是可為，你果真願意做高山流水？」蒙恬道：「所謂做事，無非功業一途。秦國將相多有，少得你我兩人麼？」嬴政目光炯炯道：「兄弟所言，原是將流言看得重了。若是儲君可為，兄弟又當如何？」蒙恬拍掌笑道：「政兄果真做得儲君，自然是大事可為，不做高山流水也罷！」嬴政肅然道：「好！回莊說話，晚來還有一人。」「是那個蒙面卒麼？」蒙恬突然脫口而出。「兄弟神異也！」嬴政哈哈大笑，與蒙恬兩槳同出，片刻到了岸邊。

月上南山，一精幹舍人領著一個英挺人物來了。舍人是王綰，英挺人物果然是那個蒙面卒。不等王綰介紹，蒙恬跳了起來：「我知道！這位大哥是王翦，秦軍後起之秀！」嬴政王綰一齊大笑，敦厚的王翦倒是侷促得無所適從了。誰料三碗酒一過，海闊天空之際頓見這位年輕將軍的英雄本色，話語簡約，句句切中要害，大非尋常赳赳武士可比。同是評判大勢，熟知權臣糾葛的蒙恬實在是心中無底。王翦卻是沉穩異常：「朝野流言雖多，然終抵不得真才二字。大勢所趨，秦國儲君非王子莫屬也。」蒙恬見王翦說得篤定，笑問一句：「王子果為儲君，當如何作為？」王翦一字一頓道：「但為儲君，訥言敏行，勤學多思，以不變應萬變。」

「若繼大位又當如何？」蒙恬又緊追一句。

王翦依舊沉穩道：「大位在時勢。時不同，勢不同，方略不同。」

「三年內即位如何？」

「主少國疑，唯結權臣以度艱危。」

「十年之後即位如何？」

「遙遙之期，非此時所能謀也。」

蒙恬記得很清楚，凝神傾聽的王子嬴政起身離座對著王翦拜倒：「將軍乃我師也，嬴政謹受教。」慌得王翦連忙拜倒相扶：「在下只年長幾歲，多了一份常人之心，何敢當王子如此大禮。」嬴政又肅然扶住了王翦道：「將軍雄正就實，不務虛妄，嬴政自當以師禮事之，將軍何愧之有哉！」蒙恬過來扶住兩人胳膊道：「王翦大哥先莫推辭，只說說目下我等該做何事？若是對了我也拜師！」嬴政不禁點頭笑了：「好！將軍便說，再收一個學生也。」

「豈敢豈敢！」王翦一做俗禮便老成敦厚如農夫，一說正事則犀利穩健如名士，直是兩人倏忽變換。頑皮的蒙恬直揉著眼睛一驚一乍：「吔，名士又變村夫！莫變莫變，眼花甚也！」舉座哈哈大笑，王翦一時窘得脹紅了臉膛，仰頭大飲了一碗老秦酒，這才思忖道：「要說目下，倒是真有一事當做。」

「何事？」嬴政蒙恬異口同聲。

「搜求王佐之才！」王翦慨然拍案，「大事須得遠圖。以秦國朝野之勢，王子成為儲君只在遲早之間。秦王破例考校少年王子以為太子人選，此間定有若干變數。變數之一，是王子或可不期立儲，甚或可不期即位……」舉座驟然屏住了氣息，王翦粗重地喘息了一聲，「不期之期一朝來臨，王佐之才便成急務也。」

「方才不是說唯結權臣以度艱危麼？」蒙恬噗地笑了。

「艱危之後又當如何？」王翦沒有絲毫笑意。

「蒙恬心服，只要賴師帳也。」嬴政淡淡一笑倏忽正色，「將軍之言深合我心。我不居王城，原本想的只是結交由人也。若非考校之事來得突兀，我原本是要遊歷天下三年的……只是天下茫茫，大才卻到何處尋訪？」

「王子但有此心可也！」王翦慨然拍案，「鼓蕩之世自有風雲雄傑，大才不在尋訪，在遇合也。但有求才之心，終有不期遇合。」

「說得好！」蒙恬拍掌笑叫一聲又倏地壓低了聲音，「此事唯我做得。王子離不開咸陽。王翦大哥離不開軍營。只我悠哉無事。可是？我去找大名鼎鼎縱橫天下之士，此人與各大學派均有關聯，定然能為尋求大才指點路徑。如何？」

嬴政思忖片刻恍然道：「大名鼎鼎縱橫天下？魯仲連！」

「然也！」

「你如何識得魯仲連？」王翦驚訝了。

「天機不可預洩也。」蒙恬不無得意地笑了。

……

就這樣，蒙恬在去歲立冬時分上路了。眾所周知的理由是，齊人清明節氣比秦國早，蒙恬代齊氏回歸故土祭祖要在先年冬天出發。就實說，蒙恬在來春清明時節也確實在齊國祭拜了祖先墳塋，只是祭祖之後悄然去了東海之濱。在故越國的一群小島中，蒙恬終於找到了隱居多年的魯仲連。蒙恬拿出了一支三寸寬的獨簡。魯仲連端詳一番哈哈大笑：「天意也！二十年前一諾竟應在了今日！小子好氣運，老夫認了！」蒙恬記得清楚，當魯仲連領著他登上島中孤峰時，山頂女子的歌聲美得使他陶醉了：「齊子歸來兮，報我以瓊瑤。漁獵耕稼兮，雨打蓬茅。天下樂土兮，唯我孤島。」那白髮蒼蒼的魯仲連對著大海長吼一聲快樂得高唱起來：「山高水遙，我心陶陶。家國何在，天外孤島——」隨著歌聲，草木婆娑的山道上隱約現出一個布衣長髮纖細窈窕紅潤豐滿的女子，背上一只小竹簍，手中一柄小彎鋤，時而挖得幾株草藥丟到背簍之中，質樸得毫無雕飾，美得如天上佳人。那時，少年蒙恬第一次在女子面前怦然心動了……

小島山根處是魯仲連與小越女的家。一排茅草木屋，一片圓木圍起來的庭院。院中一隻正在打造的獨木舟，還有大片正在編織的漁網。庭院當中是一個永遠都在冒煙隨時都可點燃的大大的火坑，坑中高高支著一個燒烤的吊架，渾然遠古部族的漁獵營地。在那座漁獵小院裡，碧藍的夜空掛著澄澈的月亮，魯仲連燃起了篝火，吊起了碩大的陶罐，打開了一只半人高的陶甕。小越女從吊架上取下陶罐，用一支長把木勺從罐中盛出小魚笑吟吟盛進了蒙恬面前的陶盆：「曉得無？小海魚用山菜山雞一燉，再配島山草藥，清香開胃滋養元神祛濕降燥，小兄弟放開吃了。」親切慈和得娘親一般，蒙恬的心又一次簌簌戰慄了。

那個夜晚，小蒙恬第一次體味了飄飄然的醉意，陪著魯仲連一碗又一碗地乾，心下舒展得要飛起來一般。少年的心感動不已，說了要拜魯仲連為師修習縱橫術隱居海島。魯仲連哈哈大笑說：「小子醉也！縱橫隱居，一矛一盾，小子矛乎盾乎？」蒙恬赳赳高聲：「先矛後盾，譬如老師！」小越女不禁大是讚歎：「小兄弟聰慧過人，真當今千里駒也！」魯仲連哈哈大笑眼眶溢滿了淚水：「老驥又見千里駒，老夫何幸哉！只可惜，老夫不能使千里駒馳騁天下也！」蒙恬赳赳相問。魯仲連一陣感喟，說的一句話至今還震撼著蒙恬。魯仲連說，而今天下時勢不同，一強獨大而六國沉淪，此時習縱橫家之術猶刻舟求劍也。

「前輩之見，而今當習何學？」

「唯荀子之學，堪當今日天下也。」

「人言荀子步儒家後塵，前輩何有此論？」

「笑談笑談！」魯仲連連連搖著白頭，「老夫一生笑傲天下，未曾服膺一人，只這老荀子，老夫今日卻要說得一句：當其學生，老夫猶不夠格也！」

在海島盤桓的日子裡，魯仲連每每說起荀子便是不勝感慨：「老夫當年在稷下學宮識得荀子，數十年未斷交誼矣！若非老夫逃避諸侯，只怕也與老荀子湊到蒼山去也。」蒙恬問荀子治學之風，魯仲連只沉吟著說得幾句：「荀子學究天人，貫通古今，有儒家之學問，有法家之銳氣，有墨家之愛心，有道家之超越；然又非難諸子，卓然自成一家，堪稱當今天下學派之巔峰也！」蒙恬總是有些不以為然：「荀子學問果如先生所言，如何屈做一個小小縣令？」魯仲連良久默然，末了一聲歎息：「造物之奧祕，生人之艱辛，非你我所能窮盡也。古往今來，治學鉅子皆難見容於仕途。孔子顛沛流離，孟子漂泊終生，老子西出流沙，莊子隱跡山野。他們都曾做官，老子做過周室史官，孔子做過魯國司寇，孟子做過稷下客卿，莊子做過漆園小吏。無論大小，皆一個『辭』字了結。此中因由，堪稱一篇人生大文章也。至於荀子，為何要做一個小小縣令，老夫豈能說得清楚？」

一個月後，蒙恬依依不捨地離開了那座海島，離開了那對永遠教人銘刻在心的天生佳偶，離開了那幾乎要將他征服融化的夢幻生涯，跋山涉水地尋覓到了楚國蘭陵。

二、蒼山大師與謎一般的二十一事

山坡草地上，七八個少年若即若離地簇擁著一個布衣老人漫步。老人侃侃而論，少年們時不時高聲發問，老人悠然止步從容解說，如此反覆，逍遙漫遊般飄到了一片谷地。

清晨燦爛的陽光下，谷中蘭草彌漫出淡淡的幽香。谷地山根處一座山洞一片茅屋，竹籬竹坊圈起了一片大庭院，院中一排排石案草席錯落有致又乾淨整潔，炊煙裊裊書聲琅琅，一片生氣勃勃的山中勝境。進得庭院布衣老人吩咐道：「你等將〈不苟〉篇誦得熟了，明日與師兄們一起辨析。」少年們整齊應答一聲是，布衣老人悠悠然向山洞去了。

「老師！」庭院外的山道上一聲高喊，「春申君書簡！」隨著喊聲，一個長髮黃衫的年輕人飛馬進了大庭院翻身下馬，將一只皮袋雙手捧給了布衣老人。老人打開皮袋取出了一卷竹簡展開，看得片刻笑道：「李斯呵，公孫龍子要來論戰，你以為如何應對？」

「既來論戰，自是求之不得！」黃衫年輕人很是亢奮。

「你可知公孫龍子何許人也？」

「名家第一辯士，我們最大公敵。」

「過也。」老人淡淡一笑，「午後聚學，老夫說說公孫龍子。」

「嗨！」李斯欣然應命，「午後韓非正可回來，酒亦齊了。」

「還有，魯仲連飛鴿傳書，說舉薦一人來山，近日留意也。」

「弟子遵命！」李斯一拱手匆匆去了。

布衣老人從容進了山洞。一段曲折幽暗眼前便豁然大亮，早晨的陽光從幽深的天井灑將下來，洞中與洞外一般的明亮乾燥。天井右側一個天然石洞，洞口一方幾與人高的圓石上刻著三個碩大的紅字——積微坊。老人進了積微坊，在石壁下的一排排木架上瀏覽起來，抽出一卷竹簡凝神翻閱，不禁呵呵笑了。

布衣老人是荀子，目下戰國最後一位卓然成家的大師。

荀子是戰國諸子中最為特立獨行的大家之一，其論戰之鋒銳，其學派之顯赫，其行蹤之淡隱，無不令天下驚歎。戰國之世名動天下而節操淡泊者，唯墨子堪與荀子相提並論。當然，如果僅僅是神祕與淡泊，老子莊子等更在其上。此間關節在於，老子莊子所執無為出世之學曲高和寡，遠離天下潮流，行蹤唯關一己之私而已，本無所謂神祕淡泊。荀子與墨子卻都是天下顯學而疏離仕途，不迴避論敵，不逢迎官府，一干大國徒然歆慕而無以為其所用，天下學派攻訐有加而無以奪其崢嶸。兩廂比較，荀子被天下關注還略勝一籌。蓋墨子學派雖則獨樹一幟，在戰國之世卻是走偏，終非主流思潮，其拒絕仕途乃學派本旨使然，無論如何神龍見首不見尾，天下皆以為理所當然。荀子則不然，學居主流引導思潮，入世而出世，出世而入世，與孔子孟子之孜孜求官儼然兩途，故令天下人驚歎也。

論處世，荀子是一道悠悠自在的山溪。

論治學，荀子是一團熊熊不熄的火焰。

極端相合，水火交融，註定了荀子生命的奇幻樂章。

少年荀況走出趙國故土的時候，恰是趙武靈王鼓蕩天下風雷的強趙之期。秉承了趙人的豪俠血性，在趙國已經少年成名的荀況，背著一只青布包袱與一只盛滿馬奶酒的皮囊來到了臨淄的稷下學宮。這座學宮名士雲集，沒有人正眼看他這個從遙遠的北方來的布衣少年。學宮為少士們確定師門時，沒有一個成名大師點他入門，也沒有一個錦繡少士邀他同門修學。荀況看到的是輕蔑的眼神，聽到的是竊竊嘲笑：「嘻嘻，趙國只有草原蠻子，毋曉得修個甚學也！」木訥老成的少年被激怒了，當場赳赳高聲宣布：「荀況不入一門，只以學宮為師，以百家之學而成我學！」學宮令騶衍大為驚奇，當即對這個趙國少士開了先例：許其自由出入各門學館聽學，任館不得阻攔。於是，少年荀況成了稷下學宮唯一一個沒有名門老師的自由少士，願意到哪個學館便到哪個學館，除了不能得學宮諸子的私下親授，官課倒是鼓蕩飽滿。依照學宮法度，此等少士視同遊士求學，三年後若不能在學宮少士論戰中連勝三場，便要離開學宮，且日後不得冒學宮弟子之名。

三年後，天賦驚人的荀況在學宮少士論戰中旬日不敗。其淵博的學問，犀利的辯才，使昔日嘲笑他的錦繡少士們一一潰敗，無人能與荀況辯駁得片刻辰光。由是，年輕的荀況一戰成名。諸子大師紛紛點其做特拔弟子，爭執到學宮令面前，騶衍要荀況自己說話。年輕的荀況依然是昂昂一句：「荀況無門，學宮是我師也！」

「狂傲之尤，荀況也！」

「木秀於林，堆出於岸，此子難料也！」

成名諸子們大為掃興，對荀況的議論評點日益地微妙起來。荀況初為人敵，很不喜歡這等使人無可辯駁的「人言」流風，一氣離開稷下學宮到列國遊歷去了。二十餘年遊歷，荀子尋訪了所有不在稷下學宮的名士大家，坦誠磋商爭鳴論戰相互打磨，不期然滄桑變幻，成就了一代蜚聲天下的大家。

這時，齊襄王聞荀子大名，派特使邀荀子重入稷下學宮做學宮祭酒。已經盛年之期的荀子一番思忖，終於沒有推辭，生平第一次做了學官。齊國君臣沒有料到的是，荀子做了相當於上大夫的學宮祭酒，卻全然沒有做官的模樣，依然是醉心治學孜孜論戰，絲毫不將為齊國網羅士林人心的大事放在心上，惹得許多大師都不願再來齊國了。

這便是荀子，一生都沒有停止過論戰治學之風，不屈不撓，不斷創新，遂開天下新學，鼓蕩大潮浩浩前行，獨領戰國後期風騷。

大略數來，荀子的學問大戰有過四次：

第一戰，在稷下學宮與孟子高徒的「人性善說」做空前論戰，獨創「人性惡說」。後來，荀子將論戰辯駁寫成了〈性惡〉篇，一舉奠定了法家人性說之根基。也就是說，只有在荀子之後，法家學說才有了真正的人性論基礎。此說之要害在於：法律立足於「人性惡」而產生，遏制人性之惡乃是法制正義之所在！兩千餘年後，西方法學以現代哲學的方式論證法律產生的正義性的時候，同樣以人性惡為法治之起源基礎。可見，荀子學說是整個人類法學的人性論基礎。這是後話了。

第二次大戰，是討伐天下言行不一的偽善名士。其時也，諸子為左右治國學說之趨勢，紛紛對法家學說做出了各種各樣的詮釋，大多不顧自己的根基學問而對法家恣意曲解。荀子憤然作〈非十二子〉篇，開篇慷慨宣戰：「於今之世，飾邪說文奸言以梟亂天下，矞詭委瑣，使天下渾然不知是非治亂之所存者有人矣！」其下汪洋恣肆，逐一批駁了天下十二名家的六種治國邪說：環淵、魏牟被荀子指斥為「縱情性，安恣睢，禽獸行，不足以合文通治！」陳仲、史鰌被荀子指斥為「苟以分異人為高（只求與別人不同而自鳴清高），不足以合大眾明大分，足以欺惑愚眾！」墨子、宋鈃被荀子駁斥為「不知一天下、建國家之權稱（法度），不容辨異懸殊君臣之分（不允許有任何待遇差別及君臣等級）。然其持之有故言之成理，足以欺惑愚眾！」慎到、田駢被荀子駁斥為「尚法而無法，聽於上，從於俗，終日言成文典，倜然無所歸宿（疏闊不切實際），不可以經國定分！」惠施、鄧析被荀子指斥為「好治怪說，玩奇辭，察而不惠，辯而無用，多事而寡功，不可以為治綱紀！」子思（孔子的孫子）、孟子被荀子駁斥為「法先王而不知其統，猶然而才具志大聞見雜博……幽隱而無說（神祕而不知所云），閉約而無解（晦澀而不能理解），子思唱之，孟軻和之，世俗之溝猶瞀儒嚾嚾然不知其所非也，遂受而傳之，以為茲厚於後世，子思、孟軻之罪也！」荀子將上述十二家逐一批駁，其立足點是指斥這些名家大師的言行與其宣導的學說相背離——自己尚且言行不一，何以使天下人信服也！用後人的話說，荀子所斥責者正是名士們的人格分裂。

「天下諸子善為人敵者，莫如荀子也！」

「一口罵盡天下者，其心必誅！」

稷下學宮議論蜂起，紛紛以指斥荀子為能事。議論風靡之時，齊國君臣也對荀子冷眼相待了。齊襄王說荀子如張儀，利口無敵而有失刻薄。此說傳開，齊人詬病荀子成了朝野風尚，全然忘記了當初對荀子的斐然讚譽。當年荀子重回稷下，齊國人以荀子的鋒芒為稷下學宮的榮耀，齊人有頌歌云：「談天衍，雕龍奭，炙轂過髡。」說的是荀子論戰的赫赫功績。「談天衍」，指的是赫赫陰陽家騶衍，其人開口便是天事，故有「談天衍」之號；「雕龍奭」，指的是另一個陰陽家騶奭，此人將陰陽學派的「五德終始說」闡發得淋漓盡致，文章雕飾得如古奧龍文，故得「雕龍奭」名號。如此兩個專好神祕之學的大師，被荀子在幾次大論戰中批駁得張口結舌。後來，又有雜家辯士淳于髡挑戰荀子，又被駁得體無完膚。齊人嘲笑淳于髡的才學是「炙轂之油」（塗車軸的膏油），遇見荀子這把烈火便被烤乾了（炙轂）。「炙轂過髡」便是「過髡如炙轂」也。唯其有此盛名，才有了荀子三為稷下學宮祭酒。然則，今日卻因向十二子開戰而被齊人詬病，荀子萬般感慨，憤然辭去稷下學宮祭酒之職，從此開始了漫長的漂泊。

漂泊歸漂泊，艱辛歲月絲毫沒有鈍化荀子的治學鋒芒。

這次，荀子沉下心來著意清算了最善口舌官司的儒家，直接對老仲尼宣戰了。這便是荀子的第三次大論戰，堪稱正本清源之戰。

荀子治學，素來不拘一門博採眾長，或論戰或著文素來旁徵博引，從來不因人廢言。對儒家大師孔子的言論，荀子更是引述多多，甚或不乏在諸多場合將孔子與上古聖賢並列。而對於自己一力推崇的法家，荀子也是如實批駁其短處，從來不無端維護。有了這兩個由頭，一班反對儒家也反對荀子的論敵，硬生生將荀子說成了儒家。久而久之眾口鑠金，連明知荀子新法家精要的一班法家名士，都將荀子說成了「亦儒亦法」。便是贊同荀子學說的諸多士子，也將荀子看作「師儒崇法」。總而言之，自成一家的荀子硬生生被說成了師承孔子的儒家，不是法家，更不是新法家。若僅僅是師源偏見，荀子倒不會去認真計較。偏偏是此等說法每每扭曲荀子學說的本意，氣息奄奄的儒家士子們更是將荀子抬出來做擋箭牌，動輒便說荀子：「師法仲尼，隆仁政，實乃我儒家後學之大師也！」

荀子平心靜氣地拋出了〈儒效〉篇，猶如庖丁解牛，對儒家做出了冷靜而細緻的獨特清算，又恰如其分地將自己與儒家的最大區別勾勒出來。〈儒效〉篇將儒家之士分為俗儒、雅儒、大儒三種：俗儒者，「逢衣淺帶（穿著寬袍束著闊帶），蟹堁其冠（戴著蟹殼般中間高兩邊低的高冠），略法先王而足亂世（粗淺地嚷嚷些法先王的老說辭以亂人心），術謬學雜，不知法後王而一制度也」！雅儒者，「隆禮儀而殺詩書，明不能濟法教之所不及、聞見之所未至，則知不能類也。內不自誣，外不自欺，尊賢畏法而不怠傲」。大儒者，「法先王，統禮儀，一制度，以古持今，苟仁義之類也，雖在鳥獸之中若白別黑！」三種儒家之士，俗儒裝腔作勢，徒然亂世害人；雅儒學問不足以彌補法教，實際不過一群老實人而已；大儒，也就是儒家的大師級人物，其為政學說則完全是「法先王」老一套，混在鳥獸之中也是黑白可辨。與大儒之「法先王」相比，荀子一再重申了自己的為政主張——「法後王，一制度，不二後王！百家之說，不及後王，則不聽也！」這是荀子以最簡潔的方式向天下昌明：儒家法先王（效法古制），自己法後王（效法當世變法潮流），荀況與孔子孟子之儒家迥然有別也！

從此之後，荀子成了天下士林的孤家寡人。

後來，荀子從趙國漂泊到秦國，又從秦國漂泊到楚國，最後終於在蘭陵扎下了根基。那是在秦趙長平大戰之後，信陵君客居邯鄲，與平原君共邀荀子留邯鄲創建學宮。荀子對六國士風已經深為失望，一再地婉言推卻了。信陵君一生多受猜忌詆毀，對荀子心境深有體察，非但不再相勸，反倒設身處地為荀子計，將荀子鄭重舉薦給了春申君。依著信陵君說法，楚國廣袤，有隱人納士之風，春中君風雅敬賢不強人意，實在是荀子這般大師的晚境育人之地。荀子飽經滄桑，信陵君所言深合心意，當即南下了。

權傾朝野的春申君親自郊迎荀子進入郢都。洗塵接風之後啜茶敘談，春申君問荀子心志在官在學？荀子悠然笑道：「晚學育人，唯求一方山水做得學館，終老可也。」春申君頗感意外，思忖片刻笑道：「噢呀，我已向楚王舉薦先生為上卿，這卻如何是好了？」荀子慨然笑道：「天下可為上卿者多矣，可為老夫者畢竟一人耳！君自斟酌是也。」春申君哈哈大笑：「噢呀是了！楚國已經有三個上卿，各拿虛名祿米了，原本也想教先生掛個上卿，好在郢都安居了。」笑得一陣春申君思忖道：「今聞先生之言，廟堂官府原是齷齪所在。不說了，黃歇只給先生一個好去處便是。」

三日後，春申君陪著荀子到了自己的北楚封地蘭陵，在縣城先會了縣令，又轔轔到了蒼山。閒晃一日，荀子對清幽美麗的蒼山欣然讚歎不已。春申君欣然大笑：「噢呀！先生喜歡蒼山，蒼山便是先生學館了！」轉身對隨來縣令吩咐，「自今日始，先生是蘭陵縣令，你為縣丞了。」荀子連忙辭謝，說若做縣令只有離開楚國。春申君詼諧笑道：「噢呀先生，這官府齷齪處，上天也是無奈了。先生不兼個職事，溝坎多得你不勝其煩，想治學也難。先生只虛領縣令便是，一應事務盡有縣丞，絕不擾先生學館了。」

於是，荀子破天荒地做了蘭陵縣令。

春申君給縣丞明確了法度：蘭陵縣務必在半年之內建成蒼山學館，其後蘭陵賦稅一半歸蒼山學館；荀子祿米從國府支出，不占撥付學館之賦稅。荀子感喟有加，也不再與春申君推辭，實實在在地住了下來，開起了蒼山學館。令荀子想不到的是，學館在建時便有少士學子紛紛來投，開館之日竟有二百餘名學子前來就學。荀子情知這是幾位戰國大公子在助力，便給春申君信陵君平原君分別致函，坦誠剖明心志：「荀況晚境治學，志在得英才而育之，非徒取勢也。仲尼弟子三千，受業身通者僅七十七人，足以載道者三兩人耳！為今之世學風已開，官學之外諸子私學多有，開啟蒙昧之學大有所在也。老夫所求，採擷精華矣！諺云：「求以其道則無不得，為以其時則無不成。」育人非養士，養士多多益善，育人則精益求精。唯流水自然之勢，荀況所願也。」從此，洶洶求學之勢方漸漸收斂。荀子又將已經入館的二百餘名少士一一做了考辨，大多舉薦給了楚國官學，只在蒼山學館留下了三十餘人。光陰荏苒，倏忽十年，蒼山學館名聞天下，被天下士子們譽為「蒼山若稷下，非精英不得入也」！

本欲專心育才的荀子，又不得已大戰了一次。

這最後一次大論戰的敵手，便是要來蒼山挑戰的名家大師公孫龍子。

午後，韓非回到了學館。

李斯、陳囂高聲呼喚弟子們在林下石案前聚學大講。弟子們一聽老師要大講分外興奮，聚在林下紛紛相互詢問大講題目。李斯正要說話，卻被站在身邊的韓非拽了一下衣襟。李斯回頭，韓非向竹籬外一指：「遠客來也。」李斯順勢看去，一個紅衣少年正牽著馬從山道走來。李斯略一思忖，吩咐陳囂去請老師，自己迎出了小城樓般的竹坊。

「在下魯天，見過大師兄。」紅衣少年當頭一躬。

「你識得我？」李斯不禁驚訝了。

「荀門李、陳、韓，求學士子誰個不曉得？」

「足下可是從故魯國來？」

「在下從秦國來。」

「噢？秦人求學，未嘗聞也！」

「在下從秦國來，定是秦人麼？」

「呵，自然未必了。」李斯淡淡一笑一拱手，「敢請足下先到辦事房歇息用膳，夫子大講後再行初考了。」

「初考？新規矩麼？」紅衣少年似乎有些驚訝。

李斯點點頭：「夫子近年新法：凡少士入蒼山學館，必得受少學弟子先行考問，以免蒙學未啟根基未立。足下可於歇息時先自預備一番。初考一過，在下便分派足下起居所在。」

「多謝大師兄關照。」

「無妨。回頭還得相煩足下說說秦國了。這邊請。」李斯領著紅衣少年進了竹坊又進了庭院一間茅屋，片刻間便匆匆出來了。

兩名少年弟子抬來了一張與人等高的本色大板在中間大案前立好，陳囂已扶著荀子出了山洞。午後豔陽當頭，庭院林下卻是山風習習涼爽宜人。各在錯落山坡的石案前席地而坐的弟子們見老師到了，一齊拱手高聲齊誦一句：「治學修身，磨礪相長！」荀子從容走到恰在半坡的中間大案前，坐到一張大草席上淡淡一笑：「今日臨機大講，所為只有一事：名家辯士公孫龍子，要來蒼山學館論戰。為師老矣！若得你等後學與公孫龍子論戰而勝，老夫不勝欣慰也。為此，你等須先得明瞭名家之來龍去脈與所治之學，亦當熟悉老夫當年與名家三子之論戰情形。故此，今日大講之題是：名實之辯與二十一事。」荀子緩緩巡視了一遍林下弟子，輕輕叩著大石案，「誰先來說說，何謂二十一事？」話音落點，弟子們的目光齊刷刷聚在了荀子左右的三位大師兄身上。

「弟子慚愧！」李斯對著荀子深深一躬，「名家之學，弟子素來不以為然，心存輕慢，二十一事大約只記得一半……」

「弟子也只記得一半。」陳囂也是滿臉脹紅。

「學宜廣博也！」荀子輕輕歎息了一聲，「積土成山，風雨興焉。積水成淵，蛟龍生焉。不積小流，無以成江海。老夫所作〈勸學〉篇，你等日每誦之，見諸己身則熟視無睹，此修學之大忌也，戒之戒之！」

弟子們滿場肅然，人人有羞愧之色。此時，韓非一拱手吟唱道：「老師明察，弟子以為名家陷於瑣細詭辯，關注此等學問，無異於自入歧途也。兩師兄原是瀏覽過名家之學，只記憶有差，不足為過也。」

「韓非學兄差矣！」一黃衫少年弟子赳赳站起高聲道，「知之為知之，不知為不知，此求學之道也！名家縱失之荒謬，亦是天下一大家。不知不戰，無以開正道之學，何言不足為過也！」

「甘羅此說卻是在理。」荀子淡淡一笑，「韓非素來博聞強記，是當真不知二十一事，還是輕蔑名家不屑重申？」

「老師明察！」韓非慨然一拱，「弟子對名家二十一事尚算熟悉，這便給諸位學弟解說一遍。」見荀子點頭，韓非起身走到大板前拿起案上一方白土，在大板上寫一條唱說一條，雖來得緩慢，卻也將二十一事說了個通透。

原來，這「二十一事」是名家四位大師惠施、宋鈃、尹文、公孫龍子先後提出的二十一個論戰命題，件件與常識背道而馳，教人匪夷所思。出世伊始，二十一事遭到了法儒墨道四大顯學的輕蔑嘲諷，任名家之士孜孜尋釁，四家大師卻幾乎是無一例外地不屑與之論戰。然則，無論顯學大家們如何蔑視，名家「二十一事」卻以新穎奇特乃至為常人喜聞樂道的方式，在天下士林與庶民國人中蓬蓬勃勃地成了勢頭。但凡坊間酒肆聚會，遊學士子們會不期然選擇一個命題，相互駁論以為樂事。市井國人之能者，也會在親朋遇合之時津津樂道地辯駁卵究竟有沒有毛，雞究竟是兩腳還是三腳，不管結論如何，人們都會快樂得捧腹大笑。如此奇特功效，任何一家顯學都望塵莫及。由是日久，無論顯學名家們如何斥責名家惑亂人心，終究都無法對名家的二十一事置若罔聞了。

於是，相繼有了墨子莊子一班大師對名家的種種駁斥。

戰國諸大家之中，以莊子對名家最有興趣，在〈天下篇〉中破例記載了名家的「二十一事」並做了評判。有人說，莊子與名家大師惠施是論學之友，很熟悉惠施，也很讚賞惠施的學問，故而關注名家。也有人說，莊子淡泊寬容，對天下學問皆無敵意，是故與名家能和而不同。然則無論如何，莊子終歸不贊同惠施的學說。用莊子的話說便是：「惠施多方（廣博），其書五車，其道舛駁，其言也不中！」

莊子這個「不中」，是留傳至今的中原方言。中者，好也，正確也。不中者，不好也，不正確也。可見，「中」還是「不中」是戰國中原文明的通用官話。後世滄桑演進，竟至成為方言，誠憾事矣。在記錄「二十一事」之後，莊子又批駁了追隨名家的辯者們：「辯者之徒，飾人之心，易人之意，能勝人之口，不能服人之心，辯者之囿也！」但莊子也實事求是地承認：「（二十一事）天下之辯者相與樂之！」

真正直搗名家學說之根基者，還只有荀子。

名家「二十一事」，在戰國後期已經引起諸子百家之廣泛注意。其後兩千餘年，「二十一事」始終被歷代學者以各種各樣的方式做著各種各樣的拆解，孜孜以求，奇說百出，以至成為中國學說史的一道奇特的思辨風景。然歲月蹉跎文獻湮沒，傳之今世，二十一事已成撲朔迷離的古奧猜想，許多命題已經成為無解之謎，依然被當代各色學者們以各種觀念揣摩著研究著。應當說，做為先秦非主流的名家，其思辨之精妙，實在是人類思想史的奇葩。這是後話了。

這名動天下的「二十一事」是：

其一，卵有毛。卵者，蛋也。蛋無毛人人皆知。名家偏說蛋有毛，其推理是：蛋能孵化出有毛之物，故而蛋必有毛。

其二，雞三足。雞有兩腳人人皆知，名家卻偏說雞有三隻腳。公孫龍子在其〈通變論〉中說的理由是：「雞足（名稱）一，數（雞）足二，二而一故三。」

其三，郢有天下。郢者，楚國都城也。郢，分明只是天下的一小部分。名家卻偏說郢包含了天下，其理由是：郢為「小一」，天下為「大一」，「小一」雖是「大一」之一部，其實卻包含了整個「一」之要素，故云郢有天下。兩千餘年之後，胡適先生解此命題道：「郢雖小，天下雖大，比起那無窮無盡的空間來，兩者都無甚分別，故可說『郢有天下』。」

其四，犬可以為羊。犬就是犬，羊就是羊，在常人眼裡是無須辯說的事實。可名家偏說犬也可以是羊，羊也可以是犬。《尹文子》對此種說法的理由是：物事的名稱由人而定，與實際物事並非渾然一體；鄭國人將未曾雕琢的玉叫「璞」，周人卻將沒有風乾的老鼠肉叫作「璞」，換言之，玉石也可以稱為老鼠肉。

其五，馬有卵。馬為胎生，禽為卵生，馬根本不可能產蛋。可名家卻偏偏說馬能生蛋。惠施的理由是：「萬物畢同」（萬物本質是同一的），胎生之馬與卵生之禽都是（動）物，馬完全可以有蛋，或者可以蛋生。兩千餘年後的胡適先生解此命題說：「馬雖不是『卵生』，卻未必不曾經過『卵生』的一種階級（段？）。」頗見諧趣也。

其六，丁子有尾。丁子者，楚國人對蝦蟆（青蛙）之稱謂也。人人皆知青蛙沒有尾巴，可名家偏偏說青蛙有尾巴。其理由是：青蛙幼體（蝌蚪）有尾，可見其原本有尾，故云丁子有尾也。

其七，火不熱。火可燒手，雖三歲小兒知之也。可名家偏偏說火不熱，其理由是：火為名，熱為實，「火」不是熱；若「火」是熱，人說「火」字便會燒壞嘴巴；說「火」而不燒嘴巴，可見火不熱也。

其八，山出口。山者，溝壑峁峰之象也。尋常人所謂「山口」，說的是進出山巒的通道。可名家偏說，此等「山口」出於人口，並非真正山口；故此，「山口」非山口，山口當是山之出口，譬如火噴（火山）之口、水噴（山泉）之口、聲應（回聲）之口，皆謂「山出口」也。

其九，輪不碾地。常人皆知，車行於地，車輪非但會碾在地上，而且會留下深深的轍印。可名家偏偏說，車行於地，輪子並不碾在地上。其理由是：輪為全物，所碾部分乃輪之些許一點也；地為全物，被碾者乃些許一點也；碾地之輪非「輪」，被碾之地非「地」，故此輪不碾地也。

其十，目不見。眼睛能看見物事（盲人除外），這是誰也不會懷疑的事實。可名家偏偏卻說眼睛看不見東西，豈非咄咄怪事。公孫龍子的理由是：暗夜之中，人目不見物；神眠之時，人目亦不見物（熟視無睹），可見目之不能見物也；目以火（光線）見物，故目不見物，火（光線）見物也；目以神（注意力）見物，故目不見，神（注意力）見也。

十一，指不至，至不絕。常人看來，只要用手指觸摸某件物事，也就知道了這件物事的情形。這便是尋常士子學人們所謂的「視而可識，察而見意」。也就是說，常人總以為只要看見了（視）接觸了（察）物事，自然便知道了這件物事的形狀體貌（外觀）與其屬性（意），從而能夠對物事命名。可名家偏偏說，常人這種認知事物的方法是錯誤的，人即使接觸了某件物事，也不能完全知道這件物事（指不至）；即使為某件物事定下了名稱，也不能完全知道這件物事的全部（至不絕）。名家在這裡說的「至」，不是「到達」，而是「窮盡」之意。用白話說，「指不至，至不絕」便是，接觸了事物不能窮盡事物，命名了事物同樣也不能窮盡事物。這是「二十一事」中最具思辨性的命題之一，名家大師公孫龍子甚至特意作了一篇《指物論》來闡發他的見解。

十二，龜長於蛇。蛇比龜長，成體尤其如此，這是人人皆知的常識。可名家偏說龜比蛇長，不能不令人愕然。其理由是：龜有大小，蛇有長短，大龜可以長過短蛇，故云龜長於蛇也。名家大師惠施從此出發，生發出一大篇常人難以窺其堂奧的辨物之論：「至大無外，謂之大一。至小無內，謂之小一。無厚，不可積也，其大千里。天與地卑，山與淵平。日方中方睨，物方生方死。大同而與小同異，此謂小同異；萬物畢同畢異，此謂大同異。南方無窮而有窮。連環可解也。氾愛萬物，天地一體也。」

十三，矩不方，規不可以為圓。矩者，曲尺也。規者，圓規也。常人皆知，曲尺是專門用來畫方的，圓規是專門用來畫圓的。連荀子在〈賦〉篇中也說：「圓者中規，方者中矩。」可見方圓規矩非但是常人常識，也是學家之論。可名家偏偏說：曲尺不能畫方，圓規不能畫圓。名家的說理是：「方」與「圓」都是人定的名稱，既是名稱，便有共同尺規（大同）；而規、矩所畫之圓之方，事實上卻是千差萬別（大異）；是故，矩所畫之方非「方」，規所畫之圓非「圓」；所以說，矩不能畫方（「方」），規不能畫圓（「圓」）。

十四，鑿不圍枘。鑿者，卯眼（榫眼）也。枘者，榫頭也。榫頭打入，榫眼自然包圍了榫頭。這是誰都懂得的事理。可名家偏偏說，榫眼包不住榫頭。名家的理由是：榫頭入榫眼，無論多麼嚴實，都是有縫隙的；否則，榫眼何以常要楔子；是故，鑿不圍枘也。

十五，飛鳥之影未嘗動也。鳥在天上飛，鳥兒的影子也在動，這是三歲小兒都知道的常識。可名家偏說，飛鳥的影子是不動的。公孫龍子的說法是：「有影不移，說在改為。」意思是說：鳥影不動。飛鳥與影子總是在某一點上，新鳥影不斷生成，舊鳥影不斷消失，此謂影動（改為）之錯覺也。

十六，鏃矢之疾，而有不行不止之時。射出的箭頭在疾飛，這是誰都看得見的，常人沒有人會說箭頭不動。可名家卻說，疾飛的箭頭既不動（不行）也不停（不止）。令人驚歎的是，名家此說與稍早的古希臘學者芝諾在遙遠的愛琴海提出的「飛矢不動」說幾乎如出一轍。芝諾的理由是：一支射出的箭在飛，在一定時間內經過許多點，每一瞬間都停留在某一點上；許多靜止的點集合起來，仍然是靜止的，所以說飛箭是不動的。而中國名家的說理是：疾飛之箭，每一瞬間既在某點又不在某點；在某點便是「不行」，不在某點便是「不止」，故云飛矢不行不止。與芝諾說理相比，既在又不在（不行不止），顯然比純粹「不動」說深邃了許多。

十七，狗非犬。常人觀之，狗就是犬，犬就是狗，一物二名而已。可名家卻說，狗不是犬！周典籍《爾雅・釋畜》云：「犬未成豪曰狗。」也就是說，犬沒有長大（豪）時叫作狗。公孫龍子由此說理：二名必有二物，狗即「狗」，犬即「犬」；狗不是犬，犬亦不是狗；非大小之別也，物事之別也。

十八，黃馬驪牛三。驪牛者，純黑色牛也。在常人看來，一匹黃馬與一頭黑牛，顯然是兩物。名家卻說，一匹黃馬與一頭黑牛是三件物事。公孫龍子的理由是：黃馬一，黑牛一，「黃馬黑牛」名稱一，故謂之黃馬黑牛三。這與「雞三足」乃同一論戰命題。

十九，白狗黑。白狗是白狗，黑狗是黑狗，這是常人絕不會弄錯的事。可名家偏與常識唱對臺，說白狗可以是黑狗。理由便是：狗身有白曰白狗，狗身有黑曰黑狗；今白毛狗生黑眼睛，同為狗身之物，故白狗也是黑狗。墨子當年為了批駁此論而先解此論，在〈小取〉篇推論解說：馬之目眇（瞎），謂之馬眇（瞎馬）；馬之目大，而不謂之馬大。牛之毛黃，謂之牛黃；牛之毛眾，而不謂之牛眾。據此推論：狗目瞎可叫作瞎狗，狗目黑自然可以叫作黑狗也。

二十，孤駒未嘗有母。無母之兒為孤兒，無母之駒為孤駒。然無論孤兒孤駒，都是曾經有過母親的。這是常人毫不懷疑的事實。但名家卻說，孤駒從來（未嘗）沒有過母親。理由便是：「孤駒」，物名也，母死謂「孤駒」，母未死不謂「孤駒」；但為「孤駒」，一開始便沒有母親；故云，孤駒從來沒有母親。

二十一，一尺之椎，日取其半，萬世不竭。一根木杖用刀攔腰砍斷，每日從中一半一半砍去，砍不了幾日砍無可砍，木杖自然也就不存在了。這是常人都知道的事理。名家卻說，即或一尺長的木杖，每日取一半，萬世也分割不盡。理由便是：物無窮盡（物不盡），一尺之椎本身有盡，然不斷分割（取），便成無盡也。

到了戰國中後期，公孫龍子成為名家最有名的大師。這公孫龍子非但對「二十一事」大有增補，更獨創了「離堅白」（石頭的「堅」與「白」是可以分離的）、「白馬非馬」等論戰題目。因了「二十一事」已為天下熟知，所以公孫龍子後期的這兩個命題沒有列入「二十一事」之中。雖然如此，同樣是名家的重要命題。

公孫龍子率一班追隨者遊歷天下處處求戰，日漸大成勢頭。許多名士即或不贊同名家之說，卻也公然欽佩公孫龍子學問。這年來到邯鄲，平原君邀得信陵君與幾個名士與公孫龍子席間論戰，恰恰有當世兩個最負盛名的顯學大家——荀子與孔子第六代孫孔穿。孔穿自恃大儒，不屑與公孫龍子辯駁那些雞零狗碎偏離大道的雜說，只淡淡笑道：「白馬非馬，異說也。公孫子若棄此說，孔穿便拜足下為師耳。」

「足下大謬也！」公孫龍子昂昂然道，「吾之成名，唯因白馬非馬之辯也！果真棄之，何以教人，何以為足下之師？」

「豈有此理！」孔穿頓時脹紅了臉。

「無理者，足下也！」公孫龍子笑道，「足下欲拜人為師，無非因才學不如人也。今足下要我棄立身之說，猶先教誨於我而後再求教於我，豈非無理也？再說，白馬非馬之說，當年孔子也曾用之，足下何以羞於受教耳？」

「子大謬也！先祖幾曾有過此等邪說？」

「足下學未到家也！」公孫龍子頗有戲謔，「當年，楚王射獵而丟失弓箭，左右急忙尋找。楚王曰『楚人丟之，楚人得之，何須尋找？』孔子聞得此事評點曰，『楚王道未至也！人丟弓，人得弓。何須定說楚人？』由此看去，孔子視『楚人』與『人』為二，『楚人』非『人』也！足下若贊同孔子楚人非人之說，卻又指斥白馬非馬，豈非矛盾之謬乎！」

「詭辯邪說！」孔穿憤憤然一句噎得沒了話說。

「公孫子又來惑人矣！」一生論戰的荀子終於沒能忍得住，擲下大爵與公孫龍子論辯起來，從白馬非馬說開去，到離堅白又到二十一事，兩人直從正午論戰到風燈高挑，終是未見分曉。平原君信陵君大為振奮，次日在胡楊林下搭起了高臺，三千門客與遊學邯鄲的名士將胡楊林擠得滿當當人山人海。公孫龍子支撐三日，最後終於長笑一躬：「在下今日拜服，心中終歸不服也！但有十年，再見分曉。」

荀子乃趙國大家，平原君倍感榮耀，將書吏錄寫的論戰辯辭廣為散發，自然也給了荀子長長一卷。此後荀子到了蘭陵，將論戰辯辭做了一番修訂，定名為〈正名〉。這〈正名〉篇備細記載了荀子對名家的全面批駁，使公孫龍子「今日拜服」的要害在其中的根基之論，大要有三：

其一，正名正實。也就是先對「名」「實」做出明確界定。荀子說：「名固無宜（物事的名稱本無所謂好不好），約之以命（眾人相約以命名）。約定俗成謂之宜，易於約則謂之不宜。名無固實（什麼名稱指向什麼物事，並非一開始就固定的），約之以命實（眾人相約用這個名稱命名這個物事），約定俗成謂之實名（眾人都承認了，這個實物的名稱也就確立了）。」荀子此論一出，「名」「實」便有了確定的界限。

其二，名、實之關聯變化。名家辯題之出，大多在名實之間的關聯變化上做文章。所以荀子特意申明：「名有固善（名稱要起得很好），徑意而不拂（平直易曉而不使人誤解），謂之善名。物有同狀而異所者（物事有形狀相同而實質不同者），有異狀而同所者（有形狀不同而實質相同者），可別也。狀同而異所，雖可合，謂之二實。狀變而實無別而為異者，謂之化，有化而無別，謂之一實。此事之所以稽實定數也（稽查物事的實質來確定名稱的多寡），此，制名之樞要也。後王之成名，不可不察也。」這裡，對名實之變做了根基上的說明，實際上駁倒了名家的混淆名實之論。譬如名家「二十一事」之「狗非犬」，便是拿大狗小狗名稱不同做文章。可荀子指出，形狀變而「實」沒有區別，只是相異，這便是化（變化），有變化而無區別，是二名「一實」！也就是說，大狗小狗形狀各異，其「實」相同，所以是一種物事而兩種名稱罷了。

其三，揭示名家辯術要害所在。荀子羅列了名家所有命題的三種辯術，叫作「三惑」（三種蠱惑之法）：其一，用名以亂名，如狗非犬、白馬非馬等辯題；其二，用實以亂名，如山出口、山與淵平等辯題；其三，用名以亂實，如黃馬驪牛三等辯題。如此一來，名家之「術」了無神祕，詭辯之法也易為人識破了。

〈正名〉篇最後告誡天下士子說：「無稽之言，不見之行，不聞之謀，君子慎之！」也就是說，對那些徒以言辭辯術標新立異驚人耳目的言行，一定要慎重辨別。顯然，這是對名家的警告，也是對天下學子的提醒。

……

韓非唱說一罷，少學子弟們大感新奇，滿場一片笑聲不亦樂乎。黃衫甘羅先笑叫起來：「這若算學問，我明日也出得三五十個了！」「我一個，樹不結果！」「我個，田不長苗！」「我也一個，男非男，女非女，狂且有三！」哄然一聲，全場大笑起來。

「靜——」李斯長喝一聲深深一躬，「請老師大講。」

「汝等輒懷輕慢之心，終非治學之道矣！」荀子肅然正色道，「名家雖非大道，辯駁之術卻是天下獨步，否則無以成勢也。論題易出，論理難成。公孫龍子若來，汝等誰能將其二十一事駁倒得三五件？誰能將其立論一舉駁倒？若無此才，便當備學備論，而非輕慢妄議，徒然笑其荒誕而終歸敗學也！」

全場鴉雀無聲。突然一個紅衣少年從後場站起拱手高聲道：「弟子以為，戰勝公孫龍子並非難事！」

「你是何人？妄言學事！」黃衫甘羅厲聲喝問一句。

「在下魯天，方才進山。」

荀子悠然一笑：「魯天呵，你可是魯仲連舉薦之人？」

「正是！弟子未曾拜師而言事，老師見諒。」

「學館非官府，何諒之有呵？」荀子慈和地招手笑道，「你且近前。方才昂昂其說，戰勝公孫龍子並非難事。你且說說，戰勝之道何在？」

「老師容稟，」紅衣少年從容作禮侃侃道，「弟子有幸拜讀老師大作〈正名〉篇，以為老師已經從根基駁倒名家。只需將〈正名〉篇發於弟子們研習揣摩，不用老師親論，人各一題，韓非兄統而論之，戰勝公孫龍子便非難事！」

「呵呵，排兵布陣一般也。」荀子顯然對這個曾經讀過自己舊作的少年頗有好感，思忖間繼續一問，幾乎便是尋常考察少學弟子的口吻了，「說說，〈正名〉篇如何從根基上駁倒了名家？」

「弟子以為有三！」少年成竹在胸一般，「其一，老師理清了名家諸論之要害，猶如先行擊破名家中軍大陣！名家二十一事，幾乎件件混淆名實之分。老師從正名論實入手，一舉廓清名實同異，綱舉目張，二十一事件件立見紕漏也。其二，老師對物名成因立論得當，使混淆名實之巧辯成子矛攻子盾。其三，老師對名家混淆名實之巧術破解得當，歸納以『三惑』辯術：以名亂名、以實亂名、以名亂實，並一言以蔽之，『凡邪說辟言，無不類於三惑者矣』！使人立見天下辯者之淺智詐人。此猶兩翼包抄，敵之主力不能逃脫也！」

荀子哈哈大笑：「後生誠可畏也！連老夫也得排兵布陣麼？」

李斯一拱手道：「老師，魯天所言，弟子以為可行。」

「弟子贊同！」韓非陳囂也立即跟上。

「我等請戰！」黃衫少年甘羅昂昂然道，「老師但發〈正名〉篇，我等少學弟子人各一題，與名家輪番論戰，定教公孫龍子領略荀學正道！」一言落點，少年弟子們一片呼應，大庭院中嚷嚷得一團火熱。

「後學氣盛，老夫欣慰也！」荀子嘉許地向少學弟子們招了招手，轉身看著李斯沉吟道，「只是倉促之間，何來忒多竹簡刻書？」

李斯慨然道：「此等瑣務老師無須上心，弟子辦妥便是。」

「好。」荀子笑了，「備學備論你來操持，韓非甘羅襄助，如何呵？」

「弟子遵命！」

荀子起身離座向紅衣少年一點頭，說聲你隨我來，悠悠然向山洞去了。紅衣少年笑著對李斯韓非一拱手，匆匆跟去了。進得山洞又進了積微坊，紅衣少年打量著洞中滿當當的書架書卷，不禁驚訝咋舌又頑皮地對著老人背影偷偷一笑。荀子走到大石案前在大草席上坐定，突然一問：「蒙恬，你到蒼山意欲何為？」紅衣少年頓時愣怔，脹紅著臉吭哧道：「老師，你卻如何、如何知道我是蒙恬？」荀子淡淡道：「語涉兵道，齊語雜秦音，若非將門之後，咸陽三少才嬴、蒙、甘之一，能是何人？」紅衣少年目光閃爍道：「老師，這、這是揣測，算不得憑據。」荀子悠然一笑：「老夫當年入秦，〈正名〉篇全文只被應侯范雎索得一卷。應侯徵詢老夫：將軍蒙驁與他交誼篤厚，其子蒙武好學，〈正名〉篇全文抄本能否饋贈蒙氏一卷？老夫念及將門求學，破例答應了。三惑之說，唯留秦本有之。小子誦得〈正名〉，記得三惑，不是蒙氏之後麼？」

「老師明察！蒙恬隱名，願受懲罰。」

「小子快意人也！你只說，果是要在蒼山求學麼？」

「老師……」蒙恬憋得一臉通紅，說不出話來。

「蒙恬呵，老夫明白說話。」荀子輕輕叩著石案，「你若果真求學，必有大成，老夫自當悉心育之也。然則，老夫雖居山野，卻也略知天下風雲。甘氏歸秦，將甘茂之孫甘羅送來蒼山修學。由是，老夫知方今秦國正在低谷艱危之時，蒙氏已是秦之望族國之棟梁。當此之時，你能置身事外而做莘莘學子乎？便是當真求學，又何須不遠千里苦尋魯仲連舉薦？再者，你天賦過人，又喜好兵事，亦終非治學之人也。凡此等等，你豈能當真為求學而離國有年蹉跎在外乎？」

「老師！」蒙恬撲地大拜，「蒙恬淺陋無知，老師教我！」

荀子扶起了泣不成聲的少年。蒙恬拭去淚水，從頭至尾將十多年來秦國的變故備細敘說了一遍，末了坦然道：「少公子與王翦及弟子三人遇合，只想為秦國求才，以備文信侯之後將相可倚。只因歆慕老師與魯仲連大名，我便藉祭祖之名離國，實則只想藉遊學之機尋覓人才，並無他圖。若擾亂學館，蒙恬自當即刻離去。」

「小子差矣！」荀子喟然一歎卻又一笑，「以小子眼光，蒼山可有人才？」

「有！李斯、韓非、甘羅！」

「陳囂算不得一個？」

「恕弟子唐突……陳囂似更宜治學。」

「不錯，小子尚算識人也。」

「老師是說，三人可以入秦？」蒙恬大是驚喜。

「小子好算計也！」荀子朗朗笑了，「人各有志，雖師不能相強。老夫只知你來意便了，至於各人何去何從，非關老夫事也。」

「弟子明白。謝過老師！」蒙恬又大拜在地重重叩了一頭。

三、初行出山禮　老荀子慷慨一歌

立秋時節，公孫龍子帶著十三名高足由春申君陪同來了蒼山。荀子以蒙恬之法對之，只與春申君悠悠然坐在山坡蘭草中，聽老而彌辣的公孫龍子與蒼山弟子們輪番大戰。也是三日三夜，公孫龍子終歸還是「今日拜服」了。此番論戰，李斯韓非陳囂甘羅魯天大顯才學，被春申君呼為「蒼山五才」，各賜每人精工編織的蘭草冠佩一套，學館少學弟子們每人賜酒一斗；饋贈公孫龍子青銅軺車一輛、郢金兩百、蘭陵酒三車、弟子每人一頂蘭草冠。由是滿山歡呼，兩門弟子各各盤桓論學，荀子與公孫龍子慨然敘舊，蒼山學館整整熱鬧了半個月。

倏忽大半年，魯天已經成了頗得學子們喜歡的小師弟。

三位稟性大不相同的大弟子，都與魯天甚為相得。總領學館事務的大弟子李斯，覺得這個小師弟學問頗豐又精幹利落勤快異常，但有空閒便來幫他打理瑣碎事務，從來沒有出過一件差錯。韓非乃韓國貴冑公子，鋒棱閃閃又傲骨錚錚，更兼語遲，尋常獨來獨往，很少與學子們親密過從，與李斯恰成鮮明對照，在少年弟子們中得了「熱李冷韓」之名。如此一個人難相與的韓非，卻偏偏與這個新入館的小師弟說得相投，動輒從少學弟子群中拉走魯天去僻靜處論辯駁難，一說一兩個時辰。小甘羅憤憤不平，時常嚷嚷：「韓非學兄忒也偏執！只與魯天論學，我等如此不肖麼？」韓非聞之冷冷一笑悠然吟唱：「魯天見識尋常，博聞強記多才多藝，卻在我之上也。如此活典，交誼有益也。」陳囂是敦厚實誠之人，覺得小師弟魯天雖然年少，卻信言信行毫無浮華之氣，說起典籍學問也沒有韓非那般無端傲氣；時常藉機相與，或上山採擷蘭草藥材，或在李斯處討得個出外差事，總要請准這個小師弟做幫手，一路娓娓論學不亦樂乎。一班少學弟子們也覺得魯天才學出眾，人卻比小甘羅謙和了許多；誰有難處但找魯天，這個新師弟都會熱忱相幫絕無任何推諉之辭；時日一久，也紛紛將魯天視為可交之士。少學領班小甘羅很是不悅，每每尋釁魯天縫隙瑣事打嘴仗，魯天都是呵呵笑得一陣迴避開去，任甘羅紅著臉絮叨只一句話不說，甘羅嘟囔得一陣沒了脾氣，也喜笑顏開了。

冬日來臨，蒼山學館靜謐了許多。

荀子辦學育人，很是講究方法，寬嚴有度，鬆緊得宜，與戰國諸子大不相同。自孔子開私學，春秋以至戰國，諸子私學已蔚然成風。同為私學，諸子育人之法風格迥異。四大顯學之中，儒家墨家最為嚴格，教學各有定制，弟子各有等差，弟子修學的若干年得追隨老師行跡，群居群行而少有自由。道家最為鬆散，弟子既少，教習更無定制。法家則大多依託官學，除天下最大的官學稷下學宮聚集了慎到等幾名法家大師外，其餘法家名士大多身在官府；如此一來，法家弟子便多為官府吏員，一則實際磨練政務，一則在政事之外由老師插空教導點撥，說不得甚學制。其餘如兵家、名家、農家、陰陽家等，則完全是弟子追隨老師行蹤，由老師酌情私相授受，說不得育人有成法。

唯有荀子學館，學制法度皆獨創一格，為戰國之世罕見。

荀子教學有三法：一曰逍遙解惑，二曰單課敘談，三曰聚學大講。逍遙解惑者，專對學有困惑而羞於啟齒的敦厚弟子。荀子常常不經意地點得幾人，於風和日麗之時漫步蘭草瀰香的山野，邊走邊說；弟子們全然沒了拘謹，問題紛紛出口，靈光也多有閃現，諸多疑難在逍遙漫步之中倏然化解。單課敘談者，專對個別天賦非凡學有所成的精英弟子，如目下之李斯韓非陳囂甘羅，都常常被荀子喚進積微書堂單獨敘談。此等敘談荀子不做長篇大論，而是聽弟子闡發學理，聽弟子訴說修身感悟，要緊處點撥得幾句，末了再評點一番，指出日後修為方向，精英弟子們每每茅塞頓開。聚學大講，則是集全部弟子闡明最重要最基礎的論題。聚學大講是教學之綱，大講一次便是開題一次。此後少則一月多則三月，弟子們便圍繞此題究詰論戰以求生發。

三法之外，荀子尚有與其餘諸子最特異處，便是激勵弟子創新超越老師。弟子若能不拘泥老師所講，不拘泥當世成說，而有獨立創見，荀子便大加褒獎。荀子曾作〈勸學〉篇，開首便將超越老師、磨礪學問立為學子當有之尺規：「學不可以已（學習不能停止）。青，取之於藍而青於藍；冰，水為之而寒於水……故木受繩則直，金就礪則利，君子博學而日參省乎已，則知明而行無過矣！」後來，李斯韓非等皆出荀子之門，而其學問卻皆大有創新，根基正是荀子育人之法得宜也。

對弟子管制，荀子也是寬嚴有度鬆緊得宜。

蒼山學館沒有專門處置學務的執事，一應弟子的起居事務均由「能事弟子」管理。是否能事，兩步決疑：先由荀子舉薦，再由弟子公推。六年前，荀子一眼選定了幹練的李斯。經弟子們公推確認，李斯統管了學館事務，被弟子們稱為「兼領執事」。後來，荀子見李斯確實有實務才能，便將與蘭陵縣官府打交道的事務也一併交給了李斯。多年下來，盈則百人縮則數十人的蒼山學館井井有條，連時不時來盤桓幾日的春申君都噢呀連聲地讚歎不已。

蒼山學館的冬日景況，是荀子育人的諸多特異之一。

每臨立冬，蒼山學館便進入了半休學狀態。一則，冬日不開大講。風雪天學子們都在四人一房的茅屋裡圍著燎爐，或讀書論學或海闊天空，蒼山靜謐了許多。二則，荀子特許家中有事的弟子冬天回家省事。每年立冬時節，都有許多弟子離館出山，開春時節再像候鳥般飛回。三則，冬日留山的學子們有諸多自便：可自由起居，可自由習武，可在蘭陵縣境之內自行遊歷，只要三日歸山便是。有了諸般自便，許多弟子不願輕易回家省事，非萬不得已，總是留山享受快樂的冬天。

立冬三日恰逢大雪，小師弟魯天笑呵呵鑽進了繩礪舍。

繩礪舍是李斯與韓非的茅屋。在蒼山學館，少學弟子四人一居，已經加冠的成人弟子與大弟子則是兩人一居。各屋弟子磋商定名，都給自己的茅屋取了名號。李斯與韓非居，韓非不屑琢磨此等瑣事，任由李斯取了「繩礪」二字。魯天掀開草簾推開木門時，見只有韓非一個人坐在木榻上背門沉思，吐著舌頭頑皮地笑了笑，將懷中一只大陶罐小心翼翼地放在了燎爐邊，又從皮袋中拿出兩只荷葉包打開，再輕手輕腳到牆角木架上取來三只陶碗擺好，逕自坐在燎爐邊撥火加炭，悠然自得如主人一般。

「我若為君，李斯兄便是丞相也。」韓非的說唱不無揶揄。

「只怕你為不得君也。」李斯一步跨進門來，一邊拍打著身上積雪一邊脫下破舊的絲棉長袍小心翼翼掛好，一邊對魯天笑了笑，「酒肉齊備，小魯兒賀冬麼？」

「呵，魯天？」榻上韓非轉身一步下來，隨手丟開窩成一團的雪白皮裘，饒有興致地湊到了燎爐邊，「小子偷偷摸進，為何只做個悶塤？」

「韓非大哥思謀深遠，酒徒不敢打擾。」魯天呵呵笑著。

「深你個頭！今日偏要飲酒！」韓非見了魯天便高興。

「兩位大哥且看！」魯天輕輕叩著精緻的泥封陶罐，「前日我到蘭陵，特意沽得這罐三十年老酒、十斤醬山豬肉。今日首雪，正好賀冬如何？」

「好！」韓非笑了，「錢從韓帳出，今冬外錢都算我。」

「韓兄未免做大了。」李斯淡淡一笑，「去歲立夏，新鄭只給你送來一千老韓錢與二十韓金。你每去蘭陵便買幾百支竹簡，還要飲酒，動輒花得幾百錢。目下韓帳只餘得三百餘錢，只怕連這一罐老酒尚不夠付也。」

「你你你何不早說……」韓非滿臉脹紅連唱著說也忘了。

「韓非大哥莫急。」魯天粲然一笑，「李斯大哥好心也，說得早了你豈不氣惱？今日湊著話說了，無非給大哥提個醒，有甚上心？外錢多少左右不關修學，韓帳沒錢，等便是了，韓國王室還能不管你不成？」

原來，荀子學館得春申君襄助，但以才學取人，不收弟子學錢，連孔夫子那五條乾肉之類的投師禮也不收。弟子一旦入館，衣食費用由蘭陵縣撥來的賦稅支出，雖不豐裕，也堪堪養得學業。李斯掌管學務後別出心裁，請准荀子，教弟子們在各種課餘與休學時日輪番進山採擷蘭草，運到蘭陵賣給蘭膏作坊，所積之錢用來添補學子衣食。如此一來，蒼山學館的學子們也算得衣食無憂，一班清貧庶民之家的有才少年方得安心就學。然學子家境不一，衣食所好自是不同，清貧子弟安居樂道的日子，貴胄子弟便有諸多的額外需求。荀子胸襟廣闊，主張修身在己，不若墨家對弟子一律以苦修苦行求之，允許富貴弟子在學館共有衣食之外花銷「外錢」。所謂外錢，是富貴人家給弟子送來的私錢。為防不肖者偷盜等諸般尷尬事，荀子責令李斯妥善管制「外錢」。李斯大有法度：「外錢」屬弟子私錢，然得交由學館統一設石櫃保管；人各一帳，任由本人在修學期間額外支出。韓非乃韓國王族子弟，外錢自是多多，今日聽李斯一說大出意料，如何不覺得尷尬？若非魯天一番笑臉說辭，兩人眼見難堪。

「也是，我只提醒韓非兄而已，豈有他哉？」李斯先笑了。

「國不國也！」韓非跺腳一歎，顯然已經不是對李斯了。

魯天連忙斟好老酒各捧給兩位學兄一碗，相邀賀冬一飲。李斯原是圓通練達，韓非也終不失貴胄氣度，一碗飲下哈哈大笑，方才不快煙消雲散了。

「兩位學兄取『繩礪舍』卻是何意？」魯天緊找話題。

「李斯兄取的，自己說。」韓非永遠是不屑論及瑣細的。

李斯笑道：「繩者，法度準繩也。礪者，磨刀石也。」

「兄弟明白。」魯天連連點頭，「老師〈勸學〉宗旨也。」

「小魯兄，」這是李斯在論戰公孫龍子後對魯天的奇特稱謂，既不乏敬重又頗為親暱，正是李斯練達處。此刻李斯撥著燎爐紅紅的木炭，沉吟間突然一問，「我入山六年有餘，終究要離山自立，你說該去何處？」

「大哥嚇我！」魯天咋舌一笑，「韓非大哥該先說。」

李斯淡淡一笑：「我與非兄同室六年，豈能無說？」

「然也！」韓非鋒棱閃閃氣咻咻道，「李斯兄領政大才，當入弱小之國，振弱圖強，方成功業。譬如商君當年入秦是也。唯其如此，我幾說李斯兄入韓，與我聯手振興韓國。可李斯兄偏說韓國無救，中原無救，豈有此理也！」

李斯連連擺手：「後生可畏，還是聽小魯兄說法了。」

「中原無救？」魯天略一沉吟恍然拍掌，「對了，甘羅說他要回秦國！李斯兄去秦國如何？左右中原各國你看不入眼也。」

「倒也未必。」李斯搖搖頭，「楚國早要我做郡守了。」

韓非冷笑：「郡守之志，何足與語。」撂下大碗上榻去了。

「錦衣玉食者，不知柴米也。」李斯撥著木炭笑歎一句。

「兩位大哥都對。」魯天呵呵一笑，「這是繩礪舍。韓非大哥激勵李斯大哥壯心，沒錯！李斯大哥不圖虛妄而求實務本，更沒錯！要我說，李斯大哥還有一條路，趙國。今日天下，唯趙國可抗衡秦國。老師是趙人，又與平原君交厚，不妨請得老師舉薦書簡一封，投奔趙國做一番大功業。」

「至少當如此也！」韓非又猛然下榻湊到了燎爐旁。

「刻舟求劍耳。」李斯搖頭輕蔑地一笑。

「那便齊國。齊王建正在求賢。」

「膠柱鼓瑟耳。」

「燕國?」

「南轅北轍耳。」

「魏國?」

「歧路亡羊耳。」

「那,只有楚國了?」魯天忽然小心翼翼。

「印明月而太息兮,何所憂之多方!」李斯慨然吟誦了一句。

「大事多猶疑,斯兄痼疾也!」韓非皺著眉頭冷冷一笑,「曠世之志不較細務,千里之行不計坎坷。若你這般,既憂不得大位無以伸展,又憂空得清要生計無以堅實。此亦憂,彼亦憂,終無一國可就也。但為大丈夫,歆慕一國便當慷慨前往,不計坎坷不畏險難,雖九死而無悔,可成大事也!譬如商君,譬如范雎,兩人入秦為相,皆經萬般坎坷。是你這般,哼哼,不中!」韓非原本稜角分明的瘦削臉膛更見冷峻,舉碗大飲一口戛然而止。

「韓非大哥言重了⋯⋯」魯天連忙笑著圓場。

「無所謂也。」李斯一擺手笑道,「我與非兄相互撻伐,何止一日一事?猶疑固然不好,然輕率決事,又何嘗不是多敗也。」李斯喟然一歎,逕自大飲了一碗蘭陵老酒,補丁衣袖拭著嘴角酒汁大是感慨,「斯少時嘗為鄉吏,見官倉之鼠居大屋之下,安安然消受囤中積粟,悠悠然無人犬襲擾之憂也。而茅廁之鼠,既食劣污瑣碎,更有人犬不時襲擾,動輒惶惶逃竄,更有幾多莫名猝死。同為鼠之生計,其境遇天壤之別矣!所以者何?在所自處不同也。那時李斯便想,人之境遇譬如鼠矣,在所自處耳……」李斯似乎有了些許酒意，眼中閃爍著晶晶淚光，「譬如非兄，生為王子，鐘鳴鼎食，進可為君王權貴，退可為治學大家，自然是視萬物如同草芥，遇事昂昂然立見決斷，至於成敗得失，則可全然不計也。然若李斯者，生於庶民，長於清貧，既負舉家生計之憂，亦負族人光大門庭之望，更圖自家功業之成，進則步履維艱，退則一蹶不振，縱有壯心雄才，何能不反覆計較三思而後行也！」

「李斯大哥……」魯天不禁哽咽了。

「無稽之談也，唏噓者何來？」韓非冷冰冰一句，見魯天直愣愣看著自己，不禁憤憤然敲打著陶碗罵了一句：「鳥！王族子弟才不中！生不為布衣之士，韓非恨矣哉！布衣之士何等灑脫？可擇強國，可擇明主，合則留，不合則去，功業成於己身，大名歸於一人，迴旋之地海闊天空，勒石之時青史留名，何樂而不為也！王族子弟如何？世家恩怨糾葛，宮廷盤根錯節，擇國不能就，擇主不能臣，有才無可伸展，有策無可實施；眼見國家沉淪而徒做壁上觀，唯守王子桂冠空耗一生，尸位素餐，形影相弔，此等孤憤，人何以堪?!」

「韓非大哥……」魯天又是一聲哽咽。

小小茅屋寂然了。時已暮色，燎爐明亮的木炭火映照得三人唏噓一片，良久無言。終是李斯年長豁達，將三只陶碗斟滿蘭陵酒釋然笑道：「人生各難也！原是我錯了話題，引得非兄不快。來，人各一碗，乾罷撂過一邊！」矜持孤傲的韓非素來不吐心曲，今日破天荒一番感喟唏噓，雖滿臉脹紅，心下卻輕鬆了許多，抹抹眼角也舉起了大陶碗：「今日之言，韓非解得斯兄也。來，乾！」魯天連忙舉碗讚歎：「兩位大哥同窗修學，也是曠世遇合。乾！兩位大哥殊途同歸，盡展壯心！」三碗嘭然相撞，一陣大笑隨著飛揚的雪花彌漫了蒼山。

整整一個冬天，魯天都住在繩礪舍。三人白日進山漫遊，夜裡圍爐暢談。及至冬去春來，漫山蘭草又一次綠瑩瑩黃燦燦蓬勃發開，一個始料未及的謀劃也醞釀成形了。三月開春，省事弟子們絡繹不絕地回到了蒼山。李斯將一應學務打點得順暢，走進了荀子的積微坊。

「李斯呵，有事說了。」

「老師，學務就緒，弟子想辭學自立。」

「可是西行？」荀子悠然笑了。

「正是。弟子想去秦國。」

「為何選中秦國？」荀子並無意外，依舊一問。

李斯略一思忖從容拱手道：「老師曾云，得時無怠。方今天下，正在歸一大潮醞釀之時，亦正是布衣之士馳騁才略、遊說雄主之機。李斯得蒙老師教誨成才，若不能適時而出，即如禽鹿視肉而不獵，人徒能行而不出戶也。斯本布衣，若久處困苦之地，徒然非議時勢而無為，非士子之志也。唯其如此，弟子決意西行入秦，以圖伸展。」

「大勢評判，尚是貼切，老夫無可說也！」荀子喟然一歎轉而笑道，「李斯呵，子非蓬間雀，此老夫甚感欣慰處耳。行期但定，老夫親為你餞行。」

「老師……學務之事，我交陳囂如何？」

「學館事務已有成法，交誰執掌你自斟酌可也。」

「還有，魯天想見老師，託弟子代請。」

荀子笑道：「小子忒多周章，教他來。」

李斯答應一聲匆匆去了。片刻之間，魯天捧著一只青布包袱進了積微坊，對著荀子當頭拜倒在地：「弟子蒙恬，拜見老師。」「起來起來。」荀子從石案後站起來笑了，「蒙恬呵，你不是老夫學生，無須執弟子禮也，日後只與老夫做忘年交便是了。」「不！」蒙恬一頭重重叩在地上，「弟子雖就學日淺，然一日為師，終身為師也，弟子不敢僭越。」「小子偏多周章也。」荀子呵呵笑道，

「好！老夫隨你，要做弟子便弟子，左右也是個英才。」「嗨！」蒙恬高興得爬起來捧起包袱，「我奉老師兩樣物事。」

「蒙恬，不知蒼山學館法度麼？」

「老師，此物非禮物，文具而已。」

「老夫不乏文具。」

「此文具乃弟子自創，老師用來定然順手。」蒙恬說著打開包袱現出兩只小小木匣，及至將木匣擺在荀子面前石案上打開，老荀子雙目頓時大亮——一方打磨極為精緻的溫潤石硯，一支從未見過的長管毛筆！荀子一生文案勞作，自然一眼看出兩物不同尋常，打量間評點道：「這方石硯乃楚國歙玉硯，名貴則名貴，無甚新奇。只這支大筆世所未見，不知是何高明工匠所造？」

蒙恬頗是頑皮地一笑：「老師先試寫幾字，看是否順手？」

荀子也大覺好奇，從木匣拿起了長管毛筆仔細打量。原來，戰國之前古人書寫工具甚是不一，布衣士子有木筆、竹筆、石筆，甚或以白土為筆，貴冑王室有銅筆、翎筆、刀筆（不經書寫而直接在竹簡刻字）、毛筆，等等。也就是說，戰國之前的毛筆只是書寫工具之一，而且是貴冑名士才能使用的。再者其時所謂毛筆，是在一支竹管或木管的末端外圍紮束一層狼毫，狼毫中空而末梢聚合，蘸墨寫字，速度雖未必比其餘筆快，卻有三個顯著好處：一是可在較長時間內反覆使用，二是寫字輕鬆，三是字跡圓潤美觀；同時也有一個缺陷：毛束中空，容易漏墨，常有墨漬玷污竹簡、木板或羊皮紙，需要寫字者分外小心。儘管如此，因了三個好處，毛筆還是漸漸在戰國之世多了起來，然其形制始終是管外縛毛，所以也始終沒有成為人人樂於使用的文具。

荀子手中這支毛筆卻是奇特：一叢細亮的雪白毛支可可卡在末端竹管之中，毛無中空，是結結實實一叢，手指觸去，毛尖竟有柔韌彈性。顯然，這一叢白毛比管外縛毛的那種毛筆用毛多了幾倍。

「叢毛如此厚實，吸墨何其多也！」

「吸墨多，寫字多，終歸節儉。」蒙恬立即接得一句。

「好，試試手。」荀子拿過一大張甚為珍貴的羊皮紙鋪開。蒙恬便將新筆浸泡在清水盂中，並在新硯中開始磨墨。待墨堪堪成汁，蒙恬從清水中拿出毛筆輕輕甩乾，雙手捧給了荀子。荀子接筆入硯，硯中墨汁倏忽消失大半，大筆也立見膨脹起來，不禁一聲驚歎：「毛筆乎！墨龍乎！」蒙恬樂得大笑：「老師但寫，方見墨龍之威也！」荀子提筆，竟覺大筆沉甸甸下墜，不禁手指一緊腕力一聚，一股心力奮然生出，飽蘸濃墨的大筆在羊皮紙上重重落下，大力揮畫，片刻間三行大字巍巍然如重巒疊嶂聳立——天行有常，不為堯存，不為桀亡！

「萬歲！老師寫得秦篆也！」蒙恬頓時歡呼雀躍。

荀子淡淡笑道：「秦篆筆劃多，看你這墨龍寫得幾個字，叫甚？」說罷將已經瘦癟但依舊整順有形的毛筆湊到了眼前大是感慨，「此物神異也！不漏墨，力道實，粗細濃淡由人，還可蓄墨續寫，當真天工造物！何方神工所製？老夫當親自面謝。」

「老師，」蒙恬頓時紅了臉，「這是弟子做的。」

「你？你能工事？」荀子驚訝得老眼都直了。

「老師明察。」蒙恬拱手道，「弟子嘗好器物，曾將秦箏由九弦增至十二弦，音色頗見豐雅沉雄。弟子離開魯仲連前輩，北上來尋蘭陵，路經故吳越國之震澤（註：震澤，即後世太湖，水面大於後世許多。此處所說山地，即後世瀕臨太湖的浙北山地，大體當是湖州〔隋始置州〕地區。蒙恬於湖州製筆之傳說，至今依然在湖州流傳。蒙氏祖籍齊人，蒙恬下吳越在兩個時期最有可能：一是少年遊歷，一是率大軍滅齊之後順勢南下安定吳越之地）西南山地，獵羊野炊；見此地野山羊腋下之毛柔韌勁直，忽發奇想，採得許多羊毫細細挑選，又削得青竹幾支，做成了一大一小兩管毛筆。大管呈給老師，小管想呈給大父，免他責罵我逃外不歸。」

「天意也！新筆出，文明興，蒙恬大功也！」

「弟子不敢當此褒獎。」

「老夫何獎？青史自有蒙恬筆也！」

「老師不做俗禮拒收，便是蒙恬之福。」

「小子偏會說話。」荀子哈哈大笑，「你鼓搗得老夫兩大弟子，老夫便收了這支蒙恬墨龍筆！哎，此物可曾得名？」

「弟子之意，欲以『荀墨管』三字命名。」

「小子差矣！老夫何能掠名？」荀子懸提著大筆顯然是愛不釋手，「歷來器物，多以工師之名而名。蒙恬所製，曰『蒙氏大管』如何？」

「弟子不敢當。」蒙恬紅著臉道，「毛筆乃先世成物，弟子雖有改製，畢竟依然毛筆。譬如弟子改製秦箏，秦箏依然為秦箏一般。」

「明乎其心，遠乎其志，蒙恬必有大成也！」

春分這日，蒼山學館破例舉行了出山禮。

春秋戰國私學大興。與官學不同者，私學大師為學育人多在山海清幽處，譬如計然家、墨家、道家、兵家、名家、農家、醫家、陰陽家等等不可勝數。故學子結業入世，多稱之為「出山」。出山禮者，學子結業辭學之禮儀也。後世私學氣候大衰，且多依附官學而靠近都會，「出山」一說遂成了隱士入仕的代名詞，而不再是天下學子的通禮，這是後話。

晨曦初現，荀子出了積微坊，一領乾淨整潔的本色麻布大袍，一頂六寸竹皮冠，一雙厚實輕軟的青布靴，灰白的鬚髮在風中飄灑。方出山洞，早已經在洞口甬道列隊的弟子們一聲齊呼：「恭迎老師——」荀子淡淡一笑：「何人司禮呵？」為首青年趨前一步拱手高聲道：「稟報我師：弟子陳囂司禮，出山兩弟子已在祭臺前守儀。」說罷轉身一擺手，弟子們兩邊簇擁著荀子出了學館庭院。

翠綠淡黃的蘭草山坡上，已經有了一座石條搭建的丈餘高臺，臺下香案的祭品卻不是豬頭羊頭，而是一陶罐亮晶晶的蘭膏。李斯韓非與相陪的甘羅蒙恬四人正肅然跪在臺下草席上靜默守候。聽得身後一聲高呼：「我師與在山弟子到——」四人一齊起身轉身深深一躬：「出山弟子恭迎我師！」荀子依然是淡淡一笑，對前後弟子們招招手道：「禮者，心也。你等且莫如孔門弟子，拘謹禮儀過甚而失心境也。」弟子們高興地喊了一聲萬歲。陳囂過來在荀子耳邊低語兩句，見荀子點頭，一聲宣呼：「出山弟子告天——李斯——」

李斯肅然舉步，那件洗得發白的麻布長袍隨風捲起，露出了貼身衣褲的層層補丁與腳下簇新的草鞋。上得祭臺，李斯拈香對天深深三拜，插好香柱對天拱手高聲道：「昊天在上：上蔡李斯今日出山，決明心正志，弘揚大道，張我師門之學。若有欺心私行，背我師門修身之教，願受上天懲罰！」

「李斯萬歲——」弟子們一片歡呼。

韓非舉步上臺，幾個少年弟子便竊竊嬉笑。原來韓非素來不修邊幅，一領名貴的錦繡長袍揉得皺巴巴堪堪吊在小腿當間，一雙皮靴髒污得全然沒了光澤，頭頂雖是一頂四寸玉冠，長髮卻散亂得似乎根本沒有束髮玉簪，埋汰之象恰與李斯成黑白對照。也是荀子育人不究細行，若是孔子門下，此等行跡是斷然不能與禮的。饒是如此，韓非渾然無覺，瘦骨稜稜的身軀搖上高臺，拜罷憤激悲聲：「皇皇上天，危乎高哉！汝行既常，何致天下文野乖張？汝心既明，何陷韓非於敗亡之邦？嗟乎韓非，才不得伸，志不得酬，蹉跎日月，空有孤憤哉！今韓非出山，上天果有燭照，當許韓非立錐之地伸展我學，若天有幽微，人無遇合，韓非願為天囚，死亦無憾也！」悲愴吟唱在習習谷風中迴盪，弟子們歡呼無由了。

陳囂惶惶然不知所措，不禁向李斯一瞥。李斯坦然道：「禮有序，事有法，不以一己為變。」陳囂頓時醒悟，再看老師也是平淡如常，立即又是一聲唱呼：「弟子告天畢。我師出山贈言——」

在這片刻之間，蒙恬與甘羅已經將韓非扶下了祭臺。因蒙恬不是常學正名弟子，甘羅則是少學離館日後還可能再續學業，兩人皆算不得正式出山，是以不做告天。韓非雖一時悲從中來不能自已，然畢竟曠達之士，下臺對荀子一躬道：「弟子淺陋，責天悲己，愧對我師……」荀子豁達地揮手笑道：「天亦常物，責之何妨？己心有苦，悲之何妨？」弟子們一片笑聲，韓非也紅著臉呵呵笑了。

弟子們在祭臺下的草地上圍著荀子坐成了一圈。老師對出山弟子做臨別告誡，是傳統風習，也是出山禮中最要緊的一環。春秋以來，每每有大師對弟子的臨別告誡便是立身箴言，甚或成為讖語。所以非但出山弟子極為看重，在館弟子也是人人上心。弟子們都知道，老師非但學問淵深，且通曉陰陽相法，雖寫了〈非相〉篇專門批駁相人之術，然識人料人卻是每每有驚人之語。今日兩位大弟子出山，也是蒼山學館第一次行出山禮，老師必有非常告誡，更是不敢輕慢疏忽。

李斯肅然起身一躬：「弟子出山，請我師金石針砭。」

荀子緩緩道：「李斯呵，老夫送你十六字，但能持之，必達久遠也。十六字云：恃公任職，恃節謀事，心達則成，志滑則敗。」

「敢請老師拆解。」

荀子既淡漠又凝重：「子乃政才，然關節不在持學持政。為政生涯，才具一半，人事一半。明乎此，大道可成矣。」

「我師教誨，李斯銘刻在心！」

韓非起身一躬：「弟子出山，敢請我師箴言藥石。」

「子乃性情中人也！」荀子輕輕一歎，「但能常心待事，衡平持論，為政為學，皆可大成矣。」見韓非還是愣怔怔看著自己，荀子思忖間又補一句：「屈原者，子之鑒戒也。」

「謝過我師。」韓非欲言又止，終是沒有開口。

陳囂小心翼翼地走了過來：「老師，兩師兄該上路了。」

「好！」荀子站起一揮手，「老夫與你等一起出山。」

弟子們一聲歡呼，簇擁著老師，簇擁著李斯韓非，在花草爛漫的山道上逍遙而下。到得山口，望著山下一線官道，幾乎所有人都同時止住了腳步望著額頭已經是涔涔細汗的老師。荀子不禁笑道：「出山終需一別，老夫歌得一曲，為你等四人壯行如何？」李斯韓非兩人尚在愣怔，從來沒有聽過老師歌聲的少年弟子們已經萬歲聲大起了。執事的陳囂頗是尷尬地笑道：「可惜也！沒有抬老師古琴來。」「我有陶塤！」蒙恬從皮袋摸出一只黝黑的物事舉著高聲笑道，「老師，是否楚風格調？」荀子慨然一笑：「好！楚風招魂曲。」

蒙恬答應一聲，雙手捧定陶塤一沉心氣，深遠高亢而又略顯悽楚的塤音在山風中嗚咽飄盪起來。楚歌自成一格，與中原歌詠大是不同。首先，楚歌詞句長短自由，韻腳亦可有可無，不若中原大多四字一歌，韻腳也大體整齊；其次，楚歌旋律起伏迴旋極大，不若中原吟唱調式相對平直。由孔子刪定的《詩經》所收歌辭三百餘首，文華諸侯各有一章，連孔子不甚喜歡的秦國都有〈秦風〉一章，唯獨沒有收入楚風之歌。屈原死後，〈離騷〉流播中原，楚歌的獨特風韻終於漸漸為中原人所熟悉。荀子學無軒輊心無畛域，一篇〈樂論〉，開首便道：「樂者，樂也，人情之所必不免也。」將音樂首先當作快樂，當作人情之所必須，實在是戰國大家的獨特之論。對自由灑脫的楚歌，荀子喜愛有加，向弟子們講述天下歌樂，嘗慨然拍案：「雅、頌之聲雖齊，終不如楚歌之本色也！」

隨著悠長嗚咽的塤音，一聲蒼邁的詠歎驟然迴盪山谷——

河有中流兮天有砥柱！
我有英才兮堪居四方！
天行有常兮，不為堯存，不為桀亡
地載有方兮，不為冬雪，不為秋霜
列星隨旋兮，日月遞炤
四時代謝兮，大化陰陽
人道修遠兮，唯聖賢不求知天
天不為人之惡寒兮
地不為人之遼遠
君子之道以常兮，望時而待，孰制天命而用之！
嗚呼——
我才遠行兮，天地何殤
吾心悠悠兮，念之久常

蒼涉激越的歌聲在山巒迴盪，弟子們連歡呼都忘記了。但為戰國士子，誰都知道楚風招魂曲的淒厲悲切，今日荀子唱來，卻是情境大異，使人平添一股烈烈感奮之情懷，弟子們一時肅然默然。及至荀子轉過身來，李斯深深一躬：「我師賜歌，辭意深遠，鼓蕩人心，李斯謹受教。」韓非也是一躬：「老師發乎〈天論〉，出乎〈離騷〉，過屈原之〈天問〉多矣！弟子當銘刻在心：制天命而用之。」荀子慨然一笑：「韓非呵，子能以老夫之歌與〈天問〉相比，頗近大道也。屈子者，烈烈有識之士也。然士子盡如屈子者，天下亦難為矣！」

「弟子謹受教。」李斯韓非甘羅蒙恬四人同聲一拱。

「日當正午，離學弟子出山——」

隨著陳囂的宣呼聲，少學弟子們齊喊一聲師兄出山嘍，挽手成圈踏歌起舞，唱的是依荀子〈勸學〉篇編的一支歌兒：「青成藍兮藍謝青，冰寒水兮水為冰。積跬步兮成千里，十載學兮做礪繩。出山行兮路修遠，學之大兮終得成。」

歌聲漫漫，蘭草青青。李斯韓非四人終是依依不捨地去了。峰頭的荀子如一尊雕像般臨風佇立默默遠望，眼見四人身影漸漸出了山口，漸漸變成了綠色山巒中的悠悠黑點，漸漸消失在通向北方的官道。

四、呂不韋終於立定了長遠方略

蒙恬驚訝地發現，渭水南岸變得熱鬧了許多。

咸陽建成百餘年，一直背依北阪橫亙在渭水北岸的巨大河灣裡，都會的風華繁盛幾乎全部集中在渭水北岸。南岸平川多有山塬，水流皆從南山奔出進入渭水，道短流急，農耕艱難，由來是未曾開墾的荒莽之地。當年遷都咸陽，秦人聚居渭水北岸，孝公商鞅將可耕之田甚少的渭水南岸劃做了秦國公室的園囿。禁耕禁工百餘年，渭水南岸林木成海禽獸出沒，無邊蒼莽直接巍巍南山，化成了一片天下難得的陸海。除了一條通往藍田大營的備用車道，一座南山北麓的章臺，幾乎沒有任何官署建築。然造物神奇，在這茫茫陸海的北部，也就是與咸陽遙遙相對的渭水南岸，有一條叫作灞水的河流從莽莽南山入渭，兩岸生得大片大片柳林，蒼茫搖曳覆蓋百餘里。但逢春日，柳絮飄飄如飛雪漫天，北岸咸陽遙遙望去茫茫如煙，秦人蔚為奇觀。在這灞渭交匯柳絮如煙的地帶，不知何年何月積起了一片方圓數十里的清澈大湖，周邊花草蔥蘢林木茂盛，蘭草茂盛幽香彌漫，秦人呼為蘭池。

一池如鏡，兩水如帶，柳絮如煙，松柏成海，背依南山，遙望北阪，渭水南岸風物天成，漸漸成了國人遊春踏青的勝境。然因是王室苑囿，農工百業卻始終不能涉足這片天成人育的荒莽之地。尚商坊的六國商旅無不歆慕蘭池灞柳，紛紛上書王室，請准在此開設百工作坊與商鋪酒肆。蔡澤為相時，也曾經提出「渭南開禁，興建溝洫，拓展農田，以為山東移民墾荒之地」的方略。然其時正逢秦昭王晚年守成以對六國，諸事不願大興，山東商旅的上書與蔡澤的拓展方略都做了泥牛入海。蒙恬離開咸陽時，渭水南岸還是清幽荒莽如故，目下卻大是不同了。

蘭池與渭水之間的柳林地帶，工匠紛紜人聲鼎沸，兩座大石赫然矗立，東石大刻「文信學宮」，西石大刻「文信賢苑」。顯然，都是以呂不韋封號命名。兩片工地之間，一道石條大橋直通北岸咸陽，與西面的渭水老白橋遙遙並立，成為滔滔渭水的兩道臥波長虹。咸陽南門原只有兩座城門：正對白橋的是正陽門，與南山主峰遙遙相對，故為南正門；西側兩里一道側門，因直通西去故都雍城的石港碼頭，故曰雍陽門。如今又在南正門以東新開了一道城門，叫作櫟陽門。櫟陽門正接新橋，東側又新建了一座石港碼頭。蒙恬揣摩，必是在碼頭登船可東下故都櫟陽，故叫櫟陽門，與西側門之名實正相呼應。文信學宮與天下賢苑之南的蘭池岸邊，也有了幾家已經開張的商鋪酒肆，更有許多正在修建的喧鬧工地，車隊人流紛紜交錯，一片繁忙熱鬧。

「怪也哉！呂不韋要在秦國興辦私學麼？」

念頭一閃，蒙恬無心回家了，略一思忖打馬直奔了南岸山塬的那座隱祕莊院。可進山一看，面目已然大非原來，一條丈餘寬的黃土碎石大道直通山頭，山下一座石刻赫然是「鴻臺」兩個大字。猶豫片刻，蒙恬終究還是登上了坡頂。山頭莊院倒是無甚變化，只是莊院外新起了一座頗有格局講究的小庭院，時有內侍侍女進出。蒙恬說找王綰，便有一個中年侍女出來，打量得一眼問他是否蒙恬公子。蒙恬點點頭，中年侍女將他領進了庭院正廳，問也不問只吩咐小侍女上大罐涼茶與醬肉鍋盔。風塵僕僕的蒙恬正在饑渴之際，二話不說痛飲大咥。堪堪咥罷，王綰匆匆趕來，帶著蒙恬下山，登上一輛垂簾輜車，轔轔進了咸陽王城。

「果真是你！」嬴政驚喜地拉住了蒙恬，「黑了瘦了！」

「蒙恬參見秦王。」

「嗄！」嬴政不屑地抬住了蒙恬兩隻胳膊，「嬴政還是嬴政。走，這裡有密室。」回頭又吩咐，「王綰，你在書房守著。只要不是仲父，便說我去太后處了。」說罷拉著蒙恬推開了東偏殿深處厚重的木門。

一邊啜茶一邊急切說話，兩人都是如饑似渴地傾聽著對方的倏忽滄桑，直到趙高輕手輕腳進來點亮了銅燈，才不約而同地叫出一聲：「呀！黑了！」喝下趙高捧來的兩盆羊骨湯，兩人又是精神大作。嬴政思緒奮然道：「只要李斯入咸陽，便是秦國人才！那個韓非，日後再行設法。哎，你說，這李斯會直奔王城見我麼？」蒙恬思忖道：「以目下情勢，李斯極可能投奔文信侯門下。試玉尚需七日，我以為這是好事。」「大是也！」嬴政慨然接道，「再說，我這秦王距親政之期尚遠，既不能任事考功，又不能護其風險，擱在身邊也是徒然。」蒙恬道：「我也如是想，所以始終沒有顯露真身，也沒有陪李斯入函谷關。」嬴政笑道：「然絕不能教『魯天』從此消遁形跡，要聯住李斯。一旦時機在即，要能召得此人。」蒙恬道：「沒錯！我已經說了大父在咸陽有商鋪，我會時不時來咸陽遊學，來了便去找他聚酒。」「好！」嬴政拍案道，「只要有人，萬事可成！你也眼見，文信侯的新政方略已初見成效。我無實事，只每日在東偏殿守株待兔，遇得國事聽一聽，說不說無所謂也。當此之時，我只一個心思：熟悉國政，把定可用之才。」蒙恬恍然道：「哎，王翦大哥不在咸陽了？」「天意也！」嬴政一歎道，「上將軍大軍攻韓，老將軍王齕脫力死了。王翦被晉升為前軍副將，正在中原鏖兵，我也近一年沒見將軍了。」蒙恬大皺眉頭：「我這老大父越老越急兵，零打碎敲沒個盡頭。照我看，中原有洛陽郡為根基便好生經營，一朝富強秋風掃落葉。整日打小仗，老糊塗也！」嬴政釋然笑了：「打便打，有甚法？文信侯一力支撐，將相同心，大約也不會再有小戰大敗。此等小戰要止，除非天災。人，目下不能止也。」蒙恬目光驟然一閃：「是否有人想拓展洛陽封地？」嬴政肅然搖頭：「蒙恬切記：不能非議文信侯。我不能，你不能，誰都不能。」蒙恬立即恍然拱手：「嗨！蒙恬明白。」

正在此時，趙高匆匆進來對嬴政低聲幾句。嬴政歉然笑道：「王綰有話：文信侯在正廳等我。小高子，從密道送公子出王城。」一站起身匆匆去了。

呂不韋空前地忙碌了起來。

自從山居勸回少年秦王，呂不韋心頭始終沉甸甸不能釋懷。少年秦王顯然不是隨遇而安的庸才，而是極有主見極有天賦的少年英傑。藉著太子傅與仲父之身，呂不韋幾乎是每三五日必與秦王晤面一次，說完國事也必然要說到修學。半年下來，見事深徹的呂不韋有了一個鮮明印象：少年嬴政唯法家至上，對其餘諸子百家大體上不屑一顧。儘管嬴政從來沒有激烈地非議過任何一家學說，也沒有醉心地推崇頌揚過法家，但呂不韋依然可以從一個少年難以掩飾的對前者的漫不經心與對後者的瞭若指掌中敏銳覺察到了其中要害。若是嬴政鮮明激烈地推崇法家，反倒是好事了。一則，推崇法家原本便是秦國正道。二則，堅持秦法也是歷代秦王的為政準則。對於呂不韋，既可直言相向地指出法家治國之缺失，亦可用新政事實來證實：修補這些缺失是國人所期許的。然而，嬴政卻分明不是如此。這個少年秦王顯然在壓抑自己對法家的激情，顯然有意對「仲父教誨」不做任何辯駁地只管聆聽。這是嬴政的稟性麼？面對既行秦法又改秦法的呂不韋新政，凡事都有主見的少年嬴政卻從來不置可否。這便是呂不韋的心病。呂不韋曾經推測，嬴政內心可能以為：呂不韋不斷推出的新政不是法家正道，自己若公然推崇法家，則與目下秦國新政相背，所以要匿形匿心，不能與呂不韋有任何歧見。呂不韋記得清楚，第一次想到這裡，自己幾乎是嚇了一跳。果真如此，其心難測也！呂不韋曾有意無意地對太后趙姬說起此事，趙姬親暱笑道：「小子自幼強橫，外公教他讀書，總是折辯不斷。但做甚事，不管我如何說法，小子都要悶頭想一陣子。也有一樣好處，有錯便認，從不纏夾。你是仲父也，他一個毛孩子明得甚治國大道？」那以後，呂不韋又祕密召來王綰備細詢問嬴政諸般行止稟性，終於認定這只是少年才子的偏執通病而已，只要誘導得法，必能改弦更張而成泱泱器局。

此等心事，只與綱成君蔡澤有得一說。

一個細雨霏霏的黃昏，呂不韋的青銅軺車進了蔡澤府邸。

在秦國，蒙驁、呂不韋、蔡澤都是當世入秦的外邦人，老秦人謂之「外臣」。三人之中，唯蒙驁是孩提時隨家族入秦，然畢竟不是生在秦國，算不得名副其實的老秦人，故在「外臣」眼裡依然是同樣的伴當。目下，三人又恰恰是秦國三個職爵最高的權臣，一相一將一上卿，幾乎是秦國的全部實權事權。若再將太后趙姬這個趙國女子與有著一半趙國血統的秦王嬴政算在內，秦國廟堂幾乎便是外邦天下了。當今之世，也只有秦國有這種罕見的外臣聚權之象。誠然，戰國時代各國任用外邦名士為權臣者，可謂舉不勝舉。然則都有一個共同處：一代名君所為，名君之後終是斷斷續續，最後必然是越孱弱越猜忌外邦名士。秦國大大不同，自從秦孝公任用商鞅變法開始，百餘年來歷經六代七君，始終是外臣當國，英才薈萃，從無間斷。大體說來，秦國的外臣有五種人：一是名士而成權相者，如商鞅、張儀、甘茂、范雎、魏冄、蔡澤、呂不韋以及後來的李斯；二是基於縱橫需要而入秦任相的外邦大臣，如曾經短暫做過秦國丞相的孟嘗君等；三是移民入秦而成大將者，如司馬錯、蒙驁與軍中的胡族將領；四是被永不過時的求賢令吸引入秦，而成為郡守縣令與各官署大臣者；五是嫁給秦君而成氣候的外邦公主，以及隨公主入秦而立功封爵的外邦貴胄，如宣太后以及華陽君、陽泉君等。如此連綿不斷的外臣氣候，山東六國可謂望塵莫及也。就實而論，一個久居西部邊陲數百年的半農半牧部族，一旦崛起，竟有如此襟懷氣魄，不能不說是天下異數。令呂不韋深為感慨的是，秦國朝野從來沒有覺得有甚反常，更沒有無端地戒懼猜忌。雖說老秦人有時也因不滿某事某人而對外臣罵罵咧咧一陣，然終究從未釀成過疑外風潮。這便是秦國，一個令天下俊傑才子無法割捨的施展抱負之地。

「四海胸襟，秦人王天下小矣！」英雄感喟者不知幾多。

唯有此等氣候，呂不韋與蔡澤、蒙驁以及所有「外臣」之間的相互來往，從來沒有忌諱。外臣聚相謀國，從來都是坦坦蕩蕩。百餘年來，除了范雎舉薦的鄭安平戰場降趙，不計其數的外臣盡皆耿耿襟懷忠心事秦，從來沒有過「二心」之人，更沒有過背叛秦國的事件發生。

然今日呂不韋拜會蔡澤，卻恰恰因為蔡澤是外臣，是燕國人。兩人對秦法缺失早有同感，說起話來少了許多顧忌。這一話題若與老秦人說起，是官是民都要黑著臉先打量你一番，接著會是無休止地爭辯。即或與蒙驁論及，這位雖非老秦人的上將軍幾乎與老秦人一般模樣：只說甚事如何辦尚可，若要總體涉及「秦法缺失」以及如何修補引導，定會沉下臉斷然阻止。能論長遠之道者，唯蔡澤也。此君歷經坎坷，早已沒有了爭取重新為相的勃勃雄心，決意忠實輔佐呂不韋推行新政也成了人人皆知的事實。有此兩者，呂不韋至少可以放開說話。

「果然文信侯也。」蔡澤搖著大芭蕉扇笑著迎了出來。

「綱成君有備而待？」呂不韋也笑了。

進得正廳，蔡澤當頭一句：「此其時也！更待何時？」

呂不韋悠然一笑：「此時何時，尚請綱成君教我。」

蔡澤呷呷大笑：「天知地知也！左右你不來老夫便去。」

一夕暢談，淅瀝雨聲濾出了蔡澤的十六字方略——大興文華，廣召賢良，修書立說，化秦戾氣。末了蔡澤呷呷笑道：「此策也，可做不可說，文信侯當知其妙。」呂不韋搖頭一歎：「綱成君方略無差，歸宿未免偏頗矣！」蔡澤大笑：「何時修得如此計較，方略無差，歸宿竟能偏頗？老夫未嘗聞也！」呂不韋正色道：「君所謂化秦戾氣者，六國偏見也。不韋多行新政，所圖謀者，唯補秦法之缺失也，唯壯秦法之根基也，焉得有他哉？」蔡澤不禁呷呷長笑：「好說好說！戾氣也好，缺失也罷，只要做去，左右一事也。」呂不韋淡淡一笑搖搖頭，也沒有再爭辯下去。

一番籌劃，呂不韋開始了有條不紊的鋪展。

蔡澤的方略被呂不韋簡化為兩件實事：一是興建學宮，二是興建門客院。兩件事都以私學之法興辦。也就是說，無論是學宮還是門客院，都是呂不韋私舉，與國府無關。之所以如此做法，呂不韋是反覆權衡而後拍案的。

要得明白呂不韋的良苦用心，得先說說戰國文明大勢。

戰國之世，秦國雖不斷強大勢壓天下，然就文明風華而言，無論是根基還是形式，尚遠遠不如山東六國。這既是天下公認的事實，也是秦人認可的事實。其所以如此，並非秦國沒有財力人力大興文華，而是基於商鞅法治的根基理念：國無異俗，民務厚重，耕戰為本，心無旁騖。基於如此理念，商鞅的治國方略非常明確：一賞，一刑，一教；一賞使兵無敵，一刑使法令行，一教使下聽上。其中涉及文明風華的「一教」，商鞅歸納為：「務之所向（教化的努力方向），存戰而已矣（只能是強化人民戰心）！」從而達到「富貴之門出於戰（富貴門庭只能通過戰功獲得），精壯者務於戰（精壯男子只求上戰場），老弱者務於守（老弱者只求守禦家園），死者不悔（戰死不後悔），生者務勸（生還者激勵國人求戰），合棺而後止（直到躺進棺材為止）！民聞戰而相賀，起居飲食歌謠者，無非戰也！」為達到貫徹舉國上下的求戰風習，對一切涉及文華風尚而有可能渙散戰心的士人，諸如「博聞、辯慧、信廉、禮樂、修行、群黨、任譽（以出力保護他人為譽的任俠）、清濁」之士，秦法皆做了嚴厲限制：「不可以富貴（不能獲富貴地位），不可以評判（不能評論國事），不可獨立私議以陳其上（不能私下議論，也不能將私議結論呈報官府）！」（註：見《商君書・刑約》，為文意通曉，據高亨先生校注做了個別梳理。）

如此法度之下，一切文華之舉都被視為浮華惑民，自然要嚴厲禁止。孝公商君之後百餘年，山東士人雖不斷流入秦國，山東商旅更是大舉入秦，然秦國都有法度限制：士子入秦只能以官府吏員為正途，不能興辦私學培育言論；商旅入秦，只能在專為外商興建的咸陽尚商坊經營，不能進入老秦人的國人區，更不能與老秦人混居。也就是說，商鞅法治非但禁止老秦本土的一切風華之舉，而且也著意防範六國浮華風習對秦人的浸淫。唯其如此，直到秦昭王之世，秦國已經拓展為五個方千里（註：五個方千里，一百二十五萬平方公里，大體相當當時中國的三分之一至四分之一）的大國，然諸般文明風華依然頗見蕭疏，天下文明盛事一件也沒有在秦國發生。

相反，山東六國卻是文明大興風華昌盛，一片蓬勃生機。

首先是國人言論自由。其時之山東六國，誹謗之風大開，議政蔚為時尚。誹謗者，議論是非指責過失也。從遠處說，堯舜為部落邦國首領之時，華夏各部族便有「謗木」與「諫鼓」制度。謗木者，凡是道口皆立高大木牌，供路人或寫或畫，對國事做諸般抨擊建言。諫鼓者，殿堂官府門口皆立大鼓，舉凡官員國人有話要對天子官員說，便可擊鼓求見，天子官員聞鼓得出，不得拒絕。這便是「路有誹謗木，朝有敢諫鼓」的古老傳統。夏商周三代，此等傳統雖日漸式微，但仍保留著濃厚的遺風，除了奴隸人群，國人言論從來沒有受到過大的禁錮。春秋戰國之世，奴隸隨著變法潮流而解放，士人隨著變法潮流而興起，民智漸開，國人言論之風再度大起。於是乎禮崩樂壞瓦釜雷鳴天下洶洶，中原大國的庶民議政之風成為左右各國政局的強大勢力，遂有「防民之口，甚於防川」的廟堂訓誡。此等世情直接催生了士人階層的論戰風尚，民眾心聲通過士人階層的過濾與再度創造，逐漸演變為各種各樣的治國主張、治學之道、治事之學，此所謂諸子百家也。於是乎天下言論更見深徹，誹謗論戰蔚然成風，其勢之盛一時成空前絕後之奇觀！

其次是私學大興。諸子百家出，議政議國立學立言，皇皇大著洶洶言論不絕於世，淙淙聚成了汪洋恣肆的華夏文明，紛紛造就了光芒璀璨的一天群星。治學但成一說，士則自成一家。其時除法儒墨道四大顯學之外，兵家、名家、易家、陰陽家、計然家、農家、醫家、水家、方術家、堪輿家、營國家（建城術）、工家、樂家等等等等數不勝數。舉凡立言成家者，皆有門生追隨。師生自謀生計周遊天下，弘揚自家學說，流播天下學問，為民生奔走呼號，為邦國針砭時弊，為自家尋覓出路，移風易俗大開民智，責己責人多方救世，堪稱華夏文明史上最燦爛的一頁！

三是大規模官學橫空出世。戰國之世，七大戰國皆有官學。秦國官學之規模，自然遠遠不若山東六國。山東六國之官學，則以匯聚天下名士的齊國稷下學宮為代表。自齊威王後期興辦稷下學宮，至齊湣王學宮衰落，歷經威王、宣王、湣王、襄王四代近百年，稷下學宮始終是天下學問之驅動中心，是無可替代的文化淵藪。其間根本，是齊國始終沒有將稷下學宮做為官吏來源，而是真正地養士興學培植士風，大興論辯學風，使學宮士子在衣食無憂的閒適之中相互砥礪，積細流以成河海，由是成就了後世所有王朝無法企及的文明奇蹟！

四是文華名臣大興養士之風，生成中國歷史上獨有的「門客」高峰。門客者，私門之士也。春秋之世，士人始成，都是從天下各階層游離過濾出來的能才精英，尤以平民士人為主流，此所謂布衣之士也。布衣之士多出寒門，以其才能尋覓出路，難免魚龍混雜甚或多有各國逃犯與雞鳴狗盜之徒，其第一要務自然是生計衣食。於是，投靠豪門或求伸展或避追捕，便成了布衣之士的重要出路之一。貴胄權臣為培植私家勢力，也很是需要此等身有能才而又忠實效命於私門的士人。於是，以召賢為名的養士之風不期然興起，門客現象隨即風靡天下，在戰國之世達成高峰。除了秦國權臣，山東六國的權臣貴胄幾乎是人人皆有門客。多少權貴門客盈縮，多少門客朝夕成名，此間故事實在不勝計數也。門客數以千計者，當數戰國四大公子——信陵君魏無忌、孟嘗君田文、平原君趙勝、春申君黃歇。此四人先後在本國成為一時權臣，又同時襄助蘇秦發動第一次合縱抗秦，之後更成為合縱主導人物，名滿天下權傾一國，所養門客縮則三兩千，盈則五七千，幾成一旅之眾，私家勢力之盛令人咋舌！

有此四端，山東之朝野風習自然大異於秦國。

其時，山東風習之最鮮明處，是商風濃郁崇尚風華，秦國民風卻是重農重戰簡約質木。諸多為當時名士所指責的糜爛世風，都源於山東六國彌漫朝野深植國人的商業營生。從根源上說，自春秋商旅大起，歷經四百餘年，中原各國的商人商業之盛已成空前高峰。各大都邑商市繁盛，官市民市皆成氣候。臨淄之齊市、大梁之魏市領風氣之先，交易之盛幾無任何禁忌。陳城之楚市、新鄭之韓市、邯鄲之趙市、薊城之燕市，雖先後曾有盈縮，然風華繁盛之風依舊充盈。若再加上曾經閃爍流風的宋市、衛市、魯市、吳市、越市、草原胡市等，說商風彌漫天下亦不為過。是時也，人無論窮富，官無論大小，盡皆千方百計涉足商道以富家。所謂「天下熙熙，皆為利來；天下攘攘，皆為利往」，誠如是也。歷史地說，戰國商風之盛，其後兩千餘年直到中國進入近代之前，始終無法望其項背。

此等濃烈商風之下，珠寶、娛樂、博彩、賽馬、倡優、珍奇器物、珍禽異獸、奴隸交易、貴胄酒店等諸般奢靡行業大起，風華衣食崇尚器物積為風習，高臺廣池豪闊營造流行官場，侈靡之風彌漫朝野，一時大開亙古之先河。其間根本處，在於尋常庶民大肆捲入商道，居住在都邑城堡的「國人」尤其孜孜於商事，不惜出奇致富。《史記・貨殖列傳》非但歷數了春秋戰國的赫赫大商，且羅列了尋常庶民以商致富的「奇勝」之道：「夫纖嗇筋力，治生之正道也。而富者必用奇勝。」所謂奇勝之法，是貴族富人不屑為之的卑賤商路。〈貨殖列傳〉列舉了當時專執賤業而致富的「奇勝」之業之人：掘墓本奸事，田叔藉以起家；博戲為惡業，桓發操其致富；串街叫賣（行賈）乃賤行，雍樂成卻做到了富饒之家；販賣脂膏是屈辱營生，雍伯卻累積了千金；賣漿為小業，張氏卻富至千萬；替人磨刀（灑削）本是薄技，郅氏卻至鼎食之家；馬醫藥方淺陋，尋常醫家不屑為之，張里卻大富起來……末了司馬遷感慨萬端：「由是觀之，富無經業，則貨無常主，能者輻輳，不肖者瓦解。千金之家比一都之君，巨萬者乃與王同樂，豈所謂『素封』者邪！非也？」也就是說，致富無恆常之業，財貨無恆常之主，能者聚集財富，平庸者崩潰產業；千金之家的富貴堪比都邑高官，萬金之主的享樂可比諸侯國王，簡直就是沒有正式封號（素封）的王者貴胄！難道不是麼？

人皆求商，邦國風習自無敦厚可言。

後世史書對各地風俗雖都有詳略不同之記載，然對戰國風習的分國概括描述，仍當以《史記》與《漢書》最為貼近翔實。且來看看前述文獻對各國民風民俗的描述：

縱橫家蘇秦描述齊國云：「臨淄甚富而實，其民無不吹竽、鼓瑟、擊筑、彈琴、鬥雞、走犬、六博、蹹鞠者。臨淄之途，車轂擊，人肩摩，連衽成帷，舉袂成幕，揮汗成雨；家殷人足，志高氣揚！」（註：見《史記・蘇秦列傳》）《史記・貨殖列傳》的描述則是：「齊帶山海，膏壤千里，人民多文采，好賈趨利……齊人寬緩闊達，貪粗好勇。足智好議論，地重難動搖。怯於眾鬥，勇於持刺，故多劫人（強盜）者，大國之風也。其中具（聚）五民……遊子樂其俗不復歸，故有五方之民也！」《漢書・地理志》則描述云：「齊俗多靡侈，織作冰紈綺繡純麗之物，號為冠帶衣履天下。」

楚國風俗之描述云：「通魚鹽之貨，其民多賈。其俗剽輕，易發怒，寡於積聚（很少有人積累財貨）。南楚多竹木金鐵，民好辭，巧說少信，與江南大同俗……婦人尊貴，好祭祀，用史巫，故其俗巫鬼。」

趙國風俗之描述云：「地薄人眾，丈夫相聚遊戲，悲歌慷慨，多美物，為倡優；女子則鼓鳴瑟跕屣，遊媚富貴，入後宮，遍諸侯。代地人民不事農商，矜懻忮（強直剛愎），好氣，任俠為奸。邯鄲土廣俗雜，大率精急，高氣勢，輕為奸……矜誇功名，報仇過直，嫁娶送死奢靡。」

燕國風習之描述云：「地廣民稀，其俗愚悍少慮，輕薄無威，亦有所長，敢於急人；賓客相過，以婦帶宿，嫁娶之夕，男女無別，反以為榮。」

韓國風習之描述云：「其俗誇奢，尚氣力，好商賈漁獵，好爭訟分異……俗雜好事，業多賈，任俠。」

魏國風習之描述云：「有鹽鐵之饒，民喜為商賈，不好仕宦……俗剛強，多豪桀侵奪，薄恩禮，好生分（父母在而昆弟不同財產）。」當時有名士吳箚讚頌魏風曰：「美哉乎！」者，華貴中庸貌也。可見魏國文明之盛。洛陽周人之風習描述云：「周人之失，巧偽取利，貴才賤義，高富下貧，喜為商賈，不好仕宦……東賈齊、魯，南賈梁、楚。」

秦國風俗之描述則云：「其民好稼穡，殖五穀，地重，重為邪（不敢為奸邪）……民務本業，修習戰備，高上氣力，以才力為官，名將多出焉！民俗質木，不恥寇盜……漢興，立都長安，五方雜處，風俗不純，易為盜賊，常為天下劇。嫁娶尤崇侈靡，送死過度。」顯然，戰國秦風與後世秦風是有很大差異的。

如此活生生風俗畫，赫然可見天下文明之一斑。

諺云：「政久成俗。」民風釀政道，政道生民風，自古皆然。秦國民風以商鞅變法為分水嶺而為之大變，此乃政道生民風之典型也。山東民風之所以截然不同，直接原由亦在政道。這個政道，便是源遠流長的崇商之道。秦國重農戰而山東崇工商，植業根基之不同，終致民風大相徑庭。就實而論，非秦人天生惡商，亦非六國之民天生崇商。所以有如此差別，根本原因在兩種治國之道的激勵督導不同，更深遠處則在兩種治國理念之差別。

商鞅治國理念已經說過，再來看看山東治國理念。

僅說商風最濃的齊國。春秋之世，齊立國的第一任國君姜尚，便開了與周道不同的治國之道：「太公望封於營丘，地瀉鹵，人民寡。於是太公勸其女功，極技巧，通魚鹽……通工商之業，因其俗，簡其禮，而人民多歸齊。」（註：見《史記・貨殖列傳》、《史記・齊太公世家》。）《漢書》則云：「初太公（姜尚）治齊，修道術、尊賢智、賞有功，故至今其士多好經術、矜功名（不出來做實事）；其失（缺點是）誇奢朋黨，言與行謬，虛詐不情，急之則離散（遇到急難便四散），緩之則放縱（尋常時日則放縱享受）。」兩則記載，前者說齊國開首以激勵（勸）通商、簡化禮制吸引人民，後者說齊國開首便放縱士風。兩者相互浸潤，國風始得放縱。

後來，管仲開新政變革先河，對民眾經商之風更有明確立論，其云：「飲食者也，侈樂者也，民之所願也。尚簡約，所以使民貧也；美壟墓（興建豪華的田宅墳墓），所以文明也；巨棺槨，所以起木工也；多衣衾，所以起女工也。猶不盡，故有此，浮也。富者靡之，貧者為之……做此相食，然後民相利。」（註：見《管子・侈靡》）姜尚之道，管子之論，實際上一直是山東六國的立民之道與治國理念。戰國之世，依然被奉為圭臬。有此理念，商風大起民風奢華，遂成傳統衍生的必然。到了戰國之世，縱然是震撼最大的魏國李悝變法，也依然將壯大商旅利用商道做為基本國策。李悝保障不傷農事的法令不是限制商人，而是以商市手段調節穀價。稍後的魏國丞相白圭，更是以天下大商之身入仕，以經商之道論述治國，以治國之道論述經商，將商道政道融為一體。與商鞅以重農而保障激勵農戰的秦法相比，這顯然是另一種更具深遠意義的治國理念。假如六國能法商並重，對變法能如崇商那般持之以恆，歷史也許會是另一番面目。

儘管六國民風多受指責，然卻依然是文明風華之淵藪。

呂不韋要做的，是在秦國大開文明之風，使秦國文明與山東六國比肩而立，也使自己心中的化秦方略得以成就。明乎此，第一步之力所能及者，便是興辦私學、廣召門客，依靠大量進入自己門下的治學士人釀成文明大勢，進而著書立說，漸漸誘導朝野之風。呂不韋很清楚，在秦國要使官府做此事，必然難免一場廟堂論爭，操持不好會引起舉國震盪。目下唯一的可行之策，是藉自己權傾朝野的勢力，以私家之道行事，縱有朝野非議，最多也是私下指責自己歆慕虛名而已，決然不會使國人生亂。只要秦國不亂，自己便可從容行事。

五、巴蜀寡婦清　咸陽懷清臺

呂不韋方略一定，先愁了高年白髮的西門老總事。

要造兩座大館所，財貨金錢自然是第一急務，再加上數千士人門客，花銷之巨大可想而知。此時，呂不韋的封地是洛陽百里十萬戶，在秦國歷史上可謂空前。然則秦法有定：封地賦稅歸於封主者不得超過一半，其餘仍歸國家府庫。加之呂不韋昔年囤積早已告盡，入秦後也從不斂財，對封地賦稅事從不過問，只吩咐西門老總事相機斟酌而已。就財力而言，今日呂府與昔年的呂氏商社已經不可同日而語，如何擔得如此巨大財力？再說，即便是十萬戶賦稅全部歸己，大約也只建得一座學宮而已，後續大事又當如何？思慮幾日，沉屙在身的老人步履蹣跚地走進了大書房。

「兩座館所，大體要得多少金？」呂不韋沒有客套。

「百萬金上下。」默然良久，老人終於開口了。

「開館之後，年金幾多？」

「以三千門客計，每人每年均平三十金，總計年人頭金九萬；再加學事、車輛、衣食、馬匹、雜役等諸般開支，年總額當在百萬金上下。若能國府建館，我府養士，尚可勉力承擔。依天下成例，門客院可由國府建造，日後不做我府私產罷了。」

「秦國首開私學，國府不擔一錢。」

「……」

「西門老爹，洛陽十萬戶封地，年賦幾多？」

「十萬金上下……文信侯欲加賦稅？」

「我行新政，寧自毀哉！」呂不韋粗重地歎息了一聲，「周人新歸，洛陽庶民正是秦軍根基，若竭澤而漁，呂不韋何顏面對天下？」

「老朽兩謀，文信侯斟酌。」西門老總事喘息得風囊一般，「一則，收門客入門金。孔老夫子為私學鼻祖，每人半年尚須交五條乾肉……文信侯若能收得投奔者些許絲綢珠寶金錢，或令門客衣食自理，或可……」

「老爹笑談也！」呂不韋不禁大笑，「若得身有珠寶衣食自理，誰卻來做門客？」笑得一陣又慨然一歎，「老爹毋憂也！此事容我設法，若無轉機，便是天意了。呂不韋當就此止步，再不侈談新政也！」

「文信侯，老朽原是兩謀。」

「噢——」呂不韋恍然，「老爹快說另一策。」

「文信侯可願求助於人？」

「老爹，本是求無可求，何來願不願也。」

老西門狡黠一笑，壓低了聲音：「尚商坊。寬簡清。」

默然良久，呂不韋終是沒有說話，直至西門老總事出了書房，兀自癡癡思忖。念及當年商戰義舉，呂不韋相信尚商坊的六國商旅不會不給他如此一個顯赫回報。然則果真如此，風聲便會流播天下，口碑定然是「呂不韋得六國之力招攬門客。」山東六國固欣欣然不已，可秦國朝野接受麼？且不說依照秦法有裡通外國之嫌，縱是廟堂無人追究罪責，你呂不韋在老秦人中的聲譽也必是一落千丈。如此南轅北轍，豈不荒謬之極？

寬簡清倒是秦商，從當年對尚商坊商戰時一舉援助六十萬金的大手筆說，此人財力可謂豐厚不可測。然則，這個總在寬簡上烙一個古籀文「清」字的人物，從來都是神龍見首不見尾，在邯鄲長青樓未曾謀面，只聞其聲，未見其人；在後來僅有的一次謀面中甚至連面紗也沒有撩起，更沒有留下任何可供聯絡的居所與方式，甚至交接金錢都是在約定之地一次完畢，神祕之風較任俠之士猶有過之，倉促間到何處去找？然則無論如何，呂不韋畢竟清楚了此人根基，目下之難只在如何能見到此人，否則想開價也是枉然。

說起來，自從當年在邯鄲綠樓第一次見到那方寬簡，第一次破解了那個「清」字烙印，毛公也說了寡婦清。可呂不韋心下無底，便開始有意無意地祕密打探此人根底。當然，那時是為了準備送給嬴異人為妾的陳渲日後不受牽累。後來諸事牽絆，終是不曾打探清楚。初相那年，莫胡辭府出行，去山東六國尋覓當年突兀丟失的小荊軻，兩年後才回到了咸陽。雖然沒有找到兒子，莫胡卻給呂不韋帶來了一個令人驚訝的消息——她去了邯鄲卓氏莊園，卓原老人問起呂不韋情境，聽到寬簡蒙面客襄助商戰一節，卓原老人哈哈大笑說：「巴蜀大商寡婦清，瞄上呂不韋也！」

「噫——果然她也！」呂不韋恍然大悟了。

還在年輕的呂不韋雄心勃勃地奔走商事之時，便知道了天下五大巨商——楚國猗頓氏、魏國白氏、趙國郭氏與卓氏、齊國田氏；因郭氏卓氏同屬趙商，於是也有四大巨商之說。然在五大四大之外，商旅之中還流傳著另一種說法：巴蜀有大商方氏，財貨金錢無可訾量，真正的天下第一大商。儘管商賈們說起巴蜀方氏都是嘖嘖然神祕態，但卻沒有一個人說得清來龍去脈，甚或很少有人能明白說出方氏操持的行業。這便是方氏之奇特處——人人知其名而人人不知其詳。後來，商旅之中又紛紛揚揚傳出一種說法：巴蜀之地女丈夫出，人呼寡婦清，其財貨金錢更不可量，猶超方氏！呂不韋聞之哈哈大笑：「我操鹽鐵兵器之業，尚不得躋身巨商。巴蜀窮山惡水，操何營生竟能連出兩巨商？人言荒謬如此，何信之有也。」正是因了心下認為寡婦清根本就是子虛烏有，後來在邯鄲得見寬簡「清」字，呂不韋才壓根沒有將那個「清」字與商旅傳言中的寡婦清聯繫起來，對毛公推斷也是聽風過耳。

後來，這個心頭謎團也就漸漸淡了。

於是，對這個巴蜀方氏，對這個寡婦清，洞悉天下商旅根底的呂不韋始終是雲山霧罩，說不得三言兩語。若是仍在經商，呂不韋也許就永遠地雲山霧罩下去了，左右自家事要緊，誰卻孜孜不倦地打探別家私密做甚？然則，自莫胡帶來卓原老人的說法，呂不韋便不能繼續迷糊下去了。寡婦清確有其人，意味著秦國的巴蜀之地藏匿著富可敵國的巨商大賈。身為秦國秉政丞相，對國中如此兩個巨商大賈一無所知，豈非滑天下之大稽？更要緊者，這個寡婦清似乎總是在暗中時時關注著自己的行止起落，其意究竟何在，呂不韋能永遠地雲山霧罩麼？

那年開春，呂不韋派出了幾個仍然在府的當年商社的老執事祕密進入巴蜀。一年之後，幾個老執事先後歸來，終於揭開了巴蜀方氏與巴蜀寡婦清的雲霧面紗。老執事們多方印證至為翔實的商族奇幻故事，令呂不韋感慨不已。然更令呂不韋驚訝的是，方氏與寡婦清原本一事，寡婦清便是方氏商族的第九代女掌族。

「天下之大，無奇不有，信哉斯言！」

方氏者，方士也。春秋之世，齊國朝野奢靡為天下之最，君臣豪士富貴之家盡求長生不老，方士遂乘時大興。其時，方氏一族居東海之濱，以漁獵為生，尚無姓氏，因常採得山海珍奇賣給雲遊方士煉製丹藥，人皆呼為海藥氏。一年，秋潮大漲，一白髮老方士孤舟觸礁，被困之罘島半月不能出。其時，海藥氏族人恰遇一雲遊方士重金求購巨海龜蛋，然怒潮連天，無人敢駕舟出海。族長情急，召族人緊急計議，約定：但能取得海龜蛋者，生為族長，死為族神。族中一水性極好的少年亢聲起身：「鳥！不要族長族神，只要族人衣食！俺出海！」舉族殷殷相送，少年輕舟破浪出海，瞬息間湮沒在了滔天白浪之中。三日之後少年歸來，非但採到了一枚罕見的海龜蛋，還帶回了那個氣息奄奄的老方士。旬日之後老方士康復，祭拜海神生恩之時卻突兀指定少年大呼：「子乃海神水童也！墮居塵俗，不畏舉族飼海乎！」一族人大驚，拜求脫難之法。老方士只一句話：「此子但隨老夫侍奉海神，汝族可得後蔭也！」

五十年後，被齊景公奉為國師的大方士來之罘島出海求仙。海藥族應徵，舉族為駕舟水手。出得之罘島，白髮蒼蒼的大方士召海藥族水手於船頭祭海。屏開少年童僕，大方士對著族人當頭一個深躬：「我乃當年出海子也！我族幸甚！」一族人歡呼之餘，欣然接受了大方士對族運的神諭：少年盡為方士，餘皆為方士執業，則方氏大興矣！

從此，海藥氏成了方士世家與丹藥業族。其時習俗以業為姓，於是齊國有了方氏。方氏代有赫赫神通之方士，又有包攬丹藥材料之大商。及至進入戰國，方氏方士已經流布天下，成為各國宮廷的神祕座上賓。田氏代齊時，方氏的第十代方士已經穩穩地成了齊國方士的神盟天主。所謂天主，是齊人尊奉的第一神靈，中原各國皆無。其時天下三個海濱大國——齊、吳、越，祭祀尊神巫術之風都很是濃烈，其獨特習俗亦與中原大有不同。時人云：「（齊）明國異政，家殊俗，齊獨行，不及天下。」（註：見《管子・幼官》集注）也就是說，齊國的政道風俗特立獨行，非但家族風習各異，齊國習俗也不通行天下。譬如節令，中原二十四節氣，齊國卻是三十節氣。譬如祭神，中原只祭拜天地，齊國卻祭拜八神——天主（天）、地主（地）、兵主（蚩尤）、陰主（三山）、陽主（之罘山）、月主（蓬萊）、日主（成山）、時主（琅邪）。方氏方士能為天主，可見其神位之尊崇異常。

然在此時，方氏俗族卻突然在齊國消失了。

十餘年後，巴國的崇山峻嶺中駛出了一艘艘大船，滿載丹砂從江水東下入雲夢澤，再從海路北上之罘，船頭大旗赫然飄揚著方氏族徽——一隻巨大的變形海龜。

原來，已經成為「天主」的第四代方氏方士周遊天下，踏勘出一個巨大的祕密——巴山蜀水間有天成丹砂，若得壟斷之利，非但富甲天下，更是稱雄神業。此業既大，自然非方氏莫屬。然要已經在齊國欣欣向榮漸成望族的方氏千里跋涉舉族遷徙，則風險更大。畢竟，海族有冒險漂泊之天性。經過半年多的議論籌措，沒有方士之身的方氏俗族斷然舉族南下了。為了盡快踏勘出丹穴，方族在雲夢澤西盡頭棄船登陸，沿著夷陵北岸的山地跋涉直上。半年之中死傷族人三百餘，終於在江水北岸的山地（註：《史記・貨殖列傳》集解云：「涪陵出丹。」涪陵，即今日重慶市之涪陵地帶）找到了丹穴，由是開始了掘丹之業。

丹者，辰砂也，俗稱朱砂，為方士煉製丹藥之不可或缺的材料。所謂丹穴，實則朱砂礦井。方氏既知方士之需，又明天下丹藥需求之勢，操起這尋常商人匪夷所思的行業正是得心應手。踏勘出丹穴之後，方氏舉族定居巴山，一面量力掘丹，一面全力造舟。掘出之丹裝舟東下，進入齊國，則由方氏方士請准國君或貴胄以重金買下，而後再將所得之金三分：一份留中原營造商社根基並供本族方士之需，一份供族人生計，一份雇傭各色山民水手擴大採掘並建造大船。如此兩代人光景，方氏已經是富甲巴蜀了。及至秦惠文王時司馬錯進軍巴蜀、秦昭王時李冰入蜀治水，方氏已經在巴東山地經營了六代一百餘年。

如此實力大商，天下卻是一片朦朧。也是方氏素有隱祕行事的族風，非萬不得已絕不輕洩執業祕密。被方氏雇傭的山民與水手，只被告知採掘之物是中原建造宮殿用的紅石，其餘嚴禁打問。所有的丹砂交易，都是方氏商社的嫡系子弟親自經辦，從不假手他人。更有一奇，方氏從來不在秦國經商，而只在山東六國與胡地奔走。如此一來，秦國朝野極少有人知曉藏匿在巴山蜀水間的這個巨富大族。而中原商旅所知者，也只有方氏在山東列國所開的尋常商社。唯其如此，方氏之富對天下商旅始終是個影影綽綽的謎，博聞多見如呂不韋者，也只是徒聞其名不知其實。

後來，神祕勃起的方氏家族發生了一次突然變故。

秦昭王二十八年，也就是西元前二七九年，白起大軍進入已經是秦國巴郡的江水上游，全力打造戰船籌措水軍，準備東下大舉攻楚。其時，巴蜀兩郡精壯水手幾乎悉數被秦國水軍徵發。方氏船隊在巴郡聲威赫赫，六百多名年金過百的水手更是人人精悍，自然在水軍徵發之列。然則，方氏族人雖久居巴郡，卻從來沒有將自己做秦國庶民看待，而始終認定方氏部族只是齊人在秦做客商，與秦國並無瓜葛；官署賦稅，方氏也以商鋪不在本地為名，只繳納些許地盤金而已；至於關稅，則由於其時無力在荒僻大江設防查商，而只能在陸路設關，只走險峻水路的方氏更是無須繳納。也就是說，方氏入秦百餘年，賦稅實際上都繳給了齊國與中原設店之國，對丹穴根基之地的秦國，恰恰是無甚黏連的兩張皮。加之方氏一族醉心掘丹神業，與外界極少往來，對天下大勢之變化也是不甚了了。有此諸般原因，方氏老族長在丹穴城堡接到秦國水軍的徵召令時，操著齊語傲慢地笑了：「俺非秦人，憑何徵召？秦國打仗得靠山東商賈麼？不去。」

水軍司馬急報統帥白起。冷峻的白起大感意外，秦人聞戰則喜，精壯爭相入軍，百工踴躍應徵，素常只為裁汰犯難，幾曾有過拒絕徵發之事？詢問了方氏大致情景，白起親自到了郡守官署，冷冰冰話語擲地有聲：「秦無法外之民。方氏居秦百年，採我丹砂，用我民力，多逃賦稅，實為不法奸商。郡守寧無視乎！」

其時，巴蜀兩郡皆由蜀侯嬴輝統領，巴郡郡守正是嬴輝親信。嬴輝本是秦昭王的第三個王子，因與安國君嬴柱爭太子失利而被派任蜀侯；心下耿耿，遂有心接納巴蜀強豪富商以圖將來自立。巴郡郡守奉命行事，對方氏一族只是籠絡，從未有過依法監督之舉。然今日白起震怒，巴郡郡守大起恐慌，連夜祕密飛報了蜀侯嬴輝。嬴輝深知白起剛嚴善戰，且得宣太后、穰侯與秦昭王之鼎力支持，自己雖是侯爵王子，然若以輕法之行抗拒，按照秦法不用上報咸陽，白起以上將軍之權力便可將他拘押問罪。權衡之下，嬴輝對巴郡郡守只有一句回話：「但以國法行事，毋再報我。」

三日之後，方氏老族長被依法處斬。郡守明諭方氏：「在巴水手一律入軍，在外水手月內召回入軍；罰金十萬，抵歷年逃稅之數；逾期不行，舉族沒為刑徒！」

遭此大變，方氏舉族震驚，一時大亂。

其時老族長的公子正在中原奔走經營，身在丹穴城堡的其餘庶出公子又皆少不更事，唯有一個少婦算得正宗嫡系人物。此人正是公子正妻、年僅二十歲的玉天清。方氏有族規：巴蜀女可妾不可妻，嫡子正妻必娶之罘海女。這玉天清正是齊國之罘島區的漁家女子，族操海業，以「海」為姓，人呼海清女。海清女貌美聰慧，有膽有識，少女時便被海濱漁獵族呼為海神女。一年，方氏之天主方士突發神諭：方氏第九代嫡子當以海神女為妻，此子之氣已現之罘，稍縱即逝，著速成婚以鎮方氏之厄！方氏老族長立即惶惶奔赴之罘海濱，終於尋覓得十七歲的海清女，為被自已定為身後掌事人的次子完婚。

方氏為方士世家，成婚之法大是特異：凡天意鎮厄之女，須在婚禮之後處子三年，始得合巹。有此族法，十七歲的海清女雖已結髮開臉，卻依舊是亭亭玉立的少婦處子。夫君天下奔走，海清女獨守清幽山水，給自己取了個名號，叫作玉天清。漁女多奔放，玉天清卻是沉靜異常，每日只在族長書房裏助處置商事，終日無一言，理事卻從無差錯。老族長嘗對執事們感喟言之：「此女若為男子，俺方氏必當稱雄天下也！」

變起突兀，族人執事們惶惶聚來，一口聲要玉天清決斷是逃是留。玉天清幾乎沒有絲毫猶豫，當即做出了五則決斷：其一，在巴水手每人奉送百金，立即入軍，戰後再回商社；在外水手月內無法歸來，立即派一得力執事出江入楚，重金招募等量水手充做方氏水手入軍。其二，罰金多納十萬，二十萬金立即繳納官署。其三，接連放出三隻信鴿，急請公子回巴理事。其四，老族長就地簡葬，不得依舊例運回齊國大肆鋪排。其四，舉族如常守業，凡有脫逃者立即沉江處死。末了，玉天清一字一頓道：「秦國正在如日中天，逃匿天邊也是滅族之禍。方氏疏秦，絕非長策，若不改弦易轍，我族無立足之地！」

寥寥數語，精於商道的方氏族人無不悚然警悟，異口同聲擁戴玉天清主事。一番有條不紊的鋪排，方氏一族終於沒有做鳥獸散。便在此時，卻傳來了一個驚人消息：匆忙返程的長公子在雲夢澤突遇巨浪吞舟，公子與十六名衛士隨從無一生還。

玉天清沒有一聲哭泣，一身素服召集族人，似淡漠似肅穆竟隱隱然有天主方士之象，淡淡緩緩道：「方氏俗族有今日，天意也。族人若信得海清女可鎮厄興族，便留下與我共守祖業。否則，分了財貨庫金各自謀生。海清女與族人均等分財，絕不以嫡系多占一錢。」

此言一出，族人感喟唏噓，一時默然無對。十幾位族老一番計議，公推一資望最深的族老當場徵詢族人意向。片時之後，族老慨然陳辭：「聚族事大，無鎮厄族長，我族縱聚族守業，也是災禍連綿。海神女若做我族長，我族便聚！海神女若只權宜掌事，我族便散！」族人們也是紛紛嚷嚷，要海清女做族長主事，否則便做鳥獸散。玉天清默然良久，起身對族人肅然一躬：「茲事體大，容我明日作答。」逕自去了。

玉天清之難，卻有一番分說。方氏一族自操持神業，日漸成為商旅望族，幾代下來生成了一套嚴苛的族規，尤其對族長的交接有明確法度：非常之期，嫡長子正妻可為掌事族長；但為族長，終身不得再嫁。海清女雖已嫁與方氏，然終未合巹，尚是處子之身；臨危主事，原也只是出於急難之心，打算只要族人不散，安定之後另舉族長主事；不意族人竟以她為鎮厄神女，舉族執意擁戴，給海清女大大出了一個難題：不做族長，方氏立散，百餘年丹砂巨商就此化為雲煙；若做族長，則要終身守寡，滿腹情愫將成一世磨難……那一夜，明月高懸，城堡深處的竹樓上，處子少婦玉天清一直癡癡佇立到東方發白。

清晨卯時，族老執事們紛紛聚來決事廳。玉天清只對著族老們淡然一笑，對著族長座案肅然一躬，便走上了已經被歷代族長踩出深深腳窩的六級石板臺階。商社總事與執事們請示日後對秦國應對之策，玉天清道：「入秦籍，守祖業，散財貨，固根基，祕密拓展中原商事。此為我族日後方略。」族老執事們大是驚愕，不約而同地憤然嚷嚷，萬事好說，唯獨不能入秦籍。玉天清冷冷道：「方氏久事神業，閉目塞聽已有八代，族人業已不知天下大勢為何物也。方氏若得遠圖，便依我方略，否則，巴山丹穴便是舉族葬身之地。爾等好自為之。」說罷起身便走。族老執事們慌忙一齊拜倒，請議一日而後決斷。

祕密計議中，玉天清申明了族老執事們根本沒有想到的一點：秦國越來越強，六國越來越弱，藉此關節成為秦人正當其時；唯其成為秦人，方氏才能藉強國之力席捲山東商社；若不為秦人，則只能以異地小丹穴為業，富則富矣，王天下之商卻是春秋大夢也。族老執事們頓時恍然，大是感奮，同聲擁戴玉天清方略。暮色時分，諸般鋪排已經籌劃妥當，執事們立即開始忙碌。

巴郡郡守向白起與蜀侯稟報了方氏情形，白起念及方氏水手全數入軍又甘願倍出罰金，非但不再追究，且請准咸陽賜方氏新族長初爵兩級。賜爵王書到達之日，玉天清率族中族老執事大禮迎出，接書後鄭重地向特使申明：方氏居秦數世，實是老秦之民，自今願棄客商之身，入秦籍，為秦人，諸般賦役與國人同等。特使回報咸陽，宣太后破例下書：「方氏為秦人，秦始有大商矣！免方氏徭役，賜爵兩級以示褒獎。」於是，方氏化入秦國，成了有第四級不更爵的秦商。

方氏變身大獲成功，玉天清從此走上漫長的商旅生涯……

豁達的呂不韋第一次不能成眠了。

如此一個寡婦清，此刻在中原還是在巴蜀？是否還在暗中關注著秦國朝局，關注著呂不韋？雖入秦籍，寡婦清終是齊人，還有事秦之心麼？諸般心思紛至沓來，呂不韋終夜輾轉反側，清晨剛剛矇矓睡去，卻聞外廳急匆匆腳步輕悄悄話語紛雜交織，霍然離榻坐起：「莫胡，有事麼？」莫胡輕盈飄進寢室低聲說了一句，呂不韋立即下榻出了寢室，大步匆匆來到了書房。

一支熟悉的寬簡工穩地插在案頭筆架的中央！

幾乎沒有絲毫猶豫，呂不韋決意會見這個神祕人物。按照寬簡上刻畫的路徑圖，呂不韋的垂簾輜車於暮色降臨時終於來到了咸陽西南的豐京谷。這片山水並不陌生，當年華月夫人的歷歷往事還時常依稀浮現在呂不韋心頭。到得那座巨石碼頭，呂不韋吩咐馭手與兩名隨行劍士留在岸邊，自己只帶著扮作童僕的莫胡上了山道。在一片松林入口處，兩名黑衣人正在等候，驗看了寬簡，領著呂不韋進了林木荒莽的豐京廢墟。

明亮的燈光閃爍在一片茅屋庭院。呂不韋記得，那正是華月夫人曾經的快樂居所。進得庭院，兩名黑衣人在茅屋門外站定，廊下燈影裡一名少女恭謹地將呂不韋引進了茅屋。呂不韋當年曾經是營造密室的高手，一進門便看出這茅屋絕非其質樸外觀那般簡單——寬闊敞亮，重簾疊帳，顯然是入深極大，一直通到了背後的山崖山洞亦未可知；腳地鋪著厚厚的彩織地氈，任你身如山嶽也沒有絲毫聲息。呂不韋依著少女手勢，從容在東首案前落座，莫胡站在了身後。另有一少女捧來煮好的鮮茶。呂不韋方啜得兩口，卻聞身後莫胡猛然一聲喘息，驀然抬頭，心下不禁一跳！紫紅的大屏後悠然轉出一道黑柱——身著一領黑袍，面垂一方黑紗，正一動不動地佇立在對面座案前。

「文信侯老矣！」略顯蒼老的女聲喟然一歎。

「清夫人別來無恙？」呂不韋不期然漾出了當年的滿面春風。

「今日不速之請，得文信侯撥冗赴約，玉天清先行謝過。」黑衣人微微一禮坐回到了對面案前，「文信侯治秦有方，老身時常感喟於心，惜乎無由得訴也。今日之約，略表寸心而已。老身一生無空言，亦望文信侯坦誠相向，毋得虛與周旋。」

「不韋謹受教。」呂不韋慨然拱手，「清夫人商道滄桑五十餘年，亦曾救國於急難之時，不韋素來敬佩，卻無由酬謝，心下慚愧久矣！」

「區區之舉，文信侯幸勿上心。」

「私恩身報，國恩功報。受恩無報，此不韋之不安也。」

「文信侯心有疑團，但說便是，無須以愧疚表疑。」

呂不韋原本欲引得神祕的寡婦清自己說出關注他的動因，不意這個老夫人洞若觀火，又要他明白說話，思忖遮掩不得，一拱手坦然道：「不韋心下不明者唯有一事：夫人何以時時關注不韋行止，總在急難關節處現身襄助，縱無所圖，亦有因由，盼夫人明告。」

「也好，老身說。」玉天清悠然一笑，「文信侯為商之時亦曾稱雄天下，當知商旅所盼者，官府重商之法度也。邦國重商，則商賈興。邦國賤商，則商賈亡。秦國固強，然法度賤商卻是天下之最。文信侯秉政，漸開寬政之風，漸行農商並重之道，誠天下大幸也。老身既為秦商，不該助一臂之力麼？」

默然良久，呂不韋慨然一句：「夫人遠見，過我所望也。」

「且慢。」玉天清輕輕叩案，「老身也有一己之求。」
「夫人但說。」
「我有一族侄，欲入仕途，欲託你門下。」
「國家求才，此事何難。」
「好。日後但有持『清』字簡投你者，便是我侄。」
呂不韋點點頭，略一思忖道：「夫人，不韋亦有一請。」
「兩座館所，百萬金，無須你請。」
呂不韋搖搖頭：「不韋此請不成，寧不受援。」
玉天清顯然一怔：「文信侯……可是要老身示以真容？」
「不情之請，夫人見諒。」
「天意也！」玉天清粗重地歎息了一聲，「你擔國政，不受疑人之援，該當。」說罷一揮手，兩名侍女退到了大屏之後。呂不韋回頭一瞄，莫胡也輕步出門守候去了。玉天清一抖黑絲大袖，一雙纖細豐滿白如凝脂般的手搭上了髮冠，隨著一頭烏雲般黑髮散下，垂面黑錦倏忽落地，一張帶著血紅傷疤的醜陋面孔在燈下煞是猙獰可怖！
「夫人能否見告……」呂不韋聲音有些顫抖。
那雙絕美的手又緩緩抬起，不知如何在頭上一繞，黑冠黑絲依然故我，似乎一切都沒有發生過。「你想知道，我也無須相瞞。」玉天清輕輕歎息了一聲，「要救我族，海清女便要永生做貞女，做寡婦清。留得處子面容，人我皆多不便……」平靜淡漠的話語中滲著一絲細微的沙沙聲，依稀秋夜蒼涼的細雨。
又是默然良久，呂不韋起身深深一躬，一句話沒說出門去了。到得庭院門口，一個黑衣中年女子從燈影裡走了出來道：「文信侯，咸陽灞上有金庫一座。這是路徑圖。這是入庫寬箇。」呂不韋接過兩樣物事道：「若有要事，如何得見夫人？」中年女子沉吟片刻道：「夫人素來不喜人約，然從來不誤大事，文信侯毋憂也。」呂不韋說聲知道了，一拱手去了。

回到咸陽，呂不韋夜不能寐，在池邊林下轉到月上中天才回到書房，鋪開一張羊皮紙認真地寫了起來——

〈請立懷清臺書〉

臣呂不韋奏：老臣嘗聞：石可破也，不可奪堅；丹可磨也，不可奪赤。今查：巴蜀大商玉天清者，少時入嫁方氏，尚未合巹而夫溺水，又卒遇翁公伏罪，族業分崩在即；玉天清臨難救族，以處子之身繼族長之位，使方氏得入秦籍，巴蜀賦稅與日俱增；疏財好義，多築路橋，常濟急難，山民擁戴其業而不見侵犯，巴山之奉公守法遂成風習；其後，又襄助六十萬金助我商戰，去歲大饑，大舟助糧百萬斛，誠有功於國也！尤令人感喟者，其女五十年守貞未曾改嫁，時已耳順之年，猶處子之身矣！此等心志節操，理當為朝野萬民感念也。凡為天下，治國家，必務本而後末也。所謂本者，務其人也。務人者，貴在彰其節操，若孝行，若守貞，皆當彰榮於國，使民效之也。故此，老臣請立臺祠，以表玉天清之操行，以彰我王大治之道也！此萬事之紀也，我王當行之。秦王五年夏

次日清晨，呂不韋上書依照慣例當即送往王城長史署。當值左長史王綰依照仲父秉政法度，當即將呂不韋上書改寫為秦王王書，並緊急呈太后宮閱過用印，回來後再加蓋秦王銅印，而後立即做為秦王王書頒發丞相府施行；呂不韋的上書與王書底樣，則與當日公文一起呈送秦王嬴政以悉國事。

午後時分呂不韋接到王書，立即在空白處批下：「著官市署會同司空府籌劃實施，建成之日，擇

吉大表。」官市署是丞相府屬官，統管舉國商事。司空府則獨立城府，執掌舉國工程。兩府奉命，次日在渭水之南的灞水柳林中勘定了一座小山，開始了築臺工程。消息傳開，關中秦人紛紛打問寡婦清其人其事。這位巴蜀女商人的神祕故事，便在朝野迅速流傳開來。之後，遂有了一首巷閭傳唱的童謠：「烏氏倮，寡婦清，封君築臺，禮抗千乘。牧長窮山，唯商顯榮，嗟我耕戰，螢螢其功。」

童謠傳開，蔡澤匆匆來到丞相府，力勸呂不韋立即停止建造懷清臺。呂不韋思忖片刻沉著臉問：「綱成君以為，重商必妨農戰麼？」蔡澤紅著臉道：「文信侯事中迷也！不是老夫以為如何，而是秦人如何想頭！尊商重商，與秦國情不合，當審慎為是，逐步化之。操之過急，禍在你我也！」呂不韋正色道：「化秦如同變法，當效商君之堅直方有功效。我政不傷民，何懼庶民一時之怨？商賈與民有功，何惜國家之顯名？遇議則改，持之不恆，為政為法之大忌也。君可反我，切勿以保身之道勸我。」蔡澤一時大急，呷呷嚷道：「你十萬戶侯尚且不懼，我五千戶封君怕個鳥！老夫偏跟你撐著，秦人終不成生咥了兩副老骨頭！」「好！你我雙車共進退。」呂不韋笑歎一句又突然低聲：「以君之才，沒有歌謠麼？」蔡澤恍然點頭，呷呷大笑著去了。

三日之後，又有童謠流傳坊區：「耕者功，戰者功，商者獨螢螢。有國法，有王命，解我年饉者何無功？」此歌在秦中一時傳開，原先的嗟歎童謠漸漸沒了聲息，老秦人爭先傳誦起兩年大饑時的商賈之恩。

原來，自嬴政即位的第三年起，自來風調雨順的關中連續兩年大旱。滔滔渭水幾乎乾了河道，蝗蟲大起，遮天蔽日，夏秋顆粒無收。大半年之後，庶民囤糧十室九空，朝野頓時惶惶。秦法不賑災，呂不韋的丞相府只有依靠暗中拋出庫金壓低商市穀價來救一時之急，然若沒有大宗糧米進入關中，再撐得半年勢必會有民眾大量逃亡。呂不韋緊急召見尚商坊的山東商賈，一則激勵一則請求，期盼六國商旅設法解秦國燃眉之急。然六國商賈已各接本國密令，不許向秦國運糧。咸陽之六國商賈所能做者，也就是平價甚或低價賣完現有存糧而已，顯然無法從根本上緩解饑荒。正在呂不韋決意冒險開啟關中兩座穀倉之時，潼關渡口傳來急報：一支無名船隊滿載稻穀停泊於河口，因渭水枯涸無法進入航道，請派牛車五千輛運載入秦。呂不韋大喜過望，親自帶著一班吏員兼程東來，到達渡口之時，船隊主人卻已不在，水手班頭只有一句話：「我家主人賣糧於秦，三年後收金便是。」遞上一支寬簡，便沒了言語。呂不韋感慨萬端，情知尋覓無著，只有連夜卸船運糧，立即向各郡縣分發。

秋冬稍安，開春之後又是旱象依然，眼看夏種無著，秦國朝野又蒙上了一層厚厚的烏雲。便在此時，北地郡又來急報：一支連綿馬隊南下，烏氏大商倮運糧救秦。呂不韋長呼一聲天意也，又立即親自北上了。未到北地，呂不韋便清楚了烏氏倮的情形。

烏氏者，秦國北地郡之縣名也。倮者，人名也。烏氏倮，便是烏氏的商人倮，人呼烏氏（註：烏氏，亦作烏枝，戰國秦惠王置縣，大體在今寧夏固原之東南地帶）倮者是也。倮族世居北地，代代以畜牧為業。商鞅變法之後，整個河西高原被秦國收回，牧區再也沒有了民眾最怕的拉鋸戰，畜牧蓬蓬勃勃生發起來。及至倮做了族長，倮族之畜牧業已經伸展到了陰山以北，與胡族常相交易了。倮豪俠仗義，善於周旋，與匈奴各部單于交好非常，便在畜牧之外做起了馬商：將中原穀物鹽鐵賣於匈奴，再將換來的草原良馬南下賣於中原各國。數十年下來，烏氏倮財貨劇漲，聲名遍及草原胡族。這年聞故國大旱饑荒，烏氏倮深感秦國之威秦人之身給自己的胡商生意帶來的巨大好處，遂慨然買得大批燕趙糧穀並草原數萬頭肉牛南下救秦。呂不韋接得浩蕩馬牛與數十萬斛燕麥稻黍，感喟之餘力邀烏氏倮南下咸陽盤桓。烏氏倮入咸陽三日，「秦王」一下書封烏氏倮領上卿尊榮，爵位與封君相同，號為烏氏君。也就是說，烏氏倮雖非在朝官員，卻可以名正言順地享受如同綱成君蔡澤一般的儀仗、府邸、衣冠、車馬等等諸般尊榮。在「尊榮必出於農戰」的秦國，商賈縱然有得金山，也不能建造具有貴胄格局的府邸，庭院再大房屋再多，門前也不能有石坊石刻，門額也不能有府邸標記；衣食住行可富不可貴，不得乘坐帶有傘蓋的輜車，只因為傘蓋高低是爵位高低之標識。如此法度之下，烏氏倮爵比封君，可謂石破天驚！

然則，其時畢竟饑荒大作人心惶惶，誰也顧不得去計較這些名位虛事，一時風平浪靜。事過境遷，轉過年來風雨如常饑荒漸去，老秦人眼見懷清臺開工，油然想起此事，不禁有了滿腹牢騷。及至念功童謠出，秦人一番咀嚼品味，感念之下自覺愧疚，也不再計較商賈獲顯榮的事了。

八月秋風起，懷清臺告成。秦王嬴政駕臨灞上拜賀開臺，呂不韋親自宣讀了表彰王書。關中老秦人非但沒有非議之辭，且紛紛趕來拜賀。呂不韋大為感喟，對身旁蔡澤一歎：「民心為天也！天許我化秦，我何懼之有矣！」嬴政見呂不韋慨然動容，遂過來關切道：「敢問仲父，烏氏倮尚有封君之榮，玉天清何故只彰名不封爵？」呂不韋素來不以仲父輕慢君臣之禮，一拱手道：「回覆君上：玉天清高年淡泊，曾言欲貴後人，有族侄可入仕途；容臣考校後論，若有才具，自當封其爵位。」嬴政笑著點頭：「果真此人有才，封他個等同侯爵！」君臣三人一陣大笑。

來年開春，學宮與賢苑兩座館所大體完工，呂不韋頒發手書廣召門客。入夏時節，便有山東士子紛紛來投。呂不韋大為振奮，立即與蔡澤開始籌劃編撰治國典籍事宜。正在此時，太后宮傳來密書，要呂不韋兼程趕赴梁山宮共商國是。呂不韋捧著密書愣怔半日，蔡澤撇著嘴呷呷一笑：「梁山之夏，快活於咸陽多矣，公何遲疑哉！」說罷搖著鴨步逕自去了。

望著蔡澤已顯蒼老的背影，呂不韋不禁沉重地歎息了一聲。

六、幽幽梁山　乃見狂且

空守西時，太后趙姬實在是急不可待了。

咸陽西北百餘里，有新老兩處宮室，古堡西畤與梁山夏宮。西畤，是秦人立國的第一座都邑，實則是在山地河谷裡用大石原木搭建的一座簡易城堡而已。五百年前，周平王封秦人為東周開國諸侯，地盤是周人的老根——關中之地。封國時周平王說得明白：「戎狄奪我故土，毀我豐鎬兩京。秦能驅逐戎狄，即有其國也。」也就是說，地盤雖好，卻不現成，要秦人從戎狄手中一寸寸去奪。其時，秦人草草建城的全部用途只有一個，做與戎狄連年激戰的大本營。悠悠五百餘年過去，距離谷口大道十里之遙的西畤都邑已經被歲月侵蝕成了山谷中一座人跡罕至的小小石頭城，若非是秦人第一都邑而有官府時不時修葺維護一番，只怕早是廢墟了。過了西畤十多里，是秦昭王時建造的夏宮古邑。

夏宮所在的這片山地叫作梁山（註：梁山，秦國宮室所在地，在今陝西乾縣，亦是後世唐高宗與武則天之陵墓），是咸陽西北方向的第一道山地。後世《陝西通志・山川》云：「梁山高三百七十四丈，周九里，廣二里。正南兩峰相對，直北一峰最高。東與九嵕（山）比峻，西與五峰相映，南與太白終南遙拱，為一方大觀。」梁山兩峰正在一片高地之上，幾道河谷草木蔥蘢溪流多出，有草有水可進可退，堪稱占盡兵家攻守之地利。久在隴西山地血戰求存的老秦人，當年將這裡做為攻占關中的大本營，實在是獨具慧眼。及至關中成為秦國腹地，梁山便成了靠近咸陽的北部最佳消夏之地。較之於偉丈夫一般的巍巍南山，梁山是柔美的處子——山不峻絕，道不險阻，水不湍急，林不荒莽，習習谷風搖曳山野草木，直如佳麗之喁喁低語。因了如此，晚年的秦昭王才在梁山河谷建造了一片庭院，名為夏宮，每年酷暑總要在這裡住上一兩個月，風高水急林荒道狹的南山章臺倒是很少去了。當然，最要緊的還是梁山近便，飛騎軺車片時可達咸陽，奮夜有事說走便走，誤不了任何軍國急務。也正是因了這種便利，數十年後成為始皇帝的嬴政大肆擴建了梁山夏宮，梁山宮始成赫赫之名，這是後話。

趙姬最喜歡的，是梁山的秀美嫻靜。只有在梁山，趙姬才能依稀找見少女時熟悉的莊園日月。邯鄲山川是粗糲的奔放的熱烈的，那漫山遍野的胡楊林永遠是燕趙山川的旗幟。無論是一片金紅，無論是一片粗綠，甚或是一片枯紅的沙沙落葉，都彌漫著一種乾爽一種凜冽一種令人心志煥發的天地生氣。來到秦國關中，她最感不適處是夏日的濕熱。第一年入夏，嬴異人特意陪她去了章臺，可她卻在那裡似病非病地臥榻了整整三個月。嬴異人大為不解。她說，章臺山陰太重，冰涼到心，打不起精神。於是，第二年夏日來到了梁山，她竟一直住到了第二年入夏，若不是嬴異人病勢沉重，她還是不想回咸陽。異人詫異。她說，梁山疏朗，西畤古遠，人心舒坦。自此年年來梁山，除了年節、啟耕、祭天、大朝等需要王后出面的大典，她幾乎釘在了梁山。後來，趙姬專諭王室工室丞，在西畤古堡旁的樹林中另建了一座庭院，取名西苑，與梁山夏宮輪換來住。夏夜谷風習習星河如洗，獨立樓頭百無聊賴，她便前半夜在夏宮，後半夜到西苑，奔波得不亦樂乎。

說來自己也不明白，趙姬實在不喜歡咸陽這座皇皇大都。既厭煩永遠都在耳邊喁喁唧唧的市聲，也厭煩周邊永遠都流淌不完議論不休的種種消息，更厭煩議國議政時大殿一片黑壓壓的冠帶衣履與一個個銳聲刺耳的激烈論爭。幾次夢魘，這座皇皇大都化成了汪洋大海，鼓著巨浪將她如沙石樹葉般吞沒！一身冷汗醒來，她竟不知自己身在何處。嬴異人死後，她幾次想離開咸陽重回趙國，去尋覓少女時的自由歲月。每當她要脫口而出時，每每都被身邊侍女的一聲太后驚得一個冷顫。是啊，她是秦國太后，而且是秉政太后，除非暴死，她能走得脫麼？整日抑鬱恍惚，她不知不覺地常常在王城夢遊了。一夜，小內侍趙高在王城唯一一片胡楊林中看見了只一方蟬翼白紗一頭散亂長髮的太后，嚇得頓時癱在了林邊。次日，已經是秦王的兒子嬴政帶著太醫令前來覲見，診脈後的太醫令背著她對兒子低聲說了片刻，尋常聲稱自己離不開母后教誨的兒子，才終於將她專程送到了梁山。

咸陽宮的那片胡楊林，恰恰是呂不韋在王城的理政署。

重到梁山的第三日，呂不韋來了。雖然帶來了一大堆急待處置的國事，呂不韋卻一件也沒有說，只是陪她默默地對坐著。趙姬也是一句話不說，只低著頭時不時一聲斷腸般的歎息。從正午坐到暮色降臨，兩人誰也沒有動得一動，誰也沒有說得隻言片語。掌燈之時，趙姬不經意瞄了呂不韋一眼，心頭不禁猛然一抖。豆大的淚珠正從那張熟悉而陌生的蒼老面容上滾落，呂不韋緊緊咬著牙關，兩腮抽搐得中風一般……臉色蒼白的趙姬輕聲摒退了侍女，走到了呂不韋身邊，輕柔地摟住了那顆鬢髮斑白的頭，雪白的汗巾蒙住了那張淚水縱橫的臉。猛然，呂不韋抱住了她瑟瑟抖動的身軀，那股力道幾乎要使她窒息過去……

那一夜之後，她才明白了自己真正的渴求。

自此，呂不韋每月必來。後來，便有了一道秦王王書：每月月末三日，為太后丞相會政之期，舉凡本月國事，務必在月末三日前理清待決。趙姬笑呂不韋畫蛇添足。呂不韋卻說：「政有政道，畢竟需得有個說法。」趙姬卻說：「你愛蛇足便蛇足，左右不許丟開我。」說罷便抱住呂不韋忙碌起來。雖然呂不韋體魄壯碩，卻總是莫名其妙地時不時萎縮不舉。無論趙姬如何殷切勤奮熱汗淋漓，呂不韋只木然望著帳頂渾然無覺，那初始曾經的雄風也總是渺渺無期。在兩人興味索然地疲憊睡去之時，呂不韋卻往往在更深酣睡之中突然挺進，她那灰色的夢頓時一片火海一片汪洋。清晨遊山，趙姬紅著臉嘲笑那物事患的是五更瘋。呂不韋皺著眉頭一聲粗重的歎息：「你太后也，我丞相也，秦王日長，如此終非常法也。」趙姬咯咯笑了：「太后丞相不是人麼？當年宣太后私通朝臣幾多，誰說甚來著。秦王再大又如何？我正尋思，待他親政，我便再嫁給你這丞相。」那一刻，呂不韋臉都白了，愣怔間勉力對她笑了笑，昭妹莫任性，此事還是容我三思，總得有個妥善出路才是。趙姬聳眉立目，妥善個甚？索性你我辭國，做范蠡西施泛舟湖海，強如教這沉沉冠帶活活絞死！呂不韋默然無語，直到離開都沒有再說一句話。

那次以後，呂不韋已經大半年沒有再來了。

每次派親信回咸陽敦促，呂不韋都有千百個實在不能前來的理由。趙姬一次又一次地體諒了呂不韋，一次又一次地告誡自己且莫任性，當設身處地為他著想，要呂不韋既全力輔佐自己的兒子，又悉心做自己的夫君，畢竟難為他了。然則，無論趙姬如何在心中為呂不韋開脫，已經重新燃燒的肉體卻由不得自己。夜來輾轉反側吞聲飲泣，白日茶飯不思恍惚如夢。為了不使自己再度陷入夢遊，她每日夜半騎馬，從夏宮飛馳西苑，又從西苑飛回夏宮，直至折騰得自己疲憊地倒下。幾個月過去，一日不意攬鏡，她竟被鏡中的自己嚇得尖叫起來——兩鬢絲絲銀髮，一臉密密褶皺，蒼白的瘦臉直如老嫗！她哭了，整整哭了一日一夜，為了上天對她的折磨，為了命運對自己的欺騙。分明是生就的嬌媚女兒身，上天卻教她每每久曠。當年因了呂不韋的冷漠，她嫁給了火焰般燃燒的秦國公子嬴異人。可這叢火焰只燃燒了短短半年，又倏忽飄逝了。多年之後，當她帶著兒子嬴政被隆重接回秦國時，昔日的火焰竟莫名其妙地熄滅了。當年公子做了秦王，卻沒有了她日夜夢想的凜凜英風，她期盼他對她能如當年那般任意肆虐。可一切都是夢幻，嬴異人不可思議地變成了一個臥榻病夫，只能時不時撫摩著她焦渴的肉體，擠出一絲難堪的笑來。呂不韋的不期到來，非但圓了她少女初情的夢，更點燃了她奄奄一息的欲念。終於，她綻開了豐盈旺盛的生命之花，倏忽又變成了一個豔麗的絕代美夫人。侍女歆慕，朝臣驚歎，她更是快樂得幾乎要醉了……然曾幾何時，這一切竟眼看著又將成為一場夢幻。在瘋狂地用藥杵砸著銅鏡的時候，她突然明白了，她一生的命運磨難都是因呂不韋而起。呂不韋逼她嫁給了嬴異人，第一次拋棄了她！呂不韋喚醒了她的垂死靈魂卻又置之不理，第二次拋棄了她！夢而又夢，碎而再碎，不是呂不韋卻是何人？那一刻，她橫下了心，要召呂不韋來說個明白：或她再嫁呂不韋，或兩人辭國隱居，否則她便與呂不韋同死同葬！

做好了一切準備，也派出了親信信使，呂不韋依然沒來。氣狠之下，她第一次動用太后大印，下書呂不韋前來議政。

下書三日，呂不韋派書吏送來一信，說正在為她物色一宗可心大禮，不日即到，要她平心靜氣等得幾日。書吏還帶來了呂不韋親自為她配製的一箱安神清心草藥，備細寫了煎服之法，其情殷殷，躍然紙上。趙姬又一次心軟了，凄然歎息一聲，滿腹怨恨又化作了刻骨銘心的念想。

這次呂不韋倒是沒有泥牛入海。一月之後，呂府的女掌事莫胡到了夏宮，給趙姬帶來了三車茶酒衣食與各種器玩，也帶來了呂不韋的關切之心。趙姬雖是太后，一應物事可說應有盡有，然則在精於器物的昔日大商呂不韋送來的這些絕世佳品面前，也是嘖嘖稱奇愛不釋手。莫胡是個極其可人的女子，雖然已經年逾三十，卻有著少女難以比擬的風韻，更兼聰慧過人見聞多廣，一日間便與趙姬處得姊妹一般。趙姬原本無視法度厭惡威嚴，得遇如此可心女子，又是呂不韋身邊之人，親昵之心油然而生，夜來拉著莫胡同榻並枕抱在一起說話，說得最多的自然是呂不韋。越說越入港，趙姬揪著莫胡耳朵悄悄笑問：「小妹可是他的人了？」

莫胡紅著臉將頭埋在趙姬胸前咯咯笑道：「小妹原是他買的女奴，能不是他的人麼？」趙姬又問：「目下他還要你麼？」莫胡羞澀道：「夫人月紅時有過兩次，只摟住我睡，做不得事。」趙姬問：「是病麼？」莫胡連連搖頭：「我敢問麼？我只悄悄說給了夫人。夫人笑說，不行近半年了，才曉得，預備著與老姊姊守活寡便是了。我問何不找太醫診治，夫人說藥都服了幾個月，甚動靜沒有，連清晨尿勃也沒有了，只怕是真不行了。姊姊你說，為甚恁般厲害一宗物事，說不行便不行了？」趙姬聽得心頭怦怦直跳，心下直悔錯怪了呂不韋，莫不是自己太瘋，他能好端端塌架了？

盤桓幾日，夜夜親昵，趙姬與莫胡幾乎是無話不可說了。這夜說得熱鬧，趙姬問莫胡經過幾個男人？莫胡說兩個，「姊姊幾個？」趙姬說也是兩個，說罷一聲歎息：「你說，男人物事莫非都是這般不經折騰？」莫胡咯咯直笑，「不曉得不曉得。」笑得一陣恍然欲言，卻又笑得趴在了趙姬大腿根兒。趙姬大奇，擰住莫胡嫩白的臉蛋兒要她說話。莫胡一邊討饒一邊吃吃笑道：「姊姊可知，男人物事能有幾多大幾多硬麼？」趙姬噗地一笑，向莫胡的臉打了一掌道：「明知故問！說，你見過多大多硬物事？」莫胡吃吃笑著講述了一則奇聞——

那日，莫胡去渭南賢苑送藥，呂不韋不在書房，等候之時她起了睡意。正在朦朧之際，一陣喧譁笑語加著連聲驚歎突然從庭院林下暴起。莫胡睜開眼睛走到窗下望去，頓時心下突突亂跳！一個生著連鬢大鬍鬚的壯偉後生赤裸裸挺立在人圈中間，一個車輪正在圍著他飛轉，那車軸孔中的物事竟是一根巨大的紫黑色的陽具！莫胡眼力極好，眼看那支陽具青筋暴脹勃勃聳動，便知絕非虛假障眼的方士法術。待車輪靜止，那支硬得不可思議的陽具還將軸孔嘭嘭敲打了幾下，才聽得一個帶著胡腔的粗厚聲音大笑了一陣，「如何？這是在下絕技，誰個敢來一試？」正在此時，眾人哄笑著紛紛散去。莫胡一看，原來是呂不韋匆匆來了，連忙便倒在書案上睡了過去。

趙姬蒼白的臉紅得晚霞一般喃喃自語：「那廝胡人？有名字麼？」莫胡咯咯直笑，「此等奇人偉丈夫，我也上心哩，悄悄一打問，一個新來門客，名字忒怪，叫作？對！叫嫪毒！」趙姬笑著在莫胡的雪白豐臀上連打幾掌，「偏你有眼福！還能記住如此一個怪名字！哪兩字？寫來！」莫胡笑叫著連呼遵命，在趙姬的肚皮上寫畫起來：「姊姊，記住名字管甚用？一飽眼福才叫奇觀。」趙姬幽幽一歎：「我不若小妹，這梁山是我終生牢獄也。」莫胡爬上來摟住趙姬在耳邊吃吃笑著說了一番，末了笑問一句，「姊姊，我這謀劃如何？」趙姬不禁面紅過耳，親昵地將莫胡攬在了懷中笑道：「若有如此一個玩物，小妹也來消受一番。」莫胡連忙笑叫著爬開，「不敢不敢，莫胡見了那物事發暈，小命要緊也。」趙姬一把扯住莫胡長髮騎到了莫胡那滑膩豐腴的背上，一邊捶打一邊笑叱：「教你個死妮子小命要緊！偏姊姊命賤麼？」莫胡笑得上氣不接下氣：「姊姊池深，命大。小妹太淺，只怕那物事溺得一泡，也要淹死人哩！」趙姬不禁咯咯長笑，一時心旌搖動身子大熱，驟然一股熱流噴出軟滑在了莫胡背上……

盤桓了旬日，莫胡還是回了咸陽，趙姬又開始了彷徨焦慮。

又是月餘，時當春尾夏頭，正是梁山不冷不熱最為舒適的陽春之季。這日午後，一支馬隊牛車轟隆咣噹地到了夏宮。趙姬正在山坡跑馬，遙見車隊馬隊，以為必是莫胡到了，連忙一馬飛回，在莊園南門恰恰截住了前來車馬。迎頭參拜者卻是已經白髮蒼蒼的給事中（註：給事中，內侍官職，執掌王宮內部事務，也是內侍總管）。趙姬頓時興味索然，轉身逕自回了寢室。隨即莊園內外進出腳步匆匆，趙姬情知又是王城依例送來了過夏物事，也懶得理會，進浴房沖涼去了。換好乾爽衣衫出來，趙姬鬱悶未曾稍減，正要吩咐掌事侍女備車去西苑，給事中蒼老的聲音傳了進來：「老臣請見太后。」

雖則心下厭煩，趙姬卻也明白這是法度，她不在那方羊皮紙上用印，臣工無法回王城覆命。冷冷一聲答應，老給事中腳步輕悄地到了廳中。趙姬漫不經心地一指書案道：「印在玉匣，自己用。」老給事中恭謹地蓋好了太后大印，卻只向羊皮紙上哈著氣不走。趙姬皺起眉頭：「路上去呵，我要去西苑了。」老給事中連忙躬身低聲道：「老朽受呂府女掌事之託，給太后帶來了一宗物事尚未交接。」

趙姬淡淡道：「她倒託大，自己為何不來？」老給事中連忙道：「太后明察：渭南兩院門客大滿，終日論戰。女掌事說，文信侯教她去襄助料理，入夏有了頭緒方得分身。」趙姬一笑：「也罷。甚個物事？」給事中道：「一輛轀車，一個內侍。」趙姬不禁又氣又笑：「乖張也！梁山內侍二十餘，要那物事何用？還不如送一隻狗來。」給事中連忙搖頭：「不不不，太后容老朽稟明：這個內侍，本是文信侯女掌事親為遴選，言其多才多藝，使人不亦樂乎。為太后頤養天年，女掌事特意知會老朽，依王城法度行淨身之術，而後進獻太后為樂。」趙姬沒好氣道：「也罷也罷，左右一隻活物，來便來也。」說罷回轉身喚進守在門廊下的中年侍女吩咐，「你且去隨給事中將車接了，隨我軺車趕往西苑，看這活物能給我甚個樂子？」

待給事中的車馬離去，趙姬自己駕了軺車快馬上道。但住梁山，她素來都是自己駕車自己騎馬，從來不要馭手駕車。也只是在車馬飛掠山林之時，她才依稀有得些許少女時的奔放情境，心緒也才略微有些輕鬆。自與莫胡盤桓旬日，她的心又被一個荒誕的夢燃燒起來，焦渴地期盼著可人的莫胡能給她一個真正的聞所未聞的奇觀，也不枉了這天生的女人之身。不想這個莫胡如此掃興，竟給她送來了一個淨身內侍，虛應故事還說能使人不亦樂乎，當真豈有此理！看來還得召呂不韋來梁山，要再不來，她便親回咸陽與兒子嬴政理論，逼也要逼得他贊同她嫁給呂不韋；呂不韋若是推辭拒絕，她便親登丞相府，大張旗鼓地與陳渲住在一起，看你個呂不韋如何處置？心之將死，身敗名裂又怕甚來……

「太后勒馬！西苑到了。」

若非身後飛騎侍女銳聲一呼，趙姬的青銅軺車便要衝進荒莽的山林了。待車馬徐徐勒定，趙姬馬鞭一指：「上山！」飛車衝上了西苑旁綠草如茵的山坡，趙姬下車搌拭著額頭細汗吩咐道：「擺我趙酒，都來痛飲一回。」侍女掌事過來悄聲問：「那個活物在車中直喊饑渴，如何處置？」趙姬冷冷道：「狗！將他下來，丟他一根骨頭一盆水了事。」

待一方大氈在草地鋪開酒肉擺置整齊，兩個小侍女偎著趙姬品啜凜冽的趙酒時，侍女掌事帶過來了一個黝黑偉岸的漢子，一身內侍黑衣，三寸布冠軟塌塌趴在一頭散髮之上，臉膛光溜溜紅赤赤猶如剛被滾水燙過的新豬一般怪誕。趙姬不禁看得噗地一笑：「一副好身板，只可惜沒了物事也。」兩個小侍女偎著趙姬笑作一團。突然，一個小侍女驚訝叫道：「喲！太后快看，生拔鬍鬚也！莫怪臉紅得鮮豬一般！」另個小侍女紅著臉咯咯笑了起來：「莫如也生拔了頭髮，活脫脫一頭黑豬也！」

「豬便豬！老爹要酒肉！」壯漢猛然一聲大喝。

哄的一聲，趙姬與幾個侍女笑成了一片。侍女掌事笑得彎了腰：「喲！豬火氣滿大也！先下得那排滿肉大骨頭，喝得那盆清水再說酒肉了。」壯漢嘟囔一句，只要有得咥，一排骨頭算個鳥！說罷兩腿大叉開小山一般坐在兩只大陶盆前，撈起大排骨狼吞虎嚥。趙姬們一爵酒還沒啜完，壯漢手中的大排骨已蕩然無存。趙姬們一時屏息，只見壯漢又將盛滿清水的大陶盆高高舉起，一注急流朝著那張大嘴灌了下去，也不見壯漢吞嚥，急流忽忽入腹，片刻間大陶盆清水一滴不出了。

侍女們驚愕地笑叫起來：「呀！海龜飲川也！」

趙姬也笑了：「小子倒是本色，叫甚名字？」

「俺叫嫪毒！說了也白說！」

「為甚來？」

「女人都是笨豬，記不得俺這帶毛女人半毒豬！」

嘩啦一聲，侍女們又是噴聲大笑，分明是酣暢極了。這個被人罵作豬狗或罵別人作豬狗皆不在乎的壯漢，卻能將自己的名字拆解為「帶毛女人半毒豬」，至少不是一個真正的笨漢，明而粗，惠而猛，幾是妙不可言也。心念及此，趙姬咯咯笑罵道：「你這黑豬，忽而秦聲，忽而齊語，豬頭豬腦卻分明一個胡奴，小子究竟何國人氏？」壯漢昂昂道：「俺嫪毒，生在陰山，長在之罘，老根卻在秦國！你老姊姊說，俺嫪毒何國人氏！」說罷又不勝沮喪地兀自嘟囔一句，「說也沒用，女人都是笨豬。」侍女們又是一陣樂不可支的大笑，誰也沒覺得這是對太后的冒犯。侍女掌事一巴掌打落壯漢頭上軟塌塌的布冠笑問：「你個笨豬，可知道送你到此為了甚來？」壯漢依然一副昂昂然神情：「知道！女掌事說了，給一個貴夫人做榻奴，陪她甚來？對！不亦樂乎！」一個小侍女氣咻咻道：「呸呸呸！榻奴要你麼？黑豬模樣！」壯漢卻高聲大嚷起來：「休說黑豬，給你做榻奴俺嫪毒還不願意，脆得一枝豆芽菜，經得折騰揉搓麼！給你個小母狗說，俺有大本錢！有絕技！只這位老姊姊一盆好菜，配我侍奉！你等幾個，哼哼，配不上！」

哄哈一聲，侍女們又笑又罵又羞又惱，卻對這種聞所未聞的驚人的粗俗無可奈何，除了一口聲罵豬罵狗，一句解氣的話也說不出來。只趙姬笑悠悠打量著這個黝黑粗俗半髒半淨半清半濁似愚似智的後生，心頭竟甜絲絲的。雖然那幾句赤裸裸的奉承是髒污的狎邪的純然肉欲的，卻也是結結實實的，從來沒有從一個男人口裡聽到過的，她本能地相信，這也是真實的。不是麼？做為一個真實的肉體的女人，那幾個嫩豆芽般的小侍女能比她更值得男人享受麼？這頭黑豬倒也精明，真是個折騰女人的高手也未可知。只可惜他被閹割了，沒了那物事充其量也只是個逗樂的活寶而已，莫胡啊莫胡，你倒下得手也。

「你等先回西苑，我聽這黑小子樂樂。」

侍女們嘻嘻哈哈地跑開了。女掌事臨走遞過來一根馬鞭笑道：「這頭豬皮粗肉厚，打他幾鞭定然解氣。」趙姬接過馬鞭笑了：「黑小子，敢教我打麼？」「敢！」嫪毐一把扯開內侍黑絲袍，赫然露出結實黝黑的上身，兩步爬到了趙姬面前，「老姊姊打我是疼我！」趙姬笑吟吟用鞭杆敲敲那黝黑的脊梁，嘭嘭之聲一方石板也似，不禁咯咯直笑：「小子石頭一般，打不動也。哎，你小子方才說甚？大本錢，絕技，都是甚來？」「老姊姊想看麼？」嫪毐嘿嘿一笑，猛然翻身直跪在趙姬面前，一扯腰間大帶，一支巨大的物事直撲趙姬眼前！啊喲一聲尖叫，趙姬軟在了嫪毐腳邊。

「還有絕技，老姊姊！」

「走……」趙姬面紅耳赤地閉著雙眼，兩手軟軟地推著。

「走個甚來？俺侍奉老姊姊絕技！」嫪毐兀自嘟囔著，粗大的臂膊不由分說攬起了趙姬軟成爛泥的身軀，撕扯開華貴的錦繡，一挺身猛然長驅直入。趙姬痛楚地大叫一聲便昏昏然不知所以了……不知過了幾多時間，趙姬睜開了眼睛，直覺自己渾身酥軟得麵團一般，眩暈得飄悠在雲中一般，噫！燈也亮了？啊！身子下濕乎乎是血還是……猛然，一陣粗重的鼾聲在榻邊響起，啊！這頭黑豬！趙姬要霍然起身撲過去咬斷這頭黑豬的喉嚨，卻變成了軟綿綿滾在一座黑山之上，臉頰緊緊貼住了那粗壯的脖頸，口水隨著粗重的喘息淹沒了毛乎乎的胸膛。「老姊姊醒了，來勁也！」黝黑的一雙臂膊猛然托起白光光的肉體猛然摁了下去，趙姬一聲微弱的呻吟，又被洶湧無邊的潮水淹沒了……

夏天還沒有來臨，蒼白憔悴的趙姬又變成了一個紅潤嬌豔的美婦人，兩鬢的白髮竟神奇地消失了。終日胡天胡地，趙姬沒有了哪怕片刻的獨處，任何事都無暇去想也來不及想。那嫪毒隨時隨地都可能不可思議地將她盡情蹂躪一通，片刻離身，她立即呼呼大睡，往往還在沉沉之中，又被折騰醒來。趙姬第一次嚐到了連作夢也沒有了空閒的疲憊舒暢與忙碌，心下幾乎成了一片空白，只終日搖曳著那宗令她沉迷的物事。立秋那日，侍女掌事稟報說丞相府送來待決公文十多卷，其中六宗要太后用印。她愣怔良久才恍恍惚惚笑了，「噢噢噢，丞相府呀，用便用了。」女掌事問要否給文信侯帶信？她又是一陣愣怔恍惚，「文信侯？噢噢噢，不看我忙麼，聒噪！」女掌事再沒有說話便走了。

一冬窩罷，夏宮太醫照例給太后做開春調理，一診脈驚得半日不敢說話。在趙姬慵懶的嘲笑中，太醫戰戰兢兢地說，太后有了身孕。旁邊女掌事頓時嚇得沒了顏色。趙姬卻咯咯笑道：「女人沒身孕還是女人麼？本后有身孕，又不是你等有身孕，我都不怕你等怕甚來？」

立春時節，趙姬第一次用太后印知會秦王並丞相府：內侍嫪毒，忠勤任事，擢升給事中，等同庶長爵，留掌太后宮事務。三日之後，丞相府發來官印上書，說秉承太后書令，已經將內侍嫪毒之官爵列入俸金，太后毋念為是。然則，王城的秦王兒子卻始終沒有回書。從攝政法度說，封官賜爵之事，不親政的秦王是無話可說的，也就是沒有任何干預的權力。然則，從禮儀人倫說，做為親生兒子的秦王，對母后對身邊寵臣的封賜表以認同卻實在是該當的；不做任何表示，未免太過尷尬了。

趙姬驀然想起，兒子已經有大半年沒有來梁山夏宮做孝行探視了。知道兒子稟性，趙姬心下不禁有了些許忐忑與歉疚。然則一夜之後，盛年怒放的豔麗美婦人又將一切的一切都拋到了九霄雲外，連必須有秉政太后參與的春耕大朝會都忘記得乾乾淨淨了。

第十三章 雍城之亂

一、冠劍將及兮　風雨如磐

嬴政很是煩惱，直覺此等一個秦王實在是曠世窩囊。

自母后長住梁山，倏忽三年過去，他已經二十歲，做秦王已經七年了。三年之中，國事尚算平穩。對外，蒙驁王陵一班老將連續出戰山東侵削三晉，小勝連連，先後奪得三十餘城，新設了東郡；其間，趙魏韓楚拉著衛國做成了一次五國聯兵攻秦的小合縱，攻下了秦國從趙國奪取的壽陵（註：壽陵，亦做壽靈，原趙國常山郡城池，今石家莊市西北地帶），蒙驁親率秦軍大舉反擊，未曾接戰五國聯軍便自行退兵了。內政，文信侯當國，雖有兩次大旱饑饉，終是無關大局，諸事皆有條不紊。漸漸長大的嬴政雖不親政，對用人、決策、實施等諸般實務也是概不過問，然卻時時關注著秦國大勢，身處局外而日日勤奮披閱公文典籍，留心踏勘朝局變化，反倒對國事有了一種超然的清醒的評判。近三年以來，嬴政越來越清楚地覺察到，繁盛穩定之後，一種巨大的危機正在逼近秦國，逼近自己，而他卻無能為力！

最感束手無策者，是對自己的母親。

三年以來，攝政的太后母親發生了太多太多的事情，每一件都教嬴政憤憤然臉紅，卻又無可奈何。最初，精靈般的小趙高悄悄打探得一個消息：送入梁山的嫪毐沒有被閹割，是個假內侍！嬴政黑著臉問趙高如何知道？趙高說，秦王派他去梁山給太后送秋儀時，他見到了嫪毐，一看便知是個假貨。回咸陽後，他私下找一起從趙國來的一個淨身坊內侍打問，那人說，根本沒給此等一個人淨過身。嬴政聽得吞了蒼蠅般作嘔，然夜來一番回味，終是體諒了母親。戰國之世風習奔放，趙秦兩國更是多有胡風，王后在國君死後改嫁或是與大臣交好，原也是尋常之事。母后正在盛年，沒有與秦國的大臣將軍私相交好，一定是顧及他這個秦王兒子的尊嚴。如今有得如此一個「內侍」侍奉，實在也算不得甚，何須錙銖較之？次日，嬴政嚴厲對趙高一番叮囑，嫪毐之事休對任何人提起，只作他是真內侍。趙高頻頻點頭，連說知道知道。

想不到的是，半年之後，母親下了一道攝政太后書，竟將嫪毐擢升為王城內侍的最高官爵——給事中！原先的老給事中貶黜為郎官，卻又「領王城事務總管」。令書一下，整個王城內侍侍女無不驚愕。這給事中向有兩大職權：一則執掌王城內所有非國政事務，二則總管內侍。此等令書實際上是教嫪毐只做官只管人，而不做事。嬴政深感突兀，更覺母后不曉事理法度。身為一國太后，畢竟不是桑麻女子，有一個侍奉臥榻的「內侍」便也罷了，何苦如此張揚？若是嫪毐的「內侍」真相傳揚開來，豈不引天下大大恥笑？再說，縱是實在要封賞這個匹夫，也當依照法度，人、事兩權歸一，原先的老給事中也好另行安置；如此嫪毐掌權管人，老給事中成了小郎官，卻要分派內侍們做事，每個內侍侍女及一應後宮女官之功過賞罰豈不生亂？當真大謬也！負氣之下，嬴政始終不理睬這道令書，例行的孝道探視也一應取消。嬴政是想教母親明白：如此作為大大不妥，該當收斂才是。

誰知，荒謬的事情只是剛剛開始。在嫪毐成為給事中半年之後，小趙高又悄悄說給他一個更為驚人的消息——太后與嫪毐生下了一個兒子，已經祕密移居雍城舊宮，著意迴避咸陽耳目。

「果真？」嬴政的臉刷地變得蒼白了。

「小高子死得百次，也不敢虛言！」

那一夜，嬴政獨駕輜車飛出了咸陽，回到了久違的已經被叫作鴻臺的山間莊園，打馬在河谷奔馳了整整一夜。回到咸陽王城，嬴政對已經是十五歲少年的趙高一番祕密叮囑，小趙高便向已經遭貶的王城老給事中討了個差事，到雍城宮做雜役內侍去了。未及一月，小趙高傳回密信：太后又有了身孕！嬴政氣得心頭滴血，卻思謀不出如何應對這等難堪的事件。有幾次，他都想找仲父呂不韋商議，可每次一閃念都本能地覺得不妥，如何不妥，自己又說不清楚。彷徨之下，想找來蒙恬商議，又覺太過唐突難以啟齒，終究還是氣狠狠擱在了心頭。若是僅僅如此，也許過得一陣嬴政也就自行開脫了。生兩個兒子又能如何？終不成母后教這兩個孽子來做秦王？再說母后獨居又心有顧忌，召高明太醫配製流藥畢竟不便，她又能如何消解得此等難堪？縱是密召武士暗中殺了這個狂且之徒，母親要再找別個男子，徒歎奈何也。

然則，事情遠遠沒有僅僅如此。今年開春，小趙高從雍城祕密趕回咸陽，帶來的消息更是嬴政無論如何也無法預料的——太后與嫪毐私約：秦王死，立嫪毐之子為君。

「今古奇觀也！」嬴政反倒拍案笑了。

小趙高卻是直白：「信與不信，我王自斷。小高子稟明事體原委：我通得太后一個侍榻小侍女，許她日後一個可心前程，或以自由身出宮嫁人，或做秦王女官。小侍女對嫪毐得寵原本大有醋意，答應替我留心那個渾毛豬。這次密謀，是太后當著小侍女面與嫪毐說的。那個渾毛豬高興得又跳腳又拍掌，還當著小侍女的面將太后……」小趙高驟然打住，嚇得直抹額頭汗珠。

「小高子，」嬴政渾然無覺地淡淡道，「日後做事可許人金錢，不可許人官爵。這是大秦國法，不可越矩，記住了麼？」

「小高子記住了！」

「好。今夜無論誰來，只說我方歇息。呵，除了仲父。」

「嗨！」小趙高軍士般答應一聲赳赳去了。

一夜未眠，嬴政終於絕望了。這個太后還是自己的母親麼？這個母親還是秦國的太后麼？與一個「內侍」私生兩子，藏匿雍城舊都深宮，非但絲毫不以為羞恥，反倒要取代嬴政做秦王，當真滑天下之大稽也。一個身為太后的女子，盛年之期如此迷醉於淫樂，顯然已經遠遠超越了禮儀風習所能認可的人之常情。以秦趙風習說，寡居私通可也，私通生子可也。然則，這個母親太后竟要以私通之子，在法度森嚴的秦國承繼非嫡系王子不能染指的秦王大位，如此無視人倫之大防，豈非狂亂癡迷？嬴政反覆揣摩，太后之所以如此荒誕不經，無非有兩種可能：不是欲望過度患了失心淫瘋症，便是實實在在地臣服在嫪毒那個渾毛豬的胯下了。無論哪種可能，對秦國，對自己，都將是無法洗雪的恥辱。若是後一種可能，即太后母親清醒地有意地為她自己與這個狂且渾毛豬的將來構築永久的巢穴，則危機更為深重，局面將更難以收拾。然則，究竟太后母親之荒誕行徑是病情所致還是欲心所致，嬴政一時難以評判……思慮一夜，嬴政決意再忍耐得一陣，待真正清楚局勢要害時再謀如何應對，目下唯需上心者，是絕不能再接近母后，以防她等有殺心……心念方生，「秦王死」三字竟如轟雷擊頂般陡然閃現在心田，心下頓時雪亮——是也，嬴政不死，孽子何以為秦王？嬴政尚未親政而言其死，能是如何謀劃？

嬴政突兀一個激靈，不由自主地軟在了池畔。直到小趙高來將他扶進了王城寢宮，嬴政依舊是大汗淋漓面色蒼白。小趙高連忙要去召太醫，嬴政搖搖手低聲道：「不要太醫，去尋蒙恬，快！」

正午，王城官吏進出最稀疏的時分。小趙高駕著秦王輜車轔轔入宮，在大樹濃陰的東偏殿外一掠而過消失了。扮作內侍模樣的蒙恬腳步匆匆地進了殿廊，廊下一個老內侍立即將他領進了秦王書房後的密室。直到入夜，蒙恬才又鑽進輜車轔轔去了。

在嬴政開始謀劃自保的時刻，五月大忙來臨了。在重農尚戰的秦國，五月是雷打不動的督農之季，非但郡縣官吏全部出動到村社激勵督導排解急難，便是國府相關官署的吏員也飛馬各郡縣督察農時，若有郡縣不能解決的急務便飛報國府定奪。咸陽的丞相府則是晝夜當值，時刻通聯各官署，全力調遣各種力量確保夏收夏種。這是秦國的久遠傳統，雖為大國，亦絲毫無變。文信侯呂不韋非但下令丞相府吏員依法度當值，而且下令門客院休學一月，全部三千門客皆下關中村社督農視農。嬴政自然也遵從慣例，知會仲父後帶著王綰、趙高與幾個武士到關中視察農事去了。

旬日之間，嬴政一行方到驪山，接到丞相府特使急報：太后有特急令書，命秦王還都與文信侯一同奉令。思忖片刻，嬴政對特使笑道：「目下舉國農忙，有事仲父知會我便了，何須還都也。」特使還要說話，嬴政一擺手道：「我這秦王尚未親政，素來不接令書，只事後披閱。此乃法度，特使回去覆命便是。」特使只有怏怏去了。

不想次日午後，呂不韋親自飛車到了驪山。嬴政與隨從們正在幫農夫們裝車運麥，見官道車騎煙塵是文信侯旗號，不禁大感意外。及至擦拭著汗水匆匆來到道邊林下，呂不韋車騎堪堪飛到。嬴政正要行禮，呂不韋一步下車扶住了他：「秦王已經長成，無須再行這少年之禮了。」說罷拉住嬴政到了樹下，將身後書吏手中的銅匣捧了過來，「太后兩道特急令書，老臣呈王披閱。」嬴政默默打開銅匣，展開了第一道令書：給事中嫪毒忠勤王事，封長信侯，秦王得稱假父，封地山陽（註：山陽，原為戰國魏城，此時歸秦國河內郡，今河南省焦作市以東地帶）城連帶周邊六萬戶！第二道令書是：自且月（註：且月，農曆六月，《爾雅・釋天》：「六月為且。」）起，長信侯以假父之尊代太后秉政，與文信侯呂不韋同理國事！

「秦王以為如何？」呂不韋淡淡問了一句。

「仲父以為如何？」嬴政也淡淡問了一句。

「秦王有所不知也！」呂不韋慨然歎息了一聲，「以大臣攝政成例，爵高者為首為主。大臣如此，更何況太后攝政也。太后昔年不問國政，老臣尚可勉力周旋。太后但要攝政，老臣也是無可奈何矣！今日之勢，太后分明是要將自己的攝政權力交於嫪毒了。此等變局，老臣始料未及也。如之奈何？」

良久默然，嬴政突兀道：「仲父當初何不與母后成婚？」

「豈有此理！」呂不韋面紅過耳低聲呵斥了一句。倉促之間，呂不韋一時不清楚嬴政說的這個「當初」究竟是說邯鄲之時還是梁山之時，而無論如何，嬴政有得此說，至少是知道了當年的他與趙姬的情愫淵源。而能告訴嬴政的，不是嬴異人便是趙姬。喘息片刻，呂不韋緩緩道，「當年之事，不敢相瞞。邯鄲遇先王之時，老臣與時當少姑的太后確有婚約。先王得識太后，矢志求之，老臣自當成全。豈有他哉。」

「仲父，我說的並非邯鄲之時。」

「……」驟然之間，呂不韋面色鐵青。

嬴政將手中令書憤然摔在塵土之中：「名節之重，寧過邦國存亡哉！」霍然起身逕自一步一步地淹沒到金黃的麥田中去了。

剎那之間，呂不韋分明看見了嬴政眼眶中的淚水。眼見那年輕偉岸的身軀沉重地在麥田中踉蹌奔走，呂不韋不禁粗重地歎息一聲，油然生出一種愧疚之心——呂不韋啊呂不韋，你當真是以功業為重麼？果然功業至上，何不能如商鞅一般不計名節而寧願以死護持大局？「名節之重，寧過邦國存亡哉！」年輕秦王說的何等好也！然這般器局你呂不韋有麼？既顧名節，何與太后私通？既要功業，何不索性與太后成婚，只要秦國穩定，縱死又有何妨？千不該萬不該，不該顧忌名節而生移禍之計，密進嫪毐身奉太后，到頭來弄巧成拙，非但失了攝政亂了國家，且完全可能引火焚身！嫪毐氣象，決然不能善終。嫪毐真相，決非善類，終會水落石出。到得那時，你呂不韋名節何在？大義何存？功業善終之夢想又在哪裡？趙姬啊趙姬，人固有情欲，然呂不韋何能想到你淫蕩若此！原本是投你所好，誰知你竟在欲火中大失品位，變成了一個縱情縱欲還將廟堂公器當作玩物一般取悅那隻豬狗狂且！更有甚者，還教那豬狗狂且與呂不韋等同，呂不韋文信侯，他做長信侯！呂不韋稱仲父，他稱假父！呂不韋丞相攝政，他代太后攝政！趙姬啊趙姬，你是報復呂不韋麼？如此惡毒報復，何如殺了我也！上天啊上天，呂不韋一生不善此道，唯此一次，便要身敗名裂麼？

火一般的暮色中，呂不韋第一次老淚縱橫了。

入夜，嬴政一行被蒙恬隱祕地接進了藍田大營。

連年征戰，上將軍蒙驁終於一病不起。幾年前，威猛素著的老將王齕已經死了。桓齕、王陵、麃公、嬴豹等也都已年邁蒼蒼。蒙驁一覺察到自己病勢不妙，立即在嚇退五國小合縱後班師直回關中藍田大營，只在洛陽留下了五萬精銳鐵騎策應函谷關外防務。進入藍田，三名奉命趕來的老太醫日夜守在幕府開始了細緻診治，三個月過去，病情非但不見絲毫好轉，反倒日見沉重。情急之下，蒙驁斷然拒絕了終日服藥，在病榻開始了對諸般軍務的善後部署。開春之後，蒙驁稍見輕緩卻又立即加重，臥榻之後就再也坐不起來了。已經是國尉的兒子蒙武聞訊星夜趕來，要接父親回咸陽醫治。倔強的老蒙驁搖搖手：「一動不如一靜。離開軍營，老夫死得更快。」無奈之下，蒙武立即派出快馬信使，接來了母親與妻子及族中要人，除了老母親，其餘人等皆住藍田塬下以備不測。偏偏地，兩個嫡孫竟沒能來侍榻。蒙武大為氣惱，在幕府外高聲喝令家老立即將兩個逆子捆來！老蒙驁聽得真切，將蒙武喚進來正色道：「馬革裹屍，將軍之幸也！子惶惶不可終日，將一班家小族人悉數哄來軍營，不覺壞我蒙氏忠勤族風麼？立即教族人家小全數回去。身為大將，這般累贅，烈士之風安在哉！」一番呵斥，蒙武只得勉強應命，將家小族人又送回了咸陽。夜來侍榻，老蒙驁拍了拍蒙武的手背，喟然長歎了一聲：「吾兒謹記：我孫蒙恬，才具之士也！來日建大功業者，必為此子也！汝多平庸，毋得動輒以父命強其所難。便是幼孫蒙毅，只教蒙恬去帶，汝只做甩手父親便了。記住，庸人多事常自亂，沒個好也。」蒙武諾諾聽命，一時淚水流了出來。

三更之際，遙聞幕府外軍道馬蹄如雨。蒙武疾步出帳去看，不想竟是長子蒙恬帶著只有十歲的弟弟蒙毅來了。蒙武本想呵斥幾句，想起父親方才叮囑，終於沒有說話，只黑著臉將兩個兒子領到了父親榻前。

「大父……」蒙恬蒙毅一齊在榻前拜倒。

「孫兒來了，老夫足矣！起來起來，哭甚來？」

「大父！」蒙恬起身拭著淚水急迫道，「我有急難求助！」

老蒙驁目光一閃對蒙武示意：「你去守住幕府入口，任何人不許在天亮前進入。」轉過頭慈和地一笑，「又有甚招數糊弄大父了？說。」

「大父患病，可假寐歇息，只聽我說。」蒙恬上前將大父靠枕放低又將絲棉大被拉到大父胸前，看著大父微微耷下了一雙雪白的長眉，這才低聲說了起來。漸漸地，老蒙驁的臉色越來越冷峻，越來越肅殺。蒙恬整整說得小半個時辰方罷，老蒙驁竟始終沒吐一個字。蒙恬愣怔片刻欲待再問，大父已經鼾聲大作了。

「大父耍賴！」小蒙毅猛然跳了起來。

蒙恬搖搖手輕聲呵斥：「事關重大，少安毋躁。」

「你小子說，」蒙驁猛然睜開了一雙老眼，「秦王尚未親政，最終能否親政，目下亦未可知。你，決意與他相始終？」

「正是。」蒙恬認真地點頭。

老蒙驁喟然一歎：「天意也！夫復何言？」

「不是我一個，還有王翦將軍！」

「呵呵，一色少壯，倒有先祖孝公之風也。」

「大父，秦王危難，萬請援手！」

老蒙驁淡淡一笑：「仲父攝權，秦王何捨近而求遠也？」

「大父……」蒙恬滿面脹紅，生生憋住沒有說話。

默然良久，老蒙驁輕輕點頭：「老夫先見見他，再說。」

次日清晨，少年蒙毅一騎快馬出得藍田大營，飛馳驪山前來知會嬴政一行。午後時分，恰在驪山腳下的田野中看見了王綰與趙高，三人祕密商定了進入藍田大營的接應之法，蒙毅又上馬飛馳去了。暮色降臨之時，嬴政馬隊飛馳向南，不消片時越過灞水上了藍田塬，直向那片汪洋恣肆的燈海奔去。如約到得營區東門之外，蒙恬正在營門外林下等候。嬴政吩咐一班內侍武士在林中紮營歇息，自己只帶著一身甲冑的王綰趙高隨蒙恬入營。蒙恬手持令箭，高呼一聲函谷關軍使接到，領著三人飛騎進了鹿砦，從營中軍道直飛幕府。

老蒙驁依然靠臥在特製的長大軍榻之上，見嬴政進來，正要勉力起身見禮，卻被搶步過來的嬴政牢牢扶住。嬴政深深一躬道：「上將軍戎馬數十年未曾歇息，竟一病若此。嬴政探望來遲，深有愧疚！」蒙驁淡淡笑道：「秦軍將士人皆如此，老臣尚能全屍而去，足矣！」說話間中軍司馬已經將涼茶布好，請秦王入座說話。嬴政卻搖搖手制止了，只肅然站在蒙驁榻前，汪著瑩瑩淚光默然無語。蒙武見狀，帶著蒙毅將王綰趙高請到了隔間的司馬室飲茶，幕府寢室只留下了嬴政、蒙恬與中軍司馬三人。

「倏忽八年，恍若隔世矣！」打量著英挺偉岸的年輕秦王，蒙驁不禁感慨中來。

嬴政突然拜倒：「秦國將亂，敢請上將軍力挽狂瀾！」

「秦王折殺老臣也。快快請起！」老蒙驁掙扎著只要下榻，蒙恬連忙扶起了嬴政又摁回了大父。喘息片刻，蒙驁疲憊地笑了，「秦王即將加冠親政，何亂之有？」

「嬴政自身難保，也許不及親政，已身首異處。」

「秦王信得老臣，老臣自當明告。」蒙驁的一雙老眼閃爍著熱切的光芒，「秦王能洞察細微，綢繆於未雨之時，老臣深感欣慰，縱亂何懼之！」喘息片刻長長一歎，「然則事有法度，亂既未生，任誰無處著力也。臣若盛年，自當不負我王厚望。惜乎老臣來日無多，只怕等不到亂生之時了，唯一能為者，是使蒙氏之後與王共艱危也。願我王好自為之。」

「不！上將軍能助嬴政，且未必有違法度。」

「噢？我王明示。」

「但能有兩千銳士聽命於嬴政，大事可安。」

老蒙驁思忖片刻緩緩道：「秦國軍法嚴明，若非戰事，百人之調奉將令，千人之調合兵符。秦國兵符分作三等：征戰大軍奉黑鷹符，關塞之兵奉虎符，皆歸秦王一人掌管；另有一等豹符，亦稱小虎符，做護衛王城並捕盜之用，秦王可臨機授予特使大臣，也可在將薨之時授予當授之人，以解急難。」喘息一陣又道：「先王將薨之時，已經將兵符執掌事明書文信侯、老臣及軍中大將：秦王親政之前，不得啟用黑鷹符與虎符；但凡征戰與關隘調遣，以太后、文信侯與老臣三人商定為斷，開啟兵符亦當三人同時，並得史官到場實錄。至於小虎符，老臣不知先王薨時授予何人？不知我王……」

「我無此等兵符。」嬴政立即明朗回了一句。

老蒙驁目光一閃，一雙雪白長眉不斷地聳動著：「既然如此，朝局盤根錯節也。須知，秦國征戰大軍之外，尚有三種兵力：其一王城侍衛軍，其二內侍武士旅，其三專一對外之黑冰臺。此外還有一等散兵，是直屬各官署的護衛武士，執法官署的捕盜武士，雲陽國獄與幾座大郡監獄的守軍。所有這幾等兵力，算起來大體當有五六萬之眾。更有一處，這幾等兵力恰恰都雲集於咸陽四周，若有亂象，防不勝防也！」

「大父真是！」蒙恬又氣又笑，「絮叨半日，終無一舉！」

「不。」嬴政搖搖頭，「上將軍已經給了我一條路。」

老蒙驁長吁一聲，勉力一笑：「秦王如此悟性，秦國大幸也。」又聳著白眉一瞥，蒙恬立即附耳在大父枕邊。蒙驁一陣低聲喘息念叨，蒙恬頻頻點頭。老蒙驁疲憊地一笑，頹然靠在了枕上，一雙雪白的長眉隨縫在了一起……

「大父——」已經悄悄進來守在榻邊的蒙毅瞬間愣怔，一聲痛徹心扉的哭喊撲在了軍榻上。蒙恬猛然哽咽一聲又立即回頭低聲道：「君上快走！我自會尋機來會！」此時，蒙武王綰三人已經聞聲進來。蒙恬對著父親蒙武連連搖手。蒙武生生憋住了哭聲，軟癱在了父親榻前。嬴政臉色鐵青，對著老蒙驁軍榻深深三躬，不勝依依地拍了拍蒙恬肩膀，對王綰趙高一揮手，大步匆匆地出了幕府。

出得大營，正是三更，夜空如洗，河漢璀璨。嬴政站在藍田原頭仰天呼嘯一聲，不禁淚如泉湧。正在此時，幽藍深邃的夜空一陣白光彌天而過，隱隱金石之聲中，一顆巨大的彗星拖著長可徑天的雪亮光芒，閃電般掠過西方天宇，長大的掃帚尾巴彌久不散。

「上天——秦何罪於你，彗星一年三出也！」

「君上毋憂。」王綰過來扶住了踉蹌呼喊的嬴政。小趙高又拿過皮囊，請嬴政喝下了幾口涼茶。嬴政這才頹然坐在剛剛收割完小麥的麥茬田埂上，望著天邊殘留的白光粗重地喘息著。王綰站在旁邊溫婉笑道：「君上，綰略知天文。今歲彗星三出，先在東方，次在北方，今又在西方，兆皆事之災異也，非國之大亂也。星相家云，『彗出北斗，兵大起。彗在三臺，臣害君。彗在太微，君害臣。彗在天獄，諸侯作亂。彗在日旁，子欲殺父。所指，其處大惡也。』依我測之，彗出北方斗柄，主秦軍攻趙；彗出西方，應在秦國大將隕落；唯有彗出東方三臺，撲朔迷離，綰不能測。我王當慎之又慎也。」

「王綰，你不敢說罷了，是麼？」一見王綰默然，嬴政氣咻咻霍然起身，「走！回咸陽！」說罷大步走到田邊一躍上馬，飛下了藍田塬頭。

三日之後，秦王嬴政與太后、長信侯、文信侯四印共署的文告緊急頒行朝野，為上將軍蒙驁隆重發喪。因了酷暑難當，呂不韋親赴上將軍府主持喪事，與蒙武蒙恬一番商議，決定在入殮旬日之後即行葬禮。嬴政則打破向不公然參與朝臣禮儀周旋的成例，親自出馬從王城冰窖督運大冰磚為蒙驁棺槨鎮暑。葬禮之日，呂不韋與秦王嬴政親自為靈車執紼，秦軍三十六員大將與五千精銳鐵騎盡皆麻衣相隨護陵，直將蒙驁穩妥地送到了秦昭王陵園旁的墓地。秦人感念蒙驁之忠勤剛直，咸陽國人空巷而出護送靈柩，正在農忙的關中百姓也絡繹不絕地擁在道邊相送。將到墓地之時，恰當大雨滂沱，官員百姓在雨中盡皆大放悲聲，渭水南岸哭聲震天。第一次，老秦人有了一種前所未有的不安——如此重大的勳臣葬禮，從始到終沒有攝政太后與那個新貴長信侯的影子，豈能是吉兆？

葬禮之後，一首童謠在咸陽迅速傳開：「三轅四轍，猴尾夾龜，春土一冠，老屋鷹飛。」小趙高神祕兮兮地將童謠念給了嬴政，說他請老長史桓礫拆解這支童謠，老長史思謀半日只說好好好，他卻想不明白，請秦王多多上心才是。嬴政頓時沉下了臉：「邦國治亂，當為則為，當不為則不為。揣摩流言，計較吉凶，公器之道何在！」小趙高嚇得連聲喏喏，再也不敢在這個年輕秦王面前做多餘叨咕了。

旬日之後，嬴政藉著督農夏種，來到了少時莊園。

入夜之後，蒙恬扮作一個侍衛武士飛馬趕來。蒙恬說給了嬴政三件事：第一件，大父臨終前叮囑他的是兩千精銳騎士。至於騎士如何接手等等細務，大父教蒙恬莫要說給秦王；但出任何差錯，都與秦王無干。三日之後，蒙恬便要去做這件事，至遲明春趕回，將騎士駐紮在靠近秦王的隱祕地帶。第二件，大父臨終之前，已經將王翦晉升為前軍主將，其部屬五千鐵騎常駐咸陽北阪，若有小虎符便可奉調，秦王須當在意。第三件，葬禮之後他教蒙毅密邀李斯晤面一次，李斯已經做了文信侯的門客舍人，正在襄助蔡澤總理門客們編纂一部大書；李斯說，從咸陽童謠看，天下有識之士已經開始關注秦國朝局了，其所編童謠之意雖不甚清楚，但絕非空穴來風，秦王一定要謹慎把持；蒙恬問李斯可有良策，李斯沉吟良久才說，遠觀秦國朝局，唯文信侯可撐持大局，秦王不宜疏遠；蒙恬再問，李斯不說話了。

圍繞三事，兩人徹夜密談，直到五更雞鳴蒙恬才飛馬下山。清晨時分，嬴政也下山回到咸陽王城，一口氣披閱完所有不用批示的公文，草草用了中飯，帶著王綰登上青銅軺車向丞相府轔轔而來。

二、功業不容苟且　謀國何計物議

呂不韋搬進了渭南的文信學宮。

每日清晨，丞相府的謁者傳車（註：謁者，秦國專司官署文書傳送的官員，其文書車輛有專門旗號徽記，故名謁者傳車）滿載一車文書，駛進學宮池邊的文信侯庭院，午後再來將呂不韋批示過的文書運回丞相府，再由丞相府領書依據批示分發各官署施行；晚間收回所有文書，再一併送王城供秦王披閱。周而復始，呂不韋雖則不在丞相府坐鎮，一應公事卻井井有條地運轉著。然則，國府各官署與關中郡縣不見了經常巡視政務的丞相，紛紛驚詫議論，偏遠郡縣便派出吏員來咸陽探聽究竟。及至明白真相，上下官署這才漸漸地習以為常。畢竟，秦國政令暢通，誰能非得要丞相隔三差五地巡視？然無論如何，上下官員們還是彌漫開了一種隱隱不安：勤政謀國的文信侯忽然如此大甩手地處置國務，預兆究竟何在？幾個月過去，朝野議論漸漸生發，國事卻依然轉動在車輪之間。呂不韋還是埋首學宮，開府理政的丞相府漸漸地門可羅雀了。

嬴政兀自忙碌，渾然不知朝局有此一變，到得車馬場方覺不對，教王綰進府一問方知原委，軺車立即轉向直出櫟陽門奔蘭池而來。進得學宮，只見各色士子手捧卷宗匆匆來往於一座座庭院之間，偌大學宮顯然彌漫著一種肅穆的氣息，沒有一個人注意到這輛顯赫的王車。王綰打量一陣低聲道：「君上，是否由我先通稟文信侯一聲？」「不用。」嬴政笑著下車，「小高子，車停在池畔等候，不用跟來。」轉身大袖一甩，「走，找文信侯書房，也順便看看這學宮。」

沿著蘭池畔的柳林一路走來，嬴政不禁油然生出了敬意。

搖曳的柳林，碧藍的湖水，將這座繞著蘭池的學宮分成了五個區間，沿路過去依次是：明法館、六論館、八覽館、十二季館、天斟堂。每個區間都是一大片庭院，碧池依著小山柳林迴旋其中，賞心悅目中處處清幽，比咸陽王城還要令人愜意。「好去處也！」嬴政邊走邊讚歎，「招賢治學正得如此，文信侯不愧大手筆也！只如此命名，倒是聞所未聞。」王綰笑道：「看這名目，前四館大約是文信侯所編大書之類別，天斟堂大約是最終審定處了。」

一路行來，各館庭院一片幽靜，與前院的人來人往兩重天地。嬴政頗覺奇怪。王綰道：「據我所知，文信學宮每旬一聚論，今日巧遇亦未可知。」嬴政一聽頓時來了興致：「當真巧遇最好，正欲一睹文信侯門客風采也！」說話間來到蘭池最南岸的一片庭院，三丈石坊前迎面一座白玉大碑，中央鑲嵌著三個斗大的銅字——天斟堂。

進得石坊，遙聞喧譁之聲從柳林深處的庭院傳來，兩人加快腳步尋聲找來，果然在一座木樓前的天然谷地中看見了五色斑斕的人群。嬴政一拉王綰，兩人走到了邊緣山坡的一片柳林下。王綰遙指谷地笑道：「兩百餘人，各館名士都到了。」嬴政望去，但見林下士子們人各一方草席，中央的呂不韋與蔡澤面前也只有兩張石案而已，不禁點頭讚歎：「學宮宏大而行止簡樸，仲父理財有道也！」王綰立即接道：「這宏大學宮也是寡婦清助金，否則文信侯如何造得？」嬴政目光一閃，遙指谷地道：

「看，綱成君說話了。」

遠遠看去，蔡澤手中搖著一卷竹簡，特有的呷呷公鴨嗓隨風傳來：「諸位，業經修正（註：修正，古詞，至遲出於漢時。《漢書・賈山傳》：「求修正之士使直諫。」）的秦法已發各館議論多日，為使未來之秦法臻於完美，在座學子可各抒己見，無得顧忌。若有見解被採納為法令者，文信侯如約重賞也！」

林下一人高聲道：「我有一言：修正之秦法雖增補了賑災、興文、重商、孝義諸節，並將所有刑罰一律寬緩三分，使商君開創的秦法成宏大完美之勢。然則，商君秦法已行百年有餘，秦人似未覺不便，朝野亦無修法之呼聲。我之所慮者，唯恐文信侯新法無推行之根基也，望文信侯三思而行。」

「畏首畏尾，成何大事也！」草地前排站起一位黑衣竹冠士子高聲道，「在下曾在廷尉府做執法郎，深知秦法之弊端。昔年秦法之威，正在應時順勢而生。百年以來，天下大勢與庶民生計皆已大變，秦法若不及時修正，勢必成秦國繼續強盛之桎梏。文信侯修正秦法，正為秦國統一天下預作鋪墊，並未改變既往國策，何懼之有也！」

「我有一問！」一人霍然起身高聲道，「春秋戰國以來，但凡變法先得明其宗旨。譬如商君變法，宗旨富國強兵。今日修正秦法，開首並未闡明宗旨，只做律條增補。敢問文信侯：修法宗旨究竟何在？為何不能公之於秦法篇首？」

場中一時默然。蔡澤巡視一周，見無人說話，一揮手中卷宗呷呷道：「修正秦法之宗旨，便是摒棄對內之嚴刑峻法，對外之銳士暴兵，使秦國以寬刑明法立天下，以富國義兵雄天下！此間分野，是霸道與王道之別，是商君法與文信侯法之別。所以不在篇首彰明，是不欲朝野徒然議論紛爭。如此而已，豈有他哉！」

「綱成君差矣！」林下一士子激昂開口，「在下乃申不害傳人，敢問綱成君：秦乃法家聖土，摒棄王道仁義、推行耕戰國策、以實力雄視天下，其來有自也。文信侯修法之宗旨，若果然是回復王道仁義之老路，緘口不言豈非欲蓋彌彰？與其如此，何如公然昌明，如商君一般強力變法！」

林下又是一陣沉默。忽然一人站起，向呂不韋蔡澤一拱手，又向林下士子們環禮一周，厚重的音色隨風迴盪起來：「在下李斯，以為諸公所論皆未切中要害也。據實而論，秦法當有所變。然則，昌明宗旨，強力變法，天下時勢不容也。孝公商君之時，列強並立，相互制約，妥善斡旋便能爭得變法時日，即或對內使用強力，亦可避得他國干預。今日時勢大非當時，秦國一強獨大，森森然已成眾矢之的。強力變法一旦生亂，苟延殘喘之六國必得全力撲來，其時秦國百年富強便將毀於一旦也！唯其如此，只有迂迴漸變，從律條增補與修正入手，做長遠變法之圖謀。此等務實之艱難，非徒然高論所能解也。唯體察時勢，方見文信侯之苦心。雖則如此，據今日秦國之勢，李斯敢請延緩修法之舉，文信侯三思也。」

蔡澤憤然拍案：「李斯！修法乃第一等大事，何由延緩！」

「綱成君息怒。」石案前呂不韋站了起來，平穩親切的聲音在風中搖曳，「今日之論，諸位為我謀，亦為國謀，老夫受益匪淺，深感欣慰矣！就事理而言，諸位皆天下名士，尚見仁見智，況乎天下？況乎秦國朝野？顯然，修正秦法，先得一場學理論爭。否則，不足以順乎人心也。然春秋戰國以來，舉凡變法之爭、為政之爭、治國之爭，往往皆陷於實用功利之論戰，一不深究法令國策之大道根基，二不洞察千秋萬代之長遠利害，遂使法令流於刑治，功利囚於眼前。而要在秦國再度變法，便得先從學理入手，深究歷代治國之道，以千秋史家之目光權衡法令得失。此等見識若能風行朝野，再度變法有望矣！唯其如此，目下學宮事務可做倒置：先修書，後修法，書為法之綢繆也。諸位以為如何？」

「立法先立學，文信侯英明！」

「呂子萬歲！」

「稷下之風行天下！」

在林下一片喧嚷之中，王綰領著嬴政匆匆繞過柳林，從後門進了木樓。王綰周密，先請嬴政自進書房內間等候，自己站在了門廳下等候。呂不韋遠遠看見王綰立在門廳，對身邊蔡澤與李斯等一班門客名士吩咐了幾句，待蔡澤等走向相鄰庭院，呂不韋才匆匆走來低聲問：「秦王來了？」王綰低聲一句：「內書房。」呂不韋笑道：「你也進去，門廳有人。」待王綰入內，呂不韋喚過一老僕吩咐幾句，這才隨後進了木樓。

「見過仲父。」嬴政見呂不韋進來，迎面肅然一躬。

「老臣參見秦王。」呂不韋也是大禮一躬，直起腰身一歎，「我王業已成人矣！自今日始，老臣請免仲父稱謂，乞王允准，以使老臣心安也。」

「仲父何出此言？」嬴政又是深深一躬，「仲父為顧命大臣，受先王遺命，坦蕩攝政，公心督課，何得於心不安？若是嬴政荒疏不肖，願受仲父責罰。」

「敢請君上入座，用茶。」呂不韋虛手一扶嬴政，坐在了對面書案前喟然一歎，「君上蒙羞，老臣愧對先王也！」重重魚尾紋中一雙老眼頃刻溢滿了淚水。

「仲父……嬴政少不更事，驪山之言多有唐突……」

「不。」呂不韋搖搖手，「君上一言，真金石也！那日之後思忖往事，老臣始得明白：世間人事錯綜糾纏，但凡大局事體，終非一人可左右也。譬如目下，老夫所能為者，唯修書修渠兩事耳。朝局成今日之勢，不怪老臣，卻怪何人哉！」

嬴政目光驟然一閃：「敢問仲父，莫非又有新變？」

「昨日新令，君上且看。」呂不韋掀開案頭銅匣，拿出一卷遞了過去。嬴政展開竹簡，赫然蓋著太后大印的令書上幾行大字：「攝政太后令：長信侯嫪毐忠勤國事，增太原郡十三萬戶為其封地。另查，文信侯呂不韋荒疏國政，著長信侯嫪毐以假父之身接掌國事，丞相府一應公事，皆報長信侯裁處。秦王八年春。」

「幾支竹片而已，老秦人聽他了？」嬴政輕蔑地笑了。

「秦人亦是人，君上莫輕忽也。」

呂不韋正色一句，說起了嬴政所不清楚的內外變化。自嫪毐陡然躍起，便有一班得其厚賞的吏員內侍大肆奔走，打著太后旗號為嫪毐籠絡勢力。嫪毐在封地山陽起了一座占地千畝的「名士院」，大言宣稱：「今日為我門客，他日為秦公卿！」咸陽官署多有吏員去職投奔，雖說並無要員顯臣，然執掌各署實權的大吏也是不少，若連同山東六國投靠的士子一起算，嫪毐門客已經有兩千餘人了。不可思議的是，太后還下了一道特令：凡秦國宮室、苑囿、府庫，長信侯得任意享用並可任憑調撥財貨！藉此恩寵，今歲嫪毐又在太原郡起了一座「武賢館」，大肆收納胡人武士與中原游俠，目下已有三千餘人，終日狩獵習戰洶洶擾民，動輒對太原郡徵發車馬勞役，滋擾甚多。稟性耿直的太原郡守忍無可忍，已經三次上書呂不韋請求去職太原了。

嫪毐有千人馬隊專司護衛，奔走於封地與太后寢宮之間，頻頻以「攝政太后書」與「長信侯令」對丞相府之外的各官署發號施令。嫪毐攬政，從來不來咸陽理事，只在各處遊樂狩獵的「行宮」任意批示公文發布書令。嫪毐的書令幾乎全部集中於兩事：一則擢升親信，二則壓迫六國向自己獻金。除此之外，舉凡涉及正經國事的批令皆與呂不韋拗力：丞相府要修葺關隘，「太后書」便下令停止徵發民力；丞相府要清查府庫，「太后書」便封存府庫；丞相府要整肅吏治，「太后書」便停止官吏升遷貶黜……如此等等，呂不韋的政令沒有一件可以遵照實施了。此等亂局之下，咸陽各官署的吏員們無所適從，便有歌謠云：

飛來文，不可奉。
與嫪氏乎？與呂氏乎？
不知所終！

目下，僅在丞相府十三屬署，已積壓了百餘件號令全然相左而無法實施的國事公文。更有甚者，山東六國已經覺察到了秦國亂局，圖謀扶嫪毐而倒呂不韋了。斥候已經探得明白，魏國有謀士已經對魏景湣王劃策：割地三百里以資嫪毐，長其實力，以使秦國罷黜或誅殺呂不韋！呂不韋本欲藉此對魏國大舉進軍，慮及若是「太后書」又來制止，反倒是弄巧成拙，也只好隱忍了……

「如此亂局，仲父忍作壁上觀？」

「有心無力，徒歎奈何也！」

良久默然，嬴政突兀道：「急難無虛言。嬴政冒昧揣測：以仲父之能，絕非無可著力。仲父束手，投鼠忌器也！仲父與先父與太后淵源深遠，既顧忌傷及太后，亦顧忌先王蒙羞，更顧忌嬴政來日翻雲覆雨，於是，仲父只能靜觀待變。可是？」

「……」面對嬴政的直白凌厲，呂不韋默然了。

嬴政撲地拜倒：「今日一求，乞仲父允准！」

呂不韋連忙趨前扶住：「老臣但聽王命。」

嬴政起身，又是肅然一躬：「只求仲父扶持我冠劍親政，而後縱有千難萬險，嬴政一無所懼！」

呂不韋釋然一笑：「此事本當老臣職責所在，君上何言相求？秦王若不親政，呂不韋這仲父之名豈非滑稽也！」嬴政不禁大為振奮，切齒拍案道：「但得仲父同心，何懼嫪毐那豬狗物事！」呂不韋淡淡笑道：「君上少安毋躁，只牢記八字：晦光匿形，欲擒故縱。」嬴政目光驟然一閃：「仲父是說，助長嫪毐野心？」呂不韋慨然道：「勢盈則心野。以老臣閱歷，此等不知天高地厚者，必急不可待也。後法制之，不留後患。先法制之，無以除根。君上但如常處之，無慮老臣也！」嬴政長吁一聲：「仲父之言，使茅塞頓開。嬴政告辭。」起身一躬，與王綰去了。

暮色時分，呂不韋來到了門客苑深處的一座小庭院。

李斯驚訝地看著獨自前來的文信侯，連忙從書案前起身行禮，又連忙捧來陶壺煮茶。呂不韋坐到書案前一邊打量案頭小山一般的卷宗，一邊搖搖手笑道：「李斯呵，任事不用，只坐下說話了。」李斯機敏，二話不說擱下陶壺恭敬地坐到了屋中僅有的那張書案對面。呂不韋慈和地笑著：「李斯呵，做老夫門客舍人，自覺如何？」李斯略一思忖道：「尚可。」簡單兩字，不說話了。「言不違心，磊落名士也！」呂不韋點頭贊許了一句笑道：「以老夫之見，李斯之才，理事長於治學，足下以為如何？」李斯坦然道：「文信侯所言極是。埋首書案，斯之短也。然則，編修此等廣涉雜學之書，李斯尚能勝任。」呂不韋喟然一歎：「強使大才埋書案，惜哉惜哉！」李斯不禁目光一閃：「斯與諸客多有相左，文信侯欲教我去麼？」呂不韋悠然一笑：「子何其敏思過甚也！老夫之意，欲使才當其實，別無他意。」李斯慨然拱手：「文信侯但有差遣，義不容辭！」呂不韋搖頭道：「非差遣也，實相詢也。老夫欲使你做一功業實務。然則，此事既得苦做，一時又無功利，只不知你意下如何？」李斯斷然道：「士子建功，凡事皆得苦做。士子立身，不求一時功利。」「好！」呂不韋一拍書案，「秦國將開天下最大之河渠，足下可知？」李斯驚訝地搖搖頭：「天下最大河渠？未嘗聞也！」呂不韋朗朗一笑：「原是上天助秦，老夫何嘗想到有此等好事送上門也！」

笑得一陣，呂不韋說起了籌劃這個河渠工程的因由。

去歲立秋時節，丞相府來了一個奇人求見呂不韋。其時正當萬里晴空，其人卻頭戴斗笠身披蓑衣，足下一雙草鞋，手中一支鐵杖，面色黝黑風塵僕僕，儼然苦行之士。呂不韋不禁揶揄笑道：「足下未雨綢繆，真遠見也。」其人冷冰冰道：「此乃我門行止法度，無關晴雨，文信侯錯笑也。」呂不韋連忙從座中起身一拱：「足下墨家乎？農家乎？」其人只冷冷兩個字：「水工。」呂不韋當即請這個不苟言笑的水工入座，吩咐童僕即上涼茶為嘉賓消暑。上茶之間，水工說了幾句話，結實乾淨得沒有一字多餘：「我名鄭國。韓國水工。山東無國治水，故來秦國。」說罷頭也不抬地連續痛飲，直至一大陶壺涼茶飲盡，始終也沒看呂不韋一眼。呂不韋藉此思忖得一陣，淡淡一笑道：「足下治水之才，較李冰如何？」鄭國只硬邦邦八字兩句：「李冰尚可。餘不足論。」呂不韋驚訝失笑：「足下輕忽李冰，蔑視天下，莫非曾隨大禹治河？」鄭國冷冷道：「若生其時，治河未必大禹。」呂不韋不禁哈哈大笑：「足下傲視古今，老夫倒是生平未見也！你且先說，可曾有治水之績？」鄭國點著鐵杖道：「引漳灌鄴十二渠，吾成後六渠。鴻溝過大梁。漢水過郢通雲夢。此後六國無心無力，非鄭國不治水也。」

呂不韋不禁驚愕了。

引漳灌鄴，乃魏文侯時的鄴城令西門豹開始的龐大治水工程，一直到魏襄王之世的鄴城令史公方才完成，歷時四代百餘年，先後修成大渠十二條，魏國河內由此大富。鴻溝則是魏國開鑿的一條人工河流，引大河從大梁外南下直入潁水，全長三百餘里，歷魏惠王、魏襄王兩代近百年修成，南魏北楚不知得利幾多。漢水過郢入雲夢，則是戰國中期楚國的最大治水工程。白起奪取楚國老郢都之後，楚國都城遷往雲夢澤東北岸建立仍然叫作郢都的新都城，引漢水過郢而入雲夢澤，使郢都水路暢通。如此三大治水工程盡皆驚世溝洫，任能領得一項都是不易，鄭國能領得三項，如何竟不聞此人之名？

「水工無虛言。」鄭國顯然洞悉了呂不韋心思，篤篤點著鐵杖，「我為水工，素不治役，唯踏勘溝洫水路、攻克施工難題，故工程之名皆無鄭國名號。公不知我，原不足怪。以一己之知斷事，事必敗也。」說完這幾句最長的話，站起來便走。

「先生且慢。」呂不韋連忙攔住鄭國，當頭肅然一躬，「不韋不通水事，尚請見諒。先生既有志治水，秦國必有伸展之地。先生可先行住定，容我選得一班吏員襄助先生，先行踏勘秦國水情如何？」

「不必踏勘。秦國水情，鄭國了然於胸。」

「如此敢問先生：治秦之水，以何當先？」

「解秦川擁水之旱、良田荒蕪為先。」

「如何解得？」

「引涇入渭，長渠橫貫東西，水旱可解，鹽鹼可消。」

「渠長幾何？」

「東西四百餘里。」

「需民力幾多？何年可成？」

「十萬，數十萬，百餘萬。數十年，十數年，五七年。」

呂不韋沉吟片刻道：「先生稍待月餘，容我籌劃決斷。」

「月餘？」鄭國嘴角抽出了一絲冷笑，「半年之內，我在涇水瓠口。半年無斷，再莫找我。告辭。」鐵杖一點，大步利落地出了廳堂。

當晚，呂不韋造訪了昔年耿耿圖謀於秦川治水的蔡澤。這位計然派傳人感慨萬端：「天意也！秦川治水自商君動議，百餘年來歷經七王八相，連同老夫，皆未成事矣！今日重提秦川治水，恰當時勢遇合，文信侯為相何幸也！」呂不韋笑道：「綱成君所謂時勢遇合，卻是何意？」蔡澤侃侃道：「秦川百年治水不成，因由在三：其一，戰事多發，民力不容聚集；其二，府庫不豐，財貨不容兩分；其三，水工奇缺，一個李冰不容兼顧。老夫為相之時，諸事具備，唯缺上乘水工，以至計然派富國之術終無伸展也。今日之秦國無戰無亂，財貨豐盈，民力可聚，更有天下名水工送上門來，豈非時勢遇合哉！」默然良久，呂不韋斷然拍案：「秦川不治水，秦國無以富，縱是有戰有亂，呂不韋也當全力為之。」蔡澤連連喊好，末了昂昂道：「你這學宮另選能才，老夫去做河渠令！」呂不韋連忙笑吟吟撫慰道：「綱成君學問淵深，見識卓著，興文明大業正當其任也！河渠事務勞碌不堪，讓給後生輩了。」蔡澤老眼瞪得一陣，說聲也是，方才悻悻然不爭執了。

……

「文信侯，李斯願領河渠事務！」

「此事非同小可也。」呂不韋覺李斯見事極快，也立即說到了事務，「河渠雖未上馬，先期籌劃是根基。鄭國不善周旋，勘定河渠又必須與各色官署交涉，全賴你也。河渠一旦鋪開，民力十萬數十萬甚或百餘萬，更涉及郡縣徵發、河渠派工、衣食住行、功過督察、官署斡旋等諸般實務，可謂頭緒繁多。鄭國不善轄制調遣，然既是治水工程，卻得領爵為首，以示水工威權。管轄事務者雖只是襄助副職，卻得全面總攬，鋪排調遣……李斯呵，理事為人之副，你可受得？」

「縱為卒伍，亦當建功，何況副職事權也！」

「好！」呂不韋贊許拍案，「子有此志，無可限量也！」

次日，李斯交了學宮的案頭諸事，到丞相府屬署辦理任事公文。及至走出丞相府，李斯不禁對呂不韋大為感佩。原來，丞相府已經事先奉攝政仲父書令，將李斯任做了河渠丞，俸金等同郡守，一年千六百石穀麥。丞者，佐官（副職）之通稱也。戰國通例：官署之「丞」，是總攬官署事務而對主官負責之佐官；任事之「丞」，是對該事項主官負責之佐官。官尾吏頭，是為大吏。秦國之不同在於：以才具初任官吏一律無爵，得建功之後依據功業定爵；任事無功便得降職或罷黜，建功得爵始為正式入官，即所謂官身；無爵之官吏實為試用，故其俸金只是「等同某某」。李斯對秦國法度瞭若指掌，清楚地知道，秦國新吏之俸金最高也只是「等同縣令」。使他等同郡守俸金，實在是大破成例。楚國平民出身的李斯曾做過小小鄉吏，對生計艱難之況味刻骨銘心，今日一朝任事便是赫赫郡守俸金，如何不感慨中來？

然則，李斯見事透徹，深知激賞必有重任，這郡守俸金的大吏絕非輕鬆職事。回到門客苑，李斯立即打點好自己的青布包袱，給文信侯留下一書，搬到新吏驛館去住了。旬日之後，李斯將呂不韋特命撥付的十三名小吏遴選整齊，帶著一班人馬兼程去了涇水瓠口。

呂不韋安置好河渠啟動事務，立即來了另一件大事。

暮色時分得莫胡急報：寡婦清已經回到豐京谷，路途寒熱大發病勢沉重。呂不韋立即連夜向豐京谷趕來。原來，莫胡已經奉命在豐京谷守候了三個月，才等到了寡婦清從巴郡北來。呂不韋之所以急於見到寡婦清，是要清楚一個祕密：那個捧著「清」字寬簡前來投奔呂不韋門下的嫪毐，究竟是何根底？及至下船登山，已經是初更了。山口武僕攔住呂不韋，說主人不在山中。呂不韋從腰間大帶皮盒中拿出一方黑玉鷹牌冷冷道：「此乃秦王至令，大將尚得奉書，況乎秦國商旅？」武僕見來人氣勢肅殺，二話不說便去通稟。片刻之後，方氏家老親自來迎，將呂不韋主僕接進了山頂莊園。

偌大正廳空無一人，隱隱瀰漫出一股草藥氣息。呂不韋尚未入座，大屏後一陣細微響動，兩名侍女推著一張帳幔低垂的臥榻從厚厚的地氈上碾了出來，恰在大屏前的臺階上穩穩停住。臥榻中傳來蒼老的喘息與熟悉的聲音：「文信侯，別來無恙乎？」呂不韋肅然拱手道：「不知清夫人染病，多有叨擾也。」臥榻中一聲好說，兩名侍女已經將帳幔掛起在兩側榻柱，一身黑衣仰面而臥顯露著半邊醜陋面容的寡婦清赫然在目。

「夫人……」

寡婦清雙眼望著屋頂粗重地一聲喘息：「諸般情形，我已盡知。今日之言，我心對天。文信侯既擁生殺予奪之權，玉天清願受任何處罰。」

「清夫人，事已至此，縱然殺你，於事何益也！」呂不韋不無痛心地一拱手，「昔年，不韋念你一生孤憤，立身端正，與國多有義舉，與民廣行善事，是以陳明秦王，築懷清臺以表夫人名節。夫人提及族侄欲入仕途，不韋亦一力襄助。不想持『清』字寬簡來投我者，竟是如此一個人物！敢請夫人據實相告：嫪毒究竟何人？夫人族侄乎？親信冒名乎？其稟性惡行淵源何在？」

「上茶。」寡婦清吩咐一聲，微微一喘道，「玉天清時日無多，無須隱瞞。文信侯但請入座，容我清清神說來。」說罷輕輕一拍楊欄，一名侍女捧來了一只銅盤，盤中一盞一碗。另一名侍女從玉盞中夾起一粒紅色丹丸放入主人口中，又用細柄長勺從玉碗中舀得兩勺清水徐徐灌入主人口中。寡婦清喉頭一動吞了下去，閉目喘息片刻，口齒神氣振作了許多，長歎一聲說起了一個曲折離奇的故事——

在方氏一族中，玉天清夫家是嫡系正脈。玉天清尚未合巹的夫君有兄弟兩人，長子乃正妻所生，夫君卻是後來的一個少妾所生，年歲相差甚大。夫君在雲夢澤覆舟暴亡時只有二十六歲，兄長卻已經年逾四十了。當年，方氏族業兩地興旺，翁公頗通商道的正妻大多時光留在臨淄接應丹砂督察商社。長子一出生，翁公與正妻商定：母子一起留在齊國，一則照料商社，一則督導兒子盡早修習商道，以利將來總掌方氏。翁公自己則帶著幾個老執事，專一經營巴郡丹穴。幾年之後，臨淄商社的親信執事密報：長公子荒學過甚，主母無力督課，請主公速回臨淄定策。翁公風火兼程地趕回臨淄，方知兒子生出了一個怪癖：酷好方士諸般祕術，舉凡採藥煉丹、運氣治人、通神祈雨、強身長生、童陰童陽、畫符驅邪、出海求仙等等等等，無一不孜孜追隨，極少進得書房，更不踏入商社一步。多方查詢打探，誰也不清楚是何原由。翁公一番揣摩，認定是族中方士薰染所致，便將兒子帶到了巴郡丹穴，自已親自督導。誰知一入巴郡，這個小公子上吐下瀉病得奄奄黃瘦。翁公認定是水土不服，自己開得幾劑藥教兒子服用。不料幾個月過去，兒子依然如故，根本沒有力氣離榻。一個老醫家說，這是心氣病，久則夭亡。翁公無奈，只得又將兒子送回了臨淄。從此，臨淄不斷傳來正妻書簡，說兒子改流歸正，日每讀書習商大有長進。翁公欣然，於是又埋首商事周旋去了。誰料過了幾年，臨淄的親信執事又來密報：公子已成冥頑之徒，終日沉迷於方士一群，但說商道與學問便瑟瑟顫抖不止；再不設法，此子毀矣！翁公大為驚詫，眼見兒子將到加冠之年，如此下去如何了得？當即星夜趕回臨淄，一問之下，老妻從來沒有寫過如此這般的書簡，所發六書均是告急，巴郡卻從來沒有收到。翁公大覺蹊蹺，顧不得細細斟酌，先怒氣沖沖在大方士處揪回了兒子，並當即重金延請了一位剛嚴名士督導兒子。

誰也想不到，老師到館的當夜，這位公子失蹤了。

翁公大散錢財百般尋覓，卻終無蹤跡。氣恨之下，翁公拋下正妻獨回巴郡，兩年後與一位可人的少妾生下了第二個兒子，也就是玉天清後來的夫君。夫君加冠之年，兄長依然是杳無音信。翁公終於絕望，決然將少子立嫡了。直到翁公遭刑殺，夫君遭覆舟，玉天清鼓勇掌事，方氏的嫡長公子依然泥牛入海。

歲月倏忽，在玉天清已經步入盛年的時候，齊國的天主大方士不期然到了巴郡。歷來齊國方士多出方氏一族，大方士入巴自然要會方氏族人並祭拜族廟，方氏族人自然也需大禮鋪排以示族望。旬日之間，諸般禮儀完畢，大方士鄭重宣示了一則驚人的預言：百年之內，方氏將有大劫難！族人驚恐，同聲籲請禳災。大方士一番沉吟，終究是允諾了。依照大方士備細開具的禳災法度，玉天清當齋戒三日，禳日獨臥家廟密室，聆聽上天之意。那一日，玉天清從夜半子時進入了家廟密室，靜待清晨禳災。誰知在四更時分，玉天清卻不由自主地曚矓了過去。半睡半醒似夢似幻之中，玉天清見密室石牆神奇地轉開了一道大門，一身法衣的白髮大方士彷彿從雲端悠然飄了進來。

「玉天清，可知老夫何人麼？」

「不知道……」

「五十年前，方氏長子失蹤，你當知曉。」

「知曉……」

「老夫便是方氏長子。你乃老夫弟妻也。」

「呵……」

「方氏劫難，應在陰人當族。念你終生處子，獨身撐持方氏，老夫代天恕你。然則，你需做好一事。否則，此災不可禳也。」

「呵……」

「有一後生，但使其入秦封侯拜相，百事皆無。」

「何人……」

「老夫親子，十六年前與胡女所生也。」

「噫……」

「莫驚詫也。老夫終究肉身，不能免俗。老夫之途，未必人人可走。此子雖平庸愚魯，然有大貴命相。老夫欲借你力，了卻這宗塵世心願，亦終為方氏榮耀也。」

「啊……」

清晨醒來，禳災已經完畢，神聖的大方士也已經雲彩般飄走了。兩年之後，一個黝黑粗莽的漢子到了巴郡丹穴，濃烈的腥膻混雜著草臭馬糞味兒撲鼻而來，分明顯示著自己的路數。玉天清掩著鼻息皺著眉頭，接過了漢子捧過來的一只陶瓶。陶瓶中幾粒丹藥一方寸竹，竹片上八個殷紅的小字——嫪毒我子，當有侯爵。玉天清一聲歎息，將這個腥膻粗蠢得牧馬胡人一般的漢子留下了。從此，玉天清開始了一步步的謀劃：一邊請一精明執事教習嫪毐些許粗淺的讀書識字功夫，打磨那廝教人無法容忍的粗鄙舉止；一邊開始了探聽秦國朝局，並踏勘接近秦國大臣路徑的細緻鋪墊。邯鄲得遇呂不韋進入綠樓重金搜買歌伎，玉天清開始關注呂不韋了。及至祕密探清呂不韋與嬴異人非同尋常的結盟，玉天清開始不著痕跡地下工夫了。呂不韋入秦後幾次關節時刻，玉天清都毫不猶疑地重金襄助，為的是有一日了卻這則實非其心卻又不得不為的孽願……

「然則，文信侯請秦王築懷清臺，老身始料未及也。」寡婦清幽幽歎息了一聲，「我以邪道謀秦，秦卻以正道待我，玉天清雖悔無及矣！」

一路聽來，呂不韋牙關咬得幾乎出血。一個商旅部族，竟能為如此荒誕的一個理由大拋舉族積財耗時二十年去達成一個令人齒冷的目標，結局卻又是如此背離初衷，令所有參與其中者盡皆蒙羞而追悔莫及，當真匪夷所思也！一時之間呂不韋啼笑皆非，一句話也說不出來，默然良久，方冷冷問得一句：「嫪毐那廝，可有邪術？」

「天意也！」寡婦清一拍楊欄，說起了後來的故事。

自嫪毐與太后的醜行祕密傳開，寡婦清大為震驚，念及秦國厚待，更是愧疚於心。三年前，寡婦清將方氏族業悉數安置就緒，親自帶著一支包羅各色人才的商旅馬隊北上胡地，決意查清嫪毐其人。三年中，寡婦清與斥候執事們遍訪草原匈奴與諸胡部族，終於清楚了嫪毐底細。原來，當年的大方士帶著三十六名少年弟子，應匈奴老單于之約北上煉丹護生，並為老單于祈禱長生。老單于派了八個壯美的少女奴隸，專一侍奉大方士飲食起居。大方士與八個女奴同居一帳，夜夜以令女奴驚歎呻吟的神術做陰陽採補，一年後，齊刷刷生下了十三個肥重均在十斤之上的兒子。老單于哈哈大笑，直讚歎大方士一頭好公豬，竟能使八頭母豬同日生崽，此等公豬術定要傳給老夫！大方士盡知胡人習俗，非但毫無難堪，竟然立即開始住進老單于大帳，召來老單于二十餘名妻妾，日夜傳授採補神術。誰料半年之後，大方士的十三個兒子竟如生時一般，一日之內又齊刷刷地夭亡了。面對老單于與牧民們的沖沖怒火，大方士無地自容，在月黑風高的夜晚丟下一具狼吞的假屍，也丟下了三十六名弟子，孤身逃離了匈奴草原。

逃至陰山南麓，大方士又在一個林胡部族住了下來，圖謀招收弟子以重返中原。其時恰逢林胡頭領患了不舉之症，大方士人到病除，老頭領重振雄風，慷慨地賞賜給了大方士十名少年胡女。大方士這次卻堅執不受，只討了一名老頭領最不待見的妻子。此女年近三十，豐滿壯碩，被老頭領擄掠入帳時已經是另一部族頭領的已婚女奴了。大方士這次小心從事，只在最不得已時通神採補一番。想不到的是，一年後，這個頭領妻子還是生下了一個肥壯的兒子。大方士不意得此一子，視為天意，鍾愛有加。然要操持方士神業，尤其要做天主大方士，有得一個兒子終是為業規所不容。思忖一番，大方士給這個兒子取了一個怪異的名字——嫪毒，叮囑其生母著意撫養，屆時他自會前來照應。

十年之後，大方士祕密回到陰山，給嫪毒母子帶來了足以成為牧主的一車財貨。出於自幼癖好，大方士檢視了兒子全身，終是喟然一歎：「此子無恙，唯陽卑微也！大丈夫橫行天下，無偉岸物事，何得其樂哉！」於是，大方士施展了自己獨有的壯陽縮陰密術。一年之間，少年嫪毒擁有了一宗罕見的偉岸物事。後來，大方士每年必到陰山一次，只著意祕密傳授嫪毒的強身採補之法。有得此等邪父，嫪毒自十五歲開始，成了草原少女避之唯恐不及的陰山大蟲……

「狗彘不食！」呂不韋不禁狠狠罵了一句。

「我已練得百名死士。不殺此獠，我心難甘！」

「夫人大錯也！」呂不韋斷然一擺手，「今日之嫪毒，非昔日之嫪毒也。既成國事，自當以國法處置。此子雖根基不正，然若不作亂禍國，取悅於太后未嘗不可也。若其作亂發難，邦國自有法度。私刑俠殺，縱合道義，卻違法度。更有甚者，此等私刑只能幫得倒忙，一旦不能得手，反使嫪毒一黨越發猖狂為害，實則亂上添亂，夫人萬莫輕舉也。」

「然則物議洶洶，文信侯執法，得無投鼠忌器之顧忌乎？」

「夫人差矣！」呂不韋慨然拍案，「功業不容苟且，謀國何計物議！呂不韋已然一錯，何能再錯？」呂不韋粗重地喘息一聲，又低聲道：「夫人當知，呂不韋與太后有昔年情愫。然國法在前，豈能顧得許多？更兼今日一談，方知此獠本真邪惡。呂不韋縱以義道為本，亦當有依法懲惡護國涉險之志也！」

「文信侯，老身拭目以待了。」

「夫人但挺得病體過去，自有水落石出。告辭。」

回到文信學宮，呂不韋徑直到了蔡澤庭院，將與寡婦清會晤的經過備細說了一遍，蔡澤聽得感慨不已。末了，呂不韋對蔡澤說出了一個一路思忖的決斷：挺身而出，力促秦王加冠親政！蔡澤大是驚訝，思忖一番憂心忡忡提醒道：「秦王奉法過甚，主見過人。我等大興文華化秦，最要緊者是化秦王於同道。如今，秦王是否與文信侯同心同道，尚不分明。若得一朝親政，又來另路，豈非後患？」呂不韋慨然道：「政道者，以時論事也，權衡利害也。嫪毐如此邪惡根基，分明我等死敵。此獠目下已經成勢，若不奪其權力，我等必為其所殺也！身死國亂，畢生心血毀於此等邪物之手，卑污之極，寧如自裁！制約嫪毐，唯扶持秦王可也！至於日後秦王如何，綱成君，只能另當別論了。」

眼見呂不韋淚光瑩然，蔡澤默然良久，終是一聲歎息。

一番計議，兩人將學宮諸事安置妥當，已經是天色大亮了。匆匆用了早膳，呂不韋驅車回了丞相府。各署閒散當值的吏員們深為驚訝，紛紛聚來領書署探聽意向。呂不韋聞聲出來站上臺階，一拱手慨然道：「諸位，老夫年來荒疏政務，深為慚愧也！自今日起，老夫坐守丞相府，與諸位一起當值，能做得一件事便做得一件事，絕不苟且！」吏員們一陣驚愕，相互打量著議論紛紛。

「各署照舊運轉。」呂不韋正色下令，「凡經老夫批示之公文，各署照令實施。但有梗阻，皆依秦法辦理。糾纏不下者，稟報國正監與廷尉府共同裁決。老夫倒要看看，何人敢在秦國違法亂政！」

「文信侯萬歲！」自感窩囊日久的吏員們一片歡呼，頓時精神大振，甚話不說疾步匆匆散開回了各自官署。半日之間，在外消遣的吏員們也紛紛聞訊趕回，丞相府又恢復了往昔的緊張忙碌。

呂不韋回到久違的政務書房，一時感慨良多無法入案，便到後進寢室沐浴了一番。及至換得一身乾爽袍服出來，呂不韋自覺精神振作了許多，坐進書案，鋪開一張羊皮紙又提起大筆，開始將早已在心頭蹦躂的話語一字一字地釘了上去：

〈籲請秦王加冠親政書〉

臣呂不韋頓首：諺云，治國者舉綱。國之綱者何？君也。昔年先王將薨，依秦國法度考校遴選，方立子政為秦王，約定加冠之年得親政。而今八年，秦王二十一歲矣！太后與老臣受先王遺命秉政，亦倏忽老去，以致政務多有荒疏錯亂也。秦王自即位以來，觀政勤奮有加，習法深有所得，體魄強健，心志亦成也。秦法有定：王年二十二歲加冠帶劍。是以，先祖惠王、昭襄王皆二十二歲行冠禮也。唯其如此，老臣籲請：當在明年春時為秦王行加冠大禮。太后將老，老臣更近暮年，若能在恍惚之期還政於秦王，則於國於民大幸也！秦王八年九月己酉

一時得罷，呂不韋長吁一聲擱筆起身，喚進了領書吩咐道：「此上書，除依式呈送雍城太后宮外，抄刻送全部國府大臣與王族老臣，當即辦理。」領書領命，將案頭墨蹟未乾的羊皮紙放入銅盤捧起，匆匆到書簡坊去了。三日之後，呂不韋上書在咸陽所有官署與大臣府邸傳開，情勢立即有了微妙

的變化。大臣們始而驚愕，繼而紛紛然議論。

「是也！秦王業已二十一歲，該行加冠禮了！」

「三轅各轍，政出多門，不亂才怪也！」

「秦王親政，一國事，萬事整順！」

「文信侯乃攝政仲父，有這等籲請，大節操也！」

「呂不韋不攬權，有公心，大義也！」

「說歸說，此事做來卻難！」

「是也！此信彼信，仲父假父，奈何？」

「鳥！那廝能與文信侯比了？」

「不然也！那廝不行，可那廝物事行也！」

「物事再行又能如何，靠那物事成事麼？可笑也！」

……

紛紛擾擾之際，大臣們都掂出了呂不韋這卷上書非同尋常的分量。且不說呂不韋三安交接危局已經載入史冊的特有功績，也不說秉承先王遺命以仲父之命攝政當國這份幾乎與國君等同的權位，僅是這卷上書便使人陡然一震！細心的大臣們都注意到，尋常論事很少抬出秦法的呂不韋，這卷上書卻是處處說法咄咄逼人，實在是溫和理政的呂不韋一個罕見的例外。上書開首申明君為國綱，其意何在？接著申明嬴政是先王依法所立，所指又何在？再申明國政多有荒疏錯亂，所指何在？又申明「王年二十二歲加冠帶劍」之秦法，並著意列出秦惠王、秦昭王二十二歲加冠親政的成例，其意何在？上書言事，特加「籲請」二字，其意其指又何在？最後一句，將還政於秦王看作「於國於民之大幸也」，其寓意為何？

如此等等反覆揣摩聚議，王族大臣們先忍不住了。被嫪毐罵為「老不死」的駟車庶長老嬴憤憤而出面奔走，聯結王族大臣具名上書，歷數歷代秦王加冠成例，堅請次年為秦王行加冠大禮。接著是綱成君蔡澤聯結國正監、老廷尉等一班執法大臣具名上書，請以法度檢視目下國事，為秦王加冠，以一國政。

偏在此時，一樁亙古未聞的奇事生出，秦國朝野頓時譁然！

正在大漲秋水之時，魚群竟從大河中溯流而上，黑壓壓湧入秦川渭水河道，從桃林高地的河口直抵櫟陽咸陽連綿不斷。河魚大上的消息頃刻傳遍秦中，老秦人人稱奇不已，不及思索紛紛騎馬趕車到渭水兩岸，一邊在河邊支鍋起炊大咥，一邊用牛車裝魚運回連吃帶賣不亦樂乎。一時各色帳篷連綿撐起，大小鍋灶炊煙連綿，渭水兩岸三四百里蔚為奇觀。

在秦人不亦樂乎之時，遊學秦國的陰陽家們發出了一片驚呼之聲：「嗚呼！豕蟲之孽，秦為大害也！」一時傳開，秦人心驚肉跳，渭水兩岸的連綿帳篷炊煙哄然散得一乾二淨。接著更有森森然預言傳開：魚者，陰類也，臣民之象也；秦以水德，魚上平地，水類失序，秦將有大災異也！一時言之鑿鑿，秦國朝野騷動不寧，紛紛將預兆歸結為國政紊亂，漸漸彌漫出一片昂昂呼聲：秦王親政，國歸其所！

三、雍也不雍　胡憯莫懲

九年開春，秦王嬴政的車駕終於向雍城進發了。

上年冬月（註：冬月，秦人稱十一月為冬月。至今，關中方言仍將農曆十一月叫作冬月）之時，嬴政接到了太后與假父長信侯同署的特書：「吾子政當於開春時赴雍，居蘄年宮，擇吉冠禮。」慮及親到丞相府諸多不便，嬴政當即命王綰祕密請來呂不韋商議。呂不韋看了令書不禁笑道：「嫪毒難矣哉！不得不為也，心有不甘也！」笑罷又皺起了眉頭，指點著寥寥兩行大字一陣沉吟，「此令……悉數事宜一無明示，唯居地明定蘄年宮……王行冠禮，國之大典也。依照法度，先得太史、太廟、太祝三司會商，於太廟卜定月日時，同時擬訂全部禮儀程序並一應文告；秦王行止日期、隨行大臣、儀仗護衛等諸般事宜亦當明確無誤。然則，此令一事不涉，實在不明所以，老臣以為當三思而後定。」

「政之所見，倒是不然。」嬴政似覺生硬，說罷歉然一笑。

呂不韋坦然道：「大關節處正要主見，我王但說。」

嬴政思忖道：「仲父以常人之能看嫪毒，將嫪毒看得高了。嬴政所知，此人雖則狡黠，本色卻是粗蠢愚頑。仲父方才所言之法度，嫪毒原本絲毫無知。其人所思是：我教你來加冠，說一聲你來便是。其餘根本想不到，也不想。是以此令非思慮不周之破綻，而是嫪毒以為事情該當如此。」

「既然如此，何以想得到蘄年宮？」

「嫪毒要在蘄年宮殺我。」

「啊！王、王何有此斷？」呂不韋驚得破天荒地口吃了。

「一接得此令，蘄年宮三字便釘上了我心！」

呂不韋良久默然。嬴政對嫪毒的論斷使他深為驚訝。驀然之間，他從這個年輕秦王身上看到了一種鋒銳無匹的洞察力，雖然時有臆斷之嫌，但那發乎常人之不能見的獨特判斷總是使人心頭為之一震！在久經滄海的呂不韋眼裡，嫪毒生亂是必然的，一旦真正得勢便要除掉自己也是必然的；但說嫪毒要殺秦王，他卻實在沒有想到，也從來沒有想過；自古大奸為惡，真正弒君稱王者畢竟少之又少，至少戰國兩百餘年沒有一例成功，絕大部分都是剪除權臣對手奪得攝政權而已；嫪毒粗鄙，朝野皆知，殺了呂不韋這般對手能一人攝政掌國，可殺了秦王他能如何？自己做秦王麼？豈非滑天下之大稽也！唯其無利有害，說嫪毐目下要撂開呂不韋直對秦王下手，誰能想到？誰能相信？然則，嬴政卻有了這個駭人的直覺！你能說，這個年輕秦王所認定的危局斷然沒有可能麼？畢竟，嫪毐之邪惡不能以常人度量也。

「除非嫪毐有子！」呂不韋突兀一句。

「國恥也！」嬴政的噝喘教人心顫。

「啪！」的一聲，呂不韋拍案而起，面色脹紅地急速轉了兩圈，勉力壓下了驟然湧起的厭惡作嘔之感，站定在碩大的書案前：「事已至此，老臣劃策：大張冠禮，密為綢繆，後法除惡，一舉定國！」

「綢繆之要在兵，餘皆好說。」

「一切皆在老臣之身！王但如期赴雍。」

此後月餘，呂不韋將一應冠禮事務大肆鋪開。先以秉政仲父名義頒發書令通告朝野：明春行王冠大禮。接著派定曾領三王葬禮與兩王即位大典事務的綱成君蔡澤為總攬冠禮大臣，聚「三太」會事，擬定行止程序；朝會商定隨行大臣，司空府會同王室尚坊修葺蘄年宮，大田令徵發民力疏浚渭水航道，沿途各縣平整官道，雍城令受命搭建祭壇，等等等等。事事皆發國書通告朝野，程序就大不就小，一個冬天將秦王加冠大禮鋪排得蜚聲朝野婦孺皆知，老秦人無不彈冠相慶。然則，細心者卻留意到了：如此王冠大禮，秦國四十萬大軍卻無一旅調遣，悉數隨行大臣竟沒有一個大將，整個秦軍似乎被遺忘了一般。蔡澤對呂不韋這個顯然的漏洞大是疑惑，呂不韋頗為詭祕地一笑：「粗對粗，此天機也！」嬴政心領神會不置一詞，始終聽憑呂不韋大肆鋪排。

依照預先宣示朝野的行止，二月初二這日，王駕離開咸陽西來。

秦人諺云：「二月二，龍抬頭。」說的是這二月初二多逢驚蟄節令，春雷響動蒼龍布雨，萬物復蘇，是為春運之首也。呂不韋與蔡澤反覆密商，著意將秦王起行定在了這「龍抬頭」之日。其時，龍雖然還只是「四靈」（龜、龍、麟、鳳）之一，尚未如後世那般成為天子神聖的專有徵兆，然則，龍畢竟是《周易》論定而為天下公認的正陽神物，騰飛九天振雲興雨叱吒雷電，正是所有振興關節最為看重的徵兆，寓意至為明顯。老秦人一聞秦王二月二出行，自然是一口聲喝采。

起行這日風和日麗，正是初春難得的陽升氣象。咸陽國人空巷而出，聚集在西門外官道兩邊爭睹秦王風采。呂不韋親自率領留守都城的所有大臣吏員三百餘人，在郊亭為嬴政舉行了隆重的賀冠餞行禮。正在嬴政飲下呂不韋捧上的一爵百年秦酒時，萬里晴空一陣隆隆沉雷滾過，陡然在咸陽上空當頭炸響！

「晴空霹靂！龍飛九天——」蔡澤呷呷一聲狂呼。

「龍飛九天！秦王萬歲！」

原本愣怔不知所以的官員庶民恍然解兆，頓時爆發出一陣彌漫原野的山呼海嘯。嬴政當即對天拜倒高誦：「上天佑秦！我大秦臣民萬幸也！」大臣吏員們齊刷刷跟著拜倒，萬千庶民也跟著黑壓壓拜倒，上天佑秦的聲浪潮水般掠過了渭水兩岸。正當午時，冠禮大臣蔡澤一聲宣呼：「王駕起行！」大片旌旗車馬便在原野上轔轔啟動了。散髮無冠的嬴政著一領繡金黑絲斗篷，站在粲然金光的青銅軺車的九尺傘蓋下，隨著秦王萬歲的滾滾聲浪在人海中緩緩西去，端莊威嚴得天神一般。

雍城，是秦國舊都，也是歷代儲君加冠的神聖之地。

尚在華夏遠古時期，雍已有了赫赫大名。大禹治水成功後建國立邦，將天下劃分為九州，雍便是九州之一。其時，九州地域皆寬泛框架，所謂「河之西為雍」的雍州，實際是整個華夏西部，包括了後世中國的陝西、甘肅、巴蜀與青海一部分。古雍州的治所，便是這雍城。究其實，古雍城只是一座鎮守西中國的要塞城堡。這雍州，是更為遙遠的西北戎狄部族洶洶進入古中國的最主要通道，甚或是唯一通道。戰事多發，兵災頻仍，偏偏卻叫了一個祥和的名字——雍。雍者，諧和也。雍城者，諧和之城也。揣摩其意，大約也是古人祈求和平歲月的一番苦心也。歷經夏商周三代兩千餘年，雍州之地始終是抵禦遊牧部族入侵華夏腹地的西陲屏障。

上天刻意，長期在雍州抵禦戎狄者，恰恰是秦部族。

堯舜之時，秦人先祖乃是華夏腹地聲望卓著的大部族，其首領便是與大禹同擔治水重任的伯益。由於治水大功，舜帝賜伯益一族五色大旗（皂遊），並賜以「嬴」為姓，慨然預言曰：「而後嗣將大出！」也就是說，日後嬴族必然繁衍茂盛，大出天下！因了如此，大禹臨死之時「以天下授益」，舉薦益做繼任天子。然則，誰也說不清究竟發生了何等事件，最終是禹的長子啟繼承了王位，伯益竟不知所終了。從此，嬴部族與夏王族有了很深的恩怨，卻又無法了結，便從華夏腹地四散遷徙，隱伏漁獵。但是，嬴部族終究沒有忘記深藏心底的仇恨。夏末之時，嬴族毅然追隨商湯反叛夏桀，舉族鼓勇，助商一舉大敗夏軍於鳴條之戰，滅夏而成商。自此，嬴部族正式成為世代防守西部的主力大軍，既是商代諸侯，也是鎮守一方的軍旅望族。其時，周人正在嬴部族的鎮守之地日漸崛起。嬴部族忠於商王，況且還有兩個被後世稱作助紂為虐的嬴族大將——蜚廉、惡來做紂王近臣，自然與圖謀推翻商王的周人多有衝突。後來，周人滅商，殺了惡來。嬴族又與周人有了恩怨，嫡系一族遷徙到周王朝鞭長莫及的偏遠的隴西山地。直到西周中期的周穆王時，嬴族方才漸漸臣服周室，做了專為王師放牧戰馬的臣民。再後來，周孝王給了嬴族一個比諸侯小得許多的封號，叫作「附庸」，以秦水數十里河谷為嬴族封地。再後來，周宣王封嬴族首領秦仲做了大夫，秦部族便在封地修建了一座名為秦亭（註：秦亭，早秦城堡，亦稱秦城，今甘肅省天水市張家川以東。西晉始以天水為秦州，後世遂將秦州做秦人根基之地看待）的小城堡做為治所。這是秦人第一座以「秦」命名的城堡。

立國東來之後，秦部族忙於從戎狄手中奪取關中之地，先後匆忙修建了四座小城堡：第一座是梁山的西時，第二座是汧水渭水交匯處的西垂宮，第三座是稍東的鄜時，第四座是岐山北麓的平陽。四座城堡實際上都是戰事大本營，尚遠遠不夠一個大諸侯國的都城規格。直到第六代君主秦德公即位，關中已定，方才備細堪輿占卜，選擇了在古雍城（註：雍城，春秋時秦都，大體在今陝西鳳翔西南地帶，有秦公大墓遺址）遺址所在地修建都城，仍然以「雍」為名。誰知這位三十三歲即位的德公，在位兩年便薨了。其時，剛剛建成了一座公室住所——大鄭宮，做為都城的雍城實則剛剛開始修建。後來歷經宣公、成公兩代十六年，直到秦穆公即位，雍城方才大體竣工。從此，雍城做為秦國都城確立下來，直到戰國初期，整整歷時十七代君主二百五十三年。

雍城依山傍水，正在肥沃而又顯要的河谷地帶。山者，雍山也。水者，雍水也。雍水發源於雍山，中段又有一條叫作中牢水的河流融入，東南流百餘里入得渭水。雍城便建在雍水、中牢水與渭水的三水交匯地帶，北靠雍山岐山，南臨渭水，東西挽雍水中牢水，除了不甚廣闊難以伸展，可謂得天獨厚也。做為公室國府，雍城有秦德公修建的大鄭宮、秦惠公修建的蘄年宮。秦國強大後，又相繼在雍城周圍建起了幾座宮室，供國君回故都祭祀時居住，然論其地位，仍當以大鄭宮、蘄年宮為正宗。

進入戰國之世，秦獻公即位，為了抵禦已經占領整個河西高原與關中東部的魏國的蠶食，決然將都城東遷三百餘里，在關中中部靠近驪山的櫟水北岸修建了一座要塞式都城，命名為櫟陽。數十年後秦孝公即位，重用商鞅變法，秦國強大，方才在渭水北岸大規模修建了一座新都城——咸陽。

在秦國的都城歷史上，雍城與咸陽是兩座最重要的真正意義上的都城。與咸陽相比，雍城雖然古老狹小，然卻有著咸陽所不能替代的神聖地位。一則，雍城郊野埋葬著秦昭王之前秦國所有二十七代君主。二則，雍城有著嬴族祭祀了數百年的古老宗廟與社稷。三則，雍城處處都是秦人祖先的遺跡。正是因了此等原由，秦國都城東遷後依然以雍為根基之地，只要不是大戰不能脫身，重大的祭祀與君王加冠典禮都無可爭議地在這裡舉行。這也是嫪毐提出在雍城加冠而嬴政呂不韋無以質疑之所在。

嬴政車駕徐徐西來，行到郿縣依預定行止紮營歇息。

行營紮在郿縣城外，嬴政接受完郿縣官吏與孟西白三大族族長的拜王禮儀，隨行內侍總管便下了熄燈禁客秦王歇息的號令。嬴政進得後帳，立即換上了一身輕軟柔韌的精工軟甲，摘下了那口少時在趙國打造的輕銳彎刀，默默地佇立在幽暗的帳口等候。二更刁斗打響，正是月黑風高之時，一個瘦小的黑影過來將嬴政一扯，兩人匆匆出了只供秦王一人出入的後帳轅門，直向行營背後的一個山包去了。

「參見秦王！」山坡蕭疏林木中閃出了一個黑影。

「蒙恬！」嬴政低呼一聲，兩雙年輕的大手緊緊握在了一起。

「稟報君上：事已辦妥，兩千騎士便在雍山！」

「王翦將軍如何？」

「事有蹊蹺！」蒙恬急促道，「王翦大哥正欲藉整修器械之機，率自己的一千中軍護衛鐵騎進入岐山呼應。不想卻有一道祕密兵符到達藍田大營，特使指定王翦前軍之五千輕兵隨時待命，違令者立殺不赦！連暫代上將軍的桓齕也不知兵符來路，王翦大哥不能脫身了。」

「不管兵符來路如何，只要王翦領兵便好。」

「對！王翦大哥也是這般說法！」

「蒙恬，小高子探事機靈，教他跟著你了。」

「不！趙高對君上用處更大，跟我至多一個斥候而已。」

「也好，不爭了。」嬴政兩隻大手重重地拍在了蒙恬雙肩，「你我若得再聚，便是天意！若得不見，你到蘭陵投奔荀子，嬴政來生找你！」

「君上……」蒙恬驟然哽咽了。

嬴政一揮手，大步下了山坡。瘦小的黑影飛一般趕了上來低聲道：「君上，教小高子說，蒙恬沒事，王翦也沒事，那個大物事更沒事，操甚心來？」嬴政不禁噗地笑了：「鳥話！王翦蒙恬大物事糾纏到一起說，還都沒事！」趙高只呵呵笑著：「只要君上高興，沒事沒事，都沒事！」嬴政一聲喘息，陡然靠住了一株黝黑的枯樹兀自喃喃：「不明兵符若是太后所出，蒙恬那兩千散騎抵得住麼？上天也……」

「君上，蒙恬人馬不是散騎！」

「噢？不是散騎是甚？」

「銳士！重甲銳士！還有二三十鐵鷹劍士！」

「信口開河！」

「小高子還沒顧上稟報，說完君上再罵不遲。」

原來，蒙恬離開咸陽後便沒有了消息。接嫪毐「令書」後嬴政頓時著急，立即派出趙高星夜祕密北上尋覓。前日，突然接到蒙恬祕密傳書，說他與趙高已經南下，盡知咸陽情勢，約定在酈縣會面。嬴政原先料定蒙恬北上必是籌劃兵事，然蒙恬畢竟是受蒙驁臨終密囑所為，蒙驁未對嬴政說，蒙恬也未說，嬴政自然也不便多問。對於一個沒有權力的國王而言，嬴政深切明白，一切都是微妙而可變的，所謂君擇臣臣亦擇君也，如蒙恬這般同心同道者更不能有絲毫勉強。是以直至方才會面，嬴政也沒有問起來龍去脈。而其中情形原由，已經是十八歲的趙高在草原卻已經「探察」得一清二楚。

蒙驁臨終之際對長孫蒙恬說的是：「嫪毐粗鄙蠢物也！何須大軍應之？大父交你兩千牧馬騎士，既不違法度，又緩急得濟。至於調度是否得宜，便看你小子與秦王的才具了。」而後叮囑的是：「奉我信物，陰山草原，找秦軍馬營。毋告秦王，小子當獨擔其責也。」蒙恬體察大父苦心：萬一事有敗績，不要牽涉秦王。故此，蒙恬沒有對秦王細說。及至到了陰山，找到秦軍牧馬營地，蒙恬這才明白了大父要給他牧馬騎士的原委。

自趙國大敗匈奴占領雲中郡東部，秦軍的戰馬來源減少了許多。當年的武安君白起為了保障秦軍戰馬源源不斷，派出了九原郡五千騎兵長駐陰山草原，一則營造自己的牧馬營地，二則與匈奴部族做良馬交易。這五千騎士不在軍制，然一應後勤糧餉衣甲輜重仍然由秦軍供應，實際上是秦軍的一支軍商馬隊。由於通商，更由於時常與突然出現的匈奴飛騎較量，這座營地非但財貨殷實，且兵強馬壯能分能合，戰力甚至在秦軍主力鐵騎之上。

蒙恬一出大父的一只劍形玉佩，已經鬚髮灰白的牧馬將軍便哈哈大笑：「老夫孟廣，上將軍老部屬，識得這玉劍佩也！久聞公子大名，有事但說！」蒙恬知是郿縣孟西白三族老人，心下頓時踏實，然也不敢貿然行事，只連日與孟廣及幾位千夫長盤桓痛飲，一件件朝野大事娓娓道來，聽得久處偏遠的孟廣與千夫長們時而感慨時而唏噓。說到粗鄙嫪毐以巨陽入宮一節，孟廣當下拍案大笑：「呀！無奇不有也！不是大車軸那小子是誰？嫪毒個鳥！問問這幾位老兄弟，林胡族誰不知道這隻惡物！」蒙恬大奇，不禁問起了原由。

原來，當年陰山草原的林胡部族有個方士留下的兒子，人人戲呼其小方士。少年時，小方士那物事驟然神奇地變得粗大堅硬，終日頂得翻毛羊皮褲一個鼓鼓大包。一班頑劣少年欺侮戲弄小方士，專一找他摔跤，小方士輸了便要拿出物事，大家看稀奇。誰知小方士毫不以為羞，非但赳赳拿出物事任少年們觀瞻把玩，且教人找來一只廢棄車輪，以物事做車軸呼呼轉動車輪兜圈子。奇聞傳開，小方士得了個名號——大車軸，成了陰山草原人人皆知的怪物。後來，這小方士經常在夜裡摸進牧民帳篷惡奸女人，竟是無分老幼。牧民們大為憤怒，一口聲要趕殺這個邪惡少年。正在此時，少年卻神祕地永遠地從草原上失蹤了。

「公子說，不是他卻是何人！」孟廣笑得不亦樂乎。

「錯不了！是大車軸！」千夫長們異口同聲。

「天作孽！辱我秦人也！」蒙恬一聲歎息，將嫪毐入宮後的種種惡行說了一遍。孟廣將士們聽得怒火中燒，嗷嗷叫著要趕到秦川割了這小子兩隻頭。蒙恬見已經無須再磨工夫，便徑直說了來意。牧馬將軍孟廣與五個千夫長人人爭先要隨蒙恬南下。好容易一番勸說，這才商定了辦法：全營地較武，遴選最精銳的兩千騎士，人各兩馬，帶足乾肉馬奶子兼程南下。諸般事體妥當，已經是過年了。正在此時，趙高風風火火尋來了……

「君上，沒事吧。」趙高頑皮地笑了。

「小子幹得好！沒事。走。」

兩人匆匆回到行營後帳，已經是四更時分了。嬴政摸黑臥榻，心下起伏難平。蒙恬這邊是沒事了，可王翦那邊還遠不能說沒事。能在此時直接向藍田大營勘合兵符者，會是何人？嫪毐後封之侯，雖掌國事，可決然不會有只有父王才能親授的兵符。文信侯如何？倒是有可能得父王親授兵符。然則秦國法度有定，即或攝政權臣，也不能執掌兵符呵。再說，父王臨終幾次交代也從未提及如此。文信侯更是從來沒有說過，實際看，文信侯也沒有手握祕密兵符的跡象。如此說來，只有太后這個實則已經不是母親的母親了？否則還能有誰？果然如此，王翦能違抗兵符調遣麼？不能！無論有多少種理由，都不能！那麼，王翦能做甚舉動呢？唯一能做者，只有……只有……

「君上，五更已過，該梳洗了。」

「梳洗梳洗！洗得光堂頂個鳥用！」嬴政煩躁地爬起來扒拉開低聲呼叫的趙高，拉起袍服往身上亂裹。「不行不行！」趙高笑叫著奪下嬴政手中袍服，「不梳洗也來得。君上只坐好，我來。」一邊輕摁贏政坐定，一邊利落地梳髮束髮上衣安履，片刻間一切就緒，「君上，外帳案頭早膳備齊。」贏政再不說話，大步來到外帳埋頭咥了起來。

卯時一到，大號悠揚而起，秦王車駕又轔轔西行了。

雍城大鄭宮一片喧囂，全然不同於往日的嬉鬧。

嫪毐最是亢奮，馬不停蹄地東奔西走吆喝分派，雖氣喘吁吁額頭冒汗，顯然卻是樂此不疲。一年多來，嫪毐在太原封地、山陽封地、雍城、梁山四處走馬燈般交叉來回，但做得一事必來給趙姬高聲大氣地嚷嚷一遍。自從與嫪毐生下了兩個兒子，趙姬一門心思只在兩個新兒子的祕密撫養上，醉心地沉溺在庭院臥榻間恍如平民般的小女人日子裡，日每親自督察一班侍女乳娘，一應外事不聞不問，對嫪毐經常離開自己也不太在意了。然則只要嫪毐回到雍城，必得日夜大肆折騰。每每在趙姬軟癱得爛泥一般時，嫪毐這才興致勃勃地嚷嚷訴說他的赫赫勞績。聽著聽著，已經漸漸變得粗俗的趙姬忍不住狠狠點戳著嫪毐額頭罵將起來：「生豬也！除了整治女人還能做甚！有那般做事麼？呼啦啦雞飛狗跳，鬧哄哄滿城風雨！老娘沒吃過豬肉見過豬哼哼，哪個圖大事者如你這般生憨？還教兒子做秦王，做你個鳥！」偏嫪毐一挨罵更是舒坦，拍打著趙姬也是一番回罵：「母狗！賤貨！知道個甚？老子做事，胡刀猛砍，憑得個勁頭，恁多花花腸子頂個鳥用！」說罷揪住趙姬的一頭長髮，又擰住那雪白筆挺的鼻頭，一番呱呱笑叫：「母狗聽著！老子只要有權有錢，自有能人替老子做事！秦王算個鳥！老子兒子不做秦王，做天子！做三皇五帝！」氣得趙姬想對罵又沒氣力，只好淌著淚水一聲歎息，無可奈何了。

粗鄙歸粗鄙，對人對事，嫪毐有一套自己的辦法。對趙姬，嫪毐是心無旁騖，只死死守定這一個盛年美人兒盡興折騰，從不吃得碗裡瞅得鍋裡去鼓搗那些日夜隨侍個個嬌豔的侍女。即或趙姬月事期間實在不堪支應，嫪毒寧可睡在趙姬榻下鼾聲如雷，也絕不獨宿獵豔。常常是趙姬夜半醒來罵一聲：「生憨！」心下便是良久感慨——此子雖粗雖俗，然對我專一若此，天下何有第二也！趙姬年已半老，能得消受如此青壯奇男子，夫復何求矣！年餘之後，嫪毒月月如此死守，趙姬橫下心打破了月紅禁忌，任嫪毒隨時胡天胡地了。

對於政事，嫪毒也有自己的獨特法程。用門客們的話說是八個字：重金結人，揮權成事。先說結人。無論內侍侍女，還是官署吏員，只要投奔嫪毒門下，俸金立比國府猛漲十倍，尚不計隨時可能乘興擲來的種種賞賜；山東士子投奔，則一律比呂不韋門客高三倍年金，且人各一座庭院一輛軺車一名童僕，若有稍微像樣的名士，更以郡守禮遇待之。長信侯門客僕從衣食之豐禮遇之隆，非但使秦人驚訝，縱是對官場奢靡司空見慣的山東士子們也為之咋舌。

如此鋪排招攬，也確實引來不少秦國官吏或明或暗地投奔到嫪毒門下，或成嫪毒侯府屬吏，或暗中為嫪毒效力。其中也頗有二十餘名實權人物，最顯赫者是幾個文武大員：首位是內史嬴肆。內史一職非同小可。戰國時秦國關中腹地不設郡，內史是統轄咸陽與整個秦川的民治大臣，歷來是非王族不任。這個嬴肆素以王族樞要大臣自居，不滿呂不韋倚重駟車庶長嬴賁，在嫪毒親信門客遊說許以未來丞相之下，便投奔了嫪毒。其次是衛尉林胡竭、左弋東胡竭。這兩人都是胡族將領，衛尉執掌王城護衛軍，左弋是王城護衛軍中的弓弩營將官。還有一個是執掌議論的中大夫冷齊。此人極善鑽營，嫪毒封侯稱假父，立即主動來投，以清議無事為由，留在了嫪毒門客院做了謀士頭領。

說到辦事，門客吏員們倍感自在。嫪毒粗通書文，於法度禮儀生疏如同路人，見公文令書更是不勝其煩。嫪毒自有奇特辦法——設立「三坊」，辦理一應公事。第一坊叫作文事坊，第二坊叫作武事坊，第三坊叫作謀事坊。文事坊以門客舍人魏統為坊令，處置全部公文，除了以太后、長信侯名義頒發的令書、國書要嫪毒口授外，對所有官署公文的批示一律由門客吏員「揣摩酌定」。武事坊以東胡竭為坊將軍，專司招攬教習各色武士。武士分為三營：胡人武士之彎刀營，中原武士之矛戈營，宮人武士之短兵營。前兩營不消說得，只這宮人營天下罕見也。不管是咸陽帶來的，還是雍城原有的，凡不是侍奉趙姬與嫪毐的內侍侍女，都得修習刀劍，被門客呼為「宮闈之內，甲胄三千！」謀事坊以冷齊為坊令，專事探察朝局、出謀劃策、代為運籌。嫪毐但皺眉頭，冷齊的謀事坊便得立刻有謀略奉上，否則便得當眾挨一頓粗無可粗的痛罵。而只要即時拿出方略，不管有用無用，嫪毐便會當即擲出謀士們喜出望外的豪闊之賞。如此一來，謀事坊的士子們只要思謀得三兩個應對方略擱在心頭，日子便是無比地舒心愜意，錦衣玉食跑馬遊獵聚酒博彩野合佳麗，儼然一群王孫公子。久而久之，非但將雍城、太原、山陽三城攪得雞犬不寧，便是留守咸陽長信侯府邸的僕從門客，也是鮮衣怒馬豪闊招搖，引得老秦人人側目。

揮金揮權皆如土，嫪毐成勢便也不是匪夷所思了。

那年趙姬生得第一新子，重九斤五兩，嫪毐大喜若狂。謀事坊立即呈上了一個驚人論斷——九五者，天子之數也，此子當為秦王！嫪毐一陣呼喝，立即賞賜了整個謀事坊人各一名十三歲少女。也便在嫪毐手舞足蹈地將此預兆嚷嚷給趙姬時，才有了兩人以私生兒取代嬴政的那番密謀。從此，嫪毐才真正地大權在握，也才真正地為「大業」忙碌起來。及至呂不韋上書請秦王加冠親政，接著又是河魚大上朝野沸沸揚揚。嫪毐第一次有了一絲心虛，立即下令謀事坊：「立拿辦法！」冷齊們立呈一策：將計就計，藉行冠禮攻殺秦王，扶「九五公子」即行稱王。嫪毐咬牙切齒地操著混雜口音拍案大嚷：「鳥！中！殺秦王！俺老子兒子做秦王！下步咋整？再拿辦法！」謀事坊一夜熬燈，冷齊呈上了一套連環之法——雍城行冠禮，斬年宮做預謀，六萬精兵攻殺嬴政，「九五公子」雍州稱王，再一鼓作氣進咸陽，長信侯與太后行成婚大典，晉爵太上萬世侯！

嫪毐心花怒放，連呼天神爺不止，又嚷嚷下令：「謀事坊總籌決斷，文武坊一力做事！大功成就，龜孫子人人封侯！」大鄭宮一時鼎沸，連呼長信侯萬歲，立即鋪排開了種種頭緒。此時，嫪毐卻斷然下令：「任誰不得將大計說給太后！否則老子生煮了他！」冷齊謀士們大為疑惑，說諸多關節必須太后出面，否則引咸陽生疑。嫪毐毛乎乎大手一揮：「疑教他疑！老子怕甚！太后要給我養兒子！出甚面？殼米也不出！任事都是老子！太后只管給老子生大崽！」冷齊們皺著眉頭不敢再說話了。於是，立即發出了嫪毐口授冷齊潤飾的那卷兩行令書，也開始了隱祕的兵馬集結。

冷齊們謀劃的六萬精兵有五種來路：其一為縣卒，也就是各縣守護縣城的步卒營。其二為衛卒，也就是衛尉部屬的王城護衛軍。其三是官騎，也就是國府各官署的護衛騎士。其四是西北戎翟部族的輕騎飛兵。其五是嫪毐的武事坊三營。調兵之法也是四途：其一，以秦王印與太后印合發急書，由內史嬴肆暗中協助，調集關中各縣卒與各官署之官騎；其二，以太后之小兵符，密調衛尉的王城護衛軍；其三，飛騎特使星夜奔赴隴西，召戎翟飛騎一月入關中；其四，武事坊三營立即從太原郡趕赴雍城。

開春時節，消息說各路兵馬陸續上路。冷齊的謀事坊擬定了起事方略與兵力部署：武事坊三營駐紮岐山三道溪谷，屆時攻蘄年宮擒殺嬴政；衛卒、縣卒、官騎統由林胡竭率領，駐紮渭水官道，截殺秦王護軍與咸陽有可能派出的援軍；戎翟飛騎駐紮陳倉要塞，防備嬴政突圍，逃往老秦部族的根基之地秦城；咸陽長信侯府邸的衛卒與門客同時舉兵，攻占丞相府擒殺呂不韋；山陽、太原的兩處封地家兵同時攻占山陽城與太原城。

「哈哈！四面開花，老甕捉鱉！」

粗疏的嫪毐這次卻一口叫白了冷齊的部署，原因只在嫪毐多有奔波，對秦川西部地形瞭如指掌。雍城兩山三水，大鄭宮所在的雍城背靠雍山，後建的蘄年宮卻在雍城外東北二十餘里處，背靠岐山面對雍城，中間恰有雍水、中牢水南流入渭。武事坊三營事先祕密駐紮進岐山三道溪谷，在東西兩側與背後三面包圍了蘄年宮，唯獨留下了南面的雍水；縱是嬴政逃出蘄年宮過得雍水，又恰恰遇衛尉兵馬堵在官道截殺。如此部署，也難怪嫪毐一眼看作甕中捉鱉了。

方得籌劃妥當，咸陽丞相府派員傳來國書，向太后長信侯稟報了秦王冠禮的行止日期及相關事宜。冷齊見沒有提到秦王護衛軍兵，心下頓時生疑。嫪毐呱呱大笑：「疑個鳥！呂不韋一個商驢！知道個鳥！覺俺是盤好菜，盼著嬴政早死，與俺爭天下！商驢之謀，以為老子不知道，哼哼！」冷齊們也不清楚是嫪毐將商旅念作商驢，還是嫪毐心下以為商旅真是商驢，左右被嫪毐一頓粗口逗得捧腹大笑，一點疑雲也就隨風飄散了。

四、一柱粗大的狼煙從蘄年宮端直升起

將近午時，秦王車駕到了雍城東門外的十里郊亭。

依照禮儀法度，已經先在雍城的長信侯嫪毐，須得親率所有官吏出城迎接王駕。若在春秋時期，自然是迎出越遠越顯尊王。戰國之世，此等禮儀大大簡化，然基本環節的最低禮儀還是明有法度的。遇到如秦王加冠這般大典，司禮大臣還要擬定諸多尋常忽略而此時卻必須遵行的特殊禮儀，以示肅穆莊嚴。此次秦王西來，預先知會各方的禮儀中便有入雍三禮：長信侯得率官吏出雍，迎王於一舍之亭；行郊宴，王賜酒；長信侯為王駕車，入雍。也就是說，嫪毐得在雍城外三十里處專候王駕，完成隆重的入雍儀式。

然則，三十里驛亭沒有迎候臣民，二十里長亭也沒有迎候臣民。目下十里郊亭遙遙在望，依然是大風飛揚官道寂寥，茫茫曠野的這片皇皇車馬如漂盪的孤舟，既倍顯蕭疏，又頗見滑稽。隨行大臣吏員內侍侍女連同各色儀仗隊伍整整一千六百餘人，連一聲咳嗽也沒有，旅人最是醉心的沓沓馬蹄獵獵

旌旗轔轔車聲，此刻卻是從未有過的令人難堪。

「止道——」面色鐵青的蔡澤長喝一聲。

車馬收住。蔡澤走馬來到王車前憤然高聲道：「老臣敢請就地紮營！我王歇息。老臣入雍，敦請長信侯郊亭如儀！」

「綱成君莫動肝火。」嬴政扶著傘蓋淡淡一笑，「雍城乃我大秦宗廟之地，我回我家，何在乎有迎無迎？」說罷一揮手，「一切如常，走。」

正在此時，一小隊人馬迎面飛馳而來，堪堪在儀仗馬隊丈許處驟然勒馬，煙塵直撲王車。一個黑肥老吏剛剛悠然下馬，蔡澤迎面呷呷大喝：「王前不得飛馬！給我拿下！」儀仗騎士轟然一聲正要下馬拿人，軺車上的嬴政一擺手道：「信使飛騎，情有可原。退下。」轉身看著黑肥老吏，「長信侯有何事體，但說。」黑肥老吏一拱手又立即捧出一卷竹簡展開，挺胸凸肚尖聲念誦道：「吾兒政知道：假父已將蘄年宮收拾妥當，吾兒可即行前往歇息。三日之後，假父國事有暇，來與吾兒飲酒敘談。冠禮在即，假父萬忙，吾兒不得任性。長信侯書罷——」

「豈有此理！」蔡澤怒聲呷呷，「冠禮有定：秦王入雍，得拜謁太后！先入蘄年宮，無視禮法！嫪毐無知！壞我法度，該當何罪！」

「你老兒何人呵？」黑肥老吏冷冷一笑，「秦王尚聽假父，你老兒倒是直呼假父名諱，還公然指斥假父，該當何罪！」

「豎子大膽！」蔡澤頓時怒不可遏，長劍出鞘直頂老吏當胸，「老夫綱成君蔡澤！先王特命帶劍封君！說！君大侯大?!」

「君君君、君大……」黑肥老吏頓時沒了氣焰。

嬴政向蔡澤一拱手道：「綱成君，看在假父面上，饒他一次了。」待蔡澤悻悻然收劍，嬴政對黑肥老吏淡淡一笑，「告知假父：嬴政遵命前往蘄年宮；不勞假父奔波，三日之後，嬴政自當前往大鄭宮拜謁假父母后。」也不等老吏答話轉身一揮手，「起駕，蘄年宮。」車馬儀仗隆隆下了雍城官道向東北去了。

午後時分，秦王嬴政進入了古老的蘄年宮。

突然沒有了預定的諸多盛大禮儀，蘄年宮顯得空落落的。依照約定，蘄年宮的內侍侍女與僕役皆由咸陽王城事先派來，不勞動雍城人力。如此宮中便沒有了大鄭宮的人，裡外雖然清幽，嬴政卻踏實了許多。藉著蔡澤與內侍總管分派人馬食宿，嬴政帶著趙高將蘄年宮裡外巡視了一遍。

蘄年宮是一座城堡式宮殿，形制厚重與章臺相近，卻比章臺房屋多了許多。章臺因避暑而建，可謂季節性行宮。蘄年宮因戰事而建，一旦有戰，或國君或儲君，總有一班能繼續立國存祀的君臣人馬進駐蘄年宮，既與雍城遙相策應，又能獨立行動。由於與都城近在咫尺，又是冬暖夏涼清幽舒適，尋常無戰，當年的秦國國君多居蘄年宮處置國務。蘄年宮占地近千畝，庭院二十餘座，房屋樓閣石亭高臺六百餘間，暗渠引入雍水而成大池，蜿蜒丘陵庭院之間，林木蔥蘢花草茂盛，比章臺的森森松林顯然多了幾分和諧氣息。與宮內景觀不同，蘄年宮的城牆城門與所有通道，全然以戰事規制建造。城牆高三丈六尺，外層全部用長六尺寬三尺高一尺的大石條壘砌，裡層夯土牆兩丈六尺寬，城內一面再用大磚砌起；城牆只開東西南三座城門，每門只一個城洞；城門箭樓全部石砌，看來灰濛濛無甚氣勢，卻經得起任何重量的石弩箭的猛攻，堅固如要塞一般。若遇激戰，宮內可駐紮數萬人馬，只要糧草不斷，要攻破這座宮城大約比登天還難。

「小高子，請綱成君到書房議事。」

看得一遍，嬴政心頭已經亮堂，匆匆回到了那座歷代國君專用的大庭院。片刻間蔡澤來到，先稟報了人馬安置情形：所有儀仗騎士全部駐紮宮城外，所有隨行大臣分住秦王周圍三座庭院，內侍侍女僕役原居所不動。嬴政問蔡澤對蘄年宮是否熟悉？蔡澤說第一次來雍，還未及走得一趟。嬴政拉過一張羊皮紙邊畫邊說，將蘄年宮內外情形說了一遍，末了叩著書案道：「蘄年宮有得文章做，綱成君以為如何？」蔡澤笑道：「君上有主意便說，左右得防著那……老殺才！」蔡澤的「老鳥」兩字已衝到嘴邊硬生生打住，結巴得狠狠咳嗽了兩聲才換了個正罵。嬴政一笑：「該罵甚罵甚。各人是各人。」蔡澤不禁呷呷大笑：「我王明鑒也！各人是各人，說得好，大義在前！」嬴政叩著書案道：「我意，要連夜做三件事：一則，儀仗騎士全部駐紮宮城內，與精壯內侍混編成三隊，各守一門；二則，清查宮內府庫與城牆箭樓，看有得幾多存留兵器，可用者一律搬到該當位置；三則，北面城牆外山頭，當有一支祕密斥候駐紮，隨時監視幾道山谷情勢，並約定緊急報警之法。目下，我只想到這三件事，綱成君以為可否？」

「噫！老臣倒是未曾想到也！」蔡澤毫不掩飾地驚訝讚歎，「老臣原本謀劃，蘄年宮至多住得三五日，便要入雍預備冠禮。今日一見那隻老鳥如此做大，直覺冠禮要徜徉時日，只想如何據理斡旋，全然沒想到萬一……」蔡澤不禁倒吸了一口涼氣，「我王明斷！老臣即刻部署，也學學將軍運籌！」說罷霍然起身搖著鴨步赳赳去了。嬴政思忖片刻，又喚來趙高一陣低聲叮囑，趙高連連點頭匆匆去了。

次日清晨，蔡澤揉著疲憊發紅的老眼來了，未及說話軟倒在地氈上大起鼾聲。嬴政立即抱起蔡澤放到了書房裡間自己的臥榻上，教一名小侍女專一守候在側，出來對同來的王綰、儀仗將軍及內侍總管道：「綱成君年事已高，日後此等實務由王綰總領，你兩人襄助。」三人領命，當即稟報了夜來清查府庫結果：蘄年宮庫藏兵器三萬餘件，大都是舊時銅劍且多有鏽蝕；弓箭只有膂力弓，沒有機發弩弓，箭鏃不少，箭桿卻大都霉爛；大型防守器械只有三輛塞門刀車，急切間很難修復；糧草庫存倒是不少，目下千餘人馬可支撐得兩個月左右。嬴政聽罷道：「塞門刀車不去管它了。最要緊是弓箭。若能趕製得幾萬支箭桿再裝上箭鏃，便可應急。」內侍總管道：「從咸陽王城運得幾十車來，只說是冠禮賞賜用物。」嬴政揶揄道：「能從咸陽運送，何有今日？目下之要，是不著痕跡不動聲色，一切都在蘄年宮內完事。」王綰思忖道：「蘄年宮庫藏尚有不少原木，以起炊燒柴之名拉出鋸開，內侍僕役人人動手削製，大約也趕得一兩萬支箭出來。」嬴政贊許點頭：「好！只要不出大動靜。一切外事有我與綱成君周旋，你等只緊辦此事。」

一番商議，王綰三人立即分頭忙碌去了。嬴政教書吏從典籍房找來蘄年宮形制圖，埋頭揣摩起來。暮色降臨之時，蔡澤醒來。兩人一起用了晚湯，嬴政堅持將蔡澤送回了大臣庭院，叮囑內侍不許蔡澤夜來理事，這才又回到書房翻起了書吏送來的蘄年宮舊典。四更之時趙高匆匆回來，稟報說已經探察清楚，大鄭宮沒有給蘄年宮安置人手，大鄭宮的內侍侍女大都不在宮內，說是隨嫪毐狩獵去了。嬴政覺得稍許寬慰，這才進了寢室。

三日過去，嫪毐未來蘄年宮，卻派黑肥老吏送來一書，說祭祀之物尚未備好，祭天臺尚未竣工，冠禮還需稍待時日，吾兒在蘄年宮歇息等候便是。嬴政笑問：「假父說來飲酒，何日得行呵？」黑肥老吏氣昂昂道：「假父日理萬機，該來自會來也！」嬴政依舊笑著：「假父既忙國事，嬴政理當前往拜謁撫慰。」黑肥老吏連連揮手搖頭：「不不不，假父長信侯說了，萬事齊備，自會來蘄年宮見王！」「啊——好也！」嬴政長長打了個哈欠，抹著鼻涕慵懶地笑著，「咸陽忒悶，我正要出來逍遙一番也。給假父說，莫勞神費力，慢來，左右只是個加冠，飛不了，急甚來？」黑肥老吏嘿嘿直笑：「是是是也，急甚來？左右不是殺人，怕甚來？」一邊笑一邊搖著肥大的身軀逕自去了。

「一班殺才！」嬴政狠狠罵了一句。

倏忽到了三月初，冠禮大典泥牛入海。

嫪毐對蘄年宮置之不理，咸陽群臣也沒有動靜，一個月前的聲勢如同荒誕的夢幻。唯一教嬴政沉得住氣的是，留守咸陽的呂不韋每日派來一飛騎特使向嬴政稟報政事處置並帶來重要公文。每次稟報完畢，特使總有一句話：「文信侯有言：咸陽如常，王但專行冠禮是也。」卻從不提及冠禮延遲及相關事宜。嬴政明白，這是仲父在告訴他：咸陽無後患，他只需全力應對嫪毒。嬴政想得清楚：冠禮大典是朝臣公請而太后假父特書的大事，嫪毒不可能不了了之；目下出現如此為法度所不容的「臣慢君」僵局，意味著嫪毒已經不怕與他這個秦王翻臉對峙，最大的可能是嫪毒的圖謀還沒有就緒，有意冷落他，公然貶損他這個秦王的尊嚴；以尋常目光看去，謀劃未就便公然做此僵局，顯然愚蠢之極，無異於公然向朝野昭示野心；然則，對嫪毒不可以以常理忖度，別人不敢為他偏敢為——老子便是這般！秦國能如何？秦王又能如何？嬴政自然明白，只要耗到時候，嫪毒終究是要露出真面目的，與其僵持時日給嫪毒以從容謀劃，何如打破僵局教他手忙腳亂？可是，如何打破這個僵局呢？蔡澤只天天大罵老鳥，分明是無可奈何。王綰日夜督察祕密製箭，顯然顧不得靜心思慮。嬴政獨自思謀，一時竟無妥善之法。

眨眼間清明已過，遍地新綠。這日呂不韋飛騎特使又到，帶來的是一個出人意料的消息：呂不韋領在都大臣上書太后，力請太后敦促長信侯在四月之內行秦王加冠大禮；若諸物籌劃艱難，丞相府當即徵發並派員襄助。

「仲父此舉，正當其時也！」嬴政捧著上書副本長吁一聲，再看一遍，驀然發現大臣具名中多了一個很生疏的封君，不禁驚訝問，「昌文君何人？」特使回道：「昌文君是駟車庶長嬴賁。」「老庶長幾時封君了？」嬴政更是驚訝。

特使感喟一歎，對年輕的秦王說起了老庶長封君之事。

原來，莊襄王彌留之時對呂不韋留下了一道密書，叮囑：「我子政少年即位，及加冠親政尚遠。冠禮之年若有艱難，當開此書。」二月中旬，呂不韋得知嫪毒延誤冠禮，更接秦川十餘名縣令密報，說太后密書調縣卒赴雍，無由拒絕。呂不韋頓覺此事大為棘手，驀然想起這道遺命，當即開啟莊襄王遺書，只有一句話：「拜駟車庶長賁為君爵，起王族密兵可也。」呂不韋不禁驚喜感歎：「先王之明也！天意使然也！」立即會同老長史桓礫趕赴老庶長府邸宣示了王書。老桓礫徵詢老庶長爵號，老庶長呵呵笑道：「老夫老行伍，只做事，給個甚號算甚號！」老桓礫詭祕一笑道：「目下需示形於外，便定『昌文』如何？」老庶長哈哈大笑：「隨文信侯一個『文』字，好！文信長信，只不隨那個臭『信』字便結！」呂不韋與老桓礫一陣大笑，當日將昌文君一應印信、隨吏定好，敦促老庶長立馬拿出應對之策。老庶長思忖道：「一月之內，老夫密調五千輕兵入關中。三千歸老夫，屆時剿那假閹貨咸陽、太原、山陽三處老巢！兩千給文信侯，解雍城之危！如何？」老桓礫大是疑惑：「嫪毐可調數萬人馬，你五千輕兵有恁大威力？」呂不韋也是大有憂色。老庶長不禁大笑：「兩位放心也！王族密兵何物？輕兵也！輕兵何物？嬴族敢死之士也！莫說數萬烏合之眾，便是十數萬精兵在前，老夫五千輕兵也當所向披靡！」一聲喘息，突然傷感一歎，「天意也！當初孝公變法，留在隴西的嬴族全數遷入關中，只留下了幾千人駐守老秦城根基。當年約定：非王室急難，最後一支隴西嬴族不得離開秦城。百餘年來，這支老嬴族已經是三萬餘人了。這是秦國王族留在隴西的家底，百餘年未嘗一動，今日竟要老夫動用秦人密兵，嬴秦之羞也！」老桓礫恍然感喟，又疑惑道：「沒有秦王兵符，你這封君調得動麼？」老庶長釋然笑道：「你只揣摩『王室急難』這四個字，便當知道王族密兵之調動與常法大異。否則，莊襄王何必遺書封老夫一個君爵也。」見涉及王族祕事，呂不韋與桓礫不再多問，只叮囑老庶長幾句便告辭了。

「如此說來，昌文君事雍城尚不知曉？」

「稟報君上，此乃文信侯著意謀劃。」特使指點著上書，「封君不告雍城，上書卻有具名。文信侯是想教嫪毐明白，朝局並非他與太后所能完全掌控。嫪毐若生戒懼之心，亂象或可不生。此乃文信侯遏制之法，王當體察。」

「遏制？為何要遏制！」嬴政連連拍案，「心腹之患，寧不早除？文信侯此時上書敦促冠禮，能使此獠手忙腳亂匆忙舉動，原本正當其時，何須多此蛇足，以昌文君之名使其顧忌也。目下不是要遏制，恰是要引蛇出洞一鼓滅之！」目光一閃急問，「上書送走否？」

「臣正要入雍呈送。」

「好！刮了昌文君名號，換一人上去！」

「君上……文信侯……」

嬴政目光凌厲一閃，冷冷道：「此乃方略之事，不涉根本。」說著一把揪下自己胸前玉佩輕輕拍到特使面前，「秦王至令：刮。仲父面前有本王說話。」面對年輕秦王無可抗拒的目光與最高王命，特使略一猶疑，終是吩咐廊下隨員捧來銅匣取出上書正本，拿起書案刻刀刮了起來。

特使一走，嬴政立即召來蔡澤王綰計議。嬴政將情形說了一遍。王綰大是贊同。蔡澤卻以為文信侯之法還是穩妥，若激發嫪毒早日生亂，只怕各方調遣未必得當，若不能一鼓滅之，後患無窮。嬴政沉著臉道：「此獠得有今日，寧非人謀之失也！疥癬之疾而成肘腋之患，肘腋之患終致心腹大患。秦無法度乎？秦無勇士乎？寧教此獠禍國亂宮也！」見這個年輕的秦王一副孤絕肅殺氣，蔡澤心頭猛然一顫，一時默然。

「君上之意，如何應對？」王綰適時一問。

「此獠必大發蠢舉，日夜收拾防衛，預備血戰！」

「王之舉動，實鋌而走險也！」蔡澤終於忍不住呷呷大嚷，「蘄年宮只有千餘人，可支一時，當不得嫪毒上萬人馬半日攻殺！老臣之見，秦王當回駕咸陽，冠禮之日再來雍城。否則老臣請回咸陽，與文信侯共商調兵之法，至少得三萬精銳護衛蘄年宮，剿除雍城亂兵！王縱輕生，何當輕國也！」

默然片刻，嬴政勉力笑了笑，又正色道：「綱成君，平亂當有法度。今嫪毐將亂而未亂，又假公器之名。若舉大軍剿其於未亂之時，省力固省力，然何以對朝野？何以對國法？嬴政既為秦王，當為朝野臣民垂範，依法平亂，平亂依法！何謂依法平亂？亂行違法，決當平之，不容商議！何謂平亂依法？亂行不做，國法不舉；亂行既做，國法必治！行法之道，貴在後發制人，此謂依法也。今亂跡雖現，然終未舉事。當此之時，嬴政若回咸陽，嫪毐必匿其形跡而另行圖謀，了卻禍亂便是遙遙無期。唯其如此，嬴政寧孤絕涉險，以等候冠禮之名守候蘄年宮，引此獠舉事。屆時各方發兵剿亂，自是名正言順，亂象寧不定乎！」

「老臣是說，國失秦王，秦將更亂！孰輕孰重？」

「綱成君差矣！」嬴政罕見地第一次直面駁斥高位大臣，「百年以來，秦國公器如此齷齪生亂，未嘗聞也！只要平得此亂，嬴政雖死何憾？果然嬴政死於齷齪之亂，便意味著秦國法度脆弱之至，不堪一擊也。若秦人不滅，便當重謀立國之道！有此等醒世之功，嬴政怕死何來？」末了淡淡地笑了。

「……」蔡澤愣然。

王綰不禁熱淚盈眶：「君上，蘄年宮將士與王同在！」

「兩位放心也！」嬴政霍然起身，「嫪毐若是成事之人，何待今日？既到今日，得遇嬴政，又何能成事？綱成君，你與文信侯一般，都是高看此獠，多有猶疑以致屢屢失機。謂予不信，拭目以待也！」說罷一陣聲振屋宇的哈哈大笑。

蔡澤終究默然，不是無可措辭，而是被這個年輕的秦王深深震撼了。一個從未處置過邦國大政且年僅二十二歲的後生，在如此亂象叢生的艱險關頭如此地堅不可奪，寧捨身醒世而不苟且偷生，使任何全身再謀的勸諫都顯得猥瑣蒼白，夫復何言矣！然更令人驚詫者，是這個年輕秦王竟能在這般頭等大事上如此透徹地把握法治精要，如此透徹地洞察亂局，如此果斷清晰地糾正呂不韋與蔡澤這班能事權臣，直是曠世未聞也！蔡澤生在宮廷禍亂最為頻仍的燕國，深知平息此等亂局，最需要的便是敢於而且能夠力挽狂瀾的柱石人物。當年燕國的子之攝政，逼得三代燕王束手無策，以至於不得不將燕王之位禪讓給子之；其時，燕國三王但有一君如目下之嬴政，焉得有燕國的三世之亂？赫赫大名的燕昭王其時雖是太子，並深得燕國臣民擁戴，比目下嬴政的處境要好得多，卻還是處處避著子之鋒芒，處處採取先求保全再圖謀國的方略，後來才以大肆割地換來齊軍平亂。依著人世法則，便是縱論千古之史家，便是大義當先之豪俠，任誰也不能指責燕昭王這般存身謀國之道。然則，與嬴政這般寧可捨身也要護法醒世的秦王相比，蔡澤無法置評了。諺云：螻蟻尚且貪生，況於人乎！嬴政只有二十二歲，尚未加冠親政，真正秦王的顯赫威權未曾一日得展。當此之時，嬴政退讓以求再謀，何錯之有？老臣以此道勸諫，何錯之有？然則，今日一切都變了。一切常人眼中的大道在嬴政這裡似乎都變得幽暗，一切常人眼中的求生方略在嬴政這裡似乎都變成了雕蟲小技。一時之間，狂傲一生的蔡澤莫名其妙地覺出一種小來，驀然一個念頭閃過：呂不韋大書芳心，化得這個嬴政麼……

「老臣力竭矣！王好自為之。」蔡澤一躬，疲憊地去了。

當夜，蘄年宮悄無聲息地忙碌了起來。王綰雖非軍旅之士，調遣事務卻很是利落，與儀仗將軍前後奔波，倒也井然有序。儀仗騎士全部改為步卒，輪流登城防守並將搬運到三座箭樓的滾木礌石火油火箭等一應歸置到位，以免初次接戰的內侍們到時忙中出錯。內侍侍女們則將這段時日削製的箭桿趕裝箭鏃，再裝入一只只箭壺送上箭樓。僕役們則全力趕製軍食，因了不能炊煙大起，只有用無煙木炭在冬日取暖的燎爐上烤餅烤肉，再大量和麵揉製麵團，屆時以備急炊。嬴政身著一身牛皮軟甲前後巡視，特意叮囑一班小內侍將幾日搜尋來的狼糞搬上了蘄年宮土山最高的一座孤峰，連夜修築了一座小小烽火臺。

三日之後，泥牛入海的雍城又來了黑肥老吏，給嬴政氣昂昂宣讀了一卷令書：假父長信侯決意於四月初三日為嬴政吾兒大行冠禮，自穀雨之日起，子政得在蘄年宮太廟沐浴齋戒旬日，以迎冠禮。讀完令書，黑肥老吏矜持地笑了：「假父長信侯有言，沐浴齋戒之日，蘄年宮得日夜大開宮門，以示誠對天地。王可明白否？」嬴政捧著令書木然地搖了搖頭：「我無兵卒，大開宮門，教狼蟲虎豹入來麼？」黑肥老吏一揮手：「齋戒之日，自有兵馬護衛蘄年宮，王只清心沐浴齋戒便是！」嬴政憨呵呵笑道：「好也好也，我只清心沐浴齋戒便是，甚難事？記住了也。」黑肥老吏不屑地笑了笑大搖大擺去了。

「今年穀雨，三月二十。」旁邊王綰提醒一句。

「還有六日！」嬴政突然將令書狠狠摔向廳中銅鼎，竹簡頓時嘩啦四飛，轉身鐵青著臉低聲吩咐，「毋再忙碌，兵器軍食照三日預備即可。自今日起，除斥候之外，一律足食足睡，養精蓄銳！」王綰嗨的一聲，大步出廳去了。

這夜三更，夜貓子一般的趙高又悄無聲息地回到了蘄年宮，給嬴政輕聲說了兩個字：「妥了！」嬴政目光從書案移開，面色十分的難看：「小高子，事發在即，你只一件事：設法找到蒙恬，討三五百騎士，奇襲雍城，斬草除根。」趙高機警地眨著大大的蔚藍色的胡眼低聲道：「無需恁多騎士，蒙恬打仗要緊，一個百人隊足夠。」嬴政細長的秦眼凌厲一閃：「無論如何，不許失手！」趙高肅然一躬：「根基大事，小高子明白！」

穀雨這日，上天恰應了時令之名。

細雨霏霏楊柳低垂，雍城籠罩在無邊的濛濛煙雨之中，整日矗在老秦人眼前的白首南山也被混沌的秦川湮沒了。正午時分，蘄年宮箭樓傳來一聲蒼老的宣呼：「秦王沐浴齋戒——三門大開——」隨著長長的呼聲，三隊步卒三支馬隊分別進入了東西南門外的官道，隆隆在三門洞外分列兩側。部伍已定，南門外一千夫長對箭樓一拱手高聲道：「稟報綱成君：末將奉衛尉之命，城外護宮！」箭樓上傳來了蔡澤蒼老的聲音：「秦王口書：賜護軍王酒三車，以解將士風寒——」話音落點，一隊內侍擁著三輛牛車咣啷咯吱地出了城門。千夫長打量著牛車上排列整齊的銅箍紅木酒桶，不禁哈哈大笑：「好！果然正宗王酒！」轉身高聲下令：「每門一車，人各兩碗，不得多飲！」一名軍吏嗨的一聲領命，指派士兵領著兩輛牛車向東西兩門去了。

片時之間，士卒們一堆堆散開在了遮風擋雨的大樹下，紛紛舉碗呼喝起來。未幾，士卒們人人紅了臉，紛紛解開甲冑摘下頭盔：「王酒好勁道！好暖和！」「甚個暖和？裡外發燒！」「燒得好舒坦！忽悠駕雲一般！」正在此時，千夫長甩著額頭汗水紅著臉高聲道：「老夫王城當值十多年，跟衛尉飲王酒多了！給你等說，這還不是百年王酒，要是那百年王酒，嘿嘿，一碗醉三日！」遙遙向幾棵大樹下一揮手，「左右白日無事，弟兄們瞇瞪一覺了！」大樹下一陣歡呼，隨即紛紛靠在了樹幹窩在了道邊呼嚕鼾聲一片。

倏忽暮色，蘄年宮靜穆如常。

春雨依然淅瀝淅瀝地下著，一切都是君王齋戒當有的肅然氣象。除了最北邊的齋戒太廟亮著燈光與遊走更夫的搖曳風燈，整個宮中燈火俱熄，彌漫著齋戒時日特有的祭祀氣息。三座城牆箭樓上各有一張擺著犧牲的祭天長案，大鼎香火在細密的雨霧中時明時滅地閃爍著。除了城外此起彼伏的連綿鼾聲，蘄年宮靜謐得教人心顫。

中央庭院的書房廊下，一身甲冑手持長劍的嬴政已經在這裡默默佇立了整整兩個時辰。刁斗打響三更，王綰匆匆走來低聲道：「君上，太醫說藥力只耐得四更。」嬴政一點頭低聲道：「下令箭樓，隨時留心關城！」王綰回身一揮手，一個精壯內侍疾步匆匆去了。王綰轉身道：「宮外也就一個千人隊，君上無須擔心，歇息一時了。」嬴政搖頭道：「這個千人隊可是衛尉的王城護衛軍，不是等閒烏合之眾，至少要頂到天亮。」王綰慨然道：「我守門洞，儀仗將軍守城頭，君上居宮策應，如此部署撐得一兩日當有勝算！」正在說話之間，突然庭院綠樹紅光閃爍，隨即宮門處城門隆隆殺聲大起。王綰拔腳便走。嬴政飛步出了庭院向太廟方向奔來。

原來，為嫪毐總攬各方的謀事坊從各方消息判定：嬴政全然沒有戒備之心，宮中更是懶散非常。然為妥當，還是做了周密部署：先下特令嬴政旬日齋戒，趁齋戒之期突襲蘄年宮；齋戒之日，以衛尉所部的一個王城護軍千人隊駐紮宮門外「守護」蘄年宮；齋戒第三日夜半，衛卒千人隊與岐山河谷之伏兵同時發動，突襲蘄年宮。及至黑肥老吏回報說嬴政贊同了「大開三門以對天地」，嫪毐呱呱大笑：「說我生憨，這個狗崽才當真生憨！天意！老子親兒子做秦王！」當即下令：其餘軍馬開往咸陽助戰，蘄年宮擒拿嬴政由老夫率千人隊親自動手。冷齊的謀事坊無可奈何，只好讚頌一通長信侯聖明罷了。

嫪毐折騰完趙姬再吃飽喝足，正是二更方過。此時雲收雨住，天露出了汪汪藍色片片白雲。嫪毐連呼上天有眼，興沖沖親率一支三百人馬隊與冷齊等一班謀士門客風風火火趕到了蘄年宮。及至到得宮前大道，遙見南門洞開，衛卒步騎倒臥在道邊樹下鼾聲大作。冷齊大為惱怒，過去揪住衛卒千夫長大罵起來：「甚精銳王師，一群爛鳥！壞長信侯大事，該當何罪！」嫪毐馬鞭指點著呱呱大笑：「這群生豬！儘管睡！成了大事不要搶功！」說罷馬鞭一指大吼下令，「馬隊進宮！隨老夫擒殺嬴政！」馬隊騎士一聲吶喊衝向了城門。

恰在此時，一陣沉雷般響動，蘄年宮厚重巨大的石門轟隆隆關閉。箭樓驟然一片火把，儀仗將軍舉劍高呼：「賊子作亂！殺——」滾木礌石夾著箭雨在一片喊殺聲中當頭砸下，城下頓時人仰馬翻一片混亂。嫪毐被嘶鳴蹦跳的戰馬掀翻在地，一身泥水爬起來又驚又怒，馬鞭指著城頭連連大吼：「殺這狗崽爛鳥！一個不留！拿住嬴政封萬戶！都給老子上！」轉身又馬鞭點著冷齊吼叫，「軍馬都給老子拿來！不去咸陽，先殺嬴政！快！」冷齊從未經過戰陣歷練，陡見面前血肉橫飛，原本已經抖瑟瑟亂了方寸，又被瘋狂的嫪毐一通大吼，話都說不渾全，只連聲應著爬上馬背一陣風去了。嫪毐氣急，提著馬鞭對著將醒未醒的衛卒們挨個猛抽：「豬！豬！豬！都給老子爬起來！再睡老子開了你這豬膛！」衛卒千夫長連忙掏出牛角短號一陣猛吹。王城衛卒原本秦軍精銳，一聞淒厲戰號立即翻身躍起，步卒刷刷列成百人方隊呼嘯著殺向城門，騎士百人隊立即以弓弩箭雨掩護，氣勢戰力顯然比亂紛紛的嫪毐馬隊大了許多。

「猛火油——」城頭儀仗將軍一見衛卒猛攻，突然一聲大吼。幾乎是應聲而發，城頭立即顯出一大排陶甕鐵桶木桶，隨著咕咚咚嘩嘩嘩大響，氣味濃烈的黑色汁液立即從城牆流淌下來彌漫在嫪毐馬隊與衛卒腳下。此時，城頭火箭連發直射黑色汁液，城牆城下轟然一片火海，馬隊步卒無不驚慌逃竄。此時，門客護衛下逃到宮前大道的盡頭兀自喘息得說不出話來。此時，一個謀事坊門客上來劃策：「看來嬴政有備，長信侯此時不宜強攻。待天亮之後，赴咸陽軍馬調回，再與岐山河谷伏兵一起殺出，三面猛攻，必殺嬴政無疑。」嫪毐氣狠狠點頭：「傳令下去，嬴政狗崽多活半日！老子多歇半日！你幾個催發兵馬，老子候在這裡，等著給嬴政狗崽開膛！」門客謀士們情知不能再說，上馬分頭部署去了。嫪毐一陣呱呱大笑：「酒肉擺開！都來！咥飽喝足！殺進蘄年宮，每人三個小侍女！啊！」騎士門客一片歡呼大笑，蘄年宮外便是胡天胡地了。

倏忽天亮，雨後初晴的清晨分外清新。天藍得遼遠澄澈，地綠得汪汪欲滴，一輪紅日枕在岐山峰頭，古老雍州的山水城池沉醉得毫無聲息。正在日上竿頭的時分，蘄年宮外又喧鬧起來。冷齊與幾路謀士分頭來報：赴咸陽兵馬已經在郿縣追回，岐山河谷的伏兵也已經就緒；辰時，咸陽、太原、山陽、雍城四路一起舉兵。打盹兒醒來的嫪毐頓時來了神氣，馬鞭敲打著冷齊帶來的幾架雲梯，又對著沉寂的宮門吼叫起來：「拿兩千兵馬！老子偏要從這正門擺進去，在蘄年宮太廟掏出嬴政心肝下酒……」

「長信侯！快看！」一個謀士銳聲打斷了嫪毒。

門客騎士們全都驚愣得沒了聲氣——遼遠澄澈的藍天之下，一柱粗大的狼煙端直從蘄年宮孤峰升起，煙柱根部騰躍的火苗清晰得如在眼前！

「爛鳥！」嫪毒呱呱大笑，「要燒蘄年宮，想得美！」

「長信侯有所不知也。」面色蒼白的冷齊喘息指點著，「此乃狼煙，自古以來便是兵事警訊，但有軍兵駐紮處，見狼煙便須馳援。今狼煙起於蘄年宮，分明是嬴政召兵勤王……」

「邪乎！」嫪毒眉頭擰成了一團，分明對這柱粗大的狼煙極有興致，不待冷齊說完自顧大呼小叫起來，「這蘄年宮哪來的狼糞？陰山草原狼多得邪乎，岐山也有狼？你等不知道，這狼煙是狼糞燒的，狼糞是狼屙的！狼糞曬乾，再收成一堆焐著柴火燒才能出煙！老子狼糞都燒不好，嬴政竟能燒狼糞？邪乎邪乎！沒看出小子有這號本事。娘個鳥，這蘄年宮要燒了，老子母狗豈不少了個安樂窩……」

「長信侯！」冷齊終於忍不住吼了一聲。

「喊甚喊甚？知道！」嫪毒似乎回過了神來，「老子殺過狼，還怕它狼煙？」轉身抄過衛士手中一口胡刀揮舞著大吼，「給老子起號！明兵暗兵一起上！嬴政要燒蘄年宮，叫戎翟老兒也一起殺過來！」

一時號角大起，遙聞四方山谷喊殺聲此起彼伏，分明是渭水岸邊與岐山河谷的兵馬已經發動。嫪毒大喜，一聲喝令，衛卒與新來步卒展開雲梯衝向城門，蘄年宮頓時一片震天動地的殺聲。堪堪將近正午，蘄年宮南門巋然不動。背後的岐山河谷分明陣陣殺聲，卻硬是不見猛攻蘄年宮的跡象。嫪毒急得不知大罵了多少次爛鳥狗崽，依舊只能在南門外原地打圈子。正在不知所以之時，幾個渾身血跡的門客帶著幾群同樣渾身血跡的亂兵內侍侍女不知從哪裡擁來，亂紛紛一陣訴說：號角起時，岐山河谷的內侍軍已經悄悄爬上蘄年宮背後的山頭，不料從密林中突然殺出無數的翻毛胡刀匈奴兵，砍瓜切菜般一陣大殺，三千多內侍軍十有六七都折了；渭水北岸的三萬多衛卒縣卒官騎，一聞號角在衛尉嬴竭率領下向蘄年宮殺來，不料剛剛衝出兩三箭之地，兩側山谷便有秦軍精銳鐵騎漫山遍野殺出，不到一個時辰死傷無算，衛尉被俘，全軍四散逃亡……

「爛鳥！」嫪毐暴跳如雷，一個大耳光將冷齊摑倒，「爛鳥爛鳥！老子大事都叫你這般爛鳥毀了！還謀事坊，謀你娘個鳥！」舉起胡刀要砍了冷齊……

突然之間，四野呼嘯喊殺聲大起，秦軍的黑色馬隊潮水般從南邊包抄過來，當先將旗大書一個斗大的「王」字，一望而知必是鐵騎精銳無疑。與此同時，幾支怪異的飛騎又潮水般從蘄年宮背後的三面河谷追逐著嫪毐的內侍殘軍殺出，一色的翻毛胡襖，一色的胡騎彎刀，粗野的嘶吼伴著閃電般的劈殺，直與匈奴飛騎一般無二。嫪毐開初以為是戎翟軍殺到，正要跳腳呼喝發令，卻被親信護衛們連拉帶扯擁上馬背落荒而去，尚未衝出兩三里之地，又被遍野展開的秦軍鐵騎兜頭截殺。親信門客護衛千餘騎擁著嫪毐死命衝突，暮色降臨時終於衝出岐山，直向北方山野去了。漸漸地，秦軍鐵騎四面聚攏，一隊隊泥水血跡的俘虜被悉數押到蘄年宮外的林蔭大道。當「王」字大旗飛到時，蘄年宮南門大開，一身甲冑滿面煙塵的嬴政帶著蔡澤王綰大步迎了出來。

「末將王翦，參見秦王！」

「將軍來得好！嫪毐如何？」嬴政當頭急促一問。

王翦一拱手道：「稟報秦王：嫪毐數百騎向北山逃去，預料欲經北地郡到太原，再逃向陰山。蒙恬昨夜與末將約定，岐山之北歸王族輕兵堵截，是故末將未曾追擊。」

「那便先說此事。」嬴政目光一閃，幾乎是立即有了決斷，「蒙恬要分兵雍城，可能不及堵截。

王綰，立即以王印頒行平亂急書，下達北地、太原、九原、雲中四郡：全力堵截要道，搜剿嫪毐！生得嫪毐者賜錢百萬，擒殺者賜錢五十萬！敦請文信侯立即下令關中各縣，截殺嫪毐餘黨，斬首一級賜錢一萬！疏漏之縣，國法問罪！」語速快捷利落，毫無吭哧斟酌。嬴政邊說，旁邊王綰已經用一支木炭在隨身攜帶的竹板上連做記號，待嬴政說完，王綰嗨的一聲轉身疾步去了宮內。

「我王明斷。末將疏忽。」王翦顯然頗有愧色。

「如此亂局，誰能一步收拾得了？」嬴政倒是笑了。

王翦又一拱手正色道：「末將奉文信侯命：亂局但平，即請王入雍城，等候文信侯率朝臣到來，如期行冠禮大典！」嬴政爽朗地笑了：「好好好！明日入雍。走，進宮說話。待蒙恬完事，晚來我等痛飲一場！」

五、血火冠劍日　亂局竟未息

秦王九年四月己酉日，雍城舉行了盛大的加冠親政大典。

一切都是異乎尋常的快捷：嫪毐與一班親信們尚未逃出北地便被全部活擒，關中西部中部十三縣民眾擒殺嫪毐餘黨兩萬餘，亂軍無一人能逃至驪山以東；咸陽城內的亂軍兩萬餘人，被昌文君的兩千王族輕兵一鼓擊潰，全部擒殺；太原郡、山陽城的亂兵方出城邑，被太原郡守與山陽縣令的捕盜卒伍及自發湧來的老秦人堵住混戰，斬首萬餘，活擒三千餘，也是無一漏網。截至冠禮之日堪堪半月，嫪毐及其殘存餘黨數千人全部被押送到雲陽國獄重枷關押。只有一個太后趙姬，無人敢於定奪。於是，嬴政親自下令：「太后移居陽宮（註：陽宮，秦惠文王建造的行宮，大體當在今陝西戶縣境內。《三輔黃圖》云：「陽宮，秦文王所起，今在戶縣西南二十三里。」）依法待決。」陽宮乃是關中最狹小的行宮，國君很少親臨，實際已經是多年的冷宮。此令一下，朝野一陣譁然。然則，畢竟是大亂新平，畢竟是太后有過，朝野之心關注的終究還是秦王冠禮，一時倒也無甚洶洶議論。

加冠大禮是井然有序的。呂不韋率咸陽全體朝臣如約趕到。嬴政在雍城太廟沐浴齋戒三日，而後祭天祭祖。四月十二日這天正午，冠禮在雍城大鄭宮正殿隆重舉行。綱成君蔡澤司禮。文信侯呂不韋為秦王加冠。昌文君嬴賁代先祖賜秦王穆公劍。冠劍之禮成，太史令當殿清點了秦王印璽與各方呈出的兵符，一一登錄國史。此後呂不韋當殿宣示：自請去「仲父」名號，還政秦王。

秦王嬴政頒布了第一道親政王書：文信侯呂不韋加封地百里，仍領開府丞相總攝國政；其餘封君、大臣、將軍，凡平定嫪毐叛亂有功者，皆著文信侯酌情加地晉爵；所有參戰內侍，皆晉軍功爵一級；王綰晉升長史，職掌王城事務；蒙恬晉升咸陽令兼領咸陽將軍，職掌國都軍政；王翦晉升前將軍，副桓齕總署藍田大營軍務；內侍趙高進少府，職掌王室府庫。

「秦王明察！」

王書宣示完畢，大臣們立即異口同聲擁戴，終於鬆了一口氣。多年來，秦國政出多頭傳聞紛紛，朝野對這個新秦王也是越來越撲朔迷離，在咸陽的大臣們更是如此。當年立太子時都說這個嬴政才具如何如何了得，然即位九年，也未見得有甚驚人見識出來，人們便有些不知所以了。然則無論一個人如何令人難以揣摩，只要他做了國王而且親政，終究要顯出真山真水。親政第一關便是擺布朝局，一道王書立見政風。若依著朝野風傳的嬴政稟性，秦王大封追隨他平息嫪毐之亂的一班後生也未可知。果真如此，朝臣們也無話可說。畢竟，除去嫪毐這個令人膩歪的齷齪之物，也虧了年輕的秦王與幾個年輕的輔佐者。然則果真大封，譬如封君或拜將相，朝臣們還是不以為然的。畢竟，邦國之大爵大位非一功之得也。如今這親政第一道王書一發，大臣們心下一聲叫好——封賞工穩，合乎法度！這般看去，懲治叛亂人犯必也是循呂不韋寬刑安國一路，對太后事更不消說得了，果真如此，秦國安矣！

皇皇冠禮一畢，嬴政連夜回了咸陽，大臣們莫名驚詫了。

進咸陽王城的次日，嬴政立即進入國事，派長史王綰請來文信侯呂不韋，又召來廷尉、司寇、憲盜、御史、國獄長、國正監等一班行法大臣，在東偏殿舉行了小朝會，專一計議對嫪毐亂黨的定罪處罰。依照百餘年傳統，秦國法度嚴明，任何罪行歷來都是依法定罪，從來沒有過朝會商議某案的先例。然自呂不韋攝政，首開朝會議決蒙驁兵敗事後，似乎又有了一種雖未成法但卻已經為朝臣默認的章法：大刑可朝會，朝會可寬刑。因了人懷此念，一班行法大臣都看著呂不韋不說話，顯然是想先聽聽呂不韋如何說法。呂不韋心頭雪亮，只泰然安坐一口一口啜茶，根本沒有開口之象。嬴政也不失措，犀利的目光只反覆巡睃著一個個正襟危坐的大臣，分明在耐心地等待著第一個開口者。

「既是涉法朝會，老臣等無以迴避。」終於，黝黑枯瘦滿頭霜雪的鐵面老廷尉開口了，「老臣等所以默然以待，實則欲等秦王與相國定得此案準則：依法問罪乎？法外寬刑乎？若是依法問罪，事體簡單明瞭：臣等依法合署勘審，依法議定刑罰而後報王定奪。勘審之先，似無須朝會計議也。今行朝會，老臣等揣度便是要法外寬刑。果真如此，秦王、相國得先行定得分寸。否則，老臣等無以置喙也。」

「臣等正是此意。」幾位大臣異口同聲。

「文信侯以為如何？」嬴政淡淡問了一句。

「國有法度，自當依法。」呂不韋正色叩著座案，「然則，法無萬千之細。若確有特異人事，亦當就事就實妥善處置。當年蒙驁寬刑，便是量事量情而寬，設若不寬，秦軍大將幾無存焉！諸位既為邦國大臣，當處處為邦國長遠計，當嚴則嚴，當寬則寬。若事事要王先定分寸，我等臣工職司何在？」

「文信侯差矣！」鐵面老廷尉依舊是永遠平板的黑臉，「當寬則寬，當嚴則嚴。王道人治之論也，非法治之論也。但有律法在前，寬嚴尺度便在律法，何罪何刑可謂人所共知。執法所能斟酌者，刑罰種類也，刑差等級也，流刑之遠近，苦役之長短也。何來律法已定，而由人寬嚴之說？由人寬嚴者，三皇五帝也，三代之王也，非秦國百餘年法統也。秦法雖嚴，王亦有個例特赦之權，若確欲寬刑，自當王先授意，而臣等斟酌如何實施，何錯之有也？」一番話扯出了法治人治之爭，殿中一時默然。

「廷尉之說，一家之言也，姑且不論。」呂不韋淡淡地笑了笑。第一次遭遇正面駁斥，呂不韋心下實在不快，然深知這老廷尉是個鐵面法癡，決然不會在任何他所認定的法理上低頭，也不會顧忌被他駁斥者是誰，糾纏人治法治實則自討無趣，一句話岔開，又喟然一歎，「老臣所慮者，唯太后一人也！今太后涉案，若不法外議處，王室顏面何存？此事理也，非法理也，我等何能不三思而後行？」

案中最重大最忌諱的議題被呂不韋突兀託出於朝堂，幾位大臣頓時肅然，目光一齊聚向年輕的秦王。嬴政一臉冷漠，「啪！」地一叩王案道：「諸位皆行法大臣，既有疑慮之心，本王便立定準則：自今而後，無論案事大小，無論事涉何人，一律由行法臺署先行依法定罪，而後報本王定奪，無須朝會議決。」大臣們一片驚愕。呂不韋淡然漠然。嬴政誰也不看，又道：「今日朝會，原非議法議刑，實為議事。所謂議事者，是本王預聞諸位：嫪毐謀逆作亂，乃秦國法治之恥！但能事事依法，此獠何能以宦者之身入得宮闈？唯其如此，本王決斷：六臣合署，以廷尉府領事勘審此案，除本王專使督察，其餘任何官署不得干預；兩月之內，嫪毐及全部餘黨得勘審完畢，不得延誤。」

「太后……」國正監小心翼翼問了一句。

嬴政突然惱怒，一拍案霍然起身：「便是本王涉案，照當議處！」一甩大袖逕自去了。殿中一陣默然，六位大臣看看略顯難堪的呂不韋不知所以，各自向一直在殿角書錄的年輕長史一拱手紛紛出殿去了。

「文信侯……」王綰走過來似乎想撫慰木然枯坐的呂不韋。

「天意也！」呂不韋粗重地歎息了一聲，對王綰擺擺手，扶案起身逕自去了。看著已顯老態的呂不韋的踽踽背影，王綰眼眶不禁濕潤了。

七月流火，關中燠熱得人人揮汗如雨。

秦王嬴政破例沒有到任何行宮避暑，依然守在咸陽王城，守在那座林蔭深處的王書房忙碌著，夜晚燈光常常亮到四更。王城各官署又恢復了晝夜當值車馬如流，王城冰窖也第一次出現了並非夏葬而僅是消暑引起的冰荒。久違了此番氣象的老內侍老侍女們大為感慨，逢人一聲感喟：「大秦有幸，又見昭襄王之世矣！」在這炎熱忙碌的酷暑時節，行法六署報來了嫪毐案的定罪決刑書——

平亂俘獲嫪毐及其餘黨六千三百四十七人，依法據事定罪處刑如左：嫪毐亂宮謀逆罪，車裂處死，滅其宗；衛尉竭、內史肆、佐弋竭、中大夫冷齊等二十七人附逆作亂，梟首（註：梟首，斬首後懸頭顱於高杆示眾）處死；內侍、侍女兩千三百三十三人，從逆作亂罪，斬首處死；門客、舍人兩千六百四十六人，從逆未戰，罰為鬼薪（註：鬼薪，苦役之一，給王室宗廟或貴胄祠堂打柴供薪）；有爵者從逆四千一百六十三人，本人另刑外，其家奪爵，流房陵；太后涉案，削俸兩千石，遷都外冷宮，絕聞政事。

嬴政沒有任何猶豫，提起蒙恬為他特製的一支粗硬大筆點著朱砂，在長長一卷竹簡的題頭空白處批下了一行大字：「可也。秋刑決之！」批過的決刑書下發廷尉府，行法六署立即忙碌起來，僅僅是甄別登錄流徙房陵的四千餘家人口，便用了整整一個月。進入九月霜降時節的決刑期，渭水草灘大刑場人山人海，嫪毐被五頭斑斕水牛狂野地車開肢體時，整個刑場都歡呼起來，秦法萬歲與秦王萬歲的聲浪久久沒有平息。老秦人都說，這是秦惠王大殺復辟舊世族之後的最大刑場了，秦國要有新氣象了！也有人說，亂國害民自該殺，可也有不該殺的人被殺了，造孽！

大刑之日，秦王的〈告朝野臣民書〉赫然張掛咸陽四門：

秦王書曰：自先祖孝公變法以降，狂且之徒以閹宦之身入宮闈，以至封侯攝政盜假父名號亂國害民，未嘗聞也！此嫪毐之亂，所以為秦國法恥也！諺云：法不行則盜生。嫪毐之亂，足證秦法之鬆懈矣！孝文莊襄，政行倥傯，緩法寬刑，以致吏治渙散流弊多生：政出多門，臣工無所適從，官署無從盡職，此嫪毐亂黨所以生也！若聽任法度流散，吏治不肅，國何以國，政何以政，秦何以立足天下！今本王親政，明告朝野：舉凡國政，有法者依法，無法者以例，無法無例者聽上裁奪。國府郡縣，臣工吏員，但擅自枉法寬嚴者，決依法論罪，勿謂言之不預也！

此書一宣，老秦人頓時大快。秦王英明也，該整治這班官吏了！分明一個大屌怪物，能做個拔了鬍鬚的閹宦送進宮去，還將太后弄得生了兩個私王子，害得老秦人說起都臉紅，沒有枉法者才怪！再說這秦國本來好好的，甚事都有人管，多整順！忽然五七年亂糟糟一團，甚事也沒人管了，連堂堂文信侯丞相府都成了擺設，前年關中大水硬是餓死百姓無人問津，這還是秦國麼？這能說是嫪毐那個大屌殺才一個人的罪過麼？鬼才信！這新秦王厲害，殺伐決斷處處都在命穴上！你便看，明是秦孝公一般非議大父與父王，實則是迴避公然指斥文信侯，卻又將事體掰扯得一清二楚；說是〈告朝野臣民書〉，卻一個字不責及百姓，只斥責那些壞法壞事官吏，這分明是說秦國庶民都是好百姓，都是這班狗官壞事！嘖嘖嘖，便這兩下子，勝過乃祖乃父多也！往前走沒錯，秦國又要威風了！

大刑這日夜裡，鐵面老廷尉與國正監兩人祕密求見秦王。

嬴政正在書房翻閱近二十年卷宗文書，聽得趙高稟報，當即到廊下迎進了兩位老臣。老廷尉歷來不善寒暄，入座便是正事口吻：「老臣夤夜請見，為稟報涉案密情而來，一虛一實兩事。虛者國正監稟報。實者老臣稟報。」嬴政不禁笑道：「涉案還有虛事，奇也！先說虛了。」國正監稍事沉吟肅然道：「臣等業已查實，嫪毐與太后兩私子已在亂軍中被殺。然山東六國傳聞紛紛：一說秦王派私兵趁亂殺死兩子，一說秦王自入雍城於大鄭宮密室摔死兩子。臣等追查傳聞根源，起於嫪毐亂黨中幾個老內侍。兩子已了，本事謂之虛。唯一牽涉在於：能否對幾個未參戰而起流言的內侍，以流言攻訐王室問罪？如此而已。」

「可惡！」嬴政面色鐵青連連拍案，「此等罪孽之子若是活著，本王也會親自殺他！流言攻我，何所懼也！再說，依國法，兩子也是賜死。便是嬴政所為，何錯之有！」

「那，幾個內侍……」

良久默然，嬴政長吁一聲：「既非亂軍，放過也罷。」

「如此老臣稟報實事。」鐵面老廷尉依然平板的瘦臉猛然抽搐了一下，「經備細勘審一應在押亂黨，王城密宮坊兩內侍分頭供認：當年嫪毐去勢之日，乃文信侯府女掌事，其名莫胡者，持文信侯手令入宮，令密宮坊總管親自操持去勢，一操術內侍輔助；該操術內侍供認，只對嫪毐拔鬚洗面，遂交女掌事莫胡密車帶走。此一也。其二，太后侍榻兩侍女供認：此前，這女掌事莫胡奉文信侯命入梁山夏宮，將嫪毐巨陽之戲似乎有意透露給太后；此後數月，即有嫪毐入梁山。其三，嫪毒族侄供認：嫪毐乃寡婦清族侄，當年文信侯曾受寡婦清之託，允諾助其族侄入仕；後來，嫪毐持寡婦清烙印寬簡投奔文信侯，成為文信侯門客舍人。此三事盡有人證物證，足證嫪毐之發端，皆由文信侯而起。茲事體大，老臣不敢不報。」

「……」聽著聽著，嬴政素來凌厲的目光變得一片茫然，良久愣怔不知所以。及至緩過神來，才見座中已經沒有了兩位老臣，只有趙高小心翼翼地站在燈影裡。

「小高子，你說，世間，還有可信之人麼……」嬴政的聲音飄忽得如同夢幻囈語，眼眶兀自流淌著淚水渾然不覺。精明機警的趙高第一次看見被他視作神聖一般的秦王如此痛楚如此可憐，一時慌得無所措手足，只匍匐在嬴政面前叩頭咚咚，「君上，你索性打小高子一頓了……你你你，君上不能啊……」

突然之間，嬴政一陣嘶聲大笑：「上天也上天，何如此戲弄我也！」森森大笑中爬起身來搖搖晃晃去了。趙高忙不迭跟出，秦王夢遊般進了那片胡楊林，悄無聲息地晃悠著晃悠著。眼看霜霧漸濃寒涼襲人，趙高拿著皮裘卻不敢上前。漸漸地雄雞鳴了刁斗停了天色曚曨亮了，依舊踽踽獨行的嬴政頹然倒了。趙高一個箭步上前，二話不說背起秦王飛回了寢宮。

呂不韋又住進了文信學宮。

漫遊在蘭池林下，一種無法言說的思緒淤塞心頭，已經年逾花甲的呂不韋第一次迷茫錯亂了。不是國事無著，不是權力萎縮，而是心底第一次沒有了那種坦蕩堅實，沒有了那種凜凜大義，沒有了那種敢於面對一切流言而只為自己景仰的大道奮然作為的勇氣。他實在不明白，久經滄桑後的自己如何竟能心血來潮，以那般愚蠢那般荒誕的方式來了卻那種淵源深遠的情事？自少時進入商道，呂不韋做任何事情都是謀定而後動的，二十餘年商旅運籌沒有失算過，二十年為政生涯也沒有失算過，如何偏偏失算於此等陰溝瑣事？當年，他的謀劃是：將嫪毐祕密送入趙姬宮闈，既可解趙姬少婦寡居之寂寞，亦可全寡婦清之託付，同時也解脫了自己不善此道的難堪，可謂一舉三得也。按說，秦國太后王后寡居後的種種情事歷來多發，既沒有一件成為朝野醜聞，更沒有一件發作為朝局亂象，找一個男子為太后之身的趙姬聊解饑渴，實在想不出有甚險象。

記得，當年剛剛將嫪毒送進梁山夏宮不到半年，他陡然有了一種不祥的預感！因由只有一個，嫪毒閃電般做了給事中，而那是他為嫪毒所謀算的最高官爵，只能發生在十年二十年之後。從此，突兀封賞接踵而至，非但這個嫪毒的權力瘋魔般膨脹，且連素來不問政事的趙姬也瘋魔般做起了攝政太后，結局竟是自己這個最要緊的顧命攝政大臣被束之高閣。事情一步步邪乎，他的心頭也一日日淤塞，以至沉甸甸淤積壓得他越來越喘不過氣來。每每夜半夢魘，無不是嫪毒趙姬在張牙舞爪，一身冷汗霍然坐起，連聲兀自嘟囔匪夷所思也。然則，不管多少次地覺得匪夷所思，呂不韋還是無數次地清醒地重新盤算了這件事的每一個細節，最終恍然理出了頭緒。說到底，他事先沒有謀算到這件事的三處紕漏：其一，趙姬對他的昔年情愫可謂深厚，一旦被他以「替身」方式冷落甚或拒絕，趙姬會生出何等異乎尋常之心？其二，嫪毒原本狂且之徒，對一個盛年寡居女子具有何等征服力，他根本沒有想過，更可能想了也想不到。其三，嫪毒原本假閹割，也許遲早會露出真相，可他根本沒有謀算到嫪毒的巨陽真相竟會在短短一年中朝野皆知……及至想得清楚，大錯已經鑄成了。然最令呂不韋痛心的還是，他無法以最妥善的方式了結這種最難堪的局面。他請出過最高明的劍士暗殺嫪毒，然卻都讓這個粗蠻的禽獸僥倖逃脫了。他派莫胡三次祕密進入梁山夏宮與雍城，力勸趙姬丟棄這個粗蠻禽獸，至少「罷黜」了這個沐猴而冠的異類，可紅潤豐滿的趙姬都只是咯咯長笑：「甚叫不亦樂乎，文信侯知道麼？趙姬今日才活得明白：他有他的功業，我有我的功業！一個侯有甚了得，他是侯，我教他也是侯，到頭來不都一般麼？」呂不韋終於明白，這個女子的心思對他永遠都是個謎。若非如此這般種種圖謀失效，他也不會公然支持秦王親政，更不會暗助秦王剿滅嫪毒累及趙姬。

然則，他卻沒有絲毫輕鬆，淤塞之感反是甚而又甚了。

秦王將嫪毒之亂看作國恥法恥，鋒芒隱隱直指他的為政方略。〈告朝野臣民書〉更是直然指斥

「緩法寬刑」為亂國之源，要整肅吏治，要廓清朝局，其意至為明顯。若僅僅是這般政事，呂不韋全然可坦然對之，能化則化，不能化則爭，功業之道，呂不韋從來不會苟且於任何人。初入秦國尚且如此，況乎今日？呂不韋深為難堪的是，他強烈預感到嫪毐的真相即將大白於天下，宗宗隱祕醜聞都將直接指向自己。嫪毐餘黨被俘者六千餘人，又有鐵面廷尉六署徹查，何事不能水落石出？於國法論，進假宦以亂宮闈國政，任誰罪無可赦。於情理論，居仲父而辱及顧命母子，任誰人倫全失。此等事莫說公之於朝野，想起來都令人汗顏不止，其時也，你呂不韋何顏居國……

「文信侯，好消閒也！」

「綱成君？」呂不韋恍然，「來，亭下坐了。」

踏著蕭蕭黃葉進入池畔石亭，蔡澤呷呷笑了：「上酒上酒！老趙酒，老夫今日一醉方休！」呂不韋淡淡一笑，也不問原由便向亭外少僕招招手。少僕轉身便去，片刻間推來兩輪酒食車，在大石案擺就酒菜便來斟酒。蔡澤揮手笑道：「你只去也，老夫自來。」呂不韋一個眼神，少僕輕步出亭去了。

「文信侯，今日一別，不知何年再聚矣！」

「綱成君何意？」呂不韋倏然一驚。

「老夫欲辭官遠遊，文信侯以為如何？」

「且慢。」呂不韋心頭一動，「稍待時日，你我同去。」

「笑談笑談！你大事未了，想陣前脫逃麼？」

「時也勢也！呂不韋也該離開秦國了。」

「大謬也！」蔡澤汩汩痛飲一爵連連拍案，「老夫知你心思，然只告你，錯也！大錯也！跟隨兩月，秦王此人老夫看準了：重國重事，不重恩怨，不聽流言！你莫看那王書似在指斥你文信侯當政，實則卻為你開脫，寧可將過失拽到自己老子身上。至於吏治，委實要得整肅！三五年你不在政，嫪毐將上下官署攪成了一團亂麻，不整如何了得？當此之時，你走個甚來？不做攝政便失心瘋麼？當真老昏花也！」也許是再無顧忌，蔡澤的慷慨激昂前所未見。

「既然如此，你走個甚由頭？」

「老夫不然！」蔡澤依舊連連拍案，「居秦無功，高爵無事，味同嚼蠟，不走更待何時？且實言相告：其一，老夫給你的大書找好了總纂替手，不誤事！其二，老夫討了個差事，出使燕國。使命一了，老夫就地交差！呵呵，光堂利落又順便，何樂而不為也！」

「天意也！」呂不韋喟然一歎。

蔡澤不禁呷呷大笑：「心不在焉，文不對題！文信侯老矣！」

「綱成君，」呂不韋不自覺壓低了聲音，「有流言云秦王撲殺嫪毐兩子，你以為此事如何了結？」蔡澤又是呷呷大笑：「無稽之談無稽之談！老夫與趙高一起進入雍城大鄭宮，趙高親見亂軍誤殺兩子，與秦王何干？若教老夫說，此乃上天眷顧太后也！昌文君那老兒事後告老夫，嬴族有族規：但為王后太后，私情不論，若得私生孽子，母子得同在太廟處死！你且說，兩子已死，開脫太后豈不有了名目？若是嬴政所為，豈不也是憐母之心！能如何？還不是不了了之！」呂不韋長吁一聲，思忖間又道：「依綱成君之見，嫪毐罪案是否會株連下去積至朝野？」「斷然不會！」蔡澤沒有絲毫猶豫，「秦王乃明法謀略之君，告臣民王書所言之法恥國恥，實為整肅吏治開道，絕非為株連無辜開道！若是株連，嘿嘿，只怕滿朝只剩得半朝也未可知。」

良久默然，呂不韋舉起銅爵慨然一歎：「斯人將去，獨留我身，上天何忍也！乾！」也不待蔡澤回辭汩汩飲乾。正在此時，丞相府一書吏匆匆來到，稟報說秦王風寒高燒臥榻不起，幾件緊急公文需待時日。呂不韋凝神思忖片刻，說聲進宮，拉起蔡澤便走。

兩人驅車進了王城，東偏殿果然一片冷清。長史王綰見呂不韋精神見好，心下頓覺寬慰，也不及多說連忙到寢宮稟報。片刻之後王綰回來，說秦王剛服完湯藥太醫還要針灸，不便見臣。然秦王聞兩人同來探視，說了一句話：「文信侯但能當國，我病何妨也。」呂不韋心頭一熱，當即肅然道：「長史轉告秦王，國事有丞相府撐持，王但養息康復是也！」出得王城徑直回了丞相府處置積壓的公文了。

旬日之後，秦王病情仍未減輕，丞相府又忙碌了起來。這日入夜，呂不韋正在書房埋首書案，李斯卻風塵僕僕地回來了。李斯說，溝渠路徑已經大體勘定，水工鄭國正在最後踏勘引涇出山的瓠口；前日接到蔡澤書簡，要他回來代為完成學宮大書的善後事宜。呂不韋這才明白，蔡澤所找的替手是李斯，不禁笑道：「也好！有你善後，老夫無憂也！」當即擱下案頭公文，帶著李斯去了學宮。

次日，李斯立即開始了辛勤勞作。也是李斯精力過人且極有章法，將一班主撰門客擺布得井然有序：補撰、糾錯、總纂、謄抄、刻簡五坊環環相接，將蔡澤遺留的一大堆疑難缺漏竟在一個月中全部梳理完畢。進入隆冬，晝夜守在燎爐邊的李斯已經最後核定了全部大書文章，並將所有該當呂不韋斟酌的事項一一開列齊備，專程進咸陽請來了呂不韋做最後定奪。

「足下快捷若此，大才也！」呂不韋不禁由衷讚歎。

「文信侯請看，」李斯一邊指點著碼得整整齊齊的六大案竹簡，一邊捧起總綱長卷向呂不韋稟報，「此書分為三部二十六卷，分別為：八覽第一部，六論第二部，十二紀第三部，共計二十六卷。覽部八卷，稱八覽，其名取天斟萬物而聖人覽之意，其宗旨在考察天地萬物，確立為政之本。論部六卷，稱六論，其名取權衡評定而立規之意，其宗旨在確立君臣士子立身持節之準則。紀部十二卷，其名取綱紀四方梳理國務之意，以春生、夏長、秋收、冬藏四季十二個月為十二紀，歷數每月當為之政事；其宗旨在於按月劃定國事綱目，以明輕重緩急。全部書文史論兼採，以論為綱，以史為鑒，以各國史書與士子見聞做為例證，有理有據，堪稱皇皇雄辯。目下書文全部完畢，未定而最需斟酌者，是書名。」

「你說，擬定書名為何？」

「《呂氏春秋》！」

「噢？」呂不韋顯然感到意外，「因由何在？」

「此書乃文信侯為治國立道，宗旨與孔子《春秋》同。」

呂不韋接過長卷一陣端詳，斷然道：「也好！既是老夫擔綱，便是《呂氏春秋》了！」李斯一拱手道：「然則，在下尚有一言。李斯素聞文信侯學問博而雜，編纂此等史論兼採之書正當其長。文信侯若能對書文逐一校訂，則此書神韻自生也。」呂不韋不禁喟然一歎：「李斯呵，老夫本無學術，不意一縷之思竟化作了如此一部大書，人為乎！天意乎！當年本為化秦之念也，然今日時勢，老夫當真不知如何處置它了。」看著呂不韋痛楚的神色，李斯不禁感慨中來：「文信侯何難也！李斯一謀，願公納之。」

「噢？足下但說！」

「公之於世，任人評說。」李斯驀然念及呂不韋對自己的倚重讚賞，知遇之心頓起，有些動情了，「我師荀子〈解蔽〉篇云：宣而成，隱而敗。《呂氏春秋》但能公然流傳天下，便是為天地立心，為庶民立命，化秦小矣，當化天下！」

「好見識！」久違的爽朗笑聲噴湧而生，呂不韋大為振奮，「宣而成，隱而敗。老荀子何其明徹也！容老夫思謀妥善之法，教天下人人讀得《呂氏春秋》。果然如此，呂不韋雖死何憾矣！」

國家圖書館出版品預行編目資料

大秦帝國．第四部，陽謀春秋／孫皓暉著．-- 初版．-- 臺北市：麥田出版：家庭傳媒城邦分公司發行，2013.02
冊；　公分．--（歷史小說；48-49）
ISBN 978-986-173-875-8(上冊：平裝)
ISBN 978-986-173-876-5(下冊：平裝)

857.7　　　　101027946

歷史小說 49
大秦帝國　第四部　陽謀春秋（下）

作　　者／孫皓暉
責任編輯／黃暐勝　吳惠貞　林怡君
校　　對／洪禎璐

副總編輯／林秀梅
編輯總監／劉麗真
總 經 理／陳逸瑛
發 行 人／涂玉雲
出　　版／麥田出版
104 台北市民生東路二段 141 號 5 樓
電話：(886)2-2500-7696　傳真：(886)2-2500-1966；2500-1967
部落格：http://blog.pixnet.net/ryefield
發　　行／英屬蓋曼群島商家庭傳媒股份有限公司城邦分公司
104 台北市民生東路二段 141 號 2 樓
書虫客服服務專線：(886)2-2500-7718；2500-7719
24 小時傳真服務：(886)2-2500-1990；2500-1991
服務時間：週一至週五 09:30-12:00．13:30-17:00
郵撥帳號：19863813　戶名：書虫股份有限公司
讀者服務信箱 E-mail：service@readingclub.com.tw
歡迎光臨城邦讀書花園　網址：www.cite.com.tw
香港發行所／城邦（香港）出版集團有限公司
香港灣仔駱克道 193 號東超商業中心 1 樓
電話：(852) 2508-6231　傳真：(852) 2578-9337
E-mail：hkcite@biznetvigator.com
馬新發行所／城邦（馬新）出版集團【Cite(M)Sdn. Bhd.】
41, Jalan Radin Anum, Bandar Baru Sri Petaling,
57000 Kuala Lumpur, Malaysia.
電話：(603) 9057-8822　傳真：(603) 9057-6622

封面設計／小子設計
印　　刷／一展彩色製版有限公司

■ 2013 年 2 月 1 日　初版一刷　　Printed in Taiwan.

定價／ 450 元

ISBN 978-986-173-876-5